Winfried Schwabe
Holger Kleinhenz

Lernen mit Fällen
Schuldrecht I
Allgemeiner Teil und vertragliche Schuldverhältnisse

Winfried Schwabe
Holger Kleinhenz

# Lernen mit Fällen

# Schuldrecht I
# Allgemeiner Teil und
# vertragliche Schuldverhältnisse

Materielles Recht
& Klausurenlehre

12., überarbeitete Auflage, 2019

 |BOORBERG

Bibliografische Information der Deutschen Nationalbibliothek I Die Deutsche
Nationalbibliothek verzeichnet diese Publikation in der Deutschen Nationalbiblio-
grafie; detaillierte bibliografische Daten sind im Internet über www.dnb.de abrufbar.

12. Auflage, 2019
ISBN 978-3-415-06604-5

© 2009 Richard Boorberg Verlag GmbH

Druck und Bindung: Beltz Bad Langensalza GmbH, Am Fliegerhorst 8,
99947 Bad Langensalza

Richard Boorberg Verlag GmbH & Co KG I Scharrstraße 2 I 70563 Stuttgart
Stuttgart I München I Hannover I Berlin I Weimar I Dresden
www.boorberg.de

# Vorwort

Die 12. Auflage bringt das Buch auf den Stand von Juli 2019. Rechtsprechung und Literatur sind bis zu diesem Zeitpunkt berücksichtigt und eingearbeitet. Dem Leser legen wir ans Herz, zunächst die Hinweise zur sinnvollen Arbeit mit diesem Buch – gleich folgend auf der nächsten Seite – sorgfältig durchzusehen.

Köln, im August 2019                                     Winfried Schwabe
                                                         Holger Kleinhenz

# Zur Arbeit mit diesem Buch

Das Buch bietet dem Leser **zweierlei** Möglichkeiten:

Zum einen kann er anhand der Fälle das **materielle Recht** erlernen. Zu jedem Fall gibt es deshalb zunächst einen sogenannten »Lösungsweg«. Hier wird Schritt für Schritt die Lösung erarbeitet, das notwendige materielle Recht aufgezeigt und in den konkreten Fallbezug gebracht. Der Leser kann so in aller Ruhe die einzelnen Schritte nachvollziehen, in unzähligen Querverweisungen und Erläuterungen die Strukturen, Definitionen und sonst notwendigen Kenntnisse erwerben, die zur Erarbeitung der Materie, hier also konkret des Allgemeinen Schuldrechts sowie der vertraglichen Schuldverhältnisse, unerlässlich sind.

Zum anderen gibt es zu jedem Fall nach dem gerade beschriebenen ausführlichen Lösungsweg noch das klassische **Gutachten** im Anschluss. Dort findet der Leser dann die »reine« Klausurfassung, also den im Gutachtenstil vollständig ausformulierten Text, den man in der Klausur zum vorliegenden Fall hätte anfertigen müssen, um die Bestnote zu erzielen. Anhand des Gutachtens kann der Leser nun sehen, wie das erarbeitete Wissen tatsächlich nutzbar gemacht, sprich in **Klausurform** gebracht wird. Der Leser lernt bzw. wiederholt die klassische zivilrechtliche Gutachtentechnik: Gezeigt wird unter anderem, wie man richtig subsumiert, mit welchen Formulierungen man beim Gutachten arbeiten sollte, mit welchen Formulierungen man **nicht** arbeiten sollte, wie man einen Meinungsstreit in der Klausur souverän darstellt, wie man einen Obersatz und einen Ergebnissatz vernünftig aufs Papier bringt, wie man Wichtiges von Unwichtigem trennt, usw. usw.

**Und noch ein Tipp zum Schluss:** Die im Buch zitierten Paragrafen sollten auch dann nachgeschlagen und vor allem gelesen werden, wenn der Leser meint, er kenne sie schon. Das ist nämlich leider zumeist ein Irrtum. Das Bürgerliche Recht erschließt sich nur mit der sorgfältigen Lektüre des Gesetzes. Wer anders arbeitet, verschwendet seine Zeit. Versprochen.

# Inhaltsverzeichnis

## Teil 1

## Das Allgemeine Schuldrecht

### 1. Abschnitt
#### Unmöglichkeit und Wegfall der Geschäftsgrundlage

Der Vertrag mit Schutzwirkung für Dritte; Voraussetzungen und Rechtsfolgen; Abgrenzung zum Vertrag zugunsten Dritter nach den §§ 328 ff. BGB; das vorvertragliche Schuldverhältnis gemäß § 311 Abs. 2 und 3 BGB; Haftung über die §§ 280 Abs. 1, 311 Abs. 2, 241 Abs. 2 BGB; Haftung für Dritte nach den §§ 278 und 831 BGB; Anspruch auf Schmerzensgeld aus § 253 Abs. 2 BGB.

Der Vertrag zugunsten Dritter gemäß den §§ 328 ff. BGB; der »echte« und der »unechte« Vertrag zugunsten Dritter; die vertraglichen Sekundäransprüche beim Vertrag nach § 328 BGB; Anspruchsberechtigung.

## 4. Abschnitt
### Das Erlöschen der Schuldverhältnisse (§§ 362 ff. BGB)

Die Erfüllung gegenüber Minderjährigen; Anwendbarkeit des § 362 BGB; Erfüllung unter Berücksichtigung des § 107 BGB; der Begriff der Geldschuld; die reale Leistungsbewirkung; der Begriff der Empfangszuständigkeit.

Die Annahme an Erfüllungs statt nach § 364 Abs. 1 BGB; Abgrenzung zur Leistung erfüllungshalber im Sinne des § 364 Abs. 2 BGB; Erhalt oder Wiederaufleben des Zahlungsanspruchs bei Mangelhaftigkeit der Sache; die Regel des § 365 BGB.

Die Abtretung einer Forderung gemäß § 398 BGB; Erlöschen von Ansprüchen durch Erfüllung nach den §§ 362 Abs. 1, 364 Abs. 1 BGB; Teilleistung nach § 266 BGB; Voraussetzungen und Rechtsfolgen der Forderungsabtretung nach § 398 BGB; Schuldnerschutzvorschriften der §§ 404 ff. BGB; Ausgleich einer ungerechtfertigten Bereicherung nach den §§ 816 Abs. 2 und 812 Abs. 1 BGB.

Wirkung und Voraussetzungen der Aufrechnung gemäß den §§ 387 ff. BGB; die Pflichtverletzung nach den §§ 280 Abs. 1, 241 Abs. 2 BGB; Rechtsnatur des Schließfachvertrags mit einer Bank; Begriff des Erfüllungsgehilfen; der Ausschlusstatbestand von § 390 BGB; die Gleichartigkeit der Forderungen im Sinne des § 387 BGB; das Problem der Gegenseitigkeit von Forderungen bei Aufrechnung nach Abtretung.

# Teil 2

# Die vertraglichen Schuldverhältnisse

## 1. Abschnitt

### Das Kaufrecht → §§ 433 ff. BGB

Die kaufrechtliche Gewährleistung der §§ 434 ff. BGB, der Grundfall; Rücktritt vom Kaufvertrag wegen Mangelhaftigkeit der Kaufsache; der Aufbau einer Rücktrittsprüfung im Kaufrecht; der Begriff des Mangels aus den §§ 434, 435 BGB; die möglichen Rechtsbehelfe aus § 437 BGB; der Gefahrübergang nach § 446 BGB.

Voraussetzungen des Nacherfüllungsanspruchs aus § 439 Abs. 1 BGB; fehlerhafte Montageanleitung; die »IKEA«-Klausel in § 434 Abs. 2 BGB; der Sachmangel nach § 434 Abs. 1 Satz 1 BGB; die Unmöglichkeit der Nacherfüllung bei Stückschuld nach § 275 Abs. 1 BGB; Abgrenzung Gattungsschuld / vertretbare Sache; Unverhältnismäßigkeit der Nacherfüllung nach § 439 Abs. 4 BGB; Anspruch auf Rücknahme der mangelhaften Kaufsache; Anspruch auf Ersatz von Ausbau- und Wiedereinbaukosten.

Die Gewährleistungsrechte des Käufers bei Unmöglichkeit der Nacherfüllung; Rücktritt und Minderung; Entbehrlichkeit der Fristsetzung nach § 326 Abs. 5 BGB; Schadensersatzanspruch nach den §§ 311a Abs. 2, 437 Nr. 3 Fall 1 BGB; Verhältnis der Gewährleistungsrechte zueinander; die Garantieübernahme des Verkäufers; die Regelung des § 444 BGB zum Haftungsausschluss.

Die Selbstvornahme der Mangelbeseitigung im Kaufrecht; der Erstattungsanspruch des Käufers bei selbst veranlasster Reparatur; der Verbrauchsgüterkauf nach § 474 BGB; die gesetzliche Vermutung des § 477 BGB; verursachte Unmöglichkeit der Nacherfüllung im Sinne des § 275 Abs. 1 BGB durch den Käufer; erforderliche Fristsetzung; die analoge Anwendung des § 326 Abs. 2 Satz 2 BGB.

Die Manko- und Aliud-Lieferung im Kaufrecht gemäß § 434 Abs. 3 BGB; Abgrenzung von Schlechtlieferung und Nichterfüllung; Unterscheidung von Stückkauf und Gattungskauf; Abgrenzung von Mankolieferung und Teilleistung im Rahmen des § 434 Abs. 3 BGB; die Ausschlussgründe von § 323 Abs. 5 BGB; Erforderlichkeit des Interessenfortfalls für den Rücktritt bei der Mankolieferung.

Der Montagemangel nach § 434 Abs. 2 Satz 1 BGB; Mangelfolgeschaden, Abgrenzung zum Mangelschaden; der Haftungsausschluss durch AGB; Haftung für Erfüllungsgehilfen nach § 278 Satz 1 BGB; Verjährung der Mängelansprüche nach § 438 BGB; Verjährung bei Mangelfolgeschäden; Verjährung von Rücktritt und Minderung; die Exkulpation bei § 831 Abs. 1 Satz 2 BGB.

Der Rücktritt vom Vertrag wegen Mangelhaftigkeit der Kaufsache; Voraussetzungen eines Schadensersatzanspruchs neben der Leistung; die Regel des § 325 BGB; Bezugspunkt der Pflichtverletzung bei mangelhafter Leistung; Bezugspunkt des Vertretenmüssens im Rahmen des § 280 Abs. 1 Satz 2 BGB; der Begriff des Betriebsausfallschadens; Beweislastregel des § 280 Abs. 1 Satz 2 BGB.

## 2. Abschnitt

### Werk- und Dienstvertrag sowie angrenzende Vertragsarten

Der Werkvertrag nach § 631 BGB; Abgrenzung zum Dienstvertrag nach § 611 BGB; die Abgrenzungskriterien und Rechtsfolgen der Unterscheidung; Frage der Vergütung beim Werkvertrag nach § 632 BGB und beim Dienstvertrag nach § 612 BGB; Problem der geschuldeten Leistung.

Abgrenzung von Kauf- und Werkvertrag; der Bauträgervertrag nach § 650u BGB; die Mängelhaftung beim Werkvertrag nach den §§ 633 ff. BGB; das Selbstvornahmerecht des Bestellers nach den §§ 637 Abs. 1, 634 Nr. 2 BGB; die Abnahmepflicht des Bestellers aus § 640 Abs. 1 BGB; der Ausschlustatbestand in § 640 Abs. 3 BGB; die Voraussetzungen des Schadensersatzes statt der Leistung nach § 634 Nr. 4 BGB.

# Teil 1
# Das Allgemeine Schuldrecht

## 1. Abschnitt

Unmöglichkeit und Wegfall der

Geschäftsgrundlage

# Fall 1

## Burning down the house

Beim Mittagessen in der Mensa schließen Rechtsstudent R und sein Kommilitone K gegen 14:00 Uhr einen Kaufvertrag über den dem K bekannten, gebrauchten VW Golf des R zum Preis von 2.000 Euro. Die Übergabe soll am Abend erfolgen, da der Wagen noch bei R in der Garage steht. Als R gegen 17:00 Uhr nach Hause kommt, trifft er die Feuerwehr an, die ihm mitteilt, dass gegen 13:30 Uhr die Garage einschließlich des Fahrzeugs vollständig niedergebrannt ist. R hatte das Haus um 13:00 Uhr verlassen. Der Brand war ausgebrochen, weil R am Vortage unsachgemäß an der Beleuchtung der Garage gearbeitet und sich dadurch einen Tag später ohne weitere Fremdeinwirkung ein Kabelbrand entwickelt hatte. Abends ruft R den K an, erzählt von dem Brand und meint, der Vertrag habe sich nun ja wohl erledigt. K sieht das anders: Er hatte in Erwartung des Wagens nachmittags zwei Lammfellbezüge für die Vordersitze erworben (Preis: 150 Euro) und hätte das Fahrzeug im Übrigen für 2.500 Euro an seinen Schwager, der bereits Interesse signalisiert hatte, weiterveräußern können.

**Rechtslage?**

---

**Schwerpunkte:** Anfängliche Unmöglichkeit beim gegenseitigen Vertrag; Untergang der Erfüllungsansprüche nach den §§ 275, 326 BGB; die Begriffe der »Leistung« und »Gegenleistung«; Anspruch aus § 311a Abs. 2 BGB; vorvertragliche Informationspflicht; Ausschluss der Haftung bei Schuldlosigkeit; Anspruch aus § 122 BGB analog.

---

## Lösungsweg

**Einstieg:** Wir starten das Buch gleich mit einem echten Klassiker, nämlich der Frage nach der rechtlichen Abwicklung der sogenannten »anfänglichen Unmöglichkeit« der Leistung. Das sind die Situationen, in denen sich der Schuldner zu einer Leistung verpflichtet, die er von Anfang an, also schon bei Abschluss des Vertrages, gar nicht erbringen konnte (siehe oben). In Prüfungsarbeiten – und deshalb auch bei uns hier – stellt sich zumeist die Frage, ob der Gläubiger die in Erwartung der Vertragserfüllung getätigten Aufwendungen und einen möglicherweise schon entstandenen Schaden vom Schuldner ersetzt bekommt. Das werden wir uns gleich mal in Ruhe ansehen, wollen den Fall aber zunächst mit der Abwicklung der beiderseitigen vertraglichen

**Erfüllungsansprüche** aus § 433 Abs. 1 und Abs. 2 BGB beginnen. Das erfordert zum einen die Vollständigkeit (beachte bitte die Fallfrage nach der »Rechtslage«), und zum anderen dient es uns dazu, die beiden für die Regeln der Unmöglichkeit eminent wichtigen Vorschriften der **§§ 275** und **326 BGB** kennen und vor allem anwenden zu lernen. Diese beiden Normen spielen in nahezu sämtlichen Fällen, die sich mit der Unmöglichkeit der Leistung befassen, eine zentrale Rolle, und deshalb müssen wir die auch gleich am Anfang behandeln und insbesondere ihre Funktion verstehen – die nachfolgenden Fälle lassen sich dann deutlich leichter bewältigen. Also:

## I.) Anspruch des K gegen R auf Lieferung des Autos

<u>AGL.:</u> **§ 433 Abs. 1 Satz 1 BGB (Lieferpflicht aus dem Kaufvertrag)**

**1.)** Der Anspruch auf Lieferung des Wagens kann sich aus § 433 Abs. 1 Satz 1 BGB ergeben. K und R haben am Mittag um 14:00 Uhr einen entsprechenden Kaufvertrag geschlossen. Beachte insoweit bitte, dass der Wirksamkeit dieses Vertragsschlusses der zeitlich vorangegangene Untergang bzw. das Verbrennen des Wagens **nicht** entgegensteht. Auch ein Vertrag, der auf eine von Anfang an nicht erbringbare Leistung gerichtet ist, soll nach dem Willen des Gesetzgebers **wirksam** sein (BT-Drs. 14/6040 Seite 164; MüKo/*Ernst* § 311a BGB Rz. 3; *Palandt/Grüneberg* § 311a BGB Rz. 5; *Jauernig/Stadler* § 311a BGB Rz. 4). Bis zum 31.12.2001 war das übrigens noch anders: In dem bis dahin 102 Jahre lang (!) geltenden alten § 306 BGB war die Nichtigkeit eines solchen Vertrages angeordnet. Inzwischen steht in **§ 311a Abs. 1 BGB**, dass trotz anfänglichen Leistungshindernisses der Vertrag dennoch wirksam sein soll.

**2.)** Der Anspruch auf Lieferung des Wagens aus § 433 Abs. 1 Satz 1 BGB könnte aber wegen einer Unmöglichkeit der Leistung gemäß § 275 Abs. 1 BGB (aufschlagen!) ausgeschlossen sein.

> **Durchblick:** Da die Geltendmachung eines Anspruchs, der nicht erfüllt werden kann, tatsächlich überhaupt keinen Sinn macht, regelt der § 275 Abs. 1 BGB »ipso iure« (= kraft Gesetzes) unter anderem für solche Fälle den »Ausschluss« des Leistungsanspruchs. Kann die geschuldete Leistung schon bei Vertragsabschluss nicht erfüllt werden, ist und bleibt der Vertrag, wie wir soeben gesehen haben, zwar grundsätzlich wirksam, aus ihm erwächst aber für den Gläubiger logischerweise **kein** Anspruch auf Erfüllung (wie sollte das auch gehen?). Es entsteht vielmehr ein Vertrag ohne eine primäre Leistungspflicht (BGHZ **163**, 244; BAG NZA **2010**, 32; MüKo/*Ernst* § 311a BGB Rz. 3; *Palandt/Grüneberg* § 311a BGB Rz. 5; *Jauernig/Stadler* § 311a BGB Rz. 4; PWW/*Stürner* § 311a BGB Rz. 2; *Canaris* in JZ 2001, 499), der aber als Grundlage für mögliche **vertragliche** Ersatzansprüche dienen kann (BT-Drs. 14/6040 Seite 164; vgl. auch *Huber* in ZIP 2000, 2137).

Erforderlich für den Ausschluss des Leistungsanspruchs nach § 275 Abs. 1 BGB ist freilich das Vorliegen von **Unmöglichkeit** im Sinne des Gesetzes, denn dies wird von § 275 Abs. 1 BGB explizit gefordert (BGHZ **201**, 148; BGHZ **188**, 71).

> **Definition:** Unmöglichkeit im Sinne des § 275 Abs. 1 BGB liegt vor, wenn **1.)** der Schuldner noch nicht geleistet hat und **2.)** entweder **er** (dann: subjektive Unmöglichkeit = Unvermögen) oder **niemand** die Leistung mehr erbringen kann (dann: objektive Unmöglichkeit).

Im vorliegenden Fall hat R seine Pflicht aus § 433 Abs. 1 Satz 1 BGB (→ Eigentumsverschaffung am Fahrzeug) noch nicht erfüllt, und dies kann wegen der abgebrannten Garage auch **niemand** mehr leisten. Es liegt mithin ein Fall von (anfänglicher) objektiver Unmöglichkeit im Sinne des § 275 Abs. 1 BGB vor (vgl. BGHZ **201**, 148; BGHZ **188**, 71; *Staudinger/Caspers* § 275 BGB Rz. 12 und 64).

**Erg.:** Der Anspruch des K gegen R auf Erfüllung des Vertrages aus § 433 Abs. 1 Satz 1 BGB ist nach § 275 Abs. 1 BGB wegen anfänglicher Unmöglichkeit der Leistung ausgeschlossen. K hat gegen R somit keinen Anspruch auf Lieferung des Wagens (mehr).

## II.) Anspruch des R gegen K auf Kaufpreiszahlung

<u>AGL.:</u> § 433 Abs. 2 BGB

**1.)** Auch dieser Anspruch ergibt sich zunächst aus dem Abschluss des (wirksamen!) Kaufvertrages und folglich aus § 433 Abs. 2 BGB.

**2.)** Wenn nun aber der eine Teil von seiner Verpflichtung zur Leistung nach § 275 BGB frei wird, erscheint es ungerecht, den anderen Teil dann dennoch den Kaufpreis zahlen zu lassen. In den Fällen, in denen der Schuldner nach § 275 BGB nicht zu leisten braucht, verliert der Gläubiger daher nach **§ 326 Abs. 1 BGB** grundsätzlich auch den Anspruch auf die Gegenleistung, es sei denn, es liegt ein Ausnahmefall des § 326 Abs. 2 BGB vor (was bei uns aber nicht der Fall ist).

**Erg.:** Der Anspruch des R gegen K auf Zahlung des Kaufpreises aus § 433 Abs. 2 BGB ist gemäß § 326 Abs. 1 BGB zwar entstanden, aber gemäß § 326 Abs. 1 wieder untergegangen. Es bestehen mithin keine beiderseitigen Erfüllungsansprüche mehr zwischen R und K.

## Nachtrag zu den Erfüllungsansprüchen:

Die meisten Kandidaten haben erhebliche Probleme, den Anwendungsbereich der §§ 275 und 326 BGB auseinander zu halten und vor allem die dort benutzte Begrifflichkeit des Gesetzes zutreffend zu verwenden. Insbesondere die Worte »Leistung« und »Gegenleistung«, die im Übrigen auch noch an unzähligen anderen Stellen des Gesetzes auftauchen, werden gerne durcheinander gebracht und dann entsprechend falsch geprüft.

> **Wir merken uns bitte:** Wenn das Gesetz die Begriffe »Leistung« und »Gegenleistung« gegenüberstellt, ist mit dem Wort »Gegenleistung« immer die **Geldzahlung**

gemeint (Eselsbrücke: Beide Worte beginnen mit »G«). Demgegenüber bezeichnet der Begriff der »Leistung« im Gesetz immer die der Geldzahlung gegenüberstehende Verpflichtung bei einem gegenseitigen Vertrag. **Beispiele:** Beim Werkvertrag (§ 631 BGB) ist die **Leistung** die Herstellung des Werkes, die **Gegenleistung** dann die Zahlung der Vergütung; beim Dienstvertrag (§ 611 BGB) ist die **Leistung** der versprochene Dienst, die **Gegenleistung** die Zahlung der Vergütung; beim Kaufvertrag ist die **Leistung** die Eigentumsverschaffung an der Kaufsache (§ 433 Abs. 1 BGB!), die **Gegenleistung** die Kaufpreiszahlung. Kapiert!?

Prima. Dann machen wir uns bitte noch mal Folgendes klar: Der Anspruch aus § 433 Abs. 1 BGB auf Übereignung der Kaufsache (= Leistung) kann bei Unmöglichkeit der Lieferung nur nach § 275 BGB untergehen, denn dort steht, was mit dem Anspruch auf »Leistung« passiert (bitte prüfen!). Demgegenüber regelt der § 326 Abs. 1 BGB die Frage, ob der Käufer in diesem Falle dann noch den Kaufpreis zahlen muss (»… entfällt der Anspruch auf die **Gegenleistung**«). In Zukunft also nicht mehr den insbesondere bei Anfängern häufig anzutreffenden Fehler machen, die »Leistung« mit der »Gegenleistung« zu verwechseln und infolgedessen dann den Kaufpreisanspruch aus § 433 Abs. 2 BGB über § 275 BGB untergehen zu lassen oder das Schicksal des Lieferungsanspruchs aus § 433 Abs. 1 BGB nach § 326 BGB zu entscheiden.

## III.) Ersatzansprüche des K gegen R

<u>AGL.:</u> §§ 311a Abs. 2 Satz 1, 275 Abs. 4 BGB

**Einstieg:** Nachdem klar ist, dass die beiderseitigen Erfüllungsansprüche (die sogenannten »Primäransprüche«) wegen anfänglicher Unmöglichkeit nach den §§ 275 Abs. 1, 326 Abs. 1 BGB ausgeschlossen sind, stellt sich nun natürlich noch die Frage, ob denn wenigstens ein möglicher Schadensersatz- oder Aufwendungsersatzanspruch (sogenannter »Sekundäranspruch«) für den K besteht. Immerhin hat K ja schon die Bezüge für die Sitze gekauft und hätte im Übrigen 500 Euro Gewinn mit einem Weiterverkauf des Wagens erzielen können.

Im Falle der Unmöglichkeit der Leistung bestimmen sich die Rechte des Gläubigers gemäß **§ 275 Abs. 4 BGB** nach diversen Vorschriften, unter anderem nach § 311a Abs. 2 BGB, der unseren Fall der anfänglichen Unmöglichkeit erfasst und insoweit eine eigenständige Anspruchsgrundlage für den Gläubiger darstellt (BT-Drs. 14/6040 Seite 165; *Erman/Kindl* § 311a BGB Rz. 6; PWW/*Stürner* § 311a BGB Rz. 8).

**Voraussetzungen:** Gemäß § 311a Abs. 2 Satz 1 BGB kann der Gläubiger, wenn die Voraussetzungen des § 311a Abs. 1 BGB vorliegen (= anfängliche Unmöglichkeit), nach seiner Wahl Schadensersatz statt der Leistung oder Ersatz seiner Aufwendungen verlangen (BGH NJW **2014**, 3365). Inhaltlich umfasst dieser Anspruch auf Schadensersatz demnach das sogenannte »positive Interesse«, soll heißen, der Gläubiger muss so gestellt werden, wie er bei ordnungsgemäßer Erfüllung des Vertrages gestanden hätte (BGHZ **201**, 148; BGHZ **126**, 131; PWW/*Stürner* § 311a BGB Rz. 21;

*Jauernig/Stadler* § 281 BGB Rz. 16; *Palandt/Grüneberg* § 281 BGB Rz. 25). Ersatzfähig sind je nach Fallgestaltung der Marktwert der Sache, erhöhte Kosten einer Ersatzbeschaffung, aber auch möglicherweise entgangener Gewinn im Sinne des § 252 BGB (BGH NJW **2014**, 3365; *Brox/Walker* AS § 22 Rz. 57/70).

> **Feinkostabteilung:** Die Entscheidung des Gesetzgebers, dem Gläubiger bei § 311a BGB Ersatz für das positive Interesse zu gewähren, war während des Gesetzgebungsverfahrens durchaus umstritten (*Altmeppen* in DB 2001, 1399 und DB 2001, 1821) und wird zum Teil heute noch kritisiert (Schapp in FS Kollhosser S. 621 ff.). Für das positive Interesse sprach aber die praktische Überlegung, dass es aus Sicht des Gläubigers keine Rolle spielen kann, ob seinem Schuldner die Leistung nun zehn Minuten **vor** oder zehn Minuten **nach** Vertragsschluss unmöglich wird. In beiden Fällen ist es allein sachgerecht, dem Gläubiger Schadensersatz statt der Leistung und somit Ausgleich seines positiven Interesses zuzusprechen. Daher hat der Gesetzgeber sich auch bei § 311a BGB für dieses positive Interesse entschieden. In einer Prüfungsarbeit muss die ursprüngliche Streitfrage über den Schadensumfang angesichts des eindeutigen Gesetzeswortlautes jetzt nicht mehr diskutiert werden.

In unserem Fall kommt nun zum einen der entgangene Gewinn durch den möglichen Weiterverkauf in Höhe von 500 Euro als ersatzfähiger Schaden im Sinne des § 311a Abs. 2 Satz 1 BGB in Betracht; zum anderen sind die Kosten der Lammfellbezüge als mögliche Aufwendungen unter Umständen alternativ (lies § 311a Abs. 2 Satz 1 BGB: ... »**oder** Ersatz seiner Aufwendungen«) in Ansatz zu bringen.

> **Aber aufgepasst:** Die eigentliche Schwierigkeit bzw. die entscheidende Hürde bei der Durchsetzung des Anspruchs aus § 311a BGB findet sich in **§ 311a Abs. 2 Satz 2 BGB**. Gemäß § 311a Abs. 2 Satz 2 BGB gilt die Ersatzpflicht nämlich nicht, wenn der Schuldner das Leistungshindernis bei Vertragsschluss nicht kannte und seine Unkenntnis auch nicht zu vertreten hat. Das Vertretenmüssen richtet sich insoweit nach den §§ 276 ff. BGB (BGH NJW **2014**, 3365; OLG Karlsruhe NJW **2005**, 989; MüKo/*Ernst* § 311a BGB Rz. 44; *Palandt/Grüneberg* § 311a BGB Rz. 9).

**Durchblick:** Der § 311a Abs. 2 Satz 1 BGB begründet die Haftung des Schuldners zwar grundsätzlich damit, dass der Schuldner im konkreten Fall aufgrund anfänglicher Unmöglichkeit nicht leistungsfähig ist (BT-Drs. 14/6040 Seite 165; BGH NJW **2014**, 3365; *Erman/Kindl* § 311a BGB Rz. 6; *Palandt/Grüneberg* § 311a BGB Rz. 9; MüKo/ *Ernst* § 311a BGB Rz. 15). Im Hinblick auf das in § 311a Abs. 2 Satz 2 BGB benannte Vertretenmüssen ist nun aber nicht die Unmöglichkeit der Leistung, also das Leistungshindernis selbst, sondern nur die **Kenntnis** von diesem Leistungshindernis maßgeblich (wichtiger Satz, bitte mindestens noch einmal lesen!). Der Schuldner soll nach § 311a Abs. 2 Satz 1 BGB bei anfänglicher Unmöglichkeit nur dann für entstandenen Schaden oder getätigte Aufwendungen des Gläubigers einstehen müssen, wenn er seine vorvertragliche **Informationspflicht** verletzt hat. Und zwar in der Form, dass ihm schuldhaft nicht bekannt war, dass er zur Leistung von Anfang an außerstande gewesen ist. Wie das eigentliche Leistungshindernis (→ die anfängliche

Unmöglichkeit) zustande gekommen ist – also schuldhaft oder nicht schuldhaft –, spielt im Rahmen des § 311a BGB keine Rolle. Das Verschulden bei § 311a Abs. 2 BGB bezieht sich demnach allein auf die vom Schuldner verletzte Informationspflicht über seine Leistungsunfähigkeit (BGHZ **163**, 245; *Erman/Kindl* § 311a BGB Rz. 6; MüKo/ *Ernst* § 311a BGB Rz. 15; PWW/*Stürner* § 311a BGB Rz. 16; *Jauernig/Stadler* § 311a BGB Rz. 7; *Staudinger/Löwisch/Feldmann* § 311a BGB Rz. 46). Merken.

> **Beachte:** Keine Berücksichtigung finden deshalb die unsachgemäßen Arbeiten an der Beleuchtung der Garage durch R, obwohl er hiermit (fahrlässig!) den Brand und damit das eigentliche Leistungshindernis verursacht hat. Das haben wir ja gerade gesagt: Der § 311a BGB sanktioniert nur die schuldhafte Verletzung der vorvertraglichen **Informationspflicht** im Hinblick auf die Erfüllbarkeit des Vertrages (*Erman/Kindl* § 311a BGB Rz. 6; *Jauernig/Stadler* § 311a BGB Rz. 7; *Palandt/Grüneberg* § 311a BGB Rz. 2; *Altmeppen* in DB 2001, 1399). Dass der R am Tage vor dem Vertragsschluss fahrlässig die Ursache für das spätere Leistungshindernis gesetzt hat, ist daher unerheblich und begründet insbesondere für sich allein betrachtet keine Haftung aus § 311a BGB. Und das leuchtet übrigens auch ein: Denn vor Vertragsschluss bestehen natürlich auch noch keine Schutzpflichten an der Sache. Die Sache ist zu diesem Zeitpunkt ja weder verkauft noch an irgendjemand übereignet; vor Vertragsschluss trifft den Schuldner daher auch noch nicht die Pflicht, sein Leistungsvermögen zu erhalten. Denn es besteht zu diesem Zeitpunkt überhaupt noch keine Pflicht zu irgendeiner Leistung (*Jauernig/Stadler* § 311a BGB Rz. 5).

**ZE.:** Die fahrlässige Verursachung des Brandes kann nicht als Anknüpfungspunkt für eine haftungsbegründende Pflichtverletzung des Schuldners im Sinne von § 311a BGB herangezogen werden.

In Betracht kommt im Rahmen des § 311a Abs. 2 BGB demnach nur die schuldhafte Verletzung einer vorvertraglichen **Informationspflicht** des R im Hinblick auf die Erfüllbarkeit des mit K zu schließenden Vertrages. Dem R war insoweit allerdings zum einen nicht positiv bekannt, dass der Wagen zum Zeitpunkt des Vertragsschlusses um 14:00 Uhr seit einer halben Stunde verbrannt und damit nicht mehr lieferbar gewesen ist. Im Übrigen folgt aus den Umständen des Falles, dass der R diese Unkenntnis auch nicht als fahrlässig im Sinne des § 276 Abs. 2 BGB zu vertreten hat: Der Vertrag wurde um 14:00 Uhr geschlossen, um 13:30 Uhr brannte die Garage ab und um 13:00 Uhr hatte R das Haus verlassen. Dass R sich vor dem Vertragsschluss nicht noch mal nach Hause begeben hat, um zu sehen, ob die Garage noch steht (?!), kann nicht als Außerachtlassen der im Verkehr erforderlichen Sorgfalt im Hinblick auf die Verletzung seiner Informationspflicht gewertet werden. Daran hätte man etwa dann denken können, wenn der R drei Wochen nicht zuhause gewesen wäre oder aber seinen Wagen unabgeschlossen in einer zwielichtigen Gegend abgestellt hätte. R kann hier somit die Verschuldensvermutung des § 311a Abs. 2 Satz 2 BGB widerlegen.

**ZE.:** Zwar hatte R aus § 311a Abs. 2 BGB eine Informationspflicht bezüglich seiner persönlichen Leistungsfähigkeit. Er hat diese aber nicht schuldhaft verletzt. Eine Haftung des R nach § 311a Abs. 2 Satz 1 BGB ist daher wegen der Regelung des § 311a Abs. 2 Satz 2 BGB im vorliegenden Fall ausgeschlossen.

**Erg.:** Dem K steht gegen R kein Anspruch auf Schadens- oder Aufwendungsersatz aus § 311a Abs. 2 Satz 1 BGB zu.

**AGL.: §§ 280 Abs. 1, Abs. 3, 283 Satz 1, 275 Abs. 4 BGB**

**Aber:** Diese Normen stehen als Anspruchsgrundlage für rein vorvertragliche Pflichtverletzungen im Rahmen der mangelnden Information über die Leistungsfähigkeit seitens des Schuldners schon von vorneherein nicht zur Verfügung. Dafür nämlich hat der Gesetzgeber den § 311a BGB geschaffen und als abschließende Regelung ausgestaltet (BT-Drs. 14/6040 Seite 165; BGH BauR **2014**, 1291; BGHZ **180**, 205). Wenn der Schuldner seine vorvertragliche Informationspflicht verletzt, kann dies nicht als Unterfall der Pflichtverletzung im Sinne des allgemeinen Tatbestandes § 280 BGB gedeutet werden (ausdrücklich: BT-Drs. 14/6040 Seite 166). Die Schadensersatzpflicht bei anfänglicher Unmöglichkeit richtet sich allein nach § 311a BGB, der hier aber – wie eben gesehen – mangels Verschulden ausscheidet.

**Erg.:** Ein Anspruch aus den §§ 280 Abs. 1, Abs. 3, 283 Satz 1, 275 Abs. 4 BGB entfällt.

> **Zwischenstand:** So, wir haben also bislang gesehen, dass der Gläubiger im Falle einer von Anfang an unmöglichen Leistung ziemlich leer ausgeht, solange der Schuldner von dem Leistungshindernis nix wusste und dieses Nichtwissen auch nicht zu vertreten hat: Es gibt keinen Erfüllungsanspruch (wie soll das auch gehen?), keinen Anspruch auf Schadens- oder Aufwendungsersatz aus § 311a Abs. 2 BGB, denn der setzt ja wenigstens Fahrlässigkeit im Hinblick auf die Unkenntnis vom Leistungshindernis voraus; und schließlich scheitert § 280 BGB von vorneherein an der Anwendbarkeit, da § 311a BGB insoweit eine abschließende Regelung darstellt. Damit bleibt der Gläubiger demzufolge auf seinem Schaden bzw. seinen im Vertrauen auf die Erfüllbarkeit des Vertrages getätigten Aufwendungen sitzen.

Klingt irgendwie ein bisschen ungerecht. Interessant ist nun, dass der Gesetzgeber für einen vergleichbaren Fall – im Gegensatz zu § 311a Abs. 2 Satz 1 BGB – an anderer Stelle sogar einen verschuldensunabhängigen (!) Haftungstatbestand geschaffen hat. Die Rede ist vom Fall der Anfechtung wegen eines Irrtums bei der Abgabe einer Willenserklärung und der daraus resultierenden, verschuldensunabhängigen Ersatzpflicht nach **§ 122 Abs. 1 BGB**: Wenn jemand einem Irrtum bei der Abgabe einer Willenserklärung unterliegt, diese Willenserklärung wirksam anficht und der Geschäftspartner im Vertrauen auf die Gültigkeit dieser Erklärung dann einen Schaden erlitten hat, kann er diesen Schaden nach § 122 Abs. 1 BGB ersetzt verlangen; freilich ist dieser Schadensersatzanspruch begrenzt auf das negative Interesse, den sogenannten »Vertrauensschaden« (BGH NJW **1984**, 1950). Dieser Vertrauensschaden ist nun aber immer noch besser als gar nichts bzw. als das, was der § 311a Abs. 2 Satz 1 BGB wegen der Exkulpation aus § 311a Abs. 2 Satz 2 BGB ermöglicht bzw. verhindert. Und aus genau diesen Überlegungen folgert jetzt eine Meinung, dass bei nicht zu vertretender Unkenntnis des Schuldners im Hinblick auf das Leistungshindernis wenigstens der Vertrauensschaden des Gläubigers ersatzfähig sein soll und zieht dafür § 122 Abs. 1 BGB in **analoger** Anwendung als Anspruchsgrundlage heran (*Canaris* in JZ 2001, 499, 507; Hk/*Schulze* § 311a BGB Rz. 9). Also:

## AGL.: § 122 BGB analog

**Zum Fall:** Würde man sich dem anschließen, stünde K ein Ersatzanspruch aus § 122 BGB analog in Höhe des Vertrauensschadens zu, was den Ersatz der 150 Euro für die im Vertrauen auf die Erfüllbarkeit des Vertrages gekauften Bezüge bedeuten würde. **Aber:** Der Gesetzgeber hat die Frage, ob ein solcher Anspruch bestehen soll, in den Gesetzesmaterialien im Jahre 2001 ausdrücklich offen und damit den Gerichten und dem Schrifttum zur Lösung überlassen: Wörtlich heißt es bei BT-Drs. 14/6040 auf Seite 166, der von Herrn *Canaris* vorgeschlagene Weg über § 122 BGB sei ein »gangbarer Lösungsansatz«, der aber gesetzlich nicht festgeschrieben werden sollte. Die herrschende bis sogar allgemeine Meinung in der Literatur lehnt die analoge Anwendung des § 122 Abs. 1 BGB für den Fall der schuldlosen anfänglichen Unmöglichkeit allerdings ab, und zwar mit folgender Begründung:

> § 311a Abs. 2 BGB stellt für Ersatzansprüche ausdrücklich auf das Verschuldensprinzip ab (BT-Drs. 14/6040 Seite 124; MüKo/*Ernst* § 311a BGB Rz. 41; *Palandt/ Grüneberg* § 311a BGB Rz. 1). Ansonsten soll eine Haftung bei anfänglicher Unmöglichkeit grundsätzlich ausgeschlossen sein (MüKo/*Ernst* § 311a BGB Rz. 41; *Jauernig/Stadler* § 311a BGB Rz. 12). Das negative Interesse, das über eine Analogie zu § 122 BGB verschuldensunabhängig eingefordert werden könne, entspricht im Zweifel aber genau dem, was der Gläubiger über § 311a Abs. 2 BGB in Verbindung mit § 284 BGB ansonsten nur bei **Vertretenmüssen** des Schuldners verlangen kann (BT-Drs. 14/6040 Seite 124; NK/*Dauner-Lieb* § 311a BGB Rz. 30). Die Anwendung des § 122 BGB würde wegen § 122 Abs. 2 BGB zudem nur systemgerecht erfolgen können, wenn es sich um einen Fall des beiderseitigen Irrtums handelt; dieser aber soll nach dem Willen des Gesetzgebers nur über den Wegfall der Geschäftsgrundlage nach § 313 BGB erfasst werden (BGHZ **191**, 137; *Staudinger/Löwisch/Feldmann* § 311a BGB Rz. 53; MüKo/*Ernst* § 311a BGB Rz. 41; *Dötsch* in ZGS 2002, 164). Schließlich führt eine verschuldensunabhängige Haftung zurück zur sogenannten »Garantiehaftung« des früheren Rechts (vor 2002), die aber wegen ihrer zur Begründung herangezogenen Billigkeitserwägungen keinen Eingang mehr in das Schuldrecht finden sollte (BT-Drs. 14/6040 Seite 165; MüKo/*Ernst* § 311a BGB Rz. 41; PWW/*Stürner* § 311a BGB Rz. 20; NK/*Dauner-Lieb* § 311a BGB Rz. 30; *Erman/Kindl* § 311a BGB Rz. 5a; *Palandt/Grüneberg* § 311a BGB Rz. 15).

**Für die Klausur:** Wenn einem so etwas in der Klausur einfällt, ist das natürlich bestens. Da man das aber von einem »normalen« Rechtsstudenten in dieser Form kaum wird verlangen können, dürfte es für eine vernünftige Note schon reichen, den Korrektor **kurz** auf die mögliche Lösung über § 122 BGB analog hinzuweisen, ihm dann aber mitzuteilen, dass eine Anwendung im Ergebnis ausscheidet, da ansonsten der Gesetzeszweck des § 311a Abs. 2 BGB umgangen würde. Darüber wird sich der Prüfer schon freuen, sodass die Begründung durchaus knappgehalten werden darf. Wie man das dann argumentativ am sinnvollsten macht, steht weiter unten im Gutachten. Nachlesen schadet wahrscheinlich nicht.

**Erg.:** Ein Anspruch auf Ersatz des Vertrauensschadens in analoger Anwendung des § 122 Abs. 1 BGB kommt nicht in Betracht. Der K geht damit insgesamt leer aus und bleibt auf den Kosten für die Lammfellbezüge ebenso sitzen wie er keinen Anspruch auf den entgangenen Gewinn in Höhe von 500 Euro hat.

## Gutachten

Und jetzt kommt, wie oben im Vorspann (vgl. dort: »Zur Arbeit mit diesem Buch«) schon angekündigt, die ausformulierte Lösung, also das, was man dem Prüfer als Klausurlösung des gestellten Falles vorsetzen sollte, das **Gutachten**.

**Hierzu vorab noch zwei Anmerkungen:**

**1.)** Zunächst ist wichtig zu verstehen, dass diese ausformulierte Lösung – also das Gutachten – sich sowohl vom Inhalt als auch vom Stil her maßgeblich von dem eben dargestellten Lösungsweg, der ausschließlich der **inhaltlichen** Erarbeitung der Materie diente, unterscheidet: In der ausformulierten (Klausur-)Lösung nämlich haben sämtliche Verständniserläuterungen nichts zu suchen. Da darf nur das rein, was den konkreten Fall betrifft und ihn zur Lösung bringt. Inhaltlich darf sich die Klausurlösung, die man dann zur Benotung abgibt, ausschließlich auf die gestellte Fall-Frage beziehen. Abschweifungen, Erläuterungen oder Vergleiche, wie wir sie oben in den Lösungsweg haufenweise zur Erleichterung des Verständnisses eingebaut haben, dürfen nicht in das Niedergeschriebene aufgenommen werden. Die ausformulierte Lösung ist mithin deutlich kürzer und inhaltlich im Vergleich zum gedanklichen Lösungsweg erheblich abgespeckt. Wie gesagt, es darf nur das rein, was den konkreten Fall löst. Alles andere ist überflüssig und damit – so ist das bei Juristen – **falsch**.

**2.)** Man sollte sich als Jura-StudentIn rechtzeitig darüber im Klaren sein, dass die Juristerei eine Wissenschaft ist, bei der – mit ganz wenigen Ausnahmen – nur das geschriebene Wort zählt. Sämtliche Gedanken und gelesenen Bücher sind leider so gut wie wertlos, wenn die gewonnenen Erkenntnisse vom Kandidaten nicht vernünftig, das heißt in der juristischen Gutachten- bzw. Subsumtionstechnik, zu Papier gebracht werden können. Die Prüfungsaufgaben bei den Juristen, also die Klausuren und Hausarbeiten, werden nämlich bekanntermaßen **geschrieben**, und nur dafür gibt es dann auch die Punkte bzw. Noten. Übrigens auch und gerade im Examen. Deshalb ist es außerordentlich ratsam, frühzeitig die für die juristische Arbeit ausgewählte (Gutachten-)Technik zu erlernen. Die Gutachten zu den Fällen stehen aus genau diesem Grund hier stets im Anschluss an den jeweiligen Lösungsweg und sollten im höchsteigenen Interesse dann auch nachgelesen werden. Es ist nur geringer Aufwand, hat aber einen beachtlichen Lerneffekt, denn der Leser sieht jetzt, wie das erworbene Wissen tatsächlich nutzbar gemacht wird. Wie gesagt: In der juristischen Prüfungssituation zählt nur das **geschriebene** Wort. Alles klar!?

**Und hier kommt der (Gutachten-)Text für unseren ersten Fall:**

**I.) K kann gegen R einen Anspruch auf Übergabe und Übereignung des Wagens aus § 433 Abs. 1 Satz 1 BGB haben.**

Der Anspruch auf Lieferung des Wagens muss zunächst entstanden sein. K und R haben um 14:00 Uhr gemäß § 433 Abs. 1 Satz 1 BGB einen entsprechenden Kaufvertrag geschlossen. Nach § 275 Abs. 1 BGB ist die Leistungspflicht des Schuldners jedoch ausgeschlossen, wenn ihm die Leistung unmöglich ist. Unmöglichkeit im Sinne des § 275 Abs. 1 BGB liegt vor, wenn der Schuldner noch nicht geleistet hat und entweder er oder niemand die Leistung mehr erbringen kann. Das in Rede stehende Fahrzeug ist bereits vor dem Vertragsschluss verbrannt. Daher kann weder R noch ein Dritter den Anspruch auf Übergabe und Übereignung erfüllen. Es liegt somit ein Fall von anfänglicher objektiver Unmöglichkeit vor. Der Anspruch des K gegen R auf Erfüllung des Vertrages ist damit gemäß § 433 Abs. 1 Satz 1 BGB nicht entstanden.

**Ergebnis**: K hat gegen R keinen Anspruch auf Lieferung des Wagens.

**II.) R kann gegen K einen Anspruch auf Kaufpreiszahlung aus § 433 Abs. 2 BGB haben.**

**1.)** Der Anspruch der R kann sich aus § 433 Abs. 2 BGB ergeben. In Fällen, in denen der Schuldner nach § 275 BGB nicht zu leisten braucht, verliert aber der Gläubiger nach § 326 Abs. 1 BGB grundsätzlich auch den Anspruch auf die Gegenleistung. Für einen Ausnahmefall nach § 326 Abs. 2 BGB bietet der Sachverhalt keine Anhaltspunkte. Der Anspruch des R gegen K auf Zahlung des Kaufpreises aus § 433 Abs. 2 BGB ist mithin gemäß § 326 Abs. 1 BGB untergegangen.

**Ergebnis**: R hat gegen K keinen Anspruch auf Zahlung des Kaufpreises.

**III.) K kann gegen R einen Anspruch auf Schadensersatz aus §§ 311a Abs. 2 Satz 1, 275 Abs. 4 BGB haben.**

**1.)** Gemäß § 311a Abs. 2 Satz 1 BGB kann der Gläubiger, wenn die Voraussetzungen von § 311a Abs. 1 BGB vorliegen, nach seiner Wahl Schadensersatz statt der Leistung oder Ersatz seiner Aufwendungen verlangen. Das von R geschuldete Fahrzeug ist untergegangen. Damit liegt ein anfängliches Leistungshindernis, wie es § 311a Abs. 1 BGB voraussetzt, vor. Gemäß § 311a Abs. 2 Satz 2 BGB gilt die Ersatzpflicht jedoch nicht, wenn der Schuldner das Leistungshindernis bei Vertragsschluss nicht kannte und seine Unkenntnis auch nicht zu vertreten hat. § 311a Abs. 2 BGB sanktioniert damit die schuldhafte Verletzung einer Informationspflicht des Schuldners im Hinblick auf seine Leistungsfähigkeit und stellt insoweit eine Vermutung zulasten des Schuldners auf. Die Informationspflicht hat R im vorliegenden Fall dadurch verletzt, dass er vor Vertragsschluss gegen 14:00 Uhr nicht sichergestellt hatte, zur Leistung des Fahrzeugs auch imstande zu sein.

**2.)** Fraglich ist jedoch, ob R seine Unkenntnis vom Leistungshindernis auch zu vertreten hatte. Das Vertretenmüssen richtet sich nach § 276 BGB. Demnach hat der Schuldner grundsätzlich Vorsatz und Fahrlässigkeit zu vertreten. R war nicht positiv bekannt, dass der Wagen zum Zeitpunkt des Vertragsschlusses um 14:00 Uhr seit einer halben Stunde verbrannt und damit nicht mehr lieferbar gewesen ist. R, der erst um 13.00 Uhr das Haus verlassen hatte, musste sich vor dem Vertragsschluss auch nicht nochmals vergewissern, dass das Auto noch verfügbar war. Es verstieß insoweit nicht gegen die im Verkehr erforderliche Sorgfalt und handelte in Bezug auf seine Unkenntnis somit nicht fahrlässig. Demnach kann R die Verschuldensvermutung des § 311a Abs. 2 Satz 2 BGB widerlegen. Zwar hatte R aus § 311a Abs. 2 BGB eine Informationspflicht bezüglich seiner persönlichen Leistungsfähigkeit. Er hat diese aber nicht schuldhaft verletzt. Eine Haftung des R nach § 311a Abs. 2 Satz 1 BGB ist daher wegen § 311a Abs. 2 Satz 2 BGB ausgeschlossen.

**Ergebnis**: K hat keinen Anspruch aus §§ 311a Abs. 2 Satz 1, 275 Abs. 4 BGB.

**IV.) K kann gegen R einen Anspruch auf Schadensersatz aus § 122 BGB analog haben.**

Ob § 122 BGB in Fällen wie dem vorliegenden entsprechend herangezogen werden kann, ist umstritten: Nach einer Meinung soll bei nicht zu vertretender Unkenntnis des Schuldners im Hinblick auf das Leistungshindernis wenigstens der Vertrauensschaden des Gläubigers ersatzfähig sein. Demnach stünde K ein Ersatzanspruch aus § 122 BGB analog in Höhe des Vertrauensschadens zu, was konkret den Ersatz der 150 Euro für die im Vertrauen auf die Erfüllbarkeit des Vertrages gekauften Bezüge bedeuten würde. Es ist jedoch zu berücksichtigen, dass § 311a Abs. 2 BGB für Ersatzansprüche ausdrücklich auf das Verschuldensprinzip abstellt. Ansonsten soll eine Haftung bei anfänglicher Unmöglichkeit grundsätzlich ausgeschlossen sein. Das negative Interesse, das über eine Analogie zu § 122 BGB verschuldensunabhängig eingefordert werden könne, entspricht im Zweifel dem, was der Gläubiger über § 311a Abs. 2 BGB in Verbindung mit § 284 BGB ansonsten nur bei Vertretenmüssen des Schuldners verlangen kann. Die Anwendung des § 122 BGB würde wegen § 122 Abs. 2 BGB im Übrigen nur systemgerecht erfolgen können, wenn es sich um einen Fall des beiderseitigen Irrtums handelt; dieser aber soll nach dem Willen des Gesetzgebers ausschließlich über den Wegfall der Geschäftsgrundlage nach § 313 BGB erfasst werden. Schließlich würde eine verschuldensunabhängige Haftung zurück zur sogenannten »Garantiehaftung« des früheren Rechts führen, die aber wegen ihrer zur Begründung herangezogenen Billigkeitserwägungen keinen Eingang mehr in das geänderte Schuldrecht finden sollte. Ein Anspruch auf Ersatz des Vertrauensschadens in analoger Anwendung des § 122 Abs. 1 BGB scheidet demnach aus.

**Ergebnis**: K hat keinen Anspruch auf Schadensersatz aus § 122 Abs. 1 BGB analog.

# Fall 2

# Ronaldo

Hobby-Trainer T hat beim Sportartikelhändler H für seine Fußball-Mannschaft 20 Bälle der Marke »Ronaldo« zum Gesamtpreis von 500 Euro bestellt. H und T haben zudem vereinbart, dass T die Bälle abholt, sobald sie bei H verfügbar sind. Vier Tage später hat H die Bälle von seinem Lieferanten erhalten, in zwei Kisten zu je zehn Exemplaren abgepackt und an einer separaten Stelle seines Lagers deponiert. Da es bereits nach Geschäftsschluss ist, schreibt H zwar noch ein entsprechendes Fax an T, will dies aber erst am nächsten Morgen übersenden. In der Folgenacht brennt ohne Verschulden des H die Lagerhalle seines Geschäfts nieder. Der ahnungslose T erkundigt sich zwei Wochen später nach dem Verbleib der Bälle. H schildert die Ereignisse und erklärt, er könne zwar noch die entsprechenden Bälle besorgen, diese kosteten aber wegen der enorm gestiegenen Nachfrage jetzt 600 Euro, sein Lieferant habe kurzfristig die Preise erhöht. T meint, das sei nicht sein Problem. Er verlangt vielmehr von H weiterhin 20 Bälle zum Preis von 500 Euro.

**Zu Recht?**

---

**Schwerpunkte:** Gattungsschuld/Stückschuld; die Konkretisierung nach § 243 Abs. 2 BGB; der Begriff der »Leistungsgefahr«; der Untergang des Leistungsanspruchs nach § 275 Abs. 1 BGB; der Begriff der Unmöglichkeit; die Abgrenzung zur Regelung des § 326 BGB; die Leistungspflicht des Schuldners bei der Holschuld.

---

## Lösungsweg

### Anspruch des T gegen H auf Lieferung der Bälle zum Preis von 500 Euro

<u>AGL.:</u> **§ 433 Abs. 1 Satz 1 BGB** (Lieferungsanspruch aus dem Kaufvertrag)

**I.)** Durch den Abschluss des Vertrages ist der Anspruch auf Lieferung der 20 Bälle (Marke: »Ronaldo«) zum Preis von 500 Euro aus § 433 Abs. 1 Satz 1 BGB entstanden.

**II.)** Es fragt sich aber, ob dieser Anspruch aus § 433 Abs. 1 Satz 1 BGB aufgrund des Brandes und der damit verbundenen Zerstörung der Bälle wieder untergegangen ist. In Betracht kommt der Ausschluss des Lieferungsanspruchs nach § 275 Abs. 1 BGB (aufschlagen!).

**Wiederholung:** Das haben wir im ersten Fall vorne zwar schon gelernt, wollen es uns aber gerade trotzdem noch mal in Erinnerung rufen: Bei der Frage des Untergangs des Erfüllungsanspruchs aus § 433 Abs. 1 BGB darf man nicht den Fehler machen, mit § 326 Abs. 1 Satz 1 BGB zu arbeiten und diese Norm dann für den Anspruchsuntergang heranzuziehen, denn: Der § 326 Abs. 1 BGB befasst sich nur mit dem Schicksal der Gegenleistung, und die Gegenleistung meint immer die **Geldzahlung**. In unserem Fall ist aber nicht nach der Zahlungspflicht gefragt, sondern wir wollen ja wissen, ob dem T weiterhin der Lieferungsanspruch (= **Leistung**) zum Preis von 500 Euro zusteht. Wir brauchen deshalb bei der vorliegenden Fallfrage nach der Lieferung der Kaufsache eine Norm, die regelt, unter welchen Umständen die Leistungspflicht erlischt oder ausgeschlossen ist. Und genau das steht in § 275 Abs. 1 BGB, während der § 326 Abs. 1 BGB regelt, wann die Pflicht zur Gegenleistung entfällt. Merken.

### Zurück zu § 275 Abs. 1 BGB:

**Voraussetzungen:** Der Anspruch des T auf Lieferung der Bälle zum Preis von 500 Euro ist dann ausgeschlossen, wenn diese Leistung für den Schuldner oder für jedermann unmöglich ist (vgl. BGHZ **201**, 148; BGHZ **188**, 71).

> **Definition:** Unmöglichkeit im Sinne des § 275 Abs. 1 BGB liegt vor, wenn **1.)** der Schuldner noch nicht geleistet hat und **2.)** entweder **er** (dann → subjektive Unmöglichkeit = **Unvermögen**) oder **niemand** die Leistung mehr erbringen kann (dann → objektive Unmöglichkeit).

### Subsumtion:

**1.)** Zunächst einmal darf die Leistung von H noch nicht erbracht worden sein. Aus dem mit T geschlossenen Kaufvertrag war der H gemäß **§ 433 Abs. 1 Satz 1 BGB** verpflichtet, dem T die Sache zu übergeben und ihm das Eigentum zu verschaffen. Das aber ist offensichtlich noch nicht geschehen, denn H hat dem T die Sachen weder übergeben noch dem T das Eigentum nach § 929 Satz 1 BGB verschafft; die Bälle lagen lediglich im Lager des H zur Abholung bereit.

<u>ZE.:</u> Die erste Voraussetzung der Unmöglichkeit im Rahmen des § 275 Abs. 1 BGB ist demnach erfüllt.

**2.)** Des Weiteren ist nach der Definition von oben erforderlich, dass entweder der H (dann wäre es subjektive Unmöglichkeit = Unvermögen) oder aber niemand mehr (dann wäre es objektive Unmöglichkeit) die geschuldete Leistung erbringen kann.

> **Aufgepasst:** Jetzt wird es interessant, folgender Gedankengang muss verstanden werden: Einfach nur Bälle der Marke »Ronaldo« sind fraglos noch lieferbar, sie kosten eben jetzt nur 100 Euro mehr, sind aber in jedem Falle noch zu beschaffen. Und betrachtet man allein diese Sicht der Dinge, müsste eigentlich klar sein, dass sowohl der H selbst als auch noch jeder andere grundsätzlich imstande ist, die geschuldete Leistung (→ Eigentumsverschaffung an 20 Bällen der Marke »Ronaldo«) zu erbrin-

gen, nur eben zu einem erhöhten Preis. Die Leistung wäre demzufolge **nicht** unmöglich im Sinne des § 275 Abs. 1 BGB mit der Konsequenz, dass die Leistungspflicht auch nicht ausgeschlossen wäre. H müsste demnach neue Bälle besorgen und dem T zum Preis von 500 Euro auch liefern (→ seine Pflicht aus § 433 Abs. 1 BGB!).

**Aber:** Dieses Ergebnis sähe dann anders aus, wenn H nicht nur einfach Bälle der Marke »Ronaldo« schuldet, sondern sich das Schuldverhältnis zum Zeitpunkt des Brandes bereits auf die von H aussortierten Bälle beschränkt hatte. **Diese** Bälle nämlich sind zerstört worden mit der Konsequenz, dass **diese** Bälle weder der H noch sonst irgendjemand leisten könnte. In diesem Fall läge dann tatsächlich objektive Unmöglichkeit vor, wie gesagt, *diese* Bälle könnte niemand mehr leisten. Die Leistungspflicht zur Lieferung der Bälle zum Preis von 500 Euro wäre unter diesen Umständen nach § 275 Abs. 1 BGB erloschen (vgl. *Staudinger/Schiemann* § 243 BGB Rz. 38). **Konsequenz:** Die Frage, ob der Lieferungsanspruch des T gegen H aus § 433 Abs. 1 BGB infolge von Unmöglichkeit nach § 275 Abs. 1 BGB wieder untergegangen ist, entscheidet sich danach, ob sich das Schuldverhältnis (→ der Kaufvertrag zwischen H und T) bereits auf die verbrannten Bälle beschränkt hatte.

Unter welchen Umständen sich ein Schuldverhältnis auf eine bestimmte (*diese*) Sache beschränkt, regelt der § 243 Abs. 2 BGB (aufschlagen!) Wir lesen bitte sehr sorgfältig den Gesetzestext ab:

> »Hat der Schuldner das zur Leistung einer solchen Sache seinerseits Erforderliche getan, so beschränkt sich das Schuldverhältnis auf **diese** Sache.«

**Durchblick:** Der in § 243 Abs. 2 BGB beschriebene Vorgang ist die berühmte Umwandlung einer Gattungsschuld in eine Stückschuld und wird bezeichnet als »Konkretisierung« (*Medicus/Lorenz* SR I Rz. 195; *Staudinger/Schiemann* § 243 BGB Rz. 38; MüKo/*Emmerich* § 243 BGB Rz. 23; *Palandt/Grüneberg* § 243 BGB Rz. 5). Wenn sich das Schuldverhältnis auf **diese** Sache beschränkt, dann ist die ursprüngliche Gattungsschuld konkretisiert worden zur Stückschuld.

> **Beachte bitte:** Das Gesetz kennt und benutzt die Begriffe der »Stückschuld«, »Gattungsschuld« und »Konkretisierung« übrigens gar nicht, lediglich das Wort »Gattungsschuld« taucht **einmal**, und das auch nur in einer Überschrift, auf (bitte aufschlagen: § 243 BGB). Man muss in der Fallprüfung deshalb immer schön vorsichtig sein und darf die Worte nicht an der falschen Stelle bringen. Am besten hält man sich zunächst mal an die Formulierung des Gesetzes in § 243 Abs. 2 BGB. Das werden wir auch gleich tun, wollen uns vorher aber bitte noch Folgendes klarmachen:

Die Konsequenzen der Umwandlung einer Gattungsschuld in eine Stückschuld sind sehr beachtlich, wie wir am vorliegenden Fall sehen können, **denn**: Sollte sich das Schuldverhältnis bereits auf **diese** Bälle (die verbrannten Exemplare) konkretisiert haben (= Stückschuld), ist die Leistungspflicht ausgeschlossen, denn **diese** Bälle kann offensichtlich niemand mehr leisten. Es läge – wir sagten es oben bereits – dann ein Fall von Unmöglichkeit vor und § 275 Abs. 1 BGB wäre anwendbar (vgl. *Staudinger/*

*Schiemann* § 243 BGB Rz. 38). H bräuchte keine neuen Bälle mehr zu beschaffen. Wenn sich das Schuldverhältnis hingegen noch nicht auf **diese** Bälle beschränkt hätte (= Gattungsschuld), wäre die Lieferung nach wie vor möglich und § 275 Abs. 1 BGB fände keine Anwendung, H müsste in diesem Fall die Bälle neu besorgen; das Risiko der Preiserhöhung (bei seinem Lieferanten) hätte er dann selbst zu tragen. Und dieses Risiko der Neubeschaffung der Ware nennt man – vorläufig letztes neues Wort – die »Leistungsgefahr«: Das ist die Gefahr, trotz Untergangs der Leistung (= der Sache), auf eigene Kosten eine neue Sache besorgen und liefern bzw. **leisten** zu müssen (MüKo/*Ernst* § 275 BGB Rz. 25; *Palandt/Grüneberg* § 243 BGB Rz. 7; *Medicus/Lorenz* SR I Rz. 162; *Brox/Walker* AS § 22 Rz. 30). Merken.

---

Unter welchen Umständen sich die eben benannte Konkretisierung – also die Umwandlung der Gattungsschuld in eine Stückschuld – vollzieht, steht glücklicherweise in § 243 Abs. 2 BGB drin: Voraussetzung ist nämlich, dass der Schuldner das zur Leistung »seinerseits Erforderliche« getan hat. Wann der Schuldner nun dieses seinerseits Erforderliche im Sinne des § 243 Abs. 2 BGB getan hat, hängt wiederum davon ab, welche Leistungspflicht er im konkreten Fall nach der vertraglichen Vereinbarung schuldet. Der Umfang der Leistungspflicht bestimmt sich danach, ob zwischen den Parteien eine Hol-, Bring- oder Schickschuld vereinbart worden ist.

---

**Prüfen wir mal:** Hier in unserem Fall war vertraglich abgesprochen, dass T die Bälle bei H abholt. Das ist ohne Zweifel die Vereinbarung einer sogenannten **Holschuld**, was übrigens den gesetzlichen (lies: § 269 Abs. 1 BGB) und auch den im richtigen Leben praktischen Normalfall darstellt.

Bei einer solchen **Holschuld** ist der Schuldner verpflichtet,

→ die Ware zu beschaffen,

→ sie auszusondern und bereitzustellen sowie

→ den Gläubiger zu benachrichtigen, dass die Ware abgeholt werden kann.

Unser H hat die Bälle beschafft, verpackt und an einer separaten Stelle seiner Lagerhalle deponiert. Dies erfüllt fraglos schon mal die ersten beiden gerade genannten Voraussetzungen. Das Problem liegt nun aber offensichtlich beim dritten Punkt, nämlich der Benachrichtigung des Gläubigers. Die Frage lautet, was genau der Schuldner für diese Benachrichtigung alles tun muss. In unserem Fall hat der H zwar das Fax geschrieben, es aber noch nicht an T gesendet; dies wollte H am nächsten Morgen erledigen. Vorher sind die Bälle dann allerdings durch den Brand vernichtet worden. Es fragt sich, ob bereits das **Anfertigen** des Fax – also die Benachrichtigungserklärung an den Gläubiger – ausreicht, um den Erfordernissen der Leistungspflicht des Schuldners bei der Holschuld zu genügen.

Im Ergebnis wird man dies natürlich verneinen müssen. Zur Begründung hilft folgender uralter Merksatz des Reichsgerichts aus dem Jahre 1904 (!):

> Der Schuldner hat erst dann das seinerseits Erforderliche im Sinne des § 243 Abs. 2 BGB getan, wenn er alles getan hat, sodass ihm zu tun nichts mehr übrigbleibt (RGZ **57**, 402, 404; vgl. auch BGH WM **1975**, 917; BGH WM **1964**, 1023).

Hübscher und vor allem ziemlich alter Satz, den man sich aber trotzdem bitte merken sollte – und der **Folgendes** besagt: Der Schuldner muss, will er die Konkretisierung im Sinne des § 243 Abs. 2 BGB herbeiführen, **ALLES** getan haben, was nach dem Inhalt des Schuldverhältnisses von seiner Seite aus ohne Mitwirkung des Gläubigers zur Erfüllung möglich und notwendig ist (RGZ **57**, 402, 404; BGH WM **1975**, 917; MüKo/*Emmerich* § 243 BGB Rz. 26). Er muss eben alles tun, »… sodass ihm zu tun nichts mehr übrig bleibt …«.

> Hier können wir nun recht problemlos feststellen, dass der Schuldner H eben noch nicht alles getan hat, sodass ihm zu tun nichts mehr übriggeblieben wäre. Denn H hätte den T über die Bereitstellung der Ware informieren bzw. ihn benachrichtigen müssen; wie sonst soll der Gläubiger wissen, ob und wann er die Ware abholen kann?! Diese Benachrichtigung gehört deshalb zum Pflichtenkreis des Schuldners und muss mithin zwingend von ihm auch veranlasst werden (**unstreitig**: RGZ **57**, 402; *Erman/Westermann* § 243 BGB Rz. 15; *Palandt/Grüneberg* § 243 BGB Rz. 5; *Staudinger/Schiemann* § 243 BGB Rz. 36/37; *Soergel/Arnold* § 243 BGB Rz. 10). Der Schuldner hat bei der Holschuld erst dann das seinerseits Erforderliche im Sinne des § 243 Abs. 2 BGB getan, wenn er den Gläubiger tatsächlich benachrichtigt hat (*Soergel/Arnold* § 243 BGB Rz. 13).

Das aber war bislang noch nicht geschehen, unser H hatte das Fax lediglich geschrieben, aber noch nicht an T gesendet. Der H hat somit im Hinblick auf seine Leistungspflicht noch nicht alles Erforderliche getan. Er hätte das Fax an T zumindest absenden müssen, denn dies war ihm ohne Mitwirkung des Gläubigers T möglich und damit auch erforderlich.

**Folge:** H hat also noch nicht sämtliche Handlungen, zu denen er aufgrund der vereinbarten Holschuld verpflichtet war, vorgenommen. Er hatte die Ware zwar beschafft, ausgesondert und bereitgestellt, den Käufer aber noch nicht benachrichtigt.

<u>ZE.:</u> H hat somit nicht das seinerseits Erforderliche im Sinne des § 243 Abs. 2 BGB getan mit der Konsequenz, dass auch die Rechtsfolge des § 243 Abs. 2 BGB nicht eintritt: Das Schuldverhältnis war zum Zeitpunkt des Brandes also noch **nicht** auf **diese** Sache (**diese** Bälle) beschränkt. Es ist noch nicht zur Umwandlung der Gattungsschuld in eine Stückschuld gekommen.

<u>ZE.:</u> Daraus ergibt sich, dass die Lieferung von 20 Bällen der Marke »Ronaldo« weiterhin problemlos möglich ist, entsprechende Bälle aus der Gattung sind ja noch vorhanden.

ZE.: Und daraus ergibt sich, dass **kein** Fall der Unmöglichkeit oder des Unvermögens gemäß § 275 Abs. 1 BGB im Hinblick auf die Leistungspflicht vorliegt, H kann tatsächlich noch leisten (Gattungsschuld!).

ZE.: Die Voraussetzungen des § 275 Abs. 1 BGB sind demnach **nicht** erfüllt.

ZE.: Der Anspruch des T gegen H auf Lieferung der 20 Bälle zum Preis von 500 Euro aus § 433 Abs. 1 BGB ist somit nicht nach § 275 Abs. 1 BGB untergegangen, er besteht weiterhin fort.

**Ergebnis:** Der T kann folglich von H die 20 Bälle zum Preis von 500 Euro aus § 433 Abs. 1 Satz 1 BGB fordern. H trägt im vorliegenden Fall die Leistungsgefahr, also das Risiko der Beschaffung neuer Ware, auch wenn dies zwischenzeitlich nur zu einem erhöhten Preis möglich ist.

### Kurzer Nachschlag noch:

Eigentlich eine ziemlich einfache Prüfung, wenn man sich nur an die geschriebenen Voraussetzungen der §§ 275 Abs. 1, 243 Abs. 2 BGB hält und dann schön sorgfältig Schritt für Schritt im Schema bleibt. Fälle der vorliegenden Art tauchen gnadenlos häufig in universitären Übungen und auch im Examen auf, weil man hier nämlich prima überprüfen kann, ob die Kandidaten das Grundmuster der Unmöglichkeitsprüfung bei § 275 Abs. 1 BGB und der Konkretisierung im Rahmen des § 243 Abs. 2 BGB verstanden haben. Zumeist scheitern die Studenten dann aber leider daran, dass sie zwar die Begriffe **Unmöglichkeit**, **Stückschuld**, **Gattungsschuld** und **Konkretisierung** kennen, sie allerdings nicht an der richtigen Stelle bzw. in der zutreffenden Reihenfolge bringen und insbesondere den Wortlaut des Gesetzes (→ § 243 Abs. 2 BGB) schlicht ignorieren. Diesen Fehler bitte in Zukunft nicht mehr machen, sondern das Prüfungsschema bzw. den Aufbau unseres Lösungsweges oben beachten: Der Weg zur richtigen Lösung führt stets über den Begriff der »Unmöglichkeit«, und das Vorliegen dieser Unmöglichkeit hängt bei den Fällen der Gattungsschuld dann immer davon ab, ob bereits eine Konkretisierung nach § 243 Abs. 2 BGB (→ Umwandlung zur Stückschuld) eingetreten ist. Wie man diese Konkretisierung prüft, haben wir oben gesehen und werden das Ganze übrigens im nächsten Fall gleich noch mal machen, dann aber mit gesteigertem Schwierigkeitsgrad.

# Gutachten

**T kann gegen H einen Anspruch auf Lieferung der Bälle zum Preis von 500 Euro aus § 433 Abs. 1 Satz 1 BGB haben.**

**I.)** Durch den Abschluss des Vertrages ist der Anspruch auf Lieferung der Bälle zum Preis von 500 Euro zunächst entstanden.

**II.)** Es fragt sich aber, ob dieser Anspruch auf Lieferung der Bälle aus § 433 Abs. 1 Satz 1 BGB aufgrund des Brandes und der damit verbundenen Zerstörung der Bälle nicht wieder untergegangen ist. In Betracht kommt insoweit ein Untergang des Lieferungsanspruchs nach der Vorschrift des § 275 Abs. 1 BGB. Dann müssen die Voraussetzungen von § 275 Abs. 1 BGB vorliegen. Der Anspruch des T auf Lieferung der Bälle zum Preis von 500 Euro ist dann ausgeschlossen, wenn diese Leistung für den Schuldner oder für jedermann unmöglich ist. Eine Unmöglichkeit im Sinne des § 275 Abs. 1 BGB liegt dann vor, wenn der Schuldner noch nicht geleistet hat und entweder er oder niemand die Leistung mehr erbringen kann.

**1.)** Aus dem mit T geschlossenen Kaufvertrag war der H gemäß § 433 Abs. 1 Satz 1 BGB verpflichtet, dem T die Sache zu übergeben und ihm das Eigentum zu verschaffen. Das ist noch nicht geschehen, denn H hat dem T die Sachen weder übergeben noch ihm das Eigentum verschafft; die Bälle lagen lediglich im Lager des H zur Abholung bereit. Die geschuldete Leistung ist von H somit nicht erbracht worden.

**2.)** Des Weiteren ist zu prüfen, inwieweit die Leistung überhaupt noch zu erbringen ist. Fraglich ist in diesem Zusammenhang insbesondere, was die vertraglich geschuldete Leistung war. Bestand diese in der Eigentumsverschaffung an 20 Bällen der Marke »Ronaldo« so gilt Folgendes: Bälle der Marke »Ronaldo« sind mangels entgegenstehender Angaben im Sachverhalt noch lieferbar. Sie kosten zwar 100 Euro mehr, sind aber grundsätzlich noch zu beschaffen. Demnach kann sowohl H selbst als auch jeder andere die geschuldete Leistung noch erbringen. Die Leistung wäre demzufolge nicht unmöglich im Sinne des § 275 Abs. 1 BGB mit der Konsequenz, dass die Leistungspflicht auch nicht ausgeschlossen wäre. H müsste demnach neue Bälle besorgen.

Etwas anderes ergibt sich jedoch, wenn H nicht nur Bälle der Marke »Ronaldo« schuldet, sondern sich das Schuldverhältnis zum Zeitpunkt des Brandes bereits auf die aussortierten Bälle beschränkt hatte. Diese Bälle nämlich sind zerstört worden mit der Konsequenz, dass diese Bälle weder der H noch sonst irgendjemand leisten kann. In diesem Fall läge objektive Unmöglichkeit vor.

Es kommt daher darauf an, ob sich das Schuldverhältnis zwischen T und H bereits auf die verbrannten Bälle beschränkt hatte. Unter welchen Umständen sich ein Schuldverhältnis auf eine bestimmte Sache beschränkt, regelt § 243 Abs. 2 BGB. Demnach beschränkt sich das Schuldverhältnis auf eine ganz bestimmte Sache, wenn der Schuldner das zur Leistung einer solchen Sache seinerseits Erforderliche getan. Diesen Vorgang der Umwandlung einer Gattungsschuld in eine Stückschuld bezeichnet man als »Konkretisierung«. Der Schuldner hat dann das seinerseits Erforderliche im Sinne des § 243 Abs. 2 BGB getan, wenn er alles getan hat, sodass ihm zu tun nichts mehr übrigbleibt. Wann der Schuldner dieses seinerseits Erforderliche im Sinne des § 243 Abs. 2 BGB getan hat, hängt davon ab, welche Leistungspflicht er im konkreten Fall nach der vertraglichen Vereinbarung schuldet. Der Umfang der Leistungspflicht bestimmt sich danach, ob eine Hol-, Bring- oder Schickschuld vereinbart worden ist.

Im vorliegenden Fall war vertraglich vereinbart, dass T die Bälle bei H abholt. Hierin liegt die Vereinbarung einer Holschuld. Bei einer solchen Holschuld ist der Schuldner verpflichtet, die Ware zu beschaffen, sie auszusondern und bereit zu stellen sowie den Gläubiger zu benachrichtigen, dass die Ware abgeholt werden kann.

H hat die Bälle beschafft, verpackt und an einer separaten Stelle seiner Lagerhalle deponiert. Fraglich ist, ob H den T auch im Sinne der soeben genannten Definition ordnungsgemäß benachrichtigt hat. H hat zwar das Fax geschrieben, es aber noch nicht an T gesendet; dies wollte H am nächsten Morgen erledigen. Vorher sind die Bälle allerdings durch den Brand vernichtet worden. Da H die Erklärung an den T zwar schon aufgeschrieben, aber eben nicht abgesendet hatte, bevor die Bälle zerstört worden sind, ist diese demnach nicht in den Rechtsverkehr gelangt. H hat somit im Hinblick auf seine Leistungspflicht noch nicht alles getan, sodass ihm zu tun nichts mehr übrigbliebe. H hätte, um diese Voraussetzung zu erfüllen, zumindest das Fax an T absenden müssen. Das blieb für ihn noch übrig zu tun. Es mangelt mithin an der Benachrichtigung durch den Schuldner bei der vereinbarten Holschuld.

Somit hat H noch nicht das seinerseits Erforderliche im Sinne des § 243 Abs. 2 BGB getan. Die Rechtsfolge des § 243 Abs. 2 BGB ist aus diesem Grund noch nicht eingetreten. Mithin ist die Leistung von 20 Bällen sowohl H als auch jedem anderen nach wie vor möglich, denn Bälle der Marke »Ronaldo« sind wie gezeigt grundsätzlich noch lieferbar. Es liegt deshalb kein Fall der Unmöglichkeit oder des Unvermögens im Hinblick auf die Leistungspflicht vor, die Voraussetzungen des § 275 Abs. 1 BGB liegen nicht vor. Der Anspruch des T gegen H auf Lieferung der 20 Bälle zum Preis von 500 Euro aus § 433 Abs. 1 BGB ist nicht nach § 275 Abs. 1 BGB untergegangen, er besteht weiterhin fort.

**Ergebnis:** T kann von H weiterhin die 20 Bälle zum Preis von 500 Euro fordern.

# Fall 3

# Ronaldo II

Hobby-Trainer T hat dieses Mal die 20 Fußbälle der Marke »Ronaldo« zum Preis von 500 Euro bei der Versandhändlerin »Qualle« (Q) bestellt. Nachdem Q die Bälle ordnungsgemäß verpackt und an ihrem Geschäftssitz einer Transportfirma, deren Kosten sie aus Kulanz gegenüber T übernommen hatte, übergeben hat, gehen die Bälle aus ungeklärten Gründen auf dem Versandweg von Q zu T verloren. Als sich eine Woche später auf Nachfrage des T der Sachverhalt aufklärt, verlangt T die Lieferung neuer Bälle. Q meint, sie sei durch die Übergabe an den Transporteur von ihrer Lieferpflicht frei geworden; sie verlange von T jetzt vielmehr den Kaufpreis.

**Rechtslage zwischen T und Q?**

---

**Schwerpunkte:** Die Leistungsgefahr beim Versandhandel; Unterscheidung von Schick- und Bringschuld; Konkretisierung bei der Schickschuld; Leistungs-, Erfüllungs- und Erfolgsort; die Regelung des § 269 Abs. 1 und Abs. 3 BGB; Kostenübernahme durch den Verkäufer als Indiz für die Bringschuld?; die »Gegenleistungs- bzw. Preisgefahr« nach § 326 Abs. 1 BGB; Anwendbarkeit des § 447 Abs. 1 BGB beim Verbrauchsgüterkauf im Sinne des § 474 BGB.

---

## Lösungsweg

**Vorbemerkung:** Jetzt wird es im Vergleich zum vorherigen Fall deutlich schwieriger. Wir haben es hier zu tun mit einem weiteren echten Klassiker aus dem Allgemeinen Schuldrecht, nämlich der Frage, wer die Gefahr des zufälligen Untergangs der Kaufsache beim Versendungskauf trägt. Der vorliegende Fall wird uns im Rahmen dessen mit der Schick- und der Bringschuld vertraut machen, zudem die Begriffe Leistungs, Erfüllungs- und Erfolgsort behandeln und schließlich auch noch die Leistungs- von der Gegenleistungs- bzw. Preisgefahr abgrenzen. Eine Menge Stoff demnach, allerdings gehören diese Begriffe zum absoluten Standardprogramm, werden jedoch leider von den meisten Kandidaten bis hin zum Examen wenig bis gar nicht beherrscht. Das werden wir jetzt ändern, wollen uns dabei aber wie immer, damit wir bei dieser kniffligen Geschichte von Anfang an den Überblick behalten, an der konkreten Fall-Lösung orientieren, also:

### I.) Anspruch des T gegen Q auf Lieferung neuer Bälle

<u>AGL.:</u> § 433 Abs. 1 Satz 1 BGB (Lieferungspflicht aus dem Kaufvertrag)

**I.)** Mit der Bestellung (= Abschluss des Kaufvertrages) ist der Anspruch des T gegen Q auf Lieferung von 20 Bällen zum Preis von 500 Euro aus § 433 Abs. 1 Satz 1 BGB fraglos **entstanden**.

**II.)** Zu prüfen ist – wie im letzten Fall – aber, ob der Anspruch nach § 275 Abs. 1 BGB wegen Unmöglichkeit **untergegangen** ist. Dies ist der Fall, wenn die Leistung für den Schuldner oder für jedermann unmöglich ist (BGHZ **201**, 148; BGHZ **188**, 71).

> **Definition:** Unmöglichkeit im Sinne des § 275 Abs. 1 BGB liegt vor, wenn **1.)** der Schuldner noch nicht geleistet hat und **2.)** entweder **er** (dann → subjektive Unmöglichkeit = **Unvermögen**) oder **niemand** die Leistung mehr erbringen kann (dann → objektive Unmöglichkeit).

**Subsumtion:**

**1.)** Aus § 433 Abs. 1 Satz 1 BGB war die Q verpflichtet, dem T die Sachen zu übergeben und ihm das Eigentum zu verschaffen. Das ist auch in diesem Fall hier ohne Frage noch nicht passiert, denn T hat die Sachen nicht übergeben bekommen, geschweige denn das Eigentum (§ 929 Satz 1 BGB!) erhalten. Erfolgt war lediglich die Übergabe an die Transportperson.

<u>ZE.:</u> Die Schuldnerin Q hat somit noch nicht geleistet, die erste Voraussetzung der Unmöglichkeit liegt vor.

**2.)** Es fragt sich indessen, ob die Schuldnerin Q im vorliegenden Fall noch leisten kann. Und das entscheidet sich mit der Frage, inwieweit sich das Schuldverhältnis bereits auf die dem Transportunternehmen übergebenen Bälle beschränkt hatte. **Denn:** War das Schuldverhältnis schon auf **diese** Bälle beschränkt, ist die Leistungspflicht unmöglich geworden; **diese** Bälle sind nämlich verloren gegangen, können somit weder von Q noch von sonst irgendjemandem geleistet werden (= Unmöglichkeit). War die Leistungspflicht hingegen noch nicht auf die dem Transporteur übergebenen Bälle beschränkt, ist die Leistung weiterhin möglich, denn einfach nur Bälle der geforderten Art »Ronaldo« sind nach wie vor lieferbar.

> **Durchblick:** Bei genauem Hinsehen stehen wir also wieder vor der gleichen Frage wie im letzten Fall: Wir müssen, um den Träger der »Leistungsgefahr« bestimmen zu können, klären, ob sich das Schuldverhältnis schon auf die untergegangenen Sachen beschränkt hatte. Wenn das der Fall gewesen ist, liegt eine Stückschuld und daran gekoppelt die Unmöglichkeit der Leistung vor, denn **diese** Sachen sind fraglos nicht mehr lieferbar. Und wenn Unmöglichkeit vorliegt, ist auch der § 275 Abs. 1 BGB anwendbar, der Anspruch auf Lieferung wäre demnach untergegangen. War das Schuldverhältnis hingegen noch nicht auf **diese** Sachen beschränkt, bleibt es bei der ursprünglich vereinbarten Gattungsschuld und dann ist auch nix mit Unmöglichkeit,

denn Sachen aus der Gattung sind nach wie vor lieferbar. Der Anspruch auf Lieferung aus § 433 Abs. 1 BGB bliebe dann bestehen.

**Zum Fall:** Ob sich das Schuldverhältnis im vorliegenden Fall schon auf die dem Transportunternehmer übergebenen Bälle beschränkt hatte, hängt davon ab, ob die Schuldnerin Q durch die Übergabe der Bälle an den Transporteur gemäß § 243 Abs. 2 BGB das ihrerseits Erforderliche getan hat. Denn:

> Hat der Schuldner das zur Leistung einer solchen Sache seinerseits Erforderliche getan, so beschränkt sich das Schuldverhältnis auf **diese** Sache (§ 243 Abs. 2 BGB).

Wann der Schuldner dieses »seinerseits Erforderliche« im Sinne des § 243 Abs. 2 BGB getan hat, hängt nun bekanntermaßen davon ab, welche Leistungspflicht er im konkreten Fall nach der vertraglichen Vereinbarung schuldet. Der Umfang der Leistungspflicht bestimmt sich wiederum danach, ob es sich im vorliegenden Fall um eine Hol-, Bring- oder Schickschuld handelt. Wir müssen somit prüfen, welche Art von Schuld zwischen den Parteien vereinbart worden ist. Dummerweise gibt nun aber der Sachverhalt im vorliegenden Fall nicht viel her, außer dem Umstand, dass es sich bei Q zum einen um eine **Versandhändlerin** handelt und dass sie zum anderen aus Kulanzgründen die Kosten der Versendung übernommen hatte. Eine separate und vor allem ausdrückliche Vereinbarung der Parteien über die Art der Schuld – so wie im vorherigen Fall, als es eine Holschuld war – gibt es hier leider nicht. In solchen Fällen, in denen man die Art der Schuld aus der Verabredung der Parteien nicht eindeutig erkennen kann, bietet das Gesetz aber eine Hilfestellung an, und die steht unter der Überschrift »Leistungsort« in **§ 269 BGB** (bitte zunächst mal den Abs. 1 lesen).

**Einschub:** Bevor wir uns nun mit der Vorschrift des § 269 BGB und den aus dieser Norm erwachsenden Folgen befassen, brauchen wir zunächst noch einige wichtige Erläuterungen zur Begrifflichkeit des Gesetzes bzw. der juristischen Terminologie. Es geht dabei um die Begriffe »Leistungsort«, »Erfüllungsort« und »Erfolgsort«. Diese drei Worte tauchen regelmäßig bei der hier vorliegenden Problematik um die Konkretisierung, also der Umwandlung einer Gattungsschuld in eine Stückschuld, auf, werden aber leider weder von der juristischen Wissenschaft noch vom Gesetz (!) einheitlich verwendet. Um zu kapieren, was dahintersteckt, müssen wir uns bitte als Erstes mal klarmachen, dass es bei einem Kaufvertrag stets **zwei** Orte gibt, an denen rechtlich relevante Vorgänge passieren können, nämlich:

→ Zunächst gibt es den Ort, an dem der Schuldner der Leistung (= der Verkäufer) die ihm obliegenden Handlungen ausführt. In der Regel ist das sein Wohnsitz bzw. sein Geschäft; dort nämlich legt er die Ware aus, damit sie vom Käufer abgeholt werden kann.

→ Der andere Ort ist nun der, an dem der vertraglich geschuldete Erfolg (= Eigentumsverschaffung, lies: § 433 Abs. 1 Satz 1 BGB) tatsächlich eintritt. Das ist im Regelfall genau der gleiche Ort, an dem die Sache ausliegt (also beim Verkäufer), denn dort findet die notwendige Übereignung gemäß § 929 Satz 1 BGB statt, so etwa, wenn man z.B. eine CD im Musikladen kauft.

Es gibt nun aber auch Fälle, wo diese beiden Orte auseinanderfallen, zum **Beispiel**: Wenn der Verkäufer und der Käufer vereinbaren, dass das bestellte Sofa von einem Transporteur angeliefert werden soll, ergibt sich Folgendes: Der Ort, an dem der Schuldner seine letzte Handlung vollzieht, ist wieder bei ihm zuhause bzw. bei seinem Geschäft, denn dort übergibt er dem Transporteur das Sofa. Ab diesem Zeitpunkt bzw. dieser Handlung kann der Verkäufer jetzt nichts mehr tun, den Rest (Anlieferung und Übergabe) macht der Transporteur.

Der vertraglich geschuldete Erfolg (= Eigentumsübertragung) tritt bei dieser Variante nun aber nicht beim Verkäufer ein, denn dort hat der Verkäufer ja nur das Sofa einem – im Zweifel fremden – Transporteur übergeben; das ist noch keine Übereignung nach § 929 Satz 1 BGB an seinen Vertragspartner. Der Vertragspartner sitzt vielmehr noch zuhause und wartet auf das Sofa. Die Eigentumsverschaffung als vertraglich geschuldeter Erfolg (§ 433 Abs. 1 Satz 1 BGB!) findet in diesem Fall erst beim **Käufer** zuhause statt. Der Ort, an dem der Schuldner seine letzte Leistungshandlung vollzieht und der Ort, an dem der vertraglich geschuldete Erfolg eintritt, sind bei dieser Variante demnach **nicht** identisch.

Und jetzt zur Begrifflichkeit:

> **1. Definition:** Der Ort, an dem der Schuldner seine letzte und abschließende Leistungshandlung vornehmen muss, heißt »Leistungsort« (*Staudinger/Bittner* § 269 BGB Rz. 2; MüKo/*Krüger* § 269 BGB Rz. 2; *Erman/Artz* § 269 BGB Rz. 1).

> **2. Definition:** Der Ort, an dem der vertraglich geschuldete Erfolg eintritt, heißt »Erfolgsort« (*Erman/Artz* § 269 BGB Rz. 1; MüKo/*Krüger* § 269 BGB Rz. 2).

Nachdem wir das schon mal wissen, müssen wir jetzt zum Schluss dann noch eine der wenigen gesetzgeberischen Fehlleistungen im BGB korrigieren und uns Folgendes merken: Das Gesetz benennt den »Leistungsort« auch als »Erfüllungsort«, gibt beiden Begriffen aber die identische Bedeutung. Die Begriffe »Leistungsort« und »Erfüllungsort« sind inhaltlich komplett deckungsgleich (BGH NJW-RR **2007**, 777; MüKo/*Krüger* § 269 BGB Rz. 2; *Bamberger/Roth/Hau/Poseck/Lorenz* § 269 BGB Rz. 2; *Brox/Walker* AS § 12 Rz. 11). Wenn also beispielsweise in § 447 Abs. 1 BGB oder § 448 BGB von »Erfüllungsort« die Rede ist, meint dies den »Leistungsort«, also den Ort, an dem der Schuldner seine letzte Leistungshandlung vollziehen muss. Wir können die eben zuerst genannte Definition damit noch verfeinern, und zwar so:

> **Korrigierte Definition:** Den Ort, an dem der Schuldner seine letzte und abschlie-
> ßende Leistungshandlung vornehmen muss, nennt das Gesetz »**Leistungs-** oder
> auch **Erfüllungsort**« (BGH NJW-RR **2007**, 777; MüKo/*Krüger* § 269 BGB Rz. 2; *Er-*
> *man/Artz* § 269 BGB Rz. 1; *Brox/Walker* AS § 12 Rz. 11; *Medicus/Lorenz* SR I Rz. 156).

Wo nun beim jeweiligen Vertrag der Leistungs- bzw. Erfüllungsort und der Erfolgsort sind, entscheidet die vertragliche Vereinbarung zwischen den Parteien.

Und das führt uns dann zur letzten Erläuterung und hängt zusammen mit den Begriffen **Hol-, Bring-** und **Schickschuld**. Denn diese Worte stehen in unmittelbarem
Zusammenhang zu den eben erlernten Begriffen. Die jeweilige Art der Schuld definiert sich dadurch, wo im konkreten Fall der Leistungsort und der Erfolgsort sind. Im
Schema sieht das dann so aus:

|  |  | **Leistungsort** ist | **Erfolgsort** ist |
|---|---|---|---|
| **Holschuld** | → | beim Schuldner | beim Schuldner |
| **Bringschuld** | → | beim Gläubiger | beim Gläubiger |
| **Schickschuld** | → | beim Schuldner | beim Gläubiger |

**Also:** Wenn die Parteien die Abholung der Kaufsache durch den Käufer am Wohnsitz
des Verkäufers vereinbart haben, sind Leistungsort und Erfolgsort identisch, nämlich
beim Schuldner (= der Verkäufer), und man nennt es »Holschuld«. Wenn die Parteien
hingegen vereinbart haben, dass der Verkäufer die Sache dem Käufer nach Hause
**bringen** soll, sind Leistungs- und Erfolgsort zwar ebenfalls identisch, jetzt aber beim
Gläubiger (= der Käufer), und man nennt es »Bringschuld«. Wenn die Parteien
schließlich vereinbart haben, dass der Verkäufer die Sache durch eine andere Person
zum Käufer schicken soll, fallen Leistungs- und Erfolgsort auseinander und man
nennt es »Schickschuld«. Kapiert!?

Prima. Dann können wir jetzt endlich zurück zu unserem Ausgangsfall gehen und
mit den eben erlernten Begriffen in der Lösung fortfahren. Wir erinnern uns bitte:

> Die Versandhändlerin Q hatte die von T bestellten 20 Bälle einem Transporteur
> übergeben und auf dem Versandweg waren die Sachen dann aus ungeklärten Grün-
> den verschwunden. Der T verlangte daraufhin weiter Lieferung von 20 Bällen zum
> Preis von 500 Euro aus § 433 Abs. 1 Satz 1 BGB und Q hatte erklärt, sie sei von ihrer
> Lieferungspflicht durch die Übergabe an den Transporteur frei geworden. Wir waren
> in unserer Prüfung nun so weit, dass als Untergangsgrund im Hinblick auf die Leis-
> tungspflicht der § 275 Abs. 1 BGB in Betracht kam, dafür aber **Unmöglichkeit** vorlie-
> gen musste. Ob Unmöglichkeit vorlag, hing davon ab, ob sich das Schuldverhältnis
> bereits auf die dem Transporteur übergebenen Bälle beschränkte, denn **diese** Bälle
> kann logischerweise niemand mehr liefern. Inwieweit eine Konkretisierung auf **diese**
> Bälle vorliegt, hängt gemäß § 243 Abs. 2 BGB davon ab, ob der Schuldner das seiner-
> seits Erforderliche getan hat. Und ob der Schuldner dieses seinerseits Erforderliche

getan hat, hängt davon ab, welche Art von Schuld zwischen den Parteien vereinbart war.

So, das müssen wir also klären, um herauszufinden, was die Q zur Konkretisierung alles tun musste. Eine ausdrückliche Vereinbarung über die Art der Schuld fehlt in unserem Fall. Wir hatten weiter oben dann den § 269 Abs. 1 BGB als erste Auslegungshilfe herangezogen, und der sagt, dass im Zweifel am Wohnsitz des **Schuldners** die Leistung erfolgen, also der Leistungsort sein soll. Das könnte also sowohl bei der Hol-, als auch bei der Schickschuld der Fall sein (vgl. oben das Schema).

**Aber:** In § 269 Abs. 1 BGB steht auch, dass dies nur dann gilt, wenn nicht aus den Umständen, insbesondere der Natur des Schuldverhältnisses etwas anderes zu entnehmen ist (bitte prüfen). Und genau das ist die Frage, **denn:** Im vorliegenden Fall haben wir es zu tun mit einem Kauf bei einem **Versandhändler** (!). Bei einem Versandhandel aber liegt der Erfolgsort sicher nicht beim Schuldner, denn die Übergabe und Übereignung der Kaufsache findet beim Gläubiger (= Käufer) statt, der bekommt die Kaufsache ja nach Hause gesendet (»Versand«handel!). Der Erfolgsort ist demnach beim Gläubiger, was aber die Holschuld auf jeden Fall schon mal ausschließt (bitte oben im Schema überprüfen). **Konsequenz:** Aus den besonderen Umständen bzw. der Natur des Schuldverhältnisses ist zu entnehmen, dass es sich hier **nicht** um eine Holschuld handelt. In Betracht kommt somit nur noch entweder eine **Bring-** oder eine **Schickschuld**. Bei beiden ist der Erfolgsort beim Gläubiger (prüfen!); allerdings ist der Leistungsort unterschiedlich, was im vorliegenden Fall sehr beachtliche Folgen hat, nämlich:

→ Wenn es eine Schickschuld ist, liegt der Leistungsort beim **Schuldner**. Der Schuldner muss somit die Sache an seinem Wohnsitz einem ordentlichen Transporteur übergeben und hat damit dann das seinerseits Erforderliche im Sinne des § 243 Abs. 2 BGB getan (BGH BB **1965**, 349; *Staudinger/Schiemann* § 243 BGB Rz. 32; *Palandt/Grüneberg* § 243 BGB Rz. 5).

→ Wenn es hingegen eine Bringschuld ist, liegt der Leistungsort beim **Gläubiger**. Der Schuldner muss in diesem Falle die Sache dem Gläubiger an dessen Wohnsitz bringen und ihm dort in einer den Annahmeverzug begründenden Weise anbieten (*Staudinger/Schiemann* § 243 BGB Rz. 31; *Brox/Walker* AS § 12 Rz. 13). Erst dann hat der Schuldner bei der Bringschuld das seinerseits Erforderliche im Sinne des § 243 Abs. 2 BGB getan.

In unserem Fall hat Q die Bälle an ihrem Geschäftssitz verpackt und dann dem Transporteur übergeben. Die Q hat demnach nur dann bereits die Konkretisierung im Sinne des § 243 Abs. 2 BGB vorgenommen, wenn das vorliegende Geschäft eine **Schickschuld** gewesen ist. Und nur dann läge auch ein Fall von Unmöglichkeit nach § 275 Abs. 1 BGB vor – die Bälle sind ja verschwunden – mit der Folge, dass Q tatsächlich von ihrer Leistungspflicht frei geworden wäre.

Ob die Kaufverträge des Versandhandels als Schick- oder Bringschulden zu beurteilen sind, ist nun dummerweise höchst umstritten:

- Nach einer Ansicht soll es sich hierbei um **Bringschulden** handeln, der Leistungs- und der Erfolgsort demnach beide beim Gläubiger liegen (OLG Stuttgart NJW-RR **1999**, 1576; OLG Frankfurt NJW-RR **1989**, 957; LG Bad Kreuznach VuR **2003**, 80; *Erman/Artz* § 269 BGB Rz. 13; *Palandt/Grüneberg* § 269 BGB Rz. 12; MüKo/ *Krüger* § 269 BGB Rz. 20; *Brüggemeier* in WM 2002, 1376).

- Nach anderer Auffassung, vor allem der des BGH, handelt es sich hingegen bei den Geschäften, die über den Warenversand abgewickelt werden, in Ermangelung gesonderter Absprachen um **Schickschulden**; der Leistungsort solle also beim Schuldner, der Erfolgsort beim Gläubiger liegen (BGH NJW **2014**, 454; BGH NJW **2003**, 3341; *Bamberger/Roth/Hau/Poseck/Lorenz* § 269 BGB Rz. 33; *Staudinger/ Beckmann* § 447 BGB Rz. 41; PWW/*Schmidt* § 447 BGB Rz. 8; *Soergel/Forster* § 269 BGB Rz. 16; *Wertenbruch* in JuS 2003, 625; *Lorenz* in ZGS 2003, 421).

An dieser Stelle muss man nun natürlich einer Ansicht den Vorzug gewähren, der vorliegende Streit entscheidet – wir haben es oben schon herausgearbeitet – sogar unseren Fall. Im Ergebnis wollen wir uns dabei der zweiten gerade genannten Auffassung anschließen (also der des BGH), und zwar aus folgenden Erwägungen: Der Gesetzgeber hat in § 269 Abs. 1 BGB festgelegt, dass im Zweifel der Wohnsitz des Schuldners der Leistungsort sein soll ($\rightarrow$ Hol- oder Schickschuld). Für eine abweichende Beurteilung bedarf es nach dem Wortlaut des Gesetzes entweder besonderer Umstände, oder aber es muss sich aus der Natur des Schuldverhältnisses ergeben. Nun wird man zwar sagen können, dass ein Versandhandel grundsätzlich davon lebt, seine Ware zu **versenden** und dass es insoweit auch zur Verpflichtung des Verkäufers gehören müsste, die Ware an den Wohnsitz des Gläubigers zu bringen ($\rightarrow$ Bringschuld). **Aber**: Diese Beurteilung widerspräche der gesetzlichen Wertung des **§ 269 Abs. 3 BGB** (bitte lesen). Nach § 269 Abs. 3 BGB genügt noch nicht mal der Umstand, dass der Verkäufer die Kosten der Versendung übernommen hat, für die Annahme, dass der Ort, an den die Versendung zu erfolgen hat (= Erfolgsort), auch der Leistungsort sein soll (schwerer Satz, bitte mindestens noch einmal lesen!). Selbst bei der Versendung auf Kosten des Verkäufers verbleibt der Leistungsort nach Wertung des § 269 Abs. 3 BGB also grundsätzlich beim Schuldner mit der Konsequenz, dass es sich auch dann um eine Schickschuld handelt.

**Folge:** Der Gesetzgeber hat demnach selbst dann, wenn der Verkäufer neben der Versendung auch noch deren Kosten übernimmt, in § 269 Abs. 3 BGB die Vermutung aufgestellt, dass es dennoch keine Bringschuld sein, der Leistungsort also weiterhin beim Schuldner liegen soll ($\rightarrow$ Schickschuld). Und aus dieser Wertung lässt sich zudem folgern, dass dies natürlich **erst Recht** gelten muss, wenn der Verkäufer zwar die Ware übersendet, er aber dafür – was im Versandhandel sogar eher üblich sein dürfte – nicht mal die Kosten übernimmt, sondern diese dem Käufer aufbürdet (BGH NJW **2003**, 3342). Denn wenn es nicht mal für eine Bringschuld reicht, dass der Verkäufer die Kosten der Versendung übernimmt, kann dies bei einfacher Versendung ohne Kostenübernahme durch den Verkäufer schon gar nicht gelten.

---

**Merke:** Soweit nichts anderes ausdrücklich oder stillschweigend zwischen den Parteien vereinbart ist, handelt es sich nach herrschender Meinung beim Versandgeschäft um eine Form der **Schickschuld**. Der Leistungsort liegt demnach beim Schuldner, der Erfolgsort beim Gläubiger. Nach der gesetzlichen Wertung des § 269 Abs. 3 BGB gilt dies sogar dann, wenn der Verkäufer die Kosten der Versendung übernommen hat (BGH NJW **2014**, 454; **2003**, 3341; PWW/*Schmidt* § 447 BGB Rz. 8; MüKo/*Krüger* § 269 BGB Rz. 7; *Staudinger/Beckmann* § 447 BGB Rz. 41; *Bamberger/Roth/Hau/Poseck/Lorenz* § 269 BGB Rz. 33; *Soergel/Forster* § 269 BGB Rz. 16).

---

**Konsequenzen für unseren Fall:** Wir haben es vorliegend zu tun mit einem Versandgeschäft, bei dem der Verkäufer aus Kulanzgründen die Kosten der Versendung übernommen hat. Nach dem, was wir eben gelernt haben, folgt daraus nun, dass nach der gesetzlichen Wertung des § 269 Abs. 1 und Abs. 3 BGB dies **keine** Bringschuld begründet, sondern vielmehr der Leistungsort weiterhin beim Schuldner liegt, es somit eine Schickschuld ist. Und für den Fall der Schickschuld hatten wir weiter oben gesagt, dass der Schuldner dann das seinerseits Erforderliche im Sinne des § 243 Abs. 2 BGB getan hat, wenn er die Sache an seinem Wohnsitz einem ordentlichen Transporteur übergeben hat (BGH BB **1965**, 349; *Medicus/Lorenz* SR I Rz. 156; *Palandt/Grüneberg* § 243 BGB Rz. 5). Mit diesem Akt tritt dann Konkretisierung ein, die Gattungsschuld wandelt sich gemäß § 243 Abs. 2 BGB um zur Stückschuld.

Und genau das ist hier bei uns passiert, als Q die Bälle dem Transporteur übergeben hat. Das Schuldverhältnis war in diesem Moment beschränkt auf **diese** Bälle (lies: § 243 Abs. 2 BGB). **Diese** Bälle sind nun aber leider untergegangen mit der Folge, dass **diese** Bälle natürlich auch niemand mehr leisten kann. Die Leistung ist somit unmöglich. Und damit liegen die Voraussetzungen von § 275 Abs. 1 BGB vor, der Anspruch auf Lieferung der Bälle ist ausgeschlossen (= untergegangen).

**Erg.:** Der Anspruch des T gegen Q auf Lieferung der Bälle zum Preis von 500 Euro aus § 433 Abs. 1 BGB ist gemäß § 275 Abs. 1 BGB untergegangen. Der T kann keine neuen Bälle mehr fordern.

## II.) Der Kaufpreisanspruch der Q gegen T

So. Um den Fall vollständig erfassen zu können, müssen wir uns jetzt noch mit der Frage beschäftigen, ob die Q denn nun den **Kaufpreis** von T verlangen kann. Neue Bälle beschaffen muss sie nicht, das haben wir gerade festgestellt, der Erfüllungsanspruch des T aus § 433 Abs. 1 BGB ist nach § 275 Abs. 1 BGB untergegangen. Die Bälle aber hat die Q ja bereits herausgegeben, es stellt sich die Frage, wer denn nun den Preis bzw. die Kosten dieser Bälle zu tragen hat. Oder noch genauer:

Wer trägt im Falle des Versendungskaufs beim zufälligen Untergang der Kaufsache das Risiko der Kaufpreiszahlung und damit die sogenannte »Gegenleistungs- bzw. Preisgefahr«?

**Durchblick:** Bislang haben wir in unserem Fall oben nur geklärt, ob und wann beim zufälligen Untergang der Kaufsache der Verkäufer zur Neubeschaffung verpflichtet ist. Das war die Frage nach der sogenannten »Leistungsgefahr«. Geklärt ist damit aber noch nicht, wer denn für die Kosten der untergegangenen Sache das Risiko trägt. Einer von beiden muss die Sachen schließlich bezahlen bzw. für den Verlust aufkommen, der Verkäufer hat insoweit schon Kosten gehabt, nämlich die Sachen herausgegeben und dafür bislang nix, vor allem keinen Kaufpreis erhalten. Also: Bleibt der Verkäufer darauf sitzen oder erhält er doch – trotz Untergangs der Sachen – den Kaufpreis (= »Gegenleistungs- bzw. Preisgefahr«)?

**Lösung:** Der Kaufpreisanspruch ist zunächst durch den Abschluss des Kaufvertrages entstanden nach § 433 Abs. 2 BGB. Dieser Kaufpreisanspruch könnte aber wieder **untergegangen** sein nach § 326 Abs. 1 Satz 1 BGB (bitte lesen).

> Grundsätzlich entfällt gemäß § 326 Abs. 1 Satz 1 BGB der Anspruch auf die Gegenleistung (= Geld = Kaufpreis), wenn der Schuldner nach § 275 Abs. 1 BGB nicht zu leisten braucht. Und genau so war das bei uns, denn wir haben oben ja festgestellt, dass der Leistungsanspruch des T gegen Q wegen Unmöglichkeit nach § 275 Abs. 1 BGB ausgeschlossen war. Der Verkäufer hat demnach keinen Anspruch mehr auf die Gegenleistung, wenn die Sache untergeht und ein Fall von Unmöglichkeit vorliegt, er bleibt folglich auf den Kosten der Kaufsache sitzen, er trägt die »Gegenleistungs- bzw. Preisgefahr«.

**Aber:** Hiervon gibt es **Ausnahmen**, und die stehen in § 326 Abs. 2 BGB (auch der muss gelesen werden). Uns interessiert im vorliegenden Fall vor allem der § 326 Abs. 2 Satz 1, Fall 1 BGB, wonach der Schuldner ausnahmsweise den Anspruch auf die Gegenleistung behält, wenn der Gläubiger allein verantwortlich ist für den Umstand, wonach die Leistungspflicht untergegangen ist. Und hier muss man nun wissen, dass mit dieser »Verantwortlichkeit« unter anderem die Gefahrtragungsregeln der §§ 446, 447 Abs. 1 BGB gemeint sind (BT-Drs. 14/6040 Seite 242; *Palandt/Grüneberg* § 326 BGB Rz. 3, 9; *Jauernig/Stadler* § 326 BGB Rz. 13), wovon uns im vorliegenden Fall hauptsächlich der **§ 447 Abs. 1 BGB** interessiert (bitte lesen). Nach § 447 Abs. 1 BGB geht beim Versendungskauf die Gefahr des zufälligen Untergangs der Kaufsache in dem Moment über, in dem der Verkäufer die Sache dem Spediteur übergeben hat.

> Geht man nun mit der herrschenden Meinung davon aus, dass der Versandhandel, mit dem wir es hier zu tun haben, einen Fall des Versendungskaufs im Sinne des § 447 Abs. 1 BGB darstellt (BGH NJW **2014**, 454; **2003**, 3341; *Staudinger/Beckmann* § 447 BGB Rz. 41; *Palandt/Weidenkaff* § 447 BGB Rz. 5; MüKo/*Krüger* § 269 BGB Rz. 20; *Brox/Walker* BS § 8 Rz. 3; *Jauernig/Berger* § 447 BGB Rz. 8; a.A. aber OLG Stuttgart NJW-RR **1999**, 1576), wäre die Gefahr des zufälligen Untergangs der Kaufsache mit der Übergabe von Q an den Transporteur auf T übergegangen. Der T wäre folglich

wegen § 447 Abs. 1 BGB von diesem Moment an »**allein verantwortlich**« für den Untergang der Sache im Sinne des § 326 Abs. 2 Satz 1 BGB und Q behielte demnach den Anspruch auf die Gegenleistung. Die »Preis- bzw. Gegenleistungsgefahr« läge bei T.

**Finte!** So wie gerade geschildert, ist der Weg zwar richtig, aber es fehlt noch der letzte – entscheidende – Schritt, nämlich: Der § 447 Abs. 1 BGB findet gemäß **§ 475 Abs. 2 BGB** nur eingeschränkt Anwendung, wenn ein so genannter »Verbrauchsgüterkauf« vorliegt. Ein Verbrauchsgüterkauf liegt immer dann vor, wenn ein Verbraucher (§ 13 BGB) von einem Unternehmer (§ 14 BGB) eine bewegliche Sache kauft (vgl. BGH JZ **2012**, 147). Nach § 475 Abs. 2 BGB gilt der § 447 Abs. 1 BGB in einem solchen Fall dann nur, wenn der Käufer den Transporteur selbst beauftragt hat **und** die Auswahl des Transporteurs nicht auf einem Vorschlag des Unternehmers beruht (*Bamberger/Roth/Hau/Poseck/Faust* § 474 BGB Rz. 49). Der Zweck dieser Regelung leuchtet auch zwanglos ein: Regelt der Käufer den Transport der gekauften Sache in Eigenregie, soll er auch das Transportrisiko tragen. Verlässt er sich dagegen auf den Unternehmer, trägt dieser das Risiko des zufälligen Untergangs, bis die Kaufsache dem Käufer tatsächlich übergeben wird. Und weil in den allermeisten Fällen des täglichen Lebens nicht der Käufer, sondern der **Verkäufer** den Versand in Auftrag gibt, ist die erste Voraussetzung des § 475 Abs. 2 BGB regelmäßig **nicht** erfüllt mit der Konsequenz, dass die Gefahrtragungsregel des § 447 Abs. 1 BGB auch nicht zur Anwendung kommt. Es bleibt dann bei der Grundregel des § 446 BGB.

---

**Beachte:** Sowohl in Klausuren und Hausarbeiten als auch in der Praxis lässt sich nicht immer zweifelsfrei feststellen, ob jemand bei einem bestimmten Geschäft als Verbraucher im Sinne des § 13 BGB oder Unternehmer im Sinne des § 14 BGB auftritt. Dient ein Geschäft sowohl einem unternehmerischen als auch einem Verbraucherzweck (wie etwa der Kauf eines Handys, das privat und beruflich genutzt wird), reicht es zur Begründung der Verbrauchereigenschaft für den konkreten Kaufvertrag aber aus, dass der unternehmerische Zweck nicht »überwiegt« (vgl. insoweit bitte den seit Juni 2014 geänderten Gesetzeswortlaut von § 13 BGB sowie BT-Drs. 17/13951 Seite 61 und *Meier* in JuS **2014**, 777). Der BGH hat im Jahr 2009 außerdem festgestellt, dass in Zweifelsfällen (= unklare tatsächliche Umstände) grundsätzlich davon auszugehen ist, dass eine Person als **Verbraucher** handelt. Die Unternehmereigenschaft muss sich im konkreten Fall »eindeutig und zweifelsfrei« aus den Umständen ergeben (BGH NJW **2009**, 3780; auch BGH JZ **2012**, 147).

---

**Zum Fall:** Der Kaufpreisanspruch der Q gegen T ist zunächst aus § 433 Abs. 2 BGB entstanden. Dieser Anspruch könnte aber wieder untergegangen sein nach § 326 Abs. 1 BGB. Die Voraussetzungen des § 326 Abs. 1 Satz 1 BGB liegen auch vor, der Schuldner ist gemäß § 275 Abs. 1 BGB von der Leistungspflicht grundsätzlich erst einmal frei geworden. Etwas anderes könnte sich aber noch aus § 326 Abs. 2 Satz 1 BGB in Verbindung mit § 447 Abs. 1 BGB ergeben. Gemäß § 447 Abs. 1 BGB trägt beim Versendungskauf der Käufer vom Zeitpunkt der Übergabe der Sache an den

Transporteur das Risiko des zufälligen Unterganges. Indes ist das hier in Frage stehende Geschäft ein Verbrauchsgüterkauf im Sinne des § 474 Abs. 1 BGB mit der Konsequenz, dass wegen § 475 Abs. 2 BGB die Gefahrtragungsregel des § 447 Abs. 1 BGB nur anwendbar ist, wenn der Käufer den Transporteur selbst beauftragt hat. Dies ist hier nicht der Fall, denn der Versand wurde von Q bezahlt und auch veranlasst. Der § 447 Abs. 1 BGB findet deshalb keine Anwendung, der § 326 Abs. 2 BGB findet mithin auch keine Anwendung – und es verbleibt bei der Regel des § 326 Abs. 1 BGB. Q hat den Anspruch auf die Gegenleistung verloren, sie trägt die »Preisgefahr«.

**Gesamtergebnis:** Dem T steht kein Anspruch auf Lieferung der Bälle zum Preis von 500 Euro aus § 433 Abs. 1 BGB mehr zu, dieser ist nach § 275 Abs. 1 BGB untergegangen. Die Q hat allerdings auch keinen Anspruch auf den Kaufpreis aus § 433 Abs. 2 BGB mehr, da dieser nach § 326 Abs. 1 BGB untergegangen ist. Die Kosten der verschwundenen Bälle hat sie daher selbst zu tragen.

# Gutachten

**I.) T kann gegen Q einen Anspruch auf Lieferung neuer Bälle zum Preis von 500 Euro aus § 433 Abs. 1 Satz 1 BGB haben.**

**1.)** Mit dem Abschluss des Kaufvertrages ist der Anspruch des T gegen Q auf Lieferung neuer Bälle aus § 433 Abs. 1 Satz 1 BGB entstanden.

**2.)** Fraglich ist, ob der Anspruch nach § 275 Abs. 1 BGB wegen Unmöglichkeit untergegangen ist. Dies ist dann der Fall, wenn die Leistung für den Schuldner oder für jedermann unmöglich ist. Unmöglichkeit im Sinne des § 275 Abs. 1 BGB liegt vor, wenn der Schuldner noch nicht geleistet hat und entweder er oder niemand die Leistung mehr erbringen kann.

**a)** Aus § 433 Abs. 1 Satz 1 BGB war Q verpflichtet, T die Sachen zu übergeben und ihm das Eigentum zu verschaffen. Das ist noch nicht passiert, denn T hat die Sachen nicht übergeben bekommen. Q hat somit noch nicht geleistet.

**b)** Es fragt sich indessen, ob die Schuldnerin Q im vorliegenden Fall noch leisten kann. Hierfür ist maßgeblich, inwieweit sich das Schuldverhältnis bereits auf die dem Transportunternehmen übergebenen Bälle beschränkt hatte. War das Schuldverhältnis schon auf diese Bälle beschränkt, ist die Leistungspflicht unmöglich geworden. War die Leistungspflicht hingegen noch nicht auf die dem Transporteur übergebenen Bälle beschränkt, ist die Leistung weiterhin möglich, denn Bälle der geforderten Art »Ronaldo« sind nach wie vor lieferbar.

Ob sich das Schuldverhältnis im vorliegenden Fall schon auf die dem Transportunternehmer übergebenen Bälle beschränkt hatte, hängt davon ab, ob die Schuldnerin Q durch die Übergabe der Bälle an den Transporteur gemäß § 243 Abs. 2 BGB das ihrerseits Erforderliche getan hat. Hat der Schuldner das zur Leistung einer solchen Sache seinerseits Erforderliche getan, so beschränkt sich das Schuldverhältnis auf diese Sache, § 243 Abs. 2 BGB. Wann der Schuldner dieses seinerseits Erforderliche im Sinne des § 243 Abs. 2 BGB getan hat, hängt davon ab, welche Leistungspflicht er im konkreten Fall nach der vertraglichen Vereinbarung schuldet. Der Umfang der Leistungspflicht bestimmt sich wiederum danach, ob es sich im vorliegenden Fall um eine Hol-, Bring- oder Schickschuld handelt.

Eine separate und vor allem ausdrückliche Vereinbarung der Parteien über die Art der Schuld ist nicht ersichtlich. In Fällen, in denen man die Art der Schuld aus der Verabredung der Parteien nicht eindeutig erkennen kann, gilt § 269 BGB.

Im Zweifel soll die Leistung demnach am Wohnsitz des Schuldners erfolgen. Das kann sowohl bei der Hol-, als auch bei der Schickschuld der Fall sein. Allerdings gilt dies nach § 269 Abs. 1 BGB nur dann, wenn nicht aus den Umständen, insbesondere der Natur des Schuldverhältnisses etwas anderes zu entnehmen ist. Beim Versandhandel liegt der Erfolgsort indes nicht beim Schuldner, denn die Übergabe und Übereignung der Kaufsache findet regelmäßig beim Gläubiger statt. Der Erfolgsort ist demnach beim Gläubiger. Die Holschuld ist daher ausgeschlossen. In Betracht kommt somit nur noch entweder eine Bring- oder eine Schickschuld. Ob die Kaufverträge des Versandhandels als Schick- oder Bringschulden zu beurteilen sind, ist umstritten:

**aa)** Nach einer Meinung soll es sich hierbei um Bringschulden handeln, sowohl der Leistungs- als auch der Erfolgsort demnach beim Gläubiger liegen.

**bb)** Nach anderer Auffassung handelt es sich hingegen bei den Geschäften, die über den Warenversand abgewickelt werden, in Ermangelung gesonderter Absprachen um Schickschulden; der Leistungsort solle also beim Schuldner, der Erfolgsort beim Gläubiger liegen.

Der Streit ist für die Fall-Lösung erheblich und bedarf daher einer Entscheidung. Der Gesetzgeber hat in § 269 Abs. 1 BGB festgelegt, dass im Zweifel der Wohnsitz des Schuldners der Leistungsort sein soll. Für eine abweichende Beurteilung bedarf es nach dem Wortlaut des Gesetzes entweder besonderer Umstände, oder aber es muss sich aus der Natur des Schuldverhältnisses ergeben.

Nun wird man zwar sagen können, dass ein Versandhandel grundsätzlich davon lebt, seine Ware zu versenden und dass es insoweit auch zur Verpflichtung des Verkäufers gehören müsste, die Ware an den Wohnsitz des Gläubigers zu bringen. Diese Beurteilung widerspräche indes der gesetzlichen Wertung des § 269 Abs. 3 BGB. Nach § 269 Abs. 3 BGB genügt noch nicht mal der Umstand, dass der Verkäufer die Kosten der Versendung übernommen hat, für die Annahme, dass der Ort, an den die Versendung zu erfolgen hat, auch der Leistungsort sein soll. Selbst bei der Versendung auf Kosten des Verkäufers verbleibt der Leistungsort nach Wertung des § 269 Abs. 3 BGB also grundsätzlich beim Schuldner. Mit der zweitgenannten Auffassung handelt es sich damit beim Versandgeschäft um eine Form der Schickschuld.

Der Schuldner hat demnach dann das seinerseits Erforderliche im Sinne des § 243 Abs. 2 BGB getan, wenn er die Sache an seinem Wohnsitz einem ordentlichen Transporteur übergeben hat. Mit diesem Akt tritt dann Konkretisierung ein, die Gattungsschuld wandelt sich gemäß § 243 Abs. 2 BGB um zur Stückschuld. Q hat die Bälle an ihrem Geschäftssitz verpackt und dann dem Transporteur übergeben. Q hat demnach die Konkretisierung im Sinne des § 243 Abs. 2 BGB herbeigeführt. Diese Bälle sind untergegangen mit der Folge, dass diese Bälle niemand mehr leisten kann. Die Leistung ist somit unmöglich.

**Ergebnis:** Damit liegen die Voraussetzungen von § 275 Abs. 1 BGB vor, der Anspruch auf Lieferung der Bälle ist ausgeschlossen. T kann keine neuen Bälle mehr fordern.

**II.) Q kann gegen T einen Anspruch auf Kaufpreiszahlung aus § 433 Abs. 2 BGB haben.**

**1.)** Der Anspruch ist mit Abschluss des Kaufvertrages nach § 433 Abs. 1 BGB zunächst entstanden.

**2.)** Der Kaufpreisanspruch könnte aber nach § 326 Abs. 1 Satz 1 BGB untergegangen sein. Grundsätzlich entfällt gemäß § 326 Abs. 1 Satz 1 BGB der Anspruch auf die Gegenleistung, wenn der Schuldner nach § 275 Abs. 1 BGB nicht zu leisten braucht. Q ist wie gezeigt die Übergabe und Übereignung der Bälle unmöglich geworden. Die Voraussetzungen des § 326 Abs. 1 BGB liegen vor, der Schuldner ist gemäß § 275 Abs. 1 BGB von der Leistungspflicht frei geworden.

Etwas anderes könnte sich aber noch aus § 326 Abs. 2 Satz 1 BGB in Verbindung mit § 447 Abs. 1 BGB ergeben. Gemäß § 447 Abs. 1 BGB trägt beim Versendungskauf der Käufer vom Zeitpunkt der Übergabe der Sache an den Transporteur das Risiko des zufälligen Unterganges. Allerdings ist das hier in Frage stehende Geschäft ein Verbrauchsgüterkauf im Sinne des § 474 Abs. 1 BGB bei dem der Käufer den Transport der Sache nicht in Auftrag gegeben hat mit der Konsequenz, dass wegen § 475 Abs. 2 BGB die Gefahrtragungsregel des § 447 Abs. 1 BGB ausgeschlossen ist. § 326 Abs. 2 BGB findet mithin keine Anwendung und es verbleibt bei der Regel des § 326 Abs. 1 BGB. Q hat den Anspruch auf die Gegenleistung verloren, sie trägt die »Preisgefahr«.

**Ergebnis:** Q hat damit keinen Anspruch auf den Kaufpreis aus § 433 Abs. 2 BGB.

# Fall 4

## Koste es, was es wolle!

Autoliebhaber L hat vormittags beim Gebrauchtwagenhändler H einen 30 Jahre alten Mercedes SL zum (Markt-)Preis von 10.000 Euro gekauft. Die Übergabe soll am nächsten Tag erfolgen, da H den Wagen noch einmal technisch überprüfen will. Am Nachmittag sieht Rechtsanwalt A das Fahrzeug im Fenster des H stehen, stürmt in den Laden und meint zu H, er kaufe den Mercedes, »koste es, was es wolle«. H überlegt einen Augenblick und meint, das sei kein Problem, der Wagen sei für 15.000 Euro zu haben. Der ahnungslose A zahlt (bar) und nimmt das Auto gleich mit. L erfährt am nächsten Tag von der Geschichte. Er fragt nun nach seinen Rechten und will insbesondere wissen, ob er von H die Beschaffung des Wagens verlangen kann. H weigert sich und meint, das Auto könne er dem L nicht mehr liefern, er habe mit A telefoniert, der verlange für einen Rückkauf 30.000 Euro, das sei ihm (H) nicht zumutbar. Hilfsweise will L wenigstens den von H beim Verkauf an A erzielten Mehrerlös in Höhe von 5.000 Euro haben. H lehnt auch das ab und meint, der Mehrerlös stehe L nicht zu, denn dann würde L ja an seiner (des H) Geschäftstüchtigkeit verdienen.

**Welche Ansprüche des L gegen H sind begründet?**

---

**Schwerpunkte:** Die subjektive Unmöglichkeit; Voraussetzungen und Funktion des § 275 Abs. 2 BGB; die sogenannte »praktische« und die »wirkliche« Unmöglichkeit innerhalb von § 275 BGB; Probleme bei der Verpflichtung zum Rückerwerb; Anspruch aus den §§ 285 Abs. 1, 275 Abs. 4 BGB.

---

## Lösungsweg

### I.) Anspruch des L gegen H auf Lieferung des Wagens

<u>AGL.:</u> § 433 Abs. 1 Satz 1 BGB (Kaufvertrag)

**1.)** Mit dem Abschluss des Kaufvertrages zwischen L und H ist der Anspruch des L auf Lieferung des Wagens aus § 433 Abs. 1 Satz 1 BGB zunächst einmal entstanden.

**2.)** Dieser Anspruch könnte aber aufgrund der Veräußerung des Autos durch H an A wegen Unmöglichkeit gemäß § 275 Abs. 1 BGB wieder **untergegangen** sein.

**Einstieg:** Von den beiden in § 275 Abs. 1 BGB genannten Varianten kommt im vorliegenden Fall natürlich nur die »subjektive Unmöglichkeit« (= **Unvermögen**) in Betracht, denn dass die Leistung von niemandem mehr erbracht werden kann (= objektive Unmöglichkeit), scheidet hier augenscheinlich aus; der Wagen ist ja dem A, der mithin noch leisten könnte, übereignet worden. Deshalb kommt hier dann eben nur die **subjektive** Unmöglichkeit in Frage.

**Aber:** Der § 275 Abs. 1 BGB erfasst mit seinen beiden Varianten nach dem Willen des Gesetzgebers allein die sogenannte »wirkliche« – auch »physische« oder »absolute« – Unmöglichkeit. Eine solche liegt nur dann vor, wenn die Leistung für den Schuldner auch nicht theoretisch, also unter keinen Umständen mehr zu erbringen ist (BT-Drs. 14/6040 Seite 129; *Brox/Walker* AS § 22 Rz. 3). Besteht hingegen noch die, wenn auch nur theoretische, etwa mit einem unverhältnismäßig hohen Aufwand einhergehende Möglichkeit zur Leistung, handelt es sich nicht um einen Fall des § 275 Abs. 1 BGB. In diesen Fällen der sogenannten »faktischen« oder auch »praktischen« Unmöglichkeit soll vielmehr **§ 275 Abs. 2 BGB** zur Anwendung kommen (BT-Drs. 14/6040 Seite 129; BGH NJW **2005**, 2852; *Erman/Westermann* § 275 BGB Rz. 23; *Jauernig/Stadler* § 275 BGB Rz. 17). Mit faktischer Unmöglichkeit gemeint ist z.B. der berühmte Ring auf dem Meeresgrund, den man nur mit einem extrem teuren Spezialgerät heraufholen könnte und der nach früherem Recht eine objektive Unmöglichkeit begründete und grundsätzlich zum Anspruchsuntergang führte (BT-Drs. 14/6040 Seite 129; *Palandt/Grüneberg* § 275 BGB Rz. 22; *Brox/Walker* § 22 Rz. 20; zum früheren Recht: BGH NJW **1983**, 2873; *Staudinger/Caspers* § 275 BGB a.F. Rz. 7).

**Zum Fall:** Hier sieht es nun so aus, dass H selbst zurzeit zwar das Auto nicht leisten kann, denn der Wagen ist dem A bereits übereignet worden mit der Folge, dass die Eigentumsverschaffung, die H dem L aus dem Kaufvertrag schuldet (§ 433 Abs. 1 Satz 1 BGB!), von H nicht mehr erbracht werden kann. Allerdings könnte H den Wagen von A theoretisch ja **zurückerwerben** und dann dem L übereignen. Die Leistung ist dem H demzufolge nicht gänzlich oder im oben genannten Sinne absolut unmöglich. Das ist im Fall der Veräußerung einer bereits verkauften Sache an einen Dritten nur dann der Fall, wenn der Dritte jeden Rückkauf definitiv ablehnt oder auch wenn er nicht mehr auffindbar ist (BT-Drs. 14/6040 Seite 128). Kann der Schuldner indessen seine Leistungsfähigkeit durch die Wiederbeschaffung (hier: den Rückkauf) der Sache tatsächlich wiederherstellen, liegt **kein** Fall des Unvermögens im Sinne des § 275 Abs. 1 BGB vor (BT-Drs. 14/6040 Seite 129; *Canaris* in JZ 2001, 501). Diese Konstellation richtet sich vielmehr nach **§ 275 Abs. 2 BGB** (BT-Drs. 14/6040 Seite 129; *Erman/Westermann* § 275 BGB Rz. 23; *Jauernig/Stadler* § 275 BGB Rz. 17; BGHZ **131**, 183).

<u>ZE.:</u> Im vorliegenden Fall ist der Lieferungsanspruch des L gegen H aus § 433 Abs. 1 Satz 1 BGB somit nicht nach § 275 Abs. 1 BGB wegen Unmöglichkeit untergegangen. Es fehlt insoweit an der »wirklichen« Unmöglichkeit, die der § 275 Abs. 1 BGB voraussetzt.

**3.)** Dem Anspruch des L auf Lieferung könnte dann aber § 275 Abs. 2 BGB entgegenstehen.

---

**Durchblick:** Der jetzt hier zu prüfende § 275 Abs. 2 BGB stellt im Gegensatz zu
§ 275 Abs. 1 BGB eine sogenannte »Einrede« dar (BGH MDR **2018**, 589). Das bedeutet, dass, wenn die Voraussetzungen vorliegen, dem Schuldner ein »Leistungsverweigerungsrecht« erwächst. Dieses muss man im Prozess tatsächlich geltend machen, sonst wird es vom Gericht bei der Rechtsfindung nicht berücksichtigt (BGH
MDR **2018**, 589; *Jauernig/Stadler* § 275 BGB Rz. 32; *Erman/Westermann* § 275 BGB
Rz. 21). Der Gesetzgeber hat den § 275 Abs. 2 BGB übrigens als geltend zu ma-
chendes Leistungsverweigerungsrecht ausgestaltet, damit der Schuldner selbst die
Wahl hat, ob er die unter Umständen teure Wiederbeschaffung durchführen will
oder sich, wenn er das nicht möchte, dann möglichen Schadensersatzansprüchen
aussetzt. Diese Schadensersatzansprüche erwachsen dem Gläubiger nämlich erst,
wenn der Schuldner die Erfüllung unter Berufung auf § 275 Abs. 2 BGB verweigert
(*Jauernig/Stadler* § 275 BGB Rz. 32). Der § 275 Abs. 1 BGB hingegen ist eine klassische »Einwendung« und lässt den Anspruch bereits kraft Gesetzes (»ipso iure«)
untergehen; die Vorschrift wird somit vom Gericht auch ohne Berufung seitens des
Schuldners geprüft (BGH MDR **2018**, 589; *Palandt/Grüneberg* § 275 BGB Rz. 31).

---

In unserem Fall hat der H erklärt, er brauche nicht mehr zu liefern, da ihm die Wiederbeschaffung des Wagens wegen des hohen Preises unzumutbar sei. In dieser Erklärung liegt die schlüssige Berufung auf § 275 Abs. 2 BGB. H hat sich somit konkludent auf das Leistungsverweigerungsrecht des § 275 Abs. 2 BGB bezogen mit der
Folge, dass wir es hier auch zu prüfen haben.

### Die Voraussetzungen des § 275 Abs. 2 BGB:

Der Schuldner kann gemäß § 275 Abs. 2 Satz 1 BGB die Leistung verweigern, soweit
diese einen Aufwand erfordert, der unter Beachtung des Schuldverhältnisses und der
Gebote von Treu und Glauben in einem groben Missverhältnis zu dem Leistungsinteresse des Gläubigers steht. Gemäß § 275 Abs. 2 Satz 2 BGB ist bei der Bestimmung der
dem Schuldner zuzumutenden Anstrengungen zudem auch zu berücksichtigen, ob er
das Leistungsinteresse zu vertreten hat (Gesetz lesen). Wir müssen also einen Vergleich ziehen zwischen dem Aufwand des Schuldners im Hinblick auf die Leistungserbringung und dem wirtschaftlichen und möglicherweise auch ideellen **Interesse**
des Gläubigers an der Leistung. Nur wenn dort ein »grobes Missverhältnis« entsteht,
ist der Schuldner berechtigt, die Leistung zu verweigern. Im Vordergrund dieser
Abwägung steht nach dem Willen des Gesetzgebers aber ausdrücklich das Leistungsinteresse des **Gläubigers**. Im Rahmen des § 275 Abs. 2 BGB ist demnach nur zu fragen, ob der Aufwand des Schuldners für den Gläubiger von unverhältnismäßig ge-
ringem Nutzen ist (*Canaris* in ZRP 2001, 329). Der Aufwand des Schuldners ist somit
allein am – zumeist wirtschaftlichen – Nutzen des Gläubigers zu messen (BT-Drs.
14/6040 Seite 130). Die eigenen Interessen des Schuldners bleiben im Hinblick auf

§ 275 Abs. 2 BGB grundsätzlich unberücksichtigt; sie können nur im Falle der persönlichen Leistungserbringung nach § 275 Abs. 3 BGB in die Abwägung einfließen (*Jauernig/Stadler* § 275 BGB Rz. 24).

Wenn sich nun aus dem Schuldverhältnis sowie Treu und Glauben keine Besonderheiten ergeben, sind zunächst der von Schuldnerseite zu tätigende Aufwand und von Gläubigerseite das Interesse an der Leistung in ihrem reinen **Geldwert** anzusetzen (*MüKo/Ernst* § 275 BGB Rz. 79; *Erman/Westermann* § 275 BGB Rz. 25; *Jauernig/Stadler* § 275 BGB Rz. 24). Man hat also zu prüfen, welchen wirtschaftlichen Aufwand der Schuldner zur Leistungsfähigkeit tätigen muss und setzt diesen in Vergleich zum wirtschaftlichen Nutzen des Gläubigers (*Lorenz/Riehm* Rz. 305). Dieser Vergleich schließlich muss zu einem groben Missverhältnis führen.

> **Definition:** Ein grobes Missverhältnis im Sinne des § 275 Abs. 2 BGB liegt dann vor, wenn das Verhältnis zwischen Gläubigerinteresse und Schuldneraufwand ein besonders krasses, nach Treu und Glauben vollkommen untragbares Ausmaß erreicht hat (BT-Drs. 14/6040 Seite 130; BGH NJW **2010**, 2341; **2008**, 3122; *Erman/ Westermann* § 275 BGB Rz. 23; *Palandt/Grüneberg* § 275 BGB Rz. 28).

**Prüfen wir mal:** Im vorliegenden Fall könnte der Schuldner die Sache zu einem Preis von 30.000 Euro wiederbeschaffen. Der Aufwand des Schuldners im Sinne des § 275 Abs. 2 BGB beträgt wertmäßig also diese 30.000 Euro. Das wirtschaftliche Leistungsinteresse des Gläubigers bestimmt sich grundsätzlich aus dem Vertragsinhalt (*Jauernig/Stadler* § 275 BGB Rz. 25) und umfasst zunächst in jedem Fall den objektiven Wert der Sache (*Erman/Westermann* § 275 BGB Rz. 26; *MüKo/Ernst* § 275 BGB Rz. 79). Dieser objektive Wert der Sache liegt ausweislich der Sachverhaltsangabe beim Marktwert von 10.000 Euro. Zu vergleichen sind, wenn andere ideelle Gesichtspunkte seitens des Gläubigers nicht mehr in Betracht kommen, demnach diese beiden Werte. Und insoweit kann dann im vorliegenden Fall zunächst festgestellt werden, dass der Schuldner das Dreifache (also **300 %**) des objektiven Wertes aufwenden muss, um das Leistungshindernis zu beheben bzw. seine Leistungsfähigkeit wiederherzustellen.

> **Problem:** In den Fällen der Wiederbeschaffung der Kaufsache gibt es bislang aufgrund der noch vergleichsweise jungen Gesetzesnovellierung des BGB aus dem Jahre 2002 noch keine festen und vor allem verbindliche Größen, anhand derer man schematisch ein grobes Missverhältnis im Sinne des § 275 Abs. 2 BGB annimmt oder eben ablehnt (*Erman/Westermann* § 275 BGB Rz. 26/29; *Jauernig/Stadler* § 275 BGB Rz. 26). Die Entscheidung darüber hängt deshalb, auch nach dem Willen des Gesetzgebers, stets am Einzelfall und den dort vorliegenden konkreten Umständen (BGH NJW **2010**, 2341; BT-Drs. 14/6040 Seite 130).

Vorschläge, um die Untergrenze für ein »grobes Missverhältnis« zu bestimmen, haben vor einiger Zeit bereits *Huber/Faust* (Die Schuldrechtsmodernisierung, 2002, dort bei Kapitel 2 Rz. 68) entwickelt. Ein grobes Missverhältnis im Sinne des § 275 Abs. 2 BGB bei der Wiederbeschaffung der Kaufsache soll demnach vorliegen können ab

→ 110 % des Marktwertes der Sache, wenn der Schuldner das Leistungshindernis nicht zu vertreten hat;

→ 120 % bei Vertretenmüssen ohne Verschulden;

→ 130 % bei einfacher Fahrlässigkeit;

→ 140 % bei grober Fahrlässigkeit und

→ 150 % bei vorsätzlicher Herbeiführung des Leistungshindernisses.

**Achtung:** Das sind Vorschläge – mehr aber nicht. Diese Vorschläge werden allerdings in Ermangelung anderweitiger Richtwerte auf jeden Fall lebhaft diskutiert, dabei teilweise vorsichtig angezweifelt (NK/*Dauner-Lieb* § 275 BGB Rz. 18/51; *Medicus/ Lorenz* SR I Rz. 416) oder aber auch als durchaus sinnvolle Anhaltspunkte bzw. als »grobe Richtwerte« befunden (*Jauernig/Stadler* § 275 BGB Rz. 26; *Erman/Westermann* § 275 BGB Rz. 27; PWW/*Schmidt-Kessel* § 275 BGB Rz. 23; *Palandt/Grüneberg* § 275 BGB Rz. 28; MüKo/*Ernst* § 275 BGB Rz. 90 ff.). Grundsätzlich ist man sich indessen einig, dass der § 275 Abs. 2 BGB insgesamt **restriktiv** ausgelegt werden muss und nur auf Ausnahmefälle anwendbar sein soll, da er dem Gläubiger unter den genannten Umständen den ersatzlosen Wegfall seines Erfüllungsanspruchs zumutet (*Jauernig/Stadler* § 275 BGB Rz. 27; PWW/*Schmidt-Kessel* § 275 BGB Rz. 21; *Palandt/Grüneberg* § 275 BGB Rz. 27; *Bamberger/Roth/Hau/Poseck/Lorenz* § 275 BGB Rz. 36; *Erman/Westermann* § 275 BGB Rz. 27; *Lorenz/Riehm* Rz. 310; *Canaris* in JZ 2001, 502). Daher hat der Gesetzgeber auch die Formulierung »grobes« Missverhältnis gewählt und damit den Ausnahmecharakter der Vorschrift deutlich gemacht (BT-Drs. 14/6040 Seite 130).

Ob nun die oben aufgezählten Werte von *Huber/Faust* unter Berücksichtigung dessen letztlich verbindlich werden, ist zurzeit noch nicht abschließend zu beurteilen; gut möglich, dass sie – auch deutlich – nach oben korrigiert werden (vgl. etwa *Erman/Westermann* § 275 BGB Rz. 27, wo die Obergrenze bei **200 %** angesetzt wird; *Medicus/Lorenz* meinen, **300 %** könne die Grenze sein, SR I Rz. 416). Erwähnenswert ist insoweit dann abschließend noch die Rechtsprechung des BGH zum alten § 251 Abs. 2 BGB, die der Gesetzgeber als »gewisse Parallele« zu § 275 Abs. 2 BGB ansehen möchte (BT-Drs. 14/6040 Seite 130) und wo das Gericht bei vergleichbarer Problematik etwa das 33-fache (!) des Kaufpreises bei Vorsatz des Schuldners als unverhältnismäßig angesehen (BGH NJW **1988**, 699; vgl. dazu auch *Medicus/Lorenz* SR I Rz. 416) oder bei 180 % und Fahrlässigkeit des Schuldners noch keine Unverhältnismäßigkeit der Wiederbeschaffung angenommen hat (BGH NJW **1996**, 3269); diese Unverhältnismäßigkeit wurde dafür aber bereits vom OLG Hamm bei 130 % bejaht (OLG Hamm NJW-RR **2001**, 1390) und vom OLG Celle bei 126 % (OLG Celle NJW-RR **2004**, 1605). Der BGH hat inzwischen entschieden, dass wenn der Schuldner das Leistungshindernis zu vertreten hat, Aufwendungen »mindestens bis zur Grenze eines möglichen Schadensersatzes nach § 275 Abs. 2 BGB« erstattungsfähig sein sollen (BGH NJW **2008**, 3122; vgl. zum Ganzen *Erman/Westermann* § 275 BGB Rzn. 23–29 oder MüKo/*Ernst* § 275 BGB Rzn. 90–94).

**Zu unserem Fall:** Wir haben weiter oben schon mal festgestellt, dass der H hier 300 % des Marktwertes aufwenden muss, um seine Leistungsfähigkeit in Bezug zu L wiederherzustellen. Das dürfte auf den ersten Blick durchaus ein grobes Missverhältnis im Sinne des § 275 Abs. 2 BGB begründen.

> **Aber:** Zu berücksichtigen ist bei der Bestimmung der dem Schuldner zuzumutenden Anstrengungen ausweislich des § 275 Abs. 2 Satz 2 BGB indes zum einen (BGH NJW **2008**, 3122), ob der Schuldner das Leistungshindernis **zu vertreten** hat, was im vorliegenden Fall problemlos bejaht werden kann und muss, denn H hat den Wagen im Wissen um den Verkauf an L sogar **vorsätzlich** an den A veräußert und damit das Leistungshindernis herbeigeführt. Insoweit sind dann deutlich höhere Maßstäbe an den Aufwand des Schuldners zu stellen; wörtlich heißt es in der Gesetzesbegründung, in solchen Fällen müsse der Schuldner »wesentlich mehr als den Marktpreis bieten« (BT-Drs. 14/6040 Seite 131; vgl. dem ausdrücklich zustimmend: *Erman/Westermann* § 275 BGB Rz. 25, *Jauernig/Stadler* § 275 BGB Rz. 27; *Brox/Walker* AS § 22 Rz. 19). Und schließlich sollen bei der Bestimmung der Höhe des zumutbaren Aufwandes des Schuldners neben den wirtschaftlichen auch noch die ideellen Interessen des Gläubigers Berücksichtigung finden (*Palandt/Grüneberg* § 275 BGB Rz. 28). Auch dies ließe sich hier in Ansatz bringen, denn der L ist »Autoliebhaber« und erwirbt als solcher einen 30 Jahre alten Mercedes SL (= Einzelstück!).

Wie man sich angesichts dieser Gesichtspunkte und unter Berücksichtigung der Vorschläge von *Huber/Faust* (siehe oben) im vorliegenden konkreten Fall entscheidet, dürfte letztlich dann dennoch reine Argumentationsfrage und im Ergebnis im besten Sinne des Wortes **gleichgültig** sein. Wir wollen hier in unserer Lösung trotz der vorsätzlichen Herbeiführung des Leistungshindernisses und den durchaus vorhandenen ideellen Interessen dennoch von einem groben Missverhältnis im Sinne des § 275 Abs. 2 BGB ausgehen und insoweit den finanziell beachtlichen Aufwand von 300 % des Marktwertes als Hauptargument für die Unzumutbarkeit der Wiederbeschaffung annehmen (vgl. *Erman/Westermann* § 275 BGB Rz. 27; *Jauernig/Stadler* § 275 BGB Rz. 27; *Medicus/Lorenz* SR I Rz. 415/416).

<u>ZE.:</u> Die von H aufzuwendenden 30.000 Euro stehen im groben Missverhältnis zu Gläubigerinteresse im Sinne des § 275 Abs. 2 BGB (andere Ansicht wäre aber – mit vernünftiger Begründung – ebenso gut vertretbar).

**Erg.:** Dem H steht gegen den Erfüllungsanspruch des L auf Lieferung des Mercedes aus § 433 Abs. 1 Satz 1 BGB das Leistungsverweigerungsrecht nach § 275 Abs. 2 BGB zu. Und da H dieses auch geltend gemacht (= sich darauf berufen) hat, kann L seinen Anspruch nicht mehr durchsetzen.

## II.) Anspruch auf Zahlung des Mehrerlöses (5.000 Euro)

<u>AGL.:</u> §§ 285 Abs. 1, 275 Abs. 4 BGB

**Zuerst bitte mal das Gesetz lesen:** »Erlangt der Schuldner infolge des Umstandes, aufgrund dessen er die Leistung nach § 275 Abs. 1 bis 3 BGB nicht zu erbringen braucht, für den geschuldeten Gegenstand einen Ersatz oder Ersatzanspruch, so kann der Gläubiger Herausgabe des als Ersatz Empfangenen oder Abtretung des Herausgabeanspruchs verlangen.«

**Subsumtion:** Der H muss also das an L herausgeben, was er durch den die Leistung unmöglich bzw. unzumutbar machenden Umstand erlangt hat. Und jetzt müssen wir sehr genau hinsehen: Der »Umstand«, der zum Leistungsuntergang nach § 275 Abs. 2 BGB geführt hat, war bei genauer Betrachtung die Übereignung des Wagens von H an A gemäß § 929 Satz 1 BGB, also das **dingliche Rechtsgeschäft** zwischen H und A. Denn erst durch diesen Akt verliert unser H das Eigentum an dem Wagen und damit auch die Möglichkeit, dem L das Fahrzeug in Erfüllung des Kaufvertrages später noch zu übereignen. Dafür hätte er weiterhin Eigentümer sein müssen (lies: § 929 Satz 1 BGB!). Der Umstand, der dem H die Lieferung an L unmöglich bzw. unzumutbar gemacht hatte, war folglich die (dingliche) Übereignung des Wagens auf den A.

Infolge **dieses** Umstandes (also der Eigentumsübertragung auf A) aber erlangt der H genau genommen gar nichts, jedenfalls keinen Anspruch und auch kein Geld. Denn das Geld, also den Kaufpreis in Höhe von 15.000 Euro, erhält H durch die Übereignung der Geldscheine (A zahlt bar!) im Zuge der Kaufvertragserfüllung von A. Hält man sich somit streng an den Wortlaut des § 285 Abs. 1 BGB, müsste man demnach eigentlich sagen, dass H den Kaufpreis, auf den es unser L abgesehen hat, **nicht** infolge des Umstandes, aufgrund dessen H die Leistung nach § 275 Abs. 2 BGB nicht zu erbringen braucht, erlangt. Denn, wie gesagt, der die Leistung unmöglich machende Umstand war die Übereignung des Wagens an A, nicht aber die davon **abstrakt** zu sehende Kaufpreiszahlung.

**Indessen:** Sind das Ereignis, das den Schuldner von der Leistungspflicht befreit (hier: die Übereignung der Sache an A) und der Umstand, der den Ersatzanspruch begründet (hier: Übereignung der Geldscheine im Zuge der Kaufvertragserfüllung) nicht identisch, kann § 285 BGB dennoch angewendet werden, wenn beide Ereignisse eine wirtschaftliche Einheit bilden. Unter § 285 BGB fällt daher auch das durch Rechtsgeschäft, insbesondere Verkauf vom Schuldner erzielte Entgelt; man nennt dies dann »commodum ex negotiatione« oder auch »rechtsgeschäftliches commodum« (**unstreitig**: BGHZ 46, 264; BGH NJW **1983**, 930; *Jauernig/Stadler* § 285 BGB Rz. 8; *Brox/Walker* AS § 22 Rz. 27; *Palandt/Grüneberg* § 285 BGB Rz. 7; *Kleinhenz/Junk* in ZGS 2008, 253).

**Zum Fall:** L kann somit selbstverständlich doch die von H erzielten 15.000 Euro gemäß § 285 Abs. 1 BGB fordern, die Zahlung des Geldes bildet nämlich eine wirtschaftliche Einheit mit der Veräußerung des Wagens an A.

<u>ZE.:</u> Dem L steht gegen H ein Anspruch auf Zahlung der 15.000 Euro aus § 285 Abs. 1 BGB zu.

**Letzter Schritt:** Aufpassen müssen wir nun ganz zum Schluss noch auf Folgendes: Dem L steht zwar – wie gesehen – der Anspruch auf Herausgabe bzw. Zahlung der 15.000 Euro aus § 285 Abs. 1 BGB zu. Er bleibt allerdings dann wegen § 326 Abs. 3 Satz 1 BGB (lesen) zur **Gegenleistung** (= Kaufpreiszahlung) verpflichtet! Und das ist auch ziemlich gerecht, denn so wird gewährleistet, dass er tatsächlich nur den von H erzielten Überschuss im Vergleich zum eigenen Kaufpreis erhält. H hat 15.000 Euro von A bekommen, der L sollte für das gleiche Auto nur 10.000 Euro zahlen. Es bleibt für L demnach die Differenz von 5.000 Euro, wie gesagt, er ist wegen § 326 Abs. 3 Satz 1 BGB seinerseits weiter zur Gegenleistung verpflichtet.

> **Feinkost:** In der streng juristisch-dogmatischen Durchführung geht das dann übrigens so, dass man in dem Begehren auf Herausgabe des Mehrerlöses seitens des Gläubigers eine schlüssige Aufrechnungserklärung im Sinne des **§ 388 BGB** sieht (BVerfG NJW-RR **1993**, 764; BGHZ **26**, 241; OLG Brandenburg NJW-RR **2000**, 1620). Genau genommen stehen sich hier nämlich zwei gleichartige (Geld-)Forderungen gegenüber: Der H hat weiterhin gegen L den Anspruch auf Zahlung von 10.000 Euro aus § 433 Abs. 2 BGB; und L kann von H seinerseits 15.000 Euro aus § 285 Abs. 1 BGB fordern (siehe oben). Und damit jetzt nicht beide Forderungen erfüllt werden müssen (was für ein Aufwand!), rechnet man einfach diese beiden Forderungen gegenseitig auf mit der Folge, dass der Anspruch des H gegen L in Höhe von 10.000 Euro vollständig erloschen ist und für L eine Forderung in Höhe von 5.000 Euro übrigbleibt (lies: **§ 389 BGB**). Alles klar!? Einzelheiten zur Aufrechnung gibt es übrigens weiter unten in Fall Nr. 15.

**Ergebnis:** Nach zu unterstellender Aufrechnung verbleibt für L gegen H ein Anspruch auf Zahlung von 5.000 Euro aus den §§ 285 Abs. 1, 275 Abs. 4 BGB.

# Gutachten

**I.) L kann gegen H einen Anspruch auf Lieferung des Wagens aus § 433 Abs. 1 Satz 1 BGB haben.**

**1.)** Mit dem Abschluss des Kaufvertrages zwischen L und H ist Anspruch des L auf Lieferung des Wagens aus § 433 Abs. 1 Satz 1 BGB zunächst entstanden.

**2.)** Dieser Anspruch könnte aber aufgrund der Veräußerung des Autos durch H an A wegen Unmöglichkeit gemäß § 275 Abs. 1 BGB wieder untergegangen sein. Dies ist der Fall, wenn die Leistung dem Schuldner unmöglich geworden ist. Unmöglichkeit liegt vor, wenn die Leistung für den Schuldner auch nicht theoretisch, also unter keinen Umständen mehr zu erbringen ist. H selbst kann das Auto nicht leisten, denn der Wagen ist dem A bereits übereignet worden mit der Folge, dass die Eigentumsverschaffung, die H dem L aus dem Kaufvertrag schuldet, von H nicht mehr erbracht werden kann. Allerdings ist fraglich, wie es sich auswirkt, dass H den Wagen von A zurückerwerben und dann dem L übereignen könnte. Im Fall der Veräußerung einer bereits verkauften Sache an einen Dritten tritt Unmöglichkeit nach § 275 Abs. 1 BGB nur ein, wenn der Dritte jeden Rückkauf definitiv ablehnt oder wenn er nicht mehr auffindbar ist. Kann der Schuldner indessen seine Leistungsfähigkeit durch die Wiederbeschaffung der Sache tatsächlich wiederherstellen, liegt kein Fall von § 275 Abs. 1 BGB vor. Die Leistung ist H demzufolge nicht gänz-lich unmöglich oder im oben genannten Sinne absolut unmöglich. Der Lieferungsan-spruch des L gegen H aus § 433 Abs. 1 Satz 1 BGB ist somit nicht nach § 275 Abs. 1 BGB wegen subjektiver Unmöglichkeit untergegangen.

**3.)** Fraglich ist jedoch, ob der Anspruch auch durchsetzbar ist. Dem Anspruch des L auf Lieferung kann hier ein Leistungsverweigerungsrecht des H nach § 275 Abs. 2 BGB entge-genstehen. Der Schuldner kann gemäß § 275 Abs. 2 Satz 1 BGB die Leistung verweigern, soweit diese einen Aufwand erfordert, der unter Beachtung des Schuldverhältnisses und der Gebote von Treu und Glauben in einem groben Missverhältnis zu dem Leistungsinte-resse des Gläubigers steht, wobei nach § 275 Abs. 2 Satz 2 BGB bei der Bestimmung der dem Schuldner zuzumutenden Anstrengungen auch zu berücksichtigen ist, ob er das Leistungsinteresse zu vertreten hat. H hat erklärt, er brauche nicht mehr zu liefern, da ihm die Wiederbeschaffung des Wagens wegen des hohen Preises unzumutbar sei. In dieser Erklärung liegt die schlüssige Berufung auf § 275 Abs. 2 BGB.

Es kommt daher auf einen Vergleich zwischen dem Aufwand des Schuldners im Hinblick auf die Leistungserbringung und dem wirtschaftlichen und möglicherweise auch ideellen Interesse des Gläubigers an der Leistung an. Nur wenn ein »grobes Missverhältnis« ent-steht, ist der Schuldner berechtigt, die Leistung zu verweigern. Ein grobes Missverhältnis im Sinne des § 275 Abs. 2 BGB liegt dann vor, wenn das Verhältnis zwischen Gläubigerin-teresse und Schuldneraufwand ein besonders krasses, nach Treu und Glauben vollkom-men untragbares Ausmaß erreicht hat. Der H kann den Wagen zu einem Preis von 30.000 Euro wiederbeschaffen. Der Aufwand des Schuldners im Sinne des § 275 Abs. 2 BGB beträgt damit also 30.000 Euro. Das wirtschaftliche Leistungsinteresse des Gläubigers bestimmt sich grundsätzlich aus dem Vertragsinhalt und umfasst in jedem Fall den objek-tiven Wert der Sache. Dieser objektive Wert der Sache liegt ausweislich der Sachverhalts-angabe beim Marktwert von 10.000 Euro. Insoweit kann dann im vorliegenden Fall festge-stellt werden, dass der Schuldner H das Dreifache (also 300 %) des objektiven Wertes aufwenden müsste, um das Leistungshindernis zu beheben bzw. seine Leistungsfähigkeit wiederherzustellen.

Das spricht für die Annahme eines groben Missverhältnisses im Sinne des § 275 Abs. 2 BGB. Bei der Bestimmung der dem Schuldner zuzumutenden Anstrengungen ist aller-dings auch zu berücksichtigen, ob der Schuldner das Leistungshindernis zu vertreten hat und auch die ideellen Interessen des Gläubigers sollen in die Wertung Eingang finden. H hat den Wagen im Wissen um den Verkauf an L sogar vorsätzlich an den A veräußert und damit das Leistungshindernis herbeigeführt. Insoweit sind höhere Maßstäbe an den Auf-wand des Schuldners anzulegen. L ist darüber hinaus »Autoliebhaber« und erwirbt als solcher den 30 Jahre alten Mercedes SL, der für ihn einen besonderen ideellen Wert besitzt. Indes erscheint die Belastung des H auch bei Zugrundelegung dieser Maßstäbe jenseits der Grenze des Zumutbaren. Wegen des beachtlichen finanziellen Mehraufwands von 300 % des Marktwertes ist die Wiederbeschaffung demgemäß unzumutbar. Die von H aufzuwendenden 30.000 Euro stehen mithin in einem groben Missverhältnis zum Interesse des Gläubigers L im Sinne des § 275 Abs. 2 BGB.

**Ergebnis**: H steht gegen den Erfüllungsanspruch des L auf Lieferung des Mercedes aus § 433 Abs. 1 Satz 1 BGB das Leistungsverweigerungsrecht nach § 275 Abs. 2 BGB zu. Der Anspruch des L ist damit nicht durchsetzbar.

**II.) L kann gegen H einen Anspruch auf Zahlung des Mehrerlöses in Höhe von 5.000 Euro aus §§ 285 Abs. 1, 275 Abs. 4 BGB haben.**

Damit der Anspruch begründet ist, muss der Schuldner infolge des Umstandes, aufgrund dessen er die Leistung nach § 275 Abs. 1 bis 3 BGB nicht zu erbringen braucht, für den geschuldeten Gegenstand einen Ersatz oder Ersatzanspruch erlangt haben.

Der Umstand, der zum Leistungsuntergang nach § 275 Abs. 2 BGB geführt hat, war die Übereignung des Wagens von H an A gemäß § 929 Satz 1 BGB. Erst durch diesen Akt verlor H das Eigentum an dem Wagen und damit auch die Möglichkeit, L das Fahrzeug in Erfüllung des Kaufvertrages zu übereignen. Den Kaufpreis in Höhe von 15.000 Euro erhielt H allerdings durch die Übereignung der Geldscheine im Zuge der Kaufvertragserfüllung. Infolge der Eigentumsübertragung auf A aber hat H nichts erlangt. Mit dem Wortlaut von § 285 Abs. 1 BGB hat H den Kaufpreis demnach nicht infolge des Umstandes, aufgrund dessen er die Leistung nach § 275 Abs. 2 BGB nicht zu erbringen braucht, erlangt.

§ 285 BGB kann aber dennoch angewendet werden, sofern das Ereignis, das den Schuldner von der Leistungspflicht befreit und der Umstand, der den Ersatzanspruch begründet nicht identisch sind, wenn beide Ereignisse eine wirtschaftliche Einheit bilden. Unter § 285 BGB fällt daher auch das durch Rechtsgeschäft, insbesondere den Verkauf vom Schuldner erzielte Entgelt. Die Zahlung des Kaufpreises durch A bildet hier eine solche wirtschaftliche Einheit mit der Veräußerung des Wagens an A und fällt daher unter den Regelungsbereich von § 285 Abs. 1 BGB. H muss folglich das an L herausgeben, was er durch den die Leistung unmöglich bzw. unzumutbar machenden Umstand erlangt hat.

**Ergebnis**: L steht gegen H ein Anspruch auf Zahlung der 15.000 Euro aus § 285 Abs. 1 BGB zu. Er bleibt allerdings wegen § 326 Abs. 3 Satz 1 BGB zur Kaufpreiszahlung verpflichtet.

# Fall 5

# Rosenmontag in Köln

Rechtsstudent R ist knapp bei Kasse und hat daher den Balkon seiner Kölner Wohnung, von dem aus man einen prima Blick auf den Rosenmontagszug hat, schon zwei Monate vor Beginn der närrischen Tage für den Rosenmontag an den Karnevalsfreund F zum Preis von 100 Euro vermietet. Vier Wochen später bricht im nahen Osten unerwartet ein offener Krieg aus, woraufhin der Rosenmontagszug komplett abgesagt wird. Obwohl F wenig später gegenüber R den Rücktritt vom Vertrag erklärt, verlangt R am Aschermittwoch von F die vereinbarten 100 Euro und meint, das Risiko des ausgefallenen Zuges habe F zu tragen, schließlich habe er (R) dem F nur den Balkon und nicht auch den Karnevalsumzug vermietet.

**Steht R gegen F der Anspruch auf Zahlung der 100 Euro zu?**

---

**Schwerpunkte:** Der Wegfall der Geschäftsgrundlage; Anwendbarkeit der §§ 275 und 326 BGB; Rücktritt nach den §§ 313, 346 BGB; Voraussetzungen des § 313 Abs. 3 BGB; die Anpassung des Vertrages; der Rücktritt.

---

## Lösungsweg

### Anspruch des R gegen F auf Zahlung der 100 Euro

<u>AGL</u>: § 535 Abs. 2 BGB (Mietvertrag)

### I.) Entstehen des Anspruchs:

Das ist hier kein Problem, denn nach Auskunft des Sachverhaltes haben R und F einen Mietvertrag im Sinne des § 535 BGB über den Balkon geschlossen. Damit sind die beiderseitigen Erfüllungsansprüche aus § 535 Abs. 1 BGB und § 535 Abs. 2 BGB grundsätzlich erst einmal **entstanden**.

### II.) Untergang des Anspruchs:

Der hier zu prüfende Zahlungsanspruch des R gegen F aus § 535 Abs. 2 BGB könnte jedoch nach § 326 Abs. 1 Satz 1 BGB nachträglich wieder **untergegangen** sein.

**1.)** Gemäß § 326 Abs. 1 Satz 1 BGB entfällt der Anspruch auf die Gegenleistung (= Zahlung des Geldes), wenn der Schuldner der Leistung gemäß § 275 Abs. 1 bis

Abs. 3 BGB von seiner Leistungspflicht frei geworden ist. Es ist somit zu prüfen, ob R als Schuldner der Leistung (= Vermietung des Balkons) von seiner Leistungspflicht gemäß § 275 Abs. 1 BGB frei geworden ist.

> Dann müsste die Leistung für den Schuldner oder für jedermann **unmöglich** geworden sein (bitte das Gesetz lesen: § 275 Abs. 1 BGB). Im vorliegenden Fall kommt als »Unmöglichkeit der Leistung« natürlich nur der Ausfall des Karnevalszuges in Betracht; und diese vermeintliche Unmöglichkeit wäre dann auch objektiver Natur, denn einen »Balkon mit Karnevalszug« konnte an diesem Rosenmontag tatsächlich niemand vermieten, die Leistung wäre also im Sinne des § 275 Abs. 1 BGB für jedermann unmöglich gewesen (vgl. BGHZ **188**, 71 oder *Staudinger/Caspers* § 275 BGB Rz. 12).

**Problem:** Es fragt sich allerdings, ob der Karnevalszug überhaupt zur Leistungspflicht des R aus dem mit F geschlossenen Mietvertrag nach § 535 BGB gehörte. Nur unter diesen Umständen – also wenn der Rosenmontagszug zum Vertragsinhalt geworden ist – wäre (zumindest ein Teil) der Leistungspflicht des R **unmöglich** im Sinne des § 275 Abs. 1 BGB geworden, denn der Zug wurde ja abgesagt. Was zur vertraglichen Leistungspflicht des Schuldners gehört, bestimmt sich nach dem konkreten Inhalt des Vertrages. Es ist demnach zu prüfen, ob R beim Abschluss des Mietvertrages tatsächlich die Vermietung des Balkons **und** zudem auch schuldete, dass der Karnevalszug stattfindet. Die Beantwortung dieser Frage bzw. die Lösung dieser Art von Fällen ist umstritten:

- Man könnte im vorliegenden Fall einerseits annehmen, dass zwar nur der Balkon Gegenstand eines Mietvertrages sein kann, dieser Balkon aber hier ausschließlich mit dem **Zweck** vermietet wurde, dass der Mieter von dort aus den Rosenmontagszug beobachten kann. Der Rosenmontagszug bzw. das tatsächliche Stattfinden dessen sei daher zum Vertragsinhalt geworden mit der Folge, dass ein Ausbleiben des Zuges die vertragliche Leistungspflicht unmöglich im Sinne des § 275 Abs. 1 BGB gemacht hat (OLG Hamm WM **1972**, 1323; *Soergel/Ekkenga/Kuntz* § 275 BGB Rz. 48; *Medicus/Petersen* BR Rz. 160; *Medicus/Lorenz* SR I Rz. 450/451).

- Dem steht jedoch entgegen, dass eine solche Beurteilung den Schuldner der Leistung unangemessen benachteiligt. Der Schuldner hätte sich nämlich damit zu einer Leistung verpflichtet, auf deren Herbeiführung er keinen Einfluss hat (*Palandt/Grüneberg* § 275 BGB Rz. 20; *MüKo/Ernst* § 275 BGB Rz. 44; *Larenz* Schuldrecht I § 21 II). Grundsätzlich trägt der **Gläubiger** das sogenannte »Verwendungsrisiko« der gekauften oder gemieteten Sache (BGHZ **74**, 374). Wer also eine Sache kauft oder mietet (z.B. ein Brautkleid), die er später dann entgegen seiner ursprünglichen Erwartung nicht verwenden kann (z.B. Hochzeit fällt aus) kann nun nicht die Zahlung des Kaufpreises bzw. der Miete verweigern mit dem Hinweis, die Leistung sei unmöglich geworden. Die Verwendung der Sache gehört in diesen Fällen **nicht** zur vertraglichen Pflicht der anderen Partei

(*Brox/Walker* AS § 27 Rz. 6; *Palandt/Grüneberg* § 275 BGB Rz. 20; *Staudinger/ Caspers* § 275 BGB Rz. 15).

Daraus folgt, dass im vorliegenden Fall der Rosenmontagszug bzw. dessen Stattfinden nicht zur vertraglichen Pflicht des R gehörte. R hatte sich vertraglich lediglich dazu verpflichtet, dem F seinen Balkon für den entsprechenden Tag zur Verfügung zu stellen. **Dies** aber war fraglos noch möglich, zumindest steht nichts Gegenteiliges in der Sachverhaltsschilderung. F hätte den Balkon betreten können. Dass er von dort aus den Rosenmontagszug nicht sehen konnte, beeinträchtigt die Vertragserfüllung seitens des R nicht.

<u>ZE.:</u> Es liegt durch den Ausfall des Rosenmontagszuges **kein** Fall der Unmöglichkeit im Sinne des § 275 Abs. 1 BGB vor. Die vertragliche Leistungspflicht des R bezog sich allein auf das Vermieten des Balkons. R ist folglich nicht von seiner Leistungspflicht gemäß § 275 Abs. 1 BGB frei geworden.

<u>ZE.:</u> Und damit liegen die Voraussetzungen des § 326 Abs. 1 Satz 1 BGB ebenfalls nicht vor, denn diese Norm setzt ja das Vorliegen des § 275 Abs. 1 BGB voraus.

<u>ZE.:</u> Der F ist von der Verpflichtung zur Gegenleistung (= Geldzahlung) nicht nach den §§ 326 Abs. 1 Satz 1, 275 Abs. 1 BGB frei geworden.

**2.)** Der Zahlungsanspruch des R gegen F könnte jedoch aufgrund des von F erklärten Rücktritts gemäß den **§§ 313 Abs. 1, 313 Abs. 3, 346 BGB** wegen der Störung bzw. des Wegfalls der Geschäftsgrundlage erloschen sein.

---

**Vorab:** Ein wirksamer Rücktritt hat in der Regel zur Folge, dass die Parteien die bereits empfangenen Leistungen zurückgewähren müssen. Das leuchtet ein, denn welchen Sinn soll ein Rücktritt sonst haben?! Und deshalb steht das auch ausdrücklich so im Gesetz, nämlich in § 346 Abs. 1 BGB (aufschlagen!). Tritt nun aber eine Partei vom Vertrag zurück, noch **bevor** die Leistungen ausgetauscht sind, können die Leistungen logischerweise nicht zurückgewährt werden (wie soll das gehen?). In diesem Fall hat der Rücktritt das Erlöschen der Hauptleistungspflichten zur Folge, die Parteien brauchen also nach erfolgtem Rücktritt nichts mehr zu leisten (*Medicus/Lorenz* SR I Rz. 501/595; *Palandt/Grüneberg* § 346 BGB Rz. 4). Auch das leuchtet ein, steht allerdings so nicht im Gesetz, deshalb: bitte merken.

---

Im vorliegenden Fall sind zum Zeitpunkt der Rücktrittserklärung des F die Leistungen noch nicht ausgetauscht und die gerade beschriebene Rechtsfolge, also das Freiwerden von der Hauptleistungspflicht, hätte für unseren F mithin die Konsequenz, dass er die Miete in Höhe von 100 Euro nicht mehr leisten müsste. Denn – wir haben es gerade gesagt – die Hauptleistungspflicht aus § 535 Abs. 2 BGB würde bei einem wirksamen Rücktritt wegfallen. Wir müssen also jetzt prüfen, ob der F wirksam den Rücktritt von dem mit R geschlossenen Mietvertrag erklärt hat:

**a)** Voraussetzung dafür ist zunächst gemäß § 349 BGB eine **Rücktrittserklärung**. Das ist im vorliegenden Fall kein Problem, denn nach Schilderung des Sachverhaltes hat F eine solche Rücktrittserklärung ausdrücklich gegenüber R abgegeben.

**b)** Des Weiteren erforderlich ist allerdings auch ein **Rücktrittsgrund**. Da ein vertraglich vereinbartes Rücktrittsrecht als Rücktrittsgrund nicht ersichtlich ist, kommt als solcher nur ein gesetzliches Rücktrittsrecht aus den §§ 313 Abs. 1 und Abs. 3 BGB wegen der Störung bzw. des Wegfalls der Geschäftsgrundlage in Betracht.

**Voraussetzungen des § 313 Abs. 1 BGB:**

**1.)** Zunächst müssen sich die Umstände, die zur Grundlage des Vertrages geworden sind, nach Vertragsschluss schwerwiegend verändert haben (bitte lies: § 313 Abs. 1 BGB). Hierbei ist zu beachten, dass es sich bei diesen Umständen allein um **objektive** Begebenheiten handeln darf. Der § 313 Abs. 1 BGB betrifft die sogenannte »objektive Geschäftsgrundlage«, was aus dem Umkehrschluss zu § 313 Abs. 2 BGB folgt, der seinerseits auf die subjektiven Vorstellungen der Parteien abstellt und somit den Fall der Störung der sogenannten »subjektiven Geschäftsgrundlage« erfassen soll (BT-Drs. 14/6040 Seite 1769; BGH WM **2018**, 2090; MDR **2016**, 869; NJW **2015**, 268; *Brox/Walker* AS § 27 Rz. 4).

> **Definition:** Zur »Grundlage des Vertrages« im Sinne der Gesetzesformulierung aus § 313 Abs. 1 BGB sind Umstände dann geworden, wenn sie von wenigstens einer Partei bei Abschluss des Vertrages als für den Vertragsschluss maßgebend vorausgesetzt wurden und sich die andere Partei auf die Berücksichtigung der Umstände unter normalen Umständen hätte auch vertraglich einlassen müssen; der Geschäftswille der Parteien muss beim Abschluss des Vertrages auf diesen Umständen beruhen (BGH WM **2018**, 2090; NJW **2017**, 1937; NJW **2016**, 3100; *Erman/Böttcher* § 313 BGB Rz. 16/17; *Palandt/Grüneberg* § 313 BGB Rz. 3).

Im vorliegenden Fall ist der Balkon nur deshalb vermietet worden, damit F von dort aus den Karnevalszug anschauen konnte. Das war in diesem Fall sogar nicht nur einer Partei klar und wichtig (nämlich dem F), sondern gehörte auch für den anderen Vertragspartner zur Grundlage der Vereinbarung, auch wenn das Mietobjekt selbst – also der Vertragsgegenstand – nur der Balkon gewesen ist. Der Karnevalszug war mithin hier die objektive »Grundlage des Vertrages« im Sinne des § 313 Abs. 1 BGB. Und diese Umstände haben sich im vorliegenden Fall dann auch fraglos »schwerwiegend verändert«, der Karnevalszug ist nämlich komplett abgesagt worden.

**ZE.:** Umstände, die zur Grundlage des Vertrages geworden sind, haben sich nach Vertragsschluss schwerwiegend verändert. Die erste Voraussetzung des § 313 Abs. 1 BGB liegt mithin vor.

**2.)** Des Weiteren erforderlich ist, dass die Parteien, wenn sie die Änderung der Umstände vorausgesehen hätten, den Vertrag nicht oder mit einem anderen Inhalt abgeschlossen hätten (lies: § 313 Abs. 1 BGB). Insoweit muss nun der **hypothetische** Kausalverlauf überprüft werden (BGH NJW **2015**, 268; *Brox/Walker* AS § 27 Rz. 7). Und das ist hier natürlich kein Problem, denn bei Vorhersehen der Absage hätte der F diesen Vertrag selbstredend nicht geschlossen.

<u>ZE.:</u> Der Vertrag wäre bei Vorhersehen der Umstände nicht geschlossen worden.

**3.)** Schließlich muss gemäß § 313 Abs. 1 BGB mindestens einem Vertragsteil unter Berücksichtigung aller Umstände des Einzelfalles und der vertraglichen oder gesetzlichen Risikoverteilung das Festhalten am unveränderten Vertrag **unzumutbar** sein.

> **Definition:** Von einer solchen Unzumutbarkeit kann und muss dann ausgegangen werden, wenn ein Festhalten am Vertrag zu unbilligen, mit den allgemeinen Prinzipen der Rechtsordnung unvereinbaren Ergebnissen führen würde (BGH WM **2017**, 1937; BGH MDR **2016**, 869; BGH NJW **2015**, 268; *Brox/Walker* AS § 27 Rz. 8).

**Zum Fall:** Zwar haben wir weiter oben festgestellt, dass der Mieter einer Sache grundsätzlich allein das sogenannte »Verwendungsrisiko« für die Sache trägt und somit eigentlich die Risikoverteilung im vorliegenden Fall zu seinen Lasten gehen müsste. Allerdings muss dieser Grundsatz aufgrund des Rechtsgedankens des § 313 Abs. 1 BGB hier eine Einschränkung erfahren, denn ein Festhalten an dem Vertrag würde auf Seiten des F als Mieter zu einem denkbar unbilligen Ergebnis führen: F hatte den Balkon ausschließlich angemietet, um von dort aus den Karnevalszug zu sehen. Die vergleichsweise hohe Miete (100 Euro für einen Balkon für einen Tag!) rechtfertigt sich selbstverständlich nur, wenn der Balkon entsprechend nutzbar ist. Im Übrigen hätte R den Balkon wohl kaum ohne den Karnevalszug vermieten können. Beiden Parteien war daher klar, dass der Mietvertrag nur dann in der geschlossenen Form durchführbar ist, wenn der Karnevalszug auch stattfindet. Aus diesen Überlegungen folgt, dass die Risikoverteilung für den Fall des Ausfalls des Zuges nicht allein bei F als Mieter der Sache liegen kann. Das Risiko des Ausfalls haben beide Parteien gleichwertig zu tragen.

<u>ZE.:</u> Ein Festhalten am ursprünglichen Vertrag ist dem F unter Berücksichtigung aller Umstände, vor allem der vertraglichen Risikoverteilung, nicht zumutbar.

**Rechtsfolgen:**

**1.)** Gemäß § 313 Abs. 1 BGB ist in den Fällen der Störung der Geschäftsgrundlage grundsätzlich erst mal eine **Anpassung** des Vertrages vorgesehen (lies: § 313 Abs. 1 BGB). Dieser Anspruch steht logischerweise nur der Partei zu, der ein Festhalten am ursprünglichen Vertrag aufgrund der Störung der Geschäftsgrundlage nun nicht mehr zumutbar ist (BGH WM **2018**, 2090; BGH WM **2017**, 1937; BGH NJW **2015**, 268; BGHZ **191**, 137; *Brox/Walker* AS § 27 Rz. 10).

In der Praxis – also in der tatsächlichen Durchführung – sieht das dann so aus, dass der Anspruchsberechtigte, also der, dem das Festhalten am Vertrag nicht mehr zumutbar ist, gegenüber dem anderen Vertragspartner seinen Anspruch auf Anpassung zunächst einmal ausdrücklich geltend machen muss, und die beiden treten dann insoweit in quasi **neue Vertragsverhandlungen**. Führen diese nicht zum Ziel, muss der eine Teil dann seinen Anspruch auf Anpassung in einem Prozess vor Gericht geltend machen. In diesem Fall wäre die Klage entweder auf Zustimmung zur Anpassung oder unmittelbar auf die angepasste Leistung bzw. Gegenleistung zu richten (BGH WM **2018**, 2090; BGH NJW **2012**, 373; BT-Drs. 14/6040 Seite 176; *Palandt/Grüneberg* § 313 BGB Rz. 41; *Schmidt* in NJW **2002**, 2076).

In unserem Fall stellt sich demnach zunächst die Frage, ob der vorliegende Vertrag einer Anpassung überhaupt zugänglich gewesen ist. Und das wird man wohl verneinen müssen, denn der Balkon macht für den F überhaupt keinen Sinn, wenn er von dort aus nicht den Karnevalszug anschauen kann. Eine Verringerung der Miete etwa – was man als Anpassung in Betracht hätte ziehen können – ist aus diesem Grund völlig sinnlos und dem F daher auch nicht zumutbar.

**2.)** Für den Fall, dass eine Vertragsanpassung nicht mehr möglich oder einer Partei nicht zumutbar ist, gewährt das Gesetz dann in **§ 313 Abs. 3 Satz 1 BGB** die zweite mögliche Rechtsfolge bei der Störung der Geschäftsgrundlage, nämlich den Rücktritt vom Vertrag (BGH WM **2017**, 1937; BGHZ **191**, 137; BGH NJW **2012**, 2733).

Dieser Rücktritt vom Vertrag hat nach dem Willen des Gesetzgebers lediglich **subsidiären** Charakter zur Vertragsanpassung und stellt damit nur die letzte Möglichkeit dar, der Veränderung der Vertragsbedingungen gerecht zu werden (BGH WM **2018**, 2090; BGH WM **2017**, 1937). Grundsätzlich soll das Vertragsverhältnis erst und nur dann mit dem Rücktritt aufgehoben werden können, wenn eine Anpassung im Sinne des § 313 Abs. 1 BGB aus den in § 313 Abs. 3 BGB genannten Gründen ausgeschlossen ist (BGH WM **2018**, 2090; BGHZ **191**, 137). Beachte, dass eine Vertragsanpassung regelmäßig in der Herabsetzung einer der beiden vertraglichen Verbindlichkeiten liegt, unter Umständen sogar in einer vollständigen Reduzierung. Freilich müssen bei einer vollständigen Herabsetzung stets besondere Umstände vorliegen (BGH WM **2018**, 2090). Wählt eine Partei wegen Unzumutbarkeit gemäß § 313 Abs. 3 BGB den Rücktritt, muss dieser dann als rechtsgestaltender Akt durch eine Erklärung gemäß § 349 BGB gegenüber dem Vertragspartner erfolgen und führt anschließend zu den Rechtsfolgen der §§ 346 ff. BGB.

Im vorliegenden Fall haben wir weiter oben festgestellt, dass eine Anpassung des Vertrages für den F nicht zumutbar ist mit der Folge, dass F demnach gemäß § 313 Abs. 3 Satz 1 BGB ein Rücktrittsrecht – ein **gesetzliches** Rücktrittsrecht im Sinne des § 346 Abs. 1 BGB – zusteht. F hat dieses Rücktrittsrecht auch gegenüber R ausgeübt, er ist kurz nach der Absage des Rosenmontagszuges von dem mit R geschlossenen Vertrag zurückgetreten.

**ZE.:** Durch den von F erklärten Rücktritt ist das ursprüngliche Vertragsverhältnis zwischen R und F aufgehoben worden, insbesondere sind die Hauptleistungspflichten mit der Erklärung des Rücktritts nach den §§ 313 Abs. 3 Satz 1, 346 Abs. 1 BGB weggefallen.

**Erg.:** Da die Hauptleistungspflichten aus dem Mietvertrag weggefallen sind, ist F nicht mehr verpflichtet, die ursprünglich vereinbarte Miete in Höhe von 100 Euro an R zu zahlen.

# Gutachten

### R kann gegen F einen Anspruch auf Zahlung von 100 Euro aus § 535 Abs. 2 BGB haben

**I.)** R und F haben nach Auskunft des Sachverhaltes einen Mietvertrag nach § 535 BGB über den Balkon geschlossen. Damit ist der Anspruch des R auf Zahlung der Miete aus § 535 Abs. 2 BGB entstanden.

**II.)** Der Zahlungsanspruch des R gegen F könnte jedoch nachträglich untergegangen sein.

**1.)** Zunächst kommt eine Befreiung der Zahlungspflicht des F gegenüber R aus § 326 Abs. 1 Satz 1 in Betracht. Gemäß § 326 Abs. 1 Satz 1 BGB entfällt der Anspruch auf die Gegenleistung, wenn der Schuldner der Leistung gemäß § 275 Abs. 1 oder Abs. 3 BGB von seiner Leistungspflicht frei geworden ist. Fraglich ist demgemäß, ob R von seiner Leistungspflicht gemäß § 275 Abs. 1 BGB frei geworden ist. Die Leistungsbefreiung nach § 275 BGB tritt ein, wenn die Leistung für den Schuldner oder für jedermann unmöglich geworden ist. Im vorliegenden Fall kommt als »Unmöglichkeit der Leistung« allein der Ausfall des Karnevalszuges in Betracht.

Es fragt sich allerdings, ob der Karnevalszug überhaupt zur Leistungspflicht des R aus dem mit F geschlossenen Mietvertrag nach § 535 BGB gehörte. Nur unter diesen Umständen wäre durch den Ausfall des Umzuges ein Teil der Leistungspflicht des R unmöglich im Sinne des § 275 Abs. 1 BGB geworden. Was zur vertraglichen Leistungspflicht des Schuldners gehört, bestimmt sich nach dem konkreten Inhalt des Vertrages. Es kommt demnach darauf an, ob R beim Abschluss des Mietvertrages auch schuldete, dass der Karnevalszug tatsächlich stattfindet. Hierbei sind mehrere Lösungsansätze denkbar:

Man könnte im vorliegenden Fall einerseits annehmen, dass zwar nur der Balkon Gegenstand eines Mietvertrages sein kann, dieser Balkon aber hier ausschließlich mit dem Zweck vermietet wurde, dass der Mieter von dort aus den Rosenmontagszug beobachten kann. Der Rosenmontagszug bzw. das Stattfinden dessen wäre daher zum Vertragsinhalt geworden mit der Folge, dass ein Ausbleiben des Zuges die vertragliche Leistungspflicht unmöglich im Sinne des § 275 Abs. 1 BGB gemacht hat. Dem steht jedoch entgegen, dass eine solche Beurteilung den Schuldner der Leistung unangemessen benachteiligt. Der Schuldner hätte sich nämlich damit zu einer Leistung verpflichtet, auf deren Herbeiführung er keinen Einfluss hat. Grundsätzlich trägt der Gläubiger das sogenannte »Verwendungsrisiko« der gekauften oder gemieteten Sache. Die Verwendung der Sache gehört in diesen Fällen nicht zur vertraglichen Pflicht der anderen Partei.

Daraus folgt, dass im vorliegenden Fall der Rosenmontagszug bzw. dessen Stattfinden nicht zur vertraglichen Pflicht des R gehörte. R hatte sich vertraglich lediglich dazu verpflichtet, dem F seinen Balkon für den entsprechenden Tag zur Verfügung zu stellen. Dies aber war mangels entgegenstehender Anhaltspunkte im Sachverhalt noch möglich. F hätte den Balkon betreten können. Dass er von dort aus den Rosenmontagszug nicht sehen konnte, beeinträchtigt die Vertragserfüllung seitens des R nicht. Es liegt durch den Ausfall des Rosenmontagszuges kein Fall der Unmöglichkeit im Sinne des § 275 Abs. 1 BGB vor. R ist folglich nicht von seiner Leistungspflicht gemäß § 275 Abs. 1 BGB frei geworden. Die Voraussetzungen des § 326 Abs. 1 Satz 1 BGB liegen mithin ebenfalls nicht vor. F ist von der Verpflichtung zur Gegenleistung nicht nach den §§ 326 Abs. 1 Satz 1, 275 Abs. 1 BGB frei geworden.

**2.)** Der Zahlungsanspruch des R gegen F kann jedoch aufgrund des von F erklärten Rücktritts gemäß den §§ 313 Abs. 1, 313 Abs. 3, 346 BGB wegen der Störung bzw. des Wegfalls der Geschäftsgrundlage erloschen sein.

Dann muss F zunächst wirksam den Rücktritt von dem mit R geschlossenen Mietvertrag erklärt haben.

**a)** Voraussetzung dafür ist gemäß § 349 BGB eine Rücktrittserklärung. Diese hat F nach Schilderung des Sachverhaltes ausdrücklich gegenüber R abgegeben.

**b)** Des Weiteren erforderlich ist ein Rücktrittsgrund. Da ein vertraglich vereinbartes Rücktrittsrecht nicht ersichtlich ist, kommt nur ein gesetzliches Rücktrittsrecht aus § 313 Abs. 1 und Abs. 3 BGB wegen der Störung bzw. des Wegfalls der Geschäftsgrundlage in Betracht.

**aa)** Zunächst müssen sich hierfür die Umstände, die zur Grundlage des Vertrages geworden sind, nach Vertragsschluss schwerwiegend verändert haben. Hierbei ist zu beachten, dass es sich bei diesen Umständen allein um objektive Begebenheiten handeln darf.

Zur Grundlage des Vertrages im Sinne der Gesetzesformulierung aus § 313 Abs. 1 BGB sind Umstände dann geworden, wenn sie von wenigstens einer Partei bei Abschluss des Vertrages als für den Vertragsschluss maßgebend vorausgesetzt wurden und sich die andere Partei auf die Berücksichtigung der Umstände unter normalen Umständen hätte auch vertraglich einlassen müssen; der Geschäftswille der Parteien muss beim Abschluss des Vertrages auf diesen Umständen beruhen.

Im vorliegenden Fall ist der Balkon nur deshalb vermietet worden, damit F von dort aus den Karnevalszug anschauen konnte. Dieser Umstand gehörte hier für beide Vertragsparteien zur Grundlage ihrer Vereinbarung, auch wenn das Mietobjekt selbst – also der Vertragsgegenstand – nur der Balkon gewesen ist. Der Karnevalszug war mithin hier die objektive »Grundlage des Vertrages« im Sinne des § 313 Abs. 1 BGB. Und diese Umstände haben sich im vorliegenden Fall dann auch fraglos »schwerwiegend verändert«, der Karnevalszug ist nämlich komplett abgesagt worden. Umstände, die zur Grundlage des Vertrages geworden sind, haben sich demnach nach Vertragsschluss schwerwiegend verändert. Die erste Voraussetzung des § 313 Abs. 1 BGB liegt mithin vor.

**bb)** Des Weiteren erforderlich ist, dass die Parteien, wenn sie die Änderung der Umstände vorausgesehen hätten, den Vertrag nicht oder mit einem anderen Inhalt abgeschlossen hätten, § 313 Abs. 1 BGB. Insoweit kommt es daher auf den hypothetischen Kausalverlauf an. Hierzu ist mangels anderslautender Angaben im Sachverhalt festzustellen, dass F den Vertrag nicht geschlossen hätte, wenn er vom Ausfall des Rosenmontagszuges Kenntnis gehabt hätte. Der Vertrag wäre bei Vorhersehen der Umstände also nicht zustande gekommen.

**cc)** Schließlich muss gemäß § 313 Abs. 1 BGB mindestens einem Vertragsteil unter Berücksichtigung aller Umstände des Einzelfalles und der vertraglichen oder gesetzlichen Risikoverteilung das Festhalten am unveränderten Vertrag unzumutbar sein. Von einer solchen Unzumutbarkeit kann und muss dann ausgegangen werden, wenn ein Festhalten am Vertrag zu unbilligen, mit den allgemeinen Prinzipien der Rechtsordnung unvereinbaren Ergebnissen führen würde.

Zwar trägt der Mieter einer Sache grundsätzlich allein das sogenannte »Verwendungsrisiko« für die Mietsache. Allerdings muss dieser Grundsatz aufgrund des Rechtsgedankens des § 313 Abs. 1 BGB hier eine Einschränkung erfahren, denn ein Festhalten an dem Vertrag würde auf Seiten des F als Mieter hier zu einem denkbar unbilligen Ergebnis führen: F hatte den Balkon ausschließlich angemietet, um von dort aus den Karnevalszug zu sehen. Die vergleichsweise hohe Miete rechtfertigt sich nur, wenn der Balkon entsprechend nutzbar ist. Im Übrigen hätte R den Balkon kaum ohne den Karnevalszug überhaupt vermieten können. Beiden Parteien war daher klar, dass der Mietvertrag nur dann in der geschlossenen Form durchführbar ist, wenn der Karnevalszug auch stattfindet. Aus diesen Überlegungen folgt, dass die Risikoverteilung für den Fall des Ausfalls des Zuges nicht allein bei F als Mieter der Sache liegen kann. Das Risiko des Ausfalls haben beide Parteien gleichwertig zu tragen. Ein Festhalten am ursprünglichen Vertrag ist dem F unter Berücksichtigung aller Umstände, vor allem der vertraglichen Risikoverteilung, nicht zumutbar.

Fraglich ist, ob das Vorliegen der tatbestandlichen Voraussetzungen den R tatsächlich zum Rücktritt berechtigt. Dies ist insofern problematisch, als § 313 Abs. 1 BGB als Rechtsfolge vorrangig die Anpassung des Vertrages vorsieht und nur im Falle von deren Unzumutbarkeit ein Rücktrittsrecht einräumt. Der vorliegende Vertrag muss also einer Anpassung zugänglich gewesen sein. Da F an der Zurverfügungstellung des Balkons aber überhaupt kein Interesse hat, wenn er von dort aus nicht dem Karnevalszug zusehen kann, ist eine Anpassung, etwa durch Verringerung der Miete, für ihn sinnlos und daher auch nicht zumutbar. Eine Vertragsanpassung scheidet aus. Dies hat zur Folge, dass F demnach gemäß § 313 Abs. 3 Satz 1 BGB ein Rücktrittsrecht zusteht.

**c)** Durch den von F erklärten Rücktritt ist das ursprüngliche Vertragsverhältnis zwischen R und F aufgehoben worden, insbesondere sind die Hauptleistungspflichten mit der Erklärung des Rücktritts nach den §§ 313 Abs. 3 Satz 1, 346 Abs. 1 BGB erloschen.

**Ergebnis:** Da die Hauptleistungspflichten aus dem Mietvertrag weggefallen sind, ist F nicht mehr verpflichtet, die ursprünglich vereinbarte Miete in Höhe von 100 Euro an R zu zahlen.

## 2. Abschnitt

Schuldner- und Gläubigerverzug

(§§ 286, 293 ff. BGB)

# Fall 6

## Pizza-Service

Rechtsstudent R hat das Studium aufgegeben und will nun lieber einen Pizza-Service betreiben. Aus diesem Grund bestellt er am 20.03. beim Händler H einen Pizza-Ofen zum Preis von 10.000 Euro. Die Lieferung durch H soll wegen der vierwöchigen Herstellungsdauer laut Vertragstext »erst ab Mai« erfolgen. Als H am 15.05. immer noch nicht geliefert hat, lässt R durch einen Rechtsanwalt dem H eine Mahnung zustellen, in der er mitteilt, dass er dringend die Lieferung des Ofens erwarte. Trotz dieser Mahnung liefert H nicht. R mietet daher zum 01.06. ein vergleichbares Gerät zu einer Tagesmiete von 100 Euro, da er an diesem Tage sein Geschäft eröffnen will. Am 16.06. schließlich bringt H den Ofen, den R bereits am 10.04. bezahlt hatte. Der R nimmt den Ofen an, fordert nun aber Erstattung der Mietkosten für das Ersatzgerät in Höhe von 1.500 Euro (15 Tage zu je 100 Euro) sowie die Anwaltskosten für das Mahnschreiben (250 Euro). H weigert sich und erklärt wahrheitsgemäß, am Vorabend der für den 25.05. geplanten Lieferung sei bei einem Einbruch in seinen Betrieb der für R bestimmte Ofen von einem Unbekannten beschädigt worden und habe danach erst wieder instandgesetzt werden müssen. Ihn treffe daher kein Verschulden an der Verspätung.

**Was kann R von H begründet verlangen?**

---

**Schwerpunkte:** Der Verzug nach § 286 BGB; Voraussetzungen und Rechtsfolgen; Begriff der Fälligkeit nach § 271 Abs. 1 BGB, Abgrenzung zur Erfüllbarkeit im Sinne des § 271 Abs. 2 BGB; Mahnung als Verzugsbegründung; Vertretenmüssen beim Verzug; Inhalt und Umfang des Verzögerungsschadens; Mahnkosten.

---

## Lösungsweg

### Anspruch auf Ersatz der entstandenen Kosten

AGL.: §§ 280 Abs. 1 und 2, 286 Abs. 1 BGB (Verzögerungsschaden)

**1.)** Zwischen R und H besteht fraglos ein Schuldverhältnis, und zwar in Form des am 20.03. geschlossenen Kaufvertrages gemäß § 433 BGB über den Ofen zum Preis von 10.000 Euro.

**2.)** Einen Ersatzanspruch auf den Verzögerungsschaden kann der R nach § 280 Abs. 2 BGB nur dann geltend machen, wenn die Voraussetzungen des § 286 BGB vorliegen. Erforderlich ist dementsprechend **Verzug** des H.

> **Beachte:** Wir müssen also jetzt erst mal überprüfen, ob und vor allem ab und bis wann der H sich im Verzug mit der Leistung befunden hat. Denn – soviel vorneweg – hiervon hängt später entscheidend ab, in welcher Form und Höhe der H dann auch ersatzpflichtig ist. Die Grundregel lautet nämlich, dass der Verzögerungsschaden immer nur den Zeitraum umfasst, in dem sich der Schuldner tatsächlich im Verzug befindet. Der Schaden muss innerhalb genau dieser Zeitspanne und ursächlich auf der Verzögerung beruhend eingetreten sein (BGHZ **66**, 277; *Palandt/Grüneberg* § 286 BGB Rz. 42; *Jauernig/Stadler* § 280 BGB Rz. 50; *Brox/Walker* AS § 23 Rz. 30; *Medicus/Lorenz* SR I Rz. 405). Der Zeitraum davor und danach bleibt bei der Bestimmung des über die §§ 280 Abs. 1 und 2, 286 BGB zu ersetzenden Schadens unberücksichtigt.

**Die Voraussetzungen des Verzugs:**

**a)** Erforderlich ist zunächst ein **fälliger** Anspruch (bitte lies § 286 Abs. 1 BGB). Wir müssen somit die Fälligkeit der Leistung bestimmen.

> **Definition:** Die **Fälligkeit** bezeichnet den Zeitpunkt, von dem an der Gläubiger die Leistung verlangen kann, der Schuldner sie also erbringen muss (BGH NJW **2011**, 2871; NJW **2011**, 2120; *Palandt/Grüneberg* § 271 BGB Rz. 1; *Brox/Walker* AS § 12 Rz. 18; *Medicus/Lorenz* AS Rz. 151).

Die Bestimmung dieses Zeitpunktes erfolgt gemäß § 271 Abs. 1 BGB anhand der konkreten vertraglichen Vereinbarung oder aus den besonderen Umständen des Schuldverhältnisses. Und wenn sich daraus keine Schlüsse ziehen lassen, wendet man § 271 Abs. 1 BGB direkt an und stellt fest, dass eine Leistung im Zweifel **sofort** fällig ist (vgl. bitte auch den neuen § 271a BGB, der strenge Anforderungen an eine vertraglich vereinbarte Fälligkeit stellt, falls der Schuldner **kein** Verbraucher ist und die Parteien über die Zahlungsmodalitäten streiten).

> **Feinkost:** Beachte bitte die Unterscheidung des § 271 Abs. 1 BGB zu § 271 Abs. 2 BGB, der nämlich nicht die Fälligkeit, sondern die sogenannte »Erfüllbarkeit« einer Leistung betrifft (*Medicus/Lorenz* SR I Rz. 166). Erfüllbarkeit benennt im Gegensatz zur Fälligkeit den Zeitpunkt, ab dem der Schuldner die Leistung erbringen kann, nicht aber schon muss (*Brox/Walker* § 12 Rz. 19; *Palandt/Grüneberg* § 271 BGB Rz. 1). Ist beispielsweise für die Lieferung eines Autos der 01.07. als Termin vereinbart, so ist die Leistung an diesem Termin fällig; denn dann spätestens **muss** der Schuldner leisten, wenn der Gläubiger es verlangt. Kann der Schuldner nun zufällig schon vor diesem Termin, also etwa am 25.06. leisten, betrifft dies die **Erfüllbarkeit** im Sinne des § 271 Abs. 2 BGB, und diese Norm gestattet im Zweifel eine solche vor der Fälligkeit liegende Lieferung (bitte prüfen in § 271 Abs. 2 BGB), die den Gläubiger übrigens bei Nichtannahme dann sogar in Annahmeverzug gemäß § 293 BGB bringt (*Jauernig/Stadler* § 271 BGB Rz. 16; *Palandt/Grüneberg* § 271 BGB Rz. 1).

**Beachte auch:** Für den Fall des »Verbrauchsgüterkaufs« (legal definiert in § 474 Abs. 1 BGB) regelt **§ 475 Abs. 1 BGB** die Fälligkeit der Leistung abweichend von § 271 Abs 1 BGB. Nach § 475 Abs. 1 Satz 1 BGB müssen die Parteien nämlich nicht sofort, sondern nur unverzüglich (= ohne schuldhaftes Zögern) leisten. Der Unternehmer (= Verkäufer) darf sich mit der Erfüllung seiner Pflicht zur Übergabe der Kaufsache nach dem Vertragsschluss allerdings nur höchstens 30 Tage Zeit lassen (Satz 2). Für unsere kleine Geschichte hier spielt der § 475 Abs. 1 BGB keine Rolle und muss deshalb erfreulicherweise auch nicht diskutiert werden, denn R und H sind an dem Geschäft beide als Unternehmer (§ 14 BGB) beteiligt.

**Zum Fall:** Die vertragliche Vereinbarung vom 20.03. benennt kein exaktes Datum für die Lieferung des Ofens. Es stellt sich aber die Frage, ob die im Vertrag enthaltene Formulierung »erst ab Mai« eine Zeitbestimmung im Sinne des § 271 Abs. 1 BGB ermöglicht. Insoweit können wir uns zunächst einmal an der Definition der Fälligkeit von oben orientieren und feststellen, dass bei der Wortwahl aus dem Vertragstext der Gläubiger nach dem Willen der Parteien jedenfalls nicht vor Erreichen des Monats Mai die Leistung verlangen kann. In Ermangelung weiterer Vereinbarungen ergibt sich im Übrigen aber sonst keine zeitliche Begrenzung mehr im Hinblick auf die Forderung des R. Der R kann somit die Leistung ab dem 01.05. verlangen, wobei die besonders cleveren Kandidaten den **§ 193 BGB** kennen und daher wissen, dass die Frist aufgrund des bundesweiten Feiertages am 01.05. (Tag der Arbeit!) bei genauer Betrachtung erst am **02.05.** zu laufen beginnt (BGH NJW **2007**, 1581; *Jauernig/Stadler* § 271 BGB Rz. 7), sofern das kein Sonn- oder Feiertag ist. Somit kann unser R die Lieferung des Ofens ab dem 02.05. verlangen, unser H könnte sich dann nicht mehr auf die Vereinbarung im Vertrag berufen und **müsste** liefern. Alles klar!?

<u>ZE.:</u> Der Anspruch des R gegen H auf Lieferung gemäß § 433 Abs. 1 Satz 1 BGB ist somit aufgrund der vertraglichen Vereinbarung ab dem 02.05. fällig im Sinne des § 271 Abs. 1 BGB.

**b)** Dieser Anspruch muss zudem auch **durchsetzbar** sein, dass heißt, es dürfen ihm keine Einreden entgegenstehen.

**Durchblick:** Diese Durchsetzbarkeit des Anspruchs steht zwar nicht im Gesetz, gehört aber nach ganz herrschender Meinung dennoch zum Verzug (BGH NJW **2003**, 1318; **1993**, 2674; PWW/*Schmidt-Kessel* § 286 BGB Rz. 4; *Jauernig/Stadler* § 286 BGB Rz. 13; MüKo/*Ernst* § 286 BGB Rz. 23; *Palandt/Grüneberg* § 286 BGB Rz. 9). Von Bedeutung ist insoweit für die Klausur insbesondere die Einrede des nicht erfüllten Vertrages aus **§ 320 BGB** (bitte Abs. 1 Satz 1 lesen). Nach herrschender Meinung ist der Verzugseintritt nämlich ausgeschlossen, solange dem Schuldner die Einrede des nicht erfüllten Vertrages aus § 320 BGB zusteht, und das sogar unabhängig von der tatsächlichen Geltendmachung (BGH NJW-RR **2003**, 1318; *Brox/Walker* AS § 13 Rz. 20; *Jauernig/Stadler* § 286 BGB Rz. 13; *Palandt/Grüneberg* § 320 BGB Rz. 12). Denn solange der Gläubiger selbst noch nicht erfüllt hat, kann er nicht erwarten, dass der andere Teil seiner Leistungspflicht nachkommt (BGHZ **116**, 244; *Bamberger/Roth/Hau/Poseck/Lorenz* § 286 BGB Rz. 13). Man hat also in der Klausur stets darauf zu achten, inwieweit der Gläubiger selbst seine Leistung schon erbracht hat. Nur dann auch ist der Verzugseintritt möglich.

**Zum Fall:** Hier bei uns ist das kein Problem. R hat den Ofen schon bezahlt (am 10.04.) und damit seine Leistungspflicht aus § 433 Abs. 2 BGB erfüllt mit der Konsequenz, dass dem H kein Recht aus § 320 BGB mehr zusteht. Der Anspruch des R auf Lieferung ist demnach auch durchsetzbar.

c) Des Weiteren ist für den Verzug gemäß § 286 Abs. 1 Satz 1 BGB erforderlich, dass der Gläubiger den Schuldner nach Eintritt der Fälligkeit **gemahnt** hat.

---

**Definition:** Die **Mahnung** ist eine an den Schuldner gerichtete Aufforderung des Gläubigers, die das bestimmte Verlangen zum Ausdruck bringt, die geschuldete Leistung zu erbringen; eine Fristsetzung oder Androhung von Rechtsfolgen ist möglich, aber nicht erforderlich (BGH NJW **2011**, 2871; BGH NJW **1998**, 2132; *Erman/Hager* § 286 BGB Rz. 29; *Palandt/Grüneberg* § 286 BGB Rz. 16). Bei der Mahnung handelt es sich rechtstechnisch um eine sogenannte »geschäftsähnliche Handlung«, auf die die Vorschriften über Willenserklärungen entsprechend anwendbar sind (BGH NJW **2006**, 687; BGHZ **47**, 357; OLG Köln NJW **1998**, 320; *Erman/Hager* § 286 BGB Rz. 30; *Medicus/Petersen* AT Rz. 195).

---

Hier in unserem Fall ist das alles kein Problem, denn in der Sachverhaltsschilderung steht ausdrücklich, dass R dem H am 15.05. ein **Mahnschreiben** zugestellt und dort auch noch darauf hingewiesen hat, dass er die Lieferung dringend erwarte.

> Beachte bitte unbedingt, dass die Mahnung nur dann ihre von § 286 Abs. 1 Satz 1 BGB angeordnete Wirkung (= Verzugseintritt) entfalten kann, wenn sie **nach** dem Eintritt der Fälligkeit erfolgt. Das steht zwar ausdrücklich im Gesetzestext des § 286 Abs. 1 BGB drin (prüfen!), wird aber dennoch gnadenlos gerne von den Studenten übersehen. Eine **vor** der Fälligkeit ausgesprochene Mahnung bleibt grundsätzlich wirkungslos und führt auch später keinerlei Rechtsfolgen herbei (BGH NJW-RR **1997**, 622; NJW **1992**, 1956; *Medicus/Lorenz* SR I Rz. 464; *Palandt/Grüneberg* § 286 BGB Rz. 16). Im Übrigen soll aber nach herrschender Meinung die Mahnung dann wirksam sein, wenn sie mit der die Fälligkeit begründenden Handlung zeitlich zusammenfällt (BGH NJW **2001**, 3114; MüKo/*Ernst* § 286 BGB Rz. 52; *Brox/Walker* AS § 23 Rz. 13; *Medicus/Lorenz* SR I Rz. 464; *Palandt/Grüneberg* § 286 BGB Rz. 16; *Jauernig/Stadler* § 286 BGB Rz. 20). Wenn also etwa V und K vereinbaren, dass V dem K die vertraglich versprochenen Dachziegel »auf Abruf im kommenden Monat« liefern soll, liegt in dem Abruf, wenn er denn erfolgt, sowohl die die Fälligkeit begründende Handlung als auch die Aufforderung, die Leistung nunmehr zu erbringen (= Mahnung). Hier fallen demnach beide Handlungen bzw. Zeitpunkte zeitlich zusammen, was die Anwendung des § 286 Abs. 1 BGB nicht ausschließt. Merken.

**Zurück zum Fall:** Der R hat dem H am 15.05. eine Mahnung zustellen lassen. Diese Mahnung erfolgte unzweifelhaft nach dem Eintritt der Fälligkeit, denn die Fälligkeit war ja schon am 02.05. eingetreten (siehe oben).

<u>ZE.:</u> Damit ist die 3. Voraussetzung des Verzuges auch erfüllt mit der Konsequenz, dass der H ab dem 15.05. mit der Leistung (= Lieferung des Ofens) in Verzug ist. Der

Verzugsbeginn tritt im Falle des § 286 Abs. 1 Satz 1 BGB mit dem Zugang der Mahnung ein (BGH NJW-RR **1990**, 324; *Brox/Walker* AS § 23 Rz. 9; *Medicus/Lorenz* SR I Rz. 464; *Jauernig/Stadler* § 286 BGB Rz. 38).

**d)** Gemäß **§ 286 Abs. 4 BGB** kommt der Schuldner aber nicht in Verzug, solange die Leistung infolge eines Umstandes unterbleibt, den er nicht zu vertreten hat.

---

**Beachte:** Insoweit sind für den Klausurbearbeiter dann zunächst zwei Dinge von besonderer Bedeutung: Zum einen hat man nämlich darauf zu achten, dass im Hinblick auf dieses Vertretenmüssen die Beweislast aufgrund der gesetzlichen Formulierung in § 286 Abs. 4 BGB – ebenso wie bei § 280 Abs. 1 Satz 2 BGB – beim **Schuldner** liegen soll, er also nachweisen muss, warum ihn gerade kein Verschulden an der Verspätung trifft (BGH NJW **2011**, 2120; NJW **2001**, 3114; BGHZ **36**, 345; PWW/*Schmidt-Kessel* § 286 BGB Rz. 22; MüKo/*Ernst* § 286 BGB Rz. 117; *Palandt/Grüneberg* § 286 BGB Rz. 32; *Brox/Walker* AS § 23 Rz. 28). Der Schuldner muss sich somit, will er dem Verzug und seinen Rechtsfolgen entgehen, grundsätzlich **aktiv** entlasten. Äußert sich der Schuldner also z.B. überhaupt nicht zur Frage des Vertretenmüssens, hat er demnach die Verspätung wegen der Regelung des § 286 Abs. 4 BGB zu vertreten. Merken. Das Vertretenmüssen selbst richtet sich, wenn der Schuldner sich tatsächlich erklären sollte, dann nach den allgemeinen Vorschriften der §§ 276–278 BGB. Der Schuldner hat also nicht nur für eigenes, sondern insbesondere auch für das Verschulden seiner Erfüllungsgehilfen nach § 278 BGB einzustehen (*Palandt/Grüneberg* § 286 BGB Rz. 32).

---

**Zum Fall:** Unser H hat hier wahrheitsgemäß erklärt, der Ofen sei am 25.05. bei einem Einbruch von einem Unbekannten beschädigt worden und habe dann erst wieder instandgesetzt werden müssen. Es fragt sich, ob diese Erklärung tatsächlich eine Entlastung im weiter oben beschriebenen Sinne darstellen kann. Wenn dem so ist, tritt kein Verzug ein (lies: § 286 Abs. 4 BGB!) und ein Ersatzanspruch des R wäre zumindest nach den §§ 280 Abs. 1 und 2, 286 BGB ausgeschlossen. Bei der Auflösung des Problems müssen wir nun sehr genau hinschauen: Zunächst kann insoweit erst einmal festgestellt werden, dass den H an der Beschädigung des Ofens sicher kein Verschulden im Sinne der §§ 276–278 BGB trifft. Denn bei einer von einer anderen Person vorsätzlich (§ 303 StGB) oder fahrlässig herbeigeführten Beschädigung liegt – wenn keine besonderen Umstände erkennbar sind – grundsätzlich kein Verschulden des Opfers vor. Fraglich ist allerdings, ob dieses Nichtvertretenmüssen im Hinblick auf die Beschädigung des Ofens tatsächlich identisch ist mit dem von § 286 Abs. 4 BGB gemeinten Verschuldensmaßstab.

> **Denn:** Gemäß § 286 Abs. 4 BGB muss sich das Vertretenmüssen auf den Umstand beziehen, aufgrund dessen die Leistung unterbleibt. Hinter dieser Formulierung steckt folgender wichtiger Gedanke: Das Vertretenmüssen im Sinne des § 286 Abs. 4 BGB bezieht sich ausschließlich auf die die **Verspätung** der Leistung begründenden Umstände. Man hat also im Rahmen des § 286 Abs. 4 BGB nur zu fragen, ob der

Schuldner den Eintritt des Verzuges zu vertreten hat. Ab diesem Zeitpunkt dann spielt ein Verschulden hingegen keine Rolle mehr, denn nach **§ 287 Satz 2 BGB** (LE-SEN!) haftet der Schuldner im Verzug selbst – also ab dem Verzugseintritt – auch für Zufall (BGH NJW-RR **1996**, 460; *Palandt/Grüneberg* § 287 BGB Rz. 3).

Berücksichtigt man dies, ergibt sich für unseren Fall nun Folgendes: Der Verzug war am Tage der Zustellung der Mahnung eingetreten. Das war der **15.05.**, das haben wir weiter oben ja umfassend geprüft und festgestellt (siehe dort). Im Hinblick auf diesen Verzugseintritt hat der H nun aber gar nichts erklärt, mithin auch keine mögliche Entlastung im Sinne des § 286 Abs. 4 BGB geltend gemacht. Den Verzugseintritt hat er demnach mangels aktiver Entlastung zu vertreten. Seine entlastenden Erklärungen bezogen sich ausschließlich auf den danach folgenden Zeitraum, namentlich den 25.05. Zu dieser Zeit befand sich H indessen längst in Verzug mit der Leistung. Die Erklärungen des H bleiben somit in Bezug auf ein Vertretenmüssen des Verzuges nach § 286 Abs. 4 BGB grundsätzlich unberücksichtigt. Ein nach Eintritt des Verzuges entstehender Entschuldigungsgrund beseitigt den Verzug nach dem Rechtsgedanken des § 287 BGB nicht (RGZ **156**, 113; BGH NJW-RR **1996**, 460; *Jauernig/Stadler* § 286 BGB Rz. 40; *Palandt/Grüneberg* § 286 BGB Rz. 32). Wichtig, bitte merken.

<u>ZE.:</u> Damit liegt auch die letzte (negative) Voraussetzung des § 286 BGB vor; H hat den Eintritt des Verzuges zu vertreten.

**Rechtsfolgen:** Der H hat demnach den durch den Verzug entstandenen Schaden – sogenannter »Verzögerungsschaden« – zu ersetzen.

> **Definition:** Der **Verzögerungsschaden** nach den §§ 280 Abs. 1 und 2, 286 BGB ist der Schaden, der dem anderen Teil dadurch entstanden ist, dass der Schuldner nicht rechtzeitig, sondern erst verspätet geleistet hat. Der Gläubiger muss gemäß den §§ 249 ff. BGB dann so gestellt werden, wie er bei rechtzeitiger Leistung gestanden hätte (BGH MDR **2016**, 643; NJW **2014**, 1374; *Palandt/Grüneberg* § 286 BGB Rz. 42; *Brox/Walker* AS § 23 Rz. 30; *Medicus/Lorenz* SR I Rz. 474).

**Merke:** Der über die §§ 280 Abs. 1 und 2, 286 BGB zu ersetzende Verzögerungsschaden muss **während** und **durch** den Verzug entstanden sein und setzt im Übrigen voraus, dass die Leistung in diesem Zeitraum noch möglich war (BGH NJW **2014**, 1374).

**Prüfen wir mal:**

In unserem Fall befand sich der H seit dem **15.05.** in Verzug mit der Leistung, denn das war das Datum der Zustellung der Mahnung. Das Ende des Verzuges war am **16.06.**, denn da hat H den Ofen geliefert. Der Verzug endet grundsätzlich dann, wenn eine seiner Voraussetzungen wegfällt, unter anderem also mit der Vornahme der geschuldeten Leistung (BGH NJW-RR **1997**, 622; OLG Düsseldorf NJW-RR **1998**, 780; OLG Frankfurt MDR **1999**, 667). Der Verzugszeitraum liegt also vom 15.05. bis 16.06.

Relativ unproblematisch können wir insoweit nun zunächst sagen, dass die Kosten für die Miete des Ersatzofens unter den Verzögerungsschaden nach den §§ 280 Abs. 2, 286 BGB fallen, denn diese Kosten sind entstanden **während** des Verzuges und wären vor allem nicht entstanden, wenn H rechtzeitig, also ab dem 15.05. geliefert hätte. Sie sind somit nicht nur **während** des Verzuges, sondern auch kausal **durch** die Verzögerung angefallen und mithin ersatzpflichtig (vgl. insoweit etwa BGH NJW **2014**, 1374 oder BGHZ **66**, 277 – jeweils zur Frage des Umfangs des Schadens bei nicht rechtzeitiger Herstellung eines Hauses bzw. einer Wohnung).

Außerordentlich interessant ist dann des Weiteren aber noch die Frage, ob auch die Kosten des Anwalts, der die Mahnung geschickt hatte, unter den Verzögerungsschaden im Sinne der §§ 280 Abs. 2, 286 BGB zu subsumieren sind. Und hier kommt jetzt ganz zum Schluss noch ein echter **Klassiker**, der gnadenlos oft sowohl in universitären Übungsarbeiten als auch im Examen abgefragt wird und auf den die Kandidaten dann auch entsprechend häufig reinfallen. Folgendes muss zur Vermeidung dessen in Zukunft beachtet werden. Inwieweit die Kosten der Rechtsverfolgung (= Anwaltskosten) im Rahmen des Verzugsschadens über die §§ 280 Abs. 2, 286 BGB erstattet werden, hängt insbesondere davon ab, **wann** sie entstehen:

→ In jedem Fall ersatzfähig sind die Anwaltskosten, die **während** des Verzuges auftreten. So sind namentlich Mahn- oder Kündigungsschreiben eines Rechtsanwaltes, die **nach** Verzugseintritt gefertigt werden, vom Schuldner zu ersetzen, wenn sie, was der Regelfall ist, der zweckentsprechenden Rechtsverfolgung dienen (BGH NJW **2011**, 2871; VersR **1974**, 642; OLG Köln NJW-RR **1987**, 593; OLG Karlsruhe NJW-RR **1990**, 929; *Palandt/Grüneberg* § 286 BGB Rz. 45; *Brox/Walker* AS § 23 Rz. 30). Bei dieser Ersatzpflicht ist unter Umständen dann aber § 254 Abs. 2 BGB zu beachten. Der Schuldner hat also nur die nach der Gebührenordnung der Anwälte (Rechtsanwaltsvergütungsgesetz) entstandenen Kosten zu tragen, nicht aber darüber hinaus gehendes Honorar (BGHZ **30**, 156). Und diese Ersatzpflicht gilt übrigens auch dann, wenn sich der Anwalt selbst vertritt (BAG DB **1995**, 835). Nach Meinung des BGH (→ NJW **2011**, 2871) fallen unter den Verzugsschaden zudem auch die Kosten für die Einschaltung eines Detektivs, wenn nämlich der Schuldner nicht ohne Probleme identifizierbar ist (im konkreten Fall ging es um den Betrug an einer Tankstelle, bei dem der Autofahrer ohne Bezahlung des Benzins davongefahren war).

→ **Nicht** ersatzfähig sind hingegen die Kosten der Mahnung, die den Verzug nach § 286 Abs. 1 Satz 1 BGB erst begründet. Diese Kosten entstehen weder **während** noch **durch** den Verzug, die Mahnung begründet ja erst den Verzug! Die Kosten der sogenannten »Erstmahnung« unterliegen daher nicht der Schadensersatzpflicht aus den §§ 280 Abs. 1 und 2, 286 BGB im Rahmen des Verzögerungsschadens, das zahlt der Gläubiger somit selbst (**unstreitig**: BGH NJW-RR **2013**, 487; NJW **1985**, 324; BayObLG NJW-RR **1993**, 280; *Palandt/Grüneberg* § 286 BGB Rz. 44; *Bamberger/Roth/Hau/Poseck/Lorenz* § 286 BGB Rz. 70; *Medicus/Lorenz* SR I Rz. 474; *Schreiber* in Jura 1990, 193; *Brox/Walker* AS § 23 Rz. 30).

Und auf den vorliegenden Fall übertragen bedeutet dies, dass unser Gläubiger R die bei ihm angefallenen Anwaltskosten von H nicht ersetzt verlangen kann, denn das Anwaltsschreiben bzw. die Mahnung begründet erst den Verzug. Die Kosten entstehen also nicht **während** des Verzuges und sind auch nicht ursächlich darin begründet. Es handelt sich vielmehr um eine sogenannte »Erstmahnung«, die nach dem soeben Erlernten nicht der Erstattungspflicht im Rahmen des Verzögerungsschadens unterliegt (BGH NJW **1985**, 324).

**Erg.:** Der R kann von H lediglich die 1.500 Euro Kosten für das Mieten des Ersatzofens über die §§ 280 Abs. 2, 286 BGB verlangen; die Kosten für den Rechtsanwalt hat er demgegenüber selbst zu tragen.

# Gutachten

**R kann gegen H einen Anspruch auf Ersatz der entstandenen Kosten aus den §§ 280 Abs. 1 und 2, 286 Abs. 1 BGB haben.**

**1.)** Zwischen R und H besteht ein Schuldverhältnis, und zwar in Form des am 20.03. geschlossenen Kaufvertrages gemäß § 433 BGB über den Ofen zum Preis von 10.000 Euro.

**2.)** Einen Ersatzanspruch auf den Verzögerungsschaden kann R nach § 280 Abs. 2 BGB nur dann geltend machen, wenn die Voraussetzungen des § 286 BGB vorliegen. Erforderlich ist dementsprechend Verzug des H mit einer Leistungspflicht aus dem Kaufvertrag.

**a)** Erforderlich ist hierfür zunächst ein fälliger Anspruch, § 286 Abs. 1 BGB. Die Fälligkeit bezeichnet den Zeitpunkt, von dem an der Gläubiger die Leistung verlangen kann, der Schuldner sie also erbringen muss. Die Bestimmung dieses Zeitpunktes erfolgt gemäß § 271 Abs. 1 BGB anhand der konkreten vertraglichen Vereinbarung oder aus den besonderen Umständen des Schuldverhältnisses. Lassen sich daraus keine Schlüsse ziehen, wird § 271 Abs. 1 BGB direkt angewendet mit der Folge, dass die Leistung im Zweifel sofort fällig ist.

Die vertragliche Vereinbarung vom 20.03. benennt kein exaktes Datum für die Lieferung des Ofens. Es stellt sich aber die Frage, ob die im Vertrag enthaltene Formulierung »erst ab Mai« eine Zeitbestimmung im Sinne des § 271 Abs. 1 BGB ermöglicht. Insoweit gilt, dass nach diesem Wortlaut der Gläubiger nach dem Willen der Parteien jedenfalls nicht vor Erreichen des Monats Mai die Leistung verlangen kann. In Ermangelung weiterer Vereinbarungen ergibt sich im Übrigen aber sonst keine zeitliche Begrenzung im Hinblick auf die Forderung des R. R kann somit die Leistung grundsätzlich ab dem 01.05. verlangen. Nach § 193 BGB beginnt die Frist im vorliegenden Fall aufgrund des bundesweiten Feiertages am 01.05. erst am folgenden Werktag, also dem 02.05.

Der Anspruch des R gegen H auf Lieferung gemäß § 433 Abs. 1 Satz 1 BGB ist somit aufgrund der vertraglichen Vereinbarung ab dem 02.05. fällig im Sinne des § 271 Abs. 1 BGB.

**b)** Dieser Anspruch muss zudem auch durchsetzbar sein, es dürfen ihm also keine Einreden entgegenstehen. R hat vorliegend den Ofen schon am 10.04. bezahlt und damit seine Leistungspflicht aus § 433 Abs. 2 BGB erfüllt mit der Konsequenz, dass dem H insbesondere kein Recht aus § 320 BGB mehr zusteht. Der Anspruch des R auf Lieferung ist demnach auch durchsetzbar.

**c)** Des Weiteren ist für den Verzug gemäß § 286 Abs. 1 Satz 1 BGB erforderlich, dass der Gläubiger den Schuldner nach Eintritt der Fälligkeit gemahnt hat. Die Mahnung ist eine an den Schuldner gerichtete Aufforderung des Gläubigers, die das bestimmte Verlangen zum Ausdruck bringt, die Leistung zu erbringen; eine Fristsetzung oder Androhung von Rechtsfolgen ist möglich, aber nicht erforderlich. Nach der Sachverhaltsschilderung hat R dem H am 15.05. ein Mahnschreiben zugestellt und dort auch darauf hingewiesen, dass er die Lieferung dringend erwarte. Die erforderliche Mahnung nach Fälligkeit lag damit vor.

**d)** Gemäß § 286 Abs. 4 BGB kommt der Schuldner aber nicht in Verzug, solange die Leistung infolge eines Umstandes unterbleibt, den er nicht zu vertreten hat. Das Vertretenmüssen selbst richtet sich nach den allgemeinen Vorschriften der §§ 276–278 BGB. Insoweit gilt nach § 286 Abs. 4 BGB eine Beweislastumkehr zugunsten des Gläubigers. Der Schuldner muss demzufolge aktiv die zu seiner Entlastung führenden Umstände darlegen und beweisen.

H hat hier wahrheitsgemäß erklärt, der Ofen sei am 25.05. bei einem Einbruch von einem Unbekannten beschädigt worden und habe dann erst wieder instandgesetzt werden müssen. Es fragt sich, ob diese Erklärung tatsächlich eine Entlastung darstellen kann. Wenn dem so ist, tritt kein Verzug ein und ein Ersatzanspruch des R wäre zumindest nach den §§ 280 Abs. 1 und 2, 286 BGB ausgeschlossen. H trifft an der Beschädigung des Ofens kein Verschulden im Sinne der §§ 276–278 BGB, denn bei einer von einer anderen Person vorsätzlich oder fahrlässig herbeigeführten Beschädigung liegt – wenn keine besonderen Umstände erkennbar sind – kein Verschulden des Opfers vor.

Gemäß § 286 Abs. 4 BGB muss sich das Vertretenmüssen indes auf den Umstand beziehen, aufgrund dessen die Leistung unterbleibt. Das Vertretenmüssen im Sinne des § 286 Abs. 4 BGB bezieht sich damit ausschließlich auf die die Verspätung der Leistung begründenden Umstände. Es kommt also im Rahmen des § 286 Abs. 4 BGB nur darauf an, ob der Schuldner den Eintritt des Verzuges zu vertreten hat. Ab diesem Zeitpunkt dann spielt ein Verschulden hingegen keine Rolle mehr, denn nach dem Rechtsgedanken des § 287 BGB haftet der Schuldner im Verzug selbst – also ab dem Verzugseintritt – auch für Zufall.

Verzug ist im vorliegenden Fall am Tage der Zustellung der Mahnung, also am 15.05. eingetreten. Im Hinblick auf diesen Verzugseintritt hat H nichts erklärt, mithin auch keine möglichen Entlastungen im Sinne des § 286 Abs. 4 BGB geltend gemacht. Den Verzugseintritt hat er demnach mangels aktiver Entlastung zu vertreten. Seine entlastenden Erklärungen bezogen sich ausschließlich auf den danach folgenden Zeitraum, namentlich den 25.05. Zu dieser Zeit befand sich H bereits in Verzug mit der Leistung. Die Erklärungen des H bleiben somit in Bezug auf ein Vertretenmüssen des Verzuges nach § 286 Abs. 4 BGB unberücksichtigt. Ein nach Eintritt des Verzuges entstehender Entschuldigungsgrund beseitigt den Verzug nach dem Rechtsgedanken des § 287 BGB nicht. Damit hat H den Eintritt des Verzuges zu vertreten und muss demnach den Verzögerungsschaden ersetzen.

**3.)** Fraglich ist, welche von R geltend gemachten Vermögenspositionen vom Verzögerungsschaden umfasst sind. Der Verzögerungsschaden nach den §§ 280 Abs. 1 und 2, 286 BGB ist der Schaden, der dem anderen Teil dadurch entstanden ist, dass der Schuldner nicht rechtzeitig, sondern erst verspätet geleistet hat. Der Gläubiger muss gemäß den §§ 249 ff. BGB dann so gestellt werden, wie er bei rechtzeitiger Leistung gestanden hätte.

Hier befand sich H seit dem 15.05. in Verzug mit der Leistung. Der Verzug endet grundsätzlich dann, wenn eine seiner Voraussetzungen wegfällt, unter anderem also mit der Vornahme der geschuldeten Leistung. Das Ende des Verzuges war somit am 16.06., denn zu diesem Termin hat H den Ofen geliefert.

Die Kosten für die Miete des Ersatzofens fallen unter den Verzögerungsschaden nach den §§ 280 Abs. 2, 286 BGB, denn diese Kosten sind während des Verzuges entstanden und wären nicht entstanden, wenn H rechtzeitig, also am 15.05. geliefert hätte.

Fraglich ist, ob auch die Kosten des Anwalts, der die Mahnung geschickt hatte, im Rahmen des Verzögerungsschadens ersetzt werden können. Inwieweit die Kosten der Rechtsverfolgung im Rahmen des Verzugsschadens über die §§ 280 Abs. 2, 286 BGB erstattet werden, hängt insbesondere davon ab, wann sie entstehen: In jedem Fall ersatzfähig sind die Anwaltskosten, die während des Verzuges auftreten. So sind namentlich Mahn- oder Kündigungsschreiben eines Rechtsanwaltes, die nach Verzugseintritt gefertigt werden, vom Schuldner zu ersetzen, wenn sie, was der Regelfall ist, der zweckentsprechenden Rechtsverfolgung dienen. Nicht ersatzfähig sind hingegen die Kosten der Mahnung, die den Verzug nach § 286 Abs. 1 Satz 1 BGB erst begründet, denn diese Kosten entstehen weder während noch durch den Verzug. Die Kosten der sogenannten »Erstmahnung« unterliegen demzufolge nicht der Schadensersatzpflicht aus den §§ 280 Abs. 1 und 2, 286 BGB im Rahmen des Verzögerungsschadens. Sie sind vom Gläubiger somit selbst zu tragen.

Auf den vorliegenden Fall übertragen bedeutet dies, dass unser Gläubiger R die bei ihm angefallenen Anwaltskosten von H nicht ersetzt verlangen kann, denn das Anwaltsschreiben bzw. die Mahnung begründete erst den Verzug.

**Ergebnis:** R kann von H lediglich die Mietkosten in Höhe von 1.500 Euro für den Ersatzofen über die §§ 280 Abs. 2, 286 BGB verlangen.

# Fall 7

## Pizza-Service II

**Also:** Wir bleiben bei der Bestellung des Pizza-Ofens durch unseren Rechtsstudenten R beim Händler H zum Preis von 10.000 Euro am 20. März. Im Unterschied zum vorherigen Fall steht nun aber im Vertrag, dass H »bis Mitte Mai« liefern und R bei Lieferung den Kaufpreis zahlen soll. Als H am 17.05. noch nicht geliefert hat, setzt R dem H per Anwalt eine »dringende Lieferfrist« bis zum 31.05. und erklärt zudem, nach fruchtlosem Ablauf der Zeit trete er vom Vertrag zurück. Am 03.06. – H hat nicht geliefert – erwirbt R ein vergleichbares Gerät bei einem anderen Hersteller zum Preis von 13.000 Euro. Am 10.06. erscheint H bei R und verlangt Abnahme und Zahlung des Ofens. R weigert sich unter Berufung auf den Rücktritt und will vielmehr jetzt Erstattung der 3.000 Euro Mehrkosten für das Ersatzgerät sowie die Anwaltskosten in Höhe von 250 Euro ersetzt haben.

**Rechtslage?**

---

**Schwerpunkte:** Schadensersatz statt der Leistung bei Verzögerung gemäß den §§ 280 Abs. 1 und 3, 281 Abs. 1 BGB; Abgrenzung zum Verzugsschaden nach den §§ 280 Abs. 1 und 2, 286 BGB; Bestimmung der Fälligkeit; Ablauf einer angemessenen Frist; Berechnung des Schadensumfangs; Rücktritt und Schadensersatz.

---

## Lösungsweg

**Vorbemerkung:** Dieser Fall sieht dem letzten zwar ähnlich, er ist es aber tatsächlich überhaupt nicht. Bei der Verspätung bzw. Verzögerung der Leistung können auch kleinere Unterscheidungen im Sachverhalt immense inhaltliche Konsequenzen haben. Das werden wir uns gleich im Einzelnen ansehen, wollen unseren Blick aber zunächst auf die für die Klausur mit Abstand wichtigste Unterscheidung richten:

> Der für die Prüfung bedeutendste Unterschied im Sachverhalt liegt nämlich darin, dass der Gläubiger die Leistung hier am Ende **ablehnt**, es also tatsächlich nicht mehr zur Erfüllung des Kaufvertrages von Seiten des Schuldners kommt. Das war im letzten Fall anders, da hatte R den Ofen ja trotz Verspätung angenommen und wollte den **Verzögerungsschaden** in Form der Mietkosten für das Ersatzgerät und den Anwaltskosten – **neben** der Erfüllung des Vertrages – ersetzt haben. Und in dem Fall waren die §§ 280 Abs. 1 und 2, 286 BGB dann die richtige Anspruchsgrundlage (siehe den vorherigen Fall).

Hier in diesem Fall nun verlangt R zwar auch Schadensersatz, allerdings nicht neben der Erfüllung des Vertrages (also neben der Eigentumsverschaffung am Ofen), sondern sozusagen **anstelle** der Leistung oder in der Sprache des Gesetzes »statt der Leistung«. Unser R hat ja ausdrücklich den Rücktritt vom Vertrag erklärt und zudem auch schon einen Ersatz- bzw. Deckungskauf getätigt, was deutlich macht, dass er auf die Erbringung der Leistung von H verzichtet. Und wenn jemand wegen Verspätung auf die Leistung letztlich verzichtet bzw. sie ablehnt und vielmehr anstelle dessen Schadensersatz verlangt, eröffnet dies den Weg über **§ 280 Abs. 1 und Abs. 3 BGB** in Verbindung mit § 281 Abs. 1 BGB. Der Gesetzgeber nennt dieses Begehren in § 280 Abs. 3 BGB und § 281 Abs. 1 BGB »Schadensersatz statt der Leistung« und will damit unter anderem die Fälle erfassen, in denen die Leistungserbringung wegen Verspätung letztlich ausbleibt bzw. abgelehnt wird und der Gläubiger nun »stattdessen« Schadensersatz verlangt oder etwa einen Deckungskauf tätigt (BT-Drs. 14/6040 Seite 138; BGHZ **197**, 357; *Erman/Grunewald* § 437 BGB Rz. 13; *Palandt/Grüneberg* § 286 BGB Rz. 41; NK/*Dauner-Lieb* § 280 BGB Rz. 65; *Brox/Walker* AS § 23 Rz. 34).

In der Klausur hat man daher, wenn eine verspätete Leistungserbringung im Raum steht, stets genau auf das Begehren des Gläubigers bzw. darauf zu achten, ob die Leistung letztlich noch angenommen wird oder nicht. Wenn der Gläubiger die Leistung noch annimmt, kann er dann logischerweise auch keinen Schadensersatz »**statt**« der Leistung fordern (vgl. dazu instruktiv BGHZ **197**, 357); als Anspruchsgrundlage für einen solchen Schadensersatzanspruch – **neben** der Leistung – kommen ausschließlich die §§ 280 Abs. 1 und 2, 286 BGB in Betracht (→ Verzögerungsschaden). Nimmt der Gläubiger die Leistung hingegen nicht mehr an, ist der Weg frei für den Schadensersatz **statt** der Leistung – und bei Fällen der Verspätung ist dann im Zweifel immer der § 280 Abs. 1 und 3 BGB in Verbindung mit § 281 Abs. 1 BGB die zuvorderst zu prüfende Anspruchsgrundlage (BGHZ **197**, 357; *Erman/Grunewald* § 437 BGB Rz. 13; *Palandt/Grüneberg* § 286 BGB Rz. 41; NK/*Dauner-Lieb* § 280 BGB Rz. 65).

Bei diesem § 281 Abs. 1 BGB muss man dann übrigens gut aufpassen, denn der setzt – soviel vorneweg – **keinen** Verzug im Sinne des § 286 BGB voraus; in § 281 BGB steht da nämlich kein Wort von drin (prüfen!). Tatsächlich haben wir es bei den §§ 280 Abs. 1 und 3, 281 Abs. 1 BGB mit einer von § 286 BGB und dem Verzug komplett losgelösten Anspruchsgrundlage zu tun, und das, obwohl hier fraglos die **Verspätung** der Leistung vorliegt (*Brox/Walker* AS § 23 Rz. 35; *Palandt/Grüneberg* § 281 BGB Rz. 7). Beachtlich ist in diesem Zusammenhang im Übrigen noch, dass ein Anspruch auf Ersatz des Verzugsschadens aus den §§ 280 Abs. 1 und 2, 286 BGB grundsätzlich bestehen bleiben kann, selbst wenn der Gläubiger den Schadensersatz statt der Leistung geltend macht oder/und vom Vertrag zurücktritt (Grigoleit/*Riehm* in AcP 203, 750; *Jauernig/Stadler* § 286 BGB Rz. 41; *Palandt/Grüneberg* § 281 BGB Rz. 17; *Brox/Walker* AS § 23 Rz. 31). Dies ist deshalb erwähnenswert, weil der Schadensersatz statt der Leistung an sich nur die Schäden erfasst, die **nach** Ablauf der gemäß § 281 Abs. 1 BGB zu setzenden Frist entstehen, der Verzugsschaden aber auch den Zeitraum vorher betreffen kann (*Jauernig/Stadler* § 281 BGB Rz. 16; *Palandt/Grüneberg* § 281 BGB Rz. 7). Wenn also Schäden in Frage stehen, die vor Ablauf der gesetzten Frist entstanden sind und zu dieser Zeit bereits Verzug vorlag, kann der Anspruch auf Verzögerungsschaden neben dem Anspruch auf Schadensersatz der Leistung stehen

(*Jauernig/Stadler* § 281 BGB Rz. 16; *Grigoleit/Riehm* in AcP 203, 750; *Palandt/Grüneberg* § 281 BGB Rz. 17). Wichtig, bitte merken.

### I.) Ansprüche des R gegen H auf Ersatz der entstandenen Kosten

**AGL.: §§ 280 Abs. 1 und 3, 281 Abs. 1 BGB (Schadensersatz statt der Leistung)**

**1.)** Erste Voraussetzung für den Ersatzanspruch aus den gerade genannten Vorschriften ist neben dem Vorliegen eines Schuldverhältnisses, dass die Leistungspflicht des Schuldners grundsätzlich noch erfüllbar gewesen, insbesondere nicht unmöglich geworden ist (*Brox/Walker* AS § 23 Rz. 34). Im Falle der Unmöglichkeit wäre nämlich § 283 BGB einschlägig, der zwar auch einen umfassenden Schadensersatzanspruch gewährt, indessen an andere Voraussetzungen gebunden ist (*Jauernig/Stadler* § 283 BGB Rz. 2).

**Hier:** Die Leistung in Form der Übereignung des Ofens nach § 433 Abs. 1 Satz 1 BGB war grundsätzlich weiterhin möglich, der H hat sie am 10.06. sogar noch angeboten.

**2.)** Die notwendige Pflichtverletzung richtet sich in unserem Fall – wie oben gezeigt – nach § 281 Abs. 1 BGB. Die Leistung muss demnach zunächst fällig gewesen sein (Gesetz lesen, § 281 Abs. 1 BGB).

---

**Definition:** Die **Fälligkeit** bezeichnet den Zeitpunkt, von dem an der Gläubiger die Leistung verlangen kann, der Schuldner sie also erbringen **muss** (BGH NJW **2012**, 3714; PWW/*Zöchling*-Jud § 271 BGB Rz. 1; *Palandt/Grüneberg* § 271 BGB Rz. 1; *Brox/Walker* AS § 12 Rz. 18; *Medicus/Lorenz* SR I Rzn. 170/463).

---

Die Bestimmung dieses Zeitpunktes erfolgt gemäß § 271 Abs. 1 BGB anhand der konkreten vertraglichen Vereinbarung oder aus den besonderen Umständen des Schuldverhältnisses. Wenn sich daraus keine Schlüsse ziehen lassen, wendet man § 271 Abs. 1 BGB direkt an und stellt fest, dass eine Leistung im Zweifel **sofort** fällig ist.

**Hier:** In unserem Vertrag findet sich die Formulierung, dass die Lieferung des Ofens »bis Mitte Mai« erfolgen soll. Schaut man nun in **§ 192 BGB** rein (bitte!), erkennt man, dass diese Formulierung den 15. des jeweiligen Monats meint und somit wegen **§ 188 Abs. 1 BGB** ab dem nächsten Tag (= 16.05.) der Gläubiger die Leistung verlangen kann und der Schuldner sie dann erbringen **muss**. Die Auslegung der vertraglichen Vereinbarung ergibt mithin, dass die Leistung ab dem **16.05.** – morgens 0 Uhr – fällig im Sinne des § 271 Abs. 1 BGB bzw. § 281 Abs. 1 BGB gewesen ist.

**3.)** Der Lieferungsanspruch muss im Übrigen auch **durchsetzbar** gewesen sein, ihm dürfen folglich keine Einreden entgegenstehen. Das steht zwar nicht im Gesetz, begründet sich aber damit, dass niemandem zugemutet werden kann, mit der Schadensersatzpflicht wegen verspäteter Leistung belastet zu werden, wenn man selbst (noch) gar nicht leisten muss (BGHZ **104**, 11; *Jauernig/Stadler* § 281 BGB Rz. 5).

**Hier:** In unserem Fall könnte man grundsätzlich auf die Idee kommen, dass dem Lieferungsanspruch des R das Zurückbehaltungsrecht aus § 320 BGB entgegensteht, was die Durchsetzbarkeit allein bei Vorliegen der Voraussetzungen des § 320 BGB hemmen würde (BGH NJW **2017**, 1100; BGH WM **1999**, 1529; BGHZ **104**, 11; *Bamberger/Roth/Hau/Poseck/Lorenz* § 281 BGB Rz. 19; *Medicus/Lorenz* SR I Rz. 463; *Palandt/Grüneberg* § 286 BGB Rz. 10). Indessen soll R laut vertraglicher Vereinbarung erst bei Lieferung der Sache den Kaufpreis zahlen, was bedeutet, dass H **vorleistungspflichtig** ist. Dies aber schließt die Anwendung des § 320 BGB aus (steht drin!).

**4.)** Der Schuldner muss die Leistung außerdem nicht oder nicht wie geschuldet erbracht haben (bitte das Gesetz lesen, § 281 Abs. 1 BGB). Mit dieser Formulierung umschreibt der § 281 Abs. 1 BGB die Art der Pflichtverletzung aus § 280 Abs. 1 BGB genauer. Im Rahmen der Verspätung ist die bloße Nichtleistung trotz Möglichkeit der Leistung als Pflichtverletzung im Sinne des § 280 Abs. 1 BGB anzusehen und damit auch unter § 281 BGB zu subsumieren (*Brox/Walker* AS § 23 Rz. 37; *Palandt/Grüneberg* § 281 BGB Rz. 8).

**Hier:** Der Schuldner H hat somit **nicht** geleistet im Sinne des § 281 Abs. 1 BGB, da er trotz Möglichkeit den fälligen Ofen nicht gebracht hat.

**5.)** Der Gläubiger muss dem Schuldner des Weiteren erfolglos eine angemessene **Frist** gesetzt haben.

> **Durchblick:** An dieser Stelle nun sollte man gut aufpassen und darf diese Fristsetzung vor allem nicht mit dem Verzug und dessen Voraussetzungen aus § 286 BGB verwechseln. Wir hatten das weiter oben in der Vorbemerkung schon mal gesagt: Bei einem Anspruch auf Schadensersatz **statt** der Leistung aus den §§ 280 Abs. 1 und 3, 281 Abs. 1 BGB spielt der Verzug nach § 286 BGB keine Rolle (*Brox/Walker* AS § 23 Rz. 35; *Jauernig/Stadler* § 281 BGB Rz. 16). Der § 281 Abs. 1 BGB stellt eigene Voraussetzungen auf, und diese sind abschließend (PWW/*Schmidt-Kessel* § 281 BGB Rz. 4; *Palandt/Grüneberg* § 281 BGB Rz. 7). Geht man davon aus, dass die Fristsetzung gemäß § 281 Abs. 1 BGB im Zweifel immer auch eine schlüssige Mahnung im Sinne des § 286 Abs. 1 Satz 1 BGB darstellt, dürfte der § 281 BGB, der ausdrücklich ja auch die Fälligkeit verlangt, den Verzug zwar im Regelfall beinhalten (BT-Drs. 14/6040 Seite 138), rechtstechnisch indessen hat man sich allein an den Voraussetzungen der §§ 280 Abs. 1 und 3, 281 Abs. 1 BGB zu orientieren (*Jauernig/Stadler* § 281 BGB Rz. 16; *Ernst/Gsell* in ZIP 2001, 1389).

Wir brauchen hier also eine angemessene Frist, innerhalb derer der Schuldner die Leistung erbringen kann. Bei dieser Fristsetzung handelt es sich um eine nicht formgebundene einseitige Erklärung, die eine geschäftsähnliche Handlung darstellt und auf die demnach die Vorschriften über Willenserklärungen entsprechend anwendbar sind (*Palandt/Grüneberg* § 281 BGB Rz. 9; *Jauernig/Stadler* § 281 BGB Rz. 5). Beachte im Übrigen bitte noch, dass die Fristsetzung grundsätzlich nur dann wirksam ist, wenn sie **nach** Eintritt der Fälligkeit erfolgt (BGHZ **193**, 315). Dies begründet sich damit, dass der § 281 Abs. 1 BGB dem Schuldner die Möglichkeit der »zweiten Andienung« geben soll (BGHZ **193**, 315; *Jauernig/Stadler* § 281 BGB Rz. 6), was aber logischerweise voraussetzt, dass der Schuldner den Zeitpunkt der ersten Andienung (→ Fälligkeit) bereits versäumt hat (*Huber/Faust* 3. Kapitel Rz. 133; *Jauernig/Stadler* § 281 BGB Rz. 6; vgl. aber auch *Derleder/Zänker* in NJW 2003, 2778, die das Zusammenfallen von Fälligkeit und Fristsetzung genügen lassen wollen; oder auch *Brox/Walker* AS § 23 Rz. 38, die sogar eine Fristsetzung **vor** Fälligkeit für möglich und zulässig halten!). Beachte schließlich in diesem Zusammenhang noch, dass eine **vor** der Fälligkeit erklärte Fristsetzung auch nicht mit dem Eintritt der Fälligkeit (quasi »nachträglich«) wirksam wird; sie bleibt vielmehr unwirksam (BGH NJW **2012**, 3714).

---

**Definition: Inhaltlich** notwendig ist für die Fristsetzung eine bestimmte und eindeutige Aufforderung zur Leistung, eine Ablehnungsandrohung ist aber nicht erforderlich (*Palandt/Grüneberg* § 281 BGB Rz. 9; *Medicus/Petersen* BR Rz. 246). Es genügt, wenn der Gläubiger durch das Verlangen nach »sofortiger Leistung« oder vergleichbare Formulierungen deutlich macht, dass dem Schuldner für die Erfüllung nur ein begrenzter (bestimmbarer) Zeitraum zur Verfügung steht, einen bestimmten Zeitraum oder einen bestimmten Termin muss er demgegenüber nicht zwingend nennen (BGH NJW **2016**, 3654; **2009**, 3153). Die **Angemessenheit** der Frist bestimmt sich dann nach den Umständen des Einzelfalles, wobei darauf zu achten ist, dass die Frist dem Schuldner die Leistung nicht erst ermöglichen, sondern ihm nur eine letzte Gelegenheit geben soll, die Leistung zu erbringen (BGH NJW **2012**, 3714; **1985**, 2640; OLG Düsseldorf NJW-RR **1992**, 951; *Brox/Walker* AS § 23 Rz. 40; *Jauernig/Stadler* § 281 BGB Rz. 6). **Und:** Falls der Schuldner dem Gläubiger auf dessen Leistungsaufforderung hin selbst eine Frist vorschlägt (»Machen Sie sich mal keine Sorgen, die Einbauküche ist spätestens nächste Woche fix und fertig montiert, Herr *Palandt*!«), darf der Gläubiger diese übrigens stets als angemessen ansehen, auch wenn sie tatsächlich objektiv (erkennbar) zu kurz ist (BGH NJW **2016**, 3654; WM **1973**, 1020).

---

**Hier:** Unser R hat dem H gegenüber mit Anwaltsschreiben vom 17.05. erklärt, er erwarte jetzt dringend die Lieferung des Ofens bis zum 31.05. In dieser Erklärung findet sich zum einen die bestimmte und eindeutige Aufforderung zur Leistung; sie ist zum anderen auch **nach** Eintritt der Fälligkeit (das war der 16.05., siehe oben) erfolgt. Und letztlich dürfte die Frist von 14 Tagen angesichts der Umstände des Falles auch angemessen sein: Berücksichtigt man, dass der Schuldner ab Fälligkeit grundsätzlich leistungsbereit zu sein hat, braucht die Frist nicht so lange bemessen zu sein, dass der Schuldner eine noch nicht begonnene Leistung anfangen und beenden kann (BT-Drs. 14/6040 Seite 138; BGH NJW **1985**, 320). Der Schuldner soll vielmehr nur in die Lage versetzt werden, die bereits in Angriff genommene Leistung zu vollenden (BGH NJW **1982**, 1280). Der H hatte knapp acht Wochen Zeit zur Lieferung; eine Aufstockung dieser Frist um weitere zwei Wochen (also noch mal ¼ der ursprünglichen Zeit) ist geeignet und angemessen, dem H die Lieferung zu ermöglichen bzw. diese zu vollenden. Der R hat dem H somit eine angemessene Frist im Sinne des § 281 Abs. 1 BGB gesetzt. Und diese Frist ist schließlich auch erfolglos verstrichen, H hatte bis zum 31.05. den Ofen nicht geliefert.

**6.)** Der Ersatzanspruch aus den §§ 280 Abs. 1 und 3, 281 Abs. 1 BGB setzt wegen § 280 Abs. 1 <u>Satz 2</u> BGB abschließend ein **Vertretenmüssen** der Pflichtverletzung seitens des Schuldners voraus. Hinsichtlich dieses Vertretenmüssens gilt indessen wegen der Formulierung des Gesetzes eine Beweislastumkehr mit der Folge, dass der Schuldner sein fehlendes Verschulden nachzuweisen hat. Ansonsten wird das Vertretenmüssen des Schuldners vermutet (BGH NJW **2011**, 2871; *Brox/Walker* AS § 23 Rz. 49; *Palandt/ Grüneberg* § 280 BGB Rz. 34).

**Hier:** Kein Problem, denn H sagt gar nichts zu seiner Verspätung mit der Folge, dass ein Vertretenmüssen zu seinen Lasten vermutet wird.

<u>ZE.:</u> Die Tatbestandsvoraussetzungen der §§ 280 Abs. 1 und 3, 281 Abs. 1 BGB liegen damit vollständig vor. Der Anspruch auf Schadensersatz statt der Leistung ist also dem Grunde nach gegeben.

**Der Umfang der Ersatzpflicht:**

Die Ersatzpflicht aus den §§ 280 Abs. 1 und 3, 281 Abs. 1 BGB umfasst grundsätzlich das sogenannte **Erfüllungsinteresse** und tritt an die Stelle der Primärleistung. Der Anspruch erfasst damit den Schaden, der dadurch entstanden ist, dass der Schuldner bei Fristablauf nicht geleistet hat; der Gläubiger ist so zu stellen, wie er bei ordnungsgemäßer Erfüllung gestanden hätte (BGH MDR **2016**; NJW **2014**, 1374; NJW **2011**, 2871; EuGH NJW **2008**, 1935; *Palandt/Grüneberg* § 281 BGB Rz. 17).

> **Beachte:** Die Ersatzpflicht nach den §§ 280 Abs. 1 und 3, 281 Abs. 1 BGB steht immer im Spannungsverhältnis zum Ersatz des Verzögerungsschadens nach den §§ 280 Abs. 1 und 2, 286 BGB. Um eine sinnvolle Abgrenzung der Anwendungsbereiche durchzuführen, hält man sich an Folgendes: Der Verzögerungsschaden (§§ 280 Abs. 1 und 2, 286 BGB) setzt grundsätzlich Verzug voraus und umfasst den Schaden, der **innerhalb** des Verzugszeitraumes entsteht, sofern die Leistung noch möglich ist. Setzt der Gläubiger dem Schuldner aber noch eine Frist und erklärt nach fruchtlosem Ablauf, er verlange Schadensersatz oder trete vom Vertrag zurück, muss insoweit der **§ 281 Abs. 4 BGB** (aufschlagen!) gesehen werden. Der ordnet nämlich an, dass der Anspruch auf die Leistung unter diesen Umständen ausgeschlossen ist, was automatisch dann auch das Ende des Verzuges bedeutet (MüKo/*Ernst* § 281 BGB Rz. 115). Entstehen nun weitere Schäden wegen der Nichterfüllung, sind diese logischerweise nur noch über § 281 Abs. 1 BGB zu ersetzen, während die **bis** zur Fristsetzung entstandenen Schäden weiterhin – also quasi parallel – über die Regeln des Verzuges, wenn ein solcher denn vor der Fristsetzung vorlag, ersatzfähig sind (MüKo/*Ernst* § 281 BGB Rzn. 115–118; *Jauernig/Stadler* § 281 BGB Rz. 16; *Grigoleit/Riehm* in AcP 203, 750; *Palandt/Grüneberg* § 281 BGB Rz. 17).

**Zum Fall:** Die Mehrkosten des anstelle der Erfüllung getätigten Deckungskaufs in Höhe von 3.000 Euro sind im vorliegenden Fall **nach** Ablauf der gesetzten Frist eingetreten. Sie unterliegen daher dem Ersatzanspruch aus den §§ 280 Abs. 1 und 3, 281 Abs. 1 BGB, da es sich hierbei um einen adäquat durch die Nichterfüllung verursachten Schaden handelt (BGHZ **197**, 357; BGH NJW **1998**, 2902; *Brox/Walker* AS § 23 Rz. 50; *Palandt/Grüneberg* § 281 BGB Rz. 26). Und hierbei ist im Übrigen noch zu beachten, dass dieser Ersatzanspruch nicht durch den von R vorher erklärten Rücktritt ausgeschlossen ist. Dieser – im vorliegenden Fall inhaltlich nach **§ 323 Abs. 1 BGB** zulässige – Rücktritt beseitigt wegen § 325 BGB (LESEN!) nämlich nicht die Möglichkeit, bei einem gegenseitigen Vertrag auch Schadensersatz zu verlangen. **Merken.** Und wegen des erklärten Rücktritts können wir uns hier dann auch noch die unterschiedliche Berechnung des Schadensersatzes anhand der **Differenz-** und **Surrogationstheorie** ersparen (dazu *Brox/Walker* AS § 23 Rz. 50, § 22 Rz. 58; *Medicus/Lorenz* SR I Rz. 448). Denn bei einem Rücktritt entfallen – sofern Leistung und Gegenleistung noch nicht erbracht sind – die Hauptleistungspflichten mit der Folge, dass der beim Gläubiger entstandene Schaden grundsätzlich nur anhand einer Differenzberechnung zu ermitteln ist (*Palandt/Grüneberg* § 346 BGB Rz. 4). R kann demnach die 3.000 Euro Mehrkosten, die ihm durch den teureren Ersatzkauf entstanden sind, von H ersetzt verlangen.

**Nicht** ersatzfähig über die §§ 280 Abs. 1 und 3, 281 BGB sind demgegenüber die Anwaltskosten, da diese bereits **vor** Ablauf der gesetzten Frist entstanden sind (MüKo/*Ernst* § 281 BGB Rz. 116; *Jauernig/Stadler* § 281 BGB Rz. 16; *Palandt/Grüneberg* § 281 BGB Rz. 17; anders aber *Brox/Walker* AS § 23 Rz. 31). Insoweit sind nun aber – wie oben eingehend erörtert – die Regeln des Verzugs gesondert zu prüfen, also:

<u>AGL.:</u> §§ 280 Abs. 1 und 2, 286 BGB (Verzögerungsschaden)

Die Kosten für den Anwalt müssen **während** und **durch** den Verzug eingetreten sein. Die einzelnen Voraussetzungen des Verzuges bei § 286 Abs. 1 BGB haben wir im vorherigen Fall schon kennengelernt, insoweit sei zum Aufbau nach vorne verwiesen; wir konzentrieren uns hier jetzt nur auf das Wesentliche, und das sieht so aus:

> Gemäß § 286 Abs. 1 Satz 1 BGB setzt der Verzug **Fälligkeit** des Anspruchs und eine darauffolgende **Mahnung** voraus. Der Zugang dieser Mahnung begründet dann den Verzug und legt mithin den Zeitpunkt des Verzugsbeginns fest (BGH NJW **2011**, 2871; NJW-RR **1997**, 622; NJW **1992**, 1956; *Medicus/Lorenz* SR I Rz. 464; *Palandt/Grüneberg* § 286 BGB Rz. 16). Wenn wir angesichts dessen das oben in unserem Fall bereits Erarbeitete nun verwerten, können wir als Erstes feststellen, dass die Fälligkeit der Forderung hier eingetreten ist am **16.05.** um 0 Uhr morgens, denn H sollte »bis Mitte Mai« liefern, was wir unter Zuhilfenahme der §§ 192, 188 Abs. 1 BGB terminlich dann auf den Ablauf des 15.05. festgelegt hatten. Als **Mahnung** kommt jetzt natürlich nur das Schreiben vom 17.05. in Betracht, ansonsten liegt ja auch gar nichts Verwertbares nach Eintritt der Fälligkeit vor. Und wenn wir nun noch annehmen, dass dieses Schreiben mit der Fristsetzung auch als dringende Leistungsaufforderung im Sinne der Definition einer Mahnung ausgelegt werden kann (BGHZ **47**, 357; BGH NJW **1998**, 2132; NJW **1987**, 1547; OLG Hamm NJW-RR **1992**, 668; *Jauernig/Stadler* § 286 BGB Rz. 15; *Palandt/Grüneberg* § 286 BGB Rz. 16f.), dürfte eigentlich

klar sein, dass die Kosten dieses Schreibens gerade **nicht** ersatzfähig sind, denn dieses Schreiben würde den Verzug ja erst begründen. Eine den Verzug begründende Mahnung unterliegt – wie wir im vorherigen Fall schon gelernt haben – unstreitig nicht dem Schadensersatzanspruch aus den §§ 280 Abs. 1 und 2, 286 BGB (BGH NJW **1985**, 324; BGH VersR **1974**, 642; BayObLG NJW-RR **1993**, 280; *Bamberger/Roth/Hau/Poseck/Lorenz* § 286 BGB Rz. 70; *Medicus/Lorenz* SR I Rz. 464; *Schreiber* in Jura 1990, 193; *Brox/Walker* AS § 23 Rz. 30).

**Aber:** Hier kommt nun die überraschende Finte! Bitte lies dafür zunächst **§ 286 Abs. 2 Nr. 1 BGB**. Einer Mahnung bedarf es ausnahmsweise nicht, wenn für die Leistung eine Zeit nach dem Kalender bestimmt ist. Dafür genügt es, wenn die Leistungszeit entweder unmittelbar oder auch nur mittelbar auf einen Kalendertag festgelegt werden kann (BGH NJW **1999**, 593; NJW **1984**, 49; BAG WM **1992**, 246). Und das schaffen wir hier: Denn wir haben oben ja schon gelernt, dass die Formulierung »bis Mitte Mai« anhand der §§ 192, 188 Abs. 1 BGB terminlich fixiert werden kann und muss (!) auf den Ablauf des 15.05. mit der Folge, dass somit ein Kalendertag für die Leistung bestimmt ist im Sinne des § 286 Abs. 2 Nr. 1 BGB. Die Bezeichnung »Mitte des Monats« genügt unstreitig für die Zeitbestimmung nach § 286 Abs. 2 Nr. 1 BGB auf den jeweils 15. des Monats (BAG WM **1982**, 246; *Palandt/Grüneberg* § 286 BGB Rz. 22; *Jauernig/Stadler* § 286 BGB RZ. 27). Beachte insoweit hier dann noch die Besonderheit, dass damit das Datum der Fälligkeit gemäß § 271 Abs. 1 BGB und die den Verzug begründende Terminbestimmung nach § 286 Abs. 2 Nr. 1 BGB auf den gleichen Zeitpunkt fallen, was bei kalendermäßiger Terminbestimmung allerdings die Regel und daher auch nicht schädlich ist (BGH NJW **2001**, 3114; NJW **1987**, 1547; MüKo/*Ernst* § 286 BGB Rz. 52; *Brox/Walker* AS § 23 Rz. 13; *Medicus/Lorenz* SR I Rz. 464/466; *Palandt/Grüneberg* § 286 BGB Rz. 16; *Jauernig/Stadler* § 286 BGB Rz. 20).

Wir halten demnach fest, dass der **Verzugsbeginn** auf den Ablauf des 15.05. (oder den Anfang des 16.05.) terminiert ist. Das Anwaltsschreiben erfolgte am 17.05., also während des Verzuges, und stellt dann einen ersatzfähigen Verzugsschaden im Sinne der §§ 280 Abs. 1 und 2, 286 BGB dar, wenn es zudem der zweckentsprechenden Rechtsverfolgung diente (BGHZ **30**, 156; *Palandt/Grüneberg* § 286 BGB Rz. 44). Und davon kann hier auch problemlos ausgegangen werden, denn H hat trotz Fälligkeit und Terminvereinbarung noch nicht geleistet; in solchen Fällen gehört es zur zweckentsprechenden Rechtsverfolgung, den Schuldner auf seine Leistungspflicht mit anwaltlicher Hilfe aufmerksam zu machen (BGH NJW-RR **2001**, 170; NJW **1990**, 1905; BGHZ **30**, 156; *Palandt/Grüneberg* § 286 BGB Rz. 45; *Schreiber* in Jura 1990, 198; *Brox/Walker* AS § 23 Rz. 30; *Jauernig/Stadler* § 280 BGB Rz. 51).

**Erg.:** H hat dem R die Kosten des Anwaltsschreibens in Höhe von 250 Euro über die §§ 280 Abs. 1 und 2, 286 BGB zu ersetzen. Und da die Mehrkosten des Ersatzkaufs nach den §§ 280 Abs. 1 und 3, 281 Abs. 1 BGB zu erstatten sind, stehen R gegen H insgesamt 3.250 Euro Schadensersatz zu.

## II.) Anspruch des H gegen R auf Zahlung und Abnahme des Ofens

<u>AGL.:</u> § 433 Abs. 2 BGB

**Aber:** Das haben wir weiter oben schon festgestellt: R ist von dem Kaufvertrag mit H gemäß den §§ 346, 323 Abs. 1 BGB zurückgetreten mit der Folge, dass die beiderseitigen Erfüllungsansprüche untergegangen sind (*Palandt/Grüneberg* § 346 BGB Rz. 4).

> **Feinkostabteilung:** Diesen Rücktritt hätte R übrigens gar nicht benötigt, um von seiner Erfüllungsverpflichtung (= Kaufpreiszahlung) im vorliegenden Fall frei zu werden. Dies folgt nämlich schon im Umkehr- oder Ergänzungsschluss aus **§ 281 Abs. 4 BGB:** Wenn der Gläubiger beim Verlangen nach Schadensersatz statt der Leistung gemäß § 281 Abs. 4 BGB seinen Leistungsanspruch verliert, muss er wegen der synallagmatischen Verknüpfung von Leistung und Gegenleistung auch die Gegenleistung nicht mehr erbringen (*Brox/Walker* AS § 23 Rz. 55; *Bamberger/Roth/Hau/Poseck/Lorenz* § 281 BGB Rz. 50; *Jauernig/Stadler* § 281 Rz. 14; *Palandt/Grüneberg* § 281 BGB Rz. 52; vgl. dazu auch *Teichmann* in BB 2001, 1485, der im Verlangen nach Schadensersatz eine konkludente Rücktrittserklärung sehen will und damit zum gleichen Ergebnis kommt; anders aber MüKo/*Ernst* § 281 BGB Rz. 7).

**Erg.:** Der H kann von R nicht mehr Abnahme und Zahlung des Ofens verlangen.

# Gutachten

**R kann gegen H einen Anspruch auf Ersatz der Kosten aus §§ 280 Abs. 1 und 3, 281 Abs. 1 BGB haben.**

**1.)** Erste Voraussetzung für den Ersatzanspruch aus den gerade genannten Vorschriften ist neben dem Vorliegen eines Schuldverhältnisses, dass die Leistungspflicht des Schuldners grundsätzlich noch erfüllbar gewesen, insbesondere nicht unmöglich geworden ist. Hier ist die Leistung in Form der Übereignung des Ofens nach § 433 Abs. 1 Satz 1 BGB grundsätzlich weiterhin möglich gewesen, H hat sie am 10.06. sogar noch angeboten.

**2.)** Die Leistung muss zudem fällig gewesen sein, § 281 Abs. 1 BGB. Die Fälligkeit bezeichnet den Zeitpunkt, von dem an der Gläubiger die Leistung verlangen kann, der Schuldner sie also erbringen muss. Die Bestimmung dieses Zeitpunktes erfolgt gemäß § 271 Abs. 1 BGB anhand der konkreten vertraglichen Vereinbarung oder aus den besonderen Umständen des Schuldverhältnisses. Wenn sich daraus keine Schlüsse ziehen lassen, ist § 271 Abs. 1 BGB unmittelbar anzuwenden mit der Folge, dass die Leistung im Zweifel sofort fällig ist. Im vorliegend zwischen R und H geschlossenen Vertrag findet sich die Formulierung, dass die Lieferung des Ofens »bis Mitte Mai« erfolgen soll. Nach § 192 BGB ist hiermit der 15. des jeweiligen Monats gemeint. Wegen § 188 Abs. 1 BGB kann der Gläubiger ab dem nächsten Tag, vorliegend also dem 16.05., die Leistung verlangen. Die Auslegung der vertraglichen Vereinbarung ergibt mithin, dass die Leistung ab dem 16.05. – morgens 0 Uhr – fällig im Sinne des § 271 Abs. 1 BGB bzw. § 281 Abs. 1 BGB gewesen ist.

**3.)** Der Lieferungsanspruch muss im Übrigen auch durchsetzbar gewesen sein, ihm dürfen folglich keine Einreden entgegenstehen. Dies begründet sich mit dem Umstand, dass niemandem zugemutet werden kann, mit der Schadensersatzpflicht wegen verspäteter Leistung belastet zu werden, wenn man selbst noch gar nicht leisten muss. Hier kann man grundsätzlich annehmen, dass dem Lieferungsanspruch des R das Zurückbehaltungsrecht aus § 320 BGB entgegensteht, was die Durchsetzbarkeit allein bei Vorliegen der Voraussetzungen des § 320 BGB hemmen würde. Indessen soll R laut vertraglicher Vereinbarung erst bei Lieferung der Sache den Kaufpreis zahlen, was bedeutet, dass H vorleistungspflichtig ist. Dies aber schließt die Anwendung des § 320 BGB aus. Der Anspruch war damit auch einredefrei.

**4.)** Der Schuldner muss die Leistung außerdem nicht oder nicht wie geschuldet erbracht haben, § 281 Abs. 1 BGB. Im Rahmen der Verspätung ist die bloße Nichtleistung trotz Möglichkeit der Leistung als Pflichtverletzung im Sinne des § 280 Abs. 1 BGB anzusehen und damit auch unter § 281 BGB zu subsumieren. H hat trotz Möglichkeit den fälligen Ofen nicht gebracht und somit nicht geleistet im Sinne des § 281 Abs. 1 BGB.

**5.)** Der Gläubiger muss dem Schuldner des Weiteren erfolglos eine angemessene Frist gesetzt haben. Bei dieser Fristsetzung handelt es sich um eine nicht formgebundene einseitige Erklärung, die eine geschäftsähnliche Handlung darstellt und auf die demnach die Vorschriften über Willenserklärungen entsprechend anwendbar sind. Inhaltlich notwendig ist für die Fristsetzung eine bestimmte und eindeutige Aufforderung zur Leistung, eine Ablehnungsandrohung ist aber nicht erforderlich. Die Angemessenheit der Frist bestimmt sich dann nach den Umständen des Einzelfalles, wobei darauf zu achten ist, dass die Frist dem Schuldner die Leistung nicht erst ermöglichen, sondern ihm nur eine letzte Gelegenheit geben soll, die Leistung zu erbringen.

R hat gegenüber H mit Anwaltsschreiben vom 17.05. erklärt, er erwarte jetzt dringend die Lieferung des Ofens bis zum 31.05. In dieser Erklärung findet sich die bestimmte und eindeutige Aufforderung zur Leistung. Weiterhin dürfte die Frist von 14 Tagen angesichts der Umstände des Falles auch angemessen sein: Berücksichtigt man, dass der Schuldner ab Fälligkeit grundsätzlich leistungsbereit zu sein hat, braucht die Frist nicht so lange bemessen zu sein, dass der Schuldner eine noch nicht begonnene Leistung anfangen und beenden kann. Der Schuldner soll vielmehr nur in die Lage versetzt werden, die bereits in Angriff genommene Leistung zu vollenden. H hatte knapp 8 Wochen Zeit zur Lieferung; eine Aufstockung dieser Frist um weitere 2 Wochen ist geeignet und angemessen, dem H die Lieferung zu ermöglichen bzw. diese zu vollenden. R hat H somit eine angemessene Frist im Sinne des § 281 Abs. 1 BGB gesetzt. Diese Frist ist schließlich auch erfolglos verstrichen, H hatte bis zum 31.05. den Ofen nicht geliefert.

**6.)** Der Ersatzanspruch aus den §§ 280 Abs. 1 und 3, 281 Abs. 1 BGB setzt wegen § 280 Abs. 1 Satz 2 BGB abschließend ein Vertretenmüssen der Pflichtverletzung seitens des Schuldners voraus. Hinsichtlich dieses Vertretenmüssens gilt indessen wegen der Formulierung des Gesetzes eine Beweislastumkehr mit der Folge, dass der Schuldner sein fehlendes Verschulden nachzuweisen hat. Ansonsten wird das Vertretenmüssen des Schuldners vermutet. H hat sich vorliegend nicht zu seiner Verspätung geäußert mit der Folge, dass ein Vertretenmüssen zu seinen Lasten vermutet wird.

Die Tatbestandsvoraussetzungen der §§ 280 Abs. 1 und 3, 281 Abs. 1 BGB liegen damit vollständig vor. Der Anspruch auf Schadensersatz statt der Leistung ist also dem Grunde nach gegeben.

**7.)** Fraglich ist indes der Umfang der Ersatzpflicht. Die Ersatzpflicht aus den §§ 280 Abs. 1 und 3, 281 Abs. 1 BGB umfasst grundsätzlich das sogenannte Erfüllungsinteresse und tritt an die Stelle der Primärleistung. Der Anspruch erfasst damit den Schaden, der dadurch entstanden ist, dass der Schuldner bei Fristablauf nicht geleistet hat; der Gläubiger ist so zu stellen, wie er bei dann ordnungsgemäßer Erfüllung gestanden hätte. Die Mehrkosten des anstelle der Erfüllung getätigten Deckungskaufs in Höhe von 3.000 Euro sind im vorliegenden Fall nach Ablauf der gesetzten Frist eingetreten. Sie unterliegen daher dem Ersatzanspruch aus den §§ 280 Abs. 1 und 3, 281 Abs. 1 BGB, da es sich hierbei um einen adäquat durch die Nichterfüllung verursachten Schaden handelt. Nicht ersatzfähig über die §§ 280 Abs. 1 und 3, 281 BGB sind demgegenüber die Anwaltskosten, da diese bereits vor Ablauf der gesetzten Frist entstanden sind.

**Ergebnis:** R kann von H Ersatz der Mehrkosten für den Deckungskauf aus §§ 280 Abs. 1, Abs. 3 in Verbindung mit § 281 Abs. 1 BGB verlangen.

**R kann gegen H einen Anspruch auf Ersatz der Anwaltskosten aus §§ 280 Abs. 1 und 2, 286 BGB haben.**

Gemäß § 286 Abs. 1 Satz 1 BGB setzt der Verzug Fälligkeit des Anspruchs und eine darauffolgende Mahnung voraus.

**a)** Die Fälligkeit bezeichnet den Zeitpunkt, von dem an der Gläubiger die Leistung verlangen kann, der Schuldner sie also erbringen muss. Die Bestimmung dieses Zeitpunktes erfolgt gemäß § 271 Abs. 1 BGB anhand der konkreten vertraglichen Vereinbarung oder aus den besonderen Umständen des Schuldverhältnisses. Lassen sich daraus keine Schlüsse ziehen, wird § 271 Abs. 1 BGB direkt angewendet mit der Folge, dass die Leistung im Zweifel sofort fällig ist.

Es ist festzustellen, dass die Fälligkeit der Forderung hier nach §§ 192, 188 Abs. 1 BGB am 16.05. um 0 Uhr morgens eingetreten ist, denn H sollte »bis Mitte Mai« liefern.

**b)** Der Anspruch des R auf Lieferung war mangels anderslautender Angaben im Sachverhalt auch durchsetzbar.

**c)** Als Mahnung kommt nur das Schreiben vom 17.05. in Betracht. Dieses Schreiben mit der Fristsetzung kann auch als dringende Leistungsaufforderung im Sinne der Definition einer Mahnung ausgelegt werden. Die Kosten dieses Schreibens sind damit aber gerade nicht ersatzfähig, denn das Schreiben würde den Verzug ja erst begründen. Eine den Verzug begründende Mahnung unterliegt nicht dem Schadensersatzanspruch aus den §§ 280 Abs. 1 und 2, 286 BGB. Nach § 286 Abs. 2 Nr. 1 BGB bedarf es jedoch einer Mahnung ausnahmsweise nicht, wenn für die Leistung eine Zeit nach dem Kalender bestimmt ist. Dafür genügt es, wenn die Leistungszeit entweder unmittelbar oder auch nur mittelbar auf einen Kalendertag festgelegt werden kann. Durch die Formulierung »bis Mitte Mai« im Schreiben an H kann anhand der §§ 192, 188 Abs. 1 BGB terminlich fixiert werden. Demzufolge ist ein Kalendertag für die Leistung im Sinne des § 286 Abs. 2 Nr. 1 BGB bestimmt. Der Umstand, dass das Datum der Fälligkeit gemäß § 271 Abs. 1 BGB und die den Verzug begründende Terminbestimmung nach § 286 Abs. 2 Nr. 1 BGB auf den gleichen Zeitpunkt fallen, ist bei kalendermäßiger Terminbestimmung die Regel und daher unschädlich. Der Verzugsbeginn war demnach auf den Ablauf des 15.05. terminiert. Das Anwaltsschreiben erfolgte am 17.05., also während des Verzuges, und stellt deshalb einen ersatzfähigen

Verzugsschaden im Sinne der §§ 280 Abs. 1 und 2, 286 BGB dar, wenn es zudem der zweckentsprechenden Rechtsverfolgung diente. H hat trotz Fälligkeit und Terminvereinbarung noch nicht geleistet. In solchen Fällen gehört es zur zweckentsprechenden Rechtsverfolgung, den Schuldner auf seine Leistungspflicht mit anwaltlicher Hilfe aufmerksam zu machen.

**Ergebnis:** H hat dem R die Kosten des Anwaltsschreibens in Höhe von 250 Euro über die §§ 280 Abs. 1 und 2, 286 BGB zu ersetzen.

**H kann gegen R einen Anspruch auf Zahlung und Abnahme des Ofens aus § 433 Abs. 2 BGB haben.**

Zwar ist der Zahlungsanspruch des H aus § 433 Abs. 2 BGB mit Abschluss des Kaufvertrages zunächst entstanden. R ist von dem Kaufvertrag mit H gemäß § 323 Abs. 1 BGB jedoch zurückgetreten mit der Folge, dass die beiderseitigen Erfüllungsansprüche untergegangen sind.

**Ergebnis:** H kann von R nicht mehr Abnahme und Zahlung des Ofens verlangen.

# Fall 8

## Armer Palandt!

Rechtsstudent R will sich dem Pferdesport widmen und kauft am 10.03. beim Ge-
stütsbesitzer B den hoffnungsvollen zweijährigen Hengst *Palandt* zum Preis von
4.000 Euro. Da R noch auf der Suche nach einer entsprechenden Stallung ist, wird
verabredet, dass R das Tier spätestens bis zum 10.04. bei B abholen und dann auch
Eigentümer werden soll; in der Zwischenzeit soll der *Palandt* auf dem Gelände des B
stehen dürfen. Am 14.04. – R hat das Pferd noch nicht abgeholt – verwechselt B bei der
Fütterung seiner Tiere aus Versehen die Eimer und verabreicht dem *Palandt* daher ein
für ein anderes Tier vorgesehenes Medikament, woran der *Palandt* innerhalb von zwei
Stunden verendet. R und B streiten nun über die Zahlung des Kaufpreises. R weigert
sich und erklärt, er habe, was der Wahrheit entspricht, wegen eines unverschuldeten
Verkehrsunfalls vom 20.03. bis zum 14.04. im Krankenhaus gelegen und deshalb das
Pferd nicht rechtzeitig abholen können. Im Übrigen habe B ja sowieso durch sein Verschulden den Tod des Tieres herbeigeführt. B hingegen meint, wenn R rechtzeitig er-
schienen wäre, hätte er (B) liefern können, R müsse daher den Kaufpreis zahlen.

**Rechtslage?**

---

**Schwerpunkte:** Der Gläubigerverzug nach den §§ 293 ff. BGB; Voraussetzungen
und Rechtsfolgen im Hinblick auf den Untergang des Anspruchs auf die Gegenleistung nach § 326 Abs. 2 Satz 1 BGB; Haftungserleichterung gemäß § 300 Abs. 1
BGB; Begriff der groben Fahrlässigkeit; Abgrenzung zur normalen Fahrlässigkeit.

---

## Lösungsweg

### Anspruch des B gegen R auf Kaufpreiszahlung

<u>AGL.:</u> § 433 Abs. 2 BGB (vertraglicher Erfüllungsanspruch)

**1.)** Die Entstehung des Kaufpreisanspruchs aus § 433 Abs. 2 BGB ist unproblematisch,
B und R haben am 10.03. einen Kaufvertrag über das Pferd geschlossen. Der Anspruch ist mit diesem Vertragsschluss entstanden.

**2.)** Es fragt sich jedoch, ob der Anspruch wieder **untergegangen** ist. Für diesen Anspruchsuntergang kommt angesichts der Tatsache, dass wir es hier mit der Frage

nach der Gegenleistung (Geldzahlung) zu tun haben und die verkaufte Sache nicht mehr lieferbar ist, nur der **§ 326 Abs. 1 BGB** in Betracht (aufschlagen!). Demnach entfällt der Anspruch auf die Gegenleistung, wenn der Schuldner nach § 275 Abs. 1 bis 3 BGB nicht zu leisten braucht. Im vorliegenden Fall ist die Lieferpflicht gemäß § 433 Abs. 1 Satz 1 BGB gerichtet auf die Übereignung der Sache, wobei wir der Vollständigkeit halber bitte den § 90a BGB beachten wollen, wonach die Tiere keine »Sachen« sind, indes im Zweifel wie solche behandelt werden. Die Lieferung bzw. Übereignung des Pferdes ist im vorliegenden Fall dann auch (objektiv) unmöglich, denn das arme Tier ist nach Auskunft des Sachverhaltes an dem Medikament verendet. Die Leistungspflicht ist somit nach § 275 Abs. 1 BGB ausgeschlossen.

<u>ZE.:</u> Daraus folgt, dass nach § 326 Abs. 1 Satz 1 BGB der Anspruch auf die Gegenleistung grundsätzlich ebenfalls entfallen ist.

**Aber:** Etwas anderes könnte sich aus **§ 326 Abs. 2 Satz 1 BGB** ergeben (aufschlagen!).

> **Durchblick:** Dieser § 326 Abs. 2 Satz 1 BGB stellt die Ausnahme zur Grundregel des § 326 Abs. 1 BGB dar, nennt sich »anspruchserhaltende Ergänzungsnorm« und verschiebt die Gefahr der Kostentragung beim Untergang der Leistung (→ **Preis-** bzw. **Gegenleistungsgefahr**) im Gegensatz zu § 326 Abs. 1 BGB nunmehr auf den Gläubiger. Der muss nämlich, wenn die Voraussetzungen des § 326 Abs. 2 Satz 1 BGB vorliegen, den Kaufpreis zahlen, obwohl er die Leistung nie erhalten hat (*Brox/Walker* AS § 27 Rz. 13 ff.; *Jauernig/Stadler* § 326 BGB Rz. 16). Hierbei teilt sich die Norm dann zum einen in die alleinige oder weit überwiegende Verantwortlichkeit des Gläubigers bezogen auf den Untergang der Leistung auf (= Fall 1); zum anderen soll der Gläubiger auch bei zufälligem (= beiderseitig unverschuldetem) Untergang der Leistung den Kaufpreis zahlen, sofern er sich zum Zeitpunkt des Untergangs der Sache im Annahmeverzug befindet (= Fall 2). In allen Fällen zahlt der Gläubiger – wie gesagt – dann wegen § 326 Abs. 2 Satz 1 BGB den Kaufpreis, obwohl er die Leistung nicht erhalten hat. Er trägt dann die Preis- bzw. Gegenleistungsgefahr.

**Zum Fall:** Wir wählen hier von den Varianten des § 326 Abs. 2 Satz 1 BGB die des **Annahmeverzuges** – also die letzte dort benannte – aus, denn augenscheinlich hatte R die Frist zur Abholung versäumt und ein Verschulden bzw. eine Verantwortlichkeit im Hinblick auf die Tötung des Tieres ist bei R nicht erkennbar. R war einfach nur zu spät und das Tier ist aufgrund eines Versehens des B verendet. Gemäß § 326 Abs. 2 Satz 1, Fall 2 BGB **behält** der Schuldner unter folgenden Voraussetzungen ausnahmsweise den Anspruch auf die Gegenleistung: Der Umstand, aufgrund dessen der Schuldner nach § 275 Abs. 1 bis 3 BGB nicht zu leisten braucht, muss zu einer Zeit eingetreten sein, zu welcher sich der Gläubiger im Verzug der Annahme befunden hat, und der Schuldner darf diesen Umstand nicht zu vertreten haben.

**Und das prüfen wir jetzt mal:**

**a)** Wir müssen als Erstes feststellen, ob der Untergang der Sache (Tod des Tieres) zu einer Zeit eingetreten ist, zu welcher der Gläubiger sich im Verzug mit der Annahme der Leistung befunden hat. Dieser Annahme- oder auch Gläubigerverzug richtet sich nach den **§§ 293 ff. BGB**. Demnach setzt der Annahmeverzug ein Angebot der entsprechenden Leistung durch den Schuldner am rechten Ort und zur rechten Zeit sowie die Nichtannahme dieser Leistung durch den Gläubiger voraus (*Soergel/Schubel* vor § 293 BGB Rz. 3; *Jauernig/Stadler* § 293 BGB Rz. 1; *Brox/Walker* AS § 26 Rz. 3–10).

**Zum Fall:** B und R hatten vereinbart, dass R das Pferd spätestens bis zum 10.04. bei B abholen soll (= Holschuld). Bei dieser Vereinbarung handelt es sich um eine Terminbestimmung im Sinne des **§ 296 BGB** (bitte lesen) mit der Folge, dass es weder eines tatsächlichen Angebots im Sinne des § 294 BGB noch eines bei Holschulden in der Regel notwendigen wörtlichen Angebots nach § 295 BGB bedurfte (BAG NZA **2014**, 719; BGH NJW-RR **1991**, 268; PWW/*Zöchling-Jud* § 296 BGB Rz. 1; *Palandt/Grüneberg* § 295 BGB Rz. 5; *Jauernig/Stadler* § 295 BGB Rz. 3). Der Gläubiger wusste aufgrund der vertraglichen Verabredung, bis wann spätestens er die Sache abholen und damit seine Mitwirkungshandlung bei der Vertragserfüllung erbringen musste. Da das Pferd in Ermangelung anderer Angaben zu dieser Zeit auch zur Abholung bereitstand, war die vertraglich geschuldete Leistung dem Gläubiger somit zur rechten Zeit am rechten Ort angeboten worden. Unser R hat das Pferd nicht innerhalb der Frist abgeholt mit der Konsequenz, dass er sich nach Ablauf der gesetzten Frist im Annahmeverzug gemäß den §§ 293 ff. BGB befunden hat (BGH WM **1995**, 440; BGH NJW-RR **1991**, 268). Und wenn wir dazu noch den **§ 188 Abs. 1 BGB** beachten, können wir sagen, dass der Annahmeverzug am 11.04., morgens um 0:00 Uhr beginnt.

> **Und aufgepasst:** Erstaunlicherweise spielt hierbei überhaupt keine Rolle, dass R die Verspätung wegen seines Krankenhausaufenthaltes im Zweifel gar nicht zu vertreten hat. **Denn**: Der Gläubiger gerät – anders als der Schuldner – grundsätzlich auch **ohne** Verschulden im Hinblick auf den Grund seiner Verspätung in Verzug (unstreitig: BGH NJW-RR **1994**, 1470; BGHZ **24**, 91; *Palandt/Grüneberg* § 293 BGB Rz. 1; PWW/*Zöchling-Jud* § 293 BGB Rz. 1; *Brox/Walker* AS § 26 Rz. 8; *Medicus/ Lorenz* SR I Rz. 544; *Jauernig/Stadler* § 293 BGB Rz. 4). Dogmatisch wird dies übrigens damit begründet, dass es sich bei der Abnahme bzw. Annahme der Kaufsache nicht um eine **Pflichtverletzung** seitens des Gläubigers handelt. Die Annahme der Leistung durch den Gläubiger ist vielmehr nur eine sogenannte »**Obliegenheit**« (PWW/*Zöchling*-Jud § 293 BGB Rz. 2): Denn der Gläubiger ist zwar berechtigt, nicht aber auch verpflichtet, die angebotene Leistung anzunehmen. Die Nichtannahme stellt daher keine Pflichtverletzung dar und ist demzufolge auch keinem Verschuldensmaßstab des BGB zugänglich (MüKo/*Ernst* § 293 BGB Rz. 1; *Jauernig/Stadler* § 293 BGB Rz. 2; *Larenz* SR AT § 25 I). Merken.

**ZE.:** Folglich befindet sich R seit dem 11.04. (morgens 0 Uhr) im Verzug mit der Annahme der Leistung. Die erste Voraussetzung des § 326 Abs. 2 Satz 1 BGB ist gegeben.

**b)** Des Weiteren müssen wir im Rahmen des § 326 Abs. 2 Satz 1 BGB noch klären, ob der Schuldner den Untergang der Sache zu vertreten hat. In § 326 Abs. 2 Satz 1, Fall 2 BGB steht ja, dass der Schuldner den Umstand, aufgrund dessen er nach § 275 BGB nicht zu leisten braucht, gerade **nicht** zu vertreten haben darf (bitte prüfen). Und das macht auch Sinn, denn wenn er den Umstand doch zu vertreten hat, leuchtet nicht ein, warum er den Anspruch auf die Gegenleistung behalten soll, er hat ja dann schuldhaft die Nichtleistung herbeigeführt und darf logischerweise jetzt davon nicht noch profitieren und den Kaufpreis einstreichen (*Palandt/Grüneberg* § 326 BGB Rz. 13).

> Das Vertretenmüssen des Schuldners richtet sich grundsätzlich nach den §§ 276–278 BGB. Gemäß **§ 276 Abs. 1 Satz 1 BGB** hat der Schuldner Vorsatz und Fahrlässigkeit zu vertreten, wenn eine strengere oder mildere Haftung weder bestimmt noch aus dem sonstigen Inhalt des Schuldverhältnisses zu entnehmen ist. Im vorliegenden Fall kommt lediglich eine Haftung für fahrlässiges Verhalten in Betracht, der B hat »aus Versehen« die Eimer verwechselt und damit den Tod des Tieres herbeigeführt. **Fahrlässig** handelt gemäß **§ 276 Abs. 2 BGB**, wer die im Verkehr erforderliche Sorgfalt außer Acht lässt. Und das wird man hier dann auch problemlos bejahen können und sogar müssen, denn bei der vorliegenden Fütterung der Tiere bzw. der Verabreichung von Medikamenten hat man natürlich darauf zu achten, dass die entsprechenden Eimer nicht vertauscht werden und vor allem die richtigen Tiere die jeweils vorgesehenen Medikamente erhalten. Unser B hat versehentlich die Medikamente dem falschen Tier verabreicht, woran dieses Tier dann verendet ist. Der B hat mithin die erforderliche Sorgfalt nicht beachtet und damit die Voraussetzungen des § 276 Abs. 2 BGB verwirklicht. B handelte **fahrlässig** im Sinne des § 276 Abs. 2 BGB. Er hat demzufolge den Umstand, der zur Unmöglichkeit der Leistung führte, zu vertreten im Sinne des § 276 Abs. 1 BGB. Und daraus ergäbe sich dann, dass die Voraussetzungen des § 326 Abs. 2 Satz 1 BGB nicht vorliegen, denn der setzte ja voraus, dass der Schuldner den Umstand gerade nicht zu vertreten hat. Hat er hier aber, wie gesagt, Fahrlässigkeit in Bezug auf den Tod des Tieres liegt vor.

**Aber:** Das ist selbstverständlich noch nicht das letzte Wort. Denn irgendeinen fallrelevanten Vorteil muss es für den B ja haben, dass der R die Kaufsache (Tier) nicht innerhalb der gesetzten Frist abgeholt hat. Bislang hätten wir als Ergebnis, dass diese Verspätung tatsächlich keine (negativen) Rechtsfolgen für den R hat, denn er müsste nach dem jetzigen Stand der Dinge den Kaufpreis wegen § 326 Abs. 1 BGB nicht zahlen, da die Voraussetzungen der Ausnahmevorschrift des § 326 Abs. 2 BGB – wie soeben erläutert – nicht vorliegen; nach der bisherigen Prüfung hat der B nämlich den Tod des Tieres (= Untergang der Leistung) nach § 276 Abs. 1 BGB zu vertreten mit der Konsequenz, dass er die Gegenleistung wegen § 326 Abs. 1 BGB nicht mehr fordern könnte. Dies würde bedeuten, dass er in Ermangelung anderweitiger Anspruchsgrundlagen den Verlust des Pferdes (= Untergang der Leistung) kostenmäßig alleine zu tragen hätte. Das aber kann angesichts der Tatsache, dass bei rechtzeitigem Erscheinen des R das Tier hätte geliefert werden können und B nur »aus Versehen« die Eimer verwechselt hat, eigentlich nicht sein.

Der entscheidende Hinweis verbirgt sich in § 276 Abs. 1 Satz 1 BGB und die Lösung steht dann letztlich in **§ 300 Abs. 1 BGB**. Der Reihe nach: Zunächst müssen wir uns den § 276 Abs. 1 Satz 1 BGB, den wir oben ja schon geprüft und eigentlich auch abgeschlossen hatten, noch mal genauer ansehen: Da steht nämlich, dass der Schuldner nur dann für Vorsatz oder Fahrlässigkeit haftet, »wenn eine strengere oder mildere

Haftung weder bestimmt noch aus dem sonstigen Inhalt des Schuldverhältnisses ... zu entnehmen ist«. Das heißt, es gibt also auch Ausnahmen, bei denen der Schuldner anders bzw. nach einem anderen Verschuldensmaßstab für sein eigenes Verhalten einsteht. Und eine solche, von § 276 Abs. 1 Satz 1 BGB gemeinte Ausnahme findet sich in **§ 300 Abs. 1 BGB**: Demnach hat der Schuldner während des Verzugs des Gläubigers nur **Vorsatz** und **grobe Fahrlässigkeit** zu vertreten. Das hat zur Folge, dass der Schuldner logischerweise für »leichte« und »normale« Fahrlässigkeit in der Zeit des Annahmeverzuges nicht einzustehen hat. **DAS** ist also der Vorteil, der dem Schuldner durch die Verspätung des Gläubigers (Annahmeverzug) nach dem Willen des Gesetzes erwächst: Er haftet nur für Vorsatz und grobe Fahrlässigkeit, wenn die Sache im Annahmeverzug untergeht.

**Zum Fall:** Da sich der R im Annahmeverzug befand, als B den Tod des Tieres verursachte, hat B den Untergang der Kaufsache (Pferd) nur dann »zu vertreten«, wenn B grob fahrlässig oder vorsätzlich handelte. Vorsatz kommt vorliegend nicht in Betracht. Es bleibt somit nur die grobe Fahrlässigkeit.

> **Definition:** Grobe Fahrlässigkeit liegt vor, wenn die verkehrserforderliche Sorgfalt in besonders schwerem, ungewöhnlichem Maße verletzt wird und dasjenige unbeachtet bleibt, was unter den gegebenen Umständen jedem hätte einleuchten müssen (BGH NJW **1994**, 2094; BGHZ **119**, 149; BAG VersR **1998**, 895; *Brox/Walker* AS § 20 Rz. 18; *Palandt/Grüneberg* § 276 BGB Rz. 14).

Mit dieser Definition sind demnach die Geschichten gemeint, wo man als objektiver und redlicher Beobachter nur noch den Kopf schüttelt, wie zum Beispiel Auto fahren im besoffenen Zustand (BGH NJW **1985**, 2648); Überfahren eines Stoppschildes (OLG Karlsruhe in NZV **2003**, 420; OLG Köln NZV **2002**, 374); Abstellen von Gepäck an Orten mit regem Publikumsverkehr, etwa auf dem Flughafen (LG Hamburg VersR **1993**, 226); das Vermerken der Geheimzahl auf der EC-Karte (BGH NJW **2004**, 3623) oder auch scherzhaftes Abfeuern einer Schusswaffe auf Menschen, ohne vorher zu kontrollieren, ob die Knarre geladen ist (OLG Hamm VersR **1983**, 566). In all diesen Fällen handelt man grob fahrlässig, weil man dasjenige unbeachtet gelassen hat, was wirklich jedem hätte einleuchten müssen. Unser B nun hat lediglich »aus Versehen« die Eimer verwechselt. Das Ergebnis dessen ist zwar ziemlich bitter, aber diese Verwechselung der Eimer kann jedem mal passieren und reicht nach dem soeben Gesagten demnach keinesfalls zur Bejahung der groben Fahrlässigkeit. B hat lediglich »normal« oder je nach Blickrichtung sogar nur »leicht« fahrlässig gehandelt.

**Folge:** Damit hat B wegen § 300 Abs. 1 BGB den Tod des Tieres (= Untergang der Leistung) nicht zu vertreten im Sinne des § 276 Abs. 1 Satz 1 BGB. Er hat zwar wie gezeigt fahrlässig im Sinne des § 276 Abs. 2 BGB gehandelt, als er aus Versehen die Eimer vertauschte. Allerdings steht er wegen des Annahmeverzuges des R gemäß § 300 Abs. 1 BGB nur für Vorsatz und **grobe Fahrlässigkeit** ein, und eine solche grobe Fahrlässigkeit liegt hier nicht vor.

**Folge:** Daraus ergibt sich, dass der **§ 326 Abs. 2 Satz 1, Fall 2 BGB** erfüllt ist, denn neben dem Annahmeverzug des R haben wir jetzt ja auch festgestellt, dass B den Umstand, aufgrund dessen der Schuldner von seiner Leistungspflicht nach § 275 Abs. 1 bis 3 BGB frei geworden ist (= Tod des Tieres), nicht zu vertreten hat.

**Folge:** Und das wiederum hat zur Konsequenz, dass B den Anspruch auf die Gegenleistung nach der Regelung des § 326 Abs. 2 Satz 1 BGB behält.

**Ergebnis:** B kann von R die Zahlung des Kaufpreises für das Tier aus § 433 Abs. 2 BGB verlangen; dieser Anspruch ist nicht nach § 326 Abs. 1 BGB untergegangen, sondern gemäß § 326 Abs. 2 Satz 1 BGB erhalten geblieben.

# Gutachten

**B kann gegen R einen Anspruch auf Kaufpreiszahlung aus § 433 Abs. 2 BGB haben.**

**1.)** Der Anspruch auf Kaufpreiszahlung aus § 433 Abs. 2 BGB ist entstanden, denn B und R haben am 10.03. einen wirksamen Kaufvertrag über das Pferd geschlossen.

**2.)** Der Anspruch könnte gemäß § 326 Abs. 1 BGB wieder untergegangen sein. Demnach entfällt der Anspruch auf die Gegenleistung, wenn der Schuldner nach § 275 Abs. 1 bis 3 BGB nicht zu leisten braucht. Hier ist die Lieferpflicht gemäß § 433 Abs. 1 Satz 1 BGB gerichtet auf die Übereignung des Pferdes. Nach § 90 a BGB sind Tiere zwar keine Sachen, sie sind im Rechtsverkehr regelmäßig wie solche zu behandeln. Die Übereignung des Pferdes ist objektiv unmöglich, denn das Tier ist verendet. Die für B bestehende Leistungspflicht ist somit nach § 275 Abs. 1 BGB ausgeschlossen. Daraus folgt, dass nach § 326 Abs. 1 Satz 1 BGB der Anspruch auf die Gegenleistung grundsätzlich ebenfalls entfallen ist. Etwas anderes könnte sich aus § 326 Abs. 2 Satz 1 BGB ergeben. Wenn die Voraussetzungen des § 326 Abs. 2 Satz 1 BGB vorliegen, muss der Gläubiger den Kaufpreis zahlen, obwohl er die Leistung nicht erhalten hat. Von den Varianten des § 326 Abs. 2 Satz 1 BGB kommt hier die des Annahmeverzuges in Betracht, denn R hatte die Frist zur Abholung versäumt und ein Verschulden im Hinblick auf die Tötung des Tieres ist bei R nicht erkennbar. R war einfach nur zu spät und das Tier ist aufgrund eines Versehens des B verendet. Gemäß § 326 Abs. 2 Satz 1, Fall 2 BGB behält der Schuldner dann unter folgenden Voraussetzungen ausnahmsweise den Anspruch auf die Gegenleistung: Der Umstand, aufgrund dessen der Schuldner nach § 275 Abs. 1 bis 3 BGB nicht zu leisten braucht, muss zu einer Zeit eingetreten sein, zu welcher sich der Gläubiger im Verzug der Annahme befunden hat, und der Schuldner darf diesen Umstand nicht zu vertreten haben.

**a)** Fraglich ist, ob der Untergang des Tieres zu einer Zeit eingetreten ist, zu welcher der Gläubiger sich im Verzug mit der Annahme der Leistung befunden hat. Der Annahmeverzug richtet sich nach den §§ 293 ff. BGB. Demnach setzt der Annahmeverzug ein Angebot der entsprechenden Leistung durch den Schuldner am rechten Ort und zur rechten Zeit sowie die Nichtannahme dieser Leistung durch den Gläubiger voraus. B und R hatten vereinbart, dass R das Pferd spätestens bis zum 10.04. bei B abholen soll. Bei dieser Vereinbarung handelt es sich um eine Terminbestimmung im Sinne des § 296 BGB mit der Folge, dass es weder eines tatsächlichen Angebots im Sinne des § 294 BGB noch eines bei Holschulden in der Regel notwendigen wörtlichen Angebots nach § 295 BGB bedurfte.

Der Gläubiger wusste aufgrund der vertraglichen Verabredung, bis wann spätestens er die Sache abholen und damit seine Mitwirkungshandlung bei der Vertragserfüllung erbringen musste. Da das Pferd in Ermangelung anderer Angaben zu dieser Zeit auch zur Abholung bereitstand, war die vertraglich geschuldete Leistung dem Gläubiger somit zur rechten Zeit am rechten Ort angeboten worden. R hat das Pferd nicht innerhalb der Frist abgeholt mit der Konsequenz, dass er sich folglich nach Ablauf der gesetzten Frist im Annahmeverzug gemäß den §§ 293 ff. BGB befand. Nach § 188 Abs. 1 BGB trat der Annahmeverzug damit am 11.04., morgens um 0:00 Uhr ein. Folglich befand sich R seit dem 11.04. (morgens 0 Uhr) im Verzug mit der Annahme der Leistung. Die erste Voraussetzung des § 326 Abs. 2 Satz 1, Fall 2 BGB ist mithin gegeben.

**b)** Des Weiteren setzt § 326 Abs. 2 Satz 1, Fall 2 BGB voraus, dass der Schuldner den Untergang der Sache nicht zu vertreten hat. Das Vertretenmüssen des Schuldners richtet sich grundsätzlich nach den §§ 276–278 BGB. Gemäß § 276 Abs. 1 Satz 1 BGB hat der Schuldner Vorsatz und Fahrlässigkeit zu vertreten, wenn eine strengere oder mildere Haftung weder bestimmt noch aus dem sonstigen Inhalt des Schuldverhältnisses zu entnehmen ist. Hier kommt lediglich eine Haftung für fahrlässiges Verhalten in Betracht, da B »aus Versehen« die Eimer verwechselt und damit den Tod des Tieres herbeigeführt hat. Fahrlässig handelt gemäß § 276 Abs. 2 BGB, wer die im Verkehr erforderliche Sorgfalt außer Acht lässt. Bei der Fütterung der Tiere bzw. der Verabreichung von Medikamenten hat man darauf zu achten, dass die entsprechenden Eimer nicht vertauscht werden und vor allem die richtigen Tiere die jeweils vorgesehenen Medikamente erhalten. B hat versehentlich die Medikamente dem falschen Tier verabreicht, woran dieses Tier dann verendet ist. Er hat mithin die erforderliche Sorgfalt nicht beachtet und damit die Voraussetzungen des § 276 Abs. 2 BGB verwirklicht. B handelte fahrlässig im Sinne des § 276 Abs. 2 BGB. Allerdings muss der Schuldner nach § 276 Abs. 1 BGB nur dann für Vorsatz oder Fahrlässigkeit haften, »wenn eine strengere oder mildere Haftung weder bestimmt noch aus dem sonstigen Inhalt des Schuldverhältnisses« zu entnehmen ist. Nach § 300 Abs. 1 BGB hat der Schuldner während des Verzugs des Gläubigers nur Vorsatz und grobe Fahrlässigkeit zu vertreten. Das hat zur Folge, dass der Schuldner für »leichte« und »normale« Fahrlässigkeit in der Zeit des Annahmeverzuges nicht einzustehen hat. Da sich der R im Annahmeverzug befand als B den Tod des Tieres verursachte, hat B den Untergang der Kaufsache nur dann zu vertreten, wenn B grob fahrlässig oder vorsätzlich handelte. Vorsatz kommt vorliegend nicht in Betracht. Es bleibt somit nur die grobe Fahrlässigkeit. Diese liegt vor, wenn die verkehrserforderliche Sorgfalt in besonders schwerem, ungewöhnlichem Maße verletzt wird und dasjenige unbeachtet bleibt, was unter den gegebenen Umständen jedem hätte einleuchten müssen. B nun hat lediglich »aus Versehen« die Eimer verwechselt. Dies reicht selbst in Anbetracht der schwerwiegenden Folge keinesfalls zur Bejahung von grober Fahrlässigkeit aus. B hat insofern lediglich »normal« oder sogar nur »leicht« fahrlässig gehandelt. Damit hat B wegen § 300 Abs. 1 BGB den Tod des Tieres und mithin den Untergang der Leistung nicht im Sinne des § 276 Abs. 1 Satz 1 BGB zu vertreten. Die Voraussetzungen von § 326 Abs. 2 Satz 1, Fall 2 BGB sind erfüllt. Dementsprechend behält B nach § 326 Abs. 2 Satz 1, Fall 2 BGB den Anspruch auf die Gegenleistung.

**Ergebnis:** B kann von R die Zahlung des Kaufpreises für das Tier aus § 433 Abs. 2 BGB verlangen; dieser Anspruch ist nicht nach § 326 Abs. 1 BGB untergegangen, sondern gemäß § 326 Abs. 2 Satz 1 BGB erhalten geblieben.

# 3. Abschnitt

## Dritte Personen im Schuldverhältnis

Erfüllungs- und Verrichtungsgehilfen

(→ §§ 278, 831 BGB); der Vertrag

zugunsten Dritter und der Vertrag mit

Schutzwirkung für Dritte

(→ §§ 328 ff. BGB)

# Fall 9

## Seit vielen Jahren fehlerlos …

In der Küche von Rechtsanwalt A ist ein Heizungsrohr geplatzt. A beauftragt deshalb umgehend die Sanitär- und Heizungsfirma des H mit der Behebung des Schadens. Der von H geschickte Geselle G, der seit vielen Jahren fehlerlos für H arbeitet, hat dann auch schnell die undichte Stelle in der Wand freigelegt und beginnt nun, die Rohre wieder zusammen zu schweißen. Dabei rutscht ihm allerdings aus Unachtsamkeit das Schweißgerät ab, wobei die Flamme die in der Nähe stehende nagelneue Kaffeemaschine des A (Wert: 200 Euro) abfackelt. Später steckt G dann beim Verlassen der Wohnung in einem unbeobachteten Moment noch die auf einem Regal liegende Armbanduhr des A (Wert: 500 Euro) ein. A ruft am nächsten Tag bei H an und verlangt Schadensersatz für die Kaffeemaschine und die abhanden gekommene Uhr. H meint daraufhin, für eine strafbare Handlung des G habe er grundsätzlich nicht einzustehen und das Schweißgerät sei dem G bislang noch nie abgerutscht. Für einen einmaligen Ausreißer hafte er nicht.

**Was kann A von H verlangen?**

---

**Schwerpunkte:** Die Haftung des Geschäftsherrn für den Erfüllungsgehilfen gemäß § 278 Satz 1 BGB; der Begriff des Erfüllungsgehilfen; die Zurechnung fremden Verhaltens; Haftung für Diebstahl des Erfüllungsgehilfen; Abgrenzung der Begriffe »in Erfüllung« und »bei Gelegenheit« der Verbindlichkeit; mögliche Exkulpation bei § 278 BGB?; Haftung über § 831 BGB; Tatbestandsvoraussetzungen und Exkulpationsmöglichkeit nach § 831 Abs. 1 Satz 2 BGB.

---

## Lösungsweg

### Anspruch des A gegen H auf Schadensersatz

<u>AGL.:</u> § 280 Abs. 1 BGB (Pflichtverletzung im Schuldverhältnis)

**1.)** Zwischen A und H besteht ein **Schuldverhältnis**, und zwar in Form eines Werkvertrages nach § 631 BGB, denn A hatte die Firma des H mit der Reparatur der Heizungsrohre betraut.

**2.)** Erforderlich für eine Haftung aus § 280 Abs. 1 BGB ist des Weiteren eine dem H zurechenbare bzw. von ihm zu vertretende Pflichtverletzung. H muss also eine aus dem Schuldverhältnis mit A entstandene Pflicht verletzt haben. Aus dem Werkvertrag mit A erwächst dem H zunächst logischerweise die Hauptpflicht der Vertragserfüllung in Form der Reparatur der Heizungsrohre. Dies folgt aus § 631 Abs. 1 BGB, wonach der Werkunternehmer die Herstellung des versprochenen Werkes schuldet (*Palandt/Sprau* § 631 BGB Rz. 15). Neben dieser Pflicht hat der Unternehmer – wie jeder Schuldner, vgl. § 241 Abs. 2 BGB – selbstverständlich aber auch andere, sogenannte »Obhuts- und Fürsorgepflichten« gegenüber seinem Besteller. Namentlich darf der Unternehmer dem Besteller bei der Durchführung des Vertrages keine Schäden an anderen Rechtsgütern zufügen (BGH NJW **2000**, 280; NJW-RR **1997**, 342; NJW **1989**, 2115; OLG Köln BauR **1999**, 768; *Jauernig/Mansel* § 631 BGB Rz. 13).

**Hier:** Diese (Neben-)Pflichten sind im vorliegenden Fall verletzt worden. Zum einen ist die Kaffeemaschine des A durch die unsachgemäße Bedienung des Schweißgerätes zu Schaden gekommen (= Eigentumsbeschädigung); zum anderen hat der Geselle G die Uhr des A gestohlen (= Eigentums- bzw. Besitzentzug).

**3.)** Es fragt sich nun aber, ob H diese Pflichtverletzungen auch zu vertreten hat. Gemäß **§ 280 Abs. 1 Satz 2 BGB** hat der Schuldner den entstandenen Schaden nämlich nicht zu ersetzen, wenn er die Pflichtverletzung nicht zu vertreten hat. Wir müssen also prüfen, inwieweit dem H ein Verschulden zur Last fällt. H hat im vorliegenden Fall im Hinblick auf die entstandenen Schäden nicht selbst gehandelt. Eine Zurechnung über § 276 Abs. 1 und 2 BGB für **eigenes** Verschulden scheidet demnach von vornherein aus. In Betracht kommt aber die Anwendung von § 278 BGB. Dazu lesen wir als Erstes bitte sehr sorgfältig den **§ 278 Satz 1 BGB** durch:

> »Der Schuldner hat ein Verschulden seines gesetzlichen Vertreters und der Personen, deren er sich zur Erfüllung seiner Verbindlichkeit bedient, in gleichem Umfang zu vertreten wie eigenes Verschulden.«

Diese Norm regelt also, dass man nicht nur für sein eigenes Verschulden bzw. Verhalten einzustehen haben soll, sondern ausnahmsweise auch das Verschulden der in § 278 Satz 1 BGB beschriebenen Personen wie **eigenes** (!) Verschulden zu vertreten hat. Das Gesetz macht mit § 278 BGB somit eine Ausnahme von dem wichtigen und in § 276 Abs. 1 BGB gesetzlich festgeschriebenen Grundsatz, dass jeder Mensch nur für sein eigenes Verschulden haften soll (BGH NJW **2012**, 1083; NJW **2009**, 2197; NJW **1996**, 465; BGHZ **62**, 124). Die Existenz des § 278 BGB, der übrigens **keine** eigene Anspruchsgrundlage, sondern nur eine Zurechnungsnorm ist, erklärt sich damit, dass der Schuldner grundsätzlich berechtigt ist, die vertraglich geschuldeten Erfüllungshandlungen auch mit Hilfe anderer Personen durchzuführen (BGH NJW **2012**, 1083; *Medicus/Lorenz* SR I Rz. 372; *Brox/Walker* AS § 20 Rz. 23), es dann aber nicht gerecht wäre, dem Gläubiger bei Verletzung von Vertragspflichten durch die Gehilfen des

Schuldners nur Ansprüche gegen diese Hilfspersonen zuzusprechen. Diese sind nämlich zum einen gar nicht Vertragspartner des Gläubigers und zum anderen lassen sich
mögliche sonstige Ansprüche, etwa aus unerlaubter Handlung, aus wirtschaftlichen
Gründen häufig nur schwer realisieren (*Medicus/Lorenz* SR I Rz. 369). **Deshalb**: Wer
als Schuldner bei der Erfüllung seiner Verbindlichkeiten den Vorteil von Arbeitstei-
lung in Form von Hinzuziehung eines Gehilfen in Anspruch nimmt, soll auch die
daraus erwachsenen Nachteile tragen, nämlich unter anderem das Risiko, dass der an
seiner Stelle handelnde Gehilfe schuldhaft rechtlich geschützte Interessen des Gläubigers verletzt (BGH NJW **2012**, 1083; BGH NJW **2009**, 2197; BGHZ **95**, 132; *Pa-
landt/Grüneberg* § 278 BGB Rz. 1). **DAS** steckt hinter § 278 BGB.

> Wie das im Einzelnen zu funktionieren hat, hat das Gesetz für den Fall, dass vor
> der Schädigung durch den Gehilfen bereits ein Schuldverhältnis zwischen den Par-
> teien bestand, in **§ 278 BGB** geregelt, den wir uns gleich genauer ansehen werden.
> Daneben gibt es im Übrigen für den Bereich der unerlaubten Handlung noch den
> **§ 831 BGB**, der zwar auch die Haftung für ein Verhalten Dritter regelt, indessen
> eine völlig andere Struktur hat und zudem ein Schuldverhältnis zwischen Gläubi-
> ger und Schuldner vor der schädigenden Handlung nicht zwingend voraussetzt
> (schauen wir später in der Lösung noch an).

Bei der Prüfung des § 278 Satz 1 BGB ist es nun wichtig, das Gesetz sehr sorgfältig
durchzulesen, was wir oben ja bereits getan haben. Aus dem Wortlaut des § 278
Satz 1 BGB ergibt sich der Inhalt und der Aufbau der Prüfung:

### Die Voraussetzungen des § 278 Satz 1 BGB

**a)** Erforderlich ist zunächst ein zwischen den Parteien bestehendes Schuldverhältnis,
aus dem dem Schuldner dann eine **Verbindlichkeit** erwachsen ist (*Brox/Walker* AS
§ 20 Rz. 25). Dass ein Schuldverhältnis vorliegen muss, erkennt man übrigens daran,
dass das Gesetz in § 278 BGB das Wort »Schuldner« verwendet, was logischerweise
ein bereits bestehendes Schuldverhältnis voraussetzt (BGHZ **58**, 212).

<u>ZE.:</u> Ein solches Schuldverhältnis liegt problemlos vor, zwischen A und H bestand ein
Werkvertrag nach § 631 BGB (= Schuldverhältnis) mit dem Inhalt, dass H die Heizung
des A reparieren sollte. Die Verbindlichkeit des H bestand somit gemäß § 631 Abs. 1
BGB in der Herstellung des geschuldeten Werkes (Reparatur der Heizung).

**b)** Des Weiteren muss die handelnde Person unter § 278 Satz 1 BGB zu subsumieren
sein. Hier kommt nicht der gesetzliche Vertreter, sondern nur die Person, deren sich
der Schuldner zur Erfüllung seiner Verbindlichkeit bedient, in Frage. Diese Personen
nennt man dann üblicherweise **Erfüllungsgehilfen** (BGHZ **200**, 337; BGH NJW
**2012**, 1083; *Palandt/Grüneberg* § 278 BGB Rz. 7; *Jauernig/Stadler* § 278 BGB Rz. 6).

Feinkost: Ob jemand im konkreten Fall Erfüllungsgehilfe im Sinne des § 278 Satz 1
BGB ist, kann man an sich schon mit einfacher Subsumtion unter den Wortlaut des

Gesetzes feststellen, denn dort steht ja, dass sich der Schuldner dieser Person »zur Erfüllung seiner Verbindlichkeit« bedient haben muss. Damit ist nun eigentlich alles Wichtige für die Subsumtion gesagt. Dennoch hat sich unter den Studenten eingebürgert, hier noch eine separate Definition zu lernen. Und da der BGH das gelegentlich auch so macht, wollen wir uns diese Definition hier dementsprechend anschauen, und zwar:

---

**Definition**: Erfüllungsgehilfe im Sinne des § 278 Satz 1 BGB ist, wer nach den rein tatsächlichen Umständen und mit Willen des Schuldners bei der Erfüllung einer diesem obliegenden Verbindlichkeit als seine Hilfsperson tätig wird (BGHZ **200**, 337; BGH NJW **2012**, 1083; BGH NJW **2009**, 2197; PWW/*Schmidt-Kessel* § 278 BGB Rz. 7; *Jauernig/Stadler* § 278 BGB Rz. 6; *Palandt/Grüneberg* § 278 BGB Rz. 7).

---

Wie gesagt, es genügt auch der Wortlaut des Gesetzes. Wer diese Definition aufsagen kann, erhält aber sicher keine schlechte Note (mit dem Wortlaut arbeiten: *Brox/Walker* AS § 20 Rz. 28; *Medicus/Lorenz* SR I Rz. 375; *Medicus/Petersen* in BR Rz. 801). Im vorliegenden Fall spielt diese Feinheit keine entscheidende Rolle, denn G ist von H zu A geschickt worden mit dem Auftrag, die Heizung zu reparieren. Damit bedient sich der H des G zur Erfüllung seiner Verbindlichkeit aus dem mit A geschlossenen Werkvertrag und G ist folglich zum einen bereits nach dem Wortlaut des § 278 Satz 1 BGB **Erfüllungsgehilfe** des H. Zum anderen wird G auch nach den rein tatsächlichen Umständen und mit Willen des H bei der Erfüllung der dem H obliegenden Verbindlichkeit als Hilfsperson tätig (vgl. die Definition).

<u>ZE.:</u> G war gemäß § 278 Satz 1 BGB Erfüllungsgehilfe des H, als er bei A die Heizung reparierte.

c) Die Finte fast einer jeden Prüfung des § 278 Satz 1 BGB steckt allerdings an anderer Stelle. Um dahinter zu kommen, müssen wir noch mal den Gesetzestext genau lesen. Da steht nämlich, dass der Erfüllungsgehilfe »zur Erfüllung« der Verbindlichkeit eingesetzt worden sein muss. Und daraus folgert man nun, dass der Schuldner nur für ein Verhalten bzw. Verschulden einzustehen haben soll, dass der Erfüllungsgehilfe gerade »bei dieser Erfüllung« der geschuldeten Verbindlichkeit verursacht hat (BGH NJW **2014**, 997; BGH NJW **2012**, 1083; OLG München NJW-RR **2016**, 472). Es muss sich also um eine Schädigung handeln, die bei der Ausführung der Erfüllung entstanden ist. Erforderlich ist, dass die schädigende Handlung in einem **inneren sachlichen Zusammenhang** zu dem Aufgabenbereich steht, den der Schuldner seinem Gehilfen in Bezug auf die Vertragserfüllung zugewiesen hatte (BGH MDR **2012**, 644; BGH ZIP **1997**, 548; BGHZ **31**, 366; *Palandt/Grüneberg* § 278 BGB Rz. 20; *Jauernig/Stadler* § 278 BGB Rz. 12). Nicht ersatzfähig sollen deshalb Schäden aus Handlungen sein, die mit der Ausführung der geschuldeten Tätigkeit sachlich rein gar nichts zu tun hatten und demnach »nur bei Gelegenheit« der Erfüllung passiert sind (BGH MDR **2012**, 644; NJW **1993**, 1705; NJW-RR **1989**, 1184; MüKo/*Grundmann* § 278 BGB

Rz. 46; PWW/*Schmidt-Kessel* § 278 BGB Rz. 19; *Jauernig/Stadler* § 278 BGB Rz. 12; *Palandt/Grüneberg* § 278 BGB Rz. 20).

Interessant wird diese Unterscheidung vor allem bei strafbaren Handlungen, namentlich einem **Diebstahl** des Erfüllungsgehilfen, den dieser anlässlich der Tätigkeit beim Auftraggeber des Schuldners, also beim Gläubiger, begeht. Hier muss man in der Klausur gut aufpassen, denn:

- Nach der Rechtsprechung und der bislang überwiegenden Meinung in der Literatur geschieht ein solcher Diebstahl grundsätzlich nur »bei Gelegenheit« der Erfüllung mit der Folge, dass der Geschäftsherr dafür **nicht** über § 278 Satz 1 BGB einstehen muss (OLG Hamburg MDR **1977**, 752; *Palandt/Grüneberg* § 278 BGB Rz. 22; *Jauernig/Stadler* § 278 BGB Rz. 12; *Staudinger/Caspers* § 278 BGB Rz. 55; *Erman/Westermann* § 278 BGB Rz. 41; *Larenz* SR AT § 20 VIII; *Fikentscher* SR Rz. 519). Etwas anderes soll aber dann gelten, wenn die gestohlene Sache der Hilfsperson zur Verwahrung übergeben worden ist oder eine andere, besondere Verbindung zu den Rechtsgütern des Geschädigten bestand. Unter diesen Umständen gehört die Verwahrung bzw. der Schutz der Rechtsgüter des Geschädigten explizit zum Pflichtenkreis des Schuldners; ein Diebstahl des Erfüllungsgehilfen verletze damit eine vertragsspezifische Pflicht und führe zur Haftung über § 278 Satz 1 BGB (vgl. BGH VersR **1983**, 352; BGH VersR **1981**, 732; BGH LM Nr. 15 zu § 459 ZPO; OLG Köln MDR **2008**, 36; OLG Düsseldorf TranspR **1991**, 239).

- In jüngerer Zeit hat sich nun eine beachtliche Gegenansicht zu diesen Diebstahlsfällen gebildet. Nach neuerer Auffassung soll der § 278 BGB bzw. das Merkmal »zur Erfüllung der Verbindlichkeit« nämlich großzügiger ausgelegt werden. Der Schuldner soll schon dann für einen Diebstahl seines Erfüllungsgehilfen haften, wenn die Straftat durch die übertragene Tätigkeit nur **ermöglicht** oder aber wenigstens **erleichtert** worden ist. Und darunter sollen dann insbesondere die Diebstähle fallen, die der Gehilfe deshalb begehen kann, weil er in den Räumlichkeiten des Gläubigers tätig wird, denn erst so erhalte er überhaupt die Möglichkeit zur Wegnahme (*Medicus/Lorenz* SR I Rz. 382; MüKo/*Grundmann* § 278 BGB Rz. 47; *Brox/Walker* AS § 20 Rz. 32; Esser/Eike *Schmidt* § 27 I 3 b; *Schmidt* in AcP 170, 505; *Soergel/Pfeiffer* § 278 BGB Rz. 37 und 41). Dass der Diebstahl mit der Erfüllung des Vertrages sachlich überhaupt nichts zu tun hat, hindere die Haftung über § 278 BGB nicht; entscheidend sei vielmehr, dass der Schuldner durch die Beauftragung des Erfüllungsgehilfen die Gefahr des Diebstahls geschaffen bzw. ermöglicht habe (*Brox/Walker* AS § 20 Rz. 32; *Medicus/Lorenz* SR I Rz. 382). Im Übrigen müsse der Schuldner wegen § 278 BGB grundsätzlich auch so behandelt werden, als hätte er selbst die entsprechende Handlung vorgenommen (MüKo/*Grundmann* § 278 BGB Rz. 47; *Brox/Walker* AS § 20 Rz. 32).

Im vorliegenden Fall mit der geklauten Armbanduhr durch unseren Gesellen G hat der oben dargestellte Streit beachtliche Konsequenzen, denn je nach favorisierter Meinung hat der H für den Diebstahl des G über § 278 Satz 1 BGB einzustehen – oder eben nicht. Folgt man der zuletzt benannten Auffassung, handelt G beim Diebstahl der Uhr »in bzw. zur Erfüllung« der Verbindlichkeit, denn er begeht die Wegnahme in den Räumlichkeiten des A, und da ist er nur deshalb reingekommen, weil er von H mit der Reparatur beauftragt wurde. Nach der anderen Ansicht geschieht der Diebstahl demgegenüber nur »bei Gelegenheit« der Erfüllung mit der Konsequenz, dass zumindest insoweit eine Haftung des H (über § 278 BGB) ausscheiden würde.

Wir wollen hier – ohne Wertung – mal der oben **zuerst** genannten Ansicht folgen und feststellen, dass der Diebstahl des Erfüllungsgehilfen somit **nicht** unter § 278 BGB fällt, da er nur »bei Gelegenheit« der Erfüllung der Verbindlichkeit begangen wurde (vgl. zur Darstellung des Streits in der Klausur das Gutachten weiter unten). Das Entwenden der Uhr durch G unterliegt somit **nicht** mehr den Handlungen, für die der Geschäftsherr H nach § 278 Satz 1 BGB einzustehen hat. Es liegt insbesondere auch kein Ausnahmefall dergestalt vor, dass dem G die Uhr von A anvertraut oder zur Verwahrung übergeben worden wäre.

**ZE.:** Eine Ersatzpflicht des H für den Diebstahl des G an der Uhr über die §§ 280 Abs. 1, 278 Satz 1 BGB entfällt.

Etwas anderes gilt dann aber für die mit dem Schweißgerät abgefackelte Kaffeemaschine, **denn**: Als G die zerstört, handelt er ohne Frage bei der Ausführung der Erfüllung der Verbindlichkeit im Sinne des § 278 Satz 1 BGB. Er war ja gerade dabei, die Rohre zusammen zu schweißen, als ihm aus Versehen das Schweißgerät abgerutscht ist. Dieses Zusammenschweißen der Rohre gehörte zu den Verpflichtungen aus dem Schuldverhältnis. Und wenn bei der unsachgemäßen Ausführung der erforderlichen Tätigkeit ein Schaden an anderen Rechtsgütern des Gläubigers entsteht, ist dieser grundsätzlich über § 278 Satz 1 BGB ersatzfähig. Wird bei der Reparatur fahrlässig eine andere Sache beschädigt, unterliegt dies dem § 278 BGB, es besteht ein innerer sachlicher Zusammenhang zur ausgeführten Tätigkeit (RGZ **63**, 343; BGH NJW-RR **2004**, 45; *Palandt/Grüneberg* § 278 BGB Rz. 20; *Brox/Walker* AS § 20 Rz. 31).

**ZE.:** Im Hinblick auf die zerstörte Kaffeemaschine ist der § 278 Satz 1 BGB damit grundsätzlich anwendbar.

**d)** Für eine Haftung ist schließlich noch erforderlich, dass der Erfüllungsgehilfe selbst auch schuldhaft gehandelt hat. Der Schuldner hat nur für ein **Verschulden** seines Erfüllungsgehilfen einzustehen (bitte das Gesetz lesen!). In unserem Fall ist dies nicht problematisch, denn dem G rutscht ausweislich des Sachverhaltes »aus Unachtsamkeit« das Schweißgerät ab, was sich zwanglos unter den Begriff der Fahrlässigkeit im Sinne des **§ 276 Abs. 2 BGB** susbsumieren lässt.

**Feinkost:** Die Oberschlauen wollen an dieser Stelle bitte noch die Feinheit beachten, dass die Anwendung des § 276 BGB im Hinblick auf das Verschulden des Erfüllungsgehilfen dogmatisch eigentlich gar nicht gelten kann: Denn bei genauer Betrachtung der Verhältnisse »schuldet« der Erfüllungsgehilfe dem Gläubiger vertraglich natürlich nichts, der Vertragspartner und damit »Schuldner« des Gläubigers ist und bleibt vielmehr allein der Geschäftsherr des Erfüllungsgehilfen. Der Erfüllungsgehilfe selbst kann demzufolge auch keine (eigene) vertragliche Pflicht gegenüber dem Gläubiger schuldhaft im Sinne des § 276 BGB verletzen. Den § 278 BGB muss man daher so verstehen, dass gefragt werden muss, ob die Handlung der Hilfsperson, hätte sie der Schuldner selbst vorgenommen, dann als pflichtwidrig und schuldhaft anzusehen wäre (BGHZ **31**, 367; *Esser/Weyers* SR § 27 I 3c; *Medicus/Lorenz* SR I Rz. 381; *Brox/Walker* AS § 20 Rz. 34; *Jauernig/Stadler* § 278 BGB Rz. 13). Das Verschuldensmaß orientiert sich somit am Schuldner und seiner Verantwortlichkeit, was freilich in der Fall-Lösung nur dann relevant wird, wenn dieses Verschuldensmaß des Schuldners – etwa aufgrund einer Haftungserleichterung oder Verschärfung – geringer oder höher ist als üblich; dann beurteilt sich auch der Gehilfe und sein Verschulden nur nach diesem Maßstab (RGZ **65**, 20; BGHZ **31**, 367; *Jauernig/Stadler* § 278 BGB Rz. 13; *Palandt/Grüneberg* § 278 BGB Rz. 27). Ist der Schuldner beispielsweise Handwerksmeister, so kommt es auf dessen Sorgfalt an, auch wenn der ausführende Mitarbeiter nur ein unerfahrener Lehrling ist (BGHZ **31**, 367).

In unserem Fall steht nun nix von irgendeiner Erleichterung oder Erhöhung des Haftungsmaßstabes des Schuldners (H) mit der Konsequenz, dass der Schuldner selbst grundsätzlich wie alle Personen nach § 276 Abs. 1 BGB für Vorsatz und Fahrlässigkeit haften würde; das wäre dann das **»eigene Verschulden«** im Sinne des § 278 Satz 1 BGB. Und deshalb muss H als Geschäftsherr auch für ein entsprechendes Verschulden des Erfüllungsgehilfen einstehen; denn – wie gesagt – das wäre sein eigener Haftungsmaßstab gewesen, hätte er selbst gehandelt. H haftet also für Vorsatz und Fahrlässigkeit des G.

**ZE.:** Der Erfüllungsgehilfe hat im vorliegenden Fall aus Unachtsamkeit den Schaden verursacht und damit die im Verkehr erforderliche Sorgfalt im Sinne des § 276 Abs. 2 BGB außer Acht gelassen. Beachte insoweit bitte, dass der Einwand des H, dem G sei bislang noch nie das Schweißgerät abgerutscht, den Fahrlässigkeitsvorwurf aus § 276 BGB natürlich nicht beseitigt (BGH NJW **1987**, 1938; *Jauernig/Stadler* § 276 BGB Rz. 29; *Palandt/Grüneberg* § 276 BGB Rz. 21). Auch ein einmaliges Fehlverhalten (des Erfüllungsgehilfen) begründet den Fahrlässigkeitsvorwurf und führt vor allem nicht zur Entlastung nach § 280 Abs. 1 Satz 2 BGB (*Canaris* in JZ 2001, 512; *Jauernig/Stadler* § 280 BGB Rz. 20). Der G handelte demzufolge fahrlässig nach § 276 Abs. 2 BGB und somit schuldhaft im Sinne der §§ 276 Abs. 1, 278 Satz 1 BGB.

**ZE.:** Und mit der Bejahung des Verschuldens des Erfüllungsgehilfen liegen dann auch sämtliche Voraussetzungen des § 278 Satz 1 BGB vor.

**ZE.:** Und das hat wiederum zur Folge, dass H die durch G begangene Pflichtverletzung im Hinblick auf die zerstörte Kaffeemaschine »zu vertreten« hat im Sinne des § 280 Abs. 1 BGB.

**Ergebnis:** Dem A steht damit gegen H ein Schadensersatzanspruch aus § 280 Abs. 1 BGB in Höhe von 200 Euro für die zerstörte Kaffeemaschine zu.

**AGL.: § 831 Abs. 1 Satz 1 BGB (Haftung für den Verrichtungsgehilfen)**

Bitte lies zunächst § 831 Abs. 1 BGB sorgfältig durch (auch Satz 2!).

**Also:** Diesen § 831 Abs. 1 Satz 1 BGB muss man stets im Hinterkopf haben, wenn eine Haftung für das Verhalten einer anderen Person im Raum steht. Der § 831 Abs. 1 BGB befasst sich nämlich ebenso wie § 278 BGB mit der Einstandspflicht für das Verhalten Dritter. Es gibt allerdings einige wichtige Unterscheidungen, was damit zusammenhängt, dass § 831 Abs. 1 Satz 1 BGB – im Gegensatz zu § 278 BGB – eine eigene Anspruchsgrundlage ist (vgl. *Schwabe*, »Lernen mit Fällen«, Schuldrecht Band II, Fall 21; *Palandt/Sprau* § 831 BGB Rz. 3). Der § 278 BGB ist demgegenüber wie gesehen lediglich eine **Zurechnungsnorm** und wird daher auch immer nur innerhalb einer anderen Anspruchsgrundlage, und dort konkret beim Verschulden des Geschäftsherrn, geprüft (siehe unsere Prüfung weiter oben im Rahmen des § 280 Abs. 1 BGB). Wichtig, bitte merken.

> Merken sollte man sich im Übrigen, dass § 831 BGB im Unterschied zu § 278 BGB eine Haftung für das **eigene** Verschulden des **Geschäftsherrn**, und zwar bei der Auswahl und Überwachung seiner Hilfspersonen (die heißen bei § 831 BGB »Verrichtungsgehilfen«) normiert. Und das bedeutet Folgendes: Der § 831 Abs. 1 Satz 1 BGB stellt die Vermutung auf, dass wenn der Gehilfe bei seiner Arbeit einen Schaden verursacht, dem Geschäftsherrn bei der Auswahl und der Überwachung dieses Gehilfen ein Verschulden zur Last fällt (wichtiger Satz, bitte mindestens noch einmal lesen). Das Gesetz vermutet also, dass bei richtiger Auswahl und Überwachung der Schaden nicht eingetreten wäre (bitte lies: § 831 Abs. 1 Satz 2 BGB am Ende). Der Eintritt des Schadens indiziert somit ein Verschulden des Geschäftsherrn bei der Auswahl seiner Hilfsperson, für das der Geschäftsherr dann nach § 831 Abs. 1 Satz 1 BGB einzustehen hat. Der Geschäftsherr haftet bei § 831 Abs. 1 BGB also für sein vermutetes **eigenes** Verschulden (BGH NJW **2013**, 1002; MüKo/*Wagner* § 831 BGB Rz. 7; *Palandt/Sprau* § 831 BGB Rz. 3). Und dies hat dann des Weiteren zur Folge, dass es auf ein Verschulden des Gehilfen bei § 831 Abs. 1 BGB gar nicht mehr ankommt. Wie gesagt, der Geschäftsherr haftet für **sein** Auswahlverschulden im Hinblick auf den Gehilfen; auf ein Verschulden des Gehilfen kommt es daher nicht an, und dieses Verschulden hat man daher in der Klausur auch nicht zu prüfen (BGH NJW **2013**, 1002; *Jauernig/Teichmann* § 831 BGB Rz. 1; *Palandt/Sprau* § 831 BGB Rz. 10).

Und schließlich ist in diesem Zusammenhang dann die in **§ 831 Abs. 1 Satz 2 BGB** festgeschriebene sogenannte »Exkulpationsmöglichkeit« des Geschäftsherrn klausurtechnisch von erheblicher Bedeutung. Denn der Geschäftsherr kann sich nämlich – im

Unterschied zu § 278 BGB – von seiner Haftung aus § 831 Abs. 1 Satz 1 BGB dadurch befreien, dass er nachweist, die Hilfsperson ordnungsgemäß ausgewählt und überwacht zu haben. In den Klausuren stehen dann so Sätze wie »… arbeitet seit Jahren fehlerlos« oder »… hat bislang in 5-jähriger Tätigkeit nie Grund zur Beanstandung gegeben« oder ähnliches. Das ist dann stets die Alarmglocke für § 831 Abs. 1 Satz 2 BGB, wonach der Geschäftsherr dann wegen einer Exkulpation nicht haften muss. Bitte merken, das kommt oft in Klausuren vor.

**Zum Fall:** Unser G ist im vorliegenden Fall Verrichtungsgehilfe des H im Sinne des § 831 Abs. 1 BGB, denn G ist von H zu einer Verrichtung (Reparatur der Heizung) bestellt worden. Der G hat hierbei auch einen (sogar zwei) Schäden verursacht, namentlich hat G die Kaffeemaschine zerstört und dem A die Uhr gestohlen. Durch die Verursachung dieser Schäden vermutet der § 831 Abs. 1 Satz 1 BGB nunmehr ein Verschulden des Geschäftsherrn H bei der Auswahl und Überwachung des G und begründet damit grundsätzlich die Haftung. H wäre dem A demnach nach § 831 Abs. 1 BGB zum Ersatz des entstandenen Schadens verpflichtet.

> **Aber, aufgepasst:** Im Rahmen der Tatbestandsprüfung des § 831 Abs. 1 Satz 1 BGB gibt es noch eine weitere Finte. Auch hier muss man gut hinsehen, wenn es sich um eine Straftat bzw. einen Diebstahl des Verrichtungsgehilfen dreht. Denn ein solcher Diebstahl erfolgt in der Regel nicht »in Ausführung der Verrichtung« (bitte suchen in § 831 Abs. 1 Satz 1 BGB), hier gelten – trotz der sonstigen Unterschiede – insoweit die gleichen Regeln, die wir weiter oben im Rahmen des § 278 BGB schon gelernt haben: Es muss nämlich auch bei der Haftung aus § 831 Abs. 1 Satz 1 BGB immer ein innerer sachlicher Zusammenhang zwischen der dem Gehilfen aufgetragenen Tätigkeit und der schädigenden Handlung bestehen. Das schädigende Verhalten des Verrichtungsgehilfen darf nicht aus dem Kreis der ihm aufgetragenen Aufgaben herausfallen (BGH NJW **1971**, 31; BGH WM **1977**, 1169; BGH NJW-RR **1989**, 723; OLG Naumburg NJW-RR **2009**, 1032). So fällt die Begehung einer vorsätzlichen Straftat im Zweifel nicht unter § 831 BGB, da der Verrichtungsgehilfe dann nicht »in Ausführung der Verrichtung« gehandelt hat (BGH WM **1977**, 1169; *Palandt/Sprau* § 831 BGB Rz. 9).

**ZE.:** Für die gestohlene Uhr haftet H schon deshalb nicht, weil diese Schädigung nicht »in Ausführung der Verrichtung« erfolgte; es fehlt also bereits an den Tatbestandsmerkmalen des § 831 Abs. 1 Satz 1 BGB.

Dann bliebe jetzt eigentlich noch die zerstörte Kaffeemaschine übrig. Insoweit liegen die Tatbestandsvoraussetzungen des § 831 Abs. 1 Satz 1 BGB vor, G hat als Verrichtungsgehilfe einem Dritten in Ausführung der Verrichtung einen Schaden zugefügt. Und aufgrund dieses Schadens wird jetzt das Verschulden des Geschäftsherrn bei der Auswahl des G vermutet (siehe oben).

**Aber:** Jetzt greift **§ 831 Abs. 1 Satz 2 BGB** ein. Denn im Sachverhalt steht, dass der G »seit vielen Jahren fehlerlos für H arbeitet« mit der Folge, dass H von der in § 831 Abs. 1 Satz 2 BGB gegebenen Möglichkeit der **Exkulpation** Gebrauch machen kann. Dieser in Klausuren häufig anzutreffende Hinweis auf die bisher fehlerlose Tätigkeit des Gehilfen zielt immer auf § 831 Abs. 1 Satz 2 BGB ab. Wenn angesichts dessen dem Verrichtungsgehilfen nun ein **einmaliger** Fehler unterläuft, fällt dem Geschäftsherrn insoweit dann kein Auswahl- oder Überwachungsverschulden zur Last, denn es bestand ja kein Anlass, eine gesonderte Prüfung oder Überwachung durchzuführen (*Jauernig/Teichmann* § 831 BGB Rz. 10/11). Steht also sonst nix im Fall, kann und soll man in der Klausur eine Entlastung nach § 831 Abs. 1 Satz 2 BGB annehmen. Der H kann somit im vorliegenden Fall die Vermutung des Verschuldens aus § 831 Abs. 1 Satz 1 BGB entkräften bzw. widerlegen. Und deshalb ist die Haftung des H im Hinblick auf die zerstörte Kaffeemaschine nach § 831 Abs. 1 Satz 2 BGB ausgeschlossen.

**Ergebnis:** Eine Haftung des H aus § 831 Abs. 1 BGB scheidet damit insgesamt aus. Für die gestohlene Uhr muss H nicht zahlen, da dieser Diebstahl nicht »in Ausführung der Verrichtung« geschah; die Zerstörung der Kaffeemaschine geschah zwar in Ausführung der Verrichtung, allerdings kann sich H nach § 831 Abs. 1 Satz 2 BGB mithilfe der Exkulpation von seiner Zahlungspflicht befreien. Der H muss somit nur nach § 280 Abs. 1 BGB in Verbindung mit § 278 Satz 1 BGB für die Zerstörung der Kaffeemaschine einstehen. Andere Ansprüche des A gegen H bestehen nicht.

## Wiederholung

Bitte beachte noch einmal die Unterschiede: Der § 831 Abs. 1 Satz 1 BGB ist eine eigene Anspruchsgrundlage, der § 278 BGB demgegenüber nur eine Zurechnungsnorm, die immer nur innerhalb einer anderen Anspruchsgrundlage (und dort beim Verschulden) geprüft wird. Der § 831 Abs. 1 BGB normiert eine Haftung des Geschäftsherrn für vermutetes **eigenes** Verschulden bei der Auswahl und Überwachung seiner Gehilfen und setzt ein eigenes Verschulden des Gehilfen nicht voraus. Der § 278 BGB regelt hingegen eine Haftung des Geschäftsherrn für **fremdes** Verschulden seines Erfüllungsgehilfen; hier muss der Gehilfe selbst auch schuldhaft gehandelt haben. Der § 831 Abs. 1 BGB setzt das Bestehen eines Schuldverhältnisses im Zeitpunkt der schädigenden Handlung nicht zwingend voraus; dies ist bei § 278 BGB aber erforderlich. Der § 831 Abs. 1 Satz 2 BGB gibt dem Geschäftsherrn die Möglichkeit der **Exkulpation**, wenn er nachweisen kann, dass er die Hilfsperson ordnungsgemäß ausgewählt und überwacht hat (im Sachverhalt steht dann: »seit Jahren zuverlässig« oder ähnliches). Diese Möglichkeit hat § 278 Satz 1 BGB nicht, der Geschäftsherr haftet also danach auch für Ausreißer oder einmalige Fälle, selbst wenn der Gehilfe seit 250 Jahren fehlerlos arbeitet. **Identisch** ist bei beiden Normen aber das Problem des inneren Zusammenhanges zwischen schädigender Handlung und der aufgetragenen Tätigkeit. Sowohl bei § 278 BGB als auch bei § 831 Abs. 1 BGB muss ein innerer sachlicher Zusammenhang bestehen. Fehlt es daran, scheitert die Haftung des Geschäftsherrn bei beiden Vorschriften bereits im Tatbestand, bei § 831 Abs. 1 BGB braucht man dann auch auf eine Exkulpation nicht mehr einzugehen. Alles klar!?

# Gutachten

**A kann gegen H einen Anspruch auf Schadensersatz aus der Vorschrift des § 280 Abs. 1 BGB haben.**

**1.)** Zwischen A und H besteht ein Schuldverhältnis in Form eines Werkvertrages gemäß § 631 Abs. 1 BGB, A hatte die Firma des H mit der Reparatur der defekten Heizungsrohre betraut.

**2.)** Erforderlich für eine Haftung aus § 280 Abs. 1 BGB ist des Weiteren eine dem H zurechenbare Pflichtverletzung.

**a)** H muss also eine aus dem Schuldverhältnis mit A entstandene Pflicht schuldhaft verletzt haben. Aus dem Werkvertrag mit A erwächst dem H zunächst die Hauptpflicht der Vertragserfüllung in Form der Reparatur der Heizungsrohre. Dies folgt aus der Regelung des § 631 Abs. 1 BGB, wonach der Unternehmer die Herstellung des versprochenen Werkes schuldet. Neben dieser Pflicht hat der Schuldner nach § 241 Abs. 2 BGB aber auch andere, sogenannte Obhuts- und Fürsorgepflichten gegenüber dem Gläubiger. Namentlich darf der Unternehmer dem Besteller bei der Durchführung des Vertrages keine Schäden an anderen Rechtsgütern zufügen. Diese Nebenpflicht ist im vorliegenden Fall verletzt worden. Zum einen ist die Kaffeemaschine des A durch die unsachgemäße Bedienung des Schweißgerätes zu Schaden gekommen, zum anderen hat der Geselle G die Uhr des A gestohlen.

**b)** Gemäß § 280 Abs. 1 Satz 2 BGB hat der Schuldner den entstandenen Schaden nicht zu ersetzen, wenn er die Pflichtverletzung nicht zu vertreten hat. Fraglich ist also, inwieweit dem H ein Verschulden zur Last fällt. H hat im vorliegenden Fall im Hinblick auf die entstandenen Schäden nicht selbst gehandelt. Ein eigenes Verschulden gemäß § 276 Abs. 1 und 2 BGB scheidet demnach von vornherein aus. In Betracht kommt aber die Anwendung von § 278 BGB. Demnach hat der Schuldner ein Verschulden seines gesetzlichen Vertreters und der Personen, deren er sich zur Erfüllung seiner Verbindlichkeit bedient, in gleichem Umfang zu vertreten wie eigenes Verschulden.

**aa)** Ein zwischen den Parteien bestehendes Schuldverhältnis, aus dem dem Schuldner dann eine Verbindlichkeit erwachsen ist, liegt hier vor. Zwischen A und H bestand ein Werkvertrag nach § 631 BGB mit dem Inhalt, dass H die Heizung des A reparieren sollte. Die Verbindlichkeit des H bestand somit gemäß § 631 Abs. 1 BGB in der Herstellung des geschuldeten Werkes, namentlich der Reparatur der Heizung.

**bb)** Des Weiteren muss die handelnde Person unter § 278 Satz 1 BGB zu subsumieren sein. Hier kommt nur die Person, deren sich der Schuldner zur Erfüllung seiner Verbindlichkeit bedient, in Frage. Erfüllungsgehilfe im Sinne des § 278 Satz 1 BGB ist, wer nach den rein tatsächlichen Umständen und mit Willen des Schuldners bei der Erfüllung einer diesem obliegenden Verbindlichkeit als seine Hilfsperson tätig wird. Im vorliegenden Fall ist G von H zu A geschickt worden mit dem Auftrag, die Heizung zu reparieren. Damit bedient sich der H des G zur Erfüllung seiner Verbindlichkeit aus dem mit A geschlossenen Werkvertrag und G ist folglich Erfüllungsgehilfe des H.

**cc)** Weiterhin muss der Erfüllungsgehilfe »zur Erfüllung« der Verbindlichkeit eingesetzt worden sein. Die in Rede stehende Schädigung muss demnach bei der Ausführung der Erfüllungshandlung entstanden ist. Erforderlich ist, dass die schädigende Handlung in einem inneren sachlichen Zusammenhang zu dem Aufgabenbereich stehen muss, den der Schuldner seinem Gehilfen in Bezug auf die Vertragserfüllung zugewiesen hatte. Handlungen, die mit der Ausführung der geschuldeten Tätigkeit rein sachlich gar nichts zu tun hatten und »nur bei Gelegenheit« der Erfüllung passiert sind, sollen hiervon nicht erfasst sein. Im Hinblick auf die verschiedenen Schädigungshandlungen ist hier jedoch zu differenzieren: Bezüglich der Frage, ob ein Diebstahl »zur Erfüllung« der Verbindlichkeit stattfindet und ob § 278 BGB in solchen Fällen Anwendung finden soll, bestehen unterschiedliche Auffassungen.

Nach einer Meinung soll ein solcher Diebstahl grundsätzlich nur »bei Gelegenheit« der Erfüllung stattfinden mit der Folge, dass der Geschäftsherr dafür nicht über § 278 Satz 1 BGB haften müsste. Etwas anderes soll nur dann gelten, wenn die gestohlene Sache der Hilfsperson zur Verwahrung übergeben worden ist, denn dann gehört die Verwahrung explizit zum Pflichtenkreis des Schuldners; ein Diebstahl verletze damit eine vertragliche Pflicht. Die Gegenansicht geht davon aus, dass § 278 BGB bzw. das Merkmal »zur Erfüllung der Verbindlichkeit« weiter ausgelegt werden muss.

Der Schuldner soll danach schon dann für einen Diebstahl seines Erfüllungsgehilfen haften, wenn die Straftat durch die übertragene Tätigkeit nur ermöglicht oder aber wenigstens erleichtert worden ist. Und darunter sollen dann insbesondere die Diebstähle fallen, die der Gehilfe deshalb begehen kann, weil er in den Räumlichkeiten des Gläubigers tätig wird, denn erst so erhalte er überhaupt die Möglichkeit zur Wegnahme. Dass der Diebstahl mit der Erfüllung des Vertrages sachlich nichts zu tun habe, hindere die Haftung über § 278 BGB nicht; entscheidend sei, dass der Schuldner durch die Beauftragung des Erfüllungsgehilfen die Gefahr des Diebstahls geschaffen bzw. ermöglicht habe. Im Übrigen müsse der Schuldner wegen § 278 BGB grundsätzlich auch so behandelt werden, als hätte er selbst die entsprechende Handlung vorgenommen.

Für den vorliegenden Fall führen die dargestellten Ansichten zu unterschiedlichen Ergebnissen, denn je nach verfolgter Meinung hat der H für den Diebstahl des G über § 278 Satz 1 BGB einzustehen oder eben nicht. Die zuletzt genannte Auffassung lässt indes die dogmatische Trennung von vertraglicher und deliktischer Haftung weitgehend unberücksichtigt. Zudem erscheint eine solche Ausdehnung der Haftung des Schuldners unter Wertungsgesichtspunkten nicht sachgerecht.

Es ist daher der zuerst genannten Ansicht zu folgen. Der Diebstahl des Erfüllungsgehilfen fällt demzufolge nicht unter die Regelung des § 278 BGB, da er nur »bei Gelegenheit« der Erfüllung der Verbindlichkeit begangen wurde. Das Entwenden der Uhr durch G unterliegt somit nicht mehr den Handlungen, für die der Geschäftsherr H nach § 278 Satz 1 BGB einzustehen hat. Es liegt insbesondere auch kein Ausnahmefall dergestalt vor, dass dem G die Uhr von A anvertraut oder zur Verwahrung übergeben worden wäre. Eine Ersatzpflicht des H für den Diebstahl des G an der Uhr über die §§ 280 Abs. 1, 278 Satz 1 BGB entfällt somit.

Bezüglich der mit dem Schweißgerät zerstörten Kaffeemaschine handelte G in Ausführung der Verbindlichkeit im Sinne des § 278 Satz 1 BGB. Wenn bei der unsachgemäßen

Ausführung der erforderlichen Tätigkeit ein Schaden an anderen Rechtsgütern des Gläubigers entsteht, ist dieser grundsätzlich über § 278 Satz 1 BGB ersatzfähig. Wird bei der Reparatur fahrlässig eine andere Sache beschädigt, unterliegt dies dem § 278 BGB, es besteht ein innerer sachlicher Zusammenhang zur ausgeführten Tätigkeit. G war vorliegend gerade dabei, die Rohre zusammen zu schweißen, als ihm das Schweißgerät abgerutscht ist. Dieses Zusammenschweißen der Rohre gehörte zu den Verpflichtungen aus dem Schuldverhältnis. § 278 Satz 1 BGB ist damit grundsätzlich anwendbar.

**dd)** Für eine Haftung ist schließlich noch erforderlich, dass der Erfüllungsgehilfe selbst auch schuldhaft gehandelt hat. G rutscht ausweislich des Sachverhaltes »aus Unachtsamkeit« das Schweißgerät ab, was unter den Begriff der Fahrlässigkeit im Sinne des § 276 Abs. 2 BGB zu subsumieren ist. G hat damit die im Verkehr erforderliche Sorgfalt im Sinne des § 276 Abs. 2 BGB außer Acht gelassen. Mit der Bejahung des Verschuldens des Erfüllungsgehilfen liegen dann auch sämtliche Voraussetzungen des § 278 Satz 1 BGB vor. Konsequenz ist, dass H als Geschäftsherr auch für ein entsprechendes Verschulden des Erfüllungsgehilfen G einstehen muss.

**Ergebnis:** A steht damit gegen H ein Schadensersatzanspruch aus § 280 Abs. 1 BGB in Höhe von 200 Euro für die zerstörte Kaffeemaschine zu.

**A kann gegen H einen Anspruch auf Schadensersatz aus § 831 Abs. 1 Satz 1 BGB haben.**

**1.)** G war im vorliegenden Fall Verrichtungsgehilfe des H im Sinne des § 831 Abs. 1 BGB, da er von H zu einer Verrichtung bestellt worden ist.

**2.)** G hat hierbei auch mehrere Schäden herbeigeführt, namentlich hat er die Kaffeemaschine zerstört und dem A die Uhr gestohlen.

**3.)** Fraglich ist, ob diese Schädigungshandlungen auch in Ausführung der Verrichtung erfolgt sind. Diesbezüglich ist wiederum zu differenzieren: Ein Diebstahl erfolgt in der Regel nicht »in Ausführung der Verrichtung«. Hier gelten – trotz der sonstigen Unterschiede – insoweit die gleichen Regeln wie im Rahmen von § 278 BGB: Es muss nämlich auch bei der Haftung aus § 831 Abs. 1 Satz 1 BGB immer ein innerer sachlicher Zusammenhang zwischen der dem Gehilfen aufgetragenen Tätigkeit und der schädigenden Handlung bestehen. Das schädigende Verhalten des Verrichtungsgehilfen darf nicht aus dem Kreis der ihm aufgetragenen Aufgaben herausfallen. So fällt die Begehung einer vorsätzlichen Straftat im Zweifel nicht unter § 831 BGB, da der Verrichtungsgehilfe nicht »in Ausführung der Verrichtung« gehandelt hat. Für die gestohlene Uhr haftet H folglich schon deshalb nicht, weil diese Schädigung nicht »in Ausführung der Verrichtung« erfolgte; es fehlt also bereits an den Tatbestandsmerkmalen des § 831 Abs. 1 Satz 1 BGB. Im Hinblick auf die zerstörte Kaffeemaschine ist die Rechtsgutsverletzung demgegenüber in Ausführung der Verrichtung erfolgt.

**4.)** Möglicherweise greift zu Gunsten des H vorliegend jedoch § 831 Abs. 1 Satz 2 BGB ein, G arbeitet »seit vielen Jahren fehlerlos für H«. Dies hätte zur Folge, dass H von der in § 831 Abs. 1 Satz 2 BGB gegebenen Möglichkeit der Exkulpation Gebrach machen kann. Wenn dem Verrichtungsgehilfen nun ein einmaliger Fehler unterläuft, fällt dem Geschäftsherrn insoweit dann kein Auswahl- oder Überwachungsverschulden zur Last, denn es bestand kein Anlass, eine gesonderte Prüfung oder Überwachung durchzuführen. H kann somit im vorliegenden Fall die Vermutung des Verschuldens aus § 831 Abs. 1 Satz 1 BGB entkräften. Seine Haftung im Hinblick auf die zerstörte Kaffeemaschine ist nach § 831 Abs. 1 Satz 2 BGB ausgeschlossen.

**Ergebnis:** A hat gegen H keinen Anspruch aus § 831 Abs. 1 Satz 1 BGB.

# Fall 10

# Orangensaft

Rechtsanwalt A betritt mit seiner sechsjährigen Tochter T den Supermarkt des S, um für einen gemütlichen Abend noch ein paar Flaschen Bier zu kaufen. Als er vor dem Getränkeregal steht, rutscht die T auf dem Boden aus und bricht sich dabei die Hand. Der seit Jahren zuverlässige Mitarbeiter M des S hatte nämlich versehentlich vergessen, den Boden aufzuwischen, nachdem einige Minuten vorher eine Flasche mit Orangensaft hingefallen war. Da A mit T sofort ins Krankenhaus muss, kommt es nicht mehr zum Kauf der Bierflaschen.

A verlangt nun stellvertretend für T von S Ersatz der Behandlungskosten in Höhe von 2.500 Euro und ein angemessenes Schmerzensgeld. **Zu Recht?**

---

**Schwerpunkte:** Das vorvertragliche Schuldverhältnis gemäß § 311 Abs. 2 und 3 BGB; Haftung über die §§ 280 Abs. 1, 311 Abs. 2, 241 Abs. 2 BGB; der Vertrag mit Schutzwirkung für Dritte; Voraussetzungen und Rechtsfolgen; Abgrenzung zum Vertrag zugunsten Dritter nach den §§ 328 ff. BGB; Haftung für Dritte nach den §§ 278 und 831 BGB; Anspruch auf Schmerzensgeld aus § 253 Abs. 2 BGB.

---

## Lösungsweg

### T gegen S auf Ersatz der Behandlungskosten und Schmerzensgeld

<u>AGL.:</u> §§ 280 Abs. 1, 311 Abs. 2, 241 Abs. 2 BGB

**1.)** Der S muss zur Begründung des Anspruchs aus § 280 Abs. 1 BGB zunächst eine Pflicht aus einem Schuldverhältnis verletzt haben, wobei hier gleich zu Beginn besondere Vorsicht geboten ist, **denn:** Da der A die Flaschen letztlich nicht gekauft hat, kommt keinesfalls ein klassisches vertragliches Schuldverhältnis in Frage. Es besteht ja überhaupt kein Vertrag. In Betracht kommt somit nur die Verletzung eines **vorvertraglichen** Schuldverhältnisses im Sinne des § 311 Abs. 2 BGB (bitte die Nrn. 1 und 2 lesen). Und im Übrigen ist die sechsjährige T (schon allein wegen der §§ 104, 105 BGB) im vorliegenden Fall selbst keinesfalls mögliche Partei eines angebahnten Vertrages gewesen mit der Folge, dass sie an sich auch nicht vom Pflichtenkreis bzw. Schutzzweck des § 311 Abs. 2 BGB erfasst sein kann. Hierzu gehören grundsätzlich nur die Parteien des in Aussicht genommenen Vertrages (BGHZ **71**, 286; BGH NJW-RR **1988**, 161; *Palandt/Grüneberg* § 311 BGB Rz. 26; *Jauernig/Stadler* § 311 BGB Rz. 48).

**Also:** Diese beiden Gesichtspunkte – das Bestehen eines vorvertraglichen Schuldverhältnisses und die mögliche Einbeziehung der T in dieses Verhältnis – sind zu klären, um der T überhaupt die Möglichkeit eines Ersatzanspruchs zu eröffnen, zumal der clevere Leser längst bemerkt hat, dass andere Anspruchsgrundlagen für die T, namentlich der § 831 Abs. 1 BGB, hier nicht greifen können: Denn der Mitarbeiter M, der hier durch seine Nachlässigkeit den Schaden verursacht, ist nach Auskunft des Sachverhaltes »seit Jahren zuverlässig«, was logischerweise die Möglichkeit der Exkulpation gemäß **§ 831 Abs. 1 Satz 2 BGB** nach sich zieht (vgl. insoweit bitte den vorherigen Fall).

**a**) Es stellt sich im Rahmen der §§ 280 Abs. 1, 311 Abs. 2, 241 Abs. 2 BGB somit zunächst die Frage, ob überhaupt ein vorvertragliches Schuldverhältnis im Sinne des § 311 Abs. 2 BGB zwischen A und S bestand:

→ Ein solches kann sich zum einen aus **§ 311 Abs. 2 Nr. 1 BGB** ergeben. Voraussetzung dafür ist, dass zwischen A und S Vertragsverhandlungen aufgenommen worden sind. Dieser § 311 Abs. 2 Nr. 1 BGB meint vornehmlich die tatsächliche Kontaktaufnahme im Rahmen von Vertragsverhandlungen der Parteien, wobei auch einseitige Maßnahmen genügen können, etwa das Verteilen von Werbeprospekten oder Ähnliches (BGH NJW **2017**, 2403; BGH NJW **2012**, 846; OLG Karlsruhe MDR **2014**, 266; *Brox/Walker* AS § 5 Rz. 5; *Jauernig/Stadler* § 311 BGB Rz. 43; *Palandt/Grüneberg* § 311 BGB Rz. 22). Es muss aber schon zum Kontakt zwischen den Parteien gekommen sein.

→ Die Vorstufe dieser tatsächlichen Kontaktaufnahme im Rahmen von Vertragsverhandlungen soll hingegen der weiter gefasste § 311 Abs. 2 Nr. 2 BGB mit dem Begriff der »Vertragsanbahnung« abdecken. Hiermit sind dann die klassischen Situationen des Betretens eines Supermarktes oder einer Verkaufshalle bzw. eines sonstigen Geschäftsraumes gemeint (BT-Drs. 14/6040 Seite 163; vgl. aber auch BGH NJW **2011**, 139). Dabei beginnt der Schutz mit dem Betreten der Geschäftsräume und setzt nach dem Wortlaut des § 311 Abs. 2 Nr. 2 BGB zwingend voraus, dass der Kunde das Geschäft auch tatsächlich »im Hinblick auf eine etwaige rechtsgeschäftliche Beziehung« betritt. Wer sich etwa nur zum Aufwärmen ins Kaufhaus setzt, bahnt ebenso wenig einen Vertrag im Sinne des § 311 Abs. 2 Nr. 2 BGB an wie z.B. auch ein Ladendieb. Beide unterliegen daher nach herrschender Meinung nicht dem Schutzzweck der Norm und können folglich auch keine Ansprüche aus vorvertraglichen Schuldverhältnissen herleiten (BGH NJW **2001**, 3698; BGH NJW **2000**, 661; BGHZ **66**, 51; OLG Köln VersR **1987**, 164; *MIchalski* in Jura 1993, 22; *Palandt/Grüneberg* § 311 BGB Rz. 23; *Jauernig/Stadler* § 311 BGB Rz. 44).

Im vorliegenden Fall haben wir es fraglos mit einer Form des § 311 Abs. 2 Nr. 2 BGB zu tun, denn von der Aufnahme von tatsächlichen Vertragsverhandlungen im Sinne des § 311 Abs. 2 Nr. 1 BGB ist hier nicht die Rede; der A ist mit T nur in den Supermarkt des S gegangen und dort hat die T vor dem Getränkeregal den Bruch an ihrer Hand erlitten. Das ist ein klassischer Fall des § 311 Abs. 2 Nr. 2 BGB.

**ZE.:** Zum Zeitpunkt der Schädigung der T bestand zwischen A und S ein vorvertragliches Schuldverhältnis im Sinne des § 311 Abs. 2 Nr. 2 BGB. Aus diesem Schuldverhältnis sind dem S daher auch die Pflichten aus § 241 Abs. 2 BGB jedenfalls gegenüber A erwachsen.

**b)** Die zweite Frage, die sich nun stellt, ist natürlich die, ob auch T vom Schutzbereich des § 311 Abs. 2 Nr. 2 BGB erfasst sein kann. Das ist deshalb hier – wie oben schon erwähnt – von entscheidender Bedeutung, weil nur die T einen Schaden erlitten hat und als Anspruchssteller gegen S, vertreten von A, auftritt. Sollte T nicht zum Schutzbereich der vorvertraglichen Regelungen gehören, wäre die Prüfung bereits an dieser Stelle beendet, denn andere Gesichtspunkte stehen zur Anspruchsbegründung zugunsten der T nicht zur Verfügung.

**aa)** Im Hinblick auf eine Einbeziehung der T in den Schutzzweck der vorvertraglichen Haftung kommt zunächst die Anwendung des **§ 311 Abs. 2 Nr. 3 BGB** in Betracht, wenn man nämlich annähme, dass mit »ähnlichen geschäftlichen Kontakten« auch die Personen erfasst werden sollen, die nicht von der unmittelbaren Vertragsanbahnung als Partei betroffen waren, gleichwohl aber im Zusammenhang damit einen Schaden erlitten haben (so etwa *Canaris* in JZ 2001, 520). Dies aber hat der Gesetzgeber ausdrücklich nicht gewollt. Der § 311 Abs. 2 Nr. 3 BGB soll zwar eine Generalklausel für die Fälle darstellen, die nicht unter die Nrn. 1 und 2 des § 311 Abs. 2 BGB zu subsumieren sind und der möglichen Weiterentwicklung des Rechtsinstituts der vorvertraglichen Haftung Platz schaffen; die Einbeziehung Dritter war aber damit nicht beabsichtigt (BT-Drs. 14/6040 Seite 163).

**ZE.:** Eine Einbeziehung der T anhand des § 311 Abs. 2 Nr. 3 BGB scheidet somit aus.

**bb)** Diese könnte sich aber aus **§ 311 Abs. 3 BGB** ergeben (aufschlagen!).

Liest man den Abs. 3 des § 311 BGB nun einfach nur durch, könnte man insbesondere wegen Satz 1 eine Haftung zugunsten der dritten Person grundsätzlich bejahen und damit dann auch die Fälle der vorliegenden Art erfassen (*Huber/Faust* 3. Kapitel Rz. 12; *Teichmann* in BB 2001, 1492; *Schwab* in JuS 2002, 873; vgl. auch *Canaris* in JZ 2001, 520). Denn dort steht ja, dass ein Schuldverhältnis mit Pflichten aus § 241 Abs. 2 BGB auch gegenüber vertragsfremden Personen entstehen kann, was dann logischerweise zur Folge hätte, diese Personen in den Schutzbereich mit aufzunehmen und entsprechende Haftungstatbestände über § 280 Abs. 1 BGB wegen »Pflichtverletzung im Schuldverhältnis« anzunehmen.

**Aber:** Insoweit ergeben sich durchgreifende Bedenken. Diese begründen sich zum einen mit der Tatsache, dass der § 311 Abs. 3 Satz 1 BGB keinerlei Konkretisierung im Hinblick darauf vornimmt, wer denn jetzt zu diesem geschützten Personenkreis überhaupt gehören soll. Theoretisch könnte das, bliebe man nur beim Wortlaut des § 311 Abs. 3 Satz 1 BGB, jedermann sein (!?). Zur Konkretisierung des Personenkreises muss man daher vielmehr **§ 311 Abs. 3 <u>Satz 2</u> BGB** im Rahmen der Auslegung heranziehen. Demnach entsteht ein Schuldverhältnis zu einer dritten Person dann, wenn der Dritte in besonderem Maße Vertrauen für sich in Anspruch nimmt und dadurch die Vertragsverhandlungen oder den Vertragsschluss erheblich beeinflusst (Gesetz lesen). Der Sinn, der hinter dieser Formulierung steckt, ist folgender: Der § 311 Abs. 3 BGB soll vor allem Ansprüche der beiden Vertragsparteien **gegen** diese dritten Personen ermöglichen; gemeint sind damit nämlich vor allem die Leute, die selbst zwar nicht Vertragspartner werden, aber dennoch wegen eines eigenen unmittelbaren wirtschaftlichen oder persönlichen Interesses an dem angebahnten Vertragsschluss maßgeblich mitwirken oder wegen ihrer besonderen Sachkenntnis vor oder beim Vertragsschluss herangezogen werden (BGH NJW **2004**, 2523; OLG Hamm NJW-RR **2013**, 1522). Das können z.B. sein: Sachverständige, die Gutachten etwa über den Wert der Kaufsache erstellen, wenn dieses Gutachten dann den Kaufpreis bestimmt; so etwas kommt sehr häufig bei Grundstücks- oder Unternehmenskäufen vor (BT-Drs. 14/6040 Seite 163; BGHZ **111**, 319; *Jauernig/Stadler* § 311 BGB Rz. 49); ebenso gemeint von § 311 Abs. 3 BGB ist der Gebrauchtwagenhändler, der den in Zahlung genommenen PKW seines Kunden in dessen Namen verkauft (*Brox/Walker* AS § 5 Rz. 10; *Palandt/Grüneberg* § 311 BGB Rz. 61); auch der Finanzberater, der mögliche Darlehensverträge zwischen Bank und Kunden vermittelt; und dann gehört natürlich der Versicherungsmakler dazu, der Verträge zwischen der Versicherung und dem Kunden vermittelt (BGH DB **2002**, 1878; *Brox/Walker* AS § 5 Rz. 12; *Palandt/Grüneberg* § 311 BGB Rz. 61).

Wenn nun diese Personen bei ihren Tätigkeiten Fehler machen und damit Schutzpflichten gegenüber den eigentlichen Vertragspartnern verletzen, können sie nach § 311 Abs. 3 BGB in Verbindung mit § 280 Abs. 1 BGB in Anspruch genommen werden. Wie gesagt, sie selbst sind ja gar nicht Partner des Vertrages, bei dessen Zustandekommen sie aber dennoch maßgeblich mitgewirkt haben. Schätzt also etwa der Gutachter den Wert eines zu verkaufenden Grundstücks mal eben 150.000 Euro zu niedrig und wird dann deshalb von den Vertragsparteien auch nur ein entsprechend geringerer Kaufpreis veranschlagt, kann der Verkäufer später, wenn der Irrtum bemerkt wird und ein Verschulden des Gutachters insoweit vorliegt, nach § 280 Abs. 1, 311 Abs. 3 BGB den entstandenen Schaden (= 150.000 Euro zu wenig angesetzter Kaufpreis) vom Gutachter verlangen. **DAFÜR** gibt es den § 311 Abs. 3 BGB. Kapiert!?

Gut. Der § 311 Abs. 3 BGB zielt also auf Ansprüche des Gläubigers oder Schuldners **gegen** den Dritten ab (OLG Hamm NJW-RR **2013**, 1522; PWW/*Stürner* § 311 BGB Rz. 63; *Jauernig/Stadler* § 311 BGB Rz. 49; *Palandt/Grüneberg* § 311 BGB Rz. 60). Und dann verstehen wir jetzt auch, warum der § 311 Abs. 3 BGB in unserem Fall mit der sechsjährigen Tochter T des A natürlich nicht einschlägig sein kann, um die T in das angebahnte Vertragsverhältnis des S mit A einzubeziehen. Denn wir wollen hier gar keinen Anspruch **gegen** den Dritten, sondern – gerade umgekehrt! – **für** ihn bzw. sie begründen. Gefragt ist ja nach dem Anspruch der T **gegen** den S. Die T als »Dritte« soll also selbst Begünstigte sein, was von § 311 Abs. 3 BGB – wie eben ausführlich erläutert – aber nicht intendiert ist. Im Übrigen würde in Bezug auf die T aber auch nicht einmal der Wortlaut des § 311 Abs. 3 BGB eine Haftung herleiten können, denn die T hat nun überhaupt kein eigenes wirtschaftliches oder persönliches Interesse an dem Vertragsschluss und hat auch nicht besonderes Vertrauen für sich in Anspruch genommen, um den Vertragsschluss zu beeinflussen (lies: § 311 Abs. 3 Satz 2 BGB).

<u>ZE.:</u> Eine Einbeziehung der T in die Haftung aus dem angebahnten Vertragsverhältnis zwischen A und S nach § 311 Abs. 3 BGB kommt nicht in Betracht.

**cc)** Und damit verbleibt als letzte Möglichkeit, die T als »Dritte« in das angebahnte Vertragsverhältnis zwischen S und A einzubeziehen, nur noch, die Grundsätze des Vertrages mit Schutzwirkung für Dritte in entsprechender Anwendung der **§§ 328 ff. BGB** heranzuziehen.

**Durchblick**: Diese – gesetzlich nicht ausdrücklich fixierten – Regeln über die Verträge mit Schutzwirkungen für Dritte muss man stets abgrenzen vom klassischen **Vertrag zugunsten Dritter**, den das Gesetz in den §§ 328 ff. BGB ausdrücklich normiert hat. Die Unterscheidung dieser beiden Rechtsinstitute ist vom dahintersteckenden Prinzip her nicht schwer und funktioniert so:

→ Bei einem Vertrag zugunsten Dritter, wie ihn das Gesetz in § 328 Abs. 1 BGB explizit vorsieht, ist der Dritte selbst zwar nicht Vertragspartner, erwirbt aber einen **eigenen Anspruch** auf Erfüllung aus diesem von anderen Personen geschlossenen Vertrag (bitte lies § 328 Abs. 1 BGB). Beispiele dafür sind etwa der Vertrag der Krankenkasse mit dem Krankenhaus, aus dem der Patient einen Anspruch auf Leistung erwirbt (BGH NJW **2008**, 2702; BGH NJW **1992**, 2962); der Vertrag des Reiseveranstalters mit der Fluggesellschaft zugunsten des Reisenden (BGHZ **93**, 273; LG Frankfurt NJW-RR **1986**, 853); auch die Beauftragung des Rechtsanwalts durch die Haftpflichtversicherung ist ein Vertrag zugunsten des Versicherungsnehmers (OLG Köln NJW **1978**, 897); wer sich mit der künstlichen Befruchtung seiner Ehefrau/Lebenspartnerin einverstanden erklärt, schließt einen echten Vertrag zugunsten Dritter, aus dem das Kind später einen Unterhaltsanspruch gegen den (Schein-)Vater erwirbt (BGH NJW **2015**, 3434); wer eine Lebensversicherung zugunsten eines anderen abschließt, hat ebenfalls ein Rechtsgeschäft nach § 328 Abs. 1 BGB getätigt, was sich aus der Auslegungsregel des § 330 BGB ergibt (*Brox/Walker* AS § 32 Rz. 2; *Palandt/Grüneberg* § 330 BGB Rz. 1). In all diesen Fällen kann der Dritte die **Erfüllung** des Vertrages verlangen, obwohl er selbst den Vertrag gar nicht geschlossen hat. Der Dritte erwirbt damit rechtstechnisch gesehen das Forderungsrecht des Gläubigers, tritt aber nicht an dessen Stelle (OLG Köln NJW-RR **1997**, 542). Der Gläubiger selbst übrigens kann im Zweifel die Erfüllung nur an den Dritten einfordern, nicht aber an sich selbst, lies § 335 BGB (BGHZ **3**, 388). Ihm verbleiben aber Gestaltungsrechte wie Rücktritt, Anfechtung oder Kündigung (MüKo/*Gottwald* § 335 BGB Rz. 14; *Palandt/Grüneberg* § 328 BGB Rz. 6; *Jauernig/Stadler* § 328 BGB Rz. 17).

→ Bei einem Vertrag mit Schutzwirkung für Dritte ist der Dritte nun ebenfalls nicht Vertragspartner und ihm soll jetzt – im Unterschied zum Vertrag zugunsten Dritter – auch gar kein Erfüllungsanspruch aus diesem Vertrag zustehen. Es kann aber Situationen geben, in denen die Vertragsparteien zwar keine Erfüllung für einen Dritten wollen, dieser Dritte und seine Rechtsgüter aber gleichwohl erkennbar derart in den Vertrag einbezogen sind, dass es sachgerecht erscheint, ihn wenigstens mit Sekundäransprüchen, etwa auf Schadensersatz, zu versehen, sollten bei der Erfüllung des Vertrages Schäden entstehen (BGH NJW **2011**, 139; *Brox/Walker* AS § 33 Rz. 4). Der Dritte wird also in die Obhuts- und Schutzpflichten der Vertragsparteien einbezogen mit der Folge, dass ihm bei Verletzung der Pflichten Ersatzansprüche zustehen sollen (vgl. BGH MDR **2018**, 303; BGHZ **193**, 297; BGH NJW-RR **2011**, 462; OLG Hamm NJW-RR **2013**, 1522).

Damit nun aber nicht jede x-beliebige Person in den Genuss dieser Ersatzansprüche aus dem Vertrag mit Schutzwirkung für Dritte kommt (Rechtsfortbildung ohne gesetzliche Grundlage!), müssen folgende Voraussetzungen auf Seiten des Dritten bzw. innerhalb der Dreierkonstellation erfüllt sein:

**I.)** Zunächst muss eine sogenannte »Leistungsnähe« des Dritten im Hinblick auf die laut Vertrag zu erbringende Erfüllung bestehen (BGH NJW-RR **2011**, 462; NJW **2011**, 139; BGHZ **129**, 168; BGHZ **70**, 329; OLG Hamm NJW-RR **2013**, 1522). Der Dritte muss den Gefahren der Pflichtverletzungen bzw. Schlechtleistung des Schuldners demnach ebenso ausgesetzt sein wie der Gläubiger selbst (BGHZ **193**, 297; BGHZ **133**, 173). Wer also beispielsweise, ohne selbst Vertragspartner des Vermieters zu sein, mit dem Mieter zusammen in einer Wohnung lebt, ist den gleichen Gefahren ausgesetzt wie dieser selbst (*Brox/Walker* AS § 33 Rz. 9; *Palandt/Grüneberg* § 328 BGB Rz. 17).

**II.)** Des Weiteren ist erforderlich, dass der Gläubiger auch ein **berechtigtes Interesse** am Schutz des Dritten hat (BGHZ **193**, 297; BGH NJW-RR **2011**, 462; NJW **2011**, 139; OLG Hamm NJW-RR **2013**, 1522; *Medicus/Lorenz* SR I Rz. 869). Dieses auch als »Gläubigernähe« bezeichnete Interesse bejahte die Rechtsprechung über viele Jahre hindurch mit der berühmten »Wohl-und-Wehe«-Formel, wonach dieses Interesse dann angenommen werden sollte, wenn der Gläubiger aufgrund eines personenrechtlichen Einschlages des Schuldverhältnisses für Wohl und Wehe des Dritten mitverantwortlich war (BGHZ **56**, 273). Unter diesen Umständen träfe den Gläubiger die Schädigung des Dritten quasi immer auch selbst, da er zu Schutz und Fürsorge gegenüber dem Dritten verpflichtet sei (BGHZ **66**, 51; *Brox/Walker* AS § 33 Rz. 9). In jüngerer Zeit ist diese Rechtsprechung aber zunehmend aufgeweicht worden; es genügt für das erforderliche berechtigte Interesse des Gläubigers inzwischen bereits, wenn der Dritte mit der im Vertrag versprochenen Leistung **bestimmungsgemäß** in Kontakt kommen soll oder wenn im konkreten Fall andere Anhaltspunkte für einen auf den Schutz des Dritten gerichteten Parteiwillen bestehen; um das Wohl und Wehe des Dritten muss es den Parteien nicht mehr zwingend gehen (vgl. aktuell etwa BGHZ **193**, 297 sowie BGH NJW **2001**, 3116; OLG Hamm NJW-RR **2013**, 1522; MüKo/*Gottwald* § 328 BGB Rz. 113; *Brox/Walker* AS § 33 Rz. 10; *Palandt/Grüneberg* § 328 BGB Rz. 17a).

**III.)** Im Übrigen müssen für eine Haftung aus einem Vertrag mit Schutzwirkung für Dritte die beiden gerade genannten Voraussetzungen dem Schuldner auch **erkennbar** gewesen sein (BGH NJW **2012**, 3165; BGH NJW-RR **2011**, 462; OLG Hamm NJW-RR **2013**, 1522). Und das leuchtet auch ein, denn der Schuldner muss natürlich wissen, auf welches (zusätzliche!) Risiko er sich bei dem Vertragsschluss mit dem Gläubiger einlässt (BGH ZIP **2004**, 1814; NJW **1996**, 2929; *Brox/Walker* AS § 33 Rz. 11), wobei insoweit noch zu beachten ist, dass dem Schuldner aber nicht etwa die Namen oder die genaue Zahl der zu schützenden Dritten bekannt sein müssen. Es reicht aus, wenn der Schuldner den zu schützenden Personenkreis nach allgemeinen Merkmalen bestimmen kann (BGH NJW-RR **2011**, 462; NJW **2011**, 139; BGH ZIP **2004**, 1814; OLG Hamm NJW-RR **2013**, 1522).

**IV.)** Und schließlich muss der Dritte auch **schutzbedürftig** sein, was bedeutet, dass ihm kein eigener vertraglicher Anspruch gegen den Schuldner oder einen anderen am Vertrag Beteiligten zustehen darf (BGH MDR **2018**, 303; NJW-RR **2011**, 462; MüKo/*Gottwald* § 328 BGB Rz. 117; *Palandt/Grüneberg* § 328 BGB Rz. 18).

**Zum Fall:** Damit unsere T mit in den Schutzbereich des zwischen A und S angebahnten Vertrages gelangt und dann unter Umständen auch Schadensersatzansprüche geltend machen kann, müssen also die gerade aufgezeigten vier Prüfungspunkte vorliegen. Und das ist hier kein echtes Problem, denn: Die erforderliche **Leistungsnähe** besteht in den Fällen der vorliegenden Art deshalb, weil die Begleitperson des potentiellen Käufers den Gefahren des hier zu prüfenden vorvertraglichen Schuldverhältnisses ebenso ausgesetzt ist wie der Käufer selbst. Wer mit einem potentiellen Käufer die Verkaufsräume des Verkäufers betritt, ist von der Verletzung vorvertraglicher Schutzpflichten durch das unsachgemäße Instandhalten der Räumlichkeiten im gleichen Maße betroffen wie der Käufer (BGHZ **66**, 51 → mit genau unserem Fall: Mutter und Tochter im Supermarkt und Tochter rutscht auf Salatblatt aus; vgl. im Übrigen auch BGH NJW-RR **2011**, 462; BGHZ **133**, 170; *Medicus/Lorenz* SR I Rz. 868 ff.; *Brox/Walker* AS § 33 Rz. 8; *Palandt/Grüneberg* § 328 BGB Rz. 17). Des Weiteren hat der A im vorliegenden Fall selbstredend ein **berechtigtes Interesse** am Schutz des Dritten, das ist schließlich seine Tochter, und die kommt im konkreten Fall auch mit der Leistung des Schuldners in Berührung, sie ist ja dabei im Supermarkt (BGHZ **66**, 51). Dass dritte Personen neben dem eigentlichen potentiellen Käufer mit in den Supermarkt kommen, ist im Übrigen für den Schuldner S ohne Zweifel **erkennbar**, wobei wir hier dann noch mal beachten wollen, dass es dabei unerheblich ist, dass S nicht die Personen einzeln kennen muss; es genügt eine allgemeine Kenntnis von der Erhöhung des Risikos durch die Einbeziehung Dritter. Diese Kenntnis hat ein Supermarktbesitzer in den Fällen der vorliegenden Art (BGHZ **66**, 51; *Medicus/Lorenz* SR I Rz. 872; *Brox/Walker* AS § 33 Rz. 11). Und schließlich ist die T auch **schutzbedürftig**, denn es steht ihr kein anderer vertraglicher Schadensersatzanspruch (aus welchem Vertrag?) zu. Dass sie sich unter Umständen noch auf § 831 Abs. 1 BGB berufen könnte, hindert die Schutzbedürftigkeit nicht (BGHZ **133**, 173; OLG Köln NJW-RR **2003**, 101; MüKo/*Gottwald* § 328 BGB Rz. 117; *Palandt/Grüneberg* § 328 BGB Rz. 18).

<u>ZE.:</u> Damit liegen die Voraussetzungen, unter denen die T in den Schutzbereich des zwischen A und S angebahnten Vertrages nach den Grundsätzen des Vertrages mit Schutzwirkung für Dritte einbezogen werden kann, vor.

<u>ZE.:</u> Und damit haben wir nach langer Wegstrecke endlich festgestellt, dass nicht nur ein vorvertragliches Schuldverhältnis im Sinne des § 311 Abs. 2 Nr. 2 BGB zwischen A und S bestand, sondern auch, dass die dem S daraus erwachsenen Schutzpflichten aus § 241 Abs. 2 BGB auch der T – die ja die alleinige Anspruchstellerin aus § 280 Abs. 1 BGB ist – gegenüber gelten.

**2.)** Diese in § 241 Abs. 2 BGB benannten Schutzpflichten muss der S nun auch verletzt haben, was aber kein wirkliches Problem darstellt, denn wenn der Boden des Supermarktes nicht ordentlich gewischt wird, ist das eine Pflichtverletzung, die im vorliegenden Fall ja auch kausal zu einer Verletzung des Rechtsguts **körperliche Unversehrtheit** der T geführt hat.

**3.)** Schließlich muss der S diese Pflichtverletzung auch zu vertreten haben. Das ergibt sich aus § 280 Abs. 1 Satz 2 BGB, wonach der Schuldner nicht haftet, wenn er die Pflichtverletzung nicht zu vertreten hat (BGHZ **200**, 337). Im vorliegenden Fall kommt ein eigenes Verschulden des S nach § 276 Abs. 1 BGB nicht in Betracht, denn der S selbst hat gar nicht (fahrlässig) gehandelt bzw. etwas pflichtwidrig unterlassen. Eine Einstandspflicht des S ergibt sich hier aber aus § 278 Satz 1 BGB. Denn M ist als Mitarbeiter des S ohne Probleme **Erfüllungsgehilfe** des S und handelt selbst »versehentlich«, damit fahrlässig im Sinne des § 276 Abs. 2 BGB und erfüllt demnach die Voraussetzungen des § 278 Satz 1 BGB in Verbindung mit § 276 Abs. 1 und 2 BGB. Die Feinkostliebhaber wollen insoweit bitte dann noch beachten, dass auch das Schuldverhältnis im Sinne des § 311 Abs. 2 Nr. 2 BGB, obwohl es eigentlich **vorvertraglichen** Charakter hat, dennoch die Einstandspflicht für andere Personen über § 278 BGB begründet (BGH NJW **2011**, 139; *Palandt/Grüneberg* § 311 BGB Rz. 28).

<u>ZE.:</u> Der S hat im vorliegenden Fall somit für das Verschulden des M nach § 278 Satz 1 BGB einzustehen und folglich die Pflichtverletzung im Sinne des § 280 Abs. 1 Satz 2 BGB auch »zu vertreten«.

<u>ZE.:</u> Und damit liegen dann sämtliche Voraussetzungen der Haftung aus den §§ 280 Abs. 1, 311 Abs. 2, 241 Abs. 2 BGB vor. S hat schuldhaft eine Pflicht aus dem mit A angebahnten Schuldverhältnis verletzt und muss, da die T nach den Grundsätzen des Vertrages mit Schutzwirkung für Dritte in dieses Schuldverhältnis einbezogen wird, den der T durch die Pflichtverletzung entstandenen Schaden ersetzen. Dieser Schaden umfasst neben den Behandlungskosten (§ 249 Abs. 2 BGB) auch ein angemesse-

nes Schmerzensgeld (§ 253 Abs. 2 BGB), wobei die genaue Höhe dieses Schmerzensgeldes vom Gericht festgesetzt würde (lies: § 287 ZPO).

**Ergebnis:** Der T steht gegen S ein Anspruch auf Zahlung der 2.500 Euro Behandlungskosten sowie ein angemessenes Schmerzensgeld aus den §§ 280 Abs. 1, 311 Abs. 2, 241 Abs. 2 BGB zu.

### AGL.: § 831 Abs. 1 Satz 1 BGB (Haftung für Verrichtungsgehilfen)

**Keine Aktion:** Hier können wir es jetzt kurz und bündig halten: Wir haben im letzten Fall ja schon das Prinzip dieser Vorschrift gelernt, und besonders wichtig war dabei die Exkulpationsmöglichkeit nach § 831 Abs. 1 Satz 2 BGB. Und weil wir das im vorherigen Fall schon im Einzelnen aufgedröselt haben, nehmen wir hier jetzt die abgespeckte Fassung. Und die geht so:

> Zwar liegen die tatbestandlichen Voraussetzungen des § 831 Abs. 1 Satz 1 BGB vor, denn M hat als Verrichtungsgehilfe in Ausführung der Verrichtung einem anderen (der T) widerrechtlich einen Schaden zugefügt mit der Folge, dass der S als Geschäftsherr nach § 831 Abs. 1 Satz 1 BGB insoweit für vermutetes Verschulden bei der Auswahl und Überwachung des M grundsätzlich haften muss. Allerdings kann sich S, da der M seit Jahren zuverlässig ist, gemäß § 831 Abs. 1 Satz 2 BGB exkulpieren und braucht daher hier nicht nach § 831 Abs. 1 Satz 1 BGB zu zahlen (zu den Einzelheiten der Prüfung des § 831 Abs. 1 BGB vgl. bitte den vorherigen Fall).

**Ergebnis:** T steht gegen S kein Anspruch aus § 831 Abs. 1 Satz 1 BGB zu.

## Gutachten

**T kann gegen S einen Anspruch auf Ersatz der Behandlungskosten und Schmerzensgeld aus den §§ 280 Abs. 1, 311 Abs. 2, 241 Abs. 2 BGB haben.**

**1.)** Zur Begründung des Anspruchs aus § 280 Abs. 1 BGB muss ein Schuldverhältnis bestanden haben. Mangels vertraglicher Beziehungen zwischen den Beteiligten kommt hier nur ein vorvertragliches Schuldverhältnis im Sinne des § 311 Abs. 2 BGB in Betracht. Insoweit ist zunächst festzustellen, dass die 6-jährige T im vorliegenden Fall keinesfalls Partei eines angebahnten Vertrages gewesen ist. Möglicherweise ist T jedoch in den Schutzbereich eines vorvertraglichen Schuldverhältnisses zwischen A und S einbezogen worden mit der Folge, dass ihr unter Umständen eigene Sekundäransprüche zustehen.

**a)** Voraussetzung hierfür ist zunächst das Vorliegen eines vorvertraglichen Schuldverhältnisses zwischen A und S. Ein solches kann sich zum einen aus § 311 Abs. 2 Nr. 1 BGB ergeben. Voraussetzung dafür ist, dass zwischen A und S Vertragsverhandlungen aufgenommen worden sind. Dieser § 311 Abs. 2 Nr. 1 BGB meint vornehmlich die tatsächliche Kontaktaufnahme im Rahmen von Vertragsverhandlungen der Parteien, wobei auch einseitige Maßnahmen genügen können. Die Vorstufe dieser tatsächlichen Kontaktaufnahme im Rahmen von Vertragsverhandlungen soll hingegen der weiter gefasste § 311 Abs. 2 Nr. 2 BGB mit dem Begriff der »Vertragsanbahnung« abdecken. Im vorliegenden Fall handelt es sich mithin um einen Fall des § 311 Abs. 2 Nr. 2 BGB, denn von der Aufnahme von tatsächlichen Vertragsverhandlungen im Sinne des § 311 Abs. 2 Nr. 1 BGB ist hier nicht die Rede; A ist mit T nur in den Supermarkt des S gegangen und dort hat die T vor dem Getränkeregal den Bruch an ihrer Hand erlitten.

Zum Zeitpunkt der Schädigung der T bestand zwischen A und S somit ein vorvertragliches Schuldverhältnis im Sinne des § 311 Abs. 2 Nr. 2 BGB. Aus diesem Schuldverhältnis sind dem S daher die Pflichten aus § 241 Abs. 2 BGB jedenfalls gegenüber A erwachsen.

**b)** Fraglich ist weiterhin, ob T in den Schutzbereich dieses vorvertraglichen Schuldverhältnisses einbezogen worden ist.

**aa)** Diesbezüglich kommt zunächst die Anwendung des § 311 Abs. 2 Nr. 3 BGB in Betracht, wenn man nämlich annimmt, dass mit »ähnliche geschäftliche Kontakte« auch die Personen erfasst werden sollen, die nicht von der unmittelbaren Vertragsanbahnung als Partei betroffen waren, gleichwohl aber im Zusammenhang damit einen Schaden erlitten haben. Dies aber hat der Gesetzgeber ausdrücklich nicht gewollt. § 311 Abs. 2 Nr. 3 BGB soll zwar eine Generalklausel für die Fälle darstellen, die nicht unter die Nrn. 1 und 2 des § 311 Abs. 2 BGB zu subsumieren sind und der möglichen Weiterentwicklung des Rechtsinstituts der vorvertraglichen Haftung Platz schaffen; die Einbeziehung Dritter war aber damit nicht beabsichtigt. Eine Einbeziehung der T anhand des § 311 Abs. 2 Nr. 3 BGB scheidet somit aus.

**bb)** Eine Einbeziehung kann sich aber aus § 311 Abs. 3 BGB ergeben. Insoweit bestehen jedoch durchgreifende Bedenken. Diese begründen sich zum einen mit der Tatsache, dass der § 311 Abs. 3 Satz 1 BGB keinerlei Konkretisierung im Hinblick darauf vornimmt, wer zu dem geschützten Personenkreis überhaupt gehören soll. Theoretisch könnte das, bliebe man nur beim Wortlaut des § 311 Abs. 3 Satz 1 BGB, jedermann sein. Zur Konkretisierung des Personenkreises ist daher § 311 Abs. 3 Satz 2 BGB im Rahmen der Auslegung heranzuziehen. Demnach entsteht ein Schuldverhältnis zu einer dritten Person dann, wenn der Dritte in besonderem Maße Vertrauen für sich in Anspruch nimmt und dadurch die Vertragsverhandlungen oder den Vertragsschluss erheblich beeinflusst. Erfasst sind hiervon vor allem die Personen, die selbst zwar nicht Vertragspartner werden, aber dennoch wegen eines eigenen unmittelbaren wirtschaftlichen oder persönlichen Interesses an dem angebahnten Vertragsschluss maßgeblich mitwirken oder wegen ihrer besonderen Sachkenntnis vor oder beim Vertragsschluss herangezogen werden. Eine Einbeziehung der T in die Haftung aus dem angebahnten Vertragsverhältnis zwischen A und S nach § 311 Abs. 3 BGB kommt nicht in Betracht.

**cc)** Es verbleibt als letzte Möglichkeit, die T in das angebahnte Vertragsverhältnis zwischen S und A einzubeziehen, nur noch, die Grundsätze des Vertrages mit Schutzwirkung für Dritte in entsprechender Anwendung der §§ 328 ff. BGB heranzuziehen.

**I.)** Hierfür muss »Leistungsnähe« des Dritten im Hinblick auf die laut Vertrag zu erbringende Erfüllung bestehen. Der Dritte muss den Gefahren der Pflichtverletzungen bzw. Schlechtleistung des Schuldners demnach ebenso ausgesetzt sein wie der Gläubiger selbst. Wer mit einem potentiellen Käufer die Verkaufsräume des Verkäufers betritt, ist von der Verletzung vorvertraglicher Schutzpflichten durch das unsachgemäße Instandhalten der Räumlichkeiten im gleichen Maße betroffen wie der Käufer. T ist als Begleitperson des potentiellen Käufers A den Gefahren des hier zu prüfenden vorvertraglichen Schuldverhältnisses ebenso ausgesetzt ist wie A selbst. Die erforderliche Leistungsnähe ist damit vorliegend zu bejahen.

**II.)** Des Weiteren ist erforderlich, dass der Gläubiger auch ein berechtigtes Interesse am Schutz des Dritten hat. Dieses bejahte die Rechtsprechung über viele Jahre hindurch mit der berühmten »Wohl-und-Wehe«-Formel, wonach dieses Interesse dann angenommen werden sollte, wenn der Gläubiger aufgrund eines personenrechtlichen Einschlages des Schuldverhältnisses für Wohl und Wehe des Dritten mitverantwortlich war. Unter diesen Umständen träfe den Gläubiger die Schädigung des Dritten quasi immer auch selbst, da er zu Schutz und Fürsorge gegenüber dem Dritten verpflichtet sei. In jüngerer Zeit ist diese Rechtsprechung aber zunehmend erweitert worden; es genügt für das erforderliche berechtigte Interesse des Gläubigers inzwischen bereits, wenn der Dritte mit der im Vertrag versprochenen Leistung bestimmungsgemäß in Kontakt kommen soll oder wenn im konkreten Fall andere Anhaltspunkte für einen auf den Schutz des Dritten gerichteten Parteiwillen bestehen. A hat im vorliegenden Fall ein solches berechtigtes Interesse am Schutz der T, gerade weil sie auch mit der Leistung des Schuldners S in Berührung kommt. Auch die Gläubigernähe liegt demnach vor.

**III.)** Im Übrigen müssen für eine Haftung aus einem Vertrag mit Schutzwirkung für Dritte die beiden gerade genannten Voraussetzungen dem Schuldner auch erkennbar gewesen sein, wobei insoweit noch zu beachten ist, dass dem Schuldner nicht etwa die Namen oder die genaue Zahl der zu schützenden Dritten bekannt sein müssen. Es reicht aus, wenn er den zu schützenden Personenkreis nach allgemeinen Merkmalen bestimmen kann. Dass dritte Personen neben dem eigentlichen potentiellen Käufer mit in den Supermarkt kommen, war für den Schuldner S hier ohne weiteres erkennbar.

**IV.)** Schließlich muss der Dritte auch schutzbedürftig sein, was bedeutet, dass ihm kein eigener vertraglicher Anspruch gegen den Schuldner oder einen anderen am Vertrag Beteiligten zustehen darf. T ist vorliegend demnach auch schutzbedürftig, denn es steht ihr kein anderer vertraglicher Schadensersatzanspruch zu. Dass sie sich unter Umständen noch auf § 831 Abs. 1 BGB berufen könnte, hindert die Schutzbedürftigkeit nicht.

Damit liegen die Voraussetzungen, unter denen T in den Schutzbereich des zwischen A und S angebahnten Vertrages nach den Grundsätzen des Vertrages mit Schutzwirkung für Dritte einbezogen werden kann, vor.

**2.)** Die in § 241 Abs. 2 BGB benannten Schutzpflichten muss der S nun auch verletzt haben. Wenn der Boden des Supermarktes nicht ordentlich gewischt wird, stellt dies eine solche Nebenpflichtverletzung dar. Diese war im vorliegenden Fall kausal für die Verletzung der körperlichen Unversehrtheit der T.

**3.)** Schließlich muss der S diese Pflichtverletzung auch zu vertreten haben. Das ergibt sich aus § 280 Abs. 1 Satz 2 BGB, wonach der Schuldner nicht haftet, wenn er die Pflichtverletzung nicht zu vertreten hat. Im vorliegenden Fall kommt ein eigenes Verschulden des S nach § 276 Abs. 1 BGB nicht in Betracht, denn der S selbst hat gar nicht gehandelt. Eine Einstandspflicht des S ergibt sich hier aber aus § 278 Satz 1 BGB. Denn M ist als Mitarbeiter des S Erfüllungsgehilfe des S und handelt selbst »versehentlich«, damit fahrlässig im Sinne des § 276 Abs. 2 BGB und erfüllt demnach die Voraussetzungen des § 278 Satz 1 BGB in Verbindung mit § 276 Abs. 1 und 2 BGB.

S hat folglich im vorliegenden Fall für das Verschulden des M nach § 278 Satz 1 BGB einzustehen und hat damit die Pflichtverletzung im Sinne des § 280 Abs. 1 Satz 2 BGB auch »zu vertreten«. S muss daher der T den durch die Pflichtverletzung entstandenen Schaden ersetzen. Dieser Schaden umfasst neben den Behandlungskosten auch ein angemessenes Schmerzensgeld, §§ 249 Abs. 2, 253 Abs. 2 BGB.

**Ergebnis:** Der T steht gegen S ein Anspruch auf Zahlung der 2.500 Euro Behandlungskosten sowie ein angemessenes Schmerzensgeld aus den §§ 280 Abs. 1, 311 Abs. 2, 241 Abs. 2 BGB zu.

**T kann gegen S einen Anspruch auf Ersatz der Behandlungskosten und Schmerzensgeld aus § 831 Abs. 1 Satz 1 BGB haben.**

Zwar liegen die tatbestandlichen Voraussetzungen des § 831 Abs. 1 Satz 1 BGB vor, denn M hat als Verrichtungsgehilfe in Ausführung der Verrichtung einem anderen (der T) widerrechtlich einen Schaden zugefügt mit der Folge, dass der S als Geschäftsherr nach § 831 Abs. 1 Satz 1 BGB insoweit für vermutetes Verschulden bei der Auswahl und Überwachung des M grundsätzlich haften muss. Allerdings kann sich S, da der M seit Jahren zuverlässig ist, gemäß § 831 Abs. 1 Satz 2 BGB exkulpieren und braucht daher hier nicht nach § 831 Abs. 1 Satz 1 BGB zu zahlen.

**Ergebnis:** T steht gegen S kein Anspruch aus § 831 Abs. 1 Satz 1 BGB zu.

# Fall 11

# Vater und Sohn

Sportstudent S und sein Vater V fahren gerne Rennrad. Nach bestandenem Examen will V dem S eine Freude machen und vereinbart mit dem Fahrradhändler H, dass S sich ein neues Rennrad bis zu einem Preis von 1.000 Euro aussuchen dürfe; er (V) werde anschließend den Kaufpreis zahlen. Einige Tage darauf erscheint S bei H und entscheidet sich für das Modell »Klettermaxe« zum Preis von 750 Euro. Leider merkt S schon nach wenigen Tagen – V hat inzwischen den Kaufpreis bezahlt –, dass die Gangschaltung defekt ist. S ruft H an und meint, er setze H eine Reparaturfrist von 14 Tagen, danach werde er vom Vertrag zurücktreten. Als S nach vier Wochen immer noch keinen Reparaturtermin erhalten hat, erklärt er den Rücktritt vom Vertrag und fordert H zur Rückzahlung der 750 Euro an ihn (S) auf, Zug um Zug gegen Rückgabe des Rades. H weigert sich und meint, er habe mit S gar keinen Vertrag geschlossen; Ansprüche stünden, wenn überhaupt, nur V zu. Der inzwischen informierte V widerspricht dem Rücktritt des S, da er die Schaltung selbst reparieren will. Er erklärt gegenüber H vielmehr die Minderung des Kaufpreises um (angemessene) 250 Euro, die er nun seinerseits von H an sich selbst fordert. S widerspricht gegenüber H der Minderung, da er seinem Vater nicht zutraut, dass der das Rad reparieren kann.

**H will wissen, wer denn jetzt was von ihm begründet verlangen kann?**

---

**Schwerpunkte:** Der Vertrag zugunsten Dritter gemäß den §§ 328 ff. BGB; der »echte« und der »unechte« Vertrag zugunsten Dritter; die vertraglichen Sekundäransprüche beim Vertrag nach § 328 Abs. 1 BGB; Anspruchsberechtigung.

---

## Lösungsweg

### Anspruch des S gegen H auf Zahlung von 750 Euro

<u>AGL.:</u> §§ 346 Abs. 1, 433, 437 Nr. 2, 323 Abs. 1, 328 Abs. 1 BGB (Rücktritt)

**1.)** Es stellt sich als Erstes natürlich die Frage, ob S überhaupt berechtigt ist, Ansprüche gegenüber H geltend zu machen. Und das ist deshalb fraglich, weil, was H ja auch vorträgt, eine vertragliche Beziehung zwischen S und H, von der S zurücktreten könnte, auf den ersten Blick gar nicht vorliegt. Nach Auskunft des Sachverhaltes haben V und H vereinbart, dass S sich ein Fahrrad bis zu einem Preis von 1.000 Euro aussuchen darf, das von V bezahlt wird. Eine unmittelbare vertragliche Absprache zwischen S und H besteht somit nicht. V und H haben vielmehr einen Kaufvertrag geschlossen mit der rechtlich unbedenklichen Besonderheit (*Palandt/Weidenkaff* § 433 BGB Rz. 14; *Jauernig/Berger* § 433 BGB Rz. 20), dass die Verpflichtung des H in Form der Eigentumsverschaffung im Sinne des § 433 Abs. 1 BGB auf Wunsch des Käufers V gegenüber seinem Sohn S bestehen soll. Damit wird S indessen nicht Vertragspartner des H, was zur Konsequenz hat, dass die von S eingeforderten 750 Euro infolge eines Rücktritts vom Vertrag jedenfalls nicht auf Grundlage einer (eigenen) kaufrechtlichen Gewährleistung gezahlt werden müssen. In der Überschrift des § 437 BGB (aufschlagen!) steht das Wörtchen »Käufer«, wozu man aber unstreitig nur durch den Abschluss eines entsprechenden Kaufvertrages wird. Und diesen haben hier nur V und H, nicht aber S und H geschlossen. Ein isolierter vertraglicher Gewährleistungsanspruch aus den §§ 346 Abs. 1, 433, 437 Nr. 2, 323 BGB steht dem S mithin nicht zu – unabhängig davon, ob die Voraussetzungen der §§ 434 ff. BGB vorliegen.

**2.)** Ansprüche des S gegen H könnten sich freilich dann ergeben, falls S in das Vertragsverhältnis zwischen seinem Vater V und dem H derart einbezogen war, dass ihm daraus eigene Rechte zustehen sollen. In Betracht kommt ein zwischen V und H geschlossener, sogenannten »echter« Vertrag zugunsten Dritter im Sinne des **§ 328 Abs. 1 BGB** (aufschlagen!).

> **Durchblick:** Gemäß § 328 Abs. 1 BGB kann durch Vertrag eine Leistung an einen Dritten mit der Wirkung bedungen werden, dass der Dritte unmittelbar das Recht erwirbt, die Leistung zu fordern (= »echter« Vertrag zugunsten Dritter). Diese Art von Verträgen hatten wir im vorherigen Fall bereits kurz kennengelernt und dabei festgestellt, dass die Besonderheit darin liegt, dass der Dritte zwar nicht Vertragspartner/Gläubiger der Leistung wird, gleichwohl aber aus dem von anderen Parteien geschlossenen Vertrag berechtigt sein soll, die **Erfüllung** der Vertragspflichten vom Schuldner für bzw. an sich zu verlangen. Dem Dritten erwächst also der Anspruch des Gläubigers auf Erfüllung, er tritt zwar nicht an seine Stelle, wird aber dennoch Forderungsinhaber – sogenanntes »abgespaltenes Forderungsrecht« des Dritten (NK/*Preuß* vor § 328 BGB Rz. 2; *Brox/Walker* AS § 32 Rz. 2; *Medicus/Lorenz* SR I Rz. 865). Der Gläubiger kann wegen der Regelung des § 335 BGB die Erfüllung zudem im Zweifel nur an den Dritten, nicht aber an sich selbst fordern (BGHZ **3**, 388). Der Vertrag zugunsten Dritter stellt damit gleichwohl keine eigene Vertragsart dar; aus § 328 Abs. 1 BGB folgt nur die gesetzlich normierte Befugnis, ein Vertragsverhältnis so auszugestalten, dass nicht der eigentliche Vertragspartner, sondern ein Dritter durch eine vertragliche Vereinbarung begünstigt wird und das Forderungsrecht des Gläubiger erwerben soll (RGZ **150**, 133; *Jauernig/Stadler* § 328 BGB Rz. 8; *Palandt/Grüneberg* § 328 BGB Rz. 1). Schließlich – und das wäre für uns hier von Bedeutung – können dem Dritten bei einem echten Vertrag zugunsten Dritter im Sinne des § 328 Abs. 1 BGB auch Ansprüche wegen Pflichtverletzung – etwa aus § 280 BGB – gegenüber dem Schuldner erwachsen: Die Pflicht auf Erfüllung an den Dritten kann logischerweise auch verletzt werden und begründet dann unter Umständen (Ersatz-)Ansprüche des Dritten gegen den Schuldner (*Brox/Walker* AS § 32 Rz. 14).

Von diesem »echten« Vertrag zugunsten Dritter abzugrenzen ist der sogenannte »unechte« Vertrag zugunsten Dritter, der **nicht** über § 328 BGB geregelt wird und bei dem der Schuldner zwar auch an einen Dritten leisten soll, der Dritte aber keinen eigenen Anspruch auf die Leistung hat (wichtiger Satz, bitte noch einmal lesen!). In Abänderung zur Grundregel des § 362 Abs. 1 BGB wird der Schuldner hier vom Gläubiger lediglich ermächtigt und verpflichtet, seine Verbindlichkeiten aus dem Vertrag mit dem Gläubiger befreiend an den Dritten zu bewirken (*Palandt/Grüneberg* vor § 328 BGB Rz. 1; *Brox/Walker* AS § 32 Rz. 3). Zwischen dem Schuldner und dem Dritten bestehen aber keinerlei rechtliche Bindungen dergestalt, dass der Dritte die Leistung selbst einfordern kann, dieses Recht steht nur dem **Gläubiger** zu. Der Dritte wird also nicht in das fremde Schuldverhältnis einbezogen und könnte folglich bei Nichtleistung auch keine Ansprüche über § 280 Abs. 1 BGB wegen Pflichtverletzung geltend machen, denn es besteht ihm gegenüber auch keine »Pflicht« im Sinne des § 280 Abs. 1 BGB (*Jauernig/Stadler* § 328 BGB Rz. 3). Der gesetzlich vorgesehene, typische Fall dieses »unechten« Vertrages zugunsten Dritter liegt in der Erfüllungsübernahme nach § 329 BGB (BGH ZIP **2002**, 126; *Palandt/Grüneberg* § 329 BGB Rz. 1).

**Zum Fall:** Da es hier bei uns um die Frage geht, ob dem S das Recht auf Rücktritt infolge einer kaufrechtlichen Gewährleistung zustehen kann, muss es sich beim Vertrag zwischen V und H um einen »echten« Vertrag zugunsten Dritter im Sinne des § 328 Abs. 1 BGB handeln, andernfalls kämen Ansprüche oder Rechte des S gegenüber H grundsätzlich nicht in Betracht (siehe soeben). Ob es sich im konkreten Fall um einen »echten« oder »unechten« Vertrag zugunsten Dritter handelt, wird gemäß § 328 Abs. 2 BGB (aufschlagen!) aus den Umständen bzw. dem Zweck des Vertrages ermittelt. Insoweit ist maßgeblich, was die Auslegung nach den §§ 133, 157 BGB unter Berücksichtigung des Parteiwillens ergibt (BGH MDR **2019**, 154; BGHZ **93**, 271; *Medicus/Lorenz* SR I Rz. 866; *Staudinger/Jagmann* § 328 BGB Rz. 35).

> **Hier:** Der V möchte seinem Sohn eine Freude machen und verabredet mit dem Händler H, dass sein Sohn S ein neues Fahrrad bekommt und das Rad auch selbst aussuchen darf. Zudem kann S innerhalb eines finanziellen Rahmens bis zu 1.000 Euro selbstständig und frei entscheiden bzw. handeln. V überlässt die konkrete Ausgestaltung des Vertragsverhältnisses somit nahezu vollständig dem S und hat erkennbar auch keinerlei eigenes Interesse an der geschuldeten Leistung, die vielmehr ausschließlich dem S zugutekommen soll. Insbesondere dann, wenn (Kauf-)Verträge vorwiegend im Interesse des Dritten geschlossen werden, sprechen die Umstände für das Vorliegen eines echten Vertrages zugunsten Dritter im Sinne des § 328 Abs. 1 BGB (BGH NJW **1991**, 2209; BGH NJW **1975**, 344). Die Umstände des konkreten Falles sprechen somit dafür, dass dem S im Sinne des § 328 Abs. 1 BGB ein eigenes unmittelbares Recht erwachsen soll, die Leistung zu fordern.

**ZE.:** Der zwischen V und H geschlossene Kaufvertrag war damit ein echter Vertrag zugunsten des S im Sinne des § 328 Abs. 1 BGB.

**3.)** Im nächsten Schritt stellt sich nun natürlich die Frage, welche Rechte bzw. Ansprüche S, der den Kaufvertrag rückgängig machen möchte, zustehen.

**Einstieg:** Wir hatten ja bisher festgestellt, dass bei einem echten (Kauf-)Vertrag zugunsten Dritter der Dritte zwar nicht an die Stelle des Gläubigers tritt, ihm aber das

Forderungsrecht des Gläubigers auf Erfüllung aus dem zwischen den beiden anderen Parteien geschlossenen Vertrages erwächst. Konkret steht somit hier dem S als Drittem der Erfüllungsanspruch gemäß § 433 Abs. 1 BGB auf Eigentumsverschaffung und Übergabe des Rades aus dem von H (= »Versprechender«) und V (= »Versprechens-empfänger«) geschlossenen Kaufvertrag zu.

> **Tipp:** Die gerade in Klammern verwandten, fraglos gewöhnungsbedürftigen Begriffe des Gesetzgebers aus den §§ 328 ff. BGB müssen sitzen, man merkt sie sich am besten so: Bei einem echten Vertrag zugunsten Dritter im Sinne des § 328 Abs. 1 BGB verspricht die eine Vertragspartei (= »Versprechender«) der anderen Vertragspartei (= »Versprechensempfänger«), dass sie die Leistung an einen »Dritten« bewirkt. **Also:** Bei uns ist H der Versprechende, V ist der Versprechensempfänger und S natürlich der Dritte. Alles klar!?

So, und jetzt das Problem: Dass dem Dritten wegen der Regelung des § 328 Abs. 1 BGB grundsätzlich ein Anspruch auf Erfüllung gegen den Versprechenden zusteht, haben wir oben ausführlich besprochen, das steht sogar im Gesetz und ist der eigentliche Sinn des Ganzen. Außerordentlich fraglich und umstritten ist dabei aber, ob dem Dritten zudem auch andere, und zwar vor allem **Sekundäransprüche** aus dem Vertragsverhältnis zwischen dem Versprechenden und dem Versprechensempfänger zustehen können. Konkret stellt sich das Problem vor allem im Falle von Leistungs-störungen, also wenn die geschuldete Leistung des Versprechenden gegenüber dem Dritten nicht ordnungsgemäß erbracht worden ist. **Frage:** Wem sollen jetzt die Ersatzansprüche zustehen? Dem Versprechensempfänger, dem Dritten oder vielleicht sogar beiden? In unserem Fall wird die Problematik prima deutlich: Tatsächlich fordert hier ja zunächst mal der S (= Dritter) von H die Rückzahlung der 750 Euro aus den Rücktrittsvorschriften. Dem widerspricht wiederum der V (= Versprechensempfänger) und will seinerseits mindern, womit S aber nicht einverstanden ist. Und jetzt?

**Lösung:** Um diese knifflige und außerordentlich klausurträchtige Problematik in den Griff zu bekommen, nimmt man in Bezug auf die geltend gemachten Ansprüche eine Unterteilung vor, **nämlich:** Zum einen gibt es Rechte, die die Forderung des Dritten auf Erfüllung quasi »ergänzen« und insbesondere keine Auswirkungen auf den **Bestand** des Vertragsverhältnisses zwischen Versprechendem und Versprechensemp-fänger haben – das sind: Die Nachlieferung und die Nachbesserung gemäß § 439 BGB, der Verzugsschaden aus den §§ 286, 280 BGB, das Recht aus § 285 BGB sowie der allgemeine Schadensersatz aus § 280 BGB. Alle diese Rechte können geltend gemacht werden, ohne den Bestand des Vertragsverhältnisses aufzuheben; sie existieren bei genauer Betrachtung *neben* der weiterhin bestehenden Hauptpflicht aus dem Vertrag (= »nicht bestandserhebliche« Sekundäransprüche). Zum anderen gibt es aber auch Rechte, die den Bestand des Vertrages sehr wohl tangieren: Der Rücktritt, die Anfechtung, der Widerruf, die Minderung und der Schadensersatz statt der Leistung, sofern hierbei der große Schadensersatz geltend gemacht wird. Werden diese Rechte eingefordert, kommt es entweder zur Rückabwicklung des Vertrages und/oder die Forderung auf Erfüllung erlischt. Die ursprünglich dem Dritten wegen § 328 Abs. 1 BGB zustehende Forderung auf Erfüllung besteht nach Geltendmachung dieser Rechte nicht mehr (= »bestandserhebliche« Sekundäransprüche). Im Hinblick auf die Frage, wer nun welche Sekundäransprüche bei einem echten Vertrag zugunsten Dritter im Falle der Schlechtleistung durch den Versprechenden einfordern kann, gelten folgende Regeln:

**a)** Der Dritte ist nach allgemeiner Ansicht berechtigt, die nicht bestandserheblichen Sekundäransprüche selbstständig und für sich gegenüber dem Versprechenden geltend zu machen. Da diese Ansprüche das ursprüngliche Vertragsverhältnis, an dessen Zustandekommen der Dritte ja nicht beteiligt war, nicht berühren, soll ihm diese Befugnis uneingeschränkt zustehen. Das gleiche Recht steht des Weiteren aber auch dem Versprechensempfänger zu, was nach allgemeiner Ansicht aus § 335 BGB folgt – freilich mit einer Einschränkung: Der Versprechensempfänger kann diese nicht bestandserheblichen Sekundäransprüche – sofern keine anderweitige vertragliche Abrede existiert – nur mit Leistung an den Dritten fordern, nicht an sich selbst (BGH NJW **2010**, 2950; BGH NJW **1985**, 1457; OLG Köln NJW-RR **1997**, 542; MüKo/*Gottwald* § 335 BGB Rz. 14; *Palandt/Grüneberg* § 328 BGB Rz. 6; *Medicus/Lorenz* AS Rz. 858; NK/*Preuß* § 328 BGB Rz. 19; *Brox/Walker* AS § 32 Rz. 16).

**ZE.:** Nicht bestandserhebliche Sekundäransprüche, die das ursprüngliche Vertragsverhältnis also nicht tangieren, können zum einen von dem Dritten selbstständig gegenüber dem Versprechenden geltend gemacht werden; zum anderen kann auch der Versprechensempfänger diese Ansprüche gegenüber dem Versprechenden einfordern, allerdings nur mit Wirkung bzw. Leistung an den Dritten und nicht an sich selbst (BGH NJW **1974**, 502; BGH NJW **1967**, 2261; *Palandt/Grüneberg* § 335 BGB Rz. 2).

**b)** Ziemlich interessant – und für unseren Fall dann auch von Bedeutung – sind aber die »bestandserheblichen« Sekundäransprüche, insoweit gibt es unterschiedliche Auffassungen:

→ Nach herrschender Meinung sollen diese Rechte dem Dritten nicht zustehen, sondern nur vom eigentlichen Vertragspartner (→ Versprechensempfänger) geltend gemacht werden können. Der Dritte sei ja gerade nicht Vertragspartei. Er habe lediglich ein »abgespaltenes Forderungsrecht« erworben mit der Folge, dass ihm Ansprüche bzw. Rechte, die das Vertragsverhältnis umgestalten oder gar aufheben, auch nicht zustehen dürften. Andernfalls könne der Dritte gleichsam rückwirkend auf die Willensbildung beim Abschluss eines Vertrages einwirken, an dem er selbst als Partei gar nicht beteiligt war. Der Dritte dürfe nicht in das Vertragsgefüge eingreifen; dieses Recht stehe nur dem Versprechensempfänger zu (OLG Köln NJW-RR **1997**, 342; OLG München Rpfleger **1972**, 32; RGZ **101**, 275; *Palandt/Grunewald* § 328 BGB Rz. 5; *Erman/Westermann* § 328 BGB Rz. 8; *Jauernig/Stadler* § 328 BGB Rz. 16/17;

NK/*Preuß* § 328 BGB Rz. 18; HK/*Schulze* § 328 BGB Rz. 11; *Joussen* SR I Rz. 1196; *Fikentscher/Heinemann* SR Rz. 300; *Gottwald* in JZ 1985, 575). **Aber**: Hat der Dritte den Erfüllungsanspruch bereits unwiderruflich (»unentziehbar«) erworben, soll er ausnahmsweise mithilfe eines **Zustimmungsvorbehalts** in die Geltendmachung des Gestaltungsrechts einbezogen werden, denn: Können die Vertragsparteien den Erfüllungsanspruch des Dritten und damit das Vertragsgefüge nicht mehr selbstständig beseitigen, ist dem Dritten eine endgültige und schützenswerte Rechtsposition erwachsen. Dies kann insbesondere der Fall sein, wenn die Parteien beim Vertragsschluss auf einen entsprechenden Vorbehalt (➔ **§ 328 Abs. 2 BGB,** aufschlagen!) verzichtet haben und auch sonstige Widerrufsrechte (etwa § 355 BGB) nicht bestehen. In Ermangelung entsprechender Abreden erwirbt der Dritte das Recht auf Erfüllung dann sofort und endgültig (MüKo/*Gottwald* § 328 BGB Rz. 34). Für die anschließende Ausübung vertragsgestaltender Erklärungen – Rücktritt, Minderung, großer Schadensersatz – bedarf der Versprechensempfänger deshalb nach herrschender Meinung immer der **Zustimmung** des Dritten Verweigert der Dritte diese Zustimmung, kann der Versprechensempfänger eine rechtsgestaltende Erklärung nicht wirksam abgeben (RGZ **101**, 275; *Palandt/Grüneberg* § 328 BGB Rz. 6; NK/*Preuß* § 328 BGB Rz. 19; *Jauernig/Stadler* § 328 BGB Rz. 16; *Joussen* SR I Rz. 1197).

**Zum Fall:** Der S hat gegenüber H den Rücktritt vom Vertrag erklärt und die Auszahlung der 750 Euro an sich selbst gefordert, wogegen V ausdrücklich Widerspruch erhoben hat. V will seinerseits die Minderung des Kaufpreises um 250 Euro an sich selbst geltend machen, womit wiederum S nicht einverstanden ist. Beim **Rücktritt** und auch bei der **Minderung** handelt es sich – wie gesehen – um auf das Vertragsverhältnis bezogene, »bestandserhebliche« Rechtsbehelfe. Folgen wir der eben skizzierten herrschenden Meinung, kann der S als »Dritter« somit gegenüber dem »Versprechenden« H den Rücktritt nicht geltend machen, denn dabei handelt es sich um eine bestandserhebliche Erklärung in Bezug auf den zwischen H und V geschlossenen Vertrag. Da V einem Rücktritt ausdrücklich widerspricht, diesen also selbst offenbar auch nicht geltend machen will, scheidet eine Rückabwicklung des Vertragsverhältnisses nach den §§ 346 Abs. 1, 433, 437 Nr. 2, 323 Abs. 1, 328 Abs. 1 BGB damit insgesamt aus. Der V kann des Weiteren die von ihm erklärte Minderung nach herrschender Meinung nur mit **Zustimmung** des S geltend machen, da S in Ermangelung entsprechender Abreden den Erfüllungsanspruch gemäß § 328 Abs. 1 BGB unwiderruflich erworben hatte. S widerspricht indes der von V erklärten Minderung.

<u>ZE.:</u> Weder S noch V haben nach herrschender Meinung und aktuellem Stand der Dinge die Möglichkeit, die von ihnen eingeforderten Rechte durchzusetzen – sie müssten sich erst mal intern einigen.

➔   Eine andere Ansicht will demgegenüber dem Dritten sämtliche Sekundäransprüche uneingeschränkt zubilligen, somit auch die bestandserheblichen; der Dritte könne mithin auch den Rücktritt oder etwa die Minderung gegenüber dem Versprechenden wirksam erklären oder den so genannten »großen Schadensersatz« geltend machen (BGHZ **93**, 271; MüKo/*Gottwald* § 335 BGB Rz. 10; *Westermann/Bydlinski/Weber* AS § 15 Rz. 19; *Medicus/Lorenz* AS Rz. 858; *Soergel/Hadding* § 328 BGB Rz. 42; *Looschelders* AS § 51 Rz. 16). Diese Meinung führt an, dass beim gegenseitigen Vertrag nicht die Parteien, also die Vertragspartner, sondern vielmehr die **Hauptleistungspflichten** im Vordergrund des Synallagmas stünden. Und daraus ergebe sich konsequenterweise, dass grundsätzlich der jeweils Berechtigte im Hinblick auf die Hauptleistungsforderung auch Inhaber eines Schadensersatzanspruchs oder des Rechtes auf Rücktritt sein könne, unabhängig davon, ob dieses Recht das gesamte Vertragsverhältnis beeinflusse oder nicht. Deshalb könne der Dritte als Forderungsinhaber auch Schadensersatz statt der Leistung verlangen oder den Rücktritt vom Vertrag erklären. Zudem sei dem Dritten durch den Abschluss des Vertrages nach § 328 Abs. 1 BGB eine »parteiähnliche« Stellung erwachsen, deren Befugnisse sich nicht nur auf den Erfüllungsanspruch und bestimmte Sekundärrechte beschränken dürften. Die Parteien hätten durch den Abschluss des Vertrages den Dritten quasi konkludent ermächtigt, auch die Gestaltungsrechte selbst und im eigenen Namen geltend zu machen. Im Übrigen sei davon auszugehen, dass der Versprechensempfänger dem Dritten den Wert der Leistung ungeschmälert zukommen lassen und zudem erreichen wolle, dass er selbst in die Vertragsabwicklung nicht mehr einbezogen werde (MüKo/*Gottwald* § 335 BGB Rz. 10). Schließlich spreche die Existenz des § 334 BGB für eine Berechtigung des Dritten, sämtliche Sekundäransprüche selbstständig geltend zu machen (*Soergel/Hadding* § 328 BGB Rz. 80). **Aber, Achtung:** Im Falle des vom Dritten erklärten Rücktritts stehe die zurück zu gewährende Leistung gleichwohl nicht dem Dritten selbst, sondern ausnahmsweise dem Versprechensempfänger zu, da der Rückabwicklungsanspruch nicht an die Stelle der vertragsgemäßen Leistung tritt; der Rücktritt begründet stets ein neues (Rückabwicklungs-)Schuldverhältnis (MüKo/*Gottwald* § 335 BGB Rz. 10; *Fikentscher/Heinemann* SR Rz. 300; *Lange* in NJW 1965, 657). Die übrigen Sekundäransprüche stehen in Ermangelung besonderer Abreden aber nur dem Dritten und nicht dem Versprechensempfänger zu (BGHZ **197**, 75; BGH NJW **1967**, 2261; *Erman/Westermann* § 335 BGB Rz. 1; *Palandt/Grüneberg* § 335 BGB Rz. 2; *Jauernig/Stadler* § 335 BGB Rz. 2).

**Zum Fall:** Folgen wir dieser Meinung, wäre unser S zwar durchaus befugt, den Rücktritt als bestandserhebliche Erklärung gegenüber H geltend zu machen, **aber**: Die zurück zu gewährende Leistung (750 Euro) könnte S nicht an sich, sondern nur an den eigentlichen Vertragspartner V verlangen, denn die Forderung aus dem Rücktritt tritt nicht an die Stelle der ursprünglichen Forderung, der erklärte Rücktritt begründet – wie gerade erwähnt – eine neue, andere (Rückabwicklungs-)Verbindlichkeit. Im Hinblick auf die von V begehrte Minderung in Höhe von 250 Euro steht dem V ein solches Recht trotz Weigerung bzw. Widerspruch des S zwar zu, allerdings könnte V die 250 Euro nicht an sich selbst, sondern nur an S fordern (→ § 335 BGB).

<u>ZE.:</u> S könnte nach dieser Auffassung zwar den Rücktritt gegenüber H erklären, bekommt aber die 750 Euro nicht, die kann er nur mit Wirkung an V fordern. Der V wiederum kann seinerseits zwar die Minderung erklären, die 250 Euro aber nur an S fordern, nicht an sich selbst. Auch nach dieser Auffassung bekämen weder V noch S das, was sie aktuell fordern.

→ Eine letzte Meinung schließlich versagt dem Dritten – so wie die herrschende Ansicht oben auch – die Geltendmachung der bestandserheblichen Sekundäransprüche und verzichtet zudem im Falle eines unwiderruflichen Rechts auch noch auf einen Zustimmungsvorbehalt des Dritten (*Staudinger/Klumpp* § 328 BGB Rz. 80). Der Dritte soll also weder die bestandserheblichen Rechte selbst geltend machen können noch soll ihm bei der Geltendmachung durch den Versprechensempfänger ein Zustimmungsvorbehalt zustehen. Dies würde dem Dritten über Umwege doch wieder die Möglichkeit geben, in das ursprüngliche Vertragsverhältnis einzugreifen, was die herrschende Meinung aber gerade als Argument gegen die Befugnis des Dritten zur eigenen Geltendmachung der bestandserheblichen Sekundärrechte anführt (*Staudinger/Klumpp* § 328 BGB Rz. 80). Nach dieser Meinung ist der Dritte somit vollständig von der Geltendmachung der bestandserheblichen Sekundäransprüche ausgeschlossen.

**Zum Fall:** Folgen wir dieser Auffassung, könnte S wieder keinen Rücktritt geltend machen, da es sich um eine bestandserhebliche Erklärung handelt. V könnte seinerseits nun aber die Minderung einfordern, freilich wieder mit dem unstreitigen Haken, dass er die 250 Euro nicht an sich, sondern nur an S verlangen kann (→ § 335 BGB).

<u>ZE.:</u> Auch nach dieser Meinung bekommt keiner der Beteiligten, was er möchte.

**Ergebnis:** Unabhängig davon, welcher Meinung man den Vorzug gewährt, sind sämtliche, von den Parteien geltend gemachten Ansprüche unbegründet. H muss aktuell also tatsächlich nichts zahlen. Vater und Sohn müssen sich erst mal einigen.

### Kurzer Nachtrag – Wiederholung

Zugegebenermaßen, ein ziemlich kniffliges Fällchen – mit überraschendem Ausgang. Wir wollen uns hier im Nachgang zur Sicherung des Lernerfolges deshalb bitte noch mal Folgendes vor Augen führen: Bei einem »echten« Vertrag zugunsten Dritter im Sinne des § 328 Abs. 1 BGB entstehen die klausurrelevanten Probleme vor allem dann, wenn der Versprechende seine Leistung gegenüber dem Dritten schlecht erbringt. Im Hinblick auf die Frage, wer unter diesen Umständen was von wem verlangen kann, findet man nur zur richtigen Lösung, wenn man die »bestandserheblichen« von den »nicht bestandserheblichen« Sekundäransprüchen trennt. Und dann gilt:

**1.** Die nicht bestandserheblichen Ansprüche (= Nachlieferung und Nachbesserung gemäß § 439 BGB, Verzugsschaden aus den §§ 286, 280 BGB, das Recht aus § 285 BGB sowie der allgemeine Schadensersatz aus § 280 BGB) stehen unstreitig sowohl dem

Dritten als auch dem Versprechensempfänger zu, wobei Letztgenannter wegen § 335 BGB diese Ansprüche – sollte keine anderweitige Absprache im Sinne des § 328 Abs. 2 BGB vorliegen – im Zweifel immer nur mit Leistung an den Dritten, nicht aber an sich selbst fordern kann.

**2.** Bei den bestandserheblichen Sekundäransprüchen (= Rücktritt, Widerruf, Minderung und Schadensersatz statt der Leistung, sofern der große Schadensersatz geltend gemacht wird) ist demgegenüber umstritten, wem welche Rechte zustehen sollen: Nach herrschender Meinung kann nur der Versprechensempfänger – und nicht der Dritte! – diese Rechte gegenüber dem Versprechenden geltend machen. Hat der Dritte, was in Ermangelung einer gesonderten Abrede im Sinne des § 328 Abs. 2 BGB die Regel sein dürfte, bereits ein unwiderrufliches Recht auf Erfüllung erworben, bedarf der Versprechende für die wirksame Geltendmachung eines bestandserheblichen Sekundäranspruchs zudem immer der **Zustimmung** des Dritten. Liegt eine solche vor, kann der Versprechensempfänger die aus der Geltendmachung resultierenden Ansprüche wegen § 335 BGB gleichwohl nur an den Dritten und nicht an sich selbst fordern. **Ausnahme**: Der Rücktritt. Beim Rücktritt steht der Anspruch aus § 346 BGB in jedem Falle dem Versprechensempfänger zu, denn die Rücktrittsforderung tritt nicht an die Stelle der ursprünglichen Forderung, sondern begründet stets ein neues (Rückabwicklungs-)Schuldverhältnis mit dem Versprechensempfänger. Alles klar!?

# Gutachten

### Anspruch des S gegen H auf Zahlung von 750 Euro

**S kann gegen H ein Anspruch auf Zahlung von 750 Euro aus den §§ 346 Abs. 1, 433, 437 Nr. 2, 323 Abs. 1, 328 Abs. 1 BGB zustehen.**

**1.)** Es fragt sich zunächst, inwieweit S überhaupt berechtigt ist, Ansprüche gegenüber H geltend zu machen. V und H haben vereinbart, dass S ein Fahrrad bis zu einem Preis von 1.000 Euro aussuchen darf, das von V bezahlt wird. Eine unmittelbare vertragliche Absprache zwischen S und H besteht mithin nicht.

**2.)** Ansprüche des S gegen H könnten sich ergeben, falls S in das Vertragsverhältnis zwischen V und H derart einbezogen war, dass ihm daraus eigene Rechte zustehen sollen. In Betracht kommt ein zwischen V und H geschlossener, sogenannter »echter« Vertrag zugunsten Dritter im Sinne des § 328 Abs. 1 BGB. Gemäß § 328 Abs. 1 BGB kann durch Vertrag eine Leistung an einen Dritten mit der Wirkung bedungen werden, dass der Dritte unmittelbar das Recht erwirbt, die Leistung zu fordern. Von diesem echten Vertrag zugunsten Dritter abzugrenzen ist der unechte Vertrag zugunsten Dritter, der nicht über § 328 BGB geregelt wird und bei dem der Schuldner zwar auch an einen Dritten leisten soll, der Dritte aber keinen eigenen Anspruch auf die Leistung hat

Ob es sich um einen echten oder unechten Vertrag zugunsten Dritter handelt, wird gemäß § 328 Abs. 2 BGB aus den Umständen und insbesondere dem Zweck des Vertrages ermittelt. Insoweit ist maßgeblich, was die Auslegung nach den §§ 133, 157 BGB unter Berücksichtigung des Parteiwillens ergibt. V hat mit H verabredet, dass S das Rad selbst aussuchen dürfe. Zudem sollte S innerhalb eines finanziellen Rahmens bis zu 1.000 Euro selbstständig und frei entscheiden können. V hat die konkrete Ausgestaltung des Vertragsverhältnisses somit nahezu vollständig S überlassen und hat erkennbar auch keinerlei eigenes Interesse an der geschuldeten Leistung, die vielmehr ausschließlich dem S zugutekommen soll. Insbesondere dann, wenn (Kauf-)Verträge vorwiegend im Interesse des Dritten geschlossen werden, sprechen die Umstände für das Vorliegen eines echten Vertrages zugunsten Dritter im Sinne des § 328 Abs. 1 BGB. Die Umstände des konkreten Falles sprechen somit dafür, dass S im Sinne des § 328 Abs. 1 BGB ein eigenes unmittelbares Recht erwachsen soll, die Leistung zu fordern. Der zwischen V und H geschlossene Kaufvertrag war damit ein echter Vertrag zugunsten des S im Sinne des § 328 Abs. 1 BGB.

**3.)** Es stellt sich nunmehr die Frage, welche Rechte und Ansprüche dem S, der den benannten Kaufvertrag von V und H rückgängig machen möchte, aus einem solchen Vertrag zugunsten Dritter zustehen können. R fordert die Rückzahlung der 750 Euro aufgrund eines von ihm erklärten Rücktritts. Der Rücktritt hat vertragsgestaltende Wirkung, er berührt den Bestand des vom Versprechenden und dem Versprechensempfänger ursprünglich geschlossenen Vertrages.

**a)** Nach allgemeiner Ansicht ist der Dritte in jedem Falle berechtigt, nicht bestandserheblichen Sekundäransprüche selbstständig und für sich gegenüber dem Versprechenden geltend zu machen. Hierzu zählen die Nachlieferung und die Nachbesserung gemäß § 439 BGB, der Verzugsschaden aus den §§ 286, 280 BGB, das Recht aus § 285 BGB sowie der allgemeine Schadensersatz aus § 280 BGB. Beim hier begehrten Rücktritt handelt es sich nicht um einen solchen Sekundäranspruch.

**b)** Im Hinblick auf die bestandserheblichen Rechte und Ansprüche – Rücktritt, Minderung, Schadensersatz statt der Leistung – werden unterschiedliche Ansichten vertreten.

**aa)** Nach einer Meinung sollen diese Rechte und Ansprüche dem Dritten nicht zustehen, sondern nur vom Versprechensempfänger geltend gemacht werden können. Der Dritte sei gerade nicht Vertragspartei und habe lediglich ein abgespaltenes Forderungsrecht erworben mit der Folge, dass ihm Ansprüche bzw. Rechte, die das Vertragsverhältnis umgestalten oder gar aufheben, auch nicht zustehen dürften. Andernfalls könne der Dritte gleichsam rückwirkend auf die Willensbildung beim Abschluss eines Vertrages einwirken, an dem er selbst als Partei gar nicht beteiligt war. Der Dritte dürfe daher nicht in das Vertragsgefüge eingreifen; dieses Recht stehe nur dem Versprechensempfänger zu. Eine Ausnahme hiervon soll indes gelten, wenn der Dritte den Erfüllungsanspruch bereits unwiderruflich erworben habe und ihm deshalb eine endgültige und schützenswerte Rechtsposition erwachsen sei. Dies kann insbesondere der Fall sein, wenn die Parteien beim Vertragsschluss auf einen entsprechenden Vorbehalt verzichtet haben und auch sonstige Widerrufsrechte nicht bestehen. In diesem Fall soll der Dritte Gestaltungsrechte ausnahmsweise selbst geltend machen dürfen, allerdings nur, wenn der Versprechensempfänger zustimmt. Verweigert der Dritte diese Zustimmung, kann der Versprechensempfänger eine rechtsgestaltende Erklärung nicht wirksam abgeben.

S hat gegenüber H den Rücktritt vom Vertrag erklärt und die Auszahlung der 750 Euro an sich selbst gefordert, wogegen V ausdrücklich Widerspruch erhoben hat. V will seinerseits die Minderung des Kaufpreises um 250 Euro an sich selbst geltend machen, womit wiederum S nicht einverstanden ist. Folgt man der eben skizzierten Meinung, kann S als Dritter somit gegenüber dem Versprechenden H den Rücktritt nicht geltend machen, denn dabei handelt es sich um eine bestandserhebliche Erklärung in Bezug auf den zwischen H und V geschlossenen Vertrag. Da V einem Rücktritt ausdrücklich widerspricht, diesen also selbst offenbar auch nicht geltend machen will, scheidet eine Rückabwicklung des Vertragsverhältnisses nach den §§ 346 Abs. 1, 433, 437 Nr. 2, 323 Abs. 1, 328 Abs. 1 BGB damit insgesamt aus. V kann des Weiteren die von ihm erklärte Minderung nach obiger Meinung nur mit Zustimmung des S geltend machen, da S in Ermangelung entsprechender Abreden den Erfüllungsanspruch gemäß § 328 Abs. 1 BGB unwiderruflich erworben hatte. S widerspricht indes der von V erklärten Minderung.

**Zwischenergebnis:** Weder S noch V haben nach dieser Meinung und aktuellem Stand die Möglichkeit, die von ihnen eingeforderten Rechte durchzusetzen.

**bb)** Eine andere Ansicht will dem Dritten sämtliche Sekundäransprüche und -rechte uneingeschränkt zubilligen, somit auch die bestandserheblichen. Der Dritte könne mithin auch den Rücktritt oder etwa die Minderung oder den großen Schadensersatz gegenüber dem Versprechenden wirksam erklären. Diese Meinung führt an, dass beim gegenseitigen Vertrag nicht die Parteien, also die Vertragspartner, sondern vielmehr die Hauptleistungspflichten im Vordergrund des Synallagmas stünden. Und daraus ergebe sich, dass grundsätzlich der jeweils Berechtigte im Hinblick auf die Hauptleistungsforderung auch Inhaber eines Schadensersatzanspruchs oder des Rechtes auf Rücktritt sein könne, unabhängig davon, ob dieses Recht das gesamte Vertragsverhältnis beeinflusse oder nicht. Deshalb könne der Dritte als Forderungsinhaber auch den Rücktritt vom Vertrag erklären. Zudem sei zu beachten, dass dem Dritten durch den Abschluss des Vertrages nach § 328 Abs. 1 BGB eine parteiähnliche Stellung erwachsen sei, deren Befugnisse sich nicht nur auf den Erfüllungsanspruch und bestimmte Sekundärrechte beschränken dürfe. Die Parteien hätten durch den Abschluss des Vertrages den Dritten konkludent ermächtigt, auch die Gestaltungsrechte selbst und im eigenen Namen geltend zu machen. Im Übrigen sei davon auszugehen, dass der Versprechensempfänger dem Dritten den Wert der Leistung ungeschmälert zukommen lassen und zudem erreichen wolle, dass er selbst in die Vertragsabwicklung nicht mehr einbezogen werde. Schließlich spreche auch die Existenz des § 334 BGB für eine Berechtigung des Dritten, sämtliche Sekundäransprüche geltend machen zu dürfen. Im Fall des von dem Dritten erklärten Rücktritts stehe die zurück zu gewährende Leistung gleichwohl nicht dem Dritten selbst, sondern dem Versprechensempfänger zu, da der Rückabwicklungsanspruch nicht an die Stelle der vertragsgemäßen Leistung tritt.

Folgt man dieser Meinung, wäre S zwar befugt gewesen, den Rücktritt als bestandserhebliche Erklärung gegenüber H zu erklären. Die zurück zu gewährenden 750 Euro könnte S aber nicht an sich, sondern nur an V verlangen, denn die Forderung aus dem Rücktritt tritt nicht an die Stelle der ursprünglichen Forderung, der erklärte Rücktritt begründet eine neue, andere (Rückabwicklungs-)Verbindlichkeit. Im Hinblick auf die von V begehrte Minderung in Höhe von 250 Euro steht V ein solches Recht trotz Weigerung bzw. Widerspruch des S zwar zu, allerdings könnte V die 250 Euro wegen § 335 BGB nicht an sich selbst, sondern nur an S fordern.

**Zwischenergebnis:** S könnte nach dieser Auffassung zwar den Rücktritt gegenüber H erklären, bekäme aber die 750 Euro nicht, die kann S nur mit Wirkung an V fordern. Der V wiederum kann seinerseits zwar die Minderung erklären, die 250 Euro aber nur an S fordern, nicht an sich selbst. Auch nach dieser Auffassung bekämen weder V noch S das, was sie aktuell fordern.

**cc)** Eine letzte Meinung schließlich versagt dem Dritten jegliche Geltendmachung der bestandserheblichen Sekundäransprüche und verzichtet zudem im Falle eines unwiderruflichen Rechts auch noch auf einen Zustimmungsvorbehalt des Dritten. Der Dritte soll also weder die bestandserheblichen Rechte selbst geltend machen können, noch soll ihm bei der Geltendmachung durch den Versprechensempfänger ein Zustimmungsvorbehalt zustehen. Andernfalls würde dem Dritten über Umwege doch wieder die Möglichkeit eröffnet, in das ursprüngliche Vertragsverhältnis einzugreifen, was aber gerade gegen die Befugnis des Dritten zur eigenen Geltendmachung der bestandserheblichen Sekundärrechte spricht. Nach dieser Meinung ist der Dritte somit vollständig von der Geltendmachung der bestandserheblichen Sekundäransprüche ausgeschlossen.

Folgt man dieser Auffassung, könnte S keinen Rücktritt geltend machen, da es sich bei dem Rücktritt um ein bestandserhebliches Recht handelt. V könnte seinerseits die Minderung erklären und den Minderungsbetrag einfordern, allerdings mit der Einschränkung, dass er wegen § 335 BGB die Zahlung der 250 Euro nicht an sich, sondern nur an S verlangen kann.

**Zwischenergebnis:** Auch nach dieser Ansicht bekommt keiner der Beteiligten, was er möchte. Eine Streitentscheidung ist demnach im vorliegenden Fall entbehrlich.

**Ergebnis:** Unabhängig davon, welcher Meinung man den Vorzug gewährt, sind sämtliche, von S und V hier geltend gemachten Ansprüche aktuell unbegründet. H muss nichts zahlen.

# 4. Abschnitt

## Das Erlöschen der Schuldverhältnisse (§§ 362 ff. BGB)

# Fall 12

# Teures Mofa!?

Der 17-jährige Schüler S hat sein altes Mofa mit Zustimmung seiner Eltern an den Rechtsstudenten R zum Preis von 300 Euro verkauft. R hat das Gefährt auch gleich übergeben bekommen und den Eltern des S versprochen, den Kaufpreis innerhalb der nächsten drei Tage zu zahlen. Am Nachmittag des folgenden Tages erscheint R mit drei 100-Euro-Scheinen und übergibt diese, da die Eltern gerade nicht zuhause sind, dem S. Und aus klausurtaktischen Gründen verliert S diese Geldscheine, die er in seine Hosentasche gesteckt hatte, selbstverständlich eine halbe Stunde später beim Fußballspielen. Als die Eltern abends nach Hause kommen, rufen sie R an und erklären, R müsse noch einmal zahlen, da er mit der Übergabe der Scheine an S nicht seine Verpflichtung aus dem Kaufvertrag erfüllt habe. R weigert sich und meint, er habe erfüllt, ansonsten stehe ihm aber ein Anspruch auf Rückzahlung der 300 Euro gegen S zu, mit dem er aufrechne.

**Rechtslage?**

---

**Schwerpunkte:** Die Erfüllung gegenüber Minderjährigen; Anwendbarkeit des § 362 BGB; Erfüllung unter Berücksichtigung des § 107 BGB; Begriff der Geldschuld; Theorie der realen Leistungsbewirkung; die Empfangszuständigkeit.

---

## Lösungsweg

### Anspruch des S gegen R auf Zahlung von 300 Euro

<u>AGL.:</u> § 433 Abs. 2 BGB

### I.) Entstehen des Anspruchs:

Voraussetzung für das Entstehen des Anspruchs aus § 433 Abs. 2 BGB ist zunächst natürlich ein wirksamer Kaufvertrag zwischen dem minderjährigen S und dem volljährigen R. Angesichts der Tatsache, dass der Kaufvertrag mit Zustimmung der Eltern des S geschlossen wurde, ist dieser Vertrag gemäß § 107 BGB wirksam: Der Kaufvertrag ist zwar grundsätzlich ein rechtlich **nachteiliges** Geschäft, da es den Minderjährigen zur Leistung in Form der Eigentumsverschaffung gemäß § 433 Abs. 1 Satz 1 BGB verpflichtet (*Palandt/Ellenberger* § 107 BGB Rz. 2; vgl. auch *Schwabe*, Lernen mit Fällen, BGB-AT, Fälle 20–22); die für dieses Geschäft gemäß § 107 BGB erforderliche Einwilligung (= vorherige Zustimmung, § 183 Satz 1 BGB) des gesetzlichen Vertreters liegt laut Auskunft des Sachverhaltes allerdings vor.

ZE.: Der Anspruch auf Zahlung des Kaufpreises in Höhe von 300 Euro aus dem zwischen S und R geschlossenen Kaufvertrag ist somit entstanden.

## II.) Untergang des Anspruchs?

Der Zahlungsanspruch des S gegen R könnte jedoch aufgrund der Auszahlung der 300 Euro von R an S wegen dadurch eingetretener **Erfüllung** nach § 362 Abs. 1 BGB wieder untergegangen sein. Gemäß § 362 Abs. 1 BGB erlischt das Schuldverhältnis, wenn die geschuldete Leistung an den Gläubiger bewirkt wird. Mit dem Erlöschen des Schuldverhältnisses im Sinne des § 362 Abs. 1 BGB ist dann logischerweise auch der Erfüllungsanspruch aus diesem Schuldverhältnis untergegangen (BGH MDR **2008**, 1086; *Medicus/Lorenz* SR I Rz. 249). Der R muss somit, um diese Rechtsfolge herbeizuführen, die geschuldete Leistung **bewirkt** haben. Insoweit ist zunächst zu klären, was genau die »geschuldete Leistung« im vorliegenden Fall gewesen ist.

> R schuldete aus dem mit S geschlossenen Kaufvertrag die Zahlung von 300 Euro; es handelt sich dabei um eine sogenannte »Geldschuld« im Sinne des § 245 BGB. Geldschulden werden in Ermangelung einer separaten Vereinbarung im gesetzlichen Regelfall durch **Barzahlung** erfüllt; der Schuldner muss dem Gläubiger dann das Eigentum an den Geldscheinen (oder Münzen) gemäß § 929 Satz 1 BGB verschaffen, wobei die Eigentumsübertragung wegen § 270 Abs. 1 BGB grundsätzlich am Wohnsitz des Gläubigers zu erfolgen hat (*Palandt/Grüneberg* § 362 BGB Rz. 8; *Brox/Walker* AS § 9 Rz. 5).

Und auf den ersten Blick ist das in unserem Fall nun auch kein Problem, denn der R erscheint bei seinem Vertragspartner S und übergibt dem S dort die 300 Euro, woraus man schließen könnte, dass sowohl eine **Einigung** als auch eine **Übergabe** im Sinne des § 929 Satz 1 BGB am Wohnsitz des S stattgefunden haben und S dann durch diese Übereignung auch neuer Eigentümer der Scheine geworden ist.

**Aber:** Ganz so einfach ist es natürlich nicht. Zunächst müssen wir nämlich die Übereignung und ihre Wirksamkeit im Hinblick auf die Minderjährigkeit des S beleuchten. Und zwar deshalb, weil die in § 929 Satz 1 BGB geforderte Einigung über den Eigentumsübergang selbstverständlich ein **Vertrag** ist, für den die §§ 104 ff. BGB gelten (BGHZ **28**, 16; *Palandt/Herrler* § 929 BGB Rz. 2; *Jauernig* in JuS 1994, 721; *Schwabe*, Sachenrecht, Seite 14 ff.). Die Einigungserklärung hinsichtlich der Eigentumsübertragung an den Geldscheinen im Sinne des § 929 Satz 1 BGB hat der S aber zunächst **ohne** Zustimmung der Eltern abgegeben; die Eltern hatten laut Auskunft des Sachverhaltes nur ihre Zustimmung zum Abschluss des Kaufvertrages abgegeben. Das Geld sollte R später, nämlich innerhalb der nächsten drei Tage, bringen. Es fragt sich somit, ob S dennoch das Eigentum an den Geldscheinen erlangen konnte:

**1.)** Die nach § 929 Satz 1 BGB erforderliche Einigungserklärung des S ist nur dann wirksam, wenn sie aus der Sicht des S gemäß **§ 107 BGB** lediglich rechtlich vorteilhaft war. Diesbezüglich ist nun zu beachten, dass der S mit der Übereignung der Scheine deren neuer Eigentümer wird, selbst aber keinerlei Verpflichtung eingeht. S erhält »nur« das Eigentum an den Sachen; dies aber stellt rechtlich keinen Nachteil dar, die Übereignung ist rechtlich vorteilhaft und unterliegt nach allgemeiner Meinung **nicht** der Regelung des § 107 BGB (BGH NJW **2005**, 415; BFH NJW **1989**, 1631; *Medicus/Lorenz* SR I Rz. 256; *Medicus/Petersen* BR Rz. 171; *Erman/Müller* § 107 BGB Rz. 6; *Palandt/Ellenberger* § 107 BGB Rz. 4; *MüKo/Oechsler* § 929 BGB Rz. 53).

**ZE.:** Der S ist mit der Übergabe der 300 Euro von R neuer Eigentümer der Geldscheine nach § 929 Satz 1 BGB geworden. Insbesondere ist nicht schädlich, dass die Eltern hierzu ihre Zustimmung nicht erteilt hatten, es handelt sich um ein rechtlich vorteilhaftes Geschäft, das nicht dem § 107 BGB unterliegt. Und damit müsste nun eigentlich auch klar sein, dass mit dieser Übereignung der Zahlungsanspruch des S gegen R wegen Erfüllung gemäß § 362 Abs. 1 BGB untergegangen ist, denn R hat die geschuldete Leistung bewirkt.

**2.)** Etwas anderes könnte sich allerdings ergeben, wenn man berücksichtigt, dass S in diesem Fall nach § 362 Abs. 1 BGB durch die Eigentumsverschaffung an den Geldscheinen seine Forderung aus dem Kaufvertrag (§ 433 Abs. 2 BGB) verloren hat. Der Verlust dieser Forderung aber würde den Minderjährigen rechtlich benachteiligen und damit gegen den allumfassenden Minderjährigenschutz des BGB verstoßen (*Medicus/Petersen* BR Rz. 171).

**Problem:** Es stellt sich mithin die Frage, ob angesichts dessen der Eigentumserwerb an den Geldscheinen nach § 929 Satz 1 BGB und die damit verbundene Erfüllungswirkung nach § 362 Abs. 1 BGB weiterhin Bestand haben kann oder aber ob man für beide Vorgänge nicht vielmehr – ebenso wie beim schuldrechtlichen Grundgeschäft – die Zustimmung der Eltern bzw. der gesetzlichen Vertreter fordert.

**Lösung:** (Ein bisschen) umstritten.

▪ Nach einer (Minderheits-)Meinung soll die Zustimmung des gesetzlichen Vertreters weder für den Eigentumserwerb noch für die Erfüllungswirkung notwendig sein; der Minderjährige erwerbe demnach **zustimmungsfrei** gemäß § 929 Satz 1 BGB das Eigentum an der Sache bzw. den Geldscheinen, und es trete dann auch eine entsprechende Erfüllungswirkung im Sinne des § 362 Abs. 1 BGB ein (*Harder* in JuS 1977, 149; *van Venrooy* in BB 1980, 1017). Der vertragliche Anspruch des Minderjährigen sei damit erloschen bzw. untergegangen.

Diese Ansicht verweist hauptsächlich auf den Umstand, dass bei einer wirtschaftlichen Betrachtung die Situation des Minderjährigen durch die Zahlung und die damit eingetretene Erfüllung insgesamt verbessert werde. Der Minderjährige erhalte schließlich die geschuldete Leistung und benötige daher auch keinen gesetzlichen

Schutz in Form des Zustimmungserfordernisses mehr; mit der Zahlung und Übereignung des Geldes sei genau der vertraglich geschuldete Zustand eingetreten (*Harder* in JuS 1977, 149; *van Venrooy* in BB 1980, 1017; Nachweise bei *Medicus/Lorenz* AS Rz. 228).

- Nach anderer (herrschender) Auffassung soll zwar grundsätzlich mit der **realen Leistungsbewirkung** – also der Eigentumsverschaffung – auch der Erfüllungserfolg im Sinne des § 362 Abs. 1 BGB eintreten (BGHZ **205**, 90); indessen müssten beim Minderjährigen aufgrund dessen besonderer Schutzbedürftigkeit die Vollzugsakte unterteilt werden in den Eigentumserwerb gemäß § 929 Satz 1 BGB auf der einen und die Erfüllungswirkung im Sinne des § 362 Abs. 1 BGB auf der anderen Seite: Demnach soll der Minderjährige zunächst einmal zustimmungsfrei das Eigentum an dem Geld gemäß § 929 Satz 1 BGB erwerben können; hingegen soll die Erfüllungswirkung im Sinne des § 362 Abs. 1 BGB ohne Zustimmung der Eltern bzw. des gesetzlichen Vertreters **nicht** eintreten (BGHZ **205**, 90; BGH NJW **2015**, 2497; *Staudinger/Knothe* § 107 BGB Rz. 25; *MüKo/Fetzer* § 362 BGB Rz. 15; PWW/*Völzmann-Stickelbrock* § 107 BGB Rz. 14; *Köhler* AT § 10 Rz. 18; *Larenz/Wolf* AT § 25 Rz. 22; *Palandt/Ellenberger* § 107 BGB Rz. 2; *Palandt/Grüneberg* § 362 BGB Rz. 4; *Medicus/Petersen* BR Rz. 171; *Medicus/Lorenz* SR I Rz. 256). Der Minderjährige werde somit zwar Eigentümer der Geldscheine, es trete aber keine Erfüllungswirkung nach § 362 Abs. 1 BGB ein, die Forderung bleibe bestehen.

Zur Begründung führt diese Meinung an, dass der Eigentumserwerb zwar fraglos rechtlich vorteilhaft sei und daher auch keiner Zustimmung bedürfe; dies gelte aber nicht für die Erfüllungswirkung nach § 362 Abs. 1 BGB, denn diese benachteilige den Minderjährigen, weil er seine Forderung aus dem Vertrag verliere (*Medicus/Lorenz* SR Rz. 256). Dem Minderjährigen fehle in diesem Falle die sogenannte »Empfangszuständigkeit« für die geschuldete Leistung im Sinne des § 362 Abs. 1 BGB. Empfangszuständig sei aufgrund des rechtlichen Nachteils allein der gesetzliche Vertreter, der demnach dann entweder seine Zustimmung erteilen oder aber selbst den geleisteten Gegenstand erhalten müsse, um die Erfüllungswirkung im Sinne des § 362 Abs. 1 BGB herbei zu führen (BGHZ **205**, 90; *Larenz/Wolf* AT § 25 Rz. 22; *Wacke* in JuS 1978, 80). Werde an den Minderjährigen ohne Zustimmung des gesetzlichen Vertreters geleistet, müsse der Leistende demnach im Zweifel nochmals den Vertrag erfüllen, ihm stehe seinerseits dann aber ein Anspruch aus den §§ 812 ff. BGB auf Rückgewähr des vorher Geleisteten zu. Dieser Anspruch könne entweder im Wege der Aufrechnung nach § 387 BGB oder aber der Zurückbehaltung gemäß § 273 BGB dem Minderjährigen bzw. der Forderung entgegengehalten werden (BGHZ **205**, 90). Der Leistende trage insoweit dann aber das Risiko der Entreicherung beim Minderjährigen gemäß § 818 Abs. 3 BGB, wenn der Minderjährige das Erhaltene nicht mehr herausgeben kann (*Medicus/Petersen* BR Rz. 171 a.E.).

**Zum Fall:** Unter Beachtung der beiden gerade dargestellten Meinungen ergibt sich, dass nach der ersten Auffassung der R seine vertragliche Pflicht erfüllt hätte und mithin gemäß § 362 Abs. 1 BGB auch von der Leistungspflicht aus dem mit S geschlossenen Kaufvertrag frei geworden wäre: R hatte ja an den Minderjährigen S gezahlt bzw. ihm die Scheine übergeben, hatte ihm damit das Eigentum nach § 929 Satz 1 BGB verschafft und folglich auch die Erfüllungswirkung gemäß § 362 Abs. 1 BGB herbeigeführt. Der Anspruch des S auf nochmalige Zahlung wäre mithin untergegangen.

Nach der zweiten (herrschenden) Ansicht sähe die Angelegenheit deutlich anders aus, nämlich: Zwar hätte R auch nach dieser Auffassung dem S das Eigentum an dem Geld gemäß § 929 Satz 1 BGB verschafft, denn dieses Geschäft war ja unstreitig lediglich rechtlich vorteilhaft im Sinne des § 107 BGB. Die Erfüllungswirkung des § 362 Abs. 1 BGB konnte mit der Übergabe der Geldscheine nach dieser Meinung indessen **nicht** eintreten, da es im vorliegenden Fall an der Zustimmung des gesetzlichen Vertreters fehlte und der Minderjährige durch die Zahlung seine Forderung aus dem Kaufvertrag (§ 433 Abs. 2 BGB) verlöre; und dies wäre rechtlich nachteilig mit der Konsequenz, dass das Geschäft wegen § 107 BGB unwirksam sein soll (vgl. oben). Der Leistende muss infolgedessen nun noch mal zahlen bzw. weiterhin **erfüllen**; dafür stünde ihm seinerseits aber ein Anspruch gegen den Minderjährigen auf Rückgewähr des bereits Geleisteten nach den **§§ 812 ff. BGB** zu, mit dem er entweder gemäß § 387 BGB aufrechnen oder aber ihn im Wege der Zurückbehaltung nach § 273 BGB in Ansatz bringen kann.

Konkret wäre hier in unserem Fall demnach jetzt erst einmal zu prüfen, ob R gegen S tatsächlich ein solcher Anspruch aus den Vorschriften der ungerechtfertigten Bereicherung gemäß den §§ 812 ff. BGB zusteht. Und hinsichtlich der Anspruchsvoraussetzungen des § 812 Abs. 1 BGB ist dies zunächst dann auch unproblematisch der Fall, denn – wie oben bereits erwähnt – der Minderjährige erlangt hier das Eigentum an der Sache bzw. den Geldscheinen, ohne dass auf Seiten des Leistenden der Erfüllungserfolg eintritt mit der Konsequenz, dass die Leistung »ohne rechtlichen Grund« im Sinne des § 812 Abs. 1 BGB erfolgt ist (*Palandt/Sprau* § 812 BGB Rz. 6).

> Die Probleme tauchen nun aber bei der Frage auf, inwiefern der Minderjährige **noch bereichert** ist und demnach unter Umständen die Verpflichtung zur Herausgabe oder zum Wertersatz aus § 812 Abs. 1 BGB gemäß **§ 818 Abs. 3 BGB ausgeschlossen** sein kann (*Medicus/Petersen* BR Rz. 171). Lägen die Voraussetzungen des § 818 Abs. 3 BGB vor, stünde dem Leistenden dann nämlich auch kein Anspruch aus § 812 BGB mehr zu mit der interessanten Konsequenz, dass dann natürlich auch keine Aufrechnung oder Zurückbehaltung möglich ist (mit welchem Anspruch?). Und das hätte schließlich zur Folge, dass der Leistende tatsächlich ein zweites Mal zahlen müsste, ohne das bereits beim ersten Mal Gezahlte in Ansatz bringen zu können.

Es ist somit in unserem Fall zu prüfen, ob S noch bereichert ist im Sinne des § 818 Abs. 3 BGB. Und insoweit kann und muss nun natürlich der Umstand verwertet werden, dass der gute S in unserem Fall die Geldscheine nach Empfang von R beim Fußballspielen verloren hat.

> **Regel:** Bei ersatzlosem Wegfall des Erlangten entfällt der Bereicherungsanspruch
> aus § 812 Abs. 1 BGB, denn der Empfänger ist dann nicht mehr bereichert im Sinne
> des **§ 818 Abs. 3 BGB** (MüKo/*Schwab* § 818 BGB Rz. 70; *Palandt/Sprau* § 818 BGB
> Rz. 28; *Soergel*/Hadding § 818 BGB Rz. 65). Wer also die empfangene Sache verliert
> oder aus sonstigen Gründen den Besitz bzw. die Verfügungsmöglichkeit endgültig
> einbüßt, muss keinen Wertersatz nach den §§ 812 ff. BGB leisten, sofern nicht an
> die Stelle des verlorenen Gegenstandes ein Surrogat – wie etwa eine Versiche-
> rungssumme – getreten ist (BGH NJW **1984**, 2095; BGH VersR **1989**, 943).

**Zum Fall:** Grundsätzlich müsste R nach der herrschenden Meinung seine Pflicht aus
dem Kaufvertrag (§ 433 Abs. 2 BGB) noch einmal erfüllen, da die erste Zahlung dem S
zwar das Eigentum an dem Geld verschafft hat, indessen die Erfüllungswirkung des
§ 362 Abs. 1 BGB nicht eintreten konnte (vgl. oben). Wir hatten nun insoweit gesagt,
dass dem R im Hinblick auf das bereits Geleistete grundsätzlich ein Anspruch aus
ungerechtfertigter Bereicherung gemäß den §§ 812 ff. BGB zusteht, den er dann im
Wege der Aufrechnung oder aber in Form eines Zurückbehaltungsrechtes dem zweiten Zahlungsanspruch des S entgegenhalten könnte. Im vorliegenden Fall funktioniert dies nun aber **nicht**, denn der Anspruch des R gegen S auf Rückzahlung des
bereits Geleisteten aus § 812 Abs. 1 BGB ist – wie eben erörtert – wegen § 818 Abs. 3
BGB ausgeschlossen: S ist aufgrund des Verlustes des Geldes nicht mehr bereichert.
Und daraus folgt, dass es für den R auch keinen Anspruch mehr gibt, den er dem
Zahlungsbegehren des S entgegensetzen kann. R muss folglich den Kaufpreis für das
Mofa noch einmal zahlen bzw. seine vertragliche Schuld erfüllen, denn das hatte er
mit der Zahlung der ersten 300 Euro ja noch nicht vollzogen.

**ZE.:** Nach der herrschenden Meinung, der wir hier folgen wollen, hat R im vorliegenden Fall seine Schuld aus dem Kaufvertrag durch die erste Zahlung der 300 Euro
noch nicht erfüllt im Sinne des § 362 Abs. 1 BGB. Einer zweiten Zahlung kann R keinen Bereicherungsanspruch aus § 812 Abs. 1 BGB im Wege der Aufrechnung entgegensetzen, da ein solcher Anspruch gegen S nicht besteht; S ist namentlich entreichert
nach § 818 Abs. 3 BGB, da er die empfangenen Geldscheine verloren hat.

**Erg.:** R muss gemäß § 433 Abs. 2 BGB nochmals 300 Euro an S zahlen.

## (Sehr!) Anspruchsvolles zum Abschluss

Im Hinblick auf die gerade besprochene Problematik um die Erfüllungswirkung von
Leistungen an beschränkt Geschäftsfähige wollen wir uns hier im Nachgang noch
kurz ein relativ frisches und vor allem sehr examensverdächtiges Fällchen des BGH
anschauen. Keine leichte Kost, wir gönnen uns das aber trotzdem mal, die Geschichte
ist unserem Fall oben nämlich nicht unähnlich: Der BGH hatte am 21. April 2015
(→ BGHZ **205**, 90) über den folgenden kniffligen Fall zu entscheiden: Einem älteren
Herrn (H) war vom Amtsgericht gemäß § 1903 Abs. 1 BGB (aufschlagen!) ein Betreuer

bestellt worden mit der Folge, dass H – ebenso wie ein Minderjähriger – ab sofort nur noch als beschränkt geschäftsfähig galt und für rechtsgeschäftliche Handlungen der Einwilligung des Betreuers bedurfte (sogenannter »Einwilligungsvorbehalt«). Der H hob anschließend bei der Bank B, die von der Betreuung nichts wusste, von seinem Konto 1.200 Euro ab und gab dieses (Bar-)Geld sogleich an eine Freundin (F) weiter. Weder für das Abheben des Geldes noch für die Weitergabe der Scheine an F lag eine Einwilligung des Betreuers vor; dieser hatte von alledem keine Kenntnis und die Vorgänge auch nicht (nachträglich) genehmigt. Und dann wurde es interessant: Einige Wochen später fordete H – jetzt **mit** Zustimmung des Betreuers! – die nochmalige Auszahlung der 1.200 Euro von seinem Konto und erklärte, ihm gegenüber habe wegen seiner beschränkten Geschäftsfähigkeit bei der ersten Auszahlung gar keine Erfüllungswirkung gemäß § 362 BGB eintreten können.

**Überraschende Lösung:** Korrekt! Der BGH verwies auf die gemäß § 1903 Abs. 1 Satz 2 BGB für Betreute entsprechend anwendbaren Regeln des Minderjährigenrechts und stellte fest, dass bei der ersten Auszahlung an H tatsächlich keine Erfüllungswirkung eingetreten war (→ BGHZ **205**, 90). Der H sei wegen des lediglich rechtlichen Vorteils zwar Eigentümer der Geldscheine geworden, eine Erfüllungswirkung im Sinne des Erlöschens der Forderung gegen die Bank aus dem Girovertrag sei aber nicht eingetreten. Der gute Glaube der Bank B an die Geschäftsfähigkeit des H spiele insoweit keine Rolle und werde – ebenso wie bei Minderjährigen – nicht geschützt.

Besondere Finte: Die Bank B hatte hilfsweise mit ihrer Bereicherungsforderung gegen H aus § 812 Abs. 1 BGB aufrechnen wollen, da die erste Auszahlung wegen der beschränkten Geschäftsfähigkeit des H unstreitig ja **ohne** Rechtsgrund erfolgt war. Auch hier schob der BGH aber einen (ziemlich cleveren) Riegel vor: Zwar könne die B grundsätzlich von H die Rückgabe der Geldscheine aus § 812 Abs. 1 BGB fordern. Da H die Scheine aber schon an eine dritte Person, nämlich die F, weitergegeben habe, könne der H somit der Bank B nur noch seinen (Bereicherungs-)Anspruch gegen die F aus den §§ 812 Abs. 1, 818 Abs. 2 BGB abtreten. Auch die Übereignung der Scheine von H an F war wegen der beschränkten Geschäftsfähigkeit des H ja ohne Rechtsgrund erfolgt. Im Vermögen des H sei demnach in Bezug auf die ausgezahlten Geldscheine aktuell nur noch der Anspruch des H gegen F aus § 812 Abs. 1 BGB enthalten, den er wegen der Regelung des § 818 Abs. 2 BGB als »**Wertersatz**« dann auch an die Bank B abtreten müsse. **Aber:** Im Hinblick auf **diesen** Anspruch des H gegen F fehle es – Achtung! – dann an der für § 387 BGB erforderlichen **Gleichartigkeit** der Forderungen. Eine Aufrechnung mit diesem Anspruch des H gegen F seitens der Bank sei deshalb ausgeschlossen. Wörtlich heißt es beim BGH:

*»… Der Bank B steht zwar an sich ein Bereicherungsanspruch gegen den H aus § 812 Abs. 1 BGB zu, denn H hat das Geld unstreitig ohne Rechtsgrund erlangt. Die B kann jedoch nur das von H kondizieren, was im Hinblick auf das ausgezahlte Geld aktuell auch noch im Vermögen des H vorhanden ist. Da H die Geldscheine unmittelbar an F (ebenfalls ohne Rechtsgrund) weitergegeben hat, steht H derzeit ein Anspruch gegen F aus § 812 Abs. 1 BGB zu.*

*Lediglich **dieser** Anspruch gegen F ist mithin noch im Vermögen des H vorhanden mit der Folge, dass B gemäß § 812 Abs. 1 BGB in Verbindung mit § 818 Abs. 2 BGB auch nur die Abtretung **dieses** Anspruchs gegen F von H verlangen kann. Mit diesem Anspruch auf Abtretung aber kann die Bank B mangels Gleichartigkeit der Forderungen nicht aufrechnen im Sinne des § 387 BGB, denn insoweit stehen sich der Auszahlungsanspruch aus dem Girovertrag und ein abgetretener Bereichungsanspruch gegen eine dritte, im konkreten Fall unbeteiligte Person gegenüber ...«* (BGHZ **205**, 90).

**Vorsicht:** Das ist selbstverständlich die ganz hohe Schule und muss daher – insbesondere von Anfängern – nicht gleich beim ersten Mal bzw. beim ersten Lesen kapiert werden. Wir wollen uns deshalb auch erst mal nur merken, dass der BGH eine betreute Person, die mit einem »Einwilligungsvorbehalt« im Sinne des § 1903 Abs. 1 BGB versehen ist, genauso behandelt wie einen Minderjährigen und eine Erfüllungswirkung gemäß § 362 BGB grundsätzlich ablehnt, wenn Leistungen an den Betreuten ohne Einwilligung des Betreuers erbracht werden. Der Betreute kann zwar das Eigentum an den Geldscheinen erlangen (= lediglich rechtlich vorteilhaft!), es tritt aber in Bezug auf die zu tilgende Forderung **keine** Erfüllungswirkung im Sinne des § 362 BGB ein. Dass der Betreute (hier also unser H) im konkreten Fall auch keinen Bereicherungsanspruch der Bank gegen sich gelten lassen musste, ist der Besonderheit des Falles und namentlich der Weitergabe des Geldes an F sowie der Ungleichartigkeit der dann gegenübergestellten Forderungen geschuldet (vgl. umfassend: BGHZ **205**, 90). Wer das mit der **Gleichartigkeit** der Forderungen im Rahmen einer Aufrechnung nach den §§ 387, 389 BGB nicht verstanden hat, braucht übrigens keine Schweißausbrüche zu bekommen; in Fall Nr. 15 weiter unten werden wir uns mit den Einzelheiten der §§ 387 ff. BGB und insbesondere dieser Gleichartigkeit der Forderungen noch umfassend beschäftigen – und allerspätestens dann versteht man es auch. Versprochen.

# Gutachten

**S kann einen Anspruch gegen R auf Zahlung von 300 Euro aus § 433 Abs. 2 BGB haben.**

**I.)** Voraussetzung für das Entstehen des Anspruchs aus § 433 Abs. 2 BGB ist ein wirksamer Kaufvertrag zwischen dem minderjährigen S und dem volljährigen R. Der Kaufvertrag ist zwar grundsätzlich ein rechtlich nachteiliges Geschäft, da es den Minderjährigen zur Leistung in Form der Eigentumsverschaffung gemäß § 433 Abs. 1 Satz 1 BGB verpflichtet. Die für dieses Geschäft gemäß § 107 BGB erforderliche Einwilligung gemäß § 183 Satz 1 BGB des gesetzlichen Vertreters liegt laut Auskunft des Sachverhaltes allerdings vor. Angesichts dieser Tatsache ist der Vertrag zwischen S und R wirksam. Der Anspruch auf Zahlung des Kaufpreises in Höhe von 300 Euro aus dem zwischen S und R geschlossenen Kaufvertrag ist somit entstanden.

**II.)** Der Zahlungsanspruch des S gegen R kann jedoch wieder untergegangen sein.

**1.)** Die Erlöschenswirkung kann aufgrund der Auszahlung der 300 Euro von R an S wegen dadurch eingetretener Erfüllung nach § 362 Abs. 1 BGB eingetreten sein. Gemäß § 362

Abs. 1 BGB erlischt das Schuldverhältnis, wenn die geschuldete Leistung an den Gläubiger bewirkt wird. Mit dem Erlöschen des Schuldverhältnisses geht auch der Erfüllungsanspruch aus diesem Schuldverhältnis unter. R muss daher die geschuldete Leistung bewirkt haben. Insoweit ist zunächst fraglich, was genau die »geschuldete Leistung« im vorliegenden Fall gewesen ist. R schuldete aus dem mit S geschlossenen Kaufvertrag die Zahlung von 300 Euro; es handelt sich dabei um eine sogenannte »Geldschuld« im Sinne des § 245 BGB. Geldschulden werden im Regelfall durch Barzahlung erfüllt: der Schuldner muss dem Gläubiger das Eigentum an den Geldzeichen gemäß § 929 Satz 1 BGB verschaffen, wobei die Eigentumsübertragung wegen § 270 Abs. 1 BGB grundsätzlich am Wohnsitz des Gläubigers zu erfolgen hat.

R hat seinem Vertragspartner S hier in dessen Wohnung die geschuldeten 300 Euro übergeben, woraus man schließen könnte, dass sowohl eine Einigung als auch eine Übergabe im Sinne des § 929 Satz 1 BGB am Wohnsitz des S stattgefunden haben und S dann durch diese Übereignung auch neuer Eigentümer der Scheine geworden ist. Fraglich ist jedoch, ob die von § 929 S. 1 BGB vorausgesetzte Einigung im Hinblick auf die Minderjährigkeit des S wirksam war. Die Einigungserklärung hinsichtlich der Eigentumsübertragung an den Geldscheinen im Sinne des § 929 Satz 1 BGB hat S zunächst ohne Zustimmung seiner Eltern abgegeben. Diese hatten laut Auskunft des Sachverhaltes nur ihre Zustimmung zum Abschluss des Kaufvertrages abgegeben. Das Geld sollte R später, nämlich innerhalb der nächsten drei Tage, bringen. Es fragt sich somit, ob S dennoch das Eigentum an den Geldscheinen erlangen konnte:

a) Die nach § 929 Satz 1 BGB erforderliche Einigungserklärung des S ist nur dann wirksam, wenn sie aus der Sicht des S gemäß § 107 BGB lediglich rechtlich vorteilhaft war. Diesbezüglich ist zu beachten, dass der S mit der Übereignung der Scheine deren neuer Eigentümer wird, selbst aber keinerlei Verpflichtung eingeht. S erhält nur das Eigentum an den Sachen; dies aber stellt rechtlich keinen Nachteil dar, die bloße Übereignung ist rechtlich vorteilhaft und unterliegt deshalb nach allgemeiner Meinung nicht der Regelung des § 107 BGB. S ist folglich durch die Übergabe der 300 Euro von R neuer Eigentümer der Geldscheine nach § 929 Satz 1 BGB geworden. Hierbei ist insbesondere unschädlich, dass seine Eltern hierzu ihre Zustimmung nicht erteilt haben.

b) Fraglich ist indes, wie es sich auswirkt, dass S nach § 362 Abs. 1 BGB durch die Eigentumsverschaffung an den Geldscheinen seine Forderung aus dem Kaufvertrag (§ 433 Abs. 2 BGB) verloren hat. Der Verlust dieser Forderung würde den Minderjährigen rechtlich benachteiligen und damit gegen den allumfassenden Minderjährigenschutz des BGB verstoßen.

Die Beantwortung dieser Frage ist umstritten.

aa) Nach einer Meinung soll die Zustimmung des gesetzlichen Vertreters weder für den Eigentumserwerb noch für die Erfüllungswirkung notwendig sein; der Minderjährige erwerbe demnach zustimmungsfrei gemäß § 929 Satz 1 BGB das Eigentum an der Sache bzw. den Geldscheinen und es trete dann auch eine entsprechende Erfüllungswirkung im Sinne des § 362 Abs. 1 BGB ein. Der vertragliche Anspruch des Minderjährigen sei damit erloschen bzw. untergegangen. Diese Ansicht verweist hauptsächlich auf den Umstand, dass bei einer wirtschaftlichen Betrachtung die Situation des Minderjährigen durch die Zahlung und die damit eingetretene Erfüllung insgesamt verbessert werde. Der Minderjährige erhalte schließlich die geschuldete Leistung und benötige daher auch keinen gesetzlichen Schutz in Form des Zustimmungserfordernisses mehr; mit der Zahlung und Übereignung des Geldes sei genau der vertraglich geschuldete Zustand eingetreten. Nach dieser Auffassung hätte R seine vertragliche Pflicht erfüllt und wäre mithin gemäß § 362 Abs. 1 BGB auch von der Leistungspflicht aus dem mit S geschlossenen Kaufvertrag frei geworden.

**bb)** Nach anderer Ansicht soll zwar grundsätzlich mit der realen Leistungsbewirkung – also der Eigentumsverschaffung – auch der Erfüllungserfolg im Sinne des § 362 Abs. 1 BGB eintreten; indessen müssten beim Minderjährigen aufgrund dessen besonderer Schutzbedürftigkeit die Vollzugsakte unterteilt werden in den Eigentumserwerb gemäß § 929 Satz 1 BGB auf der einen und in die Erfüllungswirkung im Sinne des § 362 Abs. 1 BGB auf der anderen Seite: Demnach soll der Minderjährige zunächst einmal zustimmungsfrei das Eigentum an dem Geld gemäß § 929 Satz 1 BGB erwerben können; hingegen soll die Erfüllungswirkung im Sinne des § 362 Abs. 1 BGB ohne Zustimmung der Eltern bzw. des gesetzlichen Vertreters nicht eintreten. Der Minderjährige werde somit zwar Eigentümer der Geldscheine, es trete aber keine Erfüllungswirkung nach § 362 Abs. 1 BGB ein, die Forderung bleibe bestehen. Zur Begründung führt diese Meinung an, dass der Eigentumserwerb zwar fraglos rechtlich vorteilhaft sei und daher auch keiner Zustimmung bedürfe; dies gelte aber nicht für die Erfüllungswirkung nach § 362 Abs. 1 BGB, denn diese benachteilige den Minderjährigen, weil er seine Forderung aus dem Vertrag verliere. Dem Minderjährigen fehle in diesem Falle die sogenannte »Empfangszuständigkeit« für die geschuldete Leistung im Sinne des § 362 Abs. 1 BGB. Empfangszuständig sei aufgrund des rechtlichen Nachteils allein der gesetzliche Vertreter, der demnach dann entweder seine Zustimmung erteilen oder aber selbst den geleisteten Gegenstand erhalten müsse, um die Erfüllungswirkung im Sinne des § 362 Abs. 1 BGB herbei zu führen. Nach dieser Ansicht hätte R seine vertragliche Pflicht noch nicht erfüllt und wäre mithin auch nicht gemäß § 362 Abs. 1 BGB von der Leistungspflicht aus dem mit S geschlossenen Kaufvertrag frei geworden.

Da beide genannten Ansichten im vorliegenden Fall zu unterschiedlichen Ergebnissen führen, ist der Meinungsstreit zu entscheiden. Unter dem Gesichtspunkt, dass der Minderjährigenschutz als Rechtsprinzip dem gesamten Zivilrecht zu Grunde liegt, erscheint die letztgenannte Auffassung vorzugswürdig. Insbesondere ist nicht einzusehen, warum vom Grundsatz der Zustimmungsbedürftigkeit bei nicht lediglich rechtlich vorteilhaften Geschäften in der vorliegenden Fallkonstellation eine Ausnahme gemacht werden soll. Nach der letztgenannten Meinung hat R im vorliegenden Fall seine Schuld aus dem Kaufvertrag durch die erste Zahlung der 300 Euro noch nicht im Sinne von § 362 Abs. 1 BGB erfüllt. Der Zahlungsanspruch des S ist folglich nicht durch Erfüllung erloschen.

**2.)** Der Anspruch des S auf Zahlung aus § 433 Abs. 2 BGB kann jedoch durch Aufrechnung gemäß §§ 387, 389 BGB wieder erloschen sein. Dies setzt voraus, dass R eine entsprechende aufrechenbare Gegenforderung gegen S zusteht. In Betracht kommt hierfür allein ein Anspruch aus ungerechtfertigter Bereicherung nach § 812 Abs. 1 Satz 1 Fall 1 BGB. Hinsichtlich der Anspruchsvoraussetzungen des § 812 Abs. 1 BGB ist festzustellen, dass S hier das Eigentum an den Geldscheinen erlangt hat, ohne dass auf Seiten des R der Erfüllungserfolg eingetreten ist mit der Konsequenz, dass die Leistung »ohne rechtlichen Grund« im Sinne des § 812 Abs. 1 BGB erfolgt ist. Grundsätzlich steht R im Hinblick auf das bereits

Geleistete ein Anspruch aus ungerechtfertigter Bereicherung gemäß den §§ 812 ff. BGB zu, den er dem zweiten Zahlungsbegehren des S im Wege der Aufrechnung entgegenhalten könnte. Fraglich ist jedoch, inwiefern S vorliegend noch bereichert ist. Bei ersatzlosem Wegfall des Erlangten entfällt der Bereicherungsanspruch aus § 812 Abs. 1 BGB, denn der Empfänger ist dann nicht mehr bereichert im Sinne des § 818 Abs. 3 BGB. Wer den Besitz bzw. die Verfügungsmöglichkeit über die empfangene Sache endgültig einbüßt, muss keinen Wertersatz nach den §§ 812 ff. BGB leisten, sofern nicht an die Stelle des verlorenen Gegenstandes ein Surrogat getreten ist. S hat die Geldscheine eine halbe Stunde nach Empfang von R beim Fußballspielen verloren. Für diesen Verlust ist seinem Vermögen mangels entgegenstehender Angaben im Sachverhalt auch kein Surrogat zugeflossen. S ist daher nicht mehr bereichert. R hat demgemäß keine aufrechenbare Gegenforderung. Der Zahlungsanspruch des S ist folglich auch nicht durch Aufrechnung erloschen.

**Ergebnis:** R muss gemäß § 433 Abs. 2 BGB nochmals 300 Euro an S zahlen.

# Fall 13

## Geld oder Golf?

Rechtsstudent R hat seinem Kommilitonen K zu Semesterbeginn 1.500 Euro geliehen, die K innerhalb von sechs Monaten zurückzahlen soll. Eine Woche vor Ablauf der Frist meint K zu R, er biete R anstatt der Rückzahlung seinen gebrauchten VW Golf, da er von seinen Eltern zum Geburtstag ein neues Auto bekommen habe. R ist einverstanden, erhält den Wagen und stellt nach einem Monat fest, dass das Auto einen bereits bei der Übergabe vorhandenen Schaden an der Lichtmaschine hat, der reparaturbedürftig ist. R erklärt daraufhin gegenüber K, er trete von der Vereinbarung über die Annahme des Wagens zurück und wolle jetzt die 1.500 Euro. K weigert sich.

**Zu Recht?**

---

**Schwerpunkte:** Die Annahme an Erfüllungs statt nach § 364 Abs. 1 BGB; Abgrenzung zur Leistung erfüllungshalber im Sinne des § 364 Abs. 2 BGB; Erhalt oder Wiederaufleben des Zahlungsanspruchs bei Mangelhaftigkeit der Sache; die Regel des § 365 BGB.

---

## Lösungsweg

### Anspruch des R gegen K auf Zahlung der 1.500 Euro

<u>AGL.:</u> § 488 Abs. 1 Satz 2 BGB (Darlehensvertrag)

### I.) Entstehen des Anspruchs

Fraglos haben R und K einen Darlehensvertrag im Sinne des § 488 BGB über die 1.500 Euro geschlossen, wobei nicht schädlich ist, dass in der Praxis dies dann häufig als »Leihe« (»Geld geliehen«) bezeichnet wird. Die Leihe gemäß § 598 BGB unterscheidet sich dadurch vom Darlehensvertrag, dass bei einer Leihe *dieselbe* Sache – also gegenständlich – zurückgegeben werden muss, daher in diesem Fall auch nur der Besitz, nicht aber das Eigentum übertragen wird (*Palandt/Weidenkaff* § 607 BGB Rz. 6). Beim Darlehensvertrag hingegen wird im Regelfall das Eigentum am Geld übertragen und der Darlehensnehmer kann seine Schuld – also die Rückzahlung nach § 488 Abs. 1 Satz 2 BGB – dann sowohl mit anderen Geldscheinen als auch auf sonstige Weise erfüllen (BGH NJW **2015**, 955; **1991**, 1817). Das »Verleihen« von Geld ist mithin stets als Darlehensvertrag gemäß § 488 BGB zu qualifizieren, und zwar selbst dann, wenn keine Zinszahlung vereinbart wird. Die Höhe des Zinssatzes ist dispositives (= nicht zwingendes) Recht (*Palandt/Weidenkaff* vor § 488 BGB Rz. 2).

**Zum Fall:** R und K haben einen Darlehensvertrag im gerade benannten Sinne geschlossen, R hat das Geld ausgezahlt und die sechsmonatige Frist für die Rückzahlung ist zum Zeitpunkt der Anspruchsstellung erreicht.

<u>ZE.:</u> Der Anspruch des R gegen K auf Rückzahlung der 1.500 Euro aus § 488 Abs. 1 Satz 2 BGB ist mithin entstanden.

## II.) Untergang des Anspruchs?

**1.)** Der Zahlungsanspruch des R gegen K könnte aber untergegangen sein, und zwar aufgrund der Vorschriften der **§§ 362 ff. BGB**. Insoweit ist zunächst festzustellen, dass K jedenfalls seine Schuld nicht gemäß § 362 Abs. 1 BGB (Erfüllung) beglichen hat. Dazu wäre nach dem Wortlaut der Norm erforderlich gewesen, dass er die »geschuldete Leistung« bewirkt hätte (bitte das Gesetz lesen). Die geschuldete Leistung aus dem Darlehensvertrag war gemäß § 488 Abs. 1 Satz 2 BGB die Rückzahlung des zur Verfügung gestellten Darlehens in Höhe der 1.500 Euro. Dies aber hat K bislang nicht bewirkt.

**2.)** Es stellt sich die Frage, ob die Annahme des Wagens eine Erfüllungswirkung in dem Sinne hatte, dass der Rückzahlungsanspruch des R damit untergegangen ist. Insoweit kommt eine Annahme an Erfüllungs statt gemäß § 364 Abs. 1 BGB (aufschlagen!) in Betracht. Voraussetzung dafür ist, dass der Gläubiger eine andere als die geschuldete Leistung anstelle der ursprünglich geschuldeten Leistung annimmt.

> **Beachte:** Die Leistung an Erfüllungs statt im Sinne des § 364 Abs. 1 BGB ist stets abzugrenzen von der »Leistung erfüllungshalber« nach § 364 Abs. 2 BGB. Während bei der Leistung an Erfüllungs statt das Schuldverhältnis mit der Annahme der anderen Leistung **erlischt**, erfolgt dies bei der Leistung erfüllungshalber erst dann, wenn der Gläubiger sich aus dem Geleisteten tatsächlich befriedigt hat. (*Palandt/Grüneberg* § 364 BGB Rz. 5; MüKo/*Fetzer* § 364 BGB Rz. 6; *Brox/Walker* AS § 14 Rz. 6). Den Regelfall der Leistung erfüllungshalber nennt das Gesetz in § 364 Abs. 2 BGB selbst, nämlich die Übernahme einer neuen Verbindlichkeit. In der Praxis erfolgt(e) dies zumeist durch die Hingabe von Wechseln oder Schecks, die der Gläubiger anstelle der ursprünglichen Forderung eintreiben kann (BGHZ **96**, 182; BGHZ **83**, 96; *Medicus/Lorenz* AS Rz. 244). Beachte insoweit bitte, dass bei dieser Leistung erfüllungshalber die ursprüngliche Forderung bzw. der Schuldgrund erhalten bleibt, der Gläubiger erhält aber eine zusätzlich erbrachte Leistung und muss zunächst versuchen, sich aus dem zusätzlich erbrachten Leistungsgegenstand zu befriedigen; gelingt dies nicht, kann er wieder auf die alte Forderung zurückgreifen (BGHZ **96**, 186; BGHZ **83**, 101). Mit der Leistung erfüllungshalber erfolgt nach herrschender Meinung eine **Stundung** der ursprünglichen Forderung, die entweder mit der Erfüllung oder aber dem erfolglosen Versuch der Erfüllung durch die erfüllungshalber erhaltene Leistung endet (BGH NJW **1992**, 684; *Palandt/Grüneberg* § 364 BGB Rz. 8; *Medicus/Lorenz* AS Rz. 245).

Ob im konkreten Fall eine Leistung an Erfüllungs statt oder aber eine Leistung erfüllungshalber vorliegt, muss mithilfe der Auslegung gemäß den §§ 133, 157 BGB ermittelt werden (BGHZ **116**, 278; RGZ **158**, 317). Hierbei sind die Umstände des Einzelfalles daraufhin zu untersuchen, ob der Gläubiger bzw. die ursprüngliche Forderung des Gläubigers mit der Annahme der anderen Leistung befriedigt sein oder aber ob ihm nur eine weitere zusätzliche Möglichkeit der Befriedigung der Schuld gewährt werden soll (*Staudinger/Olzen* § 364 BGB Rz. 11; *Brox/Walker* AS § 14 Rz. 8).

Hier erhält R anstelle der Rückzahlung der Darlehensforderung in Höhe von 1.500 Euro den gebrauchten Golf des K und behält und nutzt diesen auch. In der Annahme des Wagens ist unter Berücksichtigung der beidseitigen Interessen der Vertragsparteien keine Neubegründung einer zusätzlichen Schuld nach § 364 Abs. 2 BGB für K zu sehen, vielmehr handelt es sich um eine Leistung an Erfüllungs statt im Sinne des **§ 364 Abs. 1 BGB**. Die Annahme einer Sache anstelle einer Geldforderung stellt im Regelfall eine Annahme an Erfüllungs statt im Sinne des § 364 Abs. 1 BGB dar, wenn der Gläubiger die Sache nutzt und behält (*Jauernig/Stürner* §§ 364, 365 BGB Rz. 2; *Palandt/Grüneberg* § 364 BGB Rz. 6; *MüKo/Fetzer* § 364 BGB Rz. 3).

**Folge:** Mit der Annahme des Wagens durch R ist das Schuldverhältnis gemäß § 364 Abs. 1 BGB erloschen. Der Anspruch des R gegen K auf Rückzahlung des Darlehens aus § 488 Abs. 1 Satz 2 BGB ist mithin in diesem Moment untergegangen.

### III.) Erhalten oder Wiederaufleben des Zahlungsanspruchs?

Etwas anderes könnte sich aber noch daraus ergeben, dass der Wagen defekt gewesen ist und R erklärt, er wolle nun doch lieber das Geld haben. Insoweit kommt zunächst in Betracht, dass die Wirkung des § 364 Abs. 1 BGB im vorliegenden Fall aufgrund des Mangels an dem Wagen gar nicht eintreten konnte. Des Weiteren könnte R durch seine Erklärung gegenüber K – nimmt man trotz Mangels die Erfüllungswirkung nach § 364 Abs. 1 BGB an – eine Art »Rückabwicklung« der Annahme an Erfüllungs statt bewirkt haben mit der möglichen Folge des **Wiederauflebens** der ursprünglichen Hauptschuld aus dem Darlehensvertrag. Der Reihe nach:

**1.)** Als Erstes ist festzustellen, dass nach allgemeiner Meinung die Erfüllungswirkung des § 364 Abs. 1 BGB auch dann eintritt, wenn die angenommene Sache mangelhaft ist (BGHZ **46**, 338; MüKo/*Fetzer* § 364 BGB Rz. 3; Erman/*Westermann* § 364 BGB Rz. 2; *Palandt/Grüneberg* § 364 BGB Rz. 2). Dies ergibt sich aus der Existenz des § 365 BGB (aufschlagen!), der für den Fall des Mangels der an Erfüllungs statt angenommenen Sache auf die Vorschriften über das **Kaufrecht** verweist. Das hat zu bedeuten, dass der Gläubiger, der eine andere als die geschuldete Leistung an Erfüllungs statt angenommen hat, in jedem Falle erst mal nicht mehr ohne weiteres auf die ursprüngliche Forderung zurückgreifen kann, wenn die angenommene Sache nicht funktionstauglich oder sonst mangelhaft sein sollte. Die ursprüngliche Schuld lebt durch diesen Umstand von selbst **nicht** wieder auf (*Palandt/Grüneberg* § 365 BGB Rz. 2; *Medi-*

*cus/Lorenz* AS Rz. 248; *Brox/Walker* AS § 14 Rz. 6). Anwendung finden in solchen Fällen dann vielmehr die **§§ 434 ff. BGB**. Der Gläubiger kann und muss (!) seine Rechte nunmehr aus diesen Vorschriften herleiten und kann sich – wie eben erläutert – nicht auf das Erhalten des ursprünglichen Zahlungsanspruchs berufen und behaupten, die Wirkung des § 364 Abs. 1 BGB sei wegen der Mangelhaftigkeit nicht eingetreten. Wichtiges Prinzip, bitte merken.

**ZE.:** Übertragen auf den vorliegenden Fall hat dies zur Konsequenz, dass mit der Lieferung des mangelhaften Autos anstelle der Begleichung der Darlehensforderung auch die Erfüllungswirkung des § 364 Abs. 1 BGB eingetreten ist. R ist mit seinen Rechten gemäß **§ 365 BGB** nunmehr auf die Vorschriften über das Kaufrecht beschränkt (§§ 434 ff. BGB) und kann sich insbesondere nicht darauf berufen, dass die Erfüllungswirkung aufgrund des Mangels der Sache gemäß § 364 Abs. 1 BGB nicht eingetreten ist.

**2.)** Und damit ist abschließend noch zu klären, inwieweit die Vorschriften der kaufrechtlichen Gewährleistung aus den §§ 434 ff. BGB, die ja jetzt über § 365 BGB Anwendung finden, dem R die Möglichkeit eröffnen, die Annahme des Wagens rückabzuwickeln mit der dann möglichen Folge des Wiederauflebens der ursprünglichen Darlehensforderung: Unser R will vorliegend den Wagen zurückgeben und von der Vereinbarung über die Annahme des Wagens zurücktreten. Ein solches Rücktrittsrecht indes ist beim Kaufrecht wegen § 437 Nr. 2 Fall 1 an die Vorschriften bzw. Voraussetzungen der §§ 323, 326 Abs. 5 BGB gebunden. Und gemäß § 323 Abs. 1 BGB kann der Gläubiger nur und erst dann vom Vertrag zurücktreten, wenn er dem Schuldner, der eine nicht vertragsgemäße Leistung erbracht hat, erfolglos eine angemessene **Frist zur Nacherfüllung** (→ § 439 BGB) bestimmt hat (BGH NJW **2015**, 3455; MDR **2015**, 576). Gemäß § 439 Abs. 1 BGB kann R von K als »Nacherfüllung« grundsätzlich entweder die Lieferung einer mangelfreien Sache oder aber die Beseitigung des Mangels verlangen. R hätte dem K mithin zunächst eine Frist zur Nacherfüllung setzen müssen, was freilich nach der Sachverhaltsschilderung (noch) nicht geschehen ist. Der R hat K bislang keinerlei Frist gesetzt, sondern vielmehr sofort die Rückabwicklung eingefordert (zur Fristsetzung und deren Voraussetzungen vgl. instruktiv BGH MDR **2015**, 576). Diese Forderung des R geht folglich wegen der Regelung der §§ 323 Abs. 1, 437 Nr. 2 Fall 1 BGB ins Leere. Zum Rücktritt ist R erst dann berechtigt, wenn er dem K eine Frist zur Nacherfüllung (Mängelbeseitigung) setzt und K den Wagen nicht repariert (vgl. BGH MDR **2015**, 576).

> **Durchblick:** Wenn R dem K nun erfolglos eine Frist zur Nachbesserung des Wagens setzt, wäre er zum Rücktritt von der Vereinbarung der Annahme des Wagens aus den §§ 437 Nr. 2 Fall 1, 323 Abs. 1 BGB wegen der entsprechenden Anwendung dieser Normen über § 365 BGB berechtigt. Und gemäß § 346 BGB hätte R *dann* einen Anspruch auf – Achtung! – Wiederbegründung der ursprünglichen Forderung (aus dem Darlehensvertrag). Der Rücktritt bewirkt in diesem Falle so-

> mit, dass der Schuldner den ursprünglichen Zustand wiederherstellen muss, also das Bestehen der Forderung aus dem vormaligen Vertragsverhältnis (OLG Hamm NJW-RR **1988**, 266; *Brox/Walker* AS § 14 Rz. 6; *Palandt/Grüneberg* § 364 BGB Rz. 2). Der Gläubiger – hier der R – muss natürlich seinerseits den Wagen zurückgeben.

<u>ZE.:</u> R ist im vorliegenden Fall (noch) nicht berechtigt, von der mit K getroffenen Vereinbarung über die Annahme des Wagens an Erfüllungs statt zurückzutreten. Wegen der über § 365 BGB anwendbaren kaufrechtlichen Vorschriften in §§ 323 Abs. 1, 437 Nr. 2 Fall 1 BGB setzt der Rücktritt den erfolglosen Ablauf einer Frist zur Nacherfüllung voraus. Eine solche Frist hat R dem K (noch) nicht gesetzt.

**Erg.:** R kann von K zurzeit nicht die Rückzahlung des Darlehens in Höhe von 1.500 Euro fordern, dieser Anspruch ist gemäß § 364 Abs. 1 BGB durch die Annahme des Wagens erloschen. Ein Wiederaufleben des Anspruchs durch einen von R erklärten Rücktritt setzt voraus, dass R dem K erfolglos eine Frist zur Nacherfüllung im Hinblick auf den Mangel an der Lichtmaschine setzt.

## Nachtrag: Die Erfüllungswirkung bei Zahlungen über »PayPal«

Im Zusammenhang mit der oben besprochenen Problematik um die Erfüllungswirkungen innerhalb der §§ 362 ff. BGB lag dem BGH im November 2017 (→ WM **2018**, 37) ein hochinteressanter und extrem prüfungstauglicher Fall zur Entscheidung vor, der sich mit den Zahlungswirkungen beim Kauf über den Onlinezahlungsdienst »PayPal« befasst. Folgendes hatte sich zugetragen (hier: leicht vereinfacht):

> Der K hatte online beim Baumarkt B eine Metallbandsäge für 500 Euro bestellt und die Zahlung über »PayPal« veranlasst. Das Geld war dem B von »PayPal« gutgeschrieben worden. Beide Parteien akzeptierten zudem die Nutzungsbedingungen von »PayPal«, in denen unter anderem ein sogenannter »Käuferschutz« enthalten ist. Hiernach zahlt »PayPal« dem Käufer den Kaufpreis zurück, sofern der gekaufte Artikel nicht innerhalb einer bestimmten Frist versandt wird oder aber erheblich von der Artikelbeschreibung des Verkäufers abweicht. Daneben sollen dem Käufer (aber nicht dem Verkäufer) weiterhin die gesetzlichen Rechte auf Gewährleistung zustehen, wobei »PayPal« autonom über die Gewährung des Käuferschutzes entscheidet. Nach der Versendung der Säge nahm K diesen »Käuferschutz« in Anspruch und behauptete gegenüber »PayPal« unter Vorlage eines privat erstellten Gutachtens, dass die Säge ein »billiger Importartikel aus China« und vor allem nicht die versprochene Qualitätssäge aus Deutschland sei. Der B bestritt dies – und forderte anschließend, da »PayPal« nach Prüfung der Unterlagen den »Käuferschutz« für K gewährte und die 500 Euro wieder vom »PayPal«–Konto des B abgezogen hatte, von K die Zahlung der 500 Euro aus § 433 Abs. 2 BGB. **Zu Recht?**

**Einstieg:** Der BGH sah sich angesichts der vorliegenden Sachverhaltsgestaltung zunächst veranlasst, einige grundsätzliche Dinge über die Abwicklung von Onlinegeschäften mittels »PayPal« zu sagen. Wörtlich heißt es:

»… *Bei der Zahlung über ›PayPal‹* **erlischt** *der Kaufpreisanspruch, wenn der geschuldete Betrag dem virtuellen Konto des Verkäufers* **vorbehaltlos** *gutgeschrieben wird. Hierbei bedarf es keiner abschließenden Entscheidung darüber, ob es sich bei der Tilgung der Geldschuld um eine Bewirkung im Sinne des § 362 Abs. 1 BGB (so: Staudinger/Omlor vor §§ 244 ff. BGB Rz. 100), um eine Leistung erfüllungshalber im Sinne des § 364 Abs. 2 BGB (so Palandt/Grüneberg § 362 BGB Rz. 12; Jauernig/Stürner § 364 BGB Rz. 9; Erman/Buck-Heeb § 364 BGB Rz. 10) oder aber um eine Leistung an Erfüllungs statt im Sinne des § 364 Abs. 1 BGB handelt (so Knops/Wahlers BKR 2013, 240). Unbeschadet dieses Streites, tritt nach allen Meinungen die Erfüllung des Kaufpreisanspruchs ein, wenn der geschuldete Betrag dem Konto des Verkäufers vorbehaltlos gutgeschrieben wird, sodass dieser den Betrag zur freien Verfügung erhält und auf ihn zugreifen kann (Staudinger/Omlor vor §§ 244 ff. BGB Rz. 100; Palandt/Grüneberg § 362 BGB Rz. 12; Jauernig/Stürner § 364 BGB Rz. 9; Erman/Buck-Heeb § 364 BGB Rz. 10; Martens in JuS 2014, 200). Dieser* **vorbehaltlosen** *Erfüllungswirkung steht im vorliegenden Fall insbesondere auch nicht der ›Käuferschutz‹ dadurch entgegen, dass erst nach Ablauf der Geltendmachung des Käuferschutzes eine vorbehaltlose Übermittlung des (virtuellen) Geldes und damit die Erfüllungswirkung anzunehmen wäre und bis dahin etwa nur eine Art Schwebezustand besteht. Davon ist nicht auszugehen. Die Erfüllungswirkung entfällt zudem auch nicht rückwirkend, sollte der Käufer den ›Käuferschutz‹ in Anspruch nehmen …*«

**Zwischenfazit:** Sobald »PayPal« den Kaufpreis auf das (virtuelle) Konto des Verkäufers »überwiesen« hat, so dass dieser frei darüber verfügen kann, ist der Anspruch auf Erfüllung seitens des Verkäufers untergegangen. Und das hätte im vorliegenden Fall auf den ersten Blick die erstaunliche Konsequenz, dass B gegen K kein Anspruch aus § 433 Abs. 2 BGB mehr zusteht – den Kaufpreis hatte »PayPal« ja zunächst auf das Konto der B gebucht.

**Aber:** Nach Meinung des BGH führt die im Rahmen des »Käuferschutzes« veranlasste Rückbuchung des Geldes zum **Wiederaufleben** des Kaufpreisanspruchs; insbesondere könne »PayPal« nicht eigenständig die Ansprüche des Verkäufers derart beschränken, dass nur dem **KÄUFER** weiterhin Rechte auf Gewährleistung zustehen sollen, dem Verkäufer aber nach Geltendmachung des Käuferschutzes, über den alleine »PayPal« entscheidet, der Kaufpreisanspruch wegen Erfüllung gleichwohl versagt bleiben soll. Nochmal der BGH (→ WM **2018**, 37):

»… *Mit der beidseitigen akzeptierten Verwendung der Bedingungen von ›PayPal‹ haben die Parteien unter Berücksichtigung der Auslegungsregeln der §§ 133 157 BGB sowie Treu und Glauben stillschweigend vereinbart, dass die zunächst getilgte Kaufpreisforderung* **wiederbegründet** *wird, wenn – wie vorliegend geschehen – das »PayPal«-Konto des B nach einem erfolgreichen Antrag auf Käuferschutz rückbelastet wird. Andernfalls würde »PayPal« mit einem eigenen Prüfungsmaßstab darüber entscheiden, unter welchen Bedingungen eine kaufrechtliche Gewährleistung endgültig zu erfolgen hat – was im hier zu entscheidenden Fall namentlich den Verkäufer unangemessen benachteiligt, da ihm der gerichtliche Weg zur Durchsetzung seiner Ansprüche damit verwehrt wäre … Aus den genannten Gründen stehen neben dem ›Käuferschutz‹ bei einer Abwicklung über ›PayPal‹ immer beiden Parteien* *zusätzlich die gesetzlichen Rechtsbehelfe der kaufrechtlichen Gewährleistung zur Seite – nicht nur dem Käufer. Dies erfordert, wie gezeigt, das Wiederaufleben des Kaufpreisanspruchs des Verkäufers aus § 433 Abs. 2 BGB, wenn der Käufer erfolgreich den ›Käuferschutz‹ in Anspruch genommen und ›PayPal‹ im Zuge dessen den Kaufpreis vom Konto des Verkäufers rückgebucht hat … Die Fragen der kaufrechtlichen Gewährleistung sind dann von staatlicher Seite in Form eines gerichtlichen Verfahrens zu klären …«*

**Ergebnis:** B steht der Kaufpreisanspruch gegen K (wieder) zu. K muss – will er den Kaufpreis nicht zahlen oder eine andere Säge haben – die kaufrechtlichen Gewährleistungsrechte bemühen und namentlich den Nachweis dafür erbringen, dass die erbrachte Leistung/Säge nicht die geschuldete Leistung/Säge war.

# Gutachten

**R kann gegen K einen Anspruch auf Zahlung der 1.500 Euro aus § 488 Abs. 1 Satz 2 BGB haben.**

**I.)** R und K müssen hierfür zunächst einen Darlehensvertrag nach § 488 BGB geschlossen haben. Fraglich ist, welchen Inhalt die Einigung zwischen R und K hatte, da nach dem Sachverhalt das Geld »geliehen« werden sollte. Die Leihe gemäß § 598 BGB unterscheidet sich dadurch vom Darlehensvertrag, dass bei einer Leihe gegenständlich dieselbe Sache zurückgegeben werden muss und deshalb nur der Besitz, nicht aber das Eigentum übertragen wird. Beim Darlehensvertrag hingegen wird im Regelfall das Eigentum am Geld übertragen und der Darlehensnehmer kann seine Schuld – also die Rückzahlung nach § 488 Abs. 1 Satz 2 BGB – dann sowohl mit anderen Geldscheinen als auch auf sonstige Weise befriedigen. Das »Verleihen« von Geld ist mithin stets als Darlehensvertrag gemäß § 488 BGB zu qualifizieren. R und K haben demnach einen Darlehensvertrag geschlossen, R hat das Geld ausgezahlt und die 6-monatige Frist für die Rückzahlung ist zum Zeitpunkt der Anspruchsstellung erreicht. Der Anspruch des R gegen K auf Rückzahlung der 1.500 Euro aus § 488 Abs. 1 Satz 2 BGB ist mithin entstanden.

**II.)** Der Zahlungsanspruch des R gegen K könnte aber untergegangen sein, und zwar aufgrund der Vorschriften der §§ 362 ff. BGB. Insoweit ist zunächst festzustellen, dass K jedenfalls seine Schuld nicht gemäß § 362 Abs. 1 BGB beglichen hat. Dazu wäre nach dem Wortlaut der Norm nämlich erforderlich gewesen, dass er die geschuldete Leistung bewirkt hätte. Die geschuldete Leistung aus dem Darlehensvertrag war gemäß § 488 Abs. 1 Satz 2 BGB die Rückzahlung des zur Verfügung gestellten Darlehens in Höhe der 1.500 Euro. Dies aber hat K bislang nicht bewirkt. Es stellt sich mithin die Frage, ob die Annahme des Wagens eine Erfüllungswirkung in dem Sinne hatte, dass der Rückzahlungsanspruch des R damit untergegangen ist. Insoweit kommt eine Annahme an Erfüllungs statt gemäß § 364 Abs. 1 BGB in Betracht. Voraussetzung dafür ist, dass der Gläubiger eine andere als die geschuldete Leistung an Erfüllungs statt annimmt.

Ob im konkreten Fall eine Leistung an Erfüllungs statt gemäß § 364 Abs. 1 BGB oder aber eine Leistung erfüllungshalber im Sinne des § 364 Abs. 2 BGB vorliegt, muss durch Auslegung gemäß §§ 133, 157 BGB ermittelt werden. Hierbei sind die Umstände des Einzelfalles daraufhin zu untersuchen, ob die ursprüngliche Forderung des Gläubigers mit der Annahme der anderen Leistung befriedigt sein oder aber ob ihm nur eine weitere zusätzliche

Möglichkeit der Befriedigung der Schuld gewährt werden soll. Im vorliegenden Fall erhält R anstelle der Rückzahlung der Darlehensforderung in Höhe von 1.500 Euro den gebrauchten Golf des K und behält und nutzt diesen auch. In der Annahme des Wagens ist unter Berücksichtigung der beidseitigen Interessen der Vertragsparteien keine Neubegründung einer zusätzlichen Schuld nach § 364 Abs. 2 BGB für K zu sehen, vielmehr handelt es sich um eine Leistung an Erfüllungs statt im Sinne des § 364 Abs. 1 BGB. Die Annahme einer Sache anstelle einer Geldforderung stellt im Regelfall eine Annahme an Erfüllungs statt im Sinne des § 364 Abs. 1 BGB dar, wenn der Gläubiger die Sache nutzt und behält. Mit der Annahme des Wagens durch R ist das Schuldverhältnis folglich gemäß § 364 Abs. 1 BGB erloschen. Der Anspruch des R gegen K auf Rückzahlung des Darlehens aus § 488 Abs. 1 Satz 2 BGB ist mithin in diesem Moment untergegangen.

**1.)** Etwas anderes könnte sich aus dem Umstand ergeben, dass der Wagen defekt gewesen ist und R erklärt, er wolle das Geld haben. Insoweit kommt in Betracht, dass die Wirkung des § 364 Abs. 1 BGB aufgrund des Mangels an dem Wagen gar nicht eintreten konnte. Diesbezüglich ist jedoch festzustellen, dass nach allgemeiner Meinung die Erfüllungswirkung des § 364 Abs. 1 BGB auch dann eintritt, wenn die angenommene Sache mangelhaft ist. Dies ergibt sich aus der Existenz des § 365 BGB, der für den Fall des Mangels der an Erfüllungs statt angenommenen Sache auf die Vorschriften über das Kaufrecht verweist. Das hat zu bedeuten, dass der Gläubiger, der eine andere als die geschuldete Leistung an Erfüllungs statt angenommen hat, nicht mehr ohne weiteres auf die ursprüngliche Forderung zurückgreifen kann, wenn die angenommene Sache mangelhaft sein sollte. Die ursprüngliche Schuld lebt durch diesen Umstand nicht wieder auf. Übertragen auf den vorliegenden Fall hat dies zur Konsequenz, dass auch mit der Lieferung des mangelhaften Autos anstelle der Begleichung der Darlehensforderung die Erfüllungswirkung des § 364 Abs. 1 BGB eingetreten ist. R kann sich nicht darauf berufen, dass die Erfüllungswirkung aufgrund des Mangels der Sache gemäß § 364 Abs. 1 BGB nicht eingetreten ist.

**2.)** Des Weiteren könnte R durch seine Erklärung gegenüber K ein Wiederaufleben der ursprünglichen Hauptschuld aus dem Darlehensvertrag bewirkt haben. R will vorliegend den Wagen zurückgeben und von der Vereinbarung über die Annahme des Wagens zurücktreten. Ein solches Rücktrittsrecht indessen ist im Kaufrecht an die Vorschriften bzw. Voraussetzungen der §§ 323 Abs. 1, 437 Nr. 2 Fall 1 BGB gebunden. Und gemäß § 323 Abs. 1 BGB kann der Gläubiger nur und erst dann vom Vertrag zurücktreten, wenn er dem Schuldner, der eine nicht vertragsgemäße Leistung erbracht hat, erfolglos eine angemessene Frist zur Nacherfüllung bestimmt hat. Im vorliegenden Fall hätte R dem K mithin eine Frist zur Mangelbeseitigung setzen müssen, was nach der Sachverhaltsschilderung nicht geschehen ist. Der R hat dem K bislang keinerlei Frist gesetzt, sondern sofort die Rückabwicklung gefordert. Diese Forderung des R geht folglich wegen der Regelung der §§ 323 Abs. 1, 437 Nr. 2 Fall 1 BGB ins Leere. Zum Rücktritt ist R erst dann berechtigt, wenn er dem K erfolglos eine Frist zur Nacherfüllung setzt.

**Ergebnis:** R kann von K nicht die Rückzahlung des Darlehens fordern.

# Fall 14

# Happy Hour

Rechtsstudent R und sein Kommilitone K sitzen in »Winni´s Cocktailbar« und gießen sich nach einem harten Studientag Alkoholspezialitäten zum halben Preis hinter die Binde. Da K sein Geld vergessen hat, leiht er sich später 20 Euro von R und begleicht damit seinen Teil der Rechnung. Am nächsten Tag sieht R in der Universität die ziemlich erfreuliche Medizinstudentin M und quatscht diese auch gleich an. R und M verabreden sich daraufhin für den Abend in »Winni´s Cocktailbar«. Beim Bezahlen von viermal Sex on the Beach (je 7,50 Euro) stellt R peinlicherweise fest, dass er nur zehn Euro in der Tasche hat. Um den Abend zu retten, gibt er diese dem Besitzer B und bittet ihn unter Schilderung seiner Notlage, sich ausnahmsweise bezüglich des Restbetrags an K zu halten. Dieser schulde ihm noch 20 Euro. Da K und R Stammgäste sind, ist B einverstanden. Eine Stunde später schiebt der ahnungslose K, der an diesem Abend zuhause geblieben war, einen 20-Euro-Schein in einem Briefumschlag bei R unter die Wohnungstür. Als B am nächsten Abend von K die 20 Euro fordert, weigert sich K und meint, er müsse seine Schulden doch nicht zweimal bezahlen.

**Ansprüche des B gegen R und K?**

---

**Schwerpunkte:** Die Abtretung einer Forderung gemäß § 398 BGB; Erlöschen von Ansprüchen durch Erfüllung nach den §§ 362 Abs. 1, 364 Abs. 1 BGB; Teilleistung nach § 266 BGB; Voraussetzungen und Rechtsfolgen der Forderungsabtretung nach § 398 BGB; Schuldnerschutzvorschriften der §§ 404 ff. BGB; Ausgleich einer ungerechtfertigten Bereicherung nach den §§ 816 Abs. 2 und 812 Abs. 1 BGB.

---

## Lösungsweg

**Kurze Vorüberlegung:** B will von R (oder K) das Restgeld für die Cocktails haben. Hierbei werden wir gleich einen Anspruch aus § 433 Abs. 2 BGB prüfen, demnach also vom Vorliegen eines **Kaufvertrages** ausgehen. Ganz so einfach ist das aber eigentlich nicht, denn bei genauer Betrachtung haben die Parteien in der Bar einen sogenannten »Bewirtungsvertrag« geschlossen (*Jauernig/Stadler* § 311 BGB Rz. 30; *Ramrath* in AcP 189, 559). Dieser ist im BGB nicht explizit geregelt, wird auch »gemischter« Vertrag genannt und setzt sich aus mehreren unterschiedlichen Vertragselementen des BGB zusammen. So richtet sich etwa die Überlassung des Sitzplatzes in einer Gaststätte nach Mietrecht, die Herstellung der Speisen nach Werk-

oder Dienstrecht, während im Hinblick auf die fertigen Produkte wie z.B. Bier oder Schampus Kaufrechtsbestandteile im Vordergrund stehen. Um nun in einer Klausur die jeweils zutreffenden Normen für die Fallfrage bestimmen zu können, hält man sich in solchen Fällen bitte an folgenden Grundsatz: Anzuwenden sind immer die Vorschriften, die für den in Streit stehenden Vertragsbestandteil maßgeblich sind (BGHZ **63**, 333; BGH NJW **1989**, 1673; *Larenz/Canaris* II/2 § 63 I 3b; *Staudinger/Löwisch* § 305 BGB Rz. 29). Bei uns geht es allein um die **Zahlung** der Cocktails, und das betrifft demnach den zu entrichtenden Kaufpreis, also ist die richtige Anspruchsgrundlage der § 433 Abs. 2 BGB. Alles klar!?

### I.) Ansprüche des B gegen R

<u>AGL.:</u> § 433 Abs. 2 BGB (Kaufpreiszahlung)

**1.)** Voraussetzung für das Bestehen eines Anspruchs auf Kaufpreiszahlung aus § 433 Abs. 2 BGB ist ein wirksam abgeschlossener Kaufvertrag zwischen B und R. Und das haben wir eben erklärt: Hier liegt zwar eigentlich ein sogenannter »Bewirtungsvertrag« vor, die in Frage stehende Zahlung der Cocktails berührt aber allein den kaufrechtlichen Aspekt dieses Vertrages mit der Konsequenz, dass wir vom Vorliegen einer entsprechenden Einigung im Sinne des § 433 BGB ausgehen können.

<u>ZE.:</u> Der Anspruch des B gegen R auf Zahlung des Kaufpreises für die Cocktails in Höhe von 30 Euro (4 × Sex on the Beach zu je 7,50 Euro) ist damit entstanden.

**2.)** Der Anspruch des B gegen R kann jedoch wieder **untergegangen** sein.

**a)** Als Erlöschensgrund im Hinblick auf die gezahlten zehn Euro kommt § 362 Abs. 1 BGB in Betracht. Danach erlischt das Schuldverhältnis, wenn die geschuldete Leistung an den Gläubiger bewirkt wird. Die Leistung muss dabei in der durch das Schuldverhältnis bestimmten Art und Weise erbracht werden (*Bamberger/Roth/Hau/ Poseck/Dennhardt* § 362 BGB Rz. 5). R hat vorliegend einen Teil der geschuldeten Summe bar an B gezahlt hat, nämlich zehn Euro. Durch diese Zahlung hat er die Wirkung des § 362 Abs. 1 BGB herbeigeführt und das Schuldverhältnis ist in dieser Höhe dementsprechend erloschen, denn die sofortige Barzahlung stellt hier das Bewirken der geschuldeten Leistung in der richtigen Art und Weise dar.

> Fraglich ist, ob sich wegen **§ 266 BGB** (aufschlagen!) an diesem Ergebnis noch etwas ändert. Nach § 266 BGB gilt die Regel, dass der Schuldner einer Leistung grundsätzlich nicht zu Teilleistungen berechtigt ist. Die Vorschrift stellt jedoch dispositives (= nicht zwingendes) Recht dar, sodass sie von den Vertragsparteien durch eine entsprechende Vereinbarung ausgeschlossen werden kann (MüKo/*Krüger* § 266 BGB Rz. 8; *Palandt/Grüneberg* § 266 BGB Rz. 5; *Soergel/Forster* § 266 BGB Rz. 19). Und das ist auch gut so, denn mit der Regelung von § 266 BGB soll (nur) verhindert werden, dass der Gläubiger durch mehrfache Teilleistungen unzumutbar belästigt wird (RGZ **79**, 359; vgl. auch *Weber* in MDR 1992, 828). Wenn der Gläubiger auf diesen Schutz aber freiwillig verzichtet, dann darf der Schuldner eben auch in Teilen leisten. So

liegt der Fall hier, denn B akzeptiert den Vorschlag seines Stammkunden R anstandslos und verzichtet damit darauf, den Rechnungsbetrag »auf einmal« zu erhalten.

<u>ZE.:</u> Der Anspruch des B gegen R ist in Höhe von zehn Euro nach § 362 Abs. 1 BGB untergegangen, weil R diesen Betrag in bar gezahlt hatte.

**b)** Fraglich ist jetzt natürlich, wie es um die restliche Summe in Höhe von 20 Euro steht, die R eben nicht bezahlt hat. Hierfür kommt als Erlöschensgrund der **§ 364 Abs. 1 BGB** in Betracht. Die dort geregelte Leistung an Erfüllungs Statt führt – wie wir aus dem vorherigen Fall bereits wissen – unmittelbar zum Erlöschen des Schuldverhältnisses und stellt damit ein echtes **Erfüllungssurrogat** dar (*Bamberger/Roth/Hau/Poseck/Dennhardt* § 364 BGB Rz. 6). Gegenstand der Leistung an Erfüllungs statt können Leistungen jeder Art sein: Sachen, Ansprüche gegen Dritte, sonstige Rechte, aber auch Dienst- oder Werkleistungen (*MüKo/Fetzer* § 364 BGB Rz. 4), sofern der Gläubiger sie nur an Stelle der Erfüllung gelten lässt. R hätte daher z.B. auch für B zwei Stunden lang in der Küche als Spülkraft tätig werden können. Vorliegend hat sich R jedoch dafür entschieden, dem B anstelle der Zahlung von 20 Euro die Übertragung einer Forderung gegen K (aus dem Vertrag mit K) anzubieten. Sollte B diese Forderung gegen K als Leistung an Erfüllungs statt angenommen haben, wäre der Anspruch des B gegen R auch in Höhe der verbliebenen 20 Euro erloschen, und zwar nach § 364 Abs. 1 BGB.

**Durchblick:** Eine solche hier in Frage stehende Übertragung einer Forderung nennt man **Abtretung,** und sie ist in den §§ 398 ff. BGB geregelt (bitte aufschlagen!). Nach § 398 Satz 1 BGB kann demnach ein Anspruch vom Gläubiger durch Vertrag auf einen anderen übertragen werden. Bei der Abtretung wird die Forderung durch einen Vertrag zwischen dem bisherigem Gläubiger (nennt man »Zedent«) und neuem Gläubiger (nennt man »Zessionar«) auf diesen übertragen (BGH NJW **2014**, 141). Die Abtretung ist damit ein **Verfügungsgeschäft**, da sie unmittelbar auf den Bestand eines Rechtes einwirkt, dieses namentlich überträgt (BGH NJW **2014**, 141; **2007**, 1196; *Palandt/Grüneberg* § 398 BGB Rz. 2). Die systematische Besonderheit besteht darin, dass die Abtretung anders als die meisten Verfügungsgeschäfte nicht im Sachenrecht, sondern im Schuldrecht geregelt ist (*Ahcin/Armbrüster* in JuS 2000, 450). Im Hinblick auf die Übertragung der Forderung beachte bitte den § 401 Abs. 1 BGB, wonach bei der Abtretung einer Forderung diverse Neben- bzw. Vorzugsrechte, die an der Forderung quasi »kleben«, automatisch, also ohne gesonderte Vereinbarung mit übergehen. Wer also z.B. eine Forderung, die durch eine Hypothek gesichert ist, per Abtretung erwirbt, wird gleichzeitig auch Inhaber der Hypothek (*Jauernig/Stürner* § 401 BGB Rz. 1). Merken.

**Zurück zum Fall:** Wenn eine wirksame Abtretung an Erfüllungs statt vorgenommen worden ist, ist der Anspruch des B gegen R auf Zahlung der restlichen 20 Euro nach § 364 Abs. 1 BGB erloschen (BGHZ **15**, 154; *Bamberger/Roth/Hau/Poseck/Dennhardt*

§ 364 BGB Rz. 6). B hatte nach Schilderung des Sachverhaltes keine Einwände dagegen, dass R ihm anstelle einer Geldzahlung eine Forderung gegen seinen Stammgast K angeboten hat. Insofern hat er dieses Leistungsangebot an Erfüllungs statt im Sinne des § 364 Abs. 1 BGB angenommen. Fraglich ist somit alleine noch, ob die Abtretung im vorliegenden Falle den Erfordernissen der §§ 398 ff. BGB entsprach, demnach auch **wirksam** durchgeführt worden ist. Prüfen wir mal:

**aa)** Als Erstes müssen wir uns dabei fragen, ob ein entsprechender (**Abtretungs-**) **Vertrag** zwischen R und B vorliegend tatsächlich wirksam zustande gekommen ist. Dabei gelten die bekannten Regeln des BGB-AT. Die Abtretung ist grundsätzlich formfrei möglich (BGH NJW **2014**, 141; BGHZ **89**, 46) und kann auch durch **schlüssiges** Verhalten zustande kommen (BGH NJW **1997**, 729). Wie alle Verfügungen setzt sie voraus, dass der Gegenstand, über den verfügt wird, genau bezeichnet ist (→ Bestimmtheitsgrundsatz; BGH NJW **2000**, 276). B und R haben zwar nicht ausdrücklich von einer »Abtretung« gesprochen, sie waren sich vorliegend aber darüber einig, dass B nach Zahlung der 10 Euro durch R den noch offenen Restbetrag (= 20 Euro) von K einfordern können sollte. Das reicht aus. Für etwaige Wirksamkeitshindernisse, die dieser Einigung entgegenstehen könnten, bietet der Sachverhalt keine Anhaltspunkte. Vertragsparteien, Gegenstand und geschuldeter Betrag waren den Parteien bekannt und die Abtretung damit auch hinreichend bestimmt.

<u>ZE.:</u> R und B haben einen wirksamen Abtretungsvertrag über den Anspruch des R gegen K in Höhe von 20 Euro geschlossen.

**bb)** Die Abtretung setzt weiterhin voraus, dass die abzutretende Forderung dem Zedenten im Zeitpunkt der Abtretung auch wirklich zugestanden hat. Man spricht auch von der »Forderungsinhaberschaft des Zedenten«. Und das ist auch nötig, **denn**: Ein gutgläubiger Forderungserwerb ist im BGB grundsätzlich **nicht** vorgesehen (*Staudinger/Busche* Einl. zu § 398 ff. BGB Rz. 26; MüKo/*Roth/Kieniger* § 398 BGB Rz. 28; *Meyer/von Varel* in JuS 2004, 192).

> **Feinkostabteilung:** Um den letzten Satz zu verstehen und vor allem auch zu behalten, wollen wir uns bitte Folgendes klarmachen: Bei (beweglichen) **Sachen** ist ein gutgläubiger Erwerb nach §§ 932 ff. BGB problemlos möglich. Man kann also auch Eigentümer einer Sache werden, wenn derjenige, der die Sache veräußert, nicht Eigentümer ist, sich aber als solcher ausgibt (lies: § 932 BGB). Voraussetzung für alle Gutglaubenstatbestände ist jedoch stets ein sogenannter Rechtsscheinträger, also ein tatsächlicher Umstand, aus dem der rechtliche Schein entsteht, dass irgendjemand tatsächlich Eigentümer einer Sache ist, obwohl das ja in Wirklichkeit nicht stimmt. Für bewegliche Sachen fungiert als Rechtsscheinträger regelmäßig der Besitz bzw. die Übergabe der Sache. Wer Besitzer einer beweglichen Sache ist und diese übergeben kann, für den vermutet das Gesetz, dass er auch ihr Eigentümer ist. Und das steht in § 1006 Abs. 1 BGB (prüfen!). An **Forderungen** kann man im Gegensatz zu beweglichen Sachen aber logischerweise keinen Besitz begründen, weil man sie nicht übergeben kann (wie sollte das gehen?). Wenn man im Rechtsverkehr aber nichts »Greifbares« in der Hand hat, fehlt es insoweit immer an einem sichtbaren Rechtsscheinträger und damit an einem Anknüpfungspunkt für den notwendigen guten

Glauben. Wir halten deshalb fest: Dem BGB ist der gutgläubige Erwerb von Forderungen grundsätzlich fremd (*Brox/Walker* AS § 34 Rz. 10). Etwas anderes gilt nur in den Fällen des **§ 405 BGB** und bei wertpapierrechtlich verselbstständigten Forderungen. Dabei existiert dann allerdings auch immer ein »greifbares« Stück (Wert-)Papier, das dem Inhaber bescheinigt, dass er bezüglich der Forderung berechtigt ist. Nur deswegen wird von dem soeben aufgestellten Prinzip eine (seltene!) Ausnahme zugelassen (*Jauernig/Stürner* § 405 BGB Rz. 1; MüKo/*Roth*/*Kieniger* § 405 BGB Rz. 1).

**Zurück zum Fall:** Unserem R stand hier zum Zeitpunkt des Abschlusses des Abtretungsvertrages fraglos ein Anspruch gegen K aus **§ 488 Abs. 1 BGB** zu, denn er hatte K am Vorabend 20 Euro »geliehen«, worin juristisch korrekt die Gewährung eines zinslosen Darlehens zu sehen ist. In diesem Zusammenhang spielt es übrigens auch keine Rolle mehr, dass K eine Stunde **nachdem** R und B sich hinsichtlich der Abtretung geeinigt hatten, die zurückzuzahlende Darlehenssumme in den Briefkasten des R gesteckt hat, und zwar unabhängig davon, wie man diesen Vorgang rechtlich bewertet (dazu gleich unten). Zwar geht die Abtretung ins Leere, wenn die Forderung durch Erfüllung, Aufrechnung etc. bereits erloschen ist (MüKo/*Roth*/*Kieniger* § 398 BGB Rz. 26; *Meyer/von Varel* in JuS 2004, 192). Es kommt für das Merkmal der Forderungsinhaberschaft des Zedenten aber nur auf den Zeitpunkt der **Einigung** hinsichtlich des Forderungsübergangs an, und da stand R die Forderung gegen K noch zu.

<u>ZE.:</u> R war somit zum Zeitpunkt der Abtretung des Anspruchs an B auch (noch) Forderungsinhaber.

**cc)** Letztlich darf die Forderungsabtretung nicht ausgeschlossen gewesen sein. Ausschlussgründe stehen unter anderem in § 399 BGB, den wir uns etwas genauer ansehen wollen. Der § 399 BGB regelt **zwei** Konstellationen: Von § 399 <u>Fall 1</u> BGB werden Forderungen erfasst, die wegen ihres **Inhalts** unabtretbar sind. Hierunter fallen in erster Linie sogenannte »höchstpersönliche Ansprüche«, bei denen es für die Leistung also gerade auf die Person des Gläubigers ankommt (MüKo/*Roth*/Kieniger § 399 Rz. 2; *Staudinger/Busche* Vor § 398 BGB Rz. 6.). Gemeint sind damit etwa Ansprüche auf Unterhalt in natura oder auf Urlaub gegen den Arbeitgeber (*Palandt/Grüneberg* § 399 BGB Rz. 6). Der § 399 <u>Fall 2</u> BGB erfasst demgegenüber Fälle, in denen die Abtretung wegen einer **Vereinbarung** der Parteien nicht oder nur unter besonderen Bedingungen vorgenommen werden kann.

> **Beachte:** Insofern widerspricht § 399 Fall 2 BGB zwar auf den ersten Blick dem eindeutigen Wortlaut von § 137 Satz 1 BGB (aufschlagen!). Nach heute herrschender Meinung soll aber immer dann, wenn die Vertragsparteien einen Ausschluss nach § 399 Fall 2 BGB vereinbaren, kein »veräußerliches Recht« im Sinne von § 137 BGB mehr vorliegen, sodass § 399 BGB in seinem Anwendungsbereich den § 137 BGB verdrängt (BGHZ **112**, 387; *Staudinger/Busche* § 399 BGB Rz. 52; *Bülow* in NJW 1993, 901). Eine klausurwichtige Ausnahme von § 399 BGB steht übrigens in **§ 354a HGB**, wenn im Sachverhalt Kaufleute mitspielen (*Palandt/Grüneberg* § 399 BGB Rz. 9).

**Zum Fall:** R und K haben hier nichts vereinbart, was einer Abtretung der Forderung im Sinne des § 399 BGB entgegenstehen würde. Auch ändert sich der Inhalt der Leistung nicht dadurch, dass K nunmehr nicht an R, sondern an B leisten muss, denn es geht insoweit (nur) um eine Geldzahlung und nicht um eine höchstpersönlich zu erbringende Leistung. Für die Lösung unseres Falles können wir daher feststellen, dass kein Abtretungsausschluss vorliegt.

<u>ZE.:</u> Damit sind alle drei Voraussetzungen der Abtretung nach § 398 BGB erfüllt. R hat dem B seinen Anspruch gegen K aus § 488 BGB wirksam abgetreten.

<u>ZE.:</u> R ist durch diese Abtretung an Erfüllungs statt gemäß § 364 Abs. 1 BGB gegenüber B von seiner restlichen Zahlungsverpflichtung aus § 433 Abs. 2 BGB in Höhe von 20 Euro befreit worden.

<u>ZE.:</u> Der Anspruch des B auf Zahlung von 30 Euro gegen R aus § 433 Abs. 2 BGB ist damit insgesamt erloschen.

**Erg.:** B hat gegen R keinen Zahlungsanspruch aus § 433 Abs. 2 BGB mehr.

### <u>AGL.:</u> § 816 Abs. 2 BGB (Herausgabe wegen ungerechtfertigter Bereicherung)

**Vorab:** Fallkonstellationen, in denen jemand einen Vermögenszuwachs verzeichnen kann, der eigentlich einem anderen Teilnehmer des Rechtsverkehrs zusteht, bringen die Fall-Lösung in aller Regel zum Bereicherungsrecht (§§ 812–822 BGB). Die bereicherungsrechtlichen Vorschriften stellen nämlich zumeist sicher, dass niemand tatsächlich Vorteile behält, die er aus rechtlichen Gründen nicht behalten darf. Wenn eine Person etwas erlangt, ohne dazu berechtigt zu sein, diese Leistung dem Berechtigten aber gegenüber wirksam ist, ist bei der Fallbearbeitung auf **§ 816 Abs. 2 BGB** einzugehen. Denn nach dieser Norm ist der Nichtberechtigte dem Berechtigten gegenüber zur Herausgabe dessen verpflichtet, was an ihn geleistet worden ist. In unserem Fall stellt sich konkret die Frage, ob die 20 Euro, die K abends unter die Tür des R geschoben hat, eine Leistung an einen Nichtberechtigten ist, die dem Berechtigten (B!) gegenüber wirksam war. Wenn dem so ist, muss der Nichtberechtigte (R) dem Berechtigten (B) gemäß § 816 Abs. 2 BGB diese 20 Euro geben. Kapiert!?

**Wir prüfen:**

**1.)** Es muss eine Leistung an einen Nichtberechtigten erbracht worden sein. Der Leistungsbegriff stimmt dabei mit dem Leistungsbegriff von § 812 Abs. 1 BGB überein, nämlich:

> **Definition:** Leistung im Sinne der §§ 812 ff. BGB ist die bewusste und zweckgerichtete Mehrung fremden Vermögens (BGHZ **58**, 184; BGH NJW **1999**, 1393; *Staudinger/Lorenz* § 812 BGB Rz. 4; *Palandt/Sprau* § 812 BGB Rz. 3).

Als Leistung kommt nach der Sachverhaltsschilderung hier selbstredend nur das Schieben der 20 Euro unter die Wohnungstür des R in Betracht. K müsste hierdurch also das Vermögen von R bewusst und zweckgerichtet vermehrt haben. Und hier dürfen wir entspannt feststellen, dass K genau das getan hat: Indem er den Briefumschlag unter die Wohnungstür geschoben hat, wollte er bewusst seine Verbindlichkeit gegenüber R aus § 488 Abs. 1 BGB erfüllen. Das ging nur, indem er dem R die »geliehenen« 20 Euro zukommen ließ. Inhalt der Leistungsverpflichtung des K war hier die Rückzahlung einer ausbezahlten Darlehenssumme. Er hatte das Geld nach § 270 Abs. 1 BGB auf seine Gefahr und seine Kosten dem Gläubiger an dessen **Wohnsitz** zu übermitteln, da nichts anderes vereinbart worden war. Das hat K gemacht, er hat das Geld unter die Wohnungstür geschoben (Einwurf in den Briefkasten hätte übrigens nicht gereicht, vgl. AG Köln NJW **2006**, 1600).

<u>ZE.:</u> K hat an R geleistet im Sinne des § 816 Abs. 2 BGB, indem er den 20-Euro-Schein unter der Tür durchgeschoben hat.

Weiterhin müsste R im Hinblick auf diese Leistung **Nichtberechtigter** gewesen sein.

> **Definition:** Nichtberechtigter ist ein Leistungsempfänger, der weder Inhaber der zugrundeliegenden Forderung noch auf Grund Rechtsgeschäfts oder Gesetzes zur Einziehung der Forderung befugt ist (BGH WM **2003**, 2237; *Jauernig/Stadler* § 816 BGB Rz. 3; *Bamberger/Roth/Hau/Poseck/Wendehorst* § 816 BGB Rz. 28).

In dem Moment, in dem K den Geldschein unter der Tür durchgesteckt hat, war R wegen der vorher durchgeführten Abtretung nicht mehr Inhaber der Forderung in Höhe von 20 Euro. Diese Forderung hatte er eine Stunde vorher auf B übertragen.

<u>ZE.:</u> R war im Hinblick auf die Forderung gegen K aus § 488 Abs. 1 BGB in Höhe von 20 Euro auch Nichtberechtigter.

**2.)** Weiterhin setzt § 816 Abs. 2 BGB voraus, dass die Leistung dem Berechtigten gegenüber wirksam ist. Ein Ausgleich im Verhältnis zwischen dem Leistungsempfänger und dem wahren Inhaber der Forderung ist nur notwendig, wenn der Schuldner durch seine Leistung an den Nichtberechtigten auf Grund einer Ausnahmeregelung auch gegenüber dem Berechtigten befreit wird. Der Leistungserfolg nach § 362 Abs. 1 BGB muss grundsätzlich gegenüber dem (richtigen) Gläubiger bewirkt werden. Die Leistung an einen Nichtberechtigten befreit den Schuldner nicht (MüKo/*Fetzer* § 362 BGB Rz. 15; *Bamberger/Roth/Hau/Poseck/Dennhardt* § 362 BGB Rz. 7, 9).

**Zum Fall:** Demnach hat unser K durch das Übermitteln des Geldes im Hinblick auf die 20 Euro an den **falschen** Gläubiger gezahlt, denn der Gläubiger war inzwischen ja der B. Ein Erlöschen der Forderung nach § 362 Abs. 1 BGB wäre also demnach **nicht** eingetreten, weil K im Hinblick auf die 20 Euro nicht an seinen wirklichen Gläubiger B, sondern an den vermeintlichen Gläubiger R gezahlt hat. Und das hätte zur Folge, dass der § 816 Abs. 2 BGB nicht einschlägig ist, denn die Leistung wäre dem Berechtigten B gegenüber wegen nicht eingetretener Erfüllung auch **nicht** wirksam geworden im Sinne des § 816 Abs. 2 BGB (*Brox/Walker* AS § 34 Rz. 23).

**Aber:** Eine Ausnahmeregelung, durch die der Schuldner trotz Leistung an den falschen Gläubiger von seiner Leistungspflicht befreit wird, findet sich für den Fall der Abtretung in **§ 407 Abs. 1 BGB** (bitte aufschlagen und ablesen!). Nach § 407 Abs. 1 BGB muss nämlich der neue Gläubiger eine Leistung, die der Schuldner nach der Abtretung an den bisherigen Gläubiger erbringt, grundsätzlich gegen sich gelten lassen. Einzige Voraussetzung von § 407 Abs. 1 BGB ist dabei, dass der Schuldner nichts von der erfolgten Abtretung weiß (BGH NJW-RR **2004**, 1145; NJW **1989**, 905). Grundsätzlich schließt nur positive Kenntnis die befreiende Wirkung von § 407 BGB aus, ein fahrlässiges Nichtkennen reicht **nicht** aus (BGH NJW **1997**, 1775; OLG Rostock OLGR **2000**, 30; *Palandt/Grüneberg* § 407 BGB Rz. 6). Hier in unserem Fall hatte der K keine Ahnung davon, dass R »hinter seinem Rücken« den Anspruch abgetreten hatte, andernfalls wäre er auch kaum zu R nach Hause gegangen, um den 20-Euro-Schein abzuliefern. Aus diesem Grund erfüllt § 407 Abs. 1 BGB an dieser Stelle hundertprozentig seine Funktion als **Schuldnerschutzvorschrift** (*Brox/Walker* AS § 34 Rz. 22). Der K braucht deshalb nicht noch einmal an B (oder R) zu zahlen.

<u>ZE.:</u> Die Leistung des K an R ist wegen § 407 BGB gegenüber B wirksam im Sinne des § 816 Abs. 2 BGB. Und genau dieses Ergebnis brauchten wir, um vorliegend dem B den gerade zu prüfenden Herausgabeanspruch aus § 816 Abs. 2 BGB zuzusprechen (s.o.). Es sind mithin alle Voraussetzungen von § 816 Abs. 2 BGB erfüllt.

**Erg.:** B hat gegen R einen Anspruch aus § 816 Abs. 2 BGB auf Herausgabe der durch Leistung des K erlangten 20 Euro.


## II.) Ansprüche des B gegen K

<u>AGL.:</u> § 433 Abs. 2 BGB (Kaufpreiszahlung)

**1.)** B und K haben miteinander, jedenfalls soweit es um die vier Cocktails für R und M geht, ersichtlich **keinen** Kaufvertrag geschlossen. Ein entsprechender Anspruch ist somit auch nicht entstanden.

**2.)** Auch durch die Abtretung ist K (logischerweise) nicht Vertragspartner des B geworden, denn insoweit fehlt es ebenfalls an einer Willensäußerung des K. Ein Vertrag zwischen B und R, durch den K ohne sein Zutun und Wissen unmittelbar nach § 433 Abs. 2 BGB verpflichtet worden wäre, würde einen (unzulässigen) Vertrag zulasten Dritter darstellen, den das deutsche Recht nicht anerkennt (BGHZ **54**, 247; BAG ZIP **2004**, 729).

**Ergebnis:** B hat gegen K keinen Anspruch aus § 433 Abs. 2 BGB.

<u>AGL.:</u> § 488 Abs. 1, 398 BGB (Darlehensrückzahlung)

**1.)** Zwar haben B und K keinen Darlehensvertrag geschlossen, jedoch ist ein Zahlungsanspruch des B aus abgetretenem Recht entstanden. Wie gezeigt, hat R dem B seinen zu diesem Zeitpunkt bestehenden Anspruch gegen K auf Darlehensrückzahlung aus § 488 Abs. 1 BGB wirksam abgetreten. B ist damit Inhaber des Anspruchs gegen K geworden. B ist durch die Abtretung übrigens keineswegs auch Vertragspartner des K geworden. Parteien des Darlehensvertrages sind weiterhin K und R, da der Zedent seine Stellung als Vertragspartei nicht an den Zessionar verliert (BGHZ **55**, 354; *Palandt/Grüneberg* § 398 BGB Rz. 18ff.; *Soergel/Schreiber* § 398 BGB Rz. 4).

**2.)** Zwar ist die Forderung des B nicht durch Erfüllung **erloschen** (s.o.). Allerdings muss er, wie wir gerade gesehen haben, die Leistung des K an R gemäß § 407 Abs. 1 BGB gegen sich gelten lassen. Der § 407 BGB bewirkt den Untergang des Anspruchs des Zessionars gegen den Schuldner (*Brox/Walker* AS § 34 Rz. 23).

<u>ZE.:</u> B hat gegen K keinen Anspruch aus den §§ 488 Abs. 1, 398 BGB.

**Erg.:** B hat gegen K überhaupt keine Ansprüche und muss sich demnach an den R halten (siehe oben).

## Kurzer Nachschlag

Es kommen bei Vorliegen der Voraussetzungen von § 407 Abs. 1 BGB grundsätzlich immer **zwei** mögliche Rechtsfolgen in Betracht, die davon abhängen, wie sich der Schuldner im konkreten Fall verhält: Entweder der Schuldner beruft sich – wie in unserem Fall geschehen – darauf, dass er die an den Zessionar bereits erbrachte Leistung nicht noch einmal erbringen will und damit der § 407 BGB gegenüber dem Gläubiger bzw. Zessionar gelten soll. Welche Rechtsfolgen das dann hat, haben wir eben gesehen: Der Zessionar (B) verliert wegen § 407 BGB seinen Anspruch gegen den Schuldner (K) und kann sich bei dem Zedenten (R) nach § 816 Abs. 2 BGB schadlos halten. Möglich wäre aber auch gewesen, dass der Schuldner (K), obwohl er schon an den Zedenten (R) geleistet hat, die Leistung ein zweites Mal an den Zessionar (B) erbringt und damit auf die befreiende Wirkung des § 407 BGB verzichtet. In diesem Fall stünde ihm aber ein Rückzahlungsanspruch gegen den Zedenten (R) aus **§ 812 Abs. 1 Satz 1 Fall 1 BGB** zu (BGH NJW **2001**, 231). **Grund:** Die Zahlung des Schuldners an den Zedenten erfolgte in diesem Fall ohne rechtlichen Grund, denn es fehlte an einem entsprechenden Anspruch des Zedenten, den er ja durch die Abtretung verloren hat.

# Gutachten

**I.) Ansprüche des B gegen R**

**B kann gegen R einen Anspruch auf Kaufpreiszahlung aus § 433 Abs. 2 BGB haben.**

**1.)** Voraussetzung für das Bestehen eines Anspruchs aus § 433 Abs. 2 BGB ist ein wirksam abgeschlossener Kaufvertrag zwischen B und R. Die Parteien haben hier einen sogenannten »Bewirtungsvertrag« geschlossen. Dieser gemischt-typische Vertrag setzt sich aus mehreren unterschiedlichen Vertragselementen des BGB zusammen. Anzuwenden sind hierbei stets die Vorschriften, die für den in Streit stehenden Vertragsbestandteil maßgeblich sind. Vorliegend steht allein die Zahlung der Cocktails in Rede. Diesbezüglich ist Kaufrecht gemäß den §§ 433 ff. BGB anzuwenden. Im Hinblick auf die Wirksamkeit des Vertragsschlusses bestehen keine Bedenken. Der Anspruch des B gegen R auf Zahlung des Kaufpreises für die Cocktails in Höhe von 30 Euro (4 × Sex on the Beach zu je 7,50 Euro) ist damit entstanden.

**2.)** Der Anspruch des B gegen R kann jedoch untergegangen sein.

**a)** Als Erlöschensgrund im Hinblick auf die gezahlten zehn Euro kommt die Regelung des § 362 Abs. 1 BGB in Betracht. Danach erlischt das Schuldverhältnis, wenn die geschuldete Leistung an den Gläubiger bewirkt wird. Die Leistung muss dabei in der durch das Schuldverhältnis bestimmten Art und Weise erbracht werden. R hat vorliegend einen Teil der geschuldeten Summe bar an B gezahlt, nämlich zehn Euro. Durch diese Zahlung hat er die geschuldete Leistung in der richtigen Art und Weise bewirkt und mithin die Wirkung des § 362 Abs. 1 BGB herbeigeführt. Das Schuldverhältnis ist in dieser Höhe dementsprechend erloschen.

Zu prüfen ist, ob sich § 266 BGB auf dieses Ergebnis auswirkt, wonach der Schuldner einer Leistung grundsätzlich nicht zu Teilleistungen berechtigt ist. Die Vorschrift stellt jedoch dispositives Recht dar, sodass sie von den Vertragsparteien durch eine entsprechende Vereinbarung ausgeschlossen werden kann. B akzeptierte den Vorschlag seines guten Stammkunden R anstandslos und verzichtete damit darauf, den Rechnungsbetrag in einer Summe zu erhalten. Der Anspruch von B gegen R ist somit in Höhe von zehn Euro nach § 362 Abs. 1 BGB untergegangen.

**b)** Fraglich ist indes, ob dies auch im Hinblick auf die restliche Summe in Höhe von 20 Euro zu gelten hat. Hierfür kommt als Erlöschensgrund § 364 Abs. 1 BGB in Betracht. Die dort geregelte Leistung an Erfüllungs statt führt unmittelbar zum Erlöschen des Schuldverhältnisses und stellt damit ein echtes Erfüllungssurrogat dar. R hat sich entschieden, B anstelle der Zahlung von 20 Euro die Übertragung einer Forderung gegen K anzubieten. Sollte B die Übertragung der Forderung gegen K als Leistung an Erfüllungs statt angenommen haben, wäre der Anspruch des B gegen R auch in Höhe der verbliebenen 20 Euro erloschen. B hatte nach Schilderung des Sachverhaltes keine Einwände dagegen, dass R ihm anstelle einer Geldzahlung eine Forderung gegen K angeboten hat. Insofern hat er dieses Leistungsangebot an Erfüllungs statt im Sinne des § 364 Abs. 1 BGB angenommen. Es kommt demgemäß für das Erlöschen des Anspruchs allein darauf an, ob tatsächlich eine wirksame Abtretung von R auf B stattgefunden hat.

**aa)** Hierfür bedarf es zunächst eines wirksamen Abtretungsvertrags zwischen R und B. B und R haben zwar nicht ausdrücklich von einer »Abtretung« gesprochen, sie waren sich vorliegend aber darüber einig, dass B nach Zahlung der zehn Euro durch R den noch offenen Restbetrag von 20 Euro von K einfordern können sollte. Für etwaige Wirksamkeitshindernisse, die dieser Einigung entgegenstehen könnten, bietet der Sachverhalt keine Anhaltspunkte. Vertragsparteien, Gegenstand und geschuldeter Betrag waren den Parteien bekannt und die Abtretung damit auch hinreichend bestimmt. R und B haben demnach einen Abtretungsvertrag über den Anspruch des R gegen K in Höhe von 20 Euro geschlossen.

**bb)** Die Abtretung setzt weiterhin voraus, dass die abzutretende Forderung dem Zedenten im Zeitpunkt der Abtretung auch wirklich zugestanden hat. Ein gutgläubiger Forderungserwerb ist im BGB grundsätzlich nicht vorgesehen. R stand hier zum Zeitpunkt des Abschlusses des Abtretungsvertrages ein Anspruch gegen K aus § 488 BGB Abs. 1 BGB zu, denn er hatte K am Vorabend ein zinsloses Darlehen in Höhe von 20 Euro gewährt. Damit war er Forderungsinhaber. Fraglich ist, wie es sich auswirkt, dass K eine Stunde, nachdem R und B sich hinsichtlich der Abtretung geeinigt hatten, die zurückzuzahlende Darlehenssumme unter der Tür durchgesteckt hat. Zwar geht die Abtretung ins Leere, wenn die Forderung etwa durch Erfüllung oder Aufrechnung bereits erloschen ist. Es kommt für das Merkmal der Forderungsinhaberschaft des Zedenten aber nur auf den Zeitpunkt der Einigung hinsichtlich des Forderungsübergangs an. Zu diesem Zeitpunkt stand R die Forderung gegen K indes noch zu. Es bleibt daher bei dem festgestellten Ergebnis. R war zum Zeitpunkt der Abtretung auch Forderungsinhaber.

**cc)** Letztlich war die Forderungsabtretung vorliegend auch nicht ausgeschlossen.

Damit sind alle Voraussetzungen der Abtretung nach § 398 BGB erfüllt. R hat B seinen Anspruch gegen K aus § 488 BGB wirksam abgetreten. R ist durch diese Abtretung an Erfüllungs statt gemäß § 364 Abs. 1 BGB gegenüber B von seiner restlichen Zahlungsverpflichtung aus § 433 Abs. 2 BGB in Höhe von 20 Euro befreit worden. Der Anspruch des B auf Zahlung von 30 Euro gegen R aus § 433 Abs. 2 BGB ist damit insgesamt erloschen.

**Ergebnis:** B hat gegen R keinen Zahlungsanspruch aus § 433 Abs. 2 BGB mehr.

**B kann gegen R einen Anspruch auf Herausgabe des Erlangten aus § 816 Abs. 2 BGB haben.**

**1.)** Dann muss eine Leistung an einen Nichtberechtigten erbracht worden sein. Unter Leistung ist die bewusste und zweckgerichtete Mehrung fremden Vermögens zu verstehen. Als Leistung kommt nach der Sachverhaltsschilderung nur das Schieben der 20 Euro unter die Wohnungstür des R in Betracht. K müsste hierdurch also das Vermögen von R bewusst und zweckgerichtet vermehrt haben. Indem er den Briefumschlag mit dem Geld unter der Tür durchgeschoben hat, wollte K bewusst seine Verbindlichkeit gegenüber R aus § 488 Abs. 1 BGB erfüllen. Das ging nur, indem er dem R die »geliehenen« 20 Euro zukommen ließ. Inhalt der Leistungsverpflichtung des K war hier die Rückzahlung einer ausbezahlten Darlehenssumme. K hat somit im Sinne des § 816 Abs. 2 BGB an R geleistet, indem er den 20-Euro-Schein übermittelt hat.

**2.)** Weiterhin müsste R im Hinblick auf diese Leistung Nichtberechtigter gewesen sein. Nichtberechtigter ist ein Leistungsempfänger, der weder Inhaber der zugrundeliegenden

Forderung noch auf Grund Rechtsgeschäfts oder Gesetzes zur Einziehung der Forderung befugt ist. In dem Moment, in dem K den Geldschein unter der Tür durchgesteckt hat, war der R wegen der soeben geprüften Abtretung schon nicht mehr Inhaber der Forderung in Höhe von 20 Euro. Diese Forderung hatte er ja etwa eine Stunde vorher auf B übertragen. R war folglich im Hinblick auf die Forderung gegen K aus § 488 Abs. 1 BGB in Höhe von 20 Euro auch ein Nichtberechtigter.

**3.)** Weiterhin setzt § 816 Abs. 2 BGB voraus, dass die Leistung dem Berechtigten gegenüber wirksam sein muss. Ein Ausgleich im Verhältnis zwischen dem Leistungsempfänger und dem wahren Inhaber der Forderung ist nur dann notwendig, wenn der Schuldner durch seine Leistung an den Nichtberechtigten auf Grund einer Ausnahmeregelung auch gegenüber dem Berechtigten befreit wird. Der Leistungserfolg nach § 362 Abs. 1 BGB muss grundsätzlich gegenüber dem richtigen Gläubiger bewirkt werden. K hat insoweit durch das Übermitteln des Geldes im Hinblick auf die 20 Euro an den falschen Gläubiger gezahlt, denn der Gläubiger war nach erfolgter Abtretung wie gezeigt nunmehr B.

Jedoch muss nach § 407 Abs. 1 BGB der neue Gläubiger eine Leistung, die der Schuldner nach der Abtretung an den bisherigen Gläubiger erbringt, grundsätzlich gegen sich gelten lassen. Einzige Voraussetzung von § 407 Abs. 1 BGB ist dabei, dass der Schuldner keine Kenntnis von der erfolgten Abtretung hat. K wusste im vorliegenden Fall nichts von der von R vorgenommenen Abtretung. Aus diesem Grund greift hier § 407 Abs. 1 BGB als Schuldnerschutzvorschrift ein. Die Leistung des K an R ist wegen § 407 BGB gegenüber B wirksam im Sinne des § 816 Abs. 2 BGB. Es sind mithin alle Voraussetzungen von § 816 Abs. 2 BGB erfüllt.

**Ergebnis:** B hat gegen R einen Anspruch aus § 816 Abs. 2 BGB auf Herausgabe der durch Leistung des K erlangten 20 Euro.

**II.) Ansprüche des B gegen K**

**B kann gegen K einen Anspruch auf Kaufpreiszahlung aus § 433 Abs. 2 BGB haben.**

**1.)** B und K haben miteinander, jedenfalls soweit es um die vier Cocktails für R und M geht, ersichtlich keinen Kaufvertrag geschlossen. Ein entsprechender Anspruch ist somit auch nicht entstanden.

**2.)** Auch durch die Abtretung ist K nicht Vertragspartner des B geworden, denn insoweit fehlt es ebenfalls an einer Willensäußerung des K. Ein Vertrag zwischen B und R, durch den K ohne sein Zutun und Wissen unmittelbar nach § 433 Abs. 2 BGB verpflichtet worden wäre, würde einen unzulässigen Vertrag zulasten Dritter darstellen, den das deutsche Recht nicht anerkennt.

**Ergebnis:** B hat mithin gegen K keinen Anspruch aus § 433 Abs. 2 BGB.

**B kann gegen K einen Anspruch auf Darlehensrückzahlung aus § 488 Abs. 1, 398 BGB haben.**

**1.)** Zwar haben B und K vorliegend keinen Darlehensvertrag geschlossen, jedoch ist ein Zahlungsanspruch des B aus abgetretenem Recht entstanden. Wie gezeigt, hat R dem B seinen zu diesem Zeitpunkt bestehenden Anspruch gegen K auf Darlehensrückzahlung aus § 488 Abs. 1 BGB wirksam abgetreten. B ist damit Inhaber des Anspruchs gegen K geworden.

**2.)** Zwar ist die Forderung des B nicht durch Erfüllung erloschen (s.o.). Allerdings muss er, wie wir gerade gesehen haben, die Leistung des K an R gemäß § 407 Abs. 1 BGB gegen sich gelten lassen. § 407 BGB bewirkt den Untergang des Anspruchs des Zessionars gegen den Schuldner.

**Ergebnis:** B hat folglich keinen Anspruch aus den §§ 488 Abs. 1, 398 BGB gegen K.

# Fall 15

## Omas Erbe

Zur Finanzierung seiner Ferienwohnung auf Mallorca nimmt Rechtsanwalt A im Jahre 2017 bei der B-Bank (B) einen Kredit in Höhe von 35.000 Euro auf. Es wird vereinbart, dass die Darlehenssumme samt Zinsen spätestens am 2. Mai 2019 zurückgezahlt werden soll. Ende 2018 erbt A von seiner Oma ein Diamantcollier (Wert: 40.000 Euro) und deponiert dieses in einem Schließfach der B. Der für den Saferaum zuständige Mitarbeiter M, der seit Jahren zuverlässig für B tätig ist, vergisst aus Schusseligkeit am Abend des 3. März 2019 die Tür ordnungsgemäß zu verriegeln, woraufhin in der Folgenacht bei einem Einbruch unter anderem das Collier gestohlen wird. Als A am 2. April 2019 erfährt, was geschehen ist, erklärte er der B die Aufrechnung seiner Schadensersatzforderung wegen des Colliers mit der gegen ihn bestehenden Darlehensforderung. B meint, das sei nicht möglich und verlangt die Rückzahlung der 35.000 Euro aus dem Darlehen.

**Zu Recht?**

**Abwandlung:** Der Fall bleibt gleich, indess tritt B ihren Anspruch gegen den A am 15. März 2019 an den Z ab, ohne A hierüber zu informieren. **Anspruch des Z gegen A?**

---

**Schwerpunkte:** Wirkung und Voraussetzungen der Aufrechnung gemäß den §§ 387 ff. BGB; die Pflichtverletzung nach den §§ 280 Abs. 1, 241 Abs. 2 BGB; Rechtsnatur des Schließfachvertrags mit einer Bank; Begriff des Erfüllungsgehilfen; der Ausschlusstatbestand von § 393 BGB; die Gleichartigkeit der Forderungen im Sinne des § 387 BGB; das Problem der Gegenseitigkeit von Forderungen bei Aufrechnung nach Abtretung.

---

## Lösungsweg

### Anspruch der B gegen A auf Rückzahlung von 35.000 Euro

<u>AGL.:</u> **§ 488 Abs. 1 Satz 2 BGB (Darlehensvertrag)**

**I.)** Der Anspruch muss zunächst einmal entstanden sein. Der hierfür erforderliche Darlehensvertrag ist nach Schilderung des Sachverhalts zwischen A und B zustande gekommen, Wirksamkeitshindernisse sind nicht ersichtlich. Beachte insoweit bitte, dass der Rückzahlungsanspruch aus § 488 Abs. 1 BGB nicht unmittelbar mit Abschluss des Darlehensvertrages entsteht, sondern erst, wenn die Darlehenssumme auch tatsächlich ausgezahlt wird. Das ergibt sich aus dem Wortlaut von § 488 Abs. 1 Satz 2 BGB (»das zur Verfügung gestellte Darlehen«). Das ist hier passiert, also ist der Rückzahlungsanspruch entstanden.

**II.)** Der Anspruch kann jedoch im vorliegenden Fall wieder **erloschen** sein. Es ist zwar keine Erfüllung gemäß § 362 Abs. 1 BGB eingetreten, denn A hat die überlassene Geldsumme schließlich noch nicht zurückgezahlt. In Betracht kommt aber ein Erlöschen des Rückzahlungsanspruchs wegen der von A erklärten Aufrechnung. Die Aufrechnung ist in den §§ 387 ff. BGB geregelt. Sie bewirkt gemäß § 389 BGB im Falle der wirksamen Durchführung das **Erlöschen** der Forderung(en), gegen die aufgerechnet wurde, und hat folgende Voraussetzungen:

**1.)** Die Aufrechnung ist ein (Gestaltungs-)Recht und muss deswegen immer aktiv **ausgeübt** werden. Dies ergibt sich aus § 388 BGB und geschieht durch eine einseitige empfangsbedürftige Erklärung gegenüber dem Gläubiger der Hauptforderung (BGH NJW **2011**, 451; BGHZ **11**, 27, 37; OLG Zweibrücken NJW-RR **2004**, 1177; OLG Brandenburg NJW-RR **2000**, 1620; *Bamberger/Roth/Hau/Poseck/Dennhardt* § 388 BGB Rz. 1). A hat am 2. April 2019 gegenüber B nach § 388 Satz 1 BGB die Aufrechnung erklärt.

**2.)** Es muss weiterhin eine sogenannte Aufrechnungslage nach § 387 BGB zu dem Zeitpunkt bestanden haben, als A die Aufrechnung gegenüber der B erklärt hat (BGHZ **2**, 300, 304; BGHZ **12**, 136, 144; *Palandt/Grüneberg* § 387 BGB Rz. 3).

> **Durchblick:** Bei der Aufrechnung geht es immer um **zwei** Forderungen, die man sorgfältig auseinanderhalten muss: Die eine nennt man Hauptforderung (»Passivforderung«) und die andere Gegenforderung (»Aktivforderung«). Begrifflich rechnet der Schuldner der Hauptforderung »mit« der Gegenforderung und »gegen« die Hauptforderung auf. Zweck des Ganzen ist es, dass die beiden Forderungen gemäß § 389 BGB erlöschen, soweit sie sich decken (*Bamberger/Roth/Hau/Poseck/Dennhardt* § 387 BGB Rz. 1). Der Schuldner der Hauptforderung kann somit – quasi im Wege der Selbsthilfe – seine Gegenforderung durchsetzen, ohne dass er dafür vor Gericht klagen muss (BGH NJW **1987**, 2997).

**a)** Erste Voraussetzung für die Aufrechnungslage ist, dass zwei Personen »einander« Leistungen schulden (lies: § 387 BGB). Damit ist gemeint, dass die Forderungen **gegenseitig** sein müssen.

> **Definition:** Gegenseitigkeit der Forderungen bedeutet, dass der Aufrechnende der Schuldner der Hauptforderung und der Gläubiger der Gegenforderung und – umgekehrt – der Aufrechnungsgegner der Gläubiger der Hauptforderung und der Schuldner der Gegenforderung sein muss (BGH NJW **2011**, 451; *Brox/Walker* AS § 16 Rz. 4; *Palandt/Grüneberg* § 387 BGB Rz. 4; *Jauernig/Stürner* § 387 BGB Rz. 3).

A war hier Schuldner und die B Gläubigerin des Rückzahlungsanspruchs aus § 488 Abs. 1 Satz 2 BGB. Fraglich ist aber, ob auch eine Gegenforderung besteht, bei der A Gläubiger und die B Schuldnerin ist. In Betracht kommt hierfür ein **Schadensersatzanspruch** des A wegen der gestohlenen Kette. Ein solcher Anspruch kann sich aus § 280 Abs. 1 BGB in Verbindung mit § 241 Abs. 2 BGB ergeben. Dann müssen die Voraussetzungen dieser Vorschriften erfüllt sein:

**aa)** Ein **Schuldverhältnis** zwischen B und A lag hier jedenfalls in Form eines sogenannten »Schließfachvertrags« vor. Dieser Bankschließfachvertrag ist nach herrschender Meinung übrigens kein Verwahrungsvertrag im Sinne des § 688 BGB, sondern vielmehr nach den Regeln des Mietrechts aus den §§ 535 ff. BGB zu beurteilen, da die Bank im Zweifel nur den Safe zur Verfügung stellt, aber keine Obhutspflicht im Hinblick auf die aufbewahrten Sachen übernimmt (RGZ **141**, 99; OLG Hamburg OLGZ **2001**, 354; *Jauernig/Mansel* § 688 BGB Rz. 9; *Palandt/Weidenkaff* vor § 535 BGB Rz. 19; *Brox/Walker* BS § 30 Rz. 3). Das ist nur dann anders (→ Verwahrungsvertrag), wenn die Bank ausdrücklich oder stillschweigend auch das Bewachungsrisiko übernommen hat, wofür etwa eine gesonderte Absprache oder auch ein besonders hohes Entgelt sprechen kann (*Staudinger/Reuter* vor § 688 BGB Rz. 33).

ZE.: Hier in unserem Fall ist keine Rede von gesondertem Entgelt, einer vertraglichen Absprache oder einem besonderen Bewachungsrisiko mit der Folge, dass wir vom Vorliegen eines Mietvertrags im Sinne des § 535 BGB ausgehen wollen.

**bb)** Aus dem Mietvertrag mit A resultierte für die B zum einen die Pflicht, das vermietete Fach zur Verfügung zu stellen. Jedem Schuldverhältnis ist zudem gemäß § 241 Abs. 2 BGB die Nebenpflicht immanent, Rücksicht auf die Rechtsgüter des anderen Teils zu nehmen (*Jauernig/Mansel* § 241 BGB Rz. 9). Diese Verpflichtung im Rahmen der Durchführung des Mietvertrages mit A ist hier durch die Unachtsamkeit des M verletzt worden. A hat dadurch eine Eigentumsschädigung an seinem Collier in Form des Besitzverlustes erlitten.

ZE.: Es liegt eine von § 280 Abs. 1 Satz 1 BGB geforderte Pflichtverletzung vor; die Rechtsgüter des A sind bei der Durchführung des Mietvertrages durch M verletzt worden.

**cc)** Es fragt sich abschließend, ob B diese Pflichtverletzung auch **zu vertreten** hat. Dieses Vertretenmüssen ist gemäß § 280 Abs. 1 Satz 2 BGB Voraussetzung einer jeden Schadensersatzpflicht aus § 280 Abs. 1 Satz 1 BGB. Nach den §§ 280 Abs. 1 Satz 2, 276 Abs. 1 BGB hat der Schuldner Vorsatz und Fahrlässigkeit zu vertreten. Die B selbst hat weder vorsätzlich noch fahrlässig gehandelt. Möglicherweise muss sich B jedoch die Handlung bzw. das Verschulden des Mitarbeiters M gemäß § 278 Satz 1 BGB wie eigenes zurechnen lassen. Dies ist dann der Fall, wenn M als **Erfüllungsgehilfe** der B tätig geworden ist. Die Definitionsmerkmale, die einen Erfüllungsgehilfen ausmachen, stehen unmittelbar in der Vorschrift selbst (Gesetz lesen!): Die B müsste sich des M demnach zur Erfüllung einer Verbindlichkeit aus diesem Schuldverhältnis bedient haben. An dieser Stelle kann man übrigens gerne auch die einprägsame und von den Studenten häufig benutzte Formel der Rechtsprechung zum Erfüllungsgehilfen präsentieren, sie lautet:

> **Definition:** Erfüllungsgehilfe im Sinne des § 278 BGB ist, wer nach den rein tatsächlichen Umständen mit dem Willen des Schuldners bei der Erfüllung einer diesem obliegenden Verbindlichkeit als seine Hilfsperson tätig wird (BGH NJW **2009**, 2197; BGHZ **152**, 380; PWW/*Schmidt-Kessel* § 278 BGB Rz. 7).

**Subsumtion:** Ein Schuldverhältnis bestand hier zwischen A und der B in Form des Schließfachvertrages (= Mietvertrag). Innerhalb dieses Mietvertrages hatte die B gemäß § 241 Abs. 2 BGB die Pflicht, die Rechtsgüter des A nicht zu schädigen. Eine solche Schädigung ist indessen durch die Unachtsamkeit des M beim Verschließen der Türen verursacht worden. Der M handelte dabei zudem »fahrlässig« im Sinne des § 276 Abs. 2 BGB, da er nach Schilderung des Sachverhaltes »aus Schusseligkeit« vergessen hatte, die Tür des Saferaumes ordnungsgemäß zu verschließen.

<u>ZE.:</u> Das Verschulden des M ist der B somit gemäß § 278 Satz 1 BGB zuzurechnen. Damit hat die B (!) schuldhaft eine Pflicht im Sinne des § 280 Abs. 1 BGB aus dem mit A geschlossenen Mietvertrag verletzt und ist dem A zum Ersatz des daraus entstandenen Schadens verpflichtet.

<u>ZE.:</u> Es liegen folglich sämtliche Voraussetzungen eines Ersatzanspruchs des A gegen B aus den §§ 280 Abs. 1, 241 Abs. 2 BGB vor mit der Konsequenz, dass eine Gegenforderung des A gegen die B aus den genannten Vorschriften bestand. Beachte übrigens, dass ein weiterer Anspruch des A gegen B aus § 831 Abs. 1 Satz 1 BGB (Haftung für den Verrichtungsgehilfen) daran scheitert, dass der M nach Auskunft des Sachverhaltes »seit Jahren zuverlässig« für B gearbeitet hat. Das ist der Klassiker der Exkulpation nach § 831 Abs. 1 Satz 2 BGB (vgl. insoweit bitte ausführlich Fall 9 weiter vorne). Es bleibt also bei einem Ersatzanspruch des A gegen B aus den §§ 280 Abs. 1, 241 Abs. 2 BGB in Höhe von 40.000 Euro.

<u>ZE.:</u> Es lagen demnach gegenseitige Forderungen von A und B vor.

**3.)** Der § 387 BGB setzt weiterhin voraus, dass die Forderungen, »ihrem Gegenstand nach gleichartig sind«.

> **Definition**: Forderungen sind gleichartig im Sinne des § 387 BGB, wenn sie ihrem tatsächlichen Gegenstand nach austausch- und verrechenbar sind (BGHZ **54**, 244, 247; *Brox/Walker* AS § 16 Rz. 5).

Praktisch kommen hierfür vor allem Geldforderungen und Gattungsschulden gemäß den §§ 243–245 BGB in Betracht (*Palandt/Grüneberg* § 245 BGB Rz. 12). Und da hier sowohl der Anspruch der B auf Rückzahlung der Darlehenssumme aus § 488

Abs. 1 Satz 2 BGB als auch der Schadensersatzanspruch des A aus den §§ 280 Abs. 1 Satz 1, 241 Abs. 2 BGB auf die Zahlung von **Geld** gerichtet sind, liegt in unserem Fall die Gleichartigkeit der Forderungen vor.

<u>ZE.</u>: Es handelte sich um gleichartige Forderungen im Sinne des § 387 BGB.

**4.)** Die Gegenforderung des A muss weiterhin **durchsetzbar** sein. Dieses Erfordernis ergibt sich aus § 390 BGB, wonach mit einer einredebehafteten Forderung nicht aufgerechnet werden darf (prüfen!). Dabei ist der Ausdruck »einredebehaftet« eng zu verstehen. Rechtshindernde oder rechtsvernichtende Einwendungen (= Wirksamkeitshindernisse oder Erlöschensgründe) sind explizit und unstreitig nicht erfasst (vgl. nur *Bamberger/Roth/Hau/Poseck/Dennhardt* § 390 BGB Rz. 2).

> **Definition:** Die Gegenforderung ist durchsetzbar, wenn sie frei von Einreden und zudem auch fällig ist (BGH NJW **2002**, 3541; BGH NJW **2001**, 287).

In unserem Fall war der Anspruch des A aus den §§ 280 Abs. 1 Satz 1, 241 Abs. 2 BGB wegen § 271 Abs. 1 BGB sofort **fällig**, also direkt mit Begehung der Pflichtverletzung am 3. März. **Einreden** der B sind aus dem Sachverhalt nicht ersichtlich. Der Anspruch des A ist somit auch durchsetzbar.

> **Feinkostabteilung**: Im Hinblick auf mögliche Einreden wollen sich die Oberschlauen bitte merken, dass die Einreden – im Gegensatz zur sonstigen Regel – vom Schuldner bei der Aufrechnung nicht geltend gemacht werden müssen, um Wirksamkeit zu erlangen (BGH WM **2000**, 2385). Eine Einrede (z.B. Verjährung) steht der Aufrechnung somit wegen § 390 BGB schon dann entgegen, wenn nur ihre Voraussetzungen vorliegen, ohne dass man dies auch geltend machen muss (BGH NJW **2002**, 3541; BGH NJW **2001**, 287; *Palandt/Grüneberg* § 390 BGB Rz. 1). Merken.

<u>ZE.</u>: Die Gegenforderung des A war auch durchsetzbar.

**5.)** Letztlich muss die Hauptforderung auch erfüllbar sein (BGH NJW-RR **2004**, 3118).

> **Definition:** Die Erfüllbarkeit der Hauptforderung liegt vor, wenn dem Aufrechnenden eine Leistung obliegt und er diese zum Zeitpunkt der Aufrechnungserklärung bewirken kann (MüKo/*Schlüter* § 387 BGB Rz. 38; *Palandt/Grüneberg* § 387 BGB Rz. 12).

**a)** Der Rückzahlungsanspruch der B war hier nach der von A und B getroffenen Vereinbarung erst am 2. Mai 2019 fällig.

**b)** Im Hinblick auf die Erfüllbarkeit gilt grundsätzlich § 271 Abs. 2 BGB. Da steht drin, dass wenn die Parteien im Vertrag eine Zeit bestimmt haben, zu der geleistet werden soll, der Gläubiger im Zweifel die Leistung nicht vor dieser Zeit verlangen,

der Schuldner sie aber vorher bewirken kann. **Beispiel:** X bestellt sich beim Versandhändler Amazonas (A) ein Buch. A teilt mit, das Buch werde erst in einer Woche geliefert, X findet das in Ordnung. Wenn das Buch jetzt trotzdem schon drei Tage nach
der Bestellung bei X im Briefkasten liegt, dann hat A damit seine Verpflichtung aus
§ 433 Abs. 1 Satz 1 BGB erfüllt. Umgekehrt dürfte X nach der Zweifelsfallregelung
von § 271 Abs. 2 BGB die Lieferung aber nicht vor Ablauf einer Woche verlangen.
Kapiert!?

**c)** Möglicherweise ist in unserem Fall aber eine abweichende Vereinbarung von den
Vertragsparteien getroffen worden, sodass § 271 Abs. 2 BGB nicht anwendbar ist. Das
hätte zur Folge, dass A am 2. April die Rückzahlung noch nicht bewirken dürfte, die
Forderung der B für ihn also nicht erfüllbar wäre. Die Aufrechnung würde dann an
diesem Punkt scheitern.

> **Beachte bitte die harte Wirklichkeit:** Bei einem von einem Kreditinstitut gewährten
> verzinslichen Darlehen ist Erfüllbarkeit im Sinne des § 271 Abs. 2 BGB regelmäßig
> erst bei **Fälligkeit** des Rückzahlungsanspruchs anzunehmen. Eine vorzeitige Rück-
> zahlung ist daher grundsätzlich nicht möglich. Das liegt daran, dass der Kreditgeber
> (Bank = steinreich) im Regelfall sein Geld damit verdient, dass er das Geld auf Zeit
> dem Kreditnehmer (= armer Schlucker) überlässt und ihm für diese Überlassung
> tüchtig Zinsen für jeden Tag des Überlassungszeitraums berechnet. Würde es zu ei-
> ner vorzeitigen Rückzahlung kommen, gingen der Bank diese Einnahmen bis zum
> vereinbarten Laufzeitende verloren. Und da haben die natürlich keine Lust drauf,
> weil sie sonst nämlich nicht so reich würden.

**Zum Fall:** Hier in unserem Fall wurde jedoch, der brutalen Wirklichkeit widerspre-
chend, die Rückzahlung bis »spätestens« zum 2. Mai 2019 vereinbart. Daraus wird
ersichtlich, dass auch eine frühere Rückzahlung für A möglich sein sollte.

<u>ZE.:</u> Die Hauptforderung war auch erfüllbar.

<u>ZE.:</u> Damit bestand die gemäß § 387 BGB erforderliche Aufrechnungslage.

**6.)** Schließlich darf die Aufrechnung auch nicht **ausgeschlossen** sein. Ein möglicher
Ausschlussgrund findet sich in § 393 BGB (bitte aufschlagen!). Bezüglich des Anspruchs aus den §§ 280 Abs. 1, 241 Abs. 2 BGB scheidet § 393 BGB indessen aus, da
dieser Anspruch – wie wir gesehen haben – auf einer vertraglichen Pflichtverletzung
und nicht auf einer vorsätzlichen unerlaubten Handlung beruht, wie es § 393 BGB
verlangt.

> **Feinkost:** Der § 393 BGB wäre selbst dann nicht einschlägig gewesen, wenn wir wei-
> ter oben einen Anspruch aus § 831 BGB bejaht hätten, denn: Zum einen fehlte es im
> vorliegenden Fall natürlich am Vorsatz, denn M handelte ja nur aus Schusseligkeit
> (= Fahrlässigkeit). Zum anderen setzt der § 393 BGB aber vor allem voraus, dass die
> Aufrechnung **gegen** eine Forderung aus unerlaubter Handlung erfolgt (vgl. dazu
> den instruktiven Fall des BGH aus NJW **2009**, 3508). Hier hat unser A aber nicht die
> Aufrechnung gegen, sondern **mit** einer eigenen Forderung aus unerlaubter Hand-
> lung erklärt, denn Inhaber der Forderung war er selbst. Die Regelung von § 393 BGB

ist übrigens notwendig und hat beachtlichen Sinn, denn anderenfalls könnte der Gläubiger einer Forderung (z.B. der Vermieter) ohne weiteres losmarschieren und Sachen seines Schuldners (z.B. Mieter) absichtlich beschädigen und dann gegen die Ansprüche des Mieters aus § 823 BGB mit der Mietforderung aufrechnen! Zahlt der Mieter also die Miete nicht und hat der Vermieter keine Lust, dagegen vor Gericht zu klagen, zerstört er einfach das Auto des Mieters und rechnet dann auf. Kann nicht sein. Der Selbstjustiz wäre damit nämlich Tür und Tor geöffnet (BGH NJW **2009**, 3508). Herr *Gursky* nennt dieses Phänomen deshalb übrigens höchst anschaulich »Selbstexekution der Gegenforderung durch finales Handeln« (*Staudinger/Gursky* § 393 BGB Rz. 1). Eine solche »sanktionslose Privatrache« (*Deutsch* in NJW 1981, 735) soll aber nach einhelliger Meinung ausgeschlossen sein.

<u>ZE.</u>: Die Aufrechnung war vorliegend nicht ausgeschlossen.

<u>ZE.</u>: Der Anspruch der B gegen A aus § 488 Abs. 1 Satz 2 BGB ist mithin durch Aufrechnung gemäß § 387 BGB **erloschen**.

**Ergebnis:** Die B hat gegen A keinen Anspruch auf Zahlung von 35.000 Euro aus § 488 Abs. 1 Satz 2 BGB mehr.

## Abwandlung

### Anspruch des Z gegen A auf Zahlung von 35.000 Euro

<u>AGL.</u>: §§ 488 Abs. 1 Satz 2, 398 BGB (Anspruch aus abgetretenem Recht)

**1.)** Z ist durch die Abtretung Inhaber des wirksam entstandenen und auf ihn übergegangenen Anspruchs geworden.

**2.)** Fraglich ist jedoch, ob dieser Anspruch des Z nicht durch die Aufrechnung des A gegenüber der B **erloschen** ist. Eine Aufrechnungserklärung lag zwar vor, jedoch fehlt es möglicherweise an der notwendigen Aufrechnungslage.

**Durchblick:** Problematisch ist in der Fallabwandlung, dass ein Dritter (Z) ins Spiel gekommen ist, und die beiden Forderungen insofern möglicherweise nicht mehr **gegenseitig** sind, sodass die Aufrechnung des A nicht funktioniert. Wir erinnern uns:

> **Definition:** »Gegenseitigkeit« der Forderungen bedeutet, dass der Aufrechnende der Schuldner der Hauptforderung und der Gläubiger der Gegenforderung und – umgekehrt – der Aufrechnungsgegner der Gläubiger der Hauptforderung und der Schuldner der Gegenforderung sein muss (*Brox/Walker* AS § 16 Rz. 4; *Palandt/ Grüneberg* § 387 BGB Rz. 4; *Jauernig/Stürner* § 387 BGB Rz. 3).

Gegenseitigkeit liegt also nur vor, wenn der Aufrechnende (A) der Schuldner der Hauptforderung und Gläubiger der Gegenforderung, und der Aufrechnungsgegner

(B) Gläubiger der Hauptforderung und Schuldner der Gegenforderung ist (schwerer Satz, bitte noch mal lesen). Durch die Abtretung des Anspruchs aus § 488 Abs. 1 Satz 2 BGB ist hier allerdings Z zum Gläubiger dieser Forderung geworden. Als A am 2. April gegenüber der B die Aufrechnung erklärt, ist diese also gar nicht mehr Inhaberin dieses Anspruchs gewesen. Nach der Definition von eben fehlt es also grundsätzlich an der Gegenseitigkeit der Forderungen mit der Folge, dass die Aufrechnung des A ins Leere ginge und er an Z zahlen müsste.

**Aber:** Für unseren Fall kommen als Ausnahmevorschriften die **§§ 404 ff. BGB** in Betracht. Die §§ 404 ff. BGB sind sogenannte »Schuldnerschutzvorschriften« (*Brox/ Walker* AS § 34 Rz. 22). Sie greifen immer ein, wenn eine Abtretung stattfindet und dienen dazu, dass der Schuldner eines Anspruchs keine Nachteile daraus erleidet, dass sein Gläubiger bzw. Vertragspartner den Anspruch an einen Dritten abtritt (BGH NJW **1956**, 257). Die Abtretung bedarf nämlich grundsätzlich nicht der Genehmigung des Schuldners, sodass jeder Gläubiger prinzipiell auch »hinter dem Rücken« des Schuldners operieren und diesem einen neuen (unbekannten) Gläubiger vor die Nase setzen kann. Der Gesetzgeber hat für diese Konstellation bestimmte Schutzmechanismen vorgesehen und in den §§ 404 ff. BGB niedergelegt. Schauen wir uns die mal an:

→ Der **§ 406 BGB** fliegt allerdings in unserem Fall direkt wieder raus, denn nach dieser Vorschrift darf der Schuldner »dem neuen Gläubiger« gegenüber aufrechnen. In unserem Fall hat A aber gegenüber der B die Aufrechnung erklärt. Die war nicht der neue Gläubiger, sondern der alte.

→ Hier passt dafür aber **§ 407 Abs. 1, Fall 2 BGB**, denn § 407 BGB hat Regelungen über »Rechtshandlungen gegenüber dem bisherigen Gläubiger« (Gesetzesüberschrift!) zum Inhalt. Demnach muss der neue Gläubiger (Z) grundsätzlich jedes Rechtsgeschäft, das nach der Abtretung zwischen dem Schuldner (A) und dem bisherigen Gläubiger (B) in Ansehung der Forderung vorgenommen wird, gegen sich gelten lassen. Etwas anderes gilt nur, wenn der Schuldner (A) bei Vornahme des Rechtsgeschäfts schon von der Abtretung weiß.

**Zum Fall:** A hatte hier keine Ahnung von der Abtretung des Anspruchs an Z. Die gegenüber B erklärte Aufrechnung wirkt damit in unserem Fall auch unmittelbar gegenüber Z. Der Anspruch des Z ist durch Aufrechnung gegenüber der B gemäß § 387 BGB erloschen.

**Erg.:** Z hat gegen A keinen Anspruch auf Zahlung von 35.000 Euro aus den §§ 488 Abs. 1 Satz 2, 398 BGB.

# Gutachten

**B kann gegen A einen Anspruch auf Rückzahlung von 35.000 Euro aus § 488 Abs. 1 Satz 2 BGB haben.**

**I.)** Der hierfür erforderliche Darlehensvertrag ist nach Schilderung des Sachverhalts zwischen A und B zustande gekommen, Wirksamkeitshindernisse sind nicht ersichtlich. Der Rückzahlungsanspruch aus § 488 BGB entsteht erst, wenn die Darlehenssumme auch tatsächlich ausgezahlt wird, § 488 Abs. 1 Satz 2 BGB. Das ist hier passiert. Der Rückzahlungsanspruch ist mithin entstanden.

**II.)** Der Anspruch kann jedoch erloschen sein. In Betracht kommt ein Erlöschen des Rückzahlungsanspruchs wegen der von A erklärten Aufrechnung. Die Aufrechnung ist in den §§ 387 ff. BGB geregelt.

**1.)** A hat gegenüber B am 2. April 2019 nach § 388 Satz 1 BGB die Aufrechnung erklärt.

**2.)** Es muss weiterhin eine sogenannte Aufrechnungslage nach § 387 BGB zu dem Zeitpunkt bestanden haben, zu dem A die Aufrechnung gegenüber der B erklärt hat.

**a)** Erste Voraussetzung hierfür ist, dass zwei Personen »einander« Leistungen schulden, § 387 BGB, die Forderungen also gegenseitig sind. Gegenseitigkeit der Forderungen bedeutet, dass der Aufrechnende der Schuldner der Hauptforderung und der Gläubiger der Gegenforderung und – umgekehrt – der Aufrechnungsgegner der Gläubiger der Hauptforderung und der Schuldner der Gegenforderung sein muss. A war hier Schuldner und die B Gläubigerin des Rückzahlungsanspruches aus § 488 Abs. 1 Satz 2 BGB. Fraglich ist aber, ob auch eine Gegenforderung besteht, bei der A Gläubiger und die B Schuldnerin ist. In Betracht kommt hierfür ein Schadensersatzanspruch des A wegen der gestohlenen Kette. Ein solcher Anspruch kann sich aus § 280 Abs. 1 BGB in Verbindung mit § 241 Abs. 2 BGB ergeben. Dann müssen die Voraussetzungen dieser Vorschriften erfüllt sein.

**aa)** Ein Schuldverhältnis zwischen B und A lag hier jedenfalls in Form eines »Schließfachvertrags« vor. Ein gesondertes Entgelt, eine vertragliche Absprache oder ein besonderes Bewachungsrisiko sind dem Sachverhalt nicht zu entnehmen mit der Folge, dass es sich hierbei um einen Mietvertrag im Sinne des § 535 BGB handelt.

**bb)** Aus dem Mietvertrag mit A resultierte für B zum einen die Pflicht, das vermietete Fach zur Verfügung zu stellen. Jedem Schuldverhältnis ist jedoch die Nebenpflicht immanent, Rücksicht auf die Rechtsgüter des anderen Teils zu nehmen. Diese Verpflichtung gemäß § 241 Abs. 2 BGB im Rahmen der Durchführung des Mietvertrages mit A ist hier durch die Unachtsamkeit des M verletzt worden. A hat dadurch den Besitz an seinem Collier verloren. Es liegt somit eine von § 280 Abs. 1 Satz 1 BGB geforderte Pflichtverletzung vor.

**cc)** Diese Pflichtverletzung muss B auch zu vertreten haben, § 280 Abs. 1 Satz 2 BGB. Nach den §§ 280 Abs. 1 Satz 2, 276 Abs. 1 BGB hat der Schuldner Vorsatz und Fahrlässigkeit zu vertreten. B selbst hat weder vorsätzlich noch fahrlässig gehandelt. Möglicherweise muss sich B jedoch die Handlung bzw. das Verschulden des M gemäß § 278 Satz 1 BGB wie eigenes zurechnen lassen.

Dies ist dann der Fall, wenn M als Erfüllungsgehilfe der B tätig geworden ist. Erfüllungs-gehilfe im Sinne des § 278 BGB ist, wer nach den rein tatsächlichen Umständen mit dem Willen des Schuldners bei der Erfüllung einer diesem obliegenden Verbindlichkeit als seine Hilfsperson tätig wird. Ein Schuldverhältnis im Sinne von § 278 BGB bestand hier zwischen A und der B in Form des Schließfachvertrages. Innerhalb dieses Mietvertrages hatte B gemäß § 241 Abs. 2 BGB die Pflicht, die Rechtsgüter des A nicht zu schädigen. Eine solche Schädigung ist indes aufgrund der Unachtsamkeit des M beim Verschließen der Türen verursacht worden. M hatte »aus Schusseligkeit« vergessen, die Tür des Saferaumes ordnungsgemäß zu verschließen. Er handelte folglich »fahrlässig« im Sinne des § 276 Abs. 2 BGB. Das Verschulden des M ist der B somit gemäß § 278 Satz 1 BGB zuzurechnen. Es liegen folglich sämtliche Voraussetzungen eines Ersatzanspruchs des A gegen B aus den §§ 280 Abs. 1, 241 Abs. 2 BGB vor mit der Konsequenz, dass eine Gegenforderung des A gegen die B aus den genannten Vorschriften bestand. Die Forderungen von A und B waren mithin auch gegenseitig.

**b)** § 387 BGB setzt weiterhin voraus, dass die Forderungen »ihrem Gegenstand nach gleichartig sind«. Forderungen sind gleichartig im Sinne des § 387 BGB, wenn sie ihrem tatsächlichen Gegenstand nach austausch- und verrechenbar sind. Sowohl der Anspruch der B auf Rückzahlung der Darlehenssumme aus § 488 Abs. 1 Satz 2 BGB als auch der Schadensersatzanspruch des A aus den §§ 280 Abs. 1 Satz 1, 241 Abs. 2 BGB sind auf die Zahlung von Geld gerichtet. Es handelte sich folglich um gleichartige Forderungen im Sinne des § 387 BGB.

**c)** Die Gegenforderung des A muss weiterhin durchsetzbar sein. Dieses Erfordernis ergibt sich aus § 390 BGB, wonach mit einer einredebehafteten Forderung nicht aufgerechnet werden darf. Die Gegenforderung ist durchsetzbar, wenn sie frei von Einreden und zu-dem auch fällig ist. Der Anspruch des A aus den §§ 280 Abs. 1 Satz 1, 241 Abs. 2 BGB war wegen § 271 Abs. 1 BGB sofort fällig, also mit Begehung der Pflichtverletzung am 3. März. Einreden der B sind aus dem Sachverhalt nicht ersichtlich. Die Gegenforderung des A war demgemäß auch durchsetzbar.

**d)** Letztlich muss die Hauptforderung auch erfüllbar sein. Erfüllbarkeit der Hauptforde-rung liegt vor, wenn dem Aufrechnenden eine Leistung obliegt und er diese zum Zeit-punkt der Aufrechnungserklärung bewirken kann.

**aa)** Der Rückzahlungsanspruch der B war hier nach der von A und B getroffenen Verein-barung erst am 2. Mai 2019 fällig.

**bb)** Im Hinblick auf die Erfüllbarkeit gilt grundsätzlich § 271 Abs. 2 BGB. Demnach gilt, wenn die Parteien im Vertrag eine Zeit bestimmt haben, zu der geleistet werden soll, dass der Gläubiger im Zweifel die Leistung nicht vor dieser Zeit verlangen, der Schuldner sie aber vorher bewirken kann.

**cc)** Möglicherweise ist vorliegend aber eine abweichende Vereinbarung von den Vertrags-parteien getroffen worden, sodass § 271 Abs. 2 BGB nicht anwendbar ist. Das hätte zur Folge, dass A am 2. April die Rückzahlung noch nicht bewirken dürfte, die Forderung der B für ihn also nicht erfüllbar wäre.

Die Rückzahlung war zwischen A und B jedoch bis »spätestens« zum 2. Mai 2019 verein-bart worden. Daraus wird ersichtlich, dass auch eine frühere Rückzahlung für A möglich sein sollte. Die Hauptforderung war auch erfüllbar. Die gemäß § 387 BGB erforderliche Aufrechnungslage bestand im Zeitpunkt der Aufrechnungserklärung.

**e)** Die Aufrechnung darf letztendlich auch nicht ausgeschlossen sein. Ein möglicher Ausschlussgrund findet sich in § 393 BGB. Bezüglich des Anspruchs aus den §§ 280 Abs. 1, 241 Abs. 2 BGB scheidet § 393 BGB indessen aus, da dieser Anspruch auf einer vertraglichen Pflichtverletzung und nicht auf einer vorsätzlichen unerlaubten Handlung beruht, wie es § 393 BGB verlangt. Die Aufrechnung war mithin auch nicht ausgeschlossen.

Der Anspruch der B gegen A aus § 488 Abs. 1 Satz 2 BGB ist somit durch Aufrechnung gemäß § 387 BGB erloschen.

**Ergebnis:** B hat gegen A keinen Anspruch auf Zahlung von 35.000 Euro aus § 488 Abs. 1 Satz 2 BGB.

## Abwandlung

**Z kann gegen A einen Anspruch auf Zahlung von 35.000 Euro aus den §§ 488 Abs. 1 Satz 2, 398 BGB haben.**

**1.)** Z ist durch die Abtretung Inhaber des wirksam entstandenen und auf ihn übergegangenen Anspruchs geworden.

**2.)** Fraglich ist jedoch, ob dieser Anspruch des Z nicht durch die Aufrechnung des A gegenüber der B erloschen ist. Eine Aufrechnungserklärung lag zwar vor, jedoch fehlt es möglicherweise im Hinblick auf die Gegenseitigkeit der Forderungen an der notwendigen Aufrechnungslage. Gegenseitigkeit der Forderungen liegt nur vor, wenn A der Schuldner der Hauptforderung und Gläubiger der Gegenforderung, und der B Gläubiger der Hauptforderung und Schuldner der Gegenforderung ist. Durch die Abtretung des Anspruchs aus § 488 Abs. 1 Satz 2 BGB ist allerdings Z zum Gläubiger der Forderung geworden. Als A am 2. April gegenüber der B die Aufrechnung erklärt, ist diese also gar nicht mehr Inhaberin dieses Anspruchs gewesen. Möglicherweise greift hier aber § 407 Abs. 1, Fall 2 BGB ein, denn danach muss der neue Gläubiger grundsätzlich jedes Rechtsgeschäft, das nach der Abtretung zwischen dem Schuldner und dem bisherigen Gläubiger in Ansehung der Forderung vorgenommen wird, gegen sich gelten lassen.

Etwas anderes gilt nur, wenn der Schuldner bei Vornahme des Rechtsgeschäfts schon von der Abtretung weiß. A hatte keine Kenntnis von der Abtretung des Anspruchs an Z. Die gegenüber B erklärte Aufrechnung wirkt damit auch unmittelbar gegenüber Z. Dessen Anspruch ist also durch Aufrechnung gegenüber der B gemäß § 387 BGB erloschen.

**Ergebnis:** Z hat gegen A keinen Anspruch auf Zahlung von 35.000 Euro aus den §§ 488 Abs. 1 Satz 2, 398 BGB.

# Teil 2
# Die vertraglichen Schuldverhältnisse

## 1. Abschnitt

Das Kaufrecht → §§ 433 ff. BGB

# Fall 16

## Ich bin doch nicht blöd!

Angelockt von provokanter Medienpräsenz, hat Rechtsstudent R beim M-Markt (M) eine neue Digital-Fotokamera zum Preis von 350 Euro gekauft. Gleich bei der ersten Benutzung im heimischen Wohnzimmer stellt R zwei Stunden später fest, dass das Blitzlicht aufgrund eines Fabrikationsfehlers nicht funktionstüchtig ist. R fühlt sich auf den Arm genommen, fährt sofort zurück zu M, stellt den Apparat auf den Tisch und erklärt wegen des Defektes den Rücktritt vom Vertrag; er wolle schleunigst sein Geld zurück. Der zuständige Mitarbeiter des M indessen meint, so einfach ginge das nicht: R könne ein neues, funktionsfähiges Exemplar dieser Kamera haben oder aber die defekte von M kostenfrei reparieren lassen; der Kaufpreis werde aber nicht erstattet. R besteht auf der Rückzahlung des Kaufpreises.

**Zu Recht?**

---

**Schwerpunkte:** Die kaufrechtliche Gewährleistung der §§ 434 ff. BGB, der Grundfall; Rücktritt vom Kaufvertrag wegen Mangelhaftigkeit der Kaufsache; der Aufbau einer Rücktrittsprüfung im Kaufrecht; der Begriff des Mangels aus den §§ 434, 435 BGB; die möglichen Rechtsbehelfe aus § 437 BGB; der Gefahrübergang nach § 446 BGB.

---

## Lösungsweg

**Vorbemerkung:** Wir starten jetzt mit dem Kaufrecht und haben uns für den Anfang einen eher einfachen Fall ausgesucht. Einfach deshalb, weil natürlich klar ist, dass sich niemand mit einer Digitalkamera, bei der das Blitzlicht funktionsuntauglich ist, zufriedengeben muss. Unserem Rechtsstudenten R stehen hier selbstredend Gewährleistungsrechte aus den §§ 434 ff. BGB gegen den M zu. Der Fall hat allerdings trotz dieser Eindeutigkeit im Ergebnis eine für den Laien und leider auch die meisten Studenten interessante Überraschung parat. Der Leser mag sich, bitte ohne das Ergebnis gleich nachzuschlagen, spaßeshalber mal – rein vom Rechtsgefühl her – fragen, ob der R denn nun sein Geld im vorliegenden Fall zurückbekommen soll oder nicht.

Wie das Ganze in der vollständigen rechtlichen Prüfung tatsächlich ausgeht, sehen wir uns sogleich an, wollen uns vorher aber bitte noch darauf einstellen, dass wir hier im ersten Fall hauptsächlich wichtige, für das **gesamte** Kaufrecht geltende Grundregeln, insbesondere im Hinblick auf den Fallaufbau und die klausurmäßige Bearbeitung lernen werden. Besondere Aufmerksamkeit ist also geboten, und wer dazu dann noch den Gesetzestext aufgeschlagen neben sich liegen hat, hat reelle Chancen, einen vernünftigen Einstieg in die Materie zu finden. Alles klar!?

## Anspruch des R gegen M auf Rückzahlung der 350 Euro

__AGL.:__ §§ 346 Abs. 1, 323 Abs. 1, 437 Nr. 2 Fall 1 BGB (Rücktritt vom Vertrag)

Dem R steht dann ein Anspruch auf Rückzahlung des Kaufpreises aus § 346 Abs. 1 BGB zu, wenn er wirksam vom Kaufvertrag mit M zurückgetreten ist. Dies ergibt sich aus dem Wortlaut des § 346 Abs. 1 BGB, wonach bei erfolgtem Rücktritt die empfangenen Leistungen zurückzugewähren sind (lies: § 346 Abs. 1 BGB). Wir müssen demnach prüfen, ob R wirksam vom Vertrag mit M zurückgetreten ist.

### Voraussetzungen des Rücktritts:

I.) Der R muss den Rücktritt gemäß § 349 BGB zunächst einmal **erklärt** haben, was im vorliegenden Fall aber kein Problem darstellt, denn nach der Sachverhaltsangabe hat unser R dies ausdrücklich gegenüber M getan.

II.) Des Weiteren erforderlich ist natürlich auch ein **Rücktrittsgrund**, wobei das Gesetz in § 346 Abs. 1 BGB ausdrücklich zwischen dem vertraglich vereinbarten und dem gesetzlich angeordneten Rücktrittsrecht unterscheidet. Im vorliegenden Fall ist keine vertragliche Vereinbarung diesbezüglich ersichtlich mit der Konsequenz, dass für den Rücktritt des R nur ein **gesetzliches** Rücktrittsrecht in Betracht kommt. Dieses kann sich wegen des Defektes an der Kamera aus den §§ 323 Abs. 1, 437 Nr. 2 Fall 1 BGB ergeben.

**Durchblick:** Die Rechte des Käufers sind für den Fall des Vorliegens eines Mangels der Kaufsache in § 437 BGB (abschließend!) geregelt. Die Norm nennt dabei insgesamt **fünf** Rechtsbehelfe, auf die der Käufer zurückgreifen kann, nämlich:

| | |
|---|---|
| **Nacherfüllung** | (Nr. 1), |
| **Rücktritt** | (Nr. 2, Fall 1), |
| **Minderung** | (Nr. 2, Fall 2), |
| **Schadensersatz** | (Nr. 3, Fall 1), |
| **Aufwendungsersatz** | (Nr. 3, Fall 2). |

Beachtlich für die Klausur ist nun zunächst, dass der § 437 BGB zwar die möglichen Rechte des Käufers abschließend auflistet, selbst aber keine eigene Anspruchsgrundlage, sondern vielmehr nur eine sogenannte »Rechtsgrundverweisung« darstellt (MüKo/*Westermann* § 437 BGB Rz. 1; PWW/*Schmidt* § 437 BGB Rz. 1; *Palandt/Weidenkaff* § 437 BGB Rz. 48). Rechtsgrundverweisung bedeutet, dass die Norm nur unter Hinzuziehung anderer Vorschriften, die dann den eigentlichen »Rechtsgrund« des

Anspruchs ausmachen, zur Anspruchsgrundlage wird (*Jauernig/Berger* § 437 BGB Rz. 1). Der § 437 BGB ist damit zwar die **Schaltzentrale** des gesamten Kaufrechts, für die Anspruchsbegründung im Einzelnen bedarf es indessen immer noch weiterer Voraussetzungen bzw. Vorschriften (sehen wir uns gleich an).

Für die Fallprüfung hat das zur Konsequenz, dass man sich zunächst sehr genau das Begehren des Käufers anschauen muss. Je nach Anspruchsziel weist der § 437 BGB auf die entsprechenden weiteren Normen, die dann im Einzelnen zu prüfen sind, hin. Wenn der Käufer also beispielsweise wie bei uns die Rückzahlung des Kaufpreises wegen erklärten Rücktritts fordert, orientiert sich die Prüfung zunächst an § 437 **Nr. 2 BGB**. Denn nur dort spricht § 437 BGB von der Möglichkeit zur Rückabwicklung des Kaufvertrages (Fall 1). Der § 437 Nr. 2 Fall 1 BGB führt dann mit dem Verweis auf – unter anderem – den § 323 Abs. 1 BGB zur eigentlichen Anspruchsgrundlage, nämlich zu dem für den Rücktritt grundsätzlich geltenden **§ 346 Abs. 1 BGB**. Und deshalb stehen die §§ 346 Abs. 1, 323 Abs. 1, 437 Nr. 2 Fall 1 BGB gemeinsam im Obersatz unserer Prüfung – und nicht nur der § 437 Nr. 2 BGB. Denn diese Norm ist – wir sagten es eben – quasi nur der »Wegweiser« zu den weiteren Vorschriften (vgl. etwa BGH NJW **2015**, 3455).

> **Anderes Beispiel:** Wäre etwa nach einem Anspruch auf Neulieferung einer mangelfreien Sache oder Beseitigung des Mangels (»Nacherfüllung«) gefragt gewesen, hätte **§ 439 Abs. 1 BGB** in Verbindung mit § 437 **Nr. 1 BGB** erörtert werden müssen. Denn erst aus der Kombination von § 437 Nr. 1 BGB mit § 439 Abs. 1 BGB ergibt sich, was genau der Käufer im Rahmen der Nacherfüllung verlangen kann (bitte lies § 439 Abs. 1 BGB).

Der § 437 BGB steht demnach nie allein zur Begründung eines kaufrechtlichen Anspruchs im Obersatz der Prüfung, sondern muss gekoppelt mit anderen Normen genannt werden. Neben diesem Prinzip, wonach für die jeweiligen Ansprüche des Käufers unterschiedliche Voraussetzungen gelten und diese aus § 437 BGB herzuleiten sind, gibt es bei der Prüfung der Rechte des Käufers allerdings **eine** zwingende und für alle in § 437 BGB genannten Rechtsbehelfe geltende Grundvoraussetzung: Aus dem Einleitungssatz des § 437 BGB ergibt sich nämlich, dass sämtliche Rechte (also etwa auch der Rücktritt) gekoppelt sind an das Vorliegen eines **Mangels**. Im Einleitungssatz von § 437 BGB steht: »*Ist die Sache mangelhaft* ...« (bitte nachlesen). Ohne Mangelhaftigkeit der Kaufsache findet § 437 BGB mit seinen möglichen Rechtsfolgen bzw. Verweisungen demnach überhaupt **keine** Anwendung, eine kaufrechtliche Gewährleistung wäre unter diesen Umständen von vornherein komplett ausgeschlossen (*Palandt/Weidenkaff* § 437 BGB Rz. 1; *Jauernig/Berger* § 437 BGB Rz. 2).

**Wir merken uns:** Die Rechtsbehelfe des Käufers sind in § 437 BGB abschließend geregelt. Der § 437 BGB stellt aber für sich betrachtet noch keine eigene Anspruchsgrundlage, sondern nur eine sogenannte »Rechtsgrundverweisung« dar. Das jeweilige Begehren des Käufers ist immer auch abhängig von weiteren Voraussetzungen bzw. Vorschriften, die sich aus § 437 BGB mit den entsprechenden unterschiedlichen Verweisen der einzelnen Nummern 1–3 ergeben. Sämtliche Rechte des Käufers sind aber jedenfalls an die **Mangelhaftigkeit** der Kaufsache gebunden, was zwingend aus dem Einleitungssatz des § 437 BGB folgt. Diese Mangelhaftigkeit ist daher obligatorische Voraussetzung einer jeden kaufrechtlichen Gewährleistungsprüfung, unabhängig vom konkreten Begehren des Käufers.

**Zum Fall:** Wir prüfen gerade, ob R von dem Vertrag mit M zurücktreten und dann sein Geld zurückverlangen kann. Als Anspruchsgrundlage für den aus dem Rücktritt folgenden Zahlungsanspruch hatten wir weiter oben die §§ 346 Abs. 1, 323 Abs. 1, **437 Nr. 2** BGB benannt. In dieser Kette von Vorschriften erfüllt der § 437 Nr. 2 BGB nun seine Funktion dadurch, dass er selbst zwar nicht die gewünschte Rechtsfolge der Rückgewähr der empfangenen Leistungen benennt, dafür aber durch den Hinweis auf den Rücktritt den Weg zu § 346 Abs. 1 BGB weist, der dieses Anspruchsziel ausdrücklich beinhaltet. Deshalb: »Rechtsgrundverweisung«. Verstanden?!

Prima. Dann können wir uns jetzt endlich der inhaltlichen Prüfung des Anspruchs widmen und müssen dabei nun zunächst mal die materiellen Voraussetzungen des § 437 Nr. 2 BGB feststellen, also vor allem die **Mangelhaftigkeit** der Kaufsache (der Einleitungssatz!). Haben wir die geprüft, müssen wir, so steht es in § 437 Nr. 2 BGB drin, dann im zweiten Schritt noch auf die Vorschriften eingehen, die § 437 Nr. 2 Fall 1 BGB für den Fall des Rücktritts ausdrücklich benennt. Nur beides zusammen führt bei unserer Prüfung zum Ziel. Also dann:

## A) Die materielle (inhaltliche) Prüfung des § 437 Nr. 2 BGB:

**1.)** Dass ein Kaufvertrag zwischen R und M bestand, ist nicht zweifelhaft.

**2.)** Des Weiteren erforderlich ist nach dem Einleitungssatz des § 437 BGB auf jeden Fall die **Mangelhaftigkeit** der Kaufsache. Diese bestimmt sich nun nach den §§ 434, 435 BGB, wobei das Gesetz im Hinblick auf die Mangelhaftigkeit der Kaufsache in **§ 433 Abs. 1 Satz 2 BGB** begrifflich zwischen dem **Sach**mangel (geregelt in § 434 BGB) und dem **Rechts**mangel (geregelt in § 435 BGB) unterscheidet. Beide Mangelarten stehen gleichwertig nebeneinander, begründen also bei ihrem Vorliegen jeweils die Mangelhaftigkeit der Kaufsache und ebnen folglich den Einstieg über § 437 BGB (*Palandt/Weidenkaff* § 437 BGB Rz. 1; *Bamberger/Roth/Hau/Poseck/Faust* § 435 BGB Rz. 3).

Im vorliegenden Fall kommt angesichts des defekten Blitzlichtes selbstverständlich nur ein **Sachmangel** nach § 434 Abs. 1 BGB in Betracht. Und insoweit wollen wir es uns einfach machen und auf eine eingehende Erörterung der einzelnen Sachmängel (vorläufig) verzichten. Das können wir uns hier auch durchaus erlauben, denn dass die Fotokamera ohne Blitzlicht sich nicht für die gewöhnliche Verwendung (lies bitte: § 434 Abs. 1 Satz 2 Nr. 2 BGB) eignet, bedarf keiner Erörterung, zumal der M-Markt das ja auch noch selbst anerkennt und R eine neue Kamera anbietet.

Beachte bitte, dass die Frage, wann ein Fall des § 434 Abs. 1 Satz 1 BGB (→ Fehlen der vertraglich vereinbarten Beschaffenheit), ein Fall des § 434 Abs. 1 Satz 2 Nr. 1 BGB (→ nicht geeignet für die nach dem Vertrag vorausgesetzte Verwendung) oder ein Fall des § 434 Abs. 1 Satz 2 Nr. 2 BGB (→ nicht geeignet für die gewöhnliche Verwendung und nicht von üblicher Beschaffenheit) vorliegt, im Einzelfall durchaus schwierig zu beantworten sein kann (vgl. BGH WM **2019**, 597; NJW **2019**, 1133; MDR **2018**, 21; OLG Karlsruhe MDR **2014**, 266). Ist die Sache aber augenscheinlich entweder ganz oder in Teilen aufgrund eines Fehlers bei der Herstellung funktionsuntüchtig, kann man sich auf den Auffangtatbestand des **§ 434 Abs. 1 Satz 2 Nr. 2 BGB** stützen und das Vorliegen eines Sachmangels damit begründen, dass die Sache sich sicher nicht für die gewöhnliche Verwendung eignet (BGH NJW **2019**, 1133; **2016**, 2874; LG Braunschweig JuS **2018**, 485; *Palandt/Weidenkaff* § 434 BGB Rz. 25). Dies wird insbesondere bei den Geschäften des täglichen Lebens anzunehmen sein, bei denen im Zweifel keine Verwendungsvereinbarung im Sinne des § 434 Abs. 1 Satz 2 Nr. 1 BGB zwischen den Parteien getroffen wird. Hier entscheidet der Erwartungshorizont des Durchschnittskäufers, und Maßstab sind Sachen gleicher Art und Güte (BT-Drs. 14/6040 Seite 214; BGH WM **2019**, 597; BGH NJW **2009**, 2807; *Medicus/Lorenz* SR II Rz. 85; *Jauernig/Berger* § 434 BGB Rz. 14).

Unter Berücksichtigung dessen können wir hier einen Sachmangel nach § 434 Abs. 1 Satz 2 Nr. 2 BGB annehmen, denn die Digitalkamera ohne funktionsfähiges Blitzlicht eignet sich nicht zur gewöhnlichen Verwendung (→ Fotos bei jedem Tageslicht schießen); das darf der Durchschnittskäufer erwarten und andere Geräte der gleichen Gattung sind selbstverständlich nicht kaputt.

<u>ZE.:</u> Die Kamera hat einen Sachmangel im Sinne des § 434 Abs. 1 Satz 2 Nr. 2 BGB.

**3.)** Der Mangel muss des Weiteren, um die Ansprüche des Käufers zu begründen, gemäß § 434 Abs. 1 Satz 1 BGB zum Zeitpunkt des **Gefahrübergangs** vorgelegen haben (bitte prüfen im Gesetz).

> **Durchblick:** Diese Regelung verweist auf die **§§ 446, 447 BGB** und meint Folgendes: Selbstverständlich muss der Mangel der Kaufsache im Moment der Übergabe der Sache bereits vorgelegen haben, und darf vor allem nicht erst danach vom Käufer verursacht worden sein. Das wäre nämlich ziemlich ungerecht, wenn der Verkäufer dafür zu haften hätte, dass der Käufer die Kamera zuhause unsachgemäß bedient, dadurch kaputt macht und dann vom Verkäufer sein Geld zurück möchte. **Deshalb**: Der Sachmangel muss gemäß § 434 Abs. 1 Satz 1 BGB zum Zeitpunkt des Gefahrübergangs vorgelegen haben. Der Gefahrübergang erfolgt gemäß **§ 446 Satz 1 BGB** grundsätzlich mit der Übergabe der Sache. Der Sachmangel muss mithin bei der Übergabe der Sache vorhanden gewesen sein. Und beachte insoweit bitte unbedingt den ziemlich wichtigen **§ 477 BGB** (aufschlagen!), wonach bei einem so genannten Verbrauchsgüterkauf (→ Definition in § 474 Abs. 1 BGB) die gesetzliche Vermutung gilt, dass wenn sich innerhalb von sechs Monaten ein Defekt der Kaufsache zeigt, ein entsprechender Mangel bereits bei Gefahrübergang vorgelegen hat (EuGH NJW

**2015**, 2237; BGH NJW **2017**, 1093; BGHZ **200**, 1; OLG Köln NJW-RR **2004**, 268; *Palandt/Weidenkaff* § 477 BGB Rz. 8).

<u>ZE.</u>: Diese Vermutung des § 477 BGB wollen wir uns bitte merken, brauchen sie im vorliegenden Fall aber gar nicht, denn es liegt zwar durchaus ein Verbrauchsgüterkauf nach § 474 BGB vor, der Mangel war aber nach Schilderung des Sachverhaltes in einem Fabrikationsfehler begründet und lag mithin (unstreitig) schon zum Zeitpunkt der Übergabe vor.

<u>ZE.</u>: Die Fotokamera war mangelhaft im Sinne des § 434 BGB, und dieser Mangel lag auch schon bei Gefahrübergang vor.

<u>ZE.</u>: Und damit sind alle drei (allgemeinen) Voraussetzungen des § 437 BGB gegeben, nämlich das Bestehen eines Kaufvertrages, der Mangel an der Kaufsache und schließlich auch das Vorliegen dieses Mangels zum Zeitpunkt des Gefahrüberganges.

**B)** Das weitere Vorgehen hängt nun von den in § 437 Nr. 2 Fall 1 BGB genannten Normen ab, wir hatten oben ja gelernt, dass neben den im Einleitungssatz gegebenen Voraussetzungen noch weitere Vorschriften zu prüfen sind. Unser R möchte vom Vertrag zurücktreten, weswegen jetzt im vorliegenden Fall der in § 437 Nr. 2 Fall 1 BGB aufgezählte **§ 323 Abs. 1 BGB** zu prüfen ist.

> **Beachte:** Dieser § 323 BGB ist die zentrale Norm des Schuldrechts für den Rücktritt im Falle der nicht oder nicht ordnungsgemäßen Leistung, worunter selbstverständlich auch die Lieferung einer mangelhaften/nicht ordnungsgemäßen Sache fällt (BGH NJW **2015**, 3455; **2011**, 2872; *Palandt/Grüneberg* § 323 BGB Rz. 3; *Jauernig/Stadler* § 323 BGB Rz. 1). Die in dieser Vorschrift benannten Voraussetzungen sind daher bei der Prüfung des Rücktritts vom Kaufvertrag neben der Mangelhaftigkeit der Kaufsache immer gesondert festzustellen (LG Hanau NJW-RR **2003**, 1561). Und hierbei hat man zunächst stets den **§ 323 Abs. 1 BGB** zu erörtern, bevor man im zweiten Schritt auf mögliche Ausnahmeregelungen des § 323 Abs. 2 BGB oder aber der §§ 326 Abs. 5, 440 BGB eingeht (BGH MDR **2015**, 702; BGH NJW **2011**, 2872; *Palandt/Weidenkaff* § 437 BGB Rz. 24).

**Und jetzt wird es richtig interessant:**

Der Gesetzgeber hat in **§ 323 Abs. 1 BGB** nämlich angeordnet, dass der Rücktritt vom (Kauf-)Vertrag grundsätzlich nur dann möglich sein soll, wenn der Gläubiger dem Schuldner zunächst »erfolglos eine angemessene Frist zur Leistung oder Nacherfüllung« gesetzt hat (bitte lies § 323 Abs. 1 BGB).

**Achtung**! Das muss man sich bitte unbedingt klarmachen: Der Käufer kann bei Mangelhaftigkeit der Kaufsache demnach nicht gleich zurücktreten und sein Geld zurückfordern (BGH NJW **2015**, 3455; *Medicus/Lorenz* SR II Rz. 123). Er muss vielmehr, wie es § 323 Abs. 1 BGB vorschreibt, dem Verkäufer erst mal eine Möglichkeit zur sogenannten »zweiten Andienung« geben (BGH NJW **2015**, 3455; MDR **2013**, 258; PWW/

*Schmidt* § 437 BGB Rz. 15; *Jauernig/Berger* § 437 BGB Rz. 4). Denn der Verkäufer hat nicht nur die Pflicht, sondern gemäß § 323 Abs. 1 BGB gleichzeitig auch das **Recht** zur – vorrangigen – Nacherfüllung (BGH NJW **2015**, 3455; MDR **2015**, 576; *Medicus/Lorenz* SR II Rz. 123; *Palandt/Weidenkaff* § 437 BGB Rz. 4; *Ehmann/Sutschet* in JZ 2004, 62; *Pammler* in NJW 2003, 1992). Diese vorrangige **Nacherfüllung** meint gemäß § 439 Abs. 1 BGB dann entweder die Beseitigung des Mangels oder aber die Lieferung einer mangelfreien Sache (bitte prüfen in § 439 Abs. 1 BGB). Der Verkäufer hat somit die Möglichkeit, die Rückgängigmachung des Kaufvertrages dadurch abzuwenden, dass er innerhalb der gesetzten Frist entweder den Mangel beseitigt oder aber eine neue mangelfreie Sache liefert (BGH NJW **2015**, 3455). Welche dieser beiden Varianten letztlich durchgeführt wird, entscheidet freilich der **Käufer**, denn ihm alleine steht, wie man dem Wortlaut des § 439 Abs. 1 BGB entnehmen kann, insoweit das Wahlrecht zu. Dieses Wahlrecht darf er frei ausüben, wie es seinem Interesse entspricht (*Palandt/Weidenkaff* § 439 BGB Rz. 5). Der Käufer kann sogar grundsätzlich von der zunächst gewählten Art der Nacherfüllung später wieder Abstand nehmen und sich für die andere Art entscheiden, solange er den Verkäufer damit nicht in unbilliger Weise schikaniert (BGH NJW **2019**, 292). Merken.

**Also:** Der Käufer muss dem Verkäufer zunächst die Gelegenheit geben, seine ursprüngliche Verpflichtung aus dem Vertrag auch nachträglich noch zu erfüllen, sei es durch die Beseitigung des Mangels oder durch die Lieferung einer mangelfreien Sache (*Medicus/Lorenz* SR II Rz. 123). Und damit der Verkäufer sich mit dieser Nacherfüllung dann auch bitte nicht unendlich viel Zeit lässt, muss der Käufer ihm hierfür eine bestimmte und **angemessene Frist** setzen (beachte: der häufig anzutreffende Begriff »Nachfrist« steht so nicht im Gesetz, meint aber dasselbe). Diese Voraussetzung ergibt sich für den Rücktritt und die Minderung (= Herabsetzung des Kaufpreises) aus **§ 323 Abs. 1 BGB**. Erst wenn die Frist erfolglos verstrichen ist, der Verkäufer also innerhalb der Frist weder repariert noch neu geliefert hat, darf der Käufer den Rücktritt erklären oder den Kaufpreis mindern (BGH NJW **2015**, 3455; MDR **2015**, 576; NJW **2010**, 1805; *Jauernig/Berger* § 437 BGB Rz. 6). Der Käufer ist dabei übrigens grundsätzlich verpflichtet, dem Verkäufer die Kaufsache zur Untersuchung möglicher Mängel auch tatsächlich zur Verfügung zu stellen (BGH NJW **2015**, 3455).

---

**Merke:** Rücktritt oder Minderung sind im Regelfall nur möglich, wenn eine vom Käufer gesetzte **angemessene Frist** zur Nacherfüllung (Neulieferung oder Nachbesserung) erfolglos verstrichen ist. Für diese Fristsetzung zur Nacherfüllung genügt es, wenn der Käufer durch das Verlangen nach »sofortiger«, »unverzüglicher« oder »umgehender« Leistung oder durch eine vergleichbare Formulierung deutlich macht, dass dem Verkäufer für die Erfüllung nur ein begrenzter (bestimmbarer) Zeitraum zur Verfügung steht. Der Angabe eines bestimmten Zeitraums oder eines bestimmten (Ziel-)Termins bedarf es nicht (BGH NJW **2016**, 3654; BGH NJW **2009**, 3153).

Ausnahmsweise kann diese Fristsetzung schließlich auch **entbehrlich** sein. Und das sind dann die (insgesamt sieben) Fälle, die in den §§ 323 Abs. 2, 326 Abs. 5 und 440 BGB stehen. Diese Varianten haben allerdings nur Ausnahmecharakter und gehören daher im Prüfungsaufbau hinter die § 323 Abs. 1 BGB (*Palandt/Weidenkaff* § 437 BGB Rz. 24). In einer Prüfungsarbeit hat man daher immer zuerst die Fristsetzung bzw. ihre Erforderlichkeit festzustellen. Das ist der Regelfall. Hat man dies geprüft, kann und muss man sich (zumeist wenigstens im Kopf) noch vergewissern, ob nicht eine der benannten Ausnahmen vorliegt. Auch hier gilt der Grundsatz, dass nur das geprüft werden darf und muss, was im Sachverhalt auch eine Grundlage findet.

**Zum Fall:** Die Auflösung unserer Geschichte mit dem Fotoapparat ist nach dem soeben Erlernten jetzt nicht mehr schwer. Bei uns fehlt offensichtlich die von § 323 Abs. 1 BGB geforderte Fristsetzung durch R, der wollte ja vielmehr direkt die Kohle zurück. Und so geht's grundsätzlich nicht – wie wir jetzt wissen. Und da zudem hier auch kein Fall der Entbehrlichkeit der Fristsetzung nach den §§ 323, 440, 326 Abs. 5 BGB vorliegt, müssen wir dem R leider mitteilen, dass er dem M-Markt zunächst die Möglichkeit geben muss, den Vertrag in Form der »Nacherfüllung« ordnungsgemäß abzuwickeln. Das heißt, dass R (!) zunächst nur die Wahl hat zwischen Mangelbeseitigung (= Reparatur) oder aber Lieferung einer neuen mangelfreien Sache (lies: § 439 Abs. 1 BGB). Ein Rücktritt ist zum jetzigen Zeitpunkt indessen nicht begründet.

> **Feinkostabteilung:** Ein Grund, warum in Teilen der Bevölkerung bis heute ein ganz anderes Rechtsgefühl (»Isch krisch hier sofort mein Jeld zurück!«) verankert ist, liegt übrigens in Folgendem: Das BGB hatte seit seinem Bestehen (→ 01.01.1900) bis zum 31.12.2001 – also satte 102 Jahre! – für den Käufer ein sofortiges Rücktrittsrecht im Falle der Mangelhaftigkeit der Kaufsache vorgesehen. Im alten § 462 BGB stand nämlich, dass man bei einem Fehler der Kaufsache den Vertrag sofort »wandeln« (= Rückgängigmachen) konnte. Ein Recht des Verkäufers auf Nachbesserung war nicht vorgesehen, man konnte sich als Käufer bei einem Fehler der gekauften Sache vielmehr vom Vertrag durch einfache (Rücktritts-)Erklärung lösen und die gezahlte Kohle zurückfordern. Und so sind demnach unsere Urgroßväter, die Großväter, die Väter (Mütter auch) und sonst wer über 100 Jahre lang aufgewachsen. Die von uns oben gelernte Regelung besteht demgegenüber »erst« seit der Schuldrechtsreform vom 01.01.**2002.** Danach gilt, wir haben es gesehen, etwas ganz anderes: Der Verkäufer hat es jetzt diesbezüglich faktisch etwas besser, er muss nicht direkt die Sache zurücknehmen und den Kaufpreis zurückerstatten, sondern kann eine »**zweite Andienung**« versuchen und somit den Kaufvertrag quasi noch retten. Hierfür muss ihm der Käufer – wie oben erläutert – nach § 323 Abs. 1 BGB eine angemessene Frist gesetzt haben, vor deren erfolglosen Ablauf sich der Käufer nicht vom Vertrag lösen kann.

An dieser Fristsetzung seitens des R fehlte es im vorliegenden Fall mit der Konsequenz, dass die Voraussetzungen der von uns geprüften §§ 323 Abs. 1, 437 Nr. 2 Fall 1 BGB nicht vorliegen und dem R folglich aus der Mangelhaftigkeit der Kaufsache bislang **kein** gesetzliches Rücktrittsrecht erwachsen ist.

**ZE.:** Und damit liegen auch die Voraussetzungen des § 346 Abs. 1 BGB nicht vor; dem R steht kein Rücktrittsgrund zur Seite.

**Ergebnis:** Der R kann die gezahlten 350 Euro demnach (noch) nicht nach den §§ 346 Abs. 1, 323 Abs. 1, 437 Nr. 2 Fall 1 BGB vom M-Markt zurückfordern.

### Praktischer Hinweis zum Schluss:

Bitte nicht davon irritieren lassen, dass die Händler im richtigen Leben im Zweifel jedem Käufer freundlicherweise ein Rückgaberecht einräumen und somit faktisch auf ihre Rechte zur zweiten Andienung aus § 439 Abs. 1 BGB verzichten. Sämtliche großen Warenhäuser bzw. Händler bieten mittlerweile ihren Kunden – außerhalb der bei bestimmten Geschäften sowieso geltenden Widerrufsrechte aus den §§ 355, 312b ff. BGB – eine ein- oder manchmal sogar mehrwöchige »Geld-zurück-Garantie«, was nichts anderes bedeutet, als dass man die gekauften Sachen (häufig auch wenn sie gar nicht defekt sind!) problemlos zurückgeben kann. Zumeist erhält man dann entweder direkt sein Geld zurück oder aber einen Warengutschein, den man freilich im gleichen Geschäft einlösen muss. Beachte aber bitte, dass man als Käufer auf diese »Garantie« nach dem BGB grundsätzlich **keinen** Anspruch hat. Das funktioniert nur, wenn es der jeweilige Händler ausdrücklich anbietet oder ein Fall der §§ 355, 312b ff. BGB (etwa ein Kauf im Internet) vorliegt. Der Rücktritt ist ansonsten – wir haben es oben ausführlich besprochen – erst möglich, wenn man dem Verkäufer erfolglos eine angemessene Frist zur Beseitigung des Mangels oder zur Lieferung einer neuen Sache gesetzt hat. Die heute übliche vereinfachte Einräumung von Käuferrechten, insbesondere der sofortige Rücktritt vom Vertrag, geschieht allein aus Kulanz. Alles klar!?

# Gutachten

**R kann gegen M einen Anspruch auf Rückzahlung von 350 Euro aus §§ 346 Abs. 1, 323 Abs. 1, 437 Nr. 2 BGB haben.**

R steht gegen M ein Anspruch auf Rückzahlung des Kaufpreises aus § 346 Abs. 1 BGB zu, wenn er wirksam vom Kaufvertrag mit M zurückgetreten ist. Dies ergibt sich aus dem Wortlaut des § 346 Abs. 1 BGB, wonach bei erfolgtem Rücktritt die empfangenen Leistungen zurückzugewähren sind.

**I.)** R hat den Rücktritt gemäß § 349 BGB ausdrücklich gegenüber M erklärt.

**II.)** Des Weiteren erforderlich ist ein Rücktrittsgrund, wobei das Gesetz in § 346 Abs. 1 BGB ausdrücklich zwischen dem vertraglich vereinbarten und dem gesetzlich angeordneten Rücktrittsrecht unterscheidet. Im vorliegenden Fall ist keine vertragliche Vereinbarung diesbezüglich ersichtlich mit der Konsequenz, dass für den Rücktritt des R nur ein gesetzliches Rücktrittsrecht in Betracht kommt. Dieses kann sich wegen des Defektes an der Kamera aus den §§ 323 Abs. 1, 437 Nr. 2 Fall 1 BGB ergeben.

**1.)** Ein Kaufvertrag zwischen R und M liegt hier vor.

**2.)** Zudem erforderlich ist nach § 437 BGB die Mangelhaftigkeit der Kaufsache. Diese bestimmt sich nach den §§ 434, 435 BGB, wobei das Gesetz im Hinblick auf die Mangelhaftigkeit der Kaufsache in § 433 Abs. 1 Satz 2 BGB begrifflich zwischen dem Sachmangel (§ 434 BGB) und dem Rechtsmangel (§ 435 BGB) unterscheidet. Hier kommt angesichts des defekten Blitzlichtes nur ein Sachmangel nach § 434 Abs. 1 BGB in Betracht. Ob der Kamera gemäß § 434 Abs. 1 Satz 1 BGB die vertraglich vereinbarte Beschaffenheit fehlt oder sie sich wegen des defekten Blitzlichts nicht für die nach dem Vertrag vorausgesetzte Verwendung nach § 434 Abs. 1 Satz 2 Nr. 1 BGB eignet, kann offenbleiben. Ist die Sache augenscheinlich entweder ganz oder in Teilen aufgrund eines Fehlers bei der Herstellung funktionsuntüchtig, so ist jedenfalls der Auffangtatbestand des § 434 Abs. 1 Satz 2 Nr. 2 BGB einschlägig. Bei der von R erworbenen Fotokamera beruht die Funktionsstörung des Blitzlichts auf einem Fabrikationsfehler. Das Gerät eignet sich offensichtlich nicht für die gewöhnliche Verwendung, denn diese würde beinhalten, dass Fotoaufnahmen bei jedem Tageslicht möglich sind. Die Fotokamera ist mithin mangelhaft im Sinne von § 434 Abs. 1 Satz 2 Nr. 2 BGB.

**3.)** Der Mangel muss des Weiteren, um die Ansprüche des Käufers zu begründen, gemäß § 434 Abs. 1 Satz 1 BGB zum Zeitpunkt des Gefahrübergangs vorgelegen haben. Wann die Gefahr bei einem Kaufvertrag auf den Käufer übergeht, richtet sich nach §§ 446, 447 BGB. Der Gefahrübergang erfolgt gemäß § 446 Satz 1 BGB grundsätzlich mit der Übergabe der Sache. Der Sachmangel muss mithin bei der Übergabe der Sache vorhanden gewesen sein. Hier war der Mangel nach der Schilderung des Sachverhaltes in einem Fabrikationsfehler begründet und lag mithin schon zum Zeitpunkt der Übergabe vor. Der Mangel bestand somit zum Zeitpunkt des Gefahrübergangs.

**4.)** Ausschlussgründe für die Gewährleistungshaftung des M sind nicht ersichtlich.

**5.)** Weiterhin müssen nach § 437 Nr. 2 Fall 1 BGB die Voraussetzungen von § 323 Abs. 1 BGB erfüllt sein.

**a)** Nach § 323 Abs. 1 BGB soll der Rücktritt vom Vertrag grundsätzlich nur dann möglich sein, wenn der Gläubiger dem Schuldner zunächst erfolglos eine angemessene Frist zur Leistung oder Nacherfüllung gesetzt hat. Der Käufer muss dem Verkäufer also zunächst die Gelegenheit geben, seine ursprüngliche Verpflichtung aus dem Vertrag auch nachträglich noch zu erfüllen, sei es durch die Beseitigung des Mangels oder durch die Lieferung einer mangelfreien Sache. Erst wenn die bestimmte und angemessene Frist erfolglos verstrichen ist, darf der Käufer den Rücktritt erklären. An einer solchen Fristsetzung durch R fehlte es.

**b)** Die fehlende Fristsetzung ist jedoch folgenlos, wenn die Fristsetzung ausnahmsweise entbehrlich ist. Dies bestimmt sich nach §§ 323 Abs. 2, 440, 326 Abs. 5 BGB. Es bestehen indes keinerlei Anhaltspunkte für das Vorliegen eines der dort genannten Ausnahmetatbestände. Die Voraussetzungen der §§ 323 Abs. 1, 437 Nr. 2 Fall 1 BGB liegen mithin nicht vor. Der von R erklärte Rücktritt ist demzufolge nicht begründet. Damit liegen auch die Voraussetzungen des § 346 Abs. 1 BGB nicht vor.

**Ergebnis:** R hat gegen M keinen Anspruch auf Rückzahlung von 350 Euro nach §§ 346 Abs. 1, 323 Abs. 1, 437 Nr. 2 Fall 1 BGB.

# Fall 17

## Schraubst du noch – oder schläfst du schon?

Rechtsstudentin R hat einen neuen Freund und braucht jetzt ein größeres Bett. Im Katalog des skandinavischen Möbelhauses I hat sie das zum Selbstaufbau angebotene Modell »Lax« mit den Maßen 140 × 200 cm zum Preis von 200 Euro ausgesucht und macht sich auf den Weg zur Verkaufsfiliale. Bei Durchsicht der Regale bemerkt R dann ein Exemplar des »Lax« mit beschädigter Verpackung. Darauf angesprochen, erklärt ihr der zuständige Mitarbeiter, dass zwar die Verpackung eingerissen, das Bett an sich aber einwandfrei sei und auch der Beschreibung im Katalog entspreche. R erhält nach kurzer Verhandlung aufgrund der beschädigten Verpackung einen Nachlass von 30 Euro und nimmt das Schlafmöbel gleich mit.

Zuhause angekommen, stellt R fest, dass dem Bett lediglich eine in schwedischer Sprache verfasste Aufbauanleitung beiliegt. Nur mit Hilfe ihres Nachbarn gelingt R nach mehreren Stunden der Aufbau des Bettes. Als sie dann beim Vermessen bemerkt, dass das Bett nur 132 cm breit ist, platzt ihr der Kragen. Sie fährt zurück zu I und verlangt umgehend ein neues Modell mit den im Katalog vermerkten Maßen und lesbarer Aufbauanleitung. Das andere Bett solle I bei R zudem schleunigst abholen. I weigert sich und meint, die acht Zentimeter seien unerheblich, R habe das Bett ja zudem aufbauen können und im Übrigen habe es sich wegen der beschädigten Verpackung und des Preisnachlasses um ein Einzelstück gehandelt, weswegen eine Neulieferung ausgeschlossen sei.

**Rechtslage?**

---

**Schwerpunkte:** Voraussetzungen des Nacherfüllungsanspruchs aus § 439 Abs. 1 BGB; fehlerhafte Montageanleitung; die so genannte »IKEA-Klausel« in § 434 Abs. 2 BGB; der Sachmangel nach § 434 Abs. 1 Satz 1 BGB; die Unmöglichkeit der Nacherfüllung bei Stückschuld nach § 275 Abs. 1 BGB; Abgrenzung Gattungsschuld / vertretbare Sache; Unverhältnismäßigkeit der Nacherfüllung nach § 439 Abs. 4 BGB; Anspruch auf Rücknahme der mangelhaften Kaufsache; Anspruch auf Ersatz von Ausbau- und Wiedereinbaukosten nach § 439 Abs. 3 BGB.

# Lösungsweg

## I.) Anspruch der R gegen I auf Lieferung eines neuen »Lax«

<u>AGL.:</u> §§ 439 Abs. 1, 437 Nr. 1 BGB (Neulieferung)

**Einstieg:** Der Anspruch auf Lieferung einer neuen Sache ist begründet, wenn die Voraussetzungen der genannten Normen vorliegen. Wir hatten schon gelernt, dass § 437 BGB für sich allein betrachtet keine eigene Anspruchsgrundlage ist (»Rechtsgrundverweisung«) und ihm daher immer weitere Vorschriften zur Seite stehen müssen, die letztlich den Anspruch bzw. das Anspruchsziel benennen (PWW/*Schmidt* § 437 BGB Rz. 1; *Jauernig/Berger* § 437 BGB Rz. 1; MüKo/*Westermann* § 437 BGB Rz. 1). Im vorliegenden Fall der »Nacherfüllung« ist das **§ 439 Abs. 1 BGB**, auf den § 437 Nr. 1 BGB verweist und der das hier gewünschte Begehren des Käufers auf Lieferung einer mangelfreien Sache konkret beinhaltet (prüfen!). Deshalb stehen hier die beiden Normen im Obersatz. Im Hinblick auf den **materiellen** Inhalt der Prüfung hatten wir zudem gelernt, dass trotz Verweisung auf andere Vorschriften dennoch immer auch identische Grundvoraussetzungen bei der kaufrechtlichen Gewährleistung existieren, die in § 437 BGB explizit enthalten sind und die für **alle** Ansprüche des Käufers gelten. Im Einleitungssatz des § 437 BGB steht nämlich, dass sämtliche Ansprüche des Käufers gebunden sind an die Mangelhaftigkeit der Kaufsache, die damit nach Feststellung eines bestehenden Kaufvertrages immer zuvorderst zu untersuchen ist (*Erman/Grunewald* § 437 BGB Rz. 1; PWW/*Schmidt* § 437 BGB Rz. 3). Und genau so machen wir das auch hier:

**I.)** Zur Begründung des Anspruchs auf Lieferung einer neuen mangelfreien Sache (Bett) aus den §§ 439 Abs. 1, 437 Nr. 1 BGB muss demnach, da ein Kaufvertrag zwischen I und R fraglos geschlossen wurde, die **Mangelhaftigkeit** der Kaufsache festgestellt werden. Hier kommt ein »Sachmangel« im Sinne des § 434 BGB in Betracht.

**1.)** Dieser kann sich zunächst aus der nur in schwedischer Sprache verfassten Aufbauanleitung ergeben. Gemäß **§ 434 Abs. 2 Satz 2 BGB** liegt bei einer zur Montage bestimmten Sache ein Sachmangel vor, wenn die Montageanleitung mangelhaft ist (sogenannte »IKEA-Klausel«, die hauptsächlich für den Möbelhandel gedacht und deshalb auch entstanden ist, vgl. *Jauernig/Berger* § 434 BGB Rz. 19; PWW/*Schmidt* § 434 BGB Rz. 66). Da das Bett hier »zum Selbstaufbau« vorgesehen war, stellt sich die Frage, ob die schwedische Montageanleitung tatsächlich einen Mangel der Sache im benannten Sinne darstellt.

---

**Definition:** Die Montageanleitung ist dann **mangelhaft**, wenn sie nicht den ganz überwiegenden Teil der voraussichtlichen Käufer in die Lage versetzt, die Kaufsache auf Anhieb fehlerfrei zu montieren (BGHZ **201**, 83; AG Bremen NJW-RR **2015**, 380; *Palandt/Weidenkaff* § 434 BGB Rz. 49).

---

Diese Mangelhaftigkeit ist aus dem Erwartungshorizont des Käufers abzuleiten. Insoweit ist vom Verkäufer auch zu berücksichtigen, in welcher Sprache und mit welcher Kenntnis der Käufer die Aufbauanleitung verwendet. Grundsätzlich muss eine Montageanleitung deshalb in der Sprache verfasst sein, die im Kaufvertrag vorausgesetzt wird (AG Bremen NJW-RR **2015**, 380; *Palandt/Weidenkaff* § 434 BGB Rz. 48; *Bamberger/Roth/Hau/Poseck/Faust* § 434 BGB Rz. 98f.). Demnach wäre die Montageanleitung im vorliegenden Fall mangelhaft, denn unser Fall spielt selbstredend in Deutschland und daher muss die Anleitung auch in deutscher Sprache verfasst sein.

**Aber:** Es gibt da noch einen Haken. Gelingt dem Käufer die fehlerfreie Montage, obwohl die Montageanleitung mangelhaft ist, greift die Sonderregel von § 434 Abs. 2 Satz 2, **2. Halbsatz** BGB ein (aufschlagen!). Hintergrund hierfür ist, dass der Verkäufer ausdrücklich nicht haften soll, wenn sich der Mangel der Montageanleitung im Endeffekt nicht ausgewirkt hat. Und dabei ist es nach Meinung des Gesetzgebers schließlich sogar gleichgültig, ob der Käufer den Zusammenbau aus eigener Kraft bewerkstelligt oder sich dazu fremder Hilfe bedient (BT-Drs. 14/6040 Seite 216; *Palandt/Weidenkaff* § 434 BGB Rz. 51). Dass der Nachbar hier in unserem Fall der R zu Hilfe gekommen ist, schadet also nicht.

<u>ZE.:</u> Der Umstand, dass die Montageanleitung in schwedisch abgefasst ist, stellt keinen Sachmangel gemäß § 434 Abs. 2 Satz 2 BGB dar, da das Bett letztlich fehlerfrei montiert worden ist.

**2.)** Der Sachmangel kann sich angesichts dessen jetzt nur noch in der um acht Zentimeter fehlenden Breite des Bettes begründen. Insoweit kommt ein Sachmangel nach **§ 434 Abs. 1 Satz 1 BGB** in Betracht. Demnach ist die Sache frei von Sachmängeln, wenn sie bei Gefahrübergang die vereinbarte Beschaffenheit hat. Sie ist also mangelhaft, wenn sie diese Beschaffenheit nicht hat. Im vorliegenden Fall ist folglich zunächst zu fragen, ob zwischen den Parteien eine Beschaffenheit vertraglich vereinbart gewesen ist.

---

**Definition:** Eine **vertragliche Vereinbarung** im Sinne des § 434 Abs. 1 Satz 1 BGB setzt voraus, dass der Verkäufer in vertragsgemäß bindender Weise **eindeutig** die Gewähr für das Vorhandensein einer Eigenschaft der Kaufsache übernimmt und damit seine Bereitschaft zu erkennen gibt, für alle Folgen des Fehlens dieser Eigenschaft einzustehen. Hierfür genügt grundsätzlich auch eine schlüssige Erklärung etwa derart, dass der Verkäufer die Kaufsache vor Vertragsschluss beschreibt und dabei auf ein Muster oder einen Prospekt verweist (BT-Drs. 14/6040 Seite 212; BGHZ **181**, 170; BGH NJW **2018**, 150; LG Coburg, NJW-RR **2017**, 182; *Brox/Walker* BS § 4 Rz. 9).

---

**Hier:** Kein Problem, denn der Verkäufer weist die R vor Abschluss des Vertrages darauf hin, dass die Verpackung beschädigt ist, das Bett an sich aber der Beschreibung im Katalog des Möbelhauses entspricht. Und im Katalog stand ja, dass das Bett die Maße 140 × 200 cm hat. Die 140 × 200 cm sind demnach zwischen den Parteien **vereinbart** im Sinne des § 434 Abs. 1 Satz 1 BGB.

Schließlich müssen diese Maße dann natürlich auch unter den Begriff der »Beschaffenheit« im Sinne der gerade genannten Vorschrift fallen, was aber nicht problematisch ist, denn:

---

**Definition:** Unter die **Beschaffenheit** im Sinne des § 434 Abs. 1 BGB fallen sowohl sämtliche den Wert der Kaufsache ausmachenden Faktoren, die der Sache selbst unmittelbar anhaften, als auch ihre Beziehungen zur Umwelt, sofern diese nach der Verkehrsauffassung den Wert der Kaufsache beeinflussen; namentlich können hierzu je nach Fall die Größe, das Alter, das Gewicht, das Material, das Herstellungsdatum oder auch das Bestehen einer Herstellergarantie gehören, wenn diese Faktoren auf den Wert der Sache Einfluss haben (BGH NJW **2017**, 3590; NJW **2016**, 2874; *Palandt/Weidenkaff* § 434 BGB Rz. 10; *Kleinhenz/Junk* in JuS 2009, 787).

---

**Hier:** Selbstverständlich gehören bei einem Bett die Maße zu den Eigenschaften, die den Wert der Sache ausmachen. Allein die Tatsache, dass Matratzen nur in gängigen Größen gefertigt werden, lässt dies jedem einleuchten; wo soll man eine Matratze mit 132 cm Breite herbekommen? Und ist das Bett nun z.B. kürzer oder wie hier 8 cm schmaler als beschrieben, fehlt der Kaufsache eben eine Beschaffenheit, die ihren Wert ausmacht.

**ZE.:** Dem Bett fehlte die vertraglich vereinbarte Beschaffenheit von 140 × 200 cm mit der Folge, dass die Kaufsache mangelhaft im Sinne des § 434 Abs. 1 Satz 1 BGB ist.

**3.)** Dieser Mangel muss nach § 434 Abs. 1 BGB zum Zeitpunkt des **Gefahrübergangs** vorgelegen haben. Dieser richtet sich grundsätzlich nach § 446 BGB. Demnach kommt es auf den Zeitpunkt der Übergabe an. Zum Zeitpunkt der Übergabe lag der Mangel vor.

**ZE.:** Damit sind die Voraussetzungen des § 437 Nr. 1 BGB vollständig erfüllt, das Bett hatte zum Zeitpunkt des Gefahrübergangs einen Sachmangel.

**ZE.:** Der Anspruch auf Nacherfüllung aus § 439 Abs. 1 BGB ist demnach grundsätzlich entstanden. R kann also nach **ihrer** Wahl (lies: § 439 Abs. 1 BGB) Nacherfüllung in Form der Beseitigung des Mangels oder aber der Lieferung einer mangelfreien Sache verlangen. Die R hat sich angesichts ihrer Forderung nach einem neuen Bett augenscheinlich für die Neulieferung entschieden.

**Problem:** Anspruch untergegangen?

**1.)** Dieser Anspruch auf Neulieferung könnte aber möglicherweise wieder untergegangen sein. In Betracht kommt die Anwendung des **§ 275 Abs. 1 BGB** (aufschlagen!).

**Durchblick:** Der Anspruch auf Neulieferung aus den §§ 439 Abs. 1, 437 Nr. 1 BGB unterliegt als Forderung grundsätzlich den allgemeinen Regeln über die Leistungsstörungen, namentlich der Unmöglichkeit und des Verzuges (*Palandt/Weidenkaff* § 439 BGB Rz. 15; MüKo/*Ernst* § 280 BGB Rz. 62), denn auch im Hinblick auf den Anspruch auf Lieferung einer neuen Sache kann sich der Schuldner natürlich verspäten oder ihm kann diese Neulieferung unter Umständen auch unmöglich (geworden) sein. Nun wird man sich angesichts dessen im vorliegenden Fall indes fragen, warum denn hier Unmöglichkeit in Betracht kommen soll, denn auf den ersten Blick dürfte es für I überhaupt kein Problem sein, ein neues Bett der Marke »Lax« zu liefern, die Dinger stehen vermutlich noch zu Hunderten bei I – oder lassen sich jedenfalls problemlos beschaffen. Eine Unmöglichkeit, bei der nach der Definition niemand mehr die geschuldete Leistung erbringen kann (*Jauernig/Stadler* § 275 BGB Rz. 12), scheidet demnach eigentlich aus. Wie gesagt, von dem fraglichen Modell sind selbstverständlich noch genügend Exemplare vorhanden und eines davon könnte I fraglos liefern.

> **Aber:** Diese Beurteilung berücksichtigt nicht, dass R hier nicht irgendein Bett, sondern erst nach eingehender Verhandlung mit dem Verkäufer genau das Exemplar mit der beschädigten Verpackung gekauft und dafür dann auch einen geringeren Preis bezahlt hat. Und bei sehr sorgfältiger Betrachtung sind wir damit bei der Unterscheidung zwischen einer **Gattungs**- von einer **Stückschuld**, was im vorliegenden Fall erhebliche Konsequenzen haben kann, denn: Solange sich der Kaufvertrag auf eine nur der Gattung nach bestimmte Sache bezieht, ist eine Neulieferung im Falle eines Mangels nach den §§ 439 Abs. 1, 437 Nr. 1 BGB problemlos möglich. Man nimmt einfach nur eine neue Sache – und fertig. Es kam den Parteien ja nicht auf die Lieferung einer bestimmten Sache an, sondern es sollte ein Exemplar aus der jeweiligen Gattung geliefert werden (z.B.: Kauf eines Neuwagens, Ford Fiesta, blau metallic, 50 PS usw.). Ist der Leistungsgegenstand indessen von den Parteien individuell bestimmt worden, kann nun nicht einfach ein neuer Gegenstand geliefert werden, denn es kam den Parteien ja darauf an, genau **diese** Sache zum Kaufgegenstand zu machen. Eine Neulieferung scheidet im Falle der Mangelhaftigkeit dann eigentlich aus, denn **dieser** Gegenstand ist natürlich nicht mehr »**neu**« lieferbar.

**Zum Fall:** Die hier bei uns vorliegende Konstellation macht das Problem deutlich, denn I und R haben sich auf genau **dieses** besondere Bett, nämlich mit beschädigter Verpackung und verringertem Preis geeinigt, obwohl es sich bei dem Modell »Lax« ansonsten fraglos um eine **Gattung** handelt. Wir haben es also trotz ursprünglicher Gattung im konkreten Fall mit einer **Stückschuld** zu tun. In unserem Fall könnte I daher theoretisch ein neues Bett liefern, es wäre dann aber nicht mehr das, was ursprünglich Gegenstand der vertraglichen Einigung war. Und ob der Käufer in solchen Fällen der aus einer Gattung ausgesonderten Stückschuld vom Verkäufer Neulieferung verlangen kann, ist höchst umstritten:

- Zum einen wird insoweit vertreten, die Neulieferung nach den §§ 439 Abs. 1, 437 Nr. 1 BGB komme bei der Stückschuld grundsätzlich nicht mehr in Betracht. Begründet wird dieser Ansatz damit, dass jede andere als die ursprünglich gelieferte Sache nicht geschuldet war, und die Lieferung der vertraglich vereinbarten Sache in mangelfreiem Zustand demnach gemäß § 275 Abs. 1 BGB **unmöglich** sei. Wenn die Parteien eine Stückschuld vereinbaren, könne sich das Gesetz nicht über diese vertragliche Begrenzung des Schuldverhältnisses hinwegsetzen. Vor allem dann, wenn der Verkäufer keine andere Sache mehr hat, mit der er erfüllen könnte, gebe es keinen Grund, ihn entgegen der vertraglichen Vereinbarung mit einem gattungsschuldähnlichen Beschaffungsrisiko zu belasten (*Faust* in ZGS 2004, 252; *Musielak* in NJW 2008, 2801; *Diekmann* in ZGS 2009, 9; *Ackermann* in JZ 2003, 1154; *Bamberger/Roth/Faust* § 439 BGB Rz. 34; *Huber* in NJW 2002, 1004, 1006; *Lettl* in JuS 2002, 866, 871; *Reischl* in JuS 2003, 865, 870; *Schwab* in JuS 2002, 1, 6).

- Nach anderer (herrschender) Meinung soll eine Neulieferung grundsätzlich auch bei der Stückschuld möglich sein, jedenfalls sofern es sich um eine **vertretbare** Sache (lies: § 91 BGB) handelt, die am Markt noch zu beschaffen ist. Die Vertreter dieser Ansicht stützen sich dabei auf Gesetzesmaterialien, in denen davon ausgegangen wird, dass die Neulieferung beim Stückkauf nur ausgeschlossen ist, wenn es sich bei dem Kaufgegenstand um eine nicht vertretbare Sache handelt (RE, BT-Drs. 14/6040 Seite 209). Mit der Schuldrechtsreform 2002 habe ausweislich des § 434 Abs. 3 BGB die begriffliche Unterscheidung zwischen Stück- und Gattungsschuld im Kaufrecht aufgehoben werden sollen. Dieser Auffassung hat sich auch der BGH angeschlossen. Danach kommt eine Neulieferung auch im Falle der Stückschuld in Betracht, wenn ein entsprechender Wille der Vertragsparteien bei Vertragsschluss vorliegt. Dies sei anzunehmen, wenn die mangelhafte Kaufsache durch eine »gleichartige und gleichwertige« Sache ersetzt werden könne. Die Lieferung einer identischen Sache sei im Rahmen der Neulieferung nicht erforderlich. Vielmehr sei darauf abzustellen, ob die Vertragsparteien nach ihrem erkennbaren Willen und dem Vertragszweck die konkrete Leistung als austauschbar angesehen haben. Die Gegenansicht finde im Wortlaut von § 439 Abs. 1 BGB keine Stütze und führe überdies dazu, dass der nach dem Gesetz vorrangige Anspruch auf Nacherfüllung beim Stückkauf von vornherein entfiele (BGH NJW **2019**, 1133; **2018**, 789; OLG München NJW-RR **2019**, 248; OLG Braunschweig NJW **2003**, 1053; LG Ellwangen NJW **2003**, 517; MüKo/*Westermann* § 439 BGB Rz. 12; *Jauernig/Berger* § 439 BGB Rz. 24; *Palandt/Weidenkaff* § 439 BGB Rz. 15; *Brox/Walker* BS § 4 Rz. 44; *Dauner-Lieb/Arnold* in JuS 2002, 1175 ff.; *Heinemann/Artz* in ZGS 2003, 149, 151 ff.; *Pammler* in NJW 2003, 1992 ff.; *Spickhoff* in BB 2003, 589; *Schulze/Ebers* in JuS 2004, 462; *Tiedtke/Schmidt* in DStR 2004, 2019).

Welcher Ansicht man den Vorzug gewährt, ist selbstverständlich wie immer im besten Sinne des Wortes **gleichgültig**. Wir wollen hier in unserer Lösung der herrschenden Auffassung folgen und uns dabei auf die Argumentation beziehen, wonach der Gesetzgeber die Neulieferung nur für den Fall ausschließen wollte, dass es sich um eine nicht vertretbare Sache handelt (BT-Drs. 14/6040 Seite 209). Bei einer vertretbaren Sache aber ist es dem Verkäufer grundsätzlich weiterhin möglich, ein neues Exemplar zu liefern bzw. zu beschaffen, auch wenn die vertragliche Vereinbarung vorher auf ein bestimmtes Stück gerichtet war. Es ist nicht einsehbar, den Verkäufer trotz tatsächlich möglicher Neulieferung von seiner Lieferpflicht zu entlasten. Die Neulieferung gemäß den §§ 439 Abs. 1, 437 Nr. 1 BGB ist daher auch beim Vorliegen einer Stückschuld **nicht** nach § 275 Abs. 1 BGB unmöglich geworden, sofern es sich um eine vertretbare Sache handelt.

**2.)** Und genau das prüfen wir hier dann noch: Der Anspruch auf Neulieferung setzt nach dem soeben Gesagten das Vorliegen einer **vertretbaren** Sache im Sinne des § 91 BGB voraus.

**Beachte:** Obwohl die Begriffe »Gattungsschuld« und »vertretbare Sache« rein tatsächlich zumeist deckungsgleich sind, darf man sie dennoch nicht ohne weiteres als gleichbedeutend behandeln (*Palandt/Ellenberger* § 91 BGB Rz. 1). Was eine vertretbare Sache ist, wird in § 91 BGB definiert. Demnach muss die Sache **1.)** beweglich und **2.)** im Verkehr nach Maß, Zahl, Art und Gewicht bestimmt zu werden pflegen (steht da so). Mit dieser etwas antiquierten Ausdrucksweise will das Gesetz sagen, dass eine vertretbare Sache sich von anderen gleichartigen Sachen nicht durch irgendwelche individuellen Merkmale abgrenzt und daher mit anderen gleichartigen Sachen im Zweifel austauschbar ist (*MüKo/Stresemann* § 91 BGB Rz. 1). Anders als bei der Gattungsschuld, bei der die Parteien die Merkmale, welche die geschuldeten Sachen aufweisen müssen, selbst (= subjektiv) festlegen können, ist der Maßstab für die Vertretbarkeit einer Sache immer **objektiv**. Parteivereinbarungen sind im Rahmen des § 91 BGB also grundsätzlich unbeachtlich (*MüKo/Stresemann* § 91 BGB Rz. 1; *Palandt/Ellenberger* § 91 BGB Rz. 1).

---

**Merke:** Gattungsschulden werden **in der Regel** durch die Leistung vertretbarer, Stückschulden durch die Leistung nicht vertretbarer Sachen erfüllt. Gebrauchte Sachen sind niemals vertretbar (*MüKo/Stresemann* § 91 BGB Rz. 4).

---

**Zum Fall:** Das Bett ist natürlich eine bewegliche Sache. Es wurde auch neu hergestellt und ist kein gebrauchter Gegenstand. Individualisiert wurde es hier lediglich durch die besondere Auswahl der Vertragsparteien. Weil es somit grundsätzlich austauschbar ist, handelt es sich dabei um eine vertretbare Sache im Sinne des § 91 BGB. **Folge:** Da wir uns oben der Meinung angeschlossen haben, die eine Neulieferung trotz des Vorliegens einer Stückschuld im Falle einer vertretbaren Sache angenommen hat, können wir nunmehr entspannt feststellen, dass der Neulieferungsanspruch nicht aufgrund von Unmöglichkeit nach § 275 Abs. 1 BGB untergegangen ist. I kann hier ein neues Bett liefern.

<u>ZE.:</u> Der Anspruch auf Neulieferung aus den §§ 439 Abs. 1, 437 Nr. 1 BGB ist entstanden und auch nicht wieder untergegangen.

**Problem:** Ist der Anspruch auch durchsetzbar?

Darüber müssen wir – zumal I die Neulieferung des Bettes ja ausdrücklich ablehnt – zum Schluss noch einen Augenblick nachdenken und werfen dazu einen Blick in § 439 Abs. 4 Satz 1 BGB (aufschlagen!). Nach dieser Norm darf der Verkäufer die vom Käufer gemäß § 439 Abs. 1 BGB gewählte **Art** der Nacherfüllung »… verweigern, wenn sie nur mit unverhältnismäßigen Kosten möglich ist«. Eine solche Unverhältnismäßigkeit im Sinne des § 439 Abs. 4 Satz 1 BGB kann sich dabei entweder aus dem Vergleich der beiden Nacherfüllungsarten ergeben (→ **relative** Unverhältnismäßigkeit) oder daraus, dass eine Nacherfüllungsart für sich betrachtet unverhältnismäßig hohe Kosten verursacht (→ **absolute** Unverhältnismäßigkeit). Erhebt der Verkäufer nun die Einrede der Unverhältnismäßigkeit, beschränkt sich der Anspruch des Käufers auf die »andere« (also vom Käufer **nicht** gewählte!) Art der Nacherfüllung (lies § 439 Abs. 4 **Satz 3** BGB): Der Verkäufer schuldet zwar weiterhin Nacherfüllung, darf sich aber über die vom Käufer getroffene Wahl hinwegsetzen. Das Gesetz schützt den Verkäufer damit davor, dass der Käufer das ihm durch § 439 Abs. 1 BGB eingeräumte Wahlrecht in unbilliger Weise ausübt (Stichwort: Schikane) und den Verkäufer dadurch mit unverhältnismäßig hohen Kosten belastet.

---

**Beachte:** Für die Feststellung der **Unverhältnismäßigkeit** ist stets eine Bewertung aller Umstände des Einzelfalls erforderlich. Es gelten aber folgende Faustregeln: Relative Unverhältnismäßigkeit liegt jedenfalls dann vor, wenn die Kosten der einen Nacherfüllungsart die der anderen um **mehr** als **25%** übersteigen (*Bamberger/Roth/Hau/Poseck/Faust* § 439 BGB Rz. 47; *Brox/Walker* BS § 4 Rz. 45). Absolute Unverhältnismäßigkeit liegt insbesondere vor, wenn die Nacherfüllungskosten **150%** (bei Grundstücken: **100%**) des Werts der Sache im mangelfreien Zustand übersteigen (BGH NJW **2015**, 468; **2009**, 1660; *Erman/Grunewald* § 439 BGB Rz. 16/17).

---

**Durchblick:** Der Verkäufer darf wegen Unverhältnismäßigkeit nach dem Wortlaut des Gesetzes ausdrücklich nur die **gewählte** Art der Nacherfüllung verweigern, nicht aber die Nacherfüllung insgesamt. Lässt sich z.B. der Mangel an einer Waschmaschine durch einfaches Austauschen eines Netzteils oder eines anderen (kostengünstigen) Bauteils beheben, darf der Verkäufer zwar die Lieferung einer neuen Waschmaschine unter Berufung auf § 439 Abs. 4 BGB verweigern, muss aber stattdessen den Mangel beseitigen und die kaputte Maschine reparieren (*Palandt/Weidenkaff* § 439 BGB Rz. 16a). Allerdings folgt aus dem zweiten Halbsatz von § 439 Abs. 4 Satz 3 BGB (der beginnt hinter dem Semikolon, lesen!), dass der Verkäufer grundsätzlich das Recht behält, zudem auch noch die andere Art der Nacherfüllung wegen (absoluter) Unverhältnismäßigkeit abzulehnen und damit quasi die Nacherfüllung »total« zu verweigern (*Lorenz* in JuS 2018, 10; *Huber* in NZBau 2018, 72).

**Aber:** Dieses Recht steht dem Verkäufer nicht zu, wenn ein **Verbrauchsgüterkauf** vorliegt, und das folgt aus dem – durchaus kompliziert gefassten – § 475 Abs. 4 Satz 1 BGB (aufschlagen!). Danach darf der Verkäufer bei einem Verbrauchsgüterkauf die einzig verbliebene Art der Nacherfüllung nicht deshalb verweigern, weil sie für sich betrachtet (absolut) unverhältnismäßig ist. Ist dem Verkäufer in einem solchen Fall also z.B. die Nachlieferung unmöglich, weil die gekaufte Waschmaschine nicht mehr hergestellt wird, muss er die mangelhafte Maschine reparieren, und zwar selbst dann, wenn die Kosten der Reparatur deren Wert in mangelfreiem Zustand um ein Vielfaches übersteigt.

> **Merke:** Die grundsätzliche Möglichkeit der **Totalverweigerung** der Nacherfüllung gemäß § 439 Abs. 4 BGB widerspricht den Vorgaben der europäischen »Verbrauchsgüterkauf-Richtlinie« (1999/44/EG). Diese sieht ein Verweigerungsrecht des Verkäufers nämlich nur vor, wenn die vom Käufer gewählte Art der Nacherfüllung unmöglich oder im Vergleich zu der anderen Art der Nacherfüllung (= relativ) unverhältnismäßig ist (EuGH NJW **2011**, 2269). Daher hat der Gesetzgeber zum Schutz des Verbrauchers die auf einen Verbrauchsgüterkauf vorrangig anzuwende Spezialvorschrift des § 475 Abs. 4 Satz 1 BGB eingefügt.

**Zum Fall:** Da das von R gekaufte Bett 8 cm zu schmal und eine Möglichkeit, dies zu ändern (= Bett breiter machen), nach dem Sachverhalt nicht ersichtlich ist, scheidet eine Nachbesserung von vornherein aus. R ist demnach darauf beschränkt, die **Lieferung** einer neuen Sache zu verlangen (was sie auch getan hat). Und weil R und I hier fraglos einen Verbrauchsgüterkauf im Sinne des § 474 Abs. 1 BGB geschlossen haben, könnte I die von R verlangte Neulieferung wegen § 475 Abs. 4 Satz 1 BGB keinesfalls nach § 439 Abs. 4 Satz 1 BGB verweigern, da die Neulieferung vorliegend die einzig verbliebene Art der Nacherfüllung ist.

**Ergebnis:** Der Anspruch auf Nacherfüllung aus den §§ 439 Abs. 1, 437 Nr. 1 BGB ist entstanden, nicht nach § 275 Abs. 1 BGB untergegangen und schließlich auch durchsetzbar, da I wegen § 475 Abs. 4 Satz 1 BGB die von R gewählte (einzig mögliche) Neulieferung nicht verweigern dürfte. R kann von I mithin ein neues, mangelfreies Bett fordern – einschließlich einer deutschen Aufbauanleitung.

## II.) Anspruch auf Abholung des alten Bettes bei R durch I?

Dieser Anspruch war von R auch noch geltend gemacht worden, und das auch aus gutem Grund: Immerhin hat sie das Bett ja schon nach Hause geschafft – und da steht das jetzt rum! Es fragt sich, ob sie das Möbelstück nun tatsächlich wieder zurückbringen oder aber, ob I das Bett bei R abholen muss. Beachte insoweit die immense praktische Bedeutung dieser Frage, denn das Problem stellt sich selbstverständlich jedem Käufer einer mangelhaften Sache, der die Nacherfüllung in Form der Neulieferung einfordert: Was macht er jetzt mit dem alten Ding, muss er es zurückbringen oder muss es vom Verkäufer abgeholt werden?

**Einstieg:** Zunächst steht in § 439 Abs. 5 BGB (aufschlagen!), dass der Verkäufer bei Lieferung einer neuen Sache jedenfalls einen **Anspruch auf Rückgewähr** der mangelhaften Sache nach den §§ 346–348 BGB hat (vgl. LG Nürnberg-Fürth NJW **2005**,

2558). Das leuchtet auch ein, denn ansonsten hätte der Käufer ja unter Umständen einen beachtlichen materiellen Vorteil, wenn er nicht nur eine neue Sache bekommt, sondern die mangelhafte Sache zudem auch noch behalten könnte (*Jauernig/Berger* § 439 BGB Rz. 38). Soweit ist das klar und auch vollkommen unstreitig, steht ja im Gesetz. Der § 439 Abs. 5 BGB beantwortet bei genauer Betrachtung aber nicht die oben gestellte Frage, denn wir wollen ja wissen, ob I das Bett, auf das er – wie gerade gesehen – sowieso einen Anspruch hat, auch tatsächlich bei R **abholen** muss, hierzu also gegenüber dem Käufer sogar verpflichtet ist. § 439 Abs. 5 BGB bestimmt mit dem Verweis auf die Rücktrittsvorschriften lediglich das Recht des Verkäufers, die mangelhafte Sache im Fall der Neulieferung zurückzuverlangen. Über seine Verpflichtung diesbezüglich steht da – leider – nichts.

Die Lösung dieser Frage müssen wir daher an anderer Stelle suchen und teilen das Ganze jetzt auf in zwei Schritte:

**1.)** Dass der Verkäufer bei der Rückabwicklung des Kaufvertrages im Rahmen der Rücktrittsvorschriften grundsätzlich auch **verpflichtet** ist, die mangelhafte Sache tatsächlich zurückzunehmen, folgt nach allgemeiner Ansicht aus einem Umkehrschluss zu § 433 Abs. 2 BGB (Spiegelbildgedanke), wonach der Käufer nicht nur den Kaufpreis zahlen, sondern die Kaufsache auch »abnehmen« muss (bitte prüfen). Wenn das Gesetz den Käufer in § 433 Abs. 2 BGB neben der Kaufpreiszahlung explizit zur Abnahme verpflichtet, muss dem Verkäufer bei der Rückabwicklung des Geschäfts diese Verpflichtung ebenso auferlegt werden (unstreitig: BGHZ **87**, 104; OLG Köln ZGS **2006**, 77; OLGR Karlsruhe **2004**, 456; *Palandt/Grüneberg* § 346 BGB Rz. 5; *Palandt/Weidenkaff* § 439 BGB Rz. 26; *Faust* in JuS 2009, 470; *Kleinhenz* in Jura 2008, 281; *Terrahe* in VersR 2004, 680).

**ZE.:** Der Verkäufer ist nicht nur nach § 439 Abs. 5 BGB berechtigt, die Sache zurückzufordern, sondern aus dem Umkehrschluss des § 433 Abs. 2 BGB bei entsprechendem Verlangen des Käufers sogar **verpflichtet**, die Sache zurückzunehmen.

**2.)** Damit bleibt die entscheidende Frage, ob der Verkäufer im Rahmen dieser Verpflichtung die Sache nun selbst beim Käufer tatsächlich abholen – oder der Käufer sie ihm bringen muss.

**Antwort:** Da der Erfüllungsort für die Nacherfüllung im Kaufrecht nicht explizit geregelt ist, richtet sich die Frage, **wo** die Nacherfüllung erbracht werden muss, nach den allgemeinen Vorschriften, und das ist vor allem der § 269 Abs. 1 BGB (aufschlagen!). Demnach kommt es grundsätzlich auf die von den Vertragsparteien getroffenen Vereinbarungen an. Gibt es, was die Regel sein dürfte, **keine** solche vertragliche Absprache über den Erfüllungsort für die Nacherfüllung, entscheiden die Umstände des jeweiligen Falles (BGH NJW **2017**, 2758; **2013**, 1074; BGHZ **87**, 104): Hierzu zählen dann unter anderem die Ortsgebundenheit und die Art der vorzunehmenden Leistung, die Verkehrsauffassung und etwaige örtliche Gepflogenheiten.

So entspricht es beim Kauf in einem Ladenlokal (etwa im Supermarkt) der Verkehrsauffassung, dass die Kunden mangelhafte Ware typischerweise zum Laden zurückbringen und dort reklamieren. Ergibt sich auch aus den Umständen indes kein eindeutiges Bild, ist die Nacherfüllung dort zu erbringen, wo der **Verkäufer** zum Zeitpunkt der Entstehung des Schuldverhältnisses seinen Wohnsitz oder seine Niederlassung im Sinne von **§ 269 Abs. 2 BGB** hatte (BGH NJW **2017**, 2758; **2013**, 1074). Die Nacherfüllung ist also weder ohne weiteres immer am Erfüllungsort der ursprünglichen Leistungspflicht zu erbringen (so aber *Lorenz* in NJW 2009, 1633 und *Unberath/Cziupka* in JZ 2008, 867), noch automatisch stets an dem Ort, an dem sich der Kaufgegenstand im Zeitpunkt des Nacherfüllungsverlangens vertragsgemäß befindet – sogenannter »Belegenheitsort« (so aber OLG München NJW **2006**, 449, 450; *Bamberger/Roth/Hau/Poseck/Faust* § 439 BGB Rz. 13; *Brors* in NJW **2013**, 3329). Vielmehr muss der Erfüllungsort für die Nacherfüllung bei Fehlen einer diesbezüglichen Abrede in jedem Fall durch der Umstände bestimmt werden (BGH NJW **2017**, 2758).

---

**Achtung:** Nicht verwechseln darf man die gerade genannten Regeln mit der Abwicklung beim **Rücktritt** vom Vertrag! Weil die Nacherfüllung dem Fortbestehen des Kaufvertrags und seinem ordnungsgemäßen Vollzug dient, es beim Rücktritt demgegenüber aber um die Auflösung des Vertrags geht, sind Rücktritt und Nacherfüllung insoweit nicht vergleichbar (BGH NJW **2017**, 2758). Der Leistungsort bei der Rückabwicklung des Kaufvertrages ist daher immer dort, wo sich der mangelhafte Kaufgegenstand vertragsgemäß befindet, also im Zweifel am Wohnsitz des **Käufers** (BT-Drs. 14/6040 Seite 231; OLG Stuttgart NJOZ **2016**, 771; OLG Stuttgart NJW-RR **1999**, 1576; OLG Nürnberg NJW **1974**, 2237; MüKo/*Gaier* § 346 BGB Rz. 31; *Lorenz* in JuS **2014**, 7). Der Verkäufer muss nur in die Lage versetzt werden, über die Sache verfügen zu können, sie muss ihm aber **nicht** vom Käufer gebracht werden (unstreitig: BGHZ **87**, 104). Die Rückabwicklung beim Rücktritt ist somit aus Sicht des Verkäufers grundsätzlich als Holschuld ausgestaltet, unabhängig davon, welcher Schuldtyp die ursprüngliche Lieferpflicht war. Merken.

---

Wir sind hier aber nicht beim Rücktritt, sondern bei der Abwicklung im Zuge der Nacherfüllung und wollen daher schließlich noch Folgendes beachten: Liegt ein **Verbrauchsgüterkauf** (→ § 474 Abs. 1 BGB) vor, sind bei der Bestimmung des Erfüllungsorts für die Nacherfüllung noch die Vorgaben von Art. 3 der Europäischen Verbrauchsgüterkauf-Richtlinie 1999/44/EG zu berücksichtigen, wonach die Nacherfüllung stets »ohne erhebliche Unannehmlichkeiten für den Verbraucher« erfolgen muss. Im Rahmen der Nacherfüllung muss der Verbraucher keine Handlungen vornehmen, die für ihn eine »erhebliche Unannehmlichkeit« darstellen und auch keine Nacherfüllungsmaßnahmen des Unternehmers dulden, aus denen sich für ihn erhebliche Unannehmlichkeiten ergeben. **Vorsicht**: Daraus folgt aber **nicht**, dass der Verbraucher überhaupt keine Unannehmlichkeiten in Kauf nehmen muss, sondern vielmehr umgekehrt, dass gewisse (nicht erhebliche) Unannehmlichkeiten – finanzieller oder anderer Art – durchaus zu tolerieren sind, wenn dies nach den konkreten Umständen geboten erscheint. Dem Käufer kann daher je nach Lage des Falls auch der **Transport** der mangelhaften Sache zum Verkäufer zugemutet werden. Das Nacherfüllungsverlangen des Käufers muss dementsprechend auch die Bereitschaft des Käufers umfassen und erkennen lassen, dem Verkäufer die Kaufsache zur Überprüfung der erhobenen Mängelrügen dort für eine entsprechende Untersuchung zur Verfügung zu stellen (BGH NJW **2017**, 2758). Insoweit hat der Käufer übrigens aus **§ 439 Abs. 2 BGB** Anspruch auf Ersatz der Transportkosten und kann sogar einen entsprechenden Vorschuss verlangen (BGH NJW **2017**, 2758; **2011**, 2278; OLG Köln NJW-RR **2019**, 308; ZGS **2006**, 77; OLG Karlsruhe MDR **2005**, 135; *Palandt/Weidenkaff* § 439 BGB Rz. 26; *Bamberger/Roth/Hau/Poseck/Faust* § 439 BGB Rz. 31).

Die Lösung unseres kleinen Falles hängt nun also von der individuellen Fallsituation – und das Gelingen der Klausur an dieser Stelle demzufolge insbesondere von einer überzeugenden Argumentation ab.

**Zum Beispiel so:** Das Möbelhaus I hat gegenüber R ursprünglich keine Lieferverpflichtung übernommen, vielmehr handelt es sich um einen typischen Kauf im Ladenlokal, bei dem nach der Verkehrsauffassung der Käufer die mangelhafte Ware im Regelfall zum Verkäufer befördern muss. Besondere, hiervon abweichende Vereinbarungen hatten I und R nicht getroffen. Zwar hat I durch die Mangelhaftigkeit der Kaufsache den späteren Austausch überhaupt erst verursacht, das Möbelhaus I hatte jedoch keinen Einfluss darauf und konnte auch nicht erkennen, wo und wie R das Bett hinterher aufbaut, sodass nicht anzunehmen ist, dass I das diesbezügliche Rücktransportrisiko übernehmen wollte. Diese Sichtweise entspricht schließlich auch der gesetzlichen Grundregel des § 269 Abs. 1 BGB. Da I die mit dem Rücktransport des (nicht fest eingebauten und relativ leicht zerleg- und transportierbaren) Betts verbundenen Kosten vollständig übernehmen muss, sind die Unannehmlichkeiten, die R durch den Abbau und dem Rücktransport entstehen, (noch) hinnehmbar (a.A. vertretbar).

**Ergebnis:** Möbelhaus I muss das Bett **nicht** bei R abholen.

## Nachschlag:

In den Fällen, in denen der Käufer Nacherfüllung verlangt, taucht schließlich häufig noch ein weiteres Klausurproblem auf, das man kennen sollte. Es geht um die Konstellationen, in denen der Käufer die erworbene Sache bei sich **einbaut** oder **anbringt** – also etwa so: Der Käufer erwirbt im Baumarkt Fliesen und legt damit zuhause den Badezimmerboden aus – oder klebt sie an die Wände. Dummerweise bemerkt der Käufer die Mangelhaftigkeit der gekauften Ware – die Fliesen haben nämlich z.B. feine Risse – erst nach deren Verwendung, also nach dem Einbau. Und jetzt fordert der Käufer den Verkäufer – grundsätzlich zu Recht! – zur Nacherfüllung, und zwar durch Lieferung einer mangelfreien Sache auf.

> **Problem:** In diesen sogenannten »Einbaufällen« stellt sich dann natürlich die Frage, ob der Verkäufer im Rahmen der Nacherfüllung auch den Ausbau der mangelhaften und den anschließenden **Wiedereinbau** der reparierten (= nachgebesserten) oder einer als Ersatz gelieferten mangelfreien Sache schuldet und ob der Verkäufer zumin-

dest die vom Käufer hierfür jeweils aufgewendeten **Kosten** tragen muss. Die Antwort auf diese früher in Rechtsprechung und Schrifttum sehr umstrittenen Fragen steht seit dem 1. Januar 2018 in § 439 Abs. 3 Satz 1 BGB (aufschlagen!). Danach hat der Käufer einen Anspruch auf Aufwendungsersatz, wenn er die Kaufsache »in eine andere Sache eingebaut oder an eine andere Sache angebracht« hat. Nach dem Gesetzeswortlaut genügt anstelle eines **Einbaus** im Wortsinne (wie beim Verlegen von Fliesen) dabei ausdrücklich auch bereits das bloße bestimmungsgemäße Anbringen der Kaufsache (etwa das Anschrauben einer Deckenleuchte oder das Auftragen einer Wandfarbe). Der Verkäufer muss dem Käufer also im Rahmen der Nacherfüllung »für das Entfernen der mangelhaften und den Einbau oder das Anbringen der nachgebesserten oder gelieferten mangelfreien Sache« Aufwendungsersatz in Geld leisten.

**Vorsicht:** Das aber bedeutet zugleich, dass der Käufer aus § 439 Abs. 3 Satz 1 BGB **nicht** verlangen kann, dass der Verkäufer selbst die mangelhafte Kaufsache aus- und eine mangelfreie Sache einbaut – was der Verkäufer in vielen Fällen auch gar nicht könnte. Umgekehrt hat der Verkäufer keinen Anspruch darauf, den Aus- und Wiedereinbau selbst vorzunehmen, auch wenn das in manchen Fällen naheliegend wäre (vgl. *Höpfner/Fallmann* in NJW 2017, 3745). Der Käufer ist insoweit grundsätzlich frei zu entscheiden, wie und von wem der Aus- und Wiedereinbau durchgeführt wird und in welchem Umfang er sich dabei fremder Hilfe bedient. Er muss allerdings darauf achten, dass er vom Verkäufer stets nur Ersatz der **erforderlichen** Aufwendungen verlangen kann (→ § 439 Abs. 3 Satz 1 BGB). Und nach der Gesetzesbegründung zu § 439 Abs. 3 BGB sollen für die Frage, welche Aufwendungen als erforderlich anzusehen sind, die gleichen Grundsätze gelten, die für das Werkvertragsrecht (genauer gesagt für den § 637 BGB) entwickelt worden sind (BT-Drs. 18/11437 Seite 40). Daher gilt auch für § 439 Abs. 3 BGB die folgende

---

**Definition: Erforderlich** sind Aufwendungen, die ein vernünftiger, wirtschaftlich denkender Käufer aufgrund sachkundiger Beratung oder Feststellung für eine vertretbare, das heißt geeignete und Erfolg versprechende Maßnahme zur Mängelbeseitigung erbringen konnte und musste (BT-Drs. 18/11437 Seite 40; BGH NJW-RR **1991**, 789; OLG Köln NJW-RR **2016**, 917; *Palandt/Sprau*, § 637 BGB Rz. 6).

---

Und dazu merken wir uns bitte auch noch, dass der Verkäufer den Aufwendungsersatz nach § 439 Abs. 3 Satz 1 BGB (wie überhaupt die Nacherfüllung) grundsätzlich nur schuldet, wenn der Käufer im Zeitpunkt des Einbaus bzw. des Anbringens der Sache im Hinblick auf den Mangel **gutgläubig** ist, diesen also weder kannte noch hätte erkennen müssen (vgl. BT-Drs. 18/8486 Seite 41; *Palandt/Weidenkaff* § 439 BGB Rz. 12; *Lorenz* in JuS 2018, 10; *Höpfner/Fallmann* in NJW 2017, 3745). Dies folgt aus § 439 Abs. 3 <u>**Satz 2**</u> BGB, der auf § 442 Abs. 1 BGB verweist und zudem den maßgeblichen Zeitpunkt für die Kenntnis oder das Kennenmüssen des Käufers nach hinten verschiebt (§ 442 Abs. 1 Satz 1: bei Vertragsschluss → § 439 Abs. 3 Satz 2 BGB: beim Einbau oder Anbringen).

**Durchblick:** Insgesamt führt die gesetzliche Regelung trotz der soeben genannten Einschränkungen zu dem durchaus beachtlichen Ergebnis, dass der Verkäufer im Rahmen der verschuldensunabhängigen Nacherfüllung unter Umständen tatsächlich für (deutlich) mehr einstehen muss, als er ursprünglich vertraglich versprochen hat, denn – wir erinnern uns – bei einem Kaufvertrag schuldet der Verkäufer zunächst ja nur die Übergabe und Übereignung einer mangelfreien Sache (§ 433 Abs. 1 BGB). Ob sich der Verkäufer im Kaufvertrag verpflichtet hatte, die Sache einzubauen oder anzubringen, spielt für seine Einstandspflicht nach § 439 Abs. 3 BGB keine Rolle. Es genügt, dass die verkaufte Sache (z.B. Fliesen) »ihrer Art und ihrem Verwendungszweck gemäß« zur Verbindung mit einer anderen Sache (z.B. Fußboden) vorgesehen ist und so auch verwendet wurde. Und weil § 439 BGB nicht im Abschnitt mit den besonderen Bestimmungen über den Verbrauchsgüterkauf (§§ 474–479 BGB) steht, sondern bei den allgemeinen kaufrechtlichen Vorschriften (= Untertitel 1), ist die Anwendung von § 439 Abs. 3 BGB nicht auf Fälle des Verbrauchsgüterkaufs beschränkt. Die Vorschrift gilt vielmehr ausnahmslos für **alle** Kaufverträge (*Palandt/Weidenkaff* § 439 BGB Rz. 2; *Bamberger/Roth/Hau/ Poseck/Faust* § 474 BGB Rz. 3), also auch solche zwischen zwei Unternehmern oder zwei Verbrauchern. Liegt ein Kauf nach § 474 BGB vor, kann der Verbraucher vom Unternehmer übrigens auch im Hinblick auf die für den Aus- und Wiedereinbau (voraussichtlich) erforderlichen Kosten eine **Vorschusszahlung** verlangen, muss also diesbezüglich nicht in Vorleistung treten. Dies steht – etwas abseits vom Geschehen – in § 475 Abs. 6 BGB (aufschlagen!).

Ganz so einseitig belastend wie es auf den ersten Blick scheinen mag, ist die gesetzliche Regelung für den Verkäufer dann aber doch nicht. Der Gesetzgeber hat erkannt, dass der Verkäufer für einen Mangel in vielen Fällen gar nichts kann, weil er die Kaufsache seinerseits bereits in mangelhaftem Zustand von einem Zulieferer bekommen hat. Geht es um eine **neu hergestellte Sache** und leistet der Verkäufer dem Käufer Aufwendungsersatz nach § 439 Abs. 3 Satz 1 BGB, kann der Verkäufer deshalb unter den weiteren Voraussetzungen des § 445a BGB bei demjenigen, von dem er die mangelhafte Sache bezogen hat (= Lieferant) Rückgriff nehmen, also Ersatz in Geld verlangen, wenn der Mangel bereits beim Gefahrübergang von dem Lieferanten auf den Verkäufer vorhanden war (**Lieferantenregress**). Durch diese Regelung wird verhindert, dass der Verkäufer, der dem Käufer nach § 439 Abs. 3 Aufwendungsersatz leisten muss, auf diesen Kosten sitzen bleibt. Und nach § 445a <u>Abs. 3</u> BGB hat der Lieferant seinerseits ebenfalls diese Rückgriffsmöglichkeit gegenüber seinem Lieferanten, und dieser wiederum gegenüber seinem Lieferanten usw.usw.

**Das Allerletzte:**

So, und der Vollständigkeit halber kommt ganz zum Schluss noch der kurze Hinweis darauf, dass sich mit einer Gesetzesänderung zum 1. Januar 2018 das Problem um den **Nutzungsersatz** bei einer Neulieferung – jedenfalls für Verbrauchsgüterkaufverträge – weitestgehend erledigt hat. Es ging dabei um folgendes **Problem**: Jemand kauft einen Herd, bei dem sich nach einem Jahr einwandfreier Nutzung die Emailleschicht löst. Verkäufer V liefert daraufhin zunächst mal einen neuen Herd (Fall nach BGH NJW **2006**, 3200). **Frage**: Kann V vom Käufer neben der Rückgabe des Herdes (→ § 439 Abs. 5 BGB!) eigentlich für das eine Jahr einwandfreier Nutzung (vgl. § 100 BGB) einen Nutzungsersatz in Geld fordern? **Antwort**: Nein! Gemäß § 475 Abs. 3 BGB (aufschlagen!) kommt ein solcher Anspruch – jedenfalls für Verbrauchsgüterkaufverträge – nicht in Betracht, das steht jetzt ausdrücklich so im Gesetz. Eine andere Beurteilung kann dann angezeigt sein, wenn es sich **nicht** um einen Verbrauchsgüterkaufvertrag im Sinne der §§ 474 ff. BGB handelt. **Und**: Erklärt der Käufer bei einem Verbrauchsgüterkaufvertrag den Rücktritt, gilt in diesem Fall wieder der § 346 Abs. 1 BGB (lesen!). Unter diesen Umständen könnte der Verkäufer daher auch Nutzungsersatz vom Käufer verlangen, aber eben nur dann (BGH NJW **2010**, 148). Merken.

# Gutachten

**R kann gegen I einen Anspruch auf Lieferung eines neuen Betts aus §§ 439 Abs. 1, 437 Nr. 1 BGB haben.**

**I.)** Zur Begründung des Anspruchs auf Lieferung einer neuen mangelfreien Sache aus §§ 439 Abs. 1, 437 Nr. 1 BGB muss, da zwischen I und R ein Kaufvertrag geschlossen wurde, die Kaufsache mangelhaft sein. In Betracht kommt ein Sachmangel gemäß § 434 BGB.

**1.)** Dieser kann sich zunächst aus der nur in schwedischer Sprache verfassten Aufbauanleitung ergeben. Gemäß § 434 Abs. 2 Satz 2 BGB liegt bei einer zur Montage bestimmten Sache ein Sachmangel vor, wenn die Montageanleitung mangelhaft ist. Da das Bett »zum Selbstaufbau« vorgesehen war, stellt sich die Frage, ob die schwedische Montageanleitung mangelhaft ist. Dies ist der Fall, wenn sie nicht den ganz überwiegenden Teil der voraussichtlichen Käufer in die Lage versetzt, die Kaufsache auf Anhieb fehlerfrei zu montieren. Die Mangelhaftigkeit ist aus dem Erwartungshorizont des Käufers abzuleiten. Insoweit ist vom Verkäufer auch zu berücksichtigen, in welcher Sprache und mit welcher Kenntnis der Käufer die Bedienungsanleitung verwendet. Grundsätzlich muss eine Montageanleitung in der Sprache verfasst sein, die im Kaufvertrag vorausgesetzt wird. Demnach ist die Montageanleitung mangelhaft. Gelingt dem Käufer indes die fehlerfreie Montage, obwohl die Montageanleitung mangelhaft ist, greift die Sonderregel von § 434 Abs. 2 Satz 2, 2. HS BGB ein. Dabei ist es gleichgültig, ob der Käufer den Zusammenbau aus eigener Kraft bewerkstelligt oder sich dazu fremder Hilfe bedient. Hier hat R das Bett mit Hilfe ihres Nachbarn fehlerfrei zusammengebaut. Der Umstand, dass die Anleitung in schwedischer Sprache abgefasst ist, stellt somit keinen Sachmangel gemäß § 434 Abs. 2 Satz 2 BGB dar.

**2.)** Ein Sachmangel kann sich darüber hinaus auch aus der 8 cm fehlenden Breite des Bettes ergeben. Insoweit kommt ein Sachmangel nach § 434 Abs. 1 Satz 1 BGB in Betracht. Demnach ist die Sache frei von Sachmängeln, wenn sie bei Gefahrübergang die vereinbarte Beschaffenheit hat. Sie ist demnach mangelhaft, wenn sie diese Beschaffenheit nicht hat. Es kommt also darauf an, ob zwischen den Parteien eine Beschaffenheit vertraglich vereinbart gewesen ist. Eine vertragliche Vereinbarung im Sinne des § 434 Abs. 1 Satz 1 BGB setzt voraus, dass der Verkäufer in vertragsgemäß bindender Weise eindeutig die Gewähr für das Vorhandensein einer Eigenschaft der Kaufsache übernimmt und damit seine Bereitschaft zu erkennen gibt, für alle Folgen des Fehlens dieser Eigenschaft einzustehen. Hierfür genügt grundsätzlich auch eine schlüssige Erklärung.

Fraglich ist zunächst, ob die Maße des Bettes zu dessen Beschaffenheit zählen. Unter den Begriff der Beschaffenheit im Sinne des § 434 BGB fallen sämtliche den Wert der Sache ausmachenden Eigenschaften. Die Maße eines Bettes stellen solche Eigenschaften dar und sind deshalb unter den Begriff der Beschaffenheit subsumierbar. Der Verkäufer hat R zudem vor Abschluss des Vertrages darauf hingewiesen, dass das Bett der Beschreibung im Katalog entspricht. Dort stand, dass das Bett die Maße 140 × 200 cm hat. Die 140 × 200 cm sind demnach zwischen den Parteien vereinbart worden. Dem Bett fehlte daher die vertraglich vereinbarte Beschaffenheit von 140 × 200 cm mit der Folge, dass die Kaufsache mangelhaft im Sinne des § 434 Abs. 1 Satz 1 BGB ist.

**3.)** Dieser Mangel muss nach § 434 Abs. 1 BGB zum Zeitpunkt des Gefahrübergangs vorgelegen haben. Der Gefahrübergang richtet sich grundsätzlich nach § 446 BGB. Demnach kommt es auf den Zeitpunkt der Übergabe an. Zum Zeitpunkt der Übergabe lag der Mangel vor. Der Sachmangel lag folglich im Zeitpunkt des Gefahrübergangs vor. Somit sind die Voraussetzungen des § 437 Nr. 1 BGB erfüllt. Der Anspruch auf Nacherfüllung aus § 439 Abs. 1 BGB ist demnach entstanden, R kann gemäß § 439 Abs. 1 BGB nach ihrer Wahl Nacherfüllung in Form der Beseitigung des Mangels oder aber Lieferung einer mangelfreien Sache verlangen. R hat sich für die zweite Variante (Neulieferung) entschieden.

Dieser Anspruch auf Neulieferung kann aber erloschen sein. In Betracht kommt insoweit die Anwendung des § 275 Abs. 1 BGB.

**1.)** Der Anspruch auf Neulieferung aus §§ 439 Abs. 1, 437 Nr. 1 BGB unterliegt als Forderung grundsätzlich den allgemeinen Regeln über die Leistungsstörungen. Die Nacherfüllung kann I daher unmöglich geworden sein. Unmöglichkeit tritt ein, wenn niemand mehr die geschuldete Leistung erbringen kann. Von dem fraglichen Bett sind hier noch genügend Exemplare vorhanden. Dies könnte dafürsprechen, dass I die Leistung weiterhin möglich ist. Es ist jedoch zu berücksichtigen, dass R hier nicht irgendein Bett, sondern erst nach eingehender Verhandlung mit I genau das Exemplar mit der beschädigten Verpackung gekauft und dafür dann auch einen geringeren Preis bezahlt hat. Ist der Leistungsgegenstand von den Parteien individuell bestimmt und mithin eine Stückschuld vereinbart worden, kann nicht ohne weiteres ein neuer Gegenstand geliefert werden, denn es kam den Parteien darauf an, die im Kaufvertrag bezeichnete Sache zum Kaufgegenstand zu machen. Ob in solchen Fällen, in denen eine Stückschuld vereinbart wurde, im Hinblick auf den Neulieferungsanspruch Unmöglichkeit eintritt, ist streitig:

Zum einen wird insoweit vertreten, die Neulieferung nach den §§ 439 Abs. 1, 437 Nr. 1 BGB komme bei der Stückschuld grundsätzlich nicht mehr in Betracht. Begründet wird dieser Ansatz damit, dass jede andere als die ursprünglich gelieferte Sache nicht geschuldet war, und die Lieferung der vertraglich vereinbarten Sache in mangelfreiem Zustand demnach gemäß § 275 Abs. 1 BGB unmöglich sei. Wenn die Parteien eine Stückschuld vereinbaren, könne sich das Gesetz nicht über diese vertragliche Begrenzung des Schuldverhältnisses hinwegsetzen. Vor allem dann, wenn der Verkäufer keine andere Sache mehr hat, mit der er erfüllen könnte, gebe es keinen Grund, ihn entgegen der vertraglichen Vereinbarung mit einem gattungsschuldähnlichen Beschaffungsrisiko zu belasten.

Nach anderer Meinung soll eine Neulieferung auch bei der Stückschuld möglich sein, sofern es sich um eine vertretbare Sache handelt, die am Markt noch zu beschaffen ist. Die Vertreter dieser Ansicht stützen sich dabei auf die Gesetzesmaterialien, nach denen davon ausgegangen wird, dass Neulieferung beim Stückkauf im Wege der Neulieferung nur bei nicht vertretbaren Sachen ausgeschlossen ist. Mit der Schuldrechtsreform 2002 habe ausweislich des § 434 Abs. 3 BGB die begriffliche Unterscheidung zwischen Stück- und Gattungsschuld im Kaufmängelrecht aufgehoben werden sollen. Wertungsmäßig könne es keinen Unterschied machen, ob die neue vertretbare Kaufsache z.B. im Geschäft des Verkäufers ausgestellt ist oder der Käufer sie anhand eines Prospektes kauft. In beiden Fällen könne er ein schutzwürdiges Interesse an einer Neulieferung haben.

Da die Meinungen zu unterschiedlichen Ergebnissen führen, ist der Streit zu entscheiden. Für die letztgenannte Auffassung spricht der in den Materialien zum Ausdruck gekommene gesetzgeberische Wille, nach dem die Neulieferung nur für den Fall ausgeschlossen werden sollte, dass es sich um eine nicht vertretbare Sache handelt. Bei einer vertretbaren Sache ist es dem Verkäufer grundsätzlich weiterhin möglich, ein neues Exemplar zu beschaffen und zu liefern, auch wenn die vertragliche Vereinbarung vorher auf ein bestimmtes Stück gerichtet war. Es ist daher nicht sachgerecht, den Verkäufer gleichwohl von seiner Lieferpflicht zu entlasten. Die Neulieferung gemäß den §§ 439 Abs. 1, 437 Nr. 1 BGB ist daher auch beim Vorliegen einer Stückschuld nicht nach § 275 Abs. 1 BGB unmöglich geworden, sofern es sich bei dem Kaufgegenstand um eine vertretbare Sache handelt.

**2.)** Der Anspruch auf Neulieferung setzt demnach voraus, dass es sich bei dem Bett um eine vertretbare Sache im Sinne des § 91 BGB handelt. Demnach muss die Sache beweglich und im Verkehr nach Maß, Zahl, Art und Gewicht bestimmt zu werden pflegen. Das von R erworbene Bett wurde neu hergestellt. Individualisiert wurde es hier lediglich durch die besondere Auswahl der Vertragsparteien. Weil es somit grundsätzlich austauschbar ist, handelt es sich dabei um eine vertretbare Sache im Sinne des § 91 BGB. Damit ist der Neulieferungsanspruch nicht aufgrund von Unmöglichkeit nach § 275 Abs. 1 BGB untergegangen. I kann ein neues Bett liefern. Der Anspruch auf Neulieferung aus den §§ 439 Abs. 1, 437 Nr. 1 BGB ist entstanden und auch nicht untergegangen. Fraglich ist schließlich, ob der Anspruch auch durchsetzbar ist. Als rechtshemmende Einrede kommt § 439 Abs. 4 BGB in Betracht. Demnach darf der Verkäufer die gewählte Art der Nacherfüllung verweigern, wenn sie nur mit unverhältnismäßigen Kosten möglich ist. Hier ist eine Nachbesserung der Sache durch I nicht denkbar, denn das Bett ist 8 cm zu schmal. Eine Möglichkeit, dies zu ändern, ist nach dem Sachverhalt nicht ersichtlich. R ist demnach beschränkt auf die Lieferung einer neuen Sache. Liegen die Voraussetzungen von § 475 Abs. 4 Satz 1 BGB vor, darf der Verkäufer nach 475 Abs. 4 Satz 1 BGB die einzig verbliebene Art der Nacherfüllung nicht wegen unverhältnismäßiger Kosten nach § 439 Abs. 4 Satz 1 verweigern. Die Anwendbarkeit von § 475 BGB setzt voraus, dass ein Verbrauchsgüterkauf nach § 474 Abs. 1 BGB vorliegt. R ist eine natürliche Person und kaufte nicht für gewerbliche Zwecke. I ist eine juristische Person und verkaufte im Rahmen seiner gewerblichen Tätigkeit, also als Unternehmer. Das Bett ist eine bewegliche Sache. Mithin haben R und I einen Verbrauchsgüterkauf im Sinne von § 474 Abs. 1 BGB geschlossen, so dass § 475 Abs. 4 BGB Anwendung findet und I hinsichtlich der Neulieferung nicht die Einrede der Unverhältnismäßigkeit nach § 439 Abs. 4 Satz 1 erheben darf. Der Anspruch auf Lieferung eines neuen Bettes aus den §§ 439 Abs. 1, 437 Nr. 1 BGB ist damit auch durchsetzbar.

**Ergebnis:** R hat gegen I einen Anspruch auf Lieferung eines mangelfreien Betts aus §§ 439 Abs. 1, 437 Nr. 1 BGB.

**R kann gegen I einen Anspruch auf Abholung des alten Bettes haben.**

Nach § 439 Abs. 5 BGB hat der Verkäufer bei Lieferung einer neuen Sache einen Anspruch auf Rückgewähr der mangelhaften Sache nach den §§ 346–348 BGB. Fraglich ist jedoch, ob der Verkäufer die Sache, auf die er einen Anspruch hat, auch beim Käufer abholen muss.

**I.)** Dass der Verkäufer bei der Rückabwicklung des Kaufvertrages im Rahmen der Rücktrittsvorschriften grundsätzlich auch verpflichtet ist, die mangelhafte Sache tatsächlich zurückzunehmen, folgt nach allgemeiner Ansicht aus dem Umkehrschluss bzw. dem Spiegelbild des § 433 Abs. 2 BGB, wonach der Käufer nicht nur den Kaufpreis zahlen, sondern die Kaufsache auch abnehmen muss. Wenn das Gesetz den Käufer in § 433 Abs. 2 BGB neben der Kaufpreiszahlung explizit zur Abnahme verpflichtet, muss dem Verkäufer bei der Rückabwicklung des Geschäfts diese Verpflichtung ebenso auferlegt werden. Der Verkäufer ist damit nicht nur nach § 439 Abs. 5 BGB berechtigt, die Sache zurückzufordern, sondern aus dem Umkehrschluss des § 433 Abs. 2 BGB bei entsprechendem Verlangen des Käufers sogar verpflichtet, die Sache zurückzunehmen.

**II.)** Fraglich ist weiterhin, ob I bei dieser Verpflichtung die Sache bei R abholen oder R sie zu I bringen muss. Da der Erfüllungsort für die Nacherfüllung im Kaufrecht nicht geregelt ist, richtet sich die Frage, wo der Nacherfüllungsanspruch vom Verkäufer zu erfüllen ist, nach § 269 Abs. 1 BGB. Danach kommt es in erster Linie auf die von den Vertragsparteien getroffenen Vereinbarungen an. Fehlen vertragliche Absprachen über den Erfüllungsort, kommt es auf die Umstände des jeweiligen Falls an. Ergibt sich auch aus den Umständen kein eindeutiges Bild, ist die Nacherfüllung dort zu erbringen, wo der Verkäufer zum Zeitpunkt der Entstehung des Schuldverhältnisses seinen Wohnsitz oder seine Niederlassung im Sinne von § 269 Abs. 2 BGB hatte. Hier hatte I gegenüber R ursprünglich keine Lieferverpflichtung übernommen, vielmehr handelt es sich um einen typischen Kauf im Ladenlokal, bei dem nach der Verkehrsauffassung der Käufer die mangelhafte Ware im Regelfall zum Verkäufer befördern muss. Besondere, hiervon abweichende Vereinbarungen haben I und R nicht getroffen. Zwar hat I durch die Mangelhaftigkeit der Kaufsache die Rückabwicklung überhaupt erst verursacht, I hatte jedoch keinen Einfluss darauf und konnte auch nicht erkennen, wo und wie R das Bett hinterher aufbaut, sodass nicht anzunehmen ist, dass I das diesbezügliche Rücktransportrisiko übernehmen wollte. Diese Sichtweise entspricht auch der gesetzlichen Grundregel des § 269 Abs. 1 BGB. Da I die mit dem Rücktransport des – nicht fest eingebauten und relativ leicht zerleg- und transportierbaren – Betts verbundenen Kosten vollständig übernehmen muss, sind die Unannehmlichkeiten, die R durch den Abbau und dem Rücktransport entstehen, hinnehmbar.

**Ergebnis:** R hat keinen Anspruch gegen I auf Abholung des alten Bettes.

# Fall 18

# Besser ankommen!

Rechtsstudent R interessiert sich beim Gebrauchtwagenhändler G für einen älteren *Ford Fiesta*. An der Windschutzscheibe des Wagens ist ein Schild angebracht, auf dem steht: »38.000 km, unfallfrei, Servolenkung, 5.000 Euro«. Auf Nachfrage des R bestätigt G, dass die Angaben auf dem Schild zutreffen. Daraufhin kauft R den Pkw und bezahlt die 5.000 Euro in bar an G. Beim Kauf akzeptiert er zudem die »Allgemeinen Geschäftsbedingungen« des G, in denen es unter § 3 heißt:

*»In Kenntnis der Tatsache, dass es sich um einen gebrauchten Wagen handelt, verzichtet der Käufer auf alle Gewährleistungsansprüche wegen der nicht sichtbaren Mängel. Hiervon ausgenommen ist die Haftung für Schäden an Leben, Körper und Gesundheit oder aufgrund groben Verschuldens.«*

Selbstverständlich stellt der TÜV eine Woche später bei der Hauptuntersuchung fest, dass der Wagen vor Jahren bereits einen erheblichen Unfall hatte und der Wert des Autos daher derzeit nur bei ca. 3.000 Euro liegt. Der daraufhin von R zur Rede gestellte G kann nachweisen, dass er von dem Unfall weder wusste noch hätte wissen können. R hingegen hätte den Wagen ohne Unfallschaden für 6.000 Euro weiterverkaufen können; diese 6.000 Euro hätten dem tatsächlichen Zeitwert des Wagens ohne Unfall entsprochen.

**Ansprüche des R gegen G?**

---

**Schwerpunkte:** Die Gewährleistungsrechte des Käufers bei Unmöglichkeit der Nacherfüllung; Rücktritt und Minderung; Entbehrlichkeit der Fristsetzung nach § 326 Abs. 5 BGB; Schadensersatzanspruch nach §§ 311a Abs. 2, 437 Nr. 3 Fall 1 BGB; Verhältnis der Gewährleistungsrechte zueinander; die Garantieübernahme des Verkäufers; die Regelung des § 444 BGB zum Haftungsausschluss.

---

## Lösungsweg

**Einstieg**: Um diesen Fall mit seinen verschiedenen Lösungsmöglichkeiten bzw. für den R hier zur Verfügung stehenden Rechtsfolgen vollständig erfassen zu können, müssen wir uns gleich vorab Folgendes klarmachen: Eine Nacherfüllung im Sinne der §§ 439 Abs. 1, 437 Nr. 1 BGB ist im vorliegenden Fall bereits rein tatsächlich **ausge-**

**schlossen**. Denn ein gebrauchtes Unfallfahrzeug kann man nicht »nachbessern« (Unfall ungeschehen machen!?) oder »neu« liefern. Die stets vorrangigen Gewährleistungsrechte des Käufers aus den §§ 439 Abs. 1, 437 Nr. 1 BGB sind demnach von vorneherein gar nicht realisierbar oder noch genauer: Die Nacherfüllung seitens des Verkäufers ist unmöglich im Sinne des § 275 Abs. 1 BGB. Denn dieser Mangel (Unfallfahrzeug) kann **niemals** behoben werden (BT-Drs. 14/6040 Seite 209; BGH NJW **2008**, 53; **2008**, 1517). Der grundsätzliche Vorrang der Nacherfüllung gilt in diesem Falle also nicht, der Käufer muss (und darf) sofort auf die sonstigen Rechtsbehelfe in § 437 Nr. 2 und 3 BGB zurückgreifen, soweit deren Voraussetzungen vorliegen (BT-Drs. 14/6040 Seite 209; PWW/*Schmidt* § 439 BGB Rz. 23; *Palandt/Weidenkaff* § 439 BGB Rz. 21). Wir werden uns daher hier mit der Nacherfüllung aus den §§ 439 Abs. 1, 437 Nr. 1 BGB als Anspruchsgrundlage auch gar nicht beschäftigen, sondern sofort auf die sonstigen Möglichkeiten des Käufers eingehen. Freilich wird diese Unmöglichkeit der Nacherfüllung die Lösung dennoch nachhaltig beeinflussen, weil sie dem Käufer nämlich die Durchsetzung der übrigen Rechtsbehelfe erleichtert oder überhaupt erst ermöglicht.

## I.) Anspruch des R gegen G auf Rückzahlung des Kaufpreises

**AGL.:** §§ 346 Abs. 1, 323 Abs. 1, 437 Nr. 2 BGB (Rücktritt vom Vertrag)

Um vom Vertrag wirksam zurücktreten und auch gemäß § 346 Abs. 1 BGB das gezahlte Geld zurückverlangen zu können, muss R – neben einer zu unterstellenden Rücktrittserklärung – selbstverständlich ein Rücktrittsgrund zur Seite stehen. Von den in § 346 Abs. 1 BGB genannten beiden Möglichkeiten (vertraglich vereinbartes oder gesetzliches Rücktrittsrecht) kommt hier nur das **gesetzliche** Rücktrittsrecht in Betracht, denn die Parteien hatten vertraglich insoweit nichts vereinbart.

**1.)** Ein gesetzliches Rücktrittsrecht kann sich hier aus den **§§ 323 Abs. 1, 437 Nr. 2 BGB** ergeben.

> **Durchblick:** Bereits an dieser Stelle wirkt sich die Besonderheit der Unmöglichkeit der Nacherfüllung aus. Wir haben weiter vorne im Buch beim ersten Kaufrechtsfall ja eigentlich gelernt, dass der Rücktritt grundsätzlich erst nach erfolglosem Ablauf einer vom Käufer zu setzenden angemessenen Frist möglich ist; das steht in § 323 Abs. 1 BGB und hat den Sinn, dem Verkäufer erst dann die dicke Keule des Rücktritts zu verpassen, wenn er die Chance der »zweiten Andienung« (= Beseitigung des Mangels oder Lieferung einer mangelfreien Sache, § 439 Abs. 1 BGB) nicht wahrnimmt. Logischerweise macht das mit der zweiten Andienung aber keinen Sinn, wenn eine Nacherfüllung – wie hier – überhaupt nicht realisiert werden kann. Insbesondere ist dann jede Fristsetzung unnötig, denn der Verkäufer kann ja gar nicht nacherfüllen. Und deshalb hat der Gesetzgeber für diesen Fall des Rücktritts bei Unmöglichkeit der Nacherfüllung die Fristsetzung als **entbehrlich** angesehen und dies in **§ 326 Abs. 5 BGB** dann auch dementsprechend geregelt (aufschlagen!). **Also:** § 323 BGB bleibt zwar weiterhin anwendbar, nur die Fristsetzung ist entbehrlich (vgl. BGH NJW **2013**, 1074; OLG Hamm NJW-RR **2005**, 1220; LG Braunschweig v. 14.07.**2017** Az. 11 O 4200/16; *Bamberger/Roth/Hau/Poseck/Faust* § 437 BGB Rz. 14).

Nicht umhin kommen wir aber, zunächst die Voraussetzungen des § 437 BGB zu prüfen. Und das ist neben dem Bestehen eines Kaufvertrages natürlich die Mangelhaftigkeit der Kaufsache, lies bitte noch einmal den Einleitungssatz des § 437 BGB.

**a)** In Betracht kommt die Mangelhaftigkeit der Kaufsache nach § 434 Abs. 1 Satz 1 BGB. Es fragt sich demnach, ob die Kaufsache die zwischen den Parteien vereinbarte Beschaffenheit hatte. Der Wagen war als »unfallfrei« verkauft worden, was aber nicht den Tatsachen entsprach. Zu prüfen ist zunächst, ob die »Unfallfreiheit« überhaupt eine **Beschaffenheit** des verkauften Wagens im Sinne des § 434 Abs. 1 Satz 1 BGB darstellt.

> **Definition:** Unter den Begriff der **Beschaffenheit** im Sinne des § 434 Abs. 1 BGB fallen sowohl sämtliche den Wert der Kaufsache ausmachenden Faktoren, die der Sache selbst unmittelbar anhaften, als auch ihre Beziehungen zur Umwelt, sofern diese nach der Verkehrsauffassung den Wert der Kaufsache beeinflussen; namentlich können hierzu je nach Fall die Größe, das Alter, das Gewicht, das Material, das Herstellungsdatum oder etwa auch das Bestehen einer Herstellergarantie gehören, wenn diese Faktoren auf den Wert der Sache Einfluss haben (BGH NJW **2016**, 2874; **2013**, 1671; OLG Karlsruhe MDR **2014**, 266; *Palandt/Weidenkaff* § 434 BGB Rz. 10; vgl. auch *Kleinhenz/Junk* in JuS 2009, 787).

Bei einem gebrauchten Auto umfasst diese Beschaffenheitsdefinition vor allem die Faktoren Alter, Motorleistung, Höchstgeschwindigkeit, Verbrauch, Unfallfreiheit, Laufleistung, Emissionswerte usw. (BGH NJW **2016**, 2874; ZIP **2013**, 173; OLG Bremen NJW **2003**, 3714; OLG Karlsruhe NJW-RR **1992**, 1144; *Palandt/Weidenkaff* § 434 BGB Rz. 10; *Jauernig/Berger* § 434 BGB Rz. 27; *Berger* in JZ 2004, 256). Wenn ein Pkw nicht mehr unfallfrei ist, führt das im Gebrauchtwagenhandel regelmäßig dazu, dass der Pkw – selbst wenn der technische Schaden repariert wird – einen geringeren Marktwert als ein unfallfreies Fahrzeug hat. Der Umstand »Unfallfreiheit« ist für die Werteinschätzung des Wagens von erheblicher Bedeutung (BGH NJW **2008**, 1517; **2008**, 53; **1982**, 1386; OLG Karlsruhe NJW-RR **1992**, 1144; AG Köln NJOZ **2012**, 1971). Deswegen handelt es sich bei der Unfallfreiheit um eine Beschaffenheit im von § 434 Abs. 1 BGB benannten Sinne (BGH NJW **2013**, 1733).

**b)** Diese Unfallfreiheit als »Beschaffenheit« müsste gemäß § 434 Abs. 1 Satz 1 BGB zwischen G und R auch vertraglich vereinbart worden sein.

> **Definition:** Eine **vertragliche Vereinbarung** im Sinne des § 434 Abs. 1 Satz 1 BGB setzt voraus, dass der Verkäufer in vertragsgemäß bindender Weise **eindeutig** die Gewähr für das Vorhandensein einer Eigenschaft der Kaufsache übernimmt und damit seine Bereitschaft zu erkennen gibt, für alle Folgen des Fehlens dieser Eigenschaft einzustehen. Hierfür genügt grundsätzlich auch eine schlüssige Erklärung

> etwa derart, dass der Verkäufer die Kaufsache vor Vertragsschluss beschreibt und dabei auf ein Muster oder einen Prospekt verweist (BT-Drs. 14/6040 Seite 212; BGHZ **181**, 170; BGH NJW **2018**, 150; **2018**, 146; LG Coburg, NJW-RR **2017**, 182; *Brox/Walker* BS § 4 Rz. 9).

Beschreibt der Verkäufer – wie hier – bei Vertragsschluss die Eigenschaften der verkauften Sache in einer bestimmten Weise und trifft der Käufer auf dieser Grundlage dann seine Kaufentscheidung, so werden die Erklärungen des Verkäufers ohne weiteres zum Inhalt des Vertrags und damit zum Inhalt der Beschaffenheitsvereinbarung im Sinne des § 434 Abs. 1 Satz 1 BGB (BGH WM **2019**, 597; NJW **2018**, 150; **2016**, 1815; **2013**, 1671; OLG Hamm NJW-RR **2017**, 49; *Palandt/Weidenkaff* § 434 BGB Rz. 15; *Brox/Walker* BS § 4 Rz. 9; vgl. auch BT-Drs. 14/6040 Seite 212). **Anders** ist das nur, wenn der Verkäufer seine Angabe durch Zusätze wie »soweit bekannt« einschränkt oder sich durch Formulierungen wie »laut Fahrzeugbrief«, »Unfallschäden lt. Vorbesitzer: Nein« ausdrücklich auf andere Quellen bezieht (BGH NJW **2008**, 1517). Da der Käufer in diesen Fällen erkennen kann, dass der Verkäufer selbst nicht so genau über die Beschaffenheit der Sache Bescheid weiß, darf er nicht davon ausgehen, dass der Verkäufer für die Richtigkeit solcher Angaben geradestehen will. Gerade diesen (klar erkennbaren) Einstandswillen des Verkäufers fordert aber inzwischen der BGH (NJW **2018**, 146; **2017**, 2817; **2016**, 2874). Wir merken uns daher bitte: eine Beschaffenheitsvereinbarung nach § 434 Abs. 1 Satz 1 BGB kann nur angenommen werden, wenn der Verpflichtungswille des Verkäufers **eindeutig** festgestellt werden kann, »im Zweifel« sind die Voraussetzungen von § 434 Abs. 1 Satz 1 BGB also **nicht** erfüllt und es ist dann (zu Gunsten des Verkäufers) davon auszugehen, dass er sich mit dem Käufer nicht auf eine bestimmte Beschaffenheit geeinigt hat. (vgl. insoweit anschaulich und lehrreich BGH WM **2019**, 597; BGH NJW **2018**, 146; ebenso OLG Karlsruhe MDR **2014**, 266 zur Echtheit eines Kunstwerkes sowie BGH MDR **2013**, 516, wo es um eine nicht erteilte Umweltplakette an einem verkauften Wohnmobil ging).

> **Feinkost:** Die Parteien können eine Beschaffenheitsvereinbarung, wie gesagt, ausdrücklich oder stillschweigend treffen. Muss der Kaufvertrag allerdings nach § 311b Abs. 1 Satz 1 BGB (lesen!) notariell beurkundet werden, weil Kaufgegenstand ein **Grundstück** ist, führt eine formlose Beschreibung von Eigenschaften durch den Verkäufer im Vorfeld des Vertragsschlusses (etwa bei einer Besichtigung), die später nicht in die notarielle Urkunde aufgenommen wird, in aller Regel **nicht** zu einer wirksamen Beschaffenheitsvereinbarung im Sinne von § 434 Abs. 1 Satz 1 BGB (BGH NJW **2017**, 150; **2016**, 1815; MDR **2016**, 275). Grund hierfür ist, dass die Parteien bei einem beurkundungsbedürftigen Rechtsgeschäft **alle** Erklärungen in den Vertrag aufnehmen müssen, die Rechtswirkungen entfalten sollen. Wofür der Verkäufer einstehen will (und muss) ergibt sich deshalb in solchen Fällen immer erst aus der förmlich errichteten Urkunde.

Unser G hat unter Bezugnahme auf das Schild am Pkw den Wagen als »unfallfrei« beschrieben. Umstände, die darauf schließen lassen, dass der G sich diesbezüglich unsicher war oder seine Beschreibung nicht auf eigenem Wissen beruhte, sind weit und breit nicht erkennbar. Da R diesbezüglich bei G sogar noch einmal genau nachgefragt hat, ist zudem davon auszugehen, dass es ihm gerade auf diesen Umstand für seine Kaufentscheidung besonders ankam.

**ZE.:** Die Beschaffenheit »unfallfrei« wurde vertraglich vereinbart im Sinne des § 434 Abs. 1 Satz 1 BGB. Da der Fiesta tatsächlich nicht unfallfrei war, stellt diese für R ungünstige Abweichung von der vertraglich vereinbarten Beschaffenheit einen Sachmangel nach § 434 Abs. 1 Satz 1 BGB dar.

> Beachte bitte, dass sich selbst wenn R und G **keine** Beschaffenheitsvereinbarung getroffen hätten, in unserem Fall nichts an dem Ergebnis, dass der Fiesta mangelhaft ist, ändern würde. Denn es wären dann jedenfalls die Voraussetzungen von § 434 Abs. 1 Satz 2 <u>Nr. 2</u> BGB (bitte lesen!) erfüllt. Welche übliche Beschaffenheit im Sinne dieser Vorschrift ein Käufer erwarten kann, bestimmt sich nach dem Empfängerhorizont eines Durchschnittskäufers. Nach der Rechtsprechung führt allein der Umstand, dass ein Fahrzeug bei einem Unfall einen nicht unerheblichen Schaden erlitten hat (unser Fall), zu einer Abweichung von der üblichen Beschaffenheit gleichartiger Sachen (BGH NJW **2013**, 1733; **2009**, 2807; **2008**, 53). Zwar muss der Käufer bei einem Gebrauchtwagen in der Regel den normalen alters- und gebrauchsbedingten Verschleiß hinnehmen (BGH NJW **2013**, 1733; **2009**, 1588; **2006**, 434), Unfallschäden sind aber nur dann zu tolerieren, wenn es sich um absolute Bagatellen, wie etwa ganz geringfügige Kratzer im Lack, handelt (BGH NJW **2008**, 1517; **2008**, 53). Für die in § 434 Abs. 1 Satz 2 Nr. 2 BGB genannte »gewöhnliche Verwendung« eignet sich ein Kraftfahrzeug im Übrigen nur dann, wenn es eine Beschaffenheit aufweist, die weder seine Zulassung zum Straßenverkehr hindert noch ansonsten seine Gebrauchsfähigkeit aufhebt oder beeinträchtigt (BGH NJW **2019**, 1133 betreffend sog. »Schummelsoftware«; **2019**, 292; **2017**, 153; **2016**, 3015).

c) Nach § 434 Abs. 1 Satz 1 BGB kommt es für die Mangelfreiheit auf den Zeitpunkt des **Gefahrübergangs** an. Dieser richtet sich nach § 446 Satz 1 BGB (*Palandt/Weidenkaff* § 434 BGB Rz. 8) und ist im vorliegenden Fall unproblematisch, da das Auto den Unfall nach Auskunft des Sachverhaltes bereits vor Jahren erlitten hatte mit der Folge, dass der Sachmangel bei der Übergabe an R vorlag.

**ZE.:** Infolge des Unfallschadens war der verkaufte Wagen gemäß § 434 Abs. 1 Satz 1 BGB zur Zeit des Gefahrübergangs mangelhaft.

**ZE.:** Damit liegen die allgemeinen Voraussetzungen des § 437 BGB vor. Im Rahmen des zwischen R und G geschlossenen Kaufvertrages hatte die Kaufsache zum Zeitpunkt des Gefahrüberganges einen Mangel.

**2.)** Da es an der für den Rücktritt grundsätzlich erforderlichen Fristsetzung fehlt, müssen wir nunmehr noch – obwohl wir das weiter oben schon getan haben – der Vollständigkeit halber die **Entbehrlichkeit** der Fristsetzung feststellen. Und die richtet sich hier nach § 326 Abs. 5 BGB, auf den der § 437 Nr. 2 Fall 1 BGB unter anderem verweist (bitte prüfen). Die Prüfung der Voraussetzungen des § 326 Abs. 5 BGB ist kein Problem mehr, denn: Der Schuldner braucht nach § 275 Abs. 1 BGB nicht zu leisten, die Nacherfüllung ist nämlich unmöglich. Und gemäß dem 2. Halbsatz von § 326

Abs. 5 BGB ist die Fristsetzung aus § 323 Abs. 1 BGB im Falle des Rücktritts ausdrück-lich entbehrlich.

**ZE.:** Und damit liegen sämtliche Voraussetzungen des gesetzlichen Rücktrittsrechts über die §§ 437 Nr. 2, 323 Abs. 1, 326 Abs. 5 BGB vor mit der Folge, dass der R an sich von dem Vertrag mit G zurücktreten könnte und dann über § 346 Abs. 1 BGB auch sein Geld zurückfordern kann.

### 3.) Möglicher Ausschluss des Rücktritts?

Darüber müssen wir angesichts der vorliegenden Fallgestaltung natürlich noch nach-denken, denn ausweislich der Allgemeinen Geschäftsbedingungen des G hatte der R beim Kauf des Wagens auf sämtliche Gewährleistungsansprüche im Hinblick auf die nicht sichtbaren Mängel verzichtet – wir erinnern uns: ausgenommen waren lediglich Ansprüche wegen der Verletzung von Leben, Körper, Gesundheit und groben Ver-schuldens (zum Hintergrund dieser Formulierung bitte mal **§ 309 Nr. 7 BGB** lesen!). Da sich unser R aber trotz Autokauf bester Gesundheit erfreut und G nachgewiesen hat, dass er von dem Unfall weder wusste noch hätte wissen müssen, hilft R diese Einschränkung nicht weiter.

> **Beachte:** Weil das Gewährleistungsrecht des Käufers grundsätzlich **dispositiv** ist, dürfen die Beteiligten die Rechte und Ansprüche aus § 437 BGB durch eine individu-elle Vereinbarung oder die Verwendung entsprechender AGB ausschließen (BGH NJW **2005**, 3205; AG Aachen NJW-RR **2005**, 1143; *Jauernig/Berger* § 434 BGB Rz. 3; *Palandt/Weidenkaff* § 437 BGB Rz. 4). Darüber hinaus gibt es noch weitere gesetzlich geregelte Fälle, in denen dem Käufer die Geltendmachung seiner Rechte aus den §§ 434 ff. BGB verwehrt ist: So gibt es für den Käufer etwa nichts zu holen, wenn er bei Vertragsschluss schon wusste, dass die gekaufte Sache mangelhaft ist, bitte lies § 442 BGB (vgl. dazu BGH NJW **2011**, 2953 und **2012**, 2723). Eine weitere wichtige Ausnahme stellt **§ 377 HGB** dar, der allerdings nur unter Kaufleuten (→ § 1 HGB) gilt. Danach verliert der Käufer seine Gewährleistungsrechte, wenn er Mängel der Kaufsache nicht in der dort vorgeschriebenen Art und Weise unverzüglich rügt.

Hier bei uns greift zwar keine dieser beiden gerade genannten Sonderregelungen ein, der R hat aber durch Anerkennung der Allgemeinen Geschäftsbedingungen auf seine Gewährleistungsansprüche wegen der nicht sichtbaren Mängel – demnach auch im Hinblick auf die Unfallfreiheit – bei Sachschäden verzichtet.

Es stellt sich aber die Frage, ob eine solche Vereinbarung überhaupt wirksam sein kann, immerhin gerät der Käufer damit in eine ziemlich missliche Lage, denn de facto büßt er mit Unterzeichnung dieser Klausel (fast) jedes Recht, das ihm das BGB in § 437 zuspricht, ersatzlos ein. Für die richtige Lösung des Falls muss man sich an dieser Stelle klarmachen, dass sich durch den Gewährleistungsausschluss an der Beschaffenheitsvereinbarung zwischen R und G durch die AGB **nichts** ändert. Eine einmal wirksam getroffene Beschaffenheitsvereinbarung wird nämlich nicht dadurch unwirksam oder unverbindlich, dass die Vertragsparteien einen pauschalen Aus-schluss der Sachmängelhaftung vereinbaren (BGH NJW **2016**, 1815; **2013**, 1074). Be-schaffenheitsvereinbarung und Ausschluss stehen vielmehr – jedenfalls aus Sicht des

Käufers – gleichrangig nebeneinander. Da es aber nun reichlich widersprüchlich wäre, wenn der Verkäufer einerseits mit dem Käufer eine bestimmte Beschaffenheit der Kaufsache vereinbaren, **zugleich** aber die Gewährleistungsrechte umfassend (also auch hinsichtlich eben gerade dieser vereinbarten Beschaffenheit) ausschließen könnte, hat der BGH für derartige Fälle entschieden, dass sich ein pauschaler Ausschluss der Sachmängelhaftung **nicht** auf einen Sachmangel gemäß § 434 Abs. 1 **Satz 1** BGB erstreckt und Klauseln, mit denen die Haftung für Sachmängel pauschal ausgeschlossen werden soll, so auszulegen sind, dass sie für das Fehlen der vereinbarten Beschaffenheit nicht gelten (BGH NJW **2018**, 146; **2017**, 3292). Würde man dies anders sehen, wäre die Beschaffenheitsvereinbarung für den Käufer in den allermeisten Fällen sinn- und wertlos, denn selbstverständlich könnte und würde jeder Verkäufer seine Haftung für Sachmängel dann umfassend ausschließen und müsste selbst für das Fehlen solcher Eigenschaften der Kaufsache nicht mehr einstehen, die er mit dem Käufer nachweislich vereinbart hat.

> **Feinkostabteilung:** Diese einschränkende Auslegung gilt ausdrücklich nur in Fällen des § 434 Abs. 1 **Satz 1** BGB und daher **nicht** für Mängel im Sinne von § 434 Abs. 1 **Satz 2** BGB (BGH NJW **2018**, 146; NJW **2017**, 150; BGHZ **170**, 86). Der einleuchtende Grund dafür ist, dass sich die Mangelhaftigkeit der Kaufsache bei § 434 Abs. 1 Satz 2 BGB nicht aus einer Vereinbarung der Vertragsparteien, sondern unmittelbar auf der gesetzlichen Regelung ergibt (BGH NJW **2018**, 1954). Die Beschaffenheit wie sie § 434 Abs. 1 Satz 2 BGB beschreibt, muss die Kaufsache immer haben, also auch dann, wenn Käufer und Verkäufer diesbezüglich nichts vereinbart haben. Der soeben erläuterte Widerspruch zwischen Gewährleistungsausschluss und BeschaffenheitsVereinbarung kann also nicht entstehen, weil es keine zwei (gleichrangigen) Vereinbarungen gibt, sondern eben nur den vereinbarten Haftungsausschluss. Logisch. Und das gilt nach der Rechtsprechung dann in gleicher Weise auch für Mängel gemäß § 434 Abs. 1 **Satz 3** BGB, also wenn die Kaufsache einer über sie verbreiteten **öffentlichen (Werbe-)Aussage** – zum Beispiel in einem Prospekt oder einem Makler-Exposé – nicht entspricht (BGH NJW **2018**, 146; NJW **2017**, 150). Das ergibt sich zwanglos aus der gesetzlichen Systematik, denn § 434 Abs. 1 Satz 3 BGB nimmt ausdrücklich auf § 434 Abs. 1 Satz 2 Nr. 2 BGB Bezug (bitte prüfen!) und erweitert damit dessen Anwendungsbereich (*Palandt/Weidenkaff* § 434 BGB Rz. 31). Deshalb kann der Verkäufer auch für fehlende Eigenschaften der Kaufsache, die der Käufer auf Grundlage der Werbung und der sonstigen öffentlichen Aussagen des Verkäufers oder des Herstellers erwarten darf, seine Haftung pauschal ausschließen.

**Folge für unseren Fall:** Der R verliert durch den pauschalen Haftungsausschluss **nicht** seine Rechte aus den §§ 434 ff. BGB, weil die Unfallfreiheit des Fahrzeugs zugleich zwischen R und G im Sinne von § 434 Abs. 1 Satz 1 BGB vereinbart wurde.

**ZE.:** Der Rücktritt ist durch die Vereinbarung über den Haftungsausschluss nicht ausgeschlossen.

Im Übrigen ist die Pflichtverletzung des G nach dem Sachverhalt auch ohne weiteres **erheblich** (»erheblicher Unfall«) und der Rücktritt deshalb auch nicht gemäß § 323 Abs. 5 Satz 2 BGB ausgeschlossen (siehe hierzu auch Fall 20).

**Ergebnis:** R kann von dem Vertrag mit G gemäß den §§ 346 Abs. 1, 326 Abs. 5, 437 Nr. 2 Fall 1 BGB zurücktreten und dann nach den §§ 346 Abs. 1, 348 BGB die Rückzahlung der gezahlten 5.000 Euro Zug um Zug gegen Rückgabe der Kaufsache fordern.

## II.) Anspruch des R gegen G auf Rückzahlung des zuviel gezahlten Kaufpreises nach Minderung

<u>AGL.:</u> §§ 346 Abs. 1, 441 Abs. 4, 437 Nr. 2 Fall 2 BGB

**Vorab:** Der eben geprüfte Rücktritt bietet die Möglichkeit, den Kaufvertrag komplett rückgängig zu machen mit der Konsequenz, dass man die gekaufte Sache selbstverständlich auch zurückgeben muss. In § 346 Abs. 1 BGB steht ja, dass die empfangenen Leistungen zurückzugewähren sind. Und das meint natürlich auch die Rückgabe der Kaufsache (gegen Rückzahlung des Kaufpreises).

Will man nun aber die Sache trotz des Mangels lieber behalten, was zumeist beim Stückkauf (also einem Einzelstück) der Fall sein kann, bietet sich für den Käufer die Minderung (= Herabsetzung des Kaufpreises, lies § 441 Abs. 3 BGB) an. Die Minderung sieht das Gesetz in § 437 Nr. 2 Fall 2 BGB als weiteren Rechtsbehelf des Käufers ausdrücklich vor. Hierbei hat man prüfungstechnisch darauf zu achten, dass die Minderung grundsätzlich an die gleichen Voraussetzungen gebunden ist wie der Rücktritt (BT-Drs. 14/6040 Seite 235) mit Ausnahme der Erheblichkeit des Mangels (vgl. § 441 Abs. 1 Satz 2 BGB, der auf § 323 Abs. 5 Satz 2 BGB verweist). Im Übrigen besteht zwischen Rücktritt und Minderung das Verhältnis der **Ausschließlichkeit**, man kann also entweder zurücktreten **oder** aber den Kaufpreis mindern (lies § 437 Nr. 2 BGB und § 441 Abs. 1 Satz 1 BGB). Das leuchtet ohne weiteres ein, denn bei der Minderung behält der Käufer die Sache, während er sie beim Rücktritt selbstverständlich zurückgeben muss. Und schließlich sollte man als Hausarbeits- oder Klausurbearbeiter noch darauf aufpassen, die richtigen Normen im Obersatz zu zitieren: Wenn die Minderung vom Käufer, der den Kaufpreis schon gezahlt hat, geltend gemacht wird, ist die Anspruchsgrundlage für die Rückzahlung des zu viel gezahlten Geldes vor allem **§ 441 <u>Abs. 4</u> BGB**, der seinerseits auf **§ 346 Abs. 1 BGB** verweist. Wie immer also ist § 437 Nr. 2 BGB nur »Rechtsgrundverweisung«, in diesem Falle auf die gerade genannten Vorschriften, die den Rückzahlungsanspruch explizit benennen.

**Zum Fall:** Da wir die Voraussetzungen des Rücktritts weiter oben bereits geprüft und bejaht haben, ist der R auch berechtigt, den Kaufpreis zu mindern; freilich nur alternativ zum Rücktritt – Minderung und Rücktritt schließen sich ja gegenseitig aus (siehe oben). Im Hinblick auf den zurückzufordernden Betrag hat sich der Gesetzgeber in § 441 Abs. 3 BGB für die sogenannte »relative Berechnungsmethode« entschieden (BT-Drs. 14/6040 Seite 235; *Brox/Walker* BS § 4 Rz. 71). Dabei ist wichtig zu verstehen, dass der Käufer nicht einfach nur die Differenz zwischen vereinbartem Kaufpreis und dem wirklichen Wert der mangelhaften Sache zurückfordern kann. Das wären bei uns dann 2.000 Euro gewesen, denn R hatte 5.000 Euro bezahlt und das Auto war wegen des Mangels nur 3.000 Euro wert. Vielmehr ist der Kaufpreis nach dem Gesetzeswortlaut des § 441 Abs. 3 BGB »in dem Verhältnis herabzusetzen, in welchem zurzeit des Vertragsschlusses der Wert der Sache in mangelfreiem Zustand zu dem wirklichen Wert gestanden haben würde«.

**Also:** Der Wert des Wagens mit Mangel war 3.000 Euro. Der Wert des Wagens ohne Mangel wäre hier 6.000 Euro gewesen. Der vereinbarte Kaufpreis war 5.000 Euro. Der Minderungsbetrag errechnet sich nun wie folgt:

$$\frac{\text{Wert der Sache mit Mangel} \times \text{vereinbarter Kaufpreis}}{\text{Wert der Sache ohne Mangel}}$$

**Ergebnis:** R könnte alternativ zum Rücktritt von G im Wege der Minderung nach den §§ 346 Abs. 1, 441 Abs. 4, 437 Nr. 2 Fall 2 BGB einen Betrag von **2.500 Euro** (das kommt da oben raus!) zurückfordern – und **nicht** bloß 2.000 Euro, wie man annehmen könnte, wenn man einfach nur die Differenz zwischen gezahltem Kaufpreis (5.000 Euro) und tatsächlichem Wert der mangelhaften Sache (3.000 Euro) genommen hätte. Und beachte dann ganz zum Schluss, dass auch dieser Anspruch aus der Minderung nicht durch den pauschalen Gewährleistungsausschluss in den AGB gehindert wird, denn auch die Minderung stützt G natürlich auf die fehlende Unfallfreiheit und damit auf eine Beschaffenheit, die er zuvor mit G vereinbart hatte.

## III.) Anspruch des R gegen G auf Schadensersatz

<u>AGL.:</u> **§§ 311a Abs. 2, 437 Nr. 3 Fall 1 BGB (Schadensersatz statt der Leistung)**

**Vorneweg:** Bislang haben wir also gesehen, dass der R sowohl zurücktreten als auch alternativ die Minderung geltend machen könnte. Beim Rücktritt erhält er bei Rückgabe des Wagens den gezahlten Kaufpreis zurück, während er bei der Minderung das Auto behalten und zudem 2.500 Euro von G zurückfordern könnte. Er hätte bei der Minderung demnach ein Auto im Wert von 3.000 Euro zum Preis von 2.500 Euro erhalten (= gute Sache!).

Den Knaller aber versuchen wir jetzt noch zu begründen – im Raum stehen natürlich noch die 1.000 Euro entgangener Gewinn, den R hätte erzielen können, wenn der Wagen mangelfrei gewesen wäre (SV lesen!). Ein Anspruch auf diese 1.000 Euro als **Schadensersatz** kann sich aus den gerade benannten Vorschriften ergeben.

Beachte bitte zunächst, dass R diesen Schadensersatz nach **§ 325 BGB** (lesen!) problemlos *neben* dem Rücktritt und damit auch neben der Minderung geltend machen darf, weil Minderung und Rücktritt wie wir eben gesehen haben alternativ geltend gemacht werden können. Der Käufer kann daher wegen desselben Mangels zusätzlich immer auch den »**kleinen Schadensersatz**« statt der Leistung nach § 281 Abs. 1 Satz 1 BGB verlangen, solange hierdurch – wie in unserem Fall – ein Vermögensnachteil ausgeglichen werden soll, der nicht bereits durch die Minderung kompensiert ist

(BGH NJW **2018**, 2863; **2017**, 1607). Endgültig ausgeschlossen ist durch die Minderung hingegen der »große Schadensersatz« (= Ersatz **statt der ganzen Leistung** nach § 281 Abs. 1 **Satz 3** BGB) dessen Geltendmachung wegen § 281 Abs. 5 BGB (bitte ebenfalls lesen!) im Ergebnis zur vollständigen Rückabwicklung der bereits ausgetauschten Leistungen führt. Weil der Käufer durch die Minderung aber bereits erklärt hat, dass er am Vertrag festhalten und nur den Kaufpreis herabsetzen möchte, hat er sein diesbezügliches Wahlrecht (Kaufsache zum geringeren Preis behalten **oder** Kaufsache zurückgeben und das gezahlte Geld komplett zurückbekommen) unumkehrbar »verbraucht« (BGH NJW **2018**, 2863; MüKo/*Ernst* § 325 BGB Rz. 25).

---

Im Hinblick auf den Schadensersatzanspruch müssen wir jetzt aber kurz noch die – durchaus knifflige – Erklärung liefern, warum denn im Obersatz der **§ 311a Abs. 2 BGB** (aufschlagen!) steht: Diesen § 311a BGB haben wir im allerersten Fall des Buches vorne schon kennengelernt und dort gesehen, dass er grundsätzlich nur die Fälle der anfänglichen Unmöglichkeit der Leistung erfasst; also die Situationen, in denen sich jemand zu einer Leistung verpflichtet, die er von Anfang an – also schon bei Entstehung der Schuld – gar nicht erbringen konnte (z.B.: Kaufvertrag über ein Auto, das zwei Stunden vor Vertragsschluss verbrannt ist). Ob man in solchen Fällen dem Vertragspartner dann dennoch ersatzpflichtig ist, regelt § 311a BGB und der sagt in seinem Abs. 2, dass das nicht der Fall ist, wenn man bei Vertragsschluss das Leistungshindernis (also die Unmöglichkeit) nicht kannte und diese Unkenntnis auch nicht zu vertreten hat. Die Ersatzpflicht begründet sich demnach in dem Umstand, dass der Schuldner seine Informationspflichten über die eigene Leistungsfähigkeit schuldhaft verletzt hat (*Jauernig/Stadler* § 311a BGB Rz. 7; *Palandt/Grüneberg* § 311a BGB Rz. 1, 6; *Altmeppen* in DB 2001, 1399). Wie das Leistungshindernis selbst zustande gekommen ist, spielt im Rahmen des § 311a BGB daneben keine Rolle.

---

Hier in unserem Fall haben liegen die Dinge nun so, dass die Leistung tatsächlich erbracht wurde, allerdings mangelhaft, und vor allem **unbehebbar** mangelhaft. Für diese Konstellation verweist der § 437 Nr. 3 Fall 1 BGB nun auf § 311a BGB. Und insoweit gilt nach herrschender Meinung jetzt die Besonderheit, dass sich das in § 311a Abs. 1 BGB bezeichnete »Leistungshindernis« (= anfängliche Unmöglichkeit) allein auf die Unmöglichkeit der Nacherfüllung nach § 439 Abs. 1 BGB bezieht (*Brox/Walker* BS § 4 Rz. 99). Der Anwendungsbereich des § 311a BGB wird durch den Verweis in § 437 Nr. 3 Fall 1 BGB demnach erweitert auf die Fälle, in denen der Verkäufer zwar – mangelhaft – geliefert hat, die Nacherfüllung in Bezug auf die mangelhafte Sache aber tatsächlich von Anfang an **unmöglich** ist nach § 275 Abs. 1 BGB. Der § 311a BGB umfasst damit auch die Fälle der sogenannten »anfänglichen qualitativen Unmöglichkeit« (BT-Drs. 14/6040 Seite 209; *Palandt/Grüneberg* § 311a BGB Rz. 4).

Mit diesem Wissen können wir unseren Fall zunächst recht entspannt subsumieren. Der Wagen hatte den nach dem Einleitungssatz des § 437 BGB erforderlichen Mangel (haben wir ganz oben ja längst festgestellt) und dieser Mangel lag auch zum Zeitpunkt des Gefahrübergangs vor (→ allgemeine Voraussetzungen des § 437 BGB). Zudem ist unser Schuldner nach § 275 Abs. 1 BGB von seiner Nacherfüllungspflicht frei geworden, denn einen gebrauchten Unfallwagen kann man weder neu liefern noch zu einem Auto ohne Unfall reparieren. Die Nacherfüllung ist demnach für den Schuldner nicht mehr zu erbringen mit der Folge, dass unser G hier von seiner Nacherfüllungspflicht nach § 275 Abs. 1 BGB frei geworden ist.

**ZE.:** Die Tatbestandsvoraussetzungen der §§ 311a Abs. 2, 437 Nr. 3 Fall 1 BGB liegen damit an sich vor.

**Problem:** Der Schuldner haftet gemäß § 311a Abs. 2 Satz 2 BGB aber nicht, wenn er das Leistungshindernis bei Vertragsschluss nicht kannte und seine Unkenntnis auch nicht zu vertreten hatte. Maßstab sind insoweit die §§ 276–278 BGB (*Palandt/Grüneberg* § 311a BGB Rz. 9; *Jauernig/Stadler* § 311a BGB Rz. 7). Unserem G war der Mangel an dem verkauften Wagen (also der Unfall) nach der Schilderung im Sachverhalt weder positiv bekannt noch hätte er ihn erkennen können. Damit scheidet sowohl eine Haftung für vorsätzliches Handeln als auch eine Einstandspflicht für Fahrlässigkeit nach § 276 Abs. 1 BGB aus.

**Finte!** Bitte lies zunächst noch einmal § 276 Abs. 1 Satz 1 BGB vollständig durch.

Nach § 276 Abs. 1 Satz 1 BGB reichen zur Beurteilung des Vertretenmüssens die Kategorien Vorsatz und Fahrlässigkeit nur aus, wenn daneben keine »strengere oder mildere Haftung« bestimmt ist. Und eine strengere Haftung ist nach § 276 Abs. 1 Satz 1 BGB insbesondere dann anzunehmen, wenn der Verkäufer eine **Garantie** für die Kaufsache übernommen hat. Was der Gesetzgeber unter einer Garantie versteht, ist in **§ 443 Abs. 1 BGB** legal definiert (aufschlagen!), der übrigens auch für die anderen Vorschriften des BGB gilt, in denen von einer »Garantie« die Rede ist (BT-Drs. 17/12637 Seite 69). Neben § 276 Abs. 1 Satz 1 sind das insbesondere § 442 Abs. 1 Satz 2, § 444 und § 445 BGB.

**Achtung:** Wir merken uns hierzu bitte, dass eine bloße **Beschaffenheitsangabe** nicht ohne weiteres zu einer **Beschaffenheitsgarantie** wird, sondern hierfür entweder eine ausdrückliche Garantieübernahme oder besondere Umstände vorliegen müssen (BGH NJW **2007**, 1346). Der Grund hierfür ist, dass sich der Garantiegeber (Verkäufer, Hersteller oder Dritter) nach dem Wortlaut des Gesetzes in § 443 Abs. 1 BGB immer »zusätzlich zu der gesetzlichen Mängelhaftung« verpflichtet. Daraus folgt, dass von einer Garantie nur dann gesprochen werden kann, wenn die Voraussetzungen für die Haftung des Garantiegebers geringer sind, als die Voraussetzungen seiner Haftung nach den gesetzlichen Vorschriften. Und deshalb steht in § 443 Abs. 1 BGB am Ende (nochmal lesen!) dann auch, dass die Rechte aus der Garantie dem Käufer stets »unbeschadet der gesetzlichen Ansprüche« zustehen, also neben den Rechten und Rechtsbehelfen, die in § 437 BGB genannt sind. Das kann man sich leicht anhand des praktisch häufigen Falls der Herstellergarantie klarmachen, denn selbstverständlich behält der Käufer sämtliche Gewährleistungsrechte und -ansprüche gegen den **Verkäufer**, auch wenn der **Hersteller** eine Garantie (etwa für die Beschaffenheit der Kaufsache) übernommen hat und dem Käufer deshalb als Garantiegeber unmittelbar haftet.

Eine Garantieübernahme kann sich im vorliegenden Fall daraus ergeben, dass G auf dem am Pkw angebrachten Verkaufsschild die ausdrückliche Angabe »unfallfrei« gemacht und dass er das auch R gegenüber später noch mal ausdrücklich bestätigt hat. Wie bei vielen anderen rechtserheblichen Erklärungen (z.B. Anfechtung, Kündigung) muss auch die Garantieerklärung weder wortwörtlich noch ausdrücklich erfolgen (BGH NJW **2007**, 1346; *Palandt/Weidenkaff* § 443 BGB Rz. 5). Eine Garantieübernahme im Sinne von § 443 Abs. 1 BGB liegt damit natürlich zweifelsfrei vor, wenn der Verkäufer ausdrücklich erklärt, dass die Kaufsache eine bestimmte Eigenschaft hat und dass er für alle Folgen ihres Fehlens einstehen und erforderlichenfalls Schadensersatz selbst dann leisten wolle, wenn ihn hinsichtlich des Fehlens der garantierten Beschaffenheit kein Verschulden trifft (vgl. BGH NJW-RR **2010**, 1329; NJW **2007**, 1346; OLG Koblenz NJW **2004**, 1670; MüKo/*Grundmann* § 276 BGB Rz. 175; *Palandt/Grüneberg* § 276 BGB Rz. 29; vgl. auch BT-Drs. 14/6040 Seite 132, 236 f.). Es genügt aber auch, wenn ein Verkäufer lediglich sagt, er wolle »voll einstehen«, »uneingeschränkte Gewährleistung« geben, oder aber wenn er eine Eigenschaft »zusichert« (OLG Düsseldorf NJW-RR **2013**, 761; OLG Koblenz NJW **2004**, 1670; *Palandt/Weidenkaff* § 443 BGB Rz. 5).

> **Feinkost:** Besonders aufmerksame Kandidaten stellen sich spätestens an dieser Stelle unserer Fallprüfung die Frage, warum eine Garantie des G nicht schon deshalb ausgeschlossen ist, weil die Voraussetzungen von **§ 479 Abs. 1 BGB** nicht eingehalten sind. Nach dieser Vorschrift, die aufgrund ihrer Stellung im Gesetz allerdings nur für den – hier vorliegenden – Fall des Verbrauchsgüterkaufs (→ § 474 Abs. 1 BGB) einschlägig ist, muss eine Garantie im Sinne des § 443 BGB nämlich nicht nur »einfach und verständlich abgefasst« sein, sondern darüber hinaus auch eine Reihe von zusätzlichen Angaben zu den Gewährleistungsrechten und über den Verkäufer enthalten (bitte lesen!), die unser G hier ersichtlich nicht gemacht hat. Für unsere Prüfung braucht uns dies wegen § 479 Abs. 3 BGB allerdings tatsächlich nicht zu irritieren, denn danach wird die Wirksamkeit einer Garantie (selbstredend) nicht dadurch in Frage gestellt, dass der Verkäufer die Angaben, zu denen er per Gesetz verpflichtet ist, nicht gemacht hat. Wäre ja auch noch schöner …

In unserem Fall fehlt hierzu nun eine ausdrückliche Erklärung des G, weshalb man von der Annahme einer Garantie eigentlich nicht ausgehen kann. Fraglich ist jedoch, ob und wie es sich an dieser Stelle auswirkt, dass der G nicht als Privatperson, sondern als (gewerblicher) **Gebrauchtwagenhändler** gehandelt hat, genauer gesagt ob an die Garantieerklärung eines Gebrauchtwagenhändlers geringere Anforderungen zu stellen sind, als an die Garantieerklärung einer Privatperson. Und tatsächlich gibt es diesbezüglich – nachdem jahrzehntelang nahezu völlige Einigkeit herrschte – inzwischen einen beachtlichen Meinungsstreit, den man in einer Klausur oder Hausarbeit auch (in der gebotenen Kürze) erwähnen sollte:

- Nach der bisherigen Rechtsprechung wurden Angaben eines Gebrauchtwagenhändlers zu technischen Daten wie »Neuwagen« (BGH NZV **2005**, 304; OLG Köln DAR **2005**, 629); »Jahreswagen« (BGH MDR **2006**, 1280); »fabrikneu« (BGH NJW **2000**, 2018), »werkstattgeprüft« (BGH NJW **1983**, 2192), »TÜV neu« (BGHZ **103**, 275) oder auch »unfallfrei« (BGH NJW **1978**, 261; **1982**, 435) als stillschweigende Übernahme einer **Garantie** für ihre Richtigkeit angesehen. Sie führten in Bezug auf die jeweilige Eigenschaft zu einer (sehr weitreichenden) verschuldensunabhängigen Haftung von Gebrauchtwagenhändlern. Dieser Auffassung hatte sich das Schrifttum ganz überwiegend angeschlossen (*Erman/Grunewald* § 437 BGB Rz. 33; *Hampel* in JuS 2003, 465; *Oechsler* Vertragl. Schuldverhältnisse Rz. 238; HK-BGB/*Saenger* Rz. 8; *Brox/Walker* BS § 4 Rz. 88). Wesentlicher Grund war insbesondere die Überlegung, dass sich der Käufer beim Kauf eines Gebrauchtwagens ganz besonders auf die ihm selbst in aller Regel fehlende Erfahrung und Sachkunde des Händlers verlässt (vgl. BGH NJW **2007**, 1346). Teilweise führte diese sehr einseitig käufergünstige Sichtweise allerdings zu **ausufernden** Entscheidungen der Gerichte. So heißt es etwa in einem Urteil des LG München I (DAR **2005**, 38) wörtlich:

  > »… *Als professionelle Kfz-Händlerin hatte die Beklagte das Fahrzeug auf Unfallschäden zu untersuchen. Die Untersuchungspflicht umfasste auch eine Messung der Lackschichtendicke. Die Beklagte hätte den Kläger darauf hinweisen müssen, dass sie das Kraftfahrzeug nicht auf Unfallschäden untersucht hat. Da ein entsprechender Hinweis unterblieben ist, durfte der Kläger davon ausgehen, dass das Fahrzeug von der Beklagten auf seine Unfallfreiheit hin überprüft wurde. Damit ist die Unfallfreiheit als* **konkludent zugesichert** *anzusehen …«*

  Der BGH selbst hat zuletzt ausdrücklich offengelassen, ob an dieser sehr weitgehenden Rechtsprechung weiter uneingeschränkt festgehalten werden kann (BGH NJW **2007**, 1346, dort Rz. 24).

- Nach **anderer Ansicht** (*Stöber* in DAR 2004, 570, 571; NK/*Thau* Anhang I zu §§ 433–480 Rz. 76f.; *Bamberger/Roth/Hau/Poseck/Faust* § 437 BGB Rz. 79f.; *Reinicke/Tiedtke* KaufR Rz. 582; *Reinking* in DAR 2007, 255; *Reinking/Eggert* Autokauf Rz. 2591; für technische Angaben MüKo/*Westermann* § 437 BGB Rz. 40) soll die alleinige Angabe von Beschaffenheitsmerkmalen – etwa des Datums der Erstzulassung oder des Kilometerstands – auch im gewerblichen Gebrauchtwagenhandel nicht ohne weiteres die Annahme einer (stillschweigenden) Beschaffenheitsgarantie rechtfertigen können. Diese setze vielmehr besondere Umstände voraus, die aus der Sicht des Käufers auf den Willen des Verkäufers schließen lassen, für das Vorliegen des betreffenden Merkmals unbedingt und verschuldensunabhängig einzustehen. Solche besonderen Umstände sollen etwa dann gegeben sein, wenn der Käufer – vor allem durch gezieltes Nachfragen – deutlich macht, dass er den Kaufvertrag nur bei Vorhandensein eines bestimmten (für ihn nicht überprüfbaren) Beschaffenheitsmerkmals schließen wolle und der Verkäufer das Vorhandensein dieses Merkmals daraufhin bejaht. Diese Ansicht wird damit begründet, dass sich die Rechtsstellung des privaten Gebrauchtwagenkäufers durch die Schuldrechtsmodernisierung im Jahr 2002 deutlich verbessert hat und damit der Bedarf für die bisherige extensive Anwendung der Garantievorschriften entfallen ist.

Wie man den dargestellten Meinungsstreit letztlich entscheidet, falls es einmal darauf ankommen sollte, ist wie immer im besten Sinne des Wortes **gleichgültig**. In unserem Fall können wir die Entscheidung erfreulicherweise ganz entspannt offenlassen und festhalten, dass beide Ansichten zu demselben Ergebnis kommen: Nach der erstgenannten Meinung ist bereits die Angabe »unfallfrei« auf dem am Pkw angebrachten Verkaufsschild ausreichend, um eine Garantieübernahme des G bejahen zu können. Nach der anderen Ansicht liegen hier besondere Umstände vor, die es rechtfertigen, dass R von der (stillschweigenden) Übernahme einer garantiemäßigen Einstandspflicht des G für die Unfallfreiheit ausgehen durfte, denn G hatte R auf dessen Nachfrage hin die Unfallfreiheit ja ausdrücklich bestätigt.

Unser G hat deswegen nach beiden Ansichten die Beschaffenheit des Gebrauchtwagens als »unfallfrei« nicht nur mit R vereinbart, sondern sogar **garantiert**. Auf eine weitere Auseinandersetzung mit dem Meinungsstreit darf daher verzichtet werden.

**(Erstaunliches) ZE.:** G hat, obwohl ihm weder Vorsatz noch Fahrlässigkeit im Hinblick auf seine fehlende Kenntnis von dem Unfall vorgeworfen werden kann, seine Unkenntnis dennoch gemäß § 276 Abs. 1 BGB »zu vertreten«. Denn er hatte eine Garantie für die Unfallfreiheit übernommen. Und damit ist dann klar, dass G Schadensersatz nach § 311a Abs. 2 BGB leisten muss.

Im Übrigen greift der in den AGB des G enthaltene Haftungsausschluss auch hier nicht ein, weil R und G die Unfallfreiheit des Wagens ja vereinbart hatten (§ 434 Abs. 1 Satz 1 BGB). Und was insoweit für eine Beschaffenheitsvereinbarung gilt, gilt für eine Beschaffenheitsgarantie **erst recht**: diese setzt sich gegenüber einem vertraglichen Haftungsausschluss stets durch, was sich bereits aus § 444 BGB ergibt (bitte ganz lesen!). Auf eine Vereinbarung, durch welche die Rechte des Käufers wegen eines Mangels ausgeschlossen oder beschränkt werden, kann sich der Verkäufer danach nicht berufen, soweit er eine Garantie für die Beschaffenheit der Sache übernommen hat (vgl. *Palandt/Weidenkaff* § 444 BGB Rz. 3).

**Aufgepasst:** Neben dem Fall der Garantieübernahme regelt § 444 BGB den für Prüfungssachverhalte mindestens ebenso gerne genommenen Fall, in dem ein Verkäufer seinem Kunden **arglistig** einen Mangel der (vorzugsweise gebrauchten) Kaufsache verschweigt. Voraussetzung für ein solches arglistiges Verschweigen eines Mangels ist, dass der Verkäufer den konkreten Mangel kennt oder zumindest für möglich hält. Macht der Verkäufer dagegen falsche Angaben, die er selbst für richtig hält, handelt er grundsätzlich nicht arglistig (BGH MDR **2012**, 147; OLG Karlsruhe MDR **2014**, 266). Es genügt für die Annahme von Arglist nicht einmal, wenn sich dem Verkäufer nach den Umständen des Falls die Mangelhaftigkeit aufdrängen musste. Arglist setzt nämlich immer Vorsatz (mindestens Eventualvorsatz, also billigendes Inkaufnehmen) voraus, bloße Fahrlässigkeit (auch grobe!) reicht nicht (BGH MDR **2018**, 21; NJW **2017**, 150). Selbstverständlich kann sich der Verkäufer bei arglistigem Verschweigen **nicht** auf einen zuvor vereinbarten Haftungsausschluss berufen (bitte den § 444 BGB noch mal lesen). Die Rechtsprechung sieht bei Arglist zudem die Voraussetzungen von **§ 323 Abs. 2 Nr. 3 BGB** regelmäßig als erfüllt an, sodass der Käufer **sofort** – also ohne vorherigen Fristablauf – den Kaufpreis mindern, vom Vertrag zurücktreten oder Ersatz seiner Schäden oder Aufwendungen verlangen kann (BGH NJW **2013**, 2182; **2012**, 3714; **2011**, 1280). **Aber:** Setzt der Käufer trotzdem (unnötigerweise) eine Frist und erfüllt der Verkäufer daraufhin fristgerecht nach, sind der Rücktritt wegen Nichtleistung und Ansprüche auf Schadensersatz statt der Leistung (logischerweise) ausgeschlossen (BGH NJW **2010**, 1805). Alles klar?!

### Der Umfang des Anspruchs aus den §§ 311a Abs. 2, 437 Nr. 3 Fall 1 BGB

Das machen wir jetzt nur noch kurz: Der Gläubiger ist im Rahmen der Ersatzpflicht nach § 311a Abs. 2 BGB so zu stellen, wie er bei ordnungsgemäßer Leistung des Schuldners stehen würde, sogenanntes »Erfüllungsinteresse« oder auch »positives Interesse« (*Palandt/Grüneberg* § 311a BGB Rz. 7; *Erman/Kindl* § 311a BGB Rz. 8; *Canaris* in JZ 2001, 507; *Olshausen* in ZIP 2002, 237; *Jauernig/Stadler* § 281 BGB Rz. 16). Hätte G ein unfallfreies Auto geliefert, hätte R dafür 5.000 Euro bezahlt und einen Gegenwert von 6.000 Euro erhalten (SV lesen!). Daher steht ihm die Differenz in Höhe von 1.000 Euro zu, was man auch mit § 252 BGB (lesen) begründen könnte, wenn man auf den potentiellen Weiterverkauf abstellt.

**Ergebnis:** R hat gegen G einen Anspruch auf Schadensersatz in Höhe von 1.000 Euro aus §§ 311a Abs. 2, 437 Nr. 3 Fall 1 BGB.

### Noch ein kurzer Nachschlag:

Obwohl im Sachverhalt ausdrücklich von Allgemeinen Geschäftsbedingungen (AGB) die Rede ist, mussten wir bei der Prüfung die **§§ 305 ff. BGB**, in denen sich die für AGB einschlägigen Vorschriften finden, wie gesehen mit keiner Silbe erwähnen, um den Fall zu lösen. Dies wäre **anders** gewesen, wenn R und G vorliegend keine Beschaffenheitsvereinbarung getroffen hätten und das Auto ohne eine solche Vereinbarung allein aus anderen Gründen mangelhaft gewesen wäre, zum Beispiel weil es ab Werk – was sowohl in der Praxis als auch in Prüfungsarbeiten durchaus häufiger vorkommt – mit einer Manipulations-Software ausgestattet ist, die den Schadstoffausstoß auf dem Prüfstand gegenüber dem normalen Fahrbetrieb herunterregelt (BGH NJW **2019**, 1133; OLG Köln NJW-RR **2018**, 373; *Witt* in NJW 2017, 3681). In diesem Fall wäre § 434 Abs. 1 <u>**Satz 2**</u> BGB einschlägig gewesen und die §§ 305 ff. BGB (insbesondere die §§ 307–309 BGB) hätten dann auch angesprochen werden müssen. Allerdings wäre dabei für unseren R kein anderes Ergebnis herausgekommen, denn der hier relevante **§ 309 Nr. 8 b) BGB** gilt ausdrückllich nur für die Lieferung »neu hergestellter« Sachen (bitte prüfen) und konnte somit vorliegend (Gebrauchtwagen!) **nicht** zur Anwendung kommen.

Wie man AGB im Einzelnen durchprüft, sehen wir uns dann später, genauer gesagt in Fall 21 an.

# Gutachten

**I.) R kann gegen G einen Anspruch auf Rückzahlung des Kaufpreises in Höhe von 5.000 Euro aus §§ 346 Abs. 1, 323 Abs. 1, 437 Nr. 2 BGB haben.**

**1.)** R muss hierzu den Rücktritt ausdrücklich nach § 349 BGB erklären.

**2.)** Weiterhin muss ein Rücktrittsgrund bestehen. Hier kommt mangels vertraglicher Vereinbarung allein ein gesetzliches Rücktrittsrecht nach § 346 Abs. 1, Fall 2 BGB in Betracht. Dieses kann sich aus den §§ 323 Abs. 1, 437 Nr. 2 Fall 1 BGB ergeben. Danach muss neben dem Bestehen eines Kaufvertrages die Kaufsache mangelhaft sein, § 437 BGB.

**a)** Die Mangelhaftigkeit der Kaufsache kann sich aus § 434 Abs. 1 Satz 1 BGB ergeben, wenn die Kaufsache nicht die zwischen den Parteien vereinbarte Beschaffenheit hatte. Der Wagen war als »unfallfrei« verkauft worden, was aber nicht den Tatsachen entsprach. Die »Unfallfreiheit« muss folglich eine Beschaffenheit des verkauften Wagens im Sinne des § 434 Abs. 1 Satz 1 BGB darstellen. Unter den Begriff der Beschaffenheit im Sinne des § 434 BGB fallen sämtliche den Wert und die Verwendungseignung der Sache ausmachenden Eigenschaften; namentlich können hierzu je nach Kaufsache die Größe, das Alter, das Gewicht, das Material oder etwa auch das Herstellungsdatum gehören, wenn diese Werte auf die Verwendungseignung oder den Wert Einfluss haben. Wenn ein Pkw nicht mehr unfallfrei ist, führt das im Gebrauchtwagenhandel regelmäßig dazu, dass der Pkw – selbst wenn der technische Schaden repariert wird – einen geringeren Marktwert als ein unfallfreies Fahrzeug hat. Der Umstand »Unfallfreiheit« ist für die Werteinschätzung des Wagens von erheblicher Bedeutung. Es handelt sich mithin um eine Beschaffenheit im von § 434 Abs. 1 BGB benannten Sinne.

**b)** Die Unfallfreiheit als »Beschaffenheit« muss gemäß § 434 Abs. 1 Satz 1 BGB zwischen G und R auch vertraglich vereinbart worden sein. Eine vertragliche Vereinbarung vertragliche Vereinbarung im Sinne des § 434 Abs. 1 Satz 1 BGB setzt voraus, dass der Verkäufer in vertragsgemäß bindender Weise eindeutig die Gewähr für das Vorhandensein einer Eigenschaft der Kaufsache übernimmt und damit seine Bereitschaft zu erkennen gibt, für alle Folgen des Fehlens dieser Eigenschaft einzustehen. Hierfür genügt grundsätzlich auch eine schlüssige Erklärung etwa derart, dass der Verkäufer die Kaufsache vor Vertragsschluss beschreibt und dabei auf ein Muster oder einen Prospekt verweist. Beschreibt ein Verkäufer bei Vertragsschluss die Eigenschaften der verkauften Sache in einer bestimmten Weise und trifft der Käufer auf dieser Grundlage dann seine Kaufentscheidung, so werden die Erklärungen des Verkäufers ohne weiteres zum Inhalt des Vertrags und damit zum Inhalt der Beschaffenheitsvereinbarung im Sinne des § 434 Abs. 1 Satz 1 BGB. Anders ist dies nur, wenn sich ein entsprechender Verpflichtungswille des Verkäufers für den Käufer nicht eindeutig ergibt. G hat den Wagen unter Bezugnahme auf das angebrachte Schild als »unfallfrei« beschrieben. Umstände, die darauf schließen lassen, dass G sich diesbezüglich unsicher war oder seine Beschreibung nicht auf eigenem Wissen beruhen, sind nicht erkennbar. R hat diesbezüglich bei G sogar noch einmal nachgefragt, diesen Umstand also zur Grundlage seiner Kaufentscheidung gemacht. Die Beschaffenheit »unfallfrei« wurde somit gemäß § 434 Abs. 1 Satz 1 BGB vertraglich vereinbart. Da der Wagen nicht unfallfrei war, stellt diese für R ungünstige Abweichung von der vereinbarten Beschaffenheit einen Sachmangel nach § 434 Abs. 1 Satz 1 BGB dar.

**c)** Nach § 434 Abs. 1 Satz 1 BGB kommt es für die Mangelfreiheit auf den Zeitpunkt des Gefahrübergangs an. Dieser richtet sich nach § 446 Satz 1 BGB und tritt grundsätzlich mit der Übergabe der Sache an den Käufer ein. Das Auto hatte den Unfall nach Auskunft des Sachverhaltes bereits vor Jahren erlitten mit der Folge, dass der Sachmangel bei der Übergabe an R vorlag. Der verkaufte Wagen war gemäß § 434 Abs. 1 Satz 1 BGB zur Zeit des Gefahrübergangs mangelhaft.

**d)** Die für den Rücktritt grundsätzlich erforderliche Fristsetzung fehlt. Dies bleibt folgenlos, wenn die Fristsetzung entbehrlich war. Die Entbehrlichkeit kann sich aus § 326 Abs. 5 BGB ergeben. Voraussetzung dafür ist, dass der Schuldner nach § 275 Abs. 1 BGB nicht zu leisten braucht. Der festgestellte Mangel (Unfallfahrzeug) kann niemals behoben werden, die Nacherfüllung ist für G deshalb unmöglich geworden. Damit war die Fristsetzung entbehrlich. Mithin liegen die Voraussetzungen des gesetzlichen Rücktritts über die §§ 437 Nr. 2, 326 Abs. 5 BGB vor.

**3.)** Möglicherweise ist der Rücktritt jedoch ausgeschlossen. Ausweislich der Allgemeinen Geschäftsbedingungen des G hatte R beim Kauf des Wagens auf sämtliche Gewährleistungsansprüche im Hinblick auf die nicht sichtbaren Mängel verzichtet. Ein pauschaler Ausschluss der Sachmängelhaftung erstreckt sich jedoch nicht auf einen Sachmangel gemäß § 434 Abs. 1 Satz 1 BGB. Die von G verwendete AGB-Klausel, mit der die Haftung für Sachmängel pauschal ausgeschlossen werden soll, ist mithin so auszulegen, dass sie für das Fehlen der vereinbarten Beschaffenheit nicht gilt. G kann sich auf diese Vereinbarung im Hinblick auf das Fehlen der mit R vereinbarten Unfallfreiheit des Fahrzeugs daher nicht berufen. Der Rücktritt ist durch die AGB-Klausel nicht ausgeschlossen.

Im Übrigen war die Pflichtverletzung des G nach dem Sachverhalt auch erheblich. Der Rücktritt ist deshalb auch nicht gemäß § 323 Abs. 5 Satz 2 BGB ausgeschlossen.

**Ergebnis:** R kann nach den §§ 346 Abs. 1, 348 BGB die Rückzahlung des Kaufpreises in Höhe von 5.000 Euro Zug um Zug gegen Rückgabe der Kaufsache fordern.

**II.) R kann gegen G einen Anspruch auf Rückzahlung des zuviel gezahlten Kaufpreises nach Minderung aus §§ 346 Abs. 1, 441 Abs. 4, 437 Nr. 2 Fall 2 BGB haben.**

Da die Voraussetzungen des Rücktritts vorliegen, ist R auch berechtigt, alternativ zum Rücktritt den Kaufpreis zu mindern. Im Hinblick auf den zurückzufordernden Betrag ist nach § 441 Abs. 3 BGB der Kaufpreis in dem Verhältnis herabzusetzen, in welchem zur Zeit des Vertragsschlusses der Wert der Sache in mangelfreiem Zustand zu dem wirklichen Wert gestanden haben würde. Der Wert des Wagens mit Mangel betrug 3.000 Euro.

Der Wert des Wagens ohne Mangel hätte 6.000 Euro betragen. Der vereinbarte und von R gezahlte Kaufpreis betrug 5.000 Euro. R ist damit berechtigt, den Kaufpreis um 2.500 Euro zu mindern und den von ihm danach zu viel gezahlten Kaufpreis in Höhe von 2.500 Euro zurückzuverlangen.

**Ergebnis:** R hat gegen G nach Minderung einen Anspruch auf Rückzahlung des zuviel gezahlten Kaufpreises in Höhe von 2.500 Euro aus §§ 346 Abs. 1, 441 Abs. 4, 437 Nr. 2 Fall 2 BGB.

**III.) R kann gegen G einen Anspruch auf Schadensersatz in Höhe von 1.000 Euro aus §§ 311a Abs. 2, 437 Nr. 3 Fall 1 BGB haben.**

**1.)** Nach § 311a Abs. 1 BGB muss hierzu eine Leistungspflicht von Anfang an unmöglich gewesen sein. Die Nacherfüllung nach § 439 Abs. 1 BGB war hier für G bereits im Zeitpunkt des Vertragsschlusses mit R nicht zu erbringen mit der Folge, dass G hier von seiner Nacherfüllungspflicht nach § 275 Abs. 1 BGB frei geworden ist. Die Tatbestandsvoraussetzungen der §§ 311a Abs. 2, 437 Nr. 3 Fall 1 BGB liegen damit vor.

**2.)** Der Schuldner haftet gemäß § 311a Abs. 2 Satz 2 BGB nicht, wenn er das Leistungshindernis bei Vertragsschluss nicht kannte und seine Unkenntnis auch nicht zu vertreten hatte. Maßstab sind insoweit die §§ 276–278 BGB. G war der Mangel an dem Wagen weder positiv bekannt, noch hätte er ihn erkennen können. Damit scheidet sowohl eine Haftung für vorsätzliches Handeln als auch eine Einstandspflicht für Fahrlässigkeit nach § 276 Abs. 1 BGB aus.

Nach § 276 Abs. 1 BGB reichen zur Beurteilung des Vertretenmüssens die Kategorien Vorsatz und Fahrlässigkeit aber nur, wenn daneben keine strengere oder mildere Haftung bestimmt ist. Eine strengere Haftung ist nach § 276 Abs. 1 Satz 1 BGB anzunehmen, wenn der Verkäufer eine Garantie für die Kaufsache übernommen hat. Eine Garantieübernahme liegt vor, wenn der Verkäufer ausdrücklich oder stillschweigend erklärt, dass die Kaufsache eine bestimmte Eigenschaft hat, verbunden mit der Erklärung, verschuldensunabhängig für alle Folgen ihres Fehlens einstehen zu wollen. Eine Garantieübernahme kann sich hier daraus ergeben, dass G auf dem am Pkw angebrachten Verkaufsschild die ausdrückliche Angabe »unfallfrei« aufgeführt und diese auch R gegenüber später ausdrücklich bestätigt hat. Die Garantieerklärung muss nicht wortwörtlich erfolgen. In der Regel genügt es, wenn der Verkäufer sagt, er wolle »voll einstehen«, »uneingeschränkte Gewährleistung« geben, oder aber, wenn er eine Eigenschaft »zusichert«. Ob die Angaben eines gewerblichen Gebrauchtwagenhändlers zu technischen Daten des Fahrzeugs eine stillschweigende Beschaffenheitsgarantie begründen können, ist umstritten. Nach der bisherigen Rechtsprechung wurden derartige Angaben als Garantieübernahme angesehen. Vom Bundesgerichtshof wurde die Frage jedoch zuletzt ausdrücklich offengelassen. Im jüngeren Schrifttum wird vertreten, dass sich die Rechtsstellung des privaten Gebrauchtwagenkäufers durch die Schuldrechtsmodernisierung im Jahr 2002 verbessert habe und damit der Bedarf für die bisherige extensive Anwendung der Garantievorschriften entfallen sei. Dementsprechend könne vom Vorliegen einer Garantie auch im gewerblichen Gebrauchtfahrzeughandel nur ausgegangen werden, wenn diese ausdrücklich vereinbart wurde oder besondere Umstände hinzutreten, die auf den unbedingten Einstandswillen des Verkäufers für ein bestimmtes Beschaffenheitsmerkmal schließen lassen. Hier kann die Streitfrage dahinstehen, denn die Ansichten gelangen nicht zu unterschiedlichen Ergebnissen. Nach der Rechtsprechung ist bereits die Angabe »unfallfrei« auf dem am Pkw angebrachten Verkaufsschild ausreichend, um eine Garantieübernahme des G zu bejahen. Nach der Gegenmeinung liegen hier besondere Umstände vor, die es rechtfertigen, dass R von der stillschweigenden Übernahme einer garantiemäßigen Einstandspflicht des G für die Unfallfreiheit ausgehen durfte, denn G hatte R auf deren Nachfrage die Unfallfreiheit ausdrücklich bestätigt. G hat deswegen durch die Angabe auf dem Verkaufsschild und die mündliche Bestätigung dieser Angabe eine Garantie für die Unfallfreiheit des Wagens übernommen. G hat seine Unkenntnis von dem Leistungshindernis gemäß § 276 Abs. 1 BGB mithin auch zu vertreten.

**3.)** Der Schadensersatzanspruch ist auch nicht wirksam ausgeschlossen worden. Dies folgt aufgrund der Garantieübernahme durch G aus § 444 BGB.

Als Rechtsfolge ist der Gläubiger im Rahmen der Ersatzpflicht nach § 311a Abs. 2 BGB so zu stellen, wie er bei ordnungsgemäßer Leistung des Schuldners stehen würde, sogenanntes »Erfüllungsinteresse«. Hätte G ein unfallfreies Auto geliefert, hätte R dafür 5.000 Euro bezahlt und einen Gegenwert von 6.000 Euro erhalten. Daher steht ihm die Differenz in Höhe von 1.000 Euro zu.

**Ergebnis:** R hat gegen G einen Anspruch auf Schadensersatz in Höhe von 1.000 Euro aus §§ 311a Abs. 2, 437 Nr. 3 Fall 1 BGB.

# Fall 19

## Undank ist der Welten Lohn!

Rechtsstudent R hat über das Internet beim Elektrowarenhändler H in Hamburg einen neuen Espressoautomaten zum Preis von 400 Euro erworben und das Gerät einige Tage später nach Köln geschickt bekommen. Nachdem die Maschine dann zwei Monate reibungslos funktioniert, läuft der Kaffee eines Tages nur noch lauwarm aus dem Hahn. R bringt die Maschine daraufhin zum örtlichen Elektrohändler E, der feststellt, dass der eingebaute Wasserbereiter defekt ist. Im Auftrag des R repariert E das Gerät zum angemessenen Preis von 50 Euro. Diese 50 Euro will R nun von H ersetzt haben. H indessen weigert sich und meint, für den Defekt könne er nichts und im Übrigen sei R verpflichtet gewesen, ihm (H) eine Frist zur Nacherfüllung zu setzen; eine von R veranlasste Reparatur müsse er nicht zahlen. R findet das ungerecht, er habe dem H durch die Reparatur immerhin erhebliche Kosten – unter anderem für den Versand der Maschine nach Hamburg und wieder zurück – erspart.

**Rechtslage?**

> **Schwerpunkte:** Die Selbstvornahme der Mangelbeseitigung im Kaufrecht; der Erstattungsanspruch des Käufers bei selbst veranlasster Reparatur (BGH NJW **2005**, 1348); der Verbrauchsgüterkauf nach § 474 BGB; die gesetzliche Vermutung des § 477 BGB; verursachte Unmöglichkeit der Nacherfüllung im Sinne des § 275 Abs. 1 BGB durch den Käufer; erforderliche Fristsetzung; die analoge Anwendung des § 326 Abs. 2 Satz 2 BGB.

## Lösungsweg

**Vorüberlegung:** In diesem Fall geht es um die hochinteressante Frage, ob der Käufer einer mangelhaften Sache vom Verkäufer die Kosten einer selbst veranlassten Reparatur verlangen kann. Das Ganze firmiert unter dem Begriff »Selbstvornahme«, hat seinen Platz eigentlich im Werkvertragsrecht und steht dort konkret in **§ 637 BGB** (bitte mal den Abs. 1 lesen). Das Kaufrecht – soviel kann schon mal verraten werden – kennt diese Selbstvornahme an sich nicht, zumindest steht nichts davon in den §§ 433 ff. BGB. Eine analoge Anwendung des § 637 BGB auf das Kaufrecht ist zudem nach dem Willen des Gesetzgebers ausgeschlossen (BT-Drs. 14/6040 Seite 229; vgl. auch *Dauner-Lieb/Dötsch* ZGS **2003**, 250, 251). Wir werden uns daher im Folgenden anschauen, ob es andere Wege gibt, dem Käufer die im Zuge der Reparatur aufgewendeten Kosten als ersatzfähig zuzusprechen. Beachte insoweit bitte neben der erheblichen Prüfungs- auch die enorme **Praxisrelevanz** der Problematik, vor allem unter Berücksichtigung der Tatsache, dass in dem durch das Internet gewaltig forcierten überregionalen Geschäftsverkehr derartige Konstellationen tagtäglich tausendfach vorkommen. Ob der Käufer dann so – wie in unserem kleinen Fall oben geschehen – handeln und die Kosten der selbst veranlassten Reparatur vom Verkäufer verlangen kann, wollen wir uns jetzt mal anschauen. In Ermangelung einer ausdrücklichen gesetzlichen Regelung über die Selbstvornahme im Kaufrecht haben wir dabei keine andere Wahl, als anhand der uns geläufigen Rechtsbehelfe aus den §§ 433 ff. BGB einen entsprechenden Anspruch herzuleiten.

### Anspruch des R gegen H auf Zahlung der 50 Euro

<u>AGL:</u> §§ 280 Abs. 1, Abs. 3, 281 Abs. 1 Satz 1, Fall 1, 437 Nr. 3 Fall 1 BGB

**1.)** Neben dem obligatorischen Kaufvertrag, der hier problemlos vorliegt, muss gemäß dem Einleitungssatz des § 437 BGB als Erstes dann mal die **Mangelhaftigkeit** der Kaufsache festgestellt werden. Eine Espressomaschine mit defektem Wasserbereiter hat einen Sachmangel im Sinne des § 434 BGB, wobei wir ausnahmsweise darauf verzichten wollen, den § 434 BGB in allen möglichen Einzelheiten durchzuprüfen. Wenn die Kaffeemaschine nur noch lauwarmes Wasser produziert, dann eignet sich die hier in Frage stehende Kaufsache sicher **nicht** zur »gewöhnlichen Verwendung« im von § 434 Abs. 1 Satz 2 Nr. 2 BGB verstandenen Sinne und hat auch nicht die übliche Beschaffenheit vergleichbarer Geräte (BGH NJW **2013**, 1733; *Palandt/Weidenkaff* § 434 BGB Rz. 25, 29).

<u>ZE.:</u> Der Espressoautomat war mangelhaft nach § 434 Abs. 1 Satz 2 Nr. 2 BGB.

**2.)** Diese Mangelhaftigkeit muss zudem auch zum Zeitpunkt des **Gefahrüberganges** vorgelegen haben. Der Gefahrübergang ist geregelt in den §§ 446, 447 BGB und knüpft grundsätzlich an den Zeitpunkt der Übergabe der Sache an.

**Problem:** Im Fall steht nun leider insoweit nichts wirklich Verwertbares, denn wir wissen nur, dass R die Maschine gekauft, später auch aus Hamburg geliefert bekommen hat und dass das Ding dann ca. zwei Monate später auf einmal kaputt war. Ob R das alles selbst verursacht hat, das Gerät von Anfang an defekt war oder aber erst später geworden ist oder ob der H vielleicht sogar vom Mangel wusste? – all das ist nicht überprüfbar. Und das wäre an sich nun ein sehr beachtliches Problem für den R, denn grundsätzlich trägt der **Käufer**, sobald er die Sache angenommen hat, die Beweislast sowohl für den Mangel als auch dessen Vorliegen zum Zeitpunkt des Gefahrüberganges (*Brox/Walker* BS § 4 Rz. 7). Das folgert die ganz herrschende Meinung aus dem Rechtsgedanken des **§ 363 BGB**, der eine Beweislastregel für die Fälle der nicht vertragsgemäßen Erfüllung enthält (BT-Drs. 14/6040 Seite 217; BGH NJW **2009**, 1341; **1989**, 2533; RGZ **109**, 296; *Jauernig/Berger* § 434 BGB Rz. 3; *Palandt/Grüneberg* § 363 BGB Rz. 3; *Medicus/Lorenz* SR I Rz. 238).

**Feinkost:** Diese Verteilung der Beweislast gilt übrigens nicht nur im Falle der **erstmaligen** Annahme der Kaufsache, sondern nach der Rechtsprechung des BGH auch dann, wenn der Käufer die Kaufsache nach einer **Nachbesserung** des Verkäufers erneut entgegengenommen hat. In diesem Fall muss also der Käufer beweisen, dass die Nachbesserung fehlgeschlagen ist (BGH NJW **2009**, 1341). Hierzu ist nach Ansicht des BGH (NJW **2011**, 1664 m. Anm. *Kleinhenz*) sowohl der Nachweis erforderlich, dass (1.) der Mangel, der durch die Nachbesserung beseitigt werden sollte, nach der erneuten Übergabe wieder aufgetreten ist, als auch, dass (2.) das erneute Auftreten nicht auf eine unsachgemäße Behandlung der Kaufsache durch den Käufer zurückzuführen ist.

Für den R wäre das jetzt natürlich ziemlich bitter, denn er kann zwar mithilfe des E nachweisen, dass die Maschine irgendwann kaputt war; das gelingt ihm aber bei der vorliegenden Sachverhaltsgestaltung sicher nicht im Hinblick auf das Vorliegen des Mangels zum Zeitpunkt der Übergabe (wie soll er das machen?) mit der Konsequenz, dass bereits an dieser Stelle der Schadensersatzanspruch ausgeschlossen wäre.

**Aber:** Wir lesen bitte § 477 BGB.

**Durchblick:** Der § 477 BGB erleichtert dem Käufer die Beweisführung durch eine **Beweislastumkehr**, was – wie eben gesehen – auch durchaus sinnvoll ist, denn im Zweifel kann der Käufer nur schwerlich nachweisen, dass der aufgetretene Sachmangel bereits bei Gefahrübergang vorgelegen hat. Um in den Genuss dieser Beweiserleichterung zu kommen, muss der Käufer nach § 477 BGB daher (nur) beweisen, dass sich innerhalb von sechs Monaten ab dem Gefahrübergang ein Defekt an der Kaufsache gezeigt hat, der einen Sachmangel im Sinne des § 434 BGB darstellen würde, wenn er bereits bei Gefahrübergang vorgelegen hätte (sehr schwieriger, aber leider wichtiger Satz → bitte mindestens noch einmal lesen!). Der Käufer muss also im wesentlichen nur noch den Defekt bzw. die Mangelerscheinung (= Kaffee lauwarm) und nicht den Mangel selbst (Kondensator im Wasserbereiter durchgeschmort) beweisen, was ihm in den meisten Fällen dann auch recht problemlos gelingen wird. Die Begriffe »Defekt« und »Mangelerscheinung« finden wir übrigens nicht im Gesetz, sie werden aber vom BGH regelmäßig in Abgrenzung zum Begriff des »Sachmangels« (steht im Gesetz) verwendet (vgl. nur BGH NJW **2017**, 1093; **2014**, 2351; **2008**, 576). Gelingt dem Verbraucher also der Nachweis des Defekts innerhalb von sechs Monaten nach dem Gefahrübergang, wird nach § 477 BGB zu Lasten des Verkäufers dann **zweierlei** vermutet: Erstens, dass die Kaufsache bereits bei Gefahrübergang einen Mangel hatte, auf dem dieser Defekt beruht **und** zweitens, dass der Defekt – zumindest im Ansatz – in den Verantwortungsbereich des Verkäufers fällt und nicht etwa auf einer unsachgemäßen Behandlung der Kaufsache durch den Käufer beruht (BGH NJW **2017**, 1093; EuGH NJW **2015**, 2237). § 477 BGB überträgt damit dem **Verkäufer** die Darlegungs- und Beweislast dafür, dass die Kaufsache bei Gefahrübergang nicht mangelhaft war.

**Merke:** Der Käufer muss im Fall des § 477 BGB nur das Vorliegen einer **Mangelerscheinung** innerhalb von sechs Monaten nach Übergang der Gefahr beweisen. Ge-

> lingt ihm dies, wird vermutet, dass ein entsprechender Sachmangel schon im Zeit-
> punkt des Gefahrübergangs vorgelegen hat – und bürdet die Beweislast für das
> Gegenteil damit dem Verkäufer auf.

**Weitere Feinkost:** Beachte bitte, dass § 477 BGB nach herrschender Meinung auch für **gebrauchte** Sachen gilt und dies insbesondere nicht durch die Formulierung »mit der Art der Sache ... unvereinbar« am Ende des § 477 BGB ausgeschlossen ist (BT-Drs. 14/6040 Seite 245; BGH NJW **2004**, 2299; OLG Düsseldorf NJW-RR **2017**, 1134; OLG Köln NJW-RR **2004**, 268; *Palandt/Weidenkaff* § 477 BGB Rz. 10). Auch bei einer ge-brauchten Sache muss der Verkäufer deshalb die gesetzliche Vermutung widerlegen, dass diese bereits ursprünglich mangelhaft war. Darauf, dass er den Mangel selbst nicht erkennen konnte, kann er sich dabei grundsätzlich nicht berufen (BGH NJW **2007**, 2619). Dies gilt im Übrigen auch für Tiere, die nach der Rechtsprechung eben-falls »neu« oder »gebraucht« sein können (BGH NJW **2007**, 674: sechs Monate altes Fohlen ist »nicht gebraucht«; OLG Schleswig RdL **2018**, 389: zweieinhalb Jahre alter Hengst ist »gebraucht«).

**Zurück zu unserem Fall:** Damit wir den § 477 BGB hier auf unseren Fall anwenden können, muss allerdings ein sogenannter »Verbrauchsgüterkauf« vorliegen. Der ist definiert in § 474 Abs. 1 BGB (bitte prüfen), und diese Norm zählt auch direkt die drei Voraussetzungen auf, die für einen solchen Verbrauchsgüterkauf erfüllt sein müssen, nämlich:

→ Der Käufer ist Verbraucher
→ Der Verkäufer ist Unternehmer
→ Der Kaufgegenstand ist eine bewegliche Sache

Die Definition für den **Verbraucher** steht ganz vorne im Gesetzbuch, nämlich in § 13 BGB (bitte lesen). Wer **Unternehmer** ist, ergibt sich unmittelbar aus § 14 Abs. 1 BGB (muss auch gelesen werden). Und nach der Lektüre des Gesetzestextes können wir ohne Mühe festhalten, dass R hier als Verbraucher – er ist eine natürliche Person und kaufte nicht für gewerbliche Zwecke – und »Elektrowarenhändler« H als Unterneh-mer einzustufen ist, er ist eine natürliche Person und verkaufte im Rahmen seiner gewerblichen Tätigkeit.

**Beachte** bitte insoweit, dass nach der Rechtsprechung für eine gewerbliche Tätigkeit im Sinne von § 14 Abs. 1 BGB ein »selbstständiges, planmäßiges, auf gewisse Dauer angelegtes Anbieten entgeltlicher Leistungen am Markt« vorausgesetzt wird (BGH NJW **2018**, 150). Die Absicht, mit der Tätigkeit auch Gewinn zu erzielen, ist dagegen – anders als für den handelsrechtlichen Kaufmannsbegriff des § 1 HGB – **keine** Vo-raussetzung (BGH NJW **2018**, 150; MDR **2017**, 1411; NJW **2013**, 2107; *Palandt/ Ellenberger* § 14 BGB Rz. 2). **Grund:** Für den Verbraucher soll es keinen Unterschied machen, ob sein Vertragspartner, der nach seinem ganzen Erscheinungsbild als Un-ternehmer auftritt, im Einzelfall mit oder ohne Gewinnerzielungsabsicht handelt. Merken!

Da es sich bei der Espressomaschine schließlich auch um eine **bewegliche** und zudem **neue** Sache handelt, liegen sämtliche eben genannten Voraussetzungen vor. Es handelt sich mithin um einen Verbrauchsgüterkauf im Sinne des § 474 Abs. 1 BGB und § 477 BGB damit ohne Einschränkungen anwendbar.

Der Defekt an der Maschine hat sich innerhalb von sechs Monaten gezeigt und ist von R auch nachgewiesen. Dies hat zur Konsequenz, dass wegen § 477 BGB die Vermutung besteht, dass die Sache bereits zum Zeitpunkt des **Gefahrübergangs** mangelhaft war. Insoweit dürfen wir insbesondere annehmen, dass auch die Ursache des letztlich aufgetretenen Defekts bereits bei Gefahrübergang vorlag (vgl. BGH NJW **2017**, 1093; EuGH MDR **2015**, 1167; OLG Celle NJW **2004**, 3566; *Lorenz* in NJW 2004, 3020; *Roth* in ZIP 2004, 2025).

Ob der Gefahrübergang nach § 446 BGB erst bei Übergabe des Esspresoautomaten an R oder nach § 447 BGB bereits mit Übergabe an den Transporteur durch H eingetreten ist, kann für die Lösung des Falls offenbleiben, da keine Anhaltspunkte für eine Verschlechterung auf dem Transportweg ersichtlich sind. H hat zudem keinerlei Anstalten gemacht, die Vermutung des § 477 BGB zu widerlegen. Angesichts dessen kommt es für unseren Fall auch nicht auf die Sondervorschrift in **§ 475 Abs. 2 BGB** an (aufschlagen!), der – wie wir in Fall 3 weiter vorne im Buch bereits gesehen haben – die Anwendung von § 447 Abs. 1 BGB bei einem Verbrauchsgüterkauf ausschließt und damit das Transportrisiko grundsätzlich dem Unternehmer zuordnet.

<u>ZE.:</u> Die Espressomaschine war zum Zeitpunkt des Gefahrübergangs mangelhaft; die Voraussetzungen des § 437 BGB liegen damit vor.

**3.)** Im Weiteren müssen wir nun natürlich noch die Voraussetzungen der Normen, auf die § 437 Nr. 3 BGB im konkreten Fall verweist, überprüfen und können insoweit als Erstes feststellen, dass die nach § 280 Abs. 1 Satz 1 BGB erforderliche **Pflichtverletzung** in der Lieferung der mangelhaften Sache liegt. Diese verstößt gegen die Pflicht des Verkäufers aus § 433 Abs. 1 Satz 2 BGB.

<u>ZE.:</u> Durch die Lieferung einer mangelhaften Sache hat H also eine Pflicht gemäß § 280 Abs. 1 BGB verletzt.

**3.)** Das **Vertretenmüssen** im Hinblick auf diese Pflichtverletzung (hier: der Sachmangel) wird gemäß § 280 Abs. 1 Satz 2 BGB **vermutet** (BGHZ **116**, 337; PWW/*Schmidt-Kessel* § 280 BGB Rz. 16; *Jauernig/Stadler* § 280 BGB Rz. 25; *Palandt/Grüneberg* § 280 BGB Rz. 40). H hat diese Vermutung nicht substantiiert widerlegt, sondern nur pauschal erklärt, er könne nichts für den Defekt.

<u>ZE.:</u> Die Voraussetzungen von § 280 Abs. 1 BGB liegen damit vor.

> **Und nochmal Feinkost:** Als Bezugspunkt für das Vertretenmüssen kommen in den Fällen von §§ 280 Abs. 1, Abs. 3, 281 Abs. 1, 437 Nr. 3 Fall 1 BGB bei genauer Betrachtung **zwei** Pflichtverletzungen des Verkäufers in Betracht, nämlich: **1.)** Die Lieferung einer mangelhaften Sache und **2.)** die Nichtvornahme der (erfolgreichen) Nacherfül-

lung. Die Frage, auf welche Pflichtverletzung es nun für ein etwaiges Verschulden des Verkäufers ankommt, ist nach wie vor nicht abschließend geklärt. Vereinzelt wird vertreten, dass es allein auf die mangelhafte **Lieferung** ankomme (*Huber/Faust* 13. Kap. Rz. 111). Teilweise wird angenommen, dass allein das Ausbleiben der Nacherfüllung relevant sei (OLG Celle, NJW-RR **2007**, 353; *Palandt/Grüneberg* § 281 BGB Rz. 16). Herr *Hirsch* (in Jura 2003, 289) schlägt sogar vor, dass ein doppeltes Vertretenmüssen vorliegen müsse. Die herrschende Meinung will demgegenüber den Verkäufer schon dann haften lassen, wenn er eine der beiden Pflichten, also entweder die Lieferung der mangelhaften Sache **oder** das Unterlassen der Nacherfüllung zu vertreten hat (AnwK-BGB/*Dauner-Lieb* § 280 BGB Rz. 37; *Bamberger/Roth/Hau/ Poseck/Faust* § 437 BGB Rz. 73; *Reinicke/Tiedtke* Kaufrecht Rz. 537 ff.; *Canaris* in DB 2001, 1815; *Tiedtke/Schmitt* in BB 2005, 619; vgl. zum Ganzen auch PWW/*Schmidt-Kessel* § 280 BGB Rz. 17). Für diese Sichtweise spricht insbesondere die Gesetzesbegründung (BT-Drs. 14/6040 Seite 40). Praktisch: Auf Grundlage dieser Meinung lassen sich auch in Prüfungsarbeiten sämtliche denkbaren Konstellationen einwandfrei lösen, da es hiernach letztlich ausreicht, wenn der Verkäufer **eine** seiner beiden Pflichten (ursprüngliche mangelfreie Lieferung **oder** Nacherfüllung) verletzt.

**4.)** Damit unser R jetzt auch tatsächlich seinen Schadensersatzanspruch zugesprochen bekommt, müssen noch die Voraussetzungen von **§ 281 Abs. 1 Satz 1 BGB** vorliegen. Auf diese Vorschrift müssen wir deshalb noch eingehen, weil § 437 Nr. 3 Fall 1 BGB für den Anspruch auf Schadensersatz wegen einer mangelhaften Kaufsache ausdrücklich dorthin verweist (bitte prüfen). Und deswegen muss nach § 281 Abs. 1 Satz 1 BGB der Gläubiger (R) dem Schuldner (H) immer auch noch eine angemessene Frist zur Leistung oder Nacherfüllung bestimmt haben.

**Bitte erinnern:** Erbringt der Verkäufer seine Leistungspflicht mangelhaft, so trifft ihn aus den §§ 439 Abs. 1, 437 Nr. 1 BGB grundsätzlich eine Nacherfüllungspflicht gegenüber dem Käufer. Dem Nacherfüllungs**anspruch** des Käufers steht aber auch ein Nacherfüllungs**recht** des Verkäufers gegenüber, sodass der Käufer erst dann weitere Sachmängelgewährleistungsrechte geltend machen kann, wenn der Verkäufer nicht ordnungsgemäß in der ihm gesetzten Frist nacherfüllt hat (*Palandt/ Weidenkaff* § 439 BGB Rz. 1; *Huber* in NJW **2002**, 1004; *Reinking* in ZfS **2003**, 57; *Zimmer/Eckhold* in Jura **2002**, 145, 149). Man spricht insoweit von dem sogenannten »Recht zur zweiten Andienung« (*Brox/Walker* BS § 4 Rz. 40; *Ebert* in NJW 2004, 1761). Hierdurch kann und soll sich der Verkäufer nachträglich den vollen Kaufpreis »verdienen«.

**Zum Fall:** Der R hat dem H **keine** Frist gesetzt, sondern die Mangelbeseitigung quasi »ohne Vorwarnung« selbst vorgenommen bzw. durch E vornehmen lassen. H hatte demnach – selbst wenn er gewollt hätte – keine Chance zur Nacherfüllung. Und nicht nur das: Bei genauer Betrachtung hat R durch seine Selbstvornahme den ihm zustehenden Anspruch auf Nacherfüllung aus den §§ 439 Abs. 1, 437 Nr. 1 BGB gemäß § 275 Abs. 1 BGB durch eigenes Tätigwerden ausgeschlossen bzw. unmöglich gemacht (BT-Drs. 14/6040 Seite 232). Denn H kann jetzt gar nicht mehr nacherfüllen, das durch eine Nacherfüllung erstrebte Ergebnis (= Mangel behoben) ist wegen der Reparatur durch E bereits eingetreten.

**Folge:** Da R dem H keine Frist gesetzt und den Espressoautomaten vielmehr selbst (mittels E) repariert hat, fehlt es an den Voraussetzungen des § 281 BGB mit der Konsequenz, dass ein Schadensersatzanspruch aus den im Obersatz genannten Vorschriften ausscheidet. § 281 Abs. 1 BGB setzt neben der Fristsetzung stets voraus, dass die Nacherfüllung noch möglich war; tritt insoweit Unmöglichkeit ein, kann ein Anspruch auf Schadensersatz nur aus **§ 283 BGB** begründet sein (*Palandt/Weidenkaff* § 439 BGB Rz. 15; *Kupisch* in NJW 2002, 1401; *Jauernig/Stadler* § 283 BGB Rz. 1).

> **Achtung:** Die Selbstvornahme führt bereits begrifflich dazu, dass der Käufer dem Verkäufer die Nacherfüllung **unmöglich** macht. Diese sogenannte »Unmöglichkeit in Form der Zweckerreichung« tritt (natürlich) noch nicht ein, wenn sich der Käufer eine andere mangelfreie Sache als Ersatz oder ein passendes Ersatzteil für die mangelhafte Sache kauft, denn in diesem Fall kann er ja dem Verkäufer trotzdem noch eine Frist zur Nacherfüllung gemäß § 281 Abs. 1 BGB setzen. Was der Käufer mit der Ersatzsache oder dem selbstbeschafften Ersatzteil macht, wenn der Verkäufer daraufhin durch Nachbesserung oder Neulieferung nacherfüllt, ist allein seine Sache (vgl. BVerfG JuS **2007**, 181; *Zurth* in JA **2014**, 494). Merken.

**Ergebnis:** Wegen der fehlenden Fristsetzung und der selbst veranlassten Reparatur durch R scheidet ein Anspruch aus §§ 280 Abs. 1, Abs. 3, 281 Abs. 1 Satz 1, 437 Nr. 3 Fall 1 BGB aus. In Betracht kommt aber ein Anspruch aus § 283 BGB:

## <u>AGL</u>: §§ 280 Abs. 1, Abs. 3, <u>283</u>, 437 Nr. 3 Fall 1 BGB

**1.)** Die allgemeinen Voraussetzungen des § 437 BGB haben wir weiter oben geprüft und bejaht: Die Kaufsache war zum Zeitpunkt des Gefahrüberganges mangelhaft.

**2.)** Der Schadensersatzanspruch nach §§ 280 Abs. 1, Abs. 3, <u>283</u> BGB setzt voraus, dass der Schuldner nach **§ 275 Abs. 1 BGB** nicht mehr zu leisten braucht. Nach dem, was wir gerade herausgefunden haben, ist es H hier unmöglich geworden, die Nacherfüllung zu erbringen, denn das hatte der R ja selbst erledigt bzw. erledigen lassen. Der Schuldner R braucht mithin gemäß § 275 Abs. 1 BGB nicht mehr zu leisten.

**3.)** Schließlich müsste H diesen Umstand zu vertreten haben, lies bitte **§ 280 Abs. 1 Satz 2 BGB**. Jetzt muss man indessen gut hinsehen, denn: Der Bezugspunkt für das Vertretenmüssen liegt hier jetzt nicht mehr im Sachmangel selbst, sondern in der Unmöglichkeit, ihn im Wege der Nacherfüllung zu beheben (wichtiger Satz, bitte noch mal lesen). Der Schuldner muss also die Unmöglichkeit der Nacherfüllung zu vertreten haben, was im vorliegenden Fall aber nicht in Betracht kommt: R selbst nämlich hat durch die Reparatur die Unmöglichkeit der Nacherfüllung **vorsätzlich** (!) herbeigeführt mit der Konsequenz, dass den Schuldner H diesbezüglich natürlich kein Verschulden trifft.

**Ergebnis:** R hat trotz Unmöglichkeit der Nacherfüllung keinen Anspruch gegen H aus §§ 280 Abs. 1, Abs. 3, 283 Satz 1, 437 Nr. 3 Fall 1 BGB, da er diese Unmöglichkeit selbst zu vertreten hat.

**AGL: §§ 346 Abs. 1, 323 Abs. 1, 326 Abs. 5, 437 Nr. 2 Fall 1 BGB (Rücktritt)**

**1.)** Für einen Anspruch des R gegen H auf Zahlung aus einem Rückgewährschuldverhältnis nach § 346 Abs. 1 BGB müsste R zunächst wirksam den Rücktritt vom Kaufvertrag erklären.

**2.)** Gemäß § 323 Abs. 1 BGB ist der Gläubiger dann zum Rücktritt berechtigt, wenn der Schuldner eine (fällige) Leistung nicht erbringt. H ist hier grundsätzlich zur Nacherfüllung verpflichtet gewesen und hat diese Leistung nicht erbracht. Damit liegen die Voraussetzungen des § 323 Abs. 1 BGB vor, wobei wir dann im Übrigen noch den **§ 326 Abs. 5 BGB** beachten wollen, demgemäß die eigentlich obligatorische Fristsetzung entbehrlich ist. Der Rücktritt wäre somit an sich möglich.

**Aber:** Der Rücktritt darf nicht durch Vereinbarung oder Gesetz ausgeschlossen worden sein. Und dazu lesen wir bitte **§ 323 Abs. 6 BGB**. Dort steht, dass der Rücktritt ausgeschlossen ist, wenn der Gläubiger für den Umstand, der ihn zum Rücktritt berechtigen würde, allein oder weit überwiegend verantwortlich ist (vgl. hierzu BGH RdL **2015**, 95, mit Anm. Looschelders in JA 2015, 868). Und unser R ist für diesen Umstand in der Tat ziemlich verantwortlich, er selbst hat – wie gesehen – die Nacherfüllung vorsätzlich unmöglich gemacht, da er die Kaufsache selbst repariert hat.

**Ergebnis:** R kann wegen § 323 Abs. 6 BGB vom Vertrag mit H nicht zurücktreten und demnach insoweit auch keine Zahlungsansprüche herleiten.

**AGL: §§ 441 Abs. 4, 346 Abs. 1, 437 Nr. 2 Fall 2 BGB (Minderung)**

**Kurzfassung:** In § 441 Abs. 1 BGB steht, dass die Minderung nur erklärt werden kann »statt« des Rücktritts. Die Minderung ist daher immer an die gleichen Voraussetzungen gebunden wie der Rücktritt (*Medicus/Lorenz* SR II Rz. 166; *Jauernig/Berger* § 441 BGB Rz. 3). Und deswegen gilt für die Minderung grundsätzlich dasselbe, was auch für den Rücktritt gilt: Sie ist hier gemäß **§ 323 Abs. 6 BGB** ausgeschlossen.

**Ergebnis:** R hat gegen H auch keinen Anspruch aus den §§ 441 Abs. 4, 346 Abs. 1, 437 Nr. 2 Fall 2 BGB.

**Zwischenstand:** Bis hierhin haben wir den Fall jetzt mit den von § 437 BGB zur Verfügung gestellten Rechtsbehelfen des Kaufrechts gelöst und sind zu dem Ergebnis gelangt, dass unser R tatsächlich komplett leer ausgeht. H hatte zwar eine mangelhafte Sache geliefert, braucht aber, da der R ihm keine Frist zur Nacherfüllung gesetzt hatte und wegen der selbst vorgenommenen Mangelbeseitigung

Rücktritt sowie Minderung ausgeschlossen waren, **keinerlei** Kosten zu tragen. Insoweit wird man sich nun aber fragen müssen, ob dies der Situation auch wirklich gerecht wird und vor allem vom Gesetzgeber so überhaupt gewollt ist. Diese Frage stellt sich insbesondere vor dem Hintergrund, dass die im Rahmen einer Nacherfüllung entstehenden Aufwendungen nach **§ 439 Abs. 2 BGB** grundsätzlich der **Verkäufer** zu tragen hat (siehe auch BGH NJW **2014**, 2351; OLG München NJW **2006**, 449). Gerade für die Fälle der vorliegenden Art, in denen der Käufer die Nachbesserung auf eigene Kosten durchführt und damit den Verkäufer auch rein tatsächlich entlastet, hat sich eine beachtliche Meinung im Schrifttum herausgebildet, die dem Verkäufer trotz fehlender unmittelbarer gesetzlicher Regelung einen entsprechenden Erstattungsanspruch zubilligt. Und zwar so:

<u>AGL:</u> § 326 Abs. 2 Satz 2 BGB analog i.V.m. § 326 Abs. 4 BGB

**Einstieg:** Der § 326 BGB regelt, was mit dem Gegenleistungsanspruch des Verkäufers (auf Zahlung des Kaufpreises) passiert, wenn seine Leistung (Lieferung der Sache) unmöglich geworden und der Lieferungsanspruch daher wegen § 275 BGB entfallen ist. Kann der Verkäufer nicht mehr liefern und greift § 275 BGB ein, braucht der Käufer auch nicht zu zahlen (= gerecht). So steht es in § 326 Abs. 1 Satz 1, 1. Halbsatz BGB. Ungerecht wäre das aber, wenn der **Käufer** dafür verantwortlich ist, dass der Verkäufer nicht mehr liefern kann, also etwa wenn der Autokäufer nach Abschluss des Kaufvertrages, aber vor Lieferung, den Wagen schuldhaft gegen die Wand setzt. Dann ist es gerecht, wenn der Verkäufer trotzdem seine Kohle bekommt. Und das steht in § 326 Abs. 2 Satz 1 BGB (bitte prüfen). Spart der Verkäufer in diesem Fall dann aber Aufwendungen dadurch, dass er nicht mehr liefern muss, z.B. durch jetzt weggefallene Transportkosten, ist es gerecht, wenn er diese ersparten Aufwendungen von seinem Kaufpreisanspruch abgezogen bekommt. Denn diese Kosten wären ja auf jeden Fall bei ihm angefallen, deshalb muss er es sich bieten lassen, dass diese Kosten jetzt abgezogen werden. Und das steht in § 326 Abs. 2 Satz 2 BGB.

**Und jetzt zu unserem Fall:** Wir haben gesehen, dass der H deshalb nicht mehr nacherfüllen muss, weil der R dies selbst getan und damit in Bezug auf diesen Nacherfüllungsanspruch aus den §§ 439 Abs. 1, 437 Nr. 1 BGB eine Unmöglichkeit verursacht hatte. Der H war daher nach § 275 Abs. 1 BGB von seiner Nacherfüllungspflicht frei geworden. Dadurch nun hat der H aber auch beachtliche Kosten gespart. Denn nach § 439 Abs. 2 BGB hätte er grundsätzlich sämtliche Kosten dieser Nacherfüllung zu tragen gehabt. Durch die von R verursachte Unmöglichkeit der Leistung hat H also Kosten gespart, die er an sich selbst hätte tragen müssen. Und wer ahnt, was jetzt kommt?

Genau. Diese Situation ist durchaus mit der in § 326 Abs. 2 Satz 2 BGB geregelten vergleichbar.

- Die Vertreter der weiter oben benannten Literaturmeinung ziehen daraus nun den Schluss, den § 326 Abs. 2 Satz 2 BGB auf den Fall der selbst durchgeführten

Reparatur im Kaufrecht **analog** anzuwenden und dem Käufer in Verbindung mit § 326 Abs. 4, 346 Abs. 1 BGB einen Anspruch auf die ersparten Kosten der Nacherfüllung zuzubilligen. Dieser Ansicht hat sich zwischenzeitlich auch das OLG München angeschlossen (ZGS **2007**, 80). Zur Begründung wird angeführt, dass es an einem sachlichen Grund fehle, den Verkäufer von den Kosten für die Nachbesserung zu entlasten. Denn diese Kosten hätte er nach § 439 Abs. 2 BGB sowieso selbst tragen müssen, wäre es nicht zur Selbstvornahme durch den Käufer gekommen. Der Verkäufer, der seine Pflicht zur Lieferung einer mangelfreien Sache verletzt hat, dürfe durch die Selbstvornahme des Käufers nicht privilegiert werden. Der Gesetzgeber habe mit § 437 BGB dem Käufer nicht generell jeden Ersatzanspruch nehmen, sondern lediglich das Recht auf Selbstvornahme ausschließen wollen (*Bamberger/Roth/Hau/Poseck/Faust* § 439 BGB Rz. 60; *Staudinger/Schwarze*, § 326 BGB Rz. C 99; *Wall* in ZGS 2011, 166; *Bydlinski* in ZGS 2005, 130; *Lorenz* in NJW 2006, 1175 und in NJW 2003, 1417; *Gsell* in ZIP 2005, 922; *Katzenstein* in ZGS 2004, 300; *Ebert* in NJW 2004, 1762).

- Selbstverständlich gibt es dazu aber auch eine **Gegenansicht**, die diesen Ersatzanspruch ablehnt, und zwar mit der Begründung, dass zwar die Interessenlagen zwischen Käufer und Werkbesteller vergleichbar seien, es aber an der für eine Analogie notwendigen **planwidrigen** Regelungslücke fehle. Diese Meinung behauptet, der Gesetzgeber habe den Fall durchaus erkannt, aber dem Käufer bewusst keinen Ersatzanspruch gewähren wollen. Dies folge unter anderem aus der Existenz des § 637 BGB, der nur für das Werkrecht gelten und insbesondere nicht entsprechend im Kaufrecht Anwendung finden solle. Und wenn selbst im Werkvertrag bei § 637 BGB ein Zahlungsanspruch nur nach Fristsetzung erfolge, könne man einen Zahlungsanspruch vor dem Hintergrund einer gänzlich fehlenden Selbstvornahmeregelung im Kaufrecht vernünftigerweise erst recht nicht zulassen. Nach dieser Auffassung liegt demzufolge **keine** Planwidrigkeit vor und ein Analogieschluss verbietet sich (BGH NJW-RR **2009**, 667; NJW **2006**, 1195; **2006**, 988; OLG Schleswig NJW-RR **2011**, 993; *Brox/Walker* BS § 4 Rz. 40a; PWW/*Schmidt* § 437 BGB Rz. 9; *Tonner* in ZGS 2005, 903; *Dötsch* in MDR 2004, 975; *Dauner-Lieb* in ZGS 2005, 169; *Ball* in NZV 2004, 217, 227; *Peters* in JZ 2004, 355).

**Lösung:** Wie man sich nun an dieser Stelle entschließt, ist selbstverständlich im besten Sinne des Wortes »gleichgültig«. Der Streit geistert trotz der längst ergangenen höchstrichterlichen Entscheidung (→ BGH NJW **2005**, 1348; bestätigt in NJW **2005**, 3211, NJW **2006**, 1195 und NJW **2009**, 667) immer noch durch sämtliche Lehrbücher und Kommentare und hat zudem sehr beachtliche Praxisrelevanz, wie man etwa an unserem Fall sehen kann: Jeder mag sich vom Rechtsgefühl her mal fragen, ob es tatsächlich gerecht ist, dem R den Zahlungsanspruch zu versagen, obwohl er dem H tatsächlich die Versandkosten erspart hat. Und man kann sich im Übrigen vorstellen, wie häufig solche Situationen im täglichen Leben vorkommen, wo dann Käufer scheinbar »gutgläubig« die Sache fremd reparieren lassen in der sicheren Annahme, den erforderlichen Betrag vom Verkäufer später ersetzt zu bekommen. Ob jedem Käufer tatsächlich die Pflicht zur Fristsetzung bekannt ist!?

Da sich mittlerweile – wie oben schon erwähnt – neben diversen Instanzgerichten (OLG Schleswig NJW-RR **2011**, 993; LG Gießen ZGS **2004**, 238; AG Daun ZGS **2003**, 297; AG Kempen MDR **2003**, 1406) auch der BGH eindeutig **gegen** einen Anspruch auf Erstattung der Kosten der Selbstvornahme entschieden hat, wird man diese Auffassung nunmehr als »herrschende Meinung« bezeichnen können, was freilich eine Entscheidung zu Gunsten der anderen Ansicht in einer Prüfungsarbeit nicht ausschließt. Beachte insoweit abschließend, dass neben den eben erwähnten Lösungsmöglichkeiten auch noch andere Begründungsansätze diskutiert werden, namentlich ein Anspruch aus Geschäftsführung ohne Auftrag (LG Bielefeld ZGS **2005**, 79; *Katzenstein* in ZGS 2004, 1825; *Oechsler* in NJW 2004, 1825) oder aber aus aufgedrängter Bereicherung gemäß den §§ 812 ff. BGB (*Katzenstein* in ZGS 2005, 193).

**Ergebnis:** Wir wollen uns hier ohne Wertung der Meinung anschließen, die den Ersatzanspruch grundsätzlich ablehnt mit der Begründung, dass es an einer planmäßigen Regelungslücke fehlt. Jede andere Ansicht ist aber wie gesagt sehr gut vertretbar.

# Gutachten

**R kann gegen H einen Anspruch auf Zahlung der 50 Euro aus den §§ 280 Abs. 1, Abs. 3, 281 Abs. 1 Satz 1, 437 Nr. 3 Fall 1 BGB haben.**

**1.)** Neben dem obligatorischen Kaufvertrag, der hier vorliegt, muss die Kaufsache gemäß § 437 BGB mangelhaft sein. Eine Espressomaschine mit defektem Wasserbereiter, die nur noch lauwarmes Wasser produziert, eignet sich nicht zur »gewöhnlichen Verwendung« im Sinne von § 434 Abs. 1 Satz 2 Nr. 2 BGB und hat auch nicht die übliche Beschaffenheit vergleichbarer Geräte. Der Espressoautomat war folglich mangelhaft nach § 434 Abs. 1 Satz 2 Nr. 2 BGB.

**2.)** Diese Mangelhaftigkeit muss auch zum Zeitpunkt des Gefahrüberganges vorgelegen haben. Wann die Preisgefahr auf den Käufer übergeht, bestimmt sich nach den §§ 446, 447 BGB. Danach kommt es grundsätzlich auf den Zeitpunkt der Übergabe der Kaufsache an den Käufer an. Anhaltspunkte für eine Verschlechterung auf dem Transportweg bietet der Sachverhalt allerdings nicht. Es kann daher offenbleiben, ob die Preisgefahr möglicherweise nach § 447 BGB bereits mit Übergabe der Kaufsache an den Transporteur auf R übergegangen ist. Spätestens mit Übergabe der Espressomaschine an R hat der Gefahrübergang stattgefunden.

Fraglich ist jedoch, ob zu diesem Zeitpunkt auch der von R geltend gemachte Mangel bereits vorlag. R hat die Maschine gekauft und später auch aus Hamburg geliefert bekommen. Erst zwei Monate später stellte sich der Defekt heraus. Ob R diesen selbst verursacht hat, das Gerät von Anfang an defekt war oder aber erst später geworden ist, ist nach dem Sachverhalt nicht überprüfbar. Zwar trägt grundsätzlich der Käufer, sobald er die Sache angenommen hat, die Beweislast sowohl für den Mangel als auch dessen Vorliegen zum Zeitpunkt des Gefahrüberganges, § 363 BGB. Jedoch kommt eine Beweislastumkehr nach § 477 BGB in Betracht. Voraussetzung ist, dass es sich bei der schuldrechtlichen Beziehung zwischen R und H um einen Verbrauchsgüterkauf nach § 474 Abs. 1 BGB handelt. R ist Verbraucher (§ 13 BGB) und H als »Elektrowarenhändler« Unternehmer im Sinne des § 14 BGB. Die Espressomaschine ist eine bewegliche Sache. Es liegt somit ein Verbrauchsgüterkauf vor. Demnach ist § 477 BGB grundsätzlich anwendbar. Es hat sich auch innerhalb von sechs Monaten ein Defekt gezeigt, der von R nachgewiesen wurde. Dies hat zur Konsequenz, dass wegen § 477 BGB die Vermutung besteht, dass die Sache bereits zum Zeitpunkt des Gefahrübergangs mangelhaft war. Insoweit ist insbesondere anzunehmen, dass auch die Ursache des letztlich aufgetretenen Defekts bei Gefahrübergang vorlag. H hat die Vermutung des § 477 BGB nicht widerlegt. Folglich ist der Sachmangel als bei Gefahrübergang vorhanden anzusehen. Die Espressomaschine war mithin zum Zeitpunkt des Gefahrübergangs mangelhaft.

**3.)** Im Weiteren müssen die Voraussetzungen von § 280 Abs. 1 Satz 1 BGB vorliegen. Das Schuldverhältnis bestand hier in dem zwischen R und H geschlossenen Kaufvertrag nach § 433 BGB. Die erforderliche Pflichtverletzung liegt mit der Lieferung einer mangelhaften Sache vor, denn hierdurch verletzt H seine Verkäuferpflicht aus § 433 Abs. 1 Satz 2 BGB.

**4.)** Das Vertretenmüssen im Hinblick auf diese Pflichtverletzung wird gemäß § 280 Abs. 1 Satz 2 BGB vermutet. H hat diese Vermutung nicht substantiell widerlegt. Die Voraussetzungen von § 280 Abs. 1 BGB liegen damit vor.

**5.)** Weiterhin müssen für einen Schadensersatzanspruch statt der Leistung gemäß § 280 Abs. 3 BGB noch die Voraussetzungen von § 281 Abs. 1 Satz 1 BGB vorliegen. Nach § 281 Abs. 1 Satz 1 BGB muss der Gläubiger dem Schuldner eine »angemessene Frist zur Leistung oder Nacherfüllung« bestimmt haben. R hat H keine Frist gesetzt, sondern die Mangelbeseitigung ohne weiteres selbst vorgenommen bzw. durch E vornehmen lassen. H hatte demnach keine Möglichkeit zur Nacherfüllung. Es fehlt daher an den Voraussetzungen von § 281 BGB mit der Konsequenz, dass ein Schadensersatzanspruch aus den im Obersatz genannten Vorschriften ausscheidet.

**Ergebnis:** R hat gegen H keinen Anspruch aus §§ 280 Abs. 1, Abs. 3, 281 Abs. 1 Satz 1, 437 Nr. 3 Fall 1 BGB.

**R kann gegen H einen Anspruch auf Zahlung von 50 Euro aus §§ 280 Abs. 1, Abs. 3, 283 Satz 1, 437 Nr. 3 Fall 1 BGB haben.**

**1.)** Die Voraussetzungen von § 437 BGB liegen vor: Die Kaufsache war zum Zeitpunkt des Gefahrüberganges mangelhaft.

**2.)** Der Schadensersatzanspruch nach §§ 280 Abs. 1, Abs. 3, 283 Satz 1 BGB setzt darüber hinaus voraus, dass der Schuldner nach § 275 Abs. 1 BGB nicht mehr zu leisten braucht. Unmöglichkeit bedeutet dauerhafte Nichterbringbarkeit der Leistungspflicht durch den Schuldner. Hier ist es H unmöglich geworden, die Nacherfüllung zu erbringen, denn diese ist von R ja selbst durch Beauftragung des E vorgenommen worden. H braucht mithin gemäß § 275 Abs. 1 BGB nicht mehr zu leisten.

**3.)** H muss nach § 280 Abs. 1 Satz 2 BGB diesen Umstand auch zu vertreten haben. Der Bezugspunkt für das Vertretenmüssen liegt dabei nicht mehr im Sachmangel selbst, sondern in der Unmöglichkeit seiner Behebung im Wege der Nacherfüllung. R selbst hat nämlich durch die Reparatur die Unmöglichkeit der Nacherfüllung vorsätzlich herbeigeführt mit der Konsequenz, dass sich H exkulpieren kann. Ein Vertretenmüssen des H liegt mithin nicht vor.

**Ergebnis:** Der R hat gegen den H keinen Anspruch aus §§ 280 Abs. 1, Abs. 3, 283 Satz 1, 437 Nr. 3 Fall 1 BGB.

**R kann gegen H einen Anspruch auf Zahlung von 50 Euro aus §§ 346 Abs. 1, 323 Abs. 1, 326 Abs. 5, 437 Nr. 2 Fall 1 BGB haben.**

**1.)** Für einen Anspruch des R gegen H auf Zahlung aus einem Rückgewährschuldverhältnis nach § 346 Abs. 1 BGB muss R zunächst wirksam den Rücktritt vom Kaufvertrag erklären, § 349 BGB.

**2.)** Gemäß § 323 Abs. 1 BGB ist der Gläubiger zum Rücktritt berechtigt, wenn der Schuldner eine fällige Leistung nicht erbringt. H ist hier grundsätzlich zur Nacherfüllung verpflichtet gewesen und hat diese Leistung nicht erbracht. Damit liegen die Voraussetzungen des § 323 Abs. 1 BGB vor. Im Falle der Unmöglichkeit der Leistung ist die Fristsetzung ausnahmsweise nach § 326 Abs. 5 BGB entbehrlich.

**3.)** Der Rücktritt darf weiterhin nicht durch Vereinbarung oder Gesetz ausgeschlossen worden sein. Als Ausschlussgrund kommt hier § 323 Abs. 6 BGB in Betracht. Demnach ist der Rücktritt ausgeschlossen, wenn der Gläubiger für den Umstand, der ihn zum Rücktritt berechtigen würde, allein oder weit überwiegend verantwortlich ist. R selbst hat die Nacherfüllung vorsätzlich unmöglich gemacht, da er die Kaufsache selbst repariert hat und ist mithin für diesen Umstand in der Tat allein verantwortlich. R kann daher nicht vom Vertrag mit H zurücktreten

**Ergebnis:** R hat gegen H keinen Anspruch auf Zahlung von 50 Euro aus §§ 346 Abs. 1, 323 Abs. 1, 326 Abs. 5, 437 Nr. 2 Fall 1 BGB.

**R kann gegen H einen Anspruch auf Zahlung von 50 Euro aus §§ 441 Abs. 4, 346 Abs. 1, 437 Nr. 2 Fall 2 BGB haben.**

Nach § 441 Abs. 1 BGB kann die Minderung »statt« des Rücktritts erklärt werden. Die Minderung ist daher immer an die gleichen Voraussetzungen gebunden wie der Rücktritt. Auch die Minderung ist mithin im vorliegenden Fall gemäß § 323 Abs. 6 BGB ausgeschlossen.

**Ergebnis:** R hat gegen H keinen Anspruch aus §§ 441 Abs. 4, 346 Abs. 1, 437 Nr. 2 Fall 2 BGB.

**R kann gegen H einen Anspruch auf Zahlung von 50 Euro aus § 326 Abs. 2 Satz 2 BGB analog i.V.m. § 326 Abs. 4 BGB haben.**

Der § 326 Abs. 2 Satz 2 BGB müsste zunächst analog anwendbar sein. Eine Analogie setzt zunächst die Vergleichbarkeit des zu beurteilenden mit dem gesetzlich normierten Sachverhalt voraus. Nach § 326 BGB muss der Käufer den Kaufpreis nicht zahlen, wenn der Verkäufer nicht mehr liefern kann und § 275 BGB eingreift. Für den Ausnahmefall, dass der Käufer dafür verantwortlich ist, dass der Verkäufer nicht mehr liefern kann, regelt § 326 Abs. 2 Satz 1 BGB, dass der Käufer die vereinbarte Gegenleistung (Zahlung des Kaufpreises) trotz Unmöglichkeit der Leistung erbringen muss. Spart der Verkäufer in diesem Fall Aufwendungen dadurch, dass er nicht mehr liefern muss, hat er sich diese ersparten Aufwendungen nach § 326 Abs. 2 Satz 2 BGB anrechnen zu lassen. H hat vorliegend beachtliche Kosten erspart, die angefallen wären, wenn er selbst diese Nacherfüllung durchgeführt hätte. Nach § 439 Abs. 2 BGB hätte er grundsätzlich sämtliche Kosten dieser Nacherfüllung zu tragen gehabt. Durch die von R verursachte Unmöglichkeit der Leistung hat H also Kosten gespart, die er an sich selbst hätte tragen müssen. Diese Situation ist mit der von § 326 Abs. 2 Satz 2 BGB beschriebenen Lage vergleichbar.

Ob die für eine analoge Anwendung von § 326 Abs. 2 Satz 2 BGB darüber hinaus erforderliche planwidrige Regelungslücke vorliegt, ist Gegenstand eines Meinungsstreits. Nach einer Meinung soll es an einem sachlichen Grund fehlen, den Verkäufer von den Kosten für die Nachbesserung zu entlasten. Denn diese Kosten hätte er nach § 439 Abs. 2 BGB sowieso selbst erbringen müssen, wäre es nicht zur Selbstvornahme durch den Käufer gekommen. Der Verkäufer, der seine Pflicht zur Lieferung einer mangelfreien Sache verletzt hat, dürfe durch die Selbstvornahme des Käufers nicht privilegiert werden. Der Gesetzgeber habe mit § 437 BGB dem Käufer nicht generell jeden Ersatzanspruch nehmen, sondern lediglich das Recht auf Selbstvornahme ausschließen wollen. Nach der Gegenansicht soll es an der für eine Analogie notwendigen planwidrigen Regelungslücke fehlen. Diese Meinung behauptet, der Gesetzgeber habe den Fall durchaus erkannt, aber dem Käufer bewusst keinen Ersatzanspruch gewähren wollen. Dies folge unter anderem aus der Existenz des § 637 BGB, der nur für das Werkrecht gelten und insbesondere nicht entsprechend im Kaufrecht Anwendung finden solle. Und wenn selbst im Werkvertrag bei § 637 BGB ein Zahlungsanspruch nur nach Fristsetzung erfolge, könne man einen Zahlungsanspruch vor dem Hintergrund einer gänzlich fehlenden Selbstvornahmeregelung im Kaufrecht erst recht nicht zulassen. Nach dieser Auffassung liegt demzufolge keine Planwidrigkeit vor und ein Analogieschluss verbietet sich.

Die besseren Argumente sprechen für die letztgenannte Ansicht, obschon im Hinblick darauf, dass R dem H tatsächlich die Kosten der Versendung der Sache erspart hat, Bedenken bestehen. Der Gesetzgeber hat bei der Neugestaltung des Schuldrechts bewusst auf ein den §§ 637 Abs. 1, 634 Nr. 2 BGB entsprechendes Käuferrecht verzichtet und damit deutlich zum Ausdruck gebracht, dass in Fällen wie dem vorliegenden kein Selbstvornahmerecht des Käufers vorgesehen ist. Im Übrigen ist die Analogie zu § 326 Abs. 2 Satz 2 BGB wegen denkbarer konkurrierender Ansprüche aus gesetzlichen Schuldverhältnissen nicht geboten. Mit der letztgenannten Meinung ist daher ein Anspruch des R gegen H zu verneinen.

**Ergebnis:** R hat gegen H keinen Anspruch auf Zahlung von 50 Euro aus § 326 Abs. 2 Satz 2 BGB analog i.V.m. § 326 Abs. 4 BGB.

# Fall 20

# Happy Birthday!

Rechtsstudent R aus Köln hat zu seinem Geburtstag am 03.12. ein paar Freunde ein-geladen und beim Getränkehändler G für einen fröhlichen Abend zwei Fässer (zu je 10 Litern) seines geliebten F-Kölsch bestellt. G und R haben vereinbart, dass G die Fässer »pünktlich« am 03.12. gegen 19:00 Uhr gut gekühlt zu R bringt. Der G steht am fraglichen Tage um 19:00 Uhr mit zwei Fässern und der Rechnung vor der Tür und übergibt diese gegen Zahlung des Gesamtkaufpreises von 60 Euro dem R. Als R we-nig später das erste Fass angeschlagen hat, nimmt das Grauen seinen Lauf: Aus dem Hahn läuft nicht das erwartete F-Kölsch, sondern: Altbier! Und bei der Untersuchung des zweiten Fasses stellt R fest, dass dort zwar F-Kölsch drin ist, allerdings wegen einer undichten Stelle am Verschluss anstatt 10 nur 8 Liter. Da die Partygäste weder mit Altbier noch mit einem »angeknacksten« Fass vorlieb nehmen wollen, bleibt der Abend trocken. R erscheint mit beiden Fässern am nächsten Tag bei G, erklärt den Rücktritt vom Vertrag und verlangt die 60 Euro zurück. G weigert sich und meint, Bier sei Bier und wegen der ausgelaufenen zwei Liter erstatte er nur den anteiligen Betrag in Höhe von sechs Euro.

**Rechtslage?**

---

**Schwerpunkte:** Die Manko- und Aliud-Lieferung im Kaufrecht gemäß § 434 Abs. 3 BGB; Abgrenzung von Schlechtlieferung und Nichterfüllung; Unterscheidung von Stückkauf und Gattungskauf; Abgrenzung von Mankolieferung und Teilleistung im Rahmen des § 434 Abs. 3 BGB; die Ausschlussgründe von § 323 Abs. 5 BGB; Er-forderlichkeit des Interessenfortfalls für den Rücktritt bei der Mankolieferung.

---

## Lösungsweg

### Anspruch des R gegen G auf Rückzahlung von 60 Euro

<u>AGL.:</u> §§ 346 Abs. 1, 323 Abs. 1, 437 Nr. 2 Fall 1 BGB (Rücktritt)

R kann sein Geld dann von G zurückverlangen, wenn er von dem geschlossenen Vertrag wirksam zurückgetreten ist. Als Rechtsfolge des Rücktritts wären die emp-fangenen Leistungen zurückzugewähren, lies § 346 Abs. 1 BGB.

**1.)** Erste Voraussetzung ist, dass R den Rücktritt gegenüber G im Sinne des § 349 BGB **erklärt** hat, was hier im vorliegenden Fall aber kein Problem ist, denn R hat dies sogar ausdrücklich getan (SV lesen).

**2.)** Für den Rücktritt erforderlich ist neben der Erklärung auch ein **Rücktrittsgrund** bzw. ein Rücktrittsrecht. Der § 346 Abs. 1 BGB sieht insoweit zum einen das vertraglich vereinbarte und zum anderen das gesetzliche Rücktrittsrecht vor. In Ermangelung einer entsprechenden vertraglichen Vereinbarung kommt hier nur ein **gesetzliches** Rücktrittsrecht in Betracht.

Ein solches Rücktrittsrecht kann sich hier aus den §§ 323 Abs. 1, 437 Nr. 2 Fall 1 BGB ergeben. Ob die Normen tatsächlich auf unseren Fall passen, sehen wir uns gleich an. Vorab aber noch eine kurze

> **Wiederholung:** In einer Prüfungsarbeit sollten beide Vorschriften, also § 323 BGB und § 437 Nr. 2 Fall 1 BGB neben dem § 346 Abs. 1 BGB im Obersatz zitiert werden, denn sie bilden einen einheitlichen (Spezial-)Tatbestand, sofern es sich bei der von § 323 Abs. 1 BGB genannten Pflichtverletzung im konkreten Fall um einen Mangel handelt (vgl. LG Hanau NJW-RR **2003**, 1561). Man prüft also die Voraussetzungen der Normen stets zusammen bzw. nacheinander. Kann man einen Mangel im Sinne des § 434 BGB bejahen, ist damit auch immer (automatisch) das Tatbestandsmerkmal »Pflichtverletzung« im Sinne von § 323 BGB erfüllt, denn mit einer mangelhaften Sache erbringt der Schuldner seine Leistung natürlich »nicht wie geschuldet« (*Bamberger/Roth/Hau/Poseck/Faust* § 437 BGB Rz. 11, 12). Umgekehrt ist § 437 BGB übrigens **nicht** einschlägig, wenn das Rücktrittsrecht auf andere Umstände gestützt wird, die mit einem Mangel selbst nichts zu tun haben (*Bamberger/Roth/Hau/Poseck/Faust* § 437 BGB Rz. 10). In solchen Fällen ist § 323 BGB dann allein zu prüfen. Merken.

Damit aus den §§ 323 Abs. 1, 437 Nr. 2 Fall 1 BGB ein Rücktrittsrecht hergeleitet werden kann, müssen die Voraussetzungen dieser Vorschriften erfüllt sein. Hierbei beginnen wir – wie immer – zunächst mit den allgemeinen Voraussetzungen des § 437 BGB (der Einleitungssatz der Norm):

**a)** Der zwischen G und R geschlossene Vertrag war fraglos ein **Kaufvertrag**, sodass § 437 BGB, der als lex specialis (= Spezialgesetz) nur die Rechte des »Käufers« – und nicht etwa die des Schenkers, Verleihers, Mieters oder Werkunternehmers – regelt, hier anwendbar ist.

**b)** Weiterhin müsste die Kaufsache **mangelhaft** gewesen sein. Die Mangelhaftigkeit der Kaufsache richtet sich nach § 434 BGB.

**Beachte zunächst:** Zur Kaufsache zählen hier in unserem Fall natürlich **nicht** die Fässer, denn die will der Käufer (genauso wie z.B. Pfandflaschen) in aller Regel nicht

erwerben, sondern nur zum Zwecke des Transports und der Lagerung vorüberge-
hend benutzen. Es kann also nicht schon deshalb ein Sachmangel bejaht werden, weil
der Verschluss bei einem der Fässer nicht in Ordnung war. Kaufsache war hier nur
das Kölsch, denn das wollte R selbstverständlich behalten bzw. trinken (lassen). Und
insoweit müssen wir nun mal etwas genauer hinschauen. Hinsichtlich der Lieferung
des G haben wir es sowohl mit einer inhaltlichen (Altbier statt Kölsch) als auch mit
einer mengenmäßigen (8 statt 10 Liter) Abweichung zu tun. Es gibt also für einen
Mangel insgesamt **zwei** Anknüpfungspunkte:

## aa) G liefert dem R das Altbier anstelle von Kölsch

Es fragt sich, ob es sich dabei tatsächlich um eine **mangelhafte** Lieferung (= Schlechtleistung) im Sinne des § 434 BGB handelt. Man könnte hier als Erstes auch auf den
Gedanken kommen, dass mangels Lieferung von F-Kölsch der Kaufvertrag hinsichtlich des einen Fasses überhaupt nicht erfüllt worden ist. In diesem Falle wären nicht
die §§ 434 ff. BGB, sondern die Regeln über die Unmöglichkeit bzw. der Nichtleistung
zu prüfen. Die Abgrenzung zwischen Nichterfüllung und Schlechtleistung geht wie
folgt:

> **Beachte:** Die Anwendung des Mängelgewährleistungsrechts – §§ 434 ff. BGB –
> setzt voraus, dass die Lieferung des Verkäufers mit dem Willen erfolgt, den Kauf-
> vertrag zu **erfüllen**. Hierfür ist der objektive Empfängerhorizont, also die Perspek-
> tive des Käufers, maßgeblich (OLG Hamm MDR **2011**, 472; *Bamberger/Roth/Hau/
> Poseck/Faust* § 434 BGB Rz. 109; *Palandt/Weidenkaff* § 434 BGB Rz. 52). Liegt aus Sicht
> des Käufers kein Erfüllungsversuch in diesem Sinne vor, findet **Nichterfüllungs-
> recht** – also die §§ 280 Abs. 1, 281, 283, 286 ff. BGB – Anwendung (BT-Drs. 14/6040
> Seite 216; *Jauernig/Berger* § 434 BGB Rz. 21; *Palandt/Weidenkaff* § 437 BGB Rz. 49; *Lo-
> renz/Riehm* Rz. 495; *Fahl* in DRiZ 2004, 58). Merken.

**Hier:** G hat zwei Fässer samt Rechnung angeliefert, um den mit R geschlossenen Vertrag zu erfüllen, und R konnte das Verhalten des G auch nur so verstehen. Mit § 437
BGB sind wir insoweit also schon mal auf dem richtigen Weg, es findet Mängelgewährleistungsrecht Anwendung. Trotzdem bleibt fraglich, ob ein Sachmangel vorliegt. Das richtet sich – wie wir mittlerweile wissen – nach § 434 BGB. Danach ist eine
Kaufsache insbesondere mangelhaft, wenn sie nicht die von den Parteien vertraglich
vereinbarte Beschaffenheit aufweist (§ 434 Abs. 1 Satz 1 BGB), sich nicht für die nach
dem Vertrag vorausgesetzte Verwendung (§ 434 Abs. 1 Satz 2 Nr. 1 BGB) oder nicht
für die gewöhnliche Verwendung eignet (§ 434 Abs. 1 Satz 2 Nr. 2 BGB).

**Subsumtion:** Stellt der Verzehr (= Trinken) die nach dem Vertrag vorausgesetzte
bzw. die gewöhnliche Verwendung dar, dann eignet sich das Altbier natürlich ebenso
gut wie Kölsch. Beides kann man trinken. Im Sachverhalt steht auch nicht, dass das
Altbier etwa ungenießbar, überlagert oder mit zu wenig Alkohol versetzt war. Dies

alles wären Konstellationen, in denen § 434 Abs. 1 BGB unproblematisch eingreifen würde. Unser Fall ist aber anders als die von § 434 Abs. 1 BGB erfassten Konstellationen, weil es sich bei dem Altbier tatsächlich um eine **ganz andere** Sache als F-Kölsch handelt. Der Gesetzgeber hat das Abgrenzungsproblem zwischen einer schlechten und einer anderen Sache erkannt und durch eine ausdrückliche gesetzliche Regelung entschärft: § 434 Abs. 3 BGB stellt einem Sachmangel den Fall gleich, in dem der Verkäufer »eine andere Sache« liefert (bitte prüfen). Wann eine sogenannte »Falschlieferung« in diesem Sinne vorliegt, hängt dabei hauptsächlich davon ab, ob ein **Stückkauf** oder ein **Gattungskauf** vorliegt:

> **1. Definition:** Beim **Stückkauf** liegt eine Falschlieferung vor, wenn nicht genau die ihrer Identität nach bezeichnete Sache geliefert wird (*Palandt/Weidenkaff* § 434 BGB Rz. 52a; *Bamberger/Roth/Hau/Poseck/Faust* § 434 BGB Rz. 104; *Musielak* in NJW 2003, 89; *Lorenz* in JuS 2003, 36). Man spricht dann von einem »**Identitäts-Aliud**« (aliud = lateinisch = ein anderes).

**Beispiel:** K kauft von V das Bild »Abendsonne abstrakt« von A.R. Penck, geliefert wird aber das Bild »Morgenröte monströs« vom gleichen Künstler (= Identitätsaliud). Beachte insoweit bitte, dass der § 434 Abs. 3 BGB nach dem Willen des Gesetzgebers nicht anwendbar sein soll, wenn die Lieferung ganz offensichtlich keinen Bezug zum Anspruch des Käufers hat, also wenn zum Beispiel statt eines Kühlschranks ein Kanarienvogel geliefert wird (BT-Drs. 14/6040 Seite 216). Man spricht dann von einem »Totalaliud«, das keine Gewährleistungsrechte auslöst, sondern dem Käufer weiterhin den Erfüllungsanspruch aus § 433 Abs. 1 Satz 1 BGB belässt (*Medicus/Lorenz* SR II Rz. 51; *Lorenz* in JuS **2003**, 36; anders aber *Palandt/Weidenkaff* § 434 BGB Rz. 52a; *Bamberger/Roth/Faust* § 434 BGB Rz. 108).

> **2. Definition:** Beim **Gattungskauf** liegt eine Falschlieferung vor, wenn die gelieferte Sache nicht die Eigenschaften aufweist, die sie zu einer Sache der geschuldeten Gattung machen (*Jauernig/Berger* § 434 BGB Rz. 20; *Bamberger/Roth/Hau/Poseck/Faust* § 434 BGB Rz. 104). Das nennt man ein »Qualifikations-Aliud«. Eine Gattung bilden alle Gegenstände, die durch gemeinsame Merkmale gekennzeichnet sind und sich dadurch von Gegenständen anderer Art abheben (*Palandt/Grüneberg* § 243 BGB Rz. 2; *Jauernig/Mansel* § 243 BGB Rz. 3).

**Beispiel:** V und K einigen sich über die Lieferung eines fabrikneuen Opel Corsa Cabrio. Alle Opel Corsa Cabrio haben als industriell in Serie hergestellte Ware gemeinschaftliche Merkmale, z.B. die Karosserie, Fahrgestell, Sitze oder auch den Bezugsstoff des Cabrioverdecks. Sie gehören damit derselben Gattung an. Der Opel Corsa Cabrio (Auto) unterscheidet sich gattungsmäßig von einer Harley-Davidson (Fahrzeugart), von einem Opel Omega (Fahrzeugtyp) und einem Opel Corsa Standard (Ausstattung).

**Zum Fall:** Unser R hatte hier zwei Fässer F-Kölsch bei G bestellt. Es sollte sich dabei nicht um Weizenbier, Berliner Weiße, Pils oder Malzbier, sondern um **Kölsch** handeln. Und es sollte auch nicht eine andere Kölsch-Marke (am Markt sind z.B.: S-Kölsch, D-Kölsch oder M-Kölsch) sein, denn R wollte explizit zwei Fässer seiner Lieblingsmarke F-Kölsch haben. Allerdings kam es dem R nicht auf zwei ganz bestimmte Fässer (dann Stückkauf) sondern maßgeblich auf die Sorte an. R und G hatten demnach die Lieferung von 20 Litern der **Gattung** F-Kölsch vereinbart.

<u>ZE.:</u> R und G haben somit einen Gattungskauf vereinbart.

Geliefert hat G ein Fass mit Altbier. Im Hinblick auf die geschuldete Gattung hat er also »eine andere Sache« geliefert. Das Altbier wird daher (zu Recht) wie »mangelhaftes Kölsch« behandelt, vgl. § 434 Abs. 3 BGB.

<u>ZE.:</u> Die Lieferung von Altbier statt Kölsch ist ein Sachmangel nach § 434 Abs. 3 BGB.

## bb) Die Lieferung von 8 anstatt 10 Litern

**Einstieg:** Einem Sachmangel steht es nach **§ 434 Abs. 3 BGB** zudem gleich, wenn der Verkäufer eine zu geringe Menge liefert. Ob eine Mindermenge im Sinne des § 434 Abs. 3 BGB vorliegt, beurteilt sich nach Stückzahl, Maß und Gewicht (BGH NJW **1996**, 1827; *Palandt/Weidenkaff* § 434 BGB Rz. 53). Allerdings setzt die Gleichstellung der Lieferung einer zu geringen Menge mit einem Sachmangel voraus, dass der Verkäufer die Leistung auch tatsächlich zur vollständigen Erfüllung seiner Pflicht aus § 433 Abs. 1 Satz 1 BGB erbringt (*Lorenz* in JuS **2003**, 36, 38 und NJW **2003**, 3097). Sonst nämlich liegt nur eine von den Parteien gewollte Teilleistung vor und es findet allgemeines Leistungsstörungsrecht Anwendung (*Jauernig/Berger* § 434 BGB Rz. 24). Wir müssen demnach diese beiden Fälle auseinanderhalten, und zwar so:

> **1. Definition:** Eine **Mankolieferung** im Sinne des § 434 Abs. 3 BGB liegt vor, wenn der Verkäufer eine zu geringe Menge als Erfüllung seiner ganzen Verbindlichkeit liefert (BT-Drs. 14/6040 Seite 216; *Bamberger/Roth/Hau/Poseck/Faust* § 434 BGB Rz. 113; *Lorenz/Riehm* Rz. 496). Eine solche »verdeckte Mankolieferung« stellt stets einen Mangel im Sinne des § 434 Abs. 3 BGB dar (*Brox/Walker* BS § 4 Rz. 26; MüKo/*Ernst* § 323 BGB Rz. 217).

> **2. Definition:** Eine **Teilleistung** des Verkäufers liegt demgegenüber dann vor, wenn sich die Lieferung für den Käufer nicht als vollständige Erfüllung der Verbindlichkeit durch den Verkäufer darstellt (*Bamberger/Roth/Hau/Poseck/Faust* § 434 BGB Rz. 113). Eine solche Teilleistung (auch: »offene Mankolieferung«) stellt keinen Mangel im Sinne des § 434 Abs. 3 BGB dar (*Brors* in JR **2002**, 133; *Brox/Walker* BS § 4 Rz. 26).

Entscheidend für die Abgrenzung ist also, ob aus der Sicht des **Käufers** die Lieferung zur vollständigen Erfüllung der Verkäuferpflicht aus § 433 Abs. 1 BGB erfolgen soll. Nur dann ist die Lieferung bei einer Mengenabweichung mangelhaft im Sinne von § 434 Abs. 3 BGB. Indizien hierfür sind beispielsweise der Lieferschein oder die vollständige Kaufpreisforderung: Beziehen sie sich auf die geschuldete Gesamtmenge, so ist davon auszugehen, dass der Verkäufer mit der Lieferung seine Verbindlichkeit vollständig erfüllen wollte.

**Zum Fall:** Unser G hat R hier beliefert und den vollständigen Kaufpreis in Höhe von 60 Euro erhalten. Der R durfte somit davon ausgehen, dass das, was G ihm an die Wohnungstür gebracht hatte, zur Erfüllung der **ganzen** Verbindlichkeit gedacht war. Es handelt sich vorliegend also um eine Mankolieferung und nicht um eine Teilleistung im oben benannten Sinne. Bemerkenswert ist insoweit übrigens, dass 8 Liter Kölsch demnach kein Teil von 10 Litern Kölsch sind, sondern tatsächlich »schlechte« bzw. »mangelhafte« 10 Liter Kölsch.

**ZE.:** Mit der Lieferung von 8 statt 10 Litern Kölsch lag ebenfalls ein Sachmangel im Sinne des § 434 Abs. 3 BGB vor.

**c)** Beide Sachmängel waren zum Zeitpunkt des Gefahrüberganges (§ 446 BGB) vorhanden.

**ZE.:** Die allgemeinen Voraussetzungen des § 437 BGB – Mangelhaftigkeit der Kaufsache zum Zeitpunkt des Gefahrübergangs – sind damit erfüllt.

**d)** Neben diesen allgemeinen Voraussetzungen müssen nun natürlich – wie immer – noch die weiteren Vorschriften geprüft werden, die in § 437 Nr. 2 Fall 1 BGB drinstehen. Und das ist zunächst der **§ 323 BGB**, der nach dem Willen des Gesetzgebers die zentrale Vorschrift für den Rücktritt sein soll (*Palandt/Grüneberg* § 323 BGB Rz. 3, 5). Gemäß § 323 Abs. 1 BGB ist der Rücktritt erst möglich, wenn zuvor eine **angemessene Frist** zur Nacherfüllung gesetzt worden ist, was der R hier aber augenscheinlich nicht getan hat. R ist am nächsten Tag zu G gegangen und hat die Fässer zurückgebracht. Die Fristsetzung fehlt somit.

> **Aber:** Unbedingt zu beachten ist, dass diese Fristsetzung ausnahmsweise gemäß § 323 Abs. 2 BGB **entbehrlich** sein kann. In Betracht kommt im vorliegenden Fall der § 323 Abs. 2 Nr. 2 BGB. Demnach ist die Fristsetzung entbehrlich, wenn die termin- oder fristgerechte Leistung nach einer Mitteilung des Gläubigers an den Schuldner vor Vertragsschluss oder aufgrund anderer den Vertragsschluss begleitender Umstände für den Gläubiger wesentlich ist (lies: § 323 Abs. 2 Nr. 2 BGB). In diesen Fällen macht eine Fristsetzung keinen Sinn, denn der Leistungstermin steht so präzise fest und ist von derartiger Bedeutung, dass eine Fristsetzung mit dem Ziel einer **späteren** Lieferung dem Gläubiger nicht zumutbar ist; er kann daher ausnahmsweise ohne Fristsetzung zurücktreten, obwohl die Leistung an sich noch möglich ist (*Palandt/Grüneberg* § 323 BGB Rz. 19; *Jauernig/Stadler* § 323 BGB Rz. 12). Gemeint ist dabei mit § 323 Abs. 2 Nr. 2 BGB das sogenannte »relative Fixgeschäft« (BGH NJW **2001**, 2878), bei dem das Rechtsgeschäft mit der Einhaltung der von den Parteien vereinbarten

Leistungszeit »steht und fällt« (BGH WM **1989**, 1180; *Palandt/Grüneberg* § 323 BGB Rz. 19). Indizien für eine derartige Bedeutung der Leistungszeit liefern vertragliche Formulierungen wie »fix«, »genau«, »pünktlich« oder »spätestens« (BGHZ **110**, 88, 97). Treffen die Parteien allerdings nur eine kalendermäßige Bestimmung der Leistungszeit, reicht das allein nicht aus, um ein »relatives Fixgeschäft« anzunehmen (OLG Stuttgart NJW-RR **2012**, 251).

**Zum Fall:** Unserem R kam es offensichtlich darauf an, dass er die Gäste seiner Geburtstagsparty bewirten konnte. Aus diesem Grund hatte er mit G nicht nur einen präzisen Liefertermin ausgemacht (am 03.12. um 19:00 Uhr), sondern auch vereinbart, dass die Lieferung »pünktlich« erfolgen soll. Folglich haben wir es hier mit einem relativen Fixgeschäft, das unter § 323 Abs. 2 Nr. 2 BGB zu subsumieren ist, zu tun.

<u>ZE.:</u> Die grundsätzlich erforderliche Fristsetzung war hier somit gemäß § 323 Abs. 2 Nr. 2 BGB entbehrlich.

<u>ZE.:</u> Und damit liegt neben § 437 Nr. 2 BGB auch der § 323 BGB in seinen Voraussetzungen vor mit der Konsequenz, dass R auch ohne Fristsetzung grundsätzlich zum Rücktritt berechtigt gewesen ist.

---

**Feinkostliebhaber** beachten bitte noch den Unterschied zum sogenannten »**absoluten Fixgeschäft**«. Bei solchen Geschäften tritt nach Überschreitung des vertraglich vereinbarten Leistungszeitpunkts **Unmöglichkeit** im Sinne von § 275 Abs. 1 BGB ein. Hierunter fallen etwa die Bestellung eines Taxis, um einen bestimmten Zug zu erreichen oder das Buffet für die Hochzeitsfeier (*Palandt/Grüneberg* § 271 BGB Rz. 17). In diesen Fällen ist – sogar ohne ausdrückliche Vereinbarung im Vertrag – allen Beteiligten klar, dass die geschuldete Leistung nur zu einem bestimmten Zeitpunkt erbracht werden kann. Weil § 323 Abs. 2 Nr. 2 BGB systematisch nicht passt, wenn die geschuldete Leistung unmöglich ist, wendet man beim »absoluten Fixgeschäft« den uns schon bekannten **§ 326 Abs. 5 BGB** an. Nach dieser Vorschrift ist die Fristsetzung dann im Ergebnis ebenfalls entbehrlich.

---

### 3.) Rücktritt ausgeschlossen?

Allerdings könnte in unserem Fall der Rücktritt ausgeschlossen sein. Wichtige Ausschlussgründe, die für den Rücktritt Geltung haben, finden sich in § 323 Abs. 5 BGB und § 323 Abs. 6 BGB. Schauen wir mal rein:

**a)** Der Käufer kann bei einer Schlechtleistung nur zurücktreten, wenn es sich um eine **erhebliche** Pflichtverletzung handelt. Bei einer **unerheblichen** Pflichtverletzung des Verkäufers ist der Rücktritt nämlich gemäß § 323 Abs. 5 Satz 2 BGB ausgeschlossen (BGH NJW **2014**, 3229; OLG Düsseldorf NJW-RR **2004**, 1060, 1061; *Palandt/Grüneberg* § 323 BGB Rz. 32; *Erman/Westermann* § 323 BGB Rz. 27; PWW/*Stürner* § 323 BGB Rz. 40; *Westermann* in NJW **2002**, 241, 243f.).

> **Durchblick:** Unerhebliche Pflichtverletzungen berechtigen den Käufer nur zur Minderung. Das ergibt sich aus § 441 Abs. 1 Satz 2 BGB i.V.m. § 323 Abs. 5 Satz 2 BGB

(bitte prüfen) und macht bei genauem Hinschauen auch Sinn, denn der Rücktritt ist ein aus Sicht des Verkäufers außerordentlich einschneidender Rechtsbehelf (→ vollständige Rückabwicklung des gesamten Vertrages!). Ist der Käufer erst einmal vom Vertrag zurückgetreten, dann bleibt es dabei, selbst wenn der Mangel später vom Verkäufer beseitigt wird (BGH NJW **2009**, 508). Dieser unumkehrbare Einschnitt in den Vertrag soll dem Käufer deshalb nur bei wesentlichen Abweichungen vom vertraglichen Pflichtenprogramm möglich sein. Das folgt letztlich aus dem Grundsatz der Verhältnismäßigkeit, der die vollständige Rückabwicklung des Vertrages wegen eines Bagatellmangels (z.B. knarrende Fahrertür oder ein sich gelegentlich nicht komplett öffnendes elektrisches Schiebedach bei einem Neuwagen) verbietet (*Bamberger/Roth/Hau/Poseck/Schmidt* § 323 BGB Rz. 39).

**Zum Fall:** Wir müssen uns demnach fragen, ob der Rücktritt in der vorliegenden Fallkonstellation verhältnismäßig ist. Und das ist er nur dann, wenn die Sachmängel **erheblich** waren.

---

**Definition:** Unerheblich im Sinne des § 323 Abs. 5 Satz 2 BGB ist eine Pflichtverletzung, wenn durch sie das Leistungsinteresse des Gläubigers nicht spürbar gestört wird (BT-Drs. 14/6040 Seite 187; BGH NJW **2007**, 2111). Ob ein Mangel erheblich ist, muss im Rahmen einer Interessenabwägung unter Berücksichtigung aller Umstände, vor allem des Verwendungszwecks und der Verkehrsanschauung ermittelt werden (BGH NJW **2014**, 3229; **2013**, 1365; NJW-RR **2010**, 1289; *Brox/Walker* AS § 4 Rz. 62). Es kommt dabei vorrangig auf eine eingetretene Wertminderung und/oder Gebrauchsstörung zum Zeitpunkt der Rücktrittserklärung an (BGH MDR **2016**, 450; BGH NJW **2014**, 3229; **2009**, 508). Ein Verstoß gegen eine Beschaffenheitsvereinbarung im Sinne von § 434 Abs. 1 Satz 1 BGB indiziert im Regelfall einen erheblichen Sachmangel und damit auch eine erhebliche Pflichtverletzung im Sinne von § 323 Abs. 5 Satz 2 BGB (BGH NJW **2013**, 1365; NJW-RR **2010**, 2111). Das Gleiche gilt, wenn der Mangelbeseitigungsaufwand einen Betrag von fünf Prozent des Kaufpreises übersteigt (BGH NJW **2014**, 3229; *Palandt/Grüneberg* § 323 BGB Rz. 32).

---

Bezüglich des Fasses mit Altbier bestehen vor diesem Hintergrund keine Bedenken, von der Erheblichkeit des Mangels auszugehen. Denn bei der Lieferung einer **anderen** als der geschuldeten Sache ist die Bagatellgrenze regelmäßig überschritten (vgl. *Palandt/Weidenkaff* § 437 BGB Rz. 23, § 434 BGB Rz. 52a).

> **Hintergrund:** Da nach dem BGH (NJW **2013**, 1365, dort bei Rz. 16) der Verstoß gegen eine Beschaffenheitsvereinbarung in der Regel die Erheblichkeit der Pflichtverletzung im Sinne von § 323 Abs. 5 Satz 2 BGB **indiziert**, darf bei der Fallbearbeitung die Erheblichkeit ohne große Umschweife festgestellt werden, wenn der Verkäufer eine Sache geliefert hat, die nicht die vereinbarte Beschaffenheit hat und sich im Sachverhalt kein entgegenstehender Hinweis findet. Und das gilt logischerweise **erst recht**, wenn der Verkäufer zur Erfüllung seiner vertraglichen Verpflichtung eine andere Sache (aliud) liefert, denn diese war überhaupt nicht Vertragsgegenstand.

Etwas komplizierter liegt der Fall im Hinblick auf das andere Fass, in dem lediglich zwei Liter Kölsch zu wenig enthalten waren. Insoweit dürfte beides vertretbar sein:

So kann man sich zum einen auf den Standpunkt stellen, dass diesbezüglich nur eine Minderung des Kaufpreises die angemessene Rechtsfolge, der Rücktritt also unverhältnismäßig wäre. Dies würde sich dann nach § 441 Abs. 1 Satz 2 BGB i.V.m. § 323 Abs. 5 Satz 2 BGB regeln, und R könnte in diesem Fall nur die von G auch angebotenen sechs Euro zurückfordern. Andererseits erscheint es mindestens genauso gut vertretbar, das Fehlen der zwei Liter (also 20 % der gekauften Menge) als **erheblich** anzusehen im Sinne des § 323 Abs. 5 Satz 2 BGB. Wenn in einem 10-Liter-Fass nur 8 Liter drin sind, muss man das als Käufer sicher nicht hinnehmen und sich mit der Minderung des Kaufpreises zufrieden geben. In einem solchen Falle dürfte der Rücktritt die angemessene und dem Verkäufer auch zumutbare Rechtsfolge sein.

<u>ZE.:</u> Und davon wollen wir hier dann auch ausgehen und somit feststellen, dass sowohl die Lieferung des Altbieres als auch die 8 Liter in dem 10-Liter-Fass jeweils keinen unerheblichen Mangel im Sinne des § 323 Abs. 5 Satz 2 BGB darstellen und den Rücktritt demnach **nicht** ausschließen.

**b)** Und ganz zum Schluss kommt jetzt noch ein weiteres beachtliches Problem auf uns zu, nämlich: Es gibt an dieser Stelle, konkret im Hinblick auf das Fass mit den 8 Litern Inhalt, noch eine weitere Möglichkeit, das Rücktrittsrecht des Käufers zu beschränken. Dieses Problem hat seinen Anknüpfungspunkt bei **§ 323 Abs. 5 Satz 1 BGB** (bitte lesen). Gemäß § 323 Abs. 5 Satz 1 BGB ist der Gläubiger bei einer **Teilleistung** des Schuldners nur dann zum Rücktritt berechtigt, wenn er an dieser Teilleistung kein Interesse hat. Gemeint sind damit die Fälle der sogenannten »quantitativen Teilleistung«, also wenn der Schuldner nur einen Teil der geschuldeten Leistung **vertragsgemäß** (= mangelfrei) geliefert und der Gläubiger diese Teilleistung angenommen hat (OLG Celle ZGS **2004**, 74; *Erman/Westermann* § 323 BGB Rz. 26). Damit der Gläubiger nun aufgrund der nur zum Teil erbrachten Leistung vom ganzen Vertrag zurücktreten kann, muss im Hinblick auf die bislang erbrachte Teilleistung ein Interessenfortfall vorliegen (BGH NJW **1990**, 3011; OLG Düsseldorf CR **2015**, 215; OLG Köln CR **2014**, 367; *Palandt/Grüneberg* § 323 BGB Rz. 26). Das kann etwa daran liegen, dass der Gläubiger mit der Teilleistung ohne den übrigen Teil nichts anfangen kann: Wenn z.B. vom geschuldeten Bett nur das Gestell kommt, die Matratze aber ausbleibt, kann der Gläubiger vom ganzen Vertrag zurücktreten, denn nur am Gestell hat er natürlich kein Interesse (= § 323 Abs. 5 Satz 1 BGB).

> **Feinkostabteilung:** § 323 Abs. 5 Satz 1 BGB setzt logischerweise voraus, dass die Leistung überhaupt **teilbar** ist. Kauft etwa jemand eine 200-bändige Ausgabe der Entscheidungen des BGH in Zivilsachen (BGHZ) und fehlen bei der Lieferung die ersten zehn Bände, liegt nach der Verkehrsauffassung keine solche teilbare Leistung vor, denn die Entscheidungssammlung erfüllt ihren Zweck natürlich nur, wenn sie lückenlos ist. Der Käufer muss deshalb nicht sein fehlendes Interesse an den übrigen Bänden nachweisen, sondern kann sofort vom gesamten Vertrag zurücktreten. Beachtlich ist insoweit noch, dass für die Anwendung des § 323 Abs. 5 Satz 1 BGB nicht nur die ausgebliebene Leistung des Schuldners, sondern auch die **Gegenleistung** des zurücktretenden Gläubigers teilbar sein muss. Denn im Falle des Teilrücktritts muss derjenige, der den Rücktritt erklärt, selbstverständlich noch den der ordnungsgemä-

ßen Leistung entsprechenden Teil seiner Gegenleistung erbringen. Ist die Gegenleistung unteilbar (z.B. Übereignung eines Grundstücks), muss der Gläubiger keinen Interessefortfall nachweisen, sondern kann ohne weiteres vom ganzen Vertrag zurücktreten (vgl. BGH NJW **2010**, 146).

### Und jetzt zu unserem Fall:

Eigentlich haben wir ja weiter oben festgestellt, dass die Lieferung von 8 Liter anstelle der geschuldeten 10 Liter gerade **keine** Teilleistung, sondern eine Mankolieferung und damit insbesondere ein »Mangel« im Sinne des § 434 Abs. 3 BGB ist. Der § 323 Abs. 5 Satz 1 BGB wäre damit nicht anwendbar, denn § 323 Abs. 5 Satz 1 BGB setzt – im Gegensatz zu § 323 Abs. 5 Satz 2 BGB! – eine nur teilweise erbrachte, aber insoweit **vertragsgemäße** Leistung voraus. Die Mankolieferung nach § 434 Abs. 3 BGB und die Teilleistung im Sinne des § 323 Abs. 5 Satz 1 BGB würden sich demnach gegenseitig ausschließen. Eine Sache ist entweder grundsätzlich mangelhaft nach § 434 Abs. 3 BGB oder stellt eine **mangelfreie** Teilleistung nach § 323 Abs. 5 Satz 1 BGB dar. Das gilt jedenfalls dann, wenn man annimmt, dass das Gesetz in § 434 Abs. 3 BGB die gleichen Maßstäbe anlegt wie in § 323 Abs. 5 Satz 1 BGB.

- Und aus genau diesem Umstand folgert eine Meinung, dass § 323 Abs. 5 Satz 1 BGB mit seinem geforderten Interessenfortfall im Falle der Mankolieferung nach § 434 Abs. 3 BGB **nicht** anwendbar sei. Denn wenn eine Sache »mangelhaft« sei, könne § 323 Abs. 5 Satz 1 BGB nicht greifen, denn diese Norm setze, wie der Vergleich mit § 323 Abs. 5 Satz 2 BGB zeige, stets eine »vertragsgemäße« (Teil-) Leistung voraus. Demnach wäre für den Rücktritt auch kein zusätzlicher subjektiver Interessenfortfall auf Seiten des Gläubigers – wie ihn § 323 Abs. 5 Satz 1 BGB fordert – erforderlich. Es genügt die Erheblichkeit des Mangels bzw. der Pflichtverletzung im Sinne des § 323 Abs. 5 Satz 2 BGB (BT-Drs. 14/6040 Seite 216; MüKo/*Ernst* § 323 BGB Rz. 216; PWW/*Stürner* § 323 BGB Rz. 39; *Bamberger/Roth/Hau/Poseck/Faust* § 434 BGB Rz. 115; *Brox/Walker* SR § 4 Rz. 65).

- Die Gegenmeinung sieht das anders: Sie behauptet, § 434 Abs. 3 BGB sei enger auszulegen als § 323 Abs. 5 Satz 1 BGB: Der § 434 Abs. 3 BGB diene mit der Ausdehnung des Mangelbegriffs auf die Mankolieferung nur dazu, dem Käufer die Mängelrechte aus den §§ 434 ff. BGB zu eröffnen, die näheren Voraussetzungen des Rücktritts aus § 323 BGB sollten nach dem gesetzgeberischen Willen hierdurch aber nicht verändert werden. Wenn also aufgrund einer Teillieferung der § 434 Abs. 3 BGB erfüllt und die Sache demnach mangelhaft sei, könne dennoch § 323 Abs. 5 Satz 1 BGB anwendbar sein, denn rein faktisch handele es sich bei der Mankolieferung auch immer um eine teilweise vertragsgemäße Leistung im Sinne des § 323 Abs. 5 Satz 1 BGB. Nach dieser Auffassung muss beim Rücktrittsberechtigten im Falle der Mankolieferung demnach auch ein **Interessenfortfall** gemäß § 323 Abs. 5 Satz 1 BGB vorliegen (*Looschelders* SR BT Rz. 110; *Jauernig/Berger* § 434 BGB Rz. 24; *Heiderhoff/Skamel* in JZ 2006, 383; *Windel* in Jura **2003**,

793, 796; *Grigoleit/Riehm* in ZGS **2002**, 117; *Canaris* in ZRP **2001**, 329, 334; *Kindl* in WM **2002**, 1313, 1320; *Thier* in AcP **2003**, 399, 426).

**Achtung**: Starker Tobak, muss man sicherlich mindestens zweimal lesen, um zu kapieren, was dahintersteckt. Es dürfte für den Studenten allerdings genügen, wenn man sich merken kann, dass bei einer Mankolieferung, die einen Sachmangel im Sinne des § 434 Abs. 3 BGB begründet, umstritten ist, ob für den Rücktritt auch ein Interessenfortfall auf Gläubigerseite gemäß § 323 Abs. 5 Satz 1 BGB erforderlich ist. Die Antwort hängt davon ab, ob man die beiden genannten Normen im Verhältnis der Ausschließlichkeit betrachtet oder nicht (zur Vertiefung vgl. dazu etwa die prima Ausführungen bei MüKo/*Ernst* § 323 BGB Rz. 216 oder *Brox/Walker* BS § 4 Rzn. 64/65). Beide Meinungen sind in einer Prüfungsarbeit selbstverständlich gut vertretbar. Wir wollen uns im vorliegenden Fall ohne Wertung für die oben zuerst genannte Auffassung entscheiden und brauchen den Interessenfortfall auf Gläubigerseite daher nicht mehr zu prüfen. Die Mankolieferung gemäß § 434 Abs. 3 BGB stellt danach keinen Fall des § 323 Abs. 5 Satz 1 BGB dar.

<u>ZE.:</u> Der Rücktritt ist damit auch nicht nach § 323 Abs. 5 Satz 1 BGB ausgeschlossen.

**Ergebnis:** Der R hat gegen G einen Anspruch auf Rückzahlung von 60 Euro aus den §§ 346 Abs. 1, 323 Abs. 1, 437 Nr. 2 Fall 1 BGB.

# Gutachten

**R kann gegen G einen Anspruch auf Rückzahlung von 60 Euro aus §§ 346 Abs. 1, 323 Abs. 1, 437 Nr. 2 Fall 1 BGB haben.**

Dies ist der Fall, wenn R vom geschlossenen Vertrag wirksam zurückgetreten ist. Als Rechtsfolge des Rücktritts sind die empfangenen Leistungen zurückzugewähren, § 346 Abs. 1 BGB.

**1.)** R hat den Rücktritt gegenüber G im Sinne des § 349 BGB ausdrücklich erklärt.

**2.)** Für den Rücktritt erforderlich ist neben der Erklärung auch ein Rücktrittsgrund. § 346 Abs. 1 BGB sieht insoweit zum einen das vertraglich vereinbarte und zum anderen das gesetzliche Rücktrittsrecht vor. In Ermangelung einer entsprechenden vertraglichen Vereinbarung kommt nur ein gesetzliches Rücktrittsrecht in Betracht. Ein solches Rücktrittsrecht kann sich hier aus den §§ 323 Abs. 1, 437 Nr. 2 Fall 1 BGB ergeben. Damit aus §§ 323 Abs. 1, 437 Nr. 2 Fall 1 BGb ein Rücktrittsrecht hergeleitet werden kann, müssen die Voraussetzungen dieser Vorschriften erfüllt sein.

**a)** Der zwischen G und R geschlossene Vertrag war hier ein Kaufvertrag, sodass § 437 BGB anwendbar ist.

**b)** Weiterhin müsste die Kaufsache mangelhaft gewesen sein. Die Mangelhaftigkeit der Kaufsache richtet sich nach § 434 BGB. Hinsichtlich der Lieferung des G liegt sowohl eine inhaltliche (Altbier statt Kölsch) als auch eine mengenmäßige (8 statt 10 Liter) Abweichung vor.

**aa)** Es fragt sich, ob es sich bei der Lieferung von Altbier anstelle von Kölsch tatsächlich um eine mangelhafte Lieferung im Sinne des § 434 BGB handelt. Demnach ist eine Kaufsache grundsätzlich dann mangelhaft, wenn sie nicht die von den Parteien vereinbarte Beschaffenheit aufweist (§ 434 Abs. 1 Satz 1 BGB), sich nicht für die nach dem Vertrag vorausgesetzte Verwendung (§ 434 Abs. 1 Satz 2 Nr. 1 BGB) oder nicht für die gewöhnliche Verwendung eignet (§ 434 Abs. 1 Satz 2 Nr. 2 BGB). Problematisch ist insoweit, dass es sich bei dem Altbier tatsächlich um eine andere Sache als F-Kölsch handelt. Einem Sachmangel steht es nach § 434 Abs. 3 BGB jedoch gleich, in dem der Verkäufer eine andere Sache liefert. Ob eine solche so genannte Falschlieferung vorliegt, hängt davon ab, ob zwischen den Parteien ein Stückkauf oder ein Gattungskauf vereinbart wurde. Beim Stückkauf liegt eine Falschlieferung vor, wenn nicht genau die ihrer Identität nach bezeichnete Sache geliefert wird. Beim Gattungskauf liegt dagegen eine Falschlieferung vor, wenn die gelieferte Sache nicht diejenigen Eigenschaften aufweist, die sie zu einer Sache der geschuldeten Gattung machen. Eine Gattung bilden alle Gegenstände, die durch gemeinsame Merkmale gekennzeichnet sind und sich dadurch von Gegenständen anderer Art abheben. R wollte hier explizit zwei Fässer seiner Lieblingsmarke F-Kölsch geliefert bekommen. Allerdings kam es dem R nicht auf zwei ganz bestimmte Fässer, sondern maßgeblich auf die Sorte an. R und G hatten demnach die Lieferung von 20 Litern der Gattung F-Kölsch und mithin einen Gattungskauf vereinbart. Geliefert hat G ein Fass mit Altbier. Im Hinblick auf die geschuldete Gattung hat er im Umfang von 10 Litern also eine andere Sache geliefert. Das Altbier wird daher wie »mangelhaftes Kölsch« behandelt, vgl. § 434 Abs. 3 BGB. Mit der Lieferung von Altbier statt Kölsch lag somit ein Sachmangel im Sinne des § 433 Abs. 3 BGB vor.

**bb)** Fraglich ist weiterhin, wie es sich auswirkt, dass G lediglich 8 anstelle von 10 Litern F-Kölsch geliefert hat. Einem Sachmangel steht es nach § 434 Abs. 3 BGB gleich, wenn der Verkäufer eine zu geringe Menge liefert. Ob eine Mindermenge im Sinne des § 434 Abs. 3 BGB vorliegt, beurteilt sich nach Stückzahl, Maß und Gewicht. Allerdings setzt die Gleichstellung der Lieferung einer zu geringen Menge mit einem Sachmangel voraus, dass der Verkäufer die Leistung auch tatsächlich zur vollständigen Erfüllung seiner Pflicht aus § 433 Abs. 1 Satz 1 BGB erbringt. Andernfalls liegt nur eine von den Parteien gewollte Teilleistung vor und es findet allgemeines Leistungsstörungsrecht Anwendung. Entscheidend für die Abgrenzung ist also, ob aus der Sicht des Käufers die Lieferung zur vollständigen Erfüllung der Verkäuferpflicht aus § 433 Abs. 1 BGB erfolgen soll. Nur dann ist die Lieferung bei einer Mengenabweichung mangelhaft im Sinne von § 434 Abs. 3 BGB. Indizien hierfür sind beispielsweise der Lieferschein oder die vollständige Kaufpreisforderung: Beziehen sie sich auf die geschuldete Gesamtmenge, so ist davon auszugehen, dass der Verkäufer mit der Lieferung seine Verbindlichkeit vollständig erfüllen wollte. G hat R hier beliefert und den vollständigen Kaufpreis in Höhe von 60 Euro gefordert und erhalten. R durfte somit davon ausgehen, dass das, was G ihm an die Wohnungstür gebracht hatte, zur Erfüllung der ganzen Verbindlichkeit gedacht war. Mit der Lieferung von 8 statt 10 Litern Kölsch lag daher keine Teilleistung, sondern eine Mankolieferung und damit ein Sachmangel im Sinne von § 434 Abs. 3 BGB vor.

**c)** Beide Sachmängel waren bei der Übergabe an R und mithin zum Zeitpunkt des Gefahrüberganges (§ 446 BGB) vorhanden.

**d)** Nach den §§ 323 Abs. 1, 437 Nr. 2 Fall 1 BGB ist der Rücktritt erst möglich, wenn zuvor eine angemessene Frist zur Nacherfüllung gesetzt worden ist, was der R hier aber augenscheinlich nicht getan hat. R ist am nächsten Tag zu G gegangen und hat die Fässer zurückgebracht. Es fehlt somit an einer Fristsetzung. In Betracht kommt § 323 Abs. 2 Nr. 2 BGB. Demnach ist die Fristsetzung entbehrlich, wenn die termin- oder fristgerechte Leistung nach einer Mitteilung des Gläubigers an den Schuldner vor Vertragsschluss oder aufgrund anderer den Vertragsschluss begleitender Umstände für den Gläubiger wesentlich ist. In diesen Fällen macht eine Fristsetzung keinen Sinn, denn der Leistungstermin steht so präzise fest und ist von derartiger Bedeutung, dass eine Fristsetzung mit dem Ziel einer späteren Lieferung dem Gläubiger nicht zumutbar ist; er kann daher ausnahmsweise ohne Fristsetzung zurücktreten. R kam es vorliegend offensichtlich darauf an, dass er die Gäste seiner Geburtstagsparty bewirten konnte. Aus diesem Grund hatte er mit G einen präzisen Liefertermin vereinbart. Einen Tag oder eine Woche später macht das bestellte Kölsch für R keinen Sinn mehr, denn dann wäre die Party bereits vorbei gewesen. Folglich liegt ein relatives Fixgeschäft nach § 323 Abs. 2 Nr. 2 BGB vor. Die grundsätzlich erforderliche Fristsetzung war hier somit gemäß § 323 Abs. 2 Nr. 2 BGB entbehrlich.

**3.)** Allerdings könnte der Rücktritt ausgeschlossen sein.

**a)** Der Käufer kann bei einer Schlechtleistung nur zurücktreten, wenn es sich um eine erhebliche Pflichtverletzung handelt. Bei einer unerheblichen Pflichtverletzung des Verkäufers ist der Rücktritt gemäß § 323 Abs. 5 Satz 2 BGB ausgeschlossen. Fraglich ist damit, ob die festgestellten Sachmängel erheblich waren. Unerheblich ist eine Pflichtverletzung, wenn durch sie das Leistungsinteresse des Gläubigers nicht spürbar gestört wird. Dies muss unter Berücksichtigung aller Umstände, vor allem des Verwendungszwecks und der Verkehrsanschauung ermittelt werden.

Bei der Lieferung einer anderen als der geschuldeten Sache ist die Bagatellgrenze regelmäßig überschritten. Im vorliegenden Fall wurde Altbier anstelle des vertraglich vereinbarten Kölsch geliefert. Dies stellt mangels anderer Anhaltspunkte einen erheblichen Sachmangel dar. In dem anderen von G gelieferten Fass waren zwei Liter Kölsch zu wenig enthalten waren, was 20 % der gekauften Menge entspricht. Diese mengenmäßige Abweichung ist ebenfalls als erheblich anzusehen. Damit handelt es sich in beiden Fällen um einen erheblichen Mangel im Sinne des § 323 Abs. 5 Satz 2 BGB. Der Rücktritt des R ist demnach nicht ausgeschlossen.

**b)** Im Hinblick auf das Fass mit den 8 Litern Inhalt kann der Rücktritt darüber hinaus wegen § 323 Abs. 5 Satz 1 BGB ausgeschlossen sein. Gemäß § 323 Abs. 5 Satz 1 BGB ist der Gläubiger bei einer Teilleistung des Schuldners nur dann zum Rücktritt vom ganzen Vertrag berechtigt, wenn er an dieser Teilleistung kein Interesse hat. Die Lieferung von 8 Litern anstelle der geschuldeten 10 Liter stellte jedoch wie bereits festgestellt keine Teilleistung, sondern eine Mankolieferung und damit einen Mangel der Kaufsache im Sinne des § 434 Abs. 3 BGB dar. § 323 Abs. 5 Satz 1 BGB wäre damit nicht anwendbar, denn § 323 Abs. 5 Satz 1 BGB setzt eine nur teilweise erbrachte, aber insoweit vertragsgemäße Leistung voraus. Die Anwendbarkeit von § 323 Abs. 5 Satz 1 BGB in Fällen wie dem vorliegenden ist indes umstritten:

Nach einer Meinung soll § 323 Abs. 5 Satz 1 BGB im Falle der Mankolieferung nach § 434 Abs. 3 BGB nicht anwendbar sein. Wenn eine Sache mangelhaft sei, könne § 323 Abs. 5 Satz 1 BGB nicht greifen, denn diese Norm setze, wie der Vergleich mit § 323 Abs. 5 Satz 2 BGB zeige, stets eine vertragsgemäße (Teil-)Leistung voraus. Demnach wäre für den Rücktritt auch kein zusätzlicher subjektiver Interessenfortfall auf Seiten des Gläubigers – wie ihn § 323 Abs. 5 Satz 1 BGB fordert – erforderlich. Es genüge demnach die Erheblichkeit des Mangels bzw. der Pflichtverletzung im Sinne des § 323 Abs. 5 Satz 2 BGB.

Die Gegenmeinung behauptet, § 434 Abs. 3 BGB sei enger auszulegen als § 323 Abs. 5 Satz 1 BGB: Der § 434 Abs. 3 BGB diene mit der Ausdehnung des Mangelbegriffs auf die Mankolieferung nur dazu, dem Käufer die Mängelrechte aus den §§ 434 ff. BGB zu eröffnen; die näheren Voraussetzungen des Rücktritts aus § 323 BGB sollten nach dem gesetzgeberischen Willen hierdurch aber nicht verändert werden. Wenn also aufgrund einer Teillieferung der § 434 Abs. 3 BGB erfüllt und die Sache demnach mangelhaft sei, könne dennoch § 323 Abs. 5 Satz 1 BGB anwendbar sein, denn rein faktisch handele es sich bei der Mankolieferung immer auch um eine teilweise vertragsgemäße Leistung im Sinne des § 323 Abs. 5 Satz 1 BGB. Nach dieser Auffassung muss beim Rücktrittsberechtigten im Falle der Mankolieferung demnach auch ein Interessenfortfall gemäß § 323 Abs. 5 Satz 1 BGB vorliegen.

Da die Meinungen für den vorliegenden Fall zu unterschiedlichen Ergebnissen führen, ist eine Streitentscheidung nicht verzichtbar. Die zuletzt genannte Auffassung durchbricht die durch den Gesetzgeber aufgestellte Systematik und weicht erheblich vom Wortlaut des Gesetzes ab. Die zuerst genannte Auffassung erscheint daher vorzugswürdig. Folgt man dieser, kommt es auf den Interessenfortfall auf Gläubigerseite nicht mehr an. Im Mankolieferung gemäß § 434 Abs. 3 BGB ist § 323 Abs. 5 Satz 1 BGB damit nicht anwendbar. Der Rücktritt ist demgemäß nicht nach § 323 Abs. 5 Satz 1 BGB ausgeschlossen.

**Ergebnis:** R hat gegen G einen Anspruch auf Rückzahlung von 60 Euro aus §§ 346 Abs. 1, 323 Abs. 1, 437 Nr. 2 Fall 1 BGB.

# Fall 21

## Verjährt eigentlich Schimmel?

Rechtsstudentin R hat sich im Januar 2017 beim Elektrohändler E eine neue Spülmaschine gekauft. In dem von R damals unterschriebenen Vertragsformular hieß es
in den Allgemeinen Geschäftsbedingungen unter § 6:

*»Unser Fachpersonal liefert Ihr Gerät kostenfrei nach Hause und übernimmt auch die Instal-
lation vor Ort. Für daraus resultierende Schäden wird keinerlei Haftung oder Gewährleistung
übernommen.«*

Die Lieferung und Installation der Maschine übernahm der Mitarbeiter M des E, der
bis dahin über zehn Jahre fehlerlos für E tätig war. Beim Anschluss der Maschine an
die Wasserzufuhr hatte M allerdings aus Unachtsamkeit vergessen, eine kleine Dichtung zwischen den Verbindungsschlauch und den aus der Wand ragenden Wasser-
hahn zu setzen. Daher sickerten bei jedem Waschvorgang einige Tropfen Wasser in
das hinter der Maschine gelegene Mauerwerk. Erst bei ihrem Auszug im März 2019
bemerkt R, dass sich an der Wand hinter der Spülmaschine ein großer Schimmelfleck
gebildet hat. Die Trockenlegung der Wand kostet 1.500 Euro, die R nun von E ersetzt
verlangt. E indessen weigert sich und meint, er hafte grundsätzlich nicht für einen
Fehler des M, die R habe zudem einen Haftungsausschluss unterschrieben und im
Übrigen seien sämtliche Ansprüche sowieso verjährt.

**Rechtslage?**

---

**Schwerpunkte:** Der Montagemangel nach § 434 Abs. 2 Satz 1 BGB; Mangelfolgeschaden, Abgrenzung zum Mangelschaden; der Haftungsausschluss durch AGB;
Haftung für Erfüllungsgehilfen nach § 278 Satz 1 BGB; Verjährung der Mängelansprüche nach § 438 BGB; Verjährung bei Mangelfolgeschäden; »Verjährung« von
Rücktritt und Minderung; die Exkulpation bei § 831 Abs. 1 Satz 2 BGB.

---

## Lösungsweg

### Anspruch der R gegen E auf Zahlung von 1.500 Euro

<u>AGL</u>: §§ 280 Abs. 1, 437 Nr. 3 Fall 1 BGB (Schadensersatz)

**Vorab:** Bevor wir richtig in die Lösung einsteigen, wollen wir uns für einen Augenblick noch mal das Begehren der R und die von uns insoweit im Obersatz gewählte Anspruchsgrundlage anschauen: Die R will Geld. Diesen Anspruch verlangt sie aber weder aus einem Rücktritt noch aus einer Minderung des Kaufpreises, die Maschine an sich war ja augenscheinlich auch in Ordnung. Es kann sich somit nur um einen klassischen Schadensersatzanspruch handeln. Und bedenkt man nun, dass die fehlerhafte Montage gemäß § 434 Abs. 2 Satz 1 BGB durchaus einen kaufrechtlichen Sachmangel begründen kann, kommt als Anspruchsgrundlage bzw. Ausgangsnorm nur der **§ 437 <u>Nr. 3</u> BGB** in Frage, freilich verbunden mit einer der dort benannten Vorschriften (bitte aufschlagen). Und jetzt aufgepasst: Die in § 437 Nr. 3 Fall 1 BGB aufgeführten Schadensersatzansprüche aus den **§§ 281 ff. BGB** gewähren Ersatz immer nur »<u>statt</u> der Leistung«, greifen also dann ein, wenn der Schaden theoretisch durch eine Nacherfüllung nach § 439 Abs. 1 BGB zwar beseitigt werden könnte, der Schuldner dies aber – aus welchen Gründen auch immer – letztlich nicht vorgenommen hat. Dann gibt es Schadensersatz »statt« der Leistung (*Heßeler/Kleinhenz* in JuS 2007, 706; *Bamberger/Roth/Hau/Poseck/Lorenz* § 281 BGB Rz. 4; *Palandt/Grüneberg* § 280 BGB Rz. 18). Der in § 437 Nr. 3 Fall 1 BGB ebenfalls genannte Anspruch aus **§ 280 Abs. 1 BGB** ist demgegenüber gedacht für die sogenannten »endgültigen« Schäden, die nämlich auch mit einer Nachbesserung oder Neulieferung nicht mal theoretisch mehr hätten beseitigt werden können. In diesen Fällen verlangt der Gläubiger dann Schadensersatz **neben** der Leistung, und den gibt es grundsätzlich nur aus § 280 Abs. 1 BGB (BGH MDR **2019**, 406; *Erman/Westermann* § 280 BGB Rz. 11; MüKo/*Ernst* § 280 BGB Rz. 66; *Canaris* in ZIP 2003, 322; *Medicus* in JuS 2003, 528; *Heßeler/Kleinhenz* in JuS 2007, 706). Wichtige Regel, bitte mindestens noch einmal lesen und: Merken.

**Zum Fall:** Der hier eingetretene Schaden (Schimmelfleck) ließe sich durch eine Nacherfüllung nach § 439 Abs. 1 BGB nicht beseitigen, denn der Schimmelfleck geht weder durch die Lieferung einer neuen Spülmaschine noch durch das nachträgliche Einsetzen der vergessenen Dichtung weg. R verlangt also Schadensersatz **neben** der (hier im Übrigen ordnungsgemäß erbrachten) Leistung. Und deshalb ist die Anspruchsgrundlage nicht § 281 BGB oder § 283 BGB in Verbindung mit § 437 Nr. 3 Fall 1 BGB, sondern **§ 280 Abs. 1 BGB** in Verbindung mit § 437 Nr. 3 Fall 1 BGB. Alles klar!?

### Die Anspruchsvoraussetzungen der §§ 280 Abs. 1, 437 Nr. 3 Fall 1 BGB:

**1.)** Für das Begehren der R aus den §§ 280 Abs. 1, 437 Nr. 3 Fall 1 BGB muss zunächst ein Schuldverhältnis, namentlich ein **Kaufvertrag** vorliegen (bitte lies: § 280 Abs. 1 Satz 1 BGB und dann den Einleitungssatz von § 437 BGB, dort steht »Käufer«). Hier ist das eigentlich auch kein Problem, denn R und E haben eine Vereinbarung darüber abgeschlossen, dass R die Spülmaschine erhält und diese von E oder seinen Mitarbeitern geliefert und auch angeschlossen wird.

> **Beachte:** Man könnte bei genauem Hinsehen für einen Augenblick am Vorliegen eines Kaufvertrages zweifeln und auf die Idee kommen, dass es sich bei der verspro-

chenen Lieferung und Installation der Spülmaschine um einen Werkvertrag nach § 631 BGB handelt. Wenn die Montage den **Schwerpunkt** der Leistung des Unternehmers bildet, kommt nämlich in der Tat Werkvertragsrecht zur Anwendung (BGH MDR **2018**, 1109; NJW **2013**, 1431). Je mehr die Übertragung von Eigentum und Besitz der zu montierenden Sache im Vordergrund steht, desto eher ist die Annahme eines Kaufvertrags mit Montageverpflichtung geboten. Liegt der Schwerpunkt dagegen auf der Montage- und Bauleistung, etwa auf Einbau und Einpassung einer Sache in eine Räumlichkeit, liegt nach der Rechtsprechung ein Werkvertrag vor. Davon aber kann vorliegend nun nicht wirklich die Rede sein, denn E bietet die Lieferung und Montage kostenfrei, damit sozusagen als »Extraleistung« für seine Kunden. Darin liegt demnach nicht seine Hauptleistungspflicht, für die er den Kaufpreis erhält. Diese Pflicht besteht vielmehr in der Übereignung der Sache – und somit ist in Fällen der vorliegenden Art auch unstreitig Kaufrecht, also die §§ 433 ff. BGB, anwendbar (vgl. BGH NJW-RR **1990**, 787; OLG Düsseldorf NJW-RR **2002**, 200). Dass die bloße Montage nicht zur Annahme eines Werkvertrages ausreicht, ergibt sich Übrigen auch bereits unmittelbar aus § 434 Abs. 2 Satz 1 BGB, denn das Gesetz ordnet die unsachgemäße Montage ja sogar ausdrücklich als kaufrechtlichen Sachmangel ein (*Palandt/Sprau* § 650 BGB Rz. 3).

<u>ZE.:</u> R und E haben einen Kaufvertrag (= Schuldverhältnis) geschlossen.

**2.)** Des Weiteren erforderlich ist gemäß den §§ 280 Abs. 1 Satz 1, 437 Nr. 3 Fall 1 BGB die Mangelhaftigkeit der Kaufsache. Diese Mangelhaftigkeit der Kaufsache ist zwingende Voraussetzung jeder kaufrechtlichen Gewährleistung und indiziert zudem immer auch das Merkmal der Pflichtverletzung im Sinne des § 280 Abs. 1 Satz 1 BGB. Denn bei der Lieferung einer mangelhaften Sache hat der Schuldner stets seine Hauptpflicht aus dem Kaufvertrag gemäß § 433 Abs. 1 Satz 2 BGB verletzt (*Jauernig/Stadler* § 280 BGB Rz. 12).

In Betracht kommt ein Sachmangel nach § 434 Abs. 2 Satz 1 BGB. Die Spülmaschine selbst war in Ordnung, M indes bei der Montage unachtsam, wodurch später der Schimmelfleck entstand. Gemäß § 434 Abs. 2 Satz 1 BGB müsste die vereinbarte Montage durch den Verkäufer oder dessen Erfüllungsgehilfen unsachgemäß durchgeführt worden sein (Gesetz lesen!). Da E selbst nicht gehandelt hat, kommt es für unseren Fall zunächst darauf an, ob der Monteur M der **Erfüllungsgehilfe** des E war. Erfüllungsgehilfen sind gemäß § 278 Satz 1 BGB die Personen, deren man sich zur Erfüllung seiner Verbindlichkeiten bedient. Diese Definition aus § 278 Satz 1 BGB gilt auch für § 434 Abs. 2 Satz 1 BGB (BGH NJW **2012**, 1083; *Bamberger/Roth/Hau/Poseck/Faust* § 434 BGB Rz. 91). Unser E hat sich zur Erfüllung der mit R vertraglich vereinbarten Montage des Monteurs M als Hilfsperson bedient. Und deshalb ist der M Erfüllungsgehilfe nach § 278 Satz 1 BGB bzw. § 434 Abs. 2 Satz 1 BGB. Die Montage durch M müsste nach § 434 Abs. 2 Satz 1 BGB dann zudem auch **unsachgemäß** gewesen sein.

**Definition:** Die Montage ist unsachgemäß im Sinne des § 434 Abs. 2 Satz 1 BGB, wenn sie entweder nicht der Vereinbarung entspricht oder aber dazu führt, dass die Kaufsache sich nicht für die nach dem Vertrag vorausgesetzte oder aber für die

> gewöhnliche Verwendung eignet (*Palandt/Weidenkaff* § 434 BGB Rz. 44; *Gruber* in VuR 2002, 121).

M hat den Wasserzulauf nicht ordnungsgemäß angeschlossen. Dies hat zwar nicht die Maschine selbst beschädigt, indessen aber dazu geführt, dass ein ordnungsgemäßer Betrieb ohne Schädigung anderer Rechtsgüter nicht möglich gewesen ist. Beachte insoweit bitte, dass zur Bejahung eines Sachmangels nach § 434 Abs. 2 BGB nach dem ausdrücklichen Willen des Gesetzgebers **nicht** zwingend erforderlich ist, dass die fehlerhafte Montage zu einer Beschädigung der Kaufsache selbst führt (BT-Drs. 14/6040 Seite 215). Ausreichend ist vielmehr auch, wenn nur die Montage an sich fehlerhaft ist, ohne dass dies zu einer Beeinträchtigung der Beschaffenheit der Sache geführt hat (BT-Drs. 14/6040 Seite 215; *Brox/Walker* BS § 4 Rz. 24). Der § 434 Abs. 2 Satz 1 BGB erfasst mithin auch jede Art von Montagefehlern, im Ergebnis unabhängig von ihrer Wirkung auf die Kaufsache selbst (*Palandt/Weidenkaff* § 434 BGB Rz. 44).

<u>ZE.</u>: Vorliegend war die Montage fehlerhaft und daher unsachgemäß gemäß § 434 Abs. 2 Satz 1 BGB; M hat den Wasserzulauf nicht ordnungsgemäß angeschlossen.

<u>ZE.</u>: Die Spülmaschine hatte mithin einen Sachmangel, war also **mangelhaft** gemäß § 434 BGB. Und daraus folgt, dass auch das Merkmal der Pflichtverletzung im Sinne des § 280 Abs. 1 Satz 1 BGB erfüllt ist; denn – wie oben schon mal erwähnt – beim Vorliegen eines Sachmangels hat der Verkäufer immer seine kaufvertragliche Pflicht zur mangelfreien Lieferung verletzt (*Jauernig/Stadler* § 280 BGB Rz. 12).

**3.)** Im Gegensatz zum Rücktritt und zur Minderung gewährt das Gesetz einen vertraglichen Schadensersatzanspruch grundsätzlich aber nur dann, wenn der Schuldner die Pflichtverletzung auch **zu vertreten** hat. Das folgt aus § 280 Abs. 1 <u>Satz 2</u> BGB, der ein solches Vertretenmüssen ausdrücklich normiert und diesbezüglich eine Vermutung zulasten des Schuldners aufstellt (*Brox/Walker* BS § 4 Rz. 83). Das Vertretenmüssen selbst richtet sich nach § 276 Abs. 1 BGB, und danach hat der Schuldner **Vorsatz** und **Fahrlässigkeit** vertreten.

**Zum Fall:** Der E als Schuldner aus dem Vertrag mit R müsste somit vorsätzlich oder fahrlässig gehandelt haben, was indessen vorliegend sicher **nicht** in Betracht kommt, denn der E hat selbst ja gar nicht gehandelt. Den Einbau der Maschine, bei dem die Schädigung entstand, hat allein der M durchgeführt. Eine Haftung des Schuldners E über § 276 Abs. 1 BGB scheidet demnach aus.

**Aber:** In Betracht kommt für den Schuldner E eine Zurechnung fremden Verschuldens des M über § 278 Satz 1 BGB. Und das haben wir weiter oben sogar schon geprüft: Der M war **Erfüllungsgehilfe** des E beim Einbau der Maschine mit der Folge, dass E sich das Verschulden des M wie eigenes zurechnen lassen muss. Und M selbst hat nach Auskunft des Sachverhaltes »unachtsam« (= fahrlässig im Sinne des § 276 Abs. 2 BGB) gehandelt. Der E muss sich demzufolge gemäß § 278 Satz 1 BGB das fahrlässige Verhalten des M wie eigenes Verschulden zurechnen lassen.

<u>ZE.:</u> Der E hat die durch M begangene Pflichtverletzung gemäß den §§ 278 Satz 1, 276 Abs. 2, 280 Abs. 1 Satz 2 BGB zu vertreten. Damit liegen die geschriebenen Voraussetzungen der §§ 280 Abs. 1 Satz 1, 437 Nr. 3 Fall 1 BGB insgesamt vor und der Anspruch der R gegen E auf Schadensersatz ist demnach entstanden.

> **Feinkostabteilung (schwer!):** Bitte beachte, dass zur Realisierung des Ersatzanspruchs aus den §§ 280 Abs. 1, 437 Nr. 3 Fall 1 BGB **keine Fristsetzung** erforderlich ist, obwohl die vertraglichen Schadensersatzansprüche, insbesondere der Anspruch aus §§ <u>281 Abs. 1,</u> 437 Nr. 3 Fall 1 BGB, diese grundsätzlich voraussetzen (bitte im Gesetz prüfen). Die Fristsetzung ist dort auch sinnvoll, denn diese Ersatzansprüche setzen voraus, dass der Schaden grundsätzlich mit einer Nacherfüllung nach § 439 Abs. 1 BGB behebbar ist. Man spricht insoweit vom sogenannten »Mangelschaden«, also einem Schaden, der dem Kaufgegenstand selbst anhaftet und daraus folgt, dass die Sache beim Kauf nicht so beschaffen war, wie sie sein sollte (*Palandt/Grüneberg* § 280 BGB Rz. 18). In diesem Falle erhält der Verkäufer grundsätzlich erst mal eine Frist zur Nacherfüllung (→ Neulieferung oder Mangelbeseitigung) und muss erst **nach** fruchtlosem Ablauf dieser Frist möglicherweise Schadensersatz nach § 281 Abs. 1 BGB leisten. Der Käufer begehrt mit dem Mangelschaden dann Ersatz für das sogenannte »Äquivalenzinteresse«, das auf die ordnungsgemäße Vertragserfüllung gerichtet ist (*Jauernig/Stadler* § 280 BGB Rz. 12).
>
> Demgegenüber stehen die sogenannten »Mangelfolgeschäden«, die von der Ersatzpflicht nach **§ 280 Abs. 1 Satz 1 BGB** erfasst werden und mit denen es Folgendes auf sich hat: Diese Schäden haften nicht der Kaufsache selbst an, sondern entstehen an anderen Rechtsgütern des Käufers (z.B. wie in unserem Fall). Der Käufer begehrt mit diesem Anspruch nun nicht mehr das eben benannte und allein auf die Vertragserfüllung gerichtete Äquivalenzinteresse, sondern das sogenannte »Integritätsinteresse«, das auf den Bestand und den Erhalt der sonstigen Rechtsgüter des Geschädigten gerichtet ist (*Palandt/Grüneberg* § 280 BGB Rz. 18). Die haftungsrechtliche Besonderheit besteht darin, dass diese, an **anderen** Rechtsgütern als der Kaufsache entstandenen (Folge-)Schäden, da sie durch eine Nacherfüllung niemals beseitigt werden können, logischerweise auch keiner Fristsetzung bedürfen, um ersatzfähig zu sein (was soll in der Frist auch passieren?). Die Mangelfolgeschäden können daher **ohne** Fristsetzung geltend gemacht werden, sofern die Voraussetzungen der §§ 280 Abs. 1, 437 Nr. 3 Fall 1 BGB vorliegen. Merken.

**4.)** Wir gehen jetzt zurück zum konkreten Fall und müssen uns noch fragen, ob die bislang festgestellte Ersatzpflicht des E aus den §§ 280 Abs. 1, 437 Nr. 3 Fall 1 BGB entfällt, weil E möglicherweise seine Haftung wirksam vertraglich ausgeschlossen hat. In Betracht kommt hierfür natürlich die Klausel aus dem mit R geschlossenen Vertrag, wonach E für Schäden aus der Montage keine Haftung übernimmt. Fraglich ist, ob diese Klausel wirksam ist; sie könnte gegen gesetzliche Verbote verstoßen:

**a)** In Betracht kommt hier ein Verstoß gegen **§ 476 Abs. 1 BGB** (aufschlagen!). Danach kann sich ein Verkäufer nicht auf eine Vereinbarung berufen, durch die Gewährleistungsrechte des Käufers ausgeschlossen werden, wenn diese Vereinbarung vor der Mitteilung über den Mangel (durch den Käufer) getroffen worden ist.

Es handelt sich bei dem zwischen E und R geschlossenen Vertrag zwar um einen Verbrauchsgüterkauf im Sinne des § 474 Abs. 1 BGB, denn R ist Verbraucherin (→ § 13 BGB), der E ein Unternehmer (→ § 14 BGB) und die Spülmaschine eine durchaus (wenn auch mit etwas Aufwand) bewegliche Sache. So einfach? Leider nicht ganz. Bitte lies **§ 476 Abs. 3 BGB.**

Gemäß § 476 Abs. 3 BGB kann der Anspruch auf **Schadensersatz** gegen den Verkäufer auch beim Verbrauchsgüterkauf durch AGB oder sonstige Vereinbarung ausgeschlossen oder beschränkt werden. Wenn ein Verkäufer also bei einem Verbrauchsgüterkauf Schadensersatzansprüche ausschließt oder beschränkt, verstößt dies wegen § 476 Abs. 3 BGB **nicht** gegen § 476 Abs. 1 BGB, der gilt nur für die übrigen Rechtsbehelfe wie Minderung und Rücktritt (*Palandt/Weidenkaff* § 476 BGB Rz. 14). Der § 476 Abs. 1 BGB gilt also nicht für Schadensersatzansprüche; diese können – wie gesehen – durch Vereinbarung ausgeschlossen oder beschränkt werden. Freilich nur, wenn die Klausel, so steht es in § 476 Abs. 3 BGB, nicht gegen die **§§ 307–309 BGB** verstößt. Also:

**b)** Fraglich ist, ob der Haftungsausschluss gegen §§ 307–309 BGB verstößt. Dies setzt zunächst voraus, dass es sich bei der Klausel um »Allgemeine Geschäftsbedingungen« im Sinne der §§ 305 ff. BGB handelt.

---

**Durchblick:** Die Wirksamkeit von Klauseln, die in Allgemeinen Geschäftsbedingungen (AGB) stehen, prüft man grundsätzlich bitte in folgender Reihenfolge:

| | |
|---|---|
| **1.)** Liegen überhaupt AGB vor? | (§ 305 Abs. 1 BGB) |
| **2.)** Sind die AGB Vertragsbestandteil geworden? | (§ 305 Abs. 2 BGB) |
| **3.)** Gibt es eine vorrangige individuelle Vertragsabrede? | (§ 305b BGB) |
| **4.)** Handelt es sich um eine überraschende Klausel? | (§ 305c Abs. 1 BGB) |
| **5.)** Ist die Klausel inhaltlich wirksam? | (§§ 307–309 BGB) |

Besteht bei den verwendeten AGB eine Abweichung vom Gesetzeswortlaut (und so ist das immer!), prüft man nach dem Abhaken der Nummern 1–4 dann **inhaltlich** (→ Schwerpunkt in Prüfungsarbeiten) der Reihe nach die §§ 309, 308, 307 BGB durch und hält die gerade genannte Reihenfolge (309–307) bitte immer ein. Das macht Sinn, denn die drei Vorschriften stehen in einem **Stufenverhältnis**: Der § 309 BGB ist die speziellste Norm, insbesondere **ohne** Wertungs- bzw. Abwägungsmöglichkeiten; der § 308 BGB hat demgegenüber zwar auch spezielle Klauselverbote, beinhaltet dazu aber Abwägungsmöglichkeiten (lies insoweit z.B. § 308 Nr. 1 BGB, dort stehen die Worte »unangemessen lange« → Auslegungs- bzw. Abwägungsfrage); der § 307 BGB schließlich ist eine Generalklausel (lies § 307 Abs. 1 BGB) und greift nur ein, wenn die anderen beiden nix hergeben (BGH NJW **2017**, 1301; **2014**, 854; MDR **2014**, 1375; *Palandt/Grüneberg* § 307 BGB Rz. 1). In Klausuren also bitte immer brav die genannte Reihenfolge einhalten, im Zweifel findet man die Lösung übrigens zumeist in § 309 BGB, wobei das wegen der gnadenlosen Länge der Norm leider kein Spaß ist. Man hat tatsächlich keine andere Wahl, als das Gesetz zu lesen und die entsprechende Passage zu suchen.

Zu beachten ist schließlich noch der sehr häufig von den Kandidaten übersehene § 310 Abs. 1 und Abs. 2 BGB, wonach unter anderem die §§ 308, 309, 305 Abs. 2 und 3 BGB ausgeschlossen sind, sofern es sich um AGB handelt, die gegenüber **Unternehmern** und juristischen Personen (AG, GmbH) verwendet werden. Die §§ 308, 309 BGB haben in diesem Fall allerdings **Indizwirkung** für den bei der Klauselkontrolle allein anzuwendenden § 307 BGB. Fällt eine Klausel in AGB gegenüber Verbrauchern unter § 309 BGB, deutet dies nach der Rechtsprechung des BGH darauf hin, dass sie auch gegenüber Unternehmern zu einer unangemessenen Benachteiligung führt und mithin unwirksam ist (vgl. BGH NJW **2007**, 3774). Gemäß § 310 Abs. 3 Nr. 2 BGB können einseitig gestellte Vertragsbedingungen übrigens abweichend vom Normalfall schon dann unter die §§ 305 ff. BGB fallen, wenn sie nur zur einmaligen Verwendung bestimmt sind, sofern es sich um einen Verbrauchervertrag (Definition steht im § 310 Abs. 3 BGB!) handelt. Merken.

**Feinkost:** Besonders motivierte Kandidaten merken sich bitte zusätzlich noch, dass es sich auch dann um »für eine Vielzahl von Verträgen vorformulierten Vertragsbedingungen« (lies: § 305 Abs. 1 **Satz 1** BGB) handelt, wenn keine der Parteien die Vorformulierung selbst in die Hand genommen hat, sondern ein Vertragsmuster oder Formular verwendet wird, dass von einem **Dritten** (ADAC, Mieterschutzbund, Versicherungsunternehmen, Notar, usw.) vorformuliert wurde und dabei die mehrmalige Verwendung beabsichtigt war. Allerdings scheidet ein (einseitiges) »Stellen« (vgl. § 305 Abs. 1 Satz 1 BGB, letztes Wort) von Vertragsbedingungen aus, wenn die Bedingungen des Vertrags von den Parteien »im Einzelnen ausgehandelt« sind (lies: § 305 Abs. 1 **Satz 3** BGB). Und das gilt auch, wenn die Parteien **gemeinsam**, vereinbaren, ein Formular (= vorformulierte Vertragsbedingungen) zu verwenden und sich den Vertragstext damit frei aussuchen (BGH NJW **2010**, 1131). Die Voraussetzungen von § 305 Abs. 1 Satz 1 BGB sind in diesen Fällen **nicht** erfüllt, sodass die AGB-Prüfung schon nach Nummer 2 (siehe den Kasten oben) beendet werden kann. Hintergrund ist, dass mit den §§ 305 ff. BGB (nur) denjenigen Vertragsparteien geschützt werden sollen, denen Bedingungen einseitig von ihren Vertragspartnern aufdiktiert werden. Besteht aber die Gelegenheit, im Rahmen der Vertragsverhandlungen eigene Textvorschläge zu machen und diese auch durchzusetzen, besteht für diesen Schutz kein Bedarf. Das bitte abspeichern!

**Zum Fall:** Wir ersparen uns bei der vorliegenden Geschichte eine vertiefte Auseinandersetzung mit den oben genannten Nummern 1–4 und wollen angesichts der Schilderung im Fall vielmehr davon ausgehen, dass es sich um ordnungsgemäß in den Vertrag eingeführte AGB handelt. Von Interesse bleibt für uns dann nur die inhaltliche Prüfung, also die Frage, ob die gewählte Klausel zunächst einmal gegen ein Verbot aus § 309 BGB verstößt (vgl. etwa BGH NJW **2013**, 2584). Wenn dem so wäre, wäre das Ding **unwirksam**, insbesondere ohne Auslegungs- oder Abwägungsmöglichkeit (*Brox/Walker* AS § 4 Rz. 48). Und insoweit wollen wir es zur Vermeidung von lähmenden Suchaktionen kurz machen und feststellen: Die vorliegende Klausel, wonach E sämtliche Schadensersatzansprüche und auch die Gewährleistung ausschließt, ist selbstredend unwirksam. Sie verstößt sowohl gegen § 309 Nr. 7 a) BGB (vgl. dazu BGH NJW **2013**, 3570) als auch gegen **§ 309 Nr. 8 a) und b) aa) BGB** (aufschlagen!).

**ZE.:** Der vollständige Haftungsausschluss ist nach § 309 BGB unwirksam. Damit ist der Anspruch auf Schadensersatz aus den §§ 280 Abs. 1, 437 Nr. 3 Fall 1 BGB durch die Klausel im Vertrag **nicht** ausgeschlossen.

### Anspruch verjährt?

Über die Verjährung des Anspruchs müssen wir angesichts der Sachverhaltsgestaltung natürlich noch reden, immerhin ist die ganze Geschichte mit dem fehlerhaften Einbau ja schon über zwei Jahre her. Die Frage nach der Verjährung behandelt rein dogmatisch übrigens das Problem der **Durchsetzbarkeit** eines Anspruchs und gehört immer an das Ende der Prüfung. Im Rahmen dieser Durchsetzbarkeit werden die sogenannten »rechtshemmenden Einreden« des Schuldners erörtert. Das Besondere an diesen Einreden ist, dass man, will man sich darauf berufen, sie tatsächlich geltend machen muss. Das Gericht prüft etwa die Einrede der Verjährung nur dann, wenn man sich dahingehend auch geäußert hat (BGHZ **1**, 239; OLG Düsseldorf NJW **1991**, 2089; *Larenz*/Wolf § 18 Rz. 67). Tut man das nicht, spricht das Gericht auch dann einen Anspruch zu, wenn dieser beispielsweise seit zehn Jahren verjährt ist! In einer Klausur also bitte stets sehr sorgfältig darauf achten, ob die insoweit berechtigte Partei sich auch entsprechend geäußert hat; wenn nicht, kann die Prüfung unterbleiben, oder aber es muss nach durchgeführter Prüfung in jedem Falle darauf hingewiesen werden, dass eine Geltendmachung nötig ist. Wichtig, bitte merken.

**Zum Fall:** Hier bei uns ist zumindest das mit der Erklärung kein Problem, denn E hat sich auf die Einrede der Verjährung ausdrücklich berufen. Wäre der Anspruch nun tatsächlich auch inhaltlich verjährt, hätte dies gemäß **§ 214 Abs. 1 BGB** zur Folge, dass E berechtigt war und im Übrigen dann auch für immer bleibt, die geforderte Leistung (hier: Schadensersatz) zu **verweigern** (bitte lies: § 214 Abs. 1 BGB).

> **Durchblick:** In **§ 194 Abs. 1 BGB** ist geregelt, **was** der Verjährung unterliegt, nämlich **Ansprüche** (bitte reinschauen). Die **Rechtsfolgen** der eingetretenen Verjährung ergeben sich aber aus **§ 214 BGB**, und da steht in Abs. 1 drin, dass derjenige, der sich auf die Verjährung beruft, dazu berechtigt ist, »die Leistung zu verweigern«. Und deswegen zieht man in einer Prüfungsarbeit, in der es um Verjährungsfragen geht, grundsätzlich den § 214 BGB als ersten Ausgangspunkt der Überlegungen heran. Die Prüfung der Verjährung beginnt also nicht mit der inhaltlichen Erörterung der Verjährungsfrist, sondern zeigt dem Leser erst, welche möglichen **Rechtsfolgen** der Eintritt der Verjährung haben kann. Man schreibt das dann in etwa so: »Fraglich ist abschließend, ob der Anspruch des X gegen Y aus den §§ ... BGB auf Zahlung von 10.000 Euro auch durchsetzbar ist. Dies könnte im vorliegenden Fall daran scheitern, dass dem Y wegen der von ihm geltend gemachten Verjährung ein Leistungsverweigerungsrecht aus § 214 Abs. 1 BGB zusteht. Ein solches Leistungsverweigerungsrecht aus § 214 Abs. 1 BGB setzt neben

> der Geltendmachung voraus, dass der in Frage stehende Anspruch verjährt ist. In Betracht kommt die Verjährungsfrist aus § … BGB.«

**Zum Fall:** Wir müssen also feststellen, ob dem E ein Leistungsverweigerungsrecht aus § 214 Abs. 1 BGB zusteht, was dann der Fall ist, wenn der von R geltend gemachte Schadensersatzanspruch **verjährt** ist.

Normalerweise beurteilt sich die Verjährung nach den §§ 195, 199 BGB. Die in § 195 BGB genannte regelmäßige Verjährungsfrist beträgt **drei** Jahre. Im Kaufrecht gilt diesbezüglich nun allerdings eine sehr wichtige **Besonderheit,** und die steht in § 438 Abs. 1 Nr. 3 BGB (aufschlagen!). Demnach verjähren die in § 437 Nr. 1 und 3 BGB bezeichneten Ansprüche nämlich schon in **zwei** Jahren. Und diese Frist beginnt bei beweglichen Sachen mit der Ablieferung, § 438 Abs. 2 BGB. Als die R von E den Ersatz ihres Schadens fordert (März 2018), sind seit der Ablieferung der Spülmaschine (Januar 2016) schon mehr als zwei Jahre verstrichen. Unterläge die Schadensersatzforderung der R der kaufrechtlichen Sonderverjährung des § 438 Abs. 1 Nr. 3 BGB, wäre also bereits die Verjährung eingetreten und der Anspruch damit nicht mehr durchsetzbar (vgl. etwa BGH NJW **2014**, 845).

Das ist allerdings noch nicht das letzte Wort: Denn ob auch der Anspruch auf Ersatz des hier in Frage stehenden **Mangelfolgeschadens** unter § 438 Abs. 1 Nr. 3 BGB subsumiert werden kann, ist außerordentlich umstritten:

- Teilweise wird vertreten, dass bei Mangelfolgeschäden die zweijährige Verjährungsfrist des § 438 Abs. 1 Nr. 3 BGB nicht gelte: Die haftungsbegründende Pflichtverletzung liege nämlich in der Verletzung **quasi-deliktischer** Schutzpflichten, die mit der Schlechterfüllung der vertraglichen Hauptleistungspflicht nur rein zufällig zusammenfalle. Die verjährungstechnische Behandlung der Mangelfolgeschäden, die über die §§ 280 Abs. 1, 437 Nr. 3 Fall 1 BGB zu ersetzen sind, bemesse sich daher nicht nach kaufrechtlichen Sonderregeln (→ § 438 Abs. 1 Nr. 3 BGB), sondern nach dem allgemeinen Verjährungsrecht, da es sich de facto um eine Verletzung des **Integritätsinteresses** handele, für die das Kaufrecht keine angemessene Verjährungsregelung darstelle (*Medicus/Lorenz* SR II Rz. 211; *Mankowski* in JuS 2006, 481; *Fliegner* in JR 2002, 314, 321 Fußn. 75; *Wagner* in JZ 2002, 475, 478 f.; *Brüggemeier* in WM 2002, 1376, 1382).

- Eine andere (inzwischen herrschende) Auffassung geht indessen davon aus, dass auch vertragliche Schadensersatzansprüche, die auf den Ersatz von Mangelfolgeschäden gerichtet sind, in den Anwendungsbereich von § 438 BGB fallen. Hierfür spreche vor allem, dass der Gesetzgeber mit § 438 BGB eine Sondervorschrift habe schaffen wollen, um die vertragliche Haftung des Verkäufers einer mangelhaften Sache wegen **aller** Ansprüche berechenbar zu machen und zeitlich einzuschränken. Die Anwendung des allgemeinen Verjährungsrechts liefe dieser Intention des Gesetzgebers zuwider. Mögliche deliktsrechtliche und auf das Integritätsinteresse gerichtete Ansprüche aus den **§§ 823 ff. BGB** könnten dann immer noch in dreijähriger Verjährungsfrist gemäß § 195 BGB geltend gemacht werden, sodass der Gläubiger insoweit keinesfalls schutzlos oder beeinträchtigt dastehe (OLG München NJW **2015**, 3314; *Erman/Grunewald* § 438 BGB Rz. 1; *Staudinger*/Matusche-*Beckmann* § 438 BGB Rz. 30; NK/Büdenbinder § 438 BGB Rz. 11; PWW/*Schmidt* § 438 BGB Rz. 6; MüKo/*Westermann* § 438 BGB Rz. 9; *Gsell* in JZ 2002, 1089; Ball in ZGS 2002, 49, 53; *Mansel* in NJW 2002, 89, 95; *Bamberger/Roth/Hau/Poseck/Faust* § 438 BGB Rz. 9; *Palandt/Weidenkaff* § 438 BGB Rz. 11).

Welcher der Auffassungen man den Vorzug gewährt, ist im besten Sinne des Wortes »gleichgültig«. Wir wollen uns der zuletzt genannten Meinung anschließen und dabei das Argument verwenden, dass der Gesetzgeber die Verjährung betreffend in § 438 BGB tatsächlich eine abschließende Regelung für vertragliche Ansprüche des Käufers schaffen wollte. Dem Gläubiger bleibt es weiterhin unbenommen, mögliche Ersatzansprüche aus den §§ 823 ff. BGB in der Frist des § 195 BGB geltend zu machen und damit sein Integritätsinteresse zu schützen. Kaufvertragliche Ansprüche auf Ersatz von Mangelfolgeschäden verjähren somit gemäß § 438 Abs. 1 Nr. 3 BGB in zwei Jahren.

<u>ZE.</u>: Dem Schadensersatzanspruch der R gegen E aus den §§ 280 Abs. 1, 437 Nr. 3 Fall 1 BGB steht das von E ausgeübte Leistungsverweigerungsrecht aus § 214 Abs. 1 BGB entgegen. Der Anspruch ist demnach nicht durchsetzbar.

**Ergebnis:** R hat gegen E keinen Anspruch auf Zahlung von Schadensersatz in Höhe von 1500 Euro aus §§ 280 Abs. 1, 437 Nr. 3 Fall 1 BGB.

<u>AGL.</u>: **§ 831 Abs. 1 Satz 1 BGB (Haftung für den Verrichtungsgehilfen)**

So, in den § 831 Abs. 1 BGB schauen wir noch kurz rein, wir haben ja eben schon mal gesagt, dass in den Fällen der Entstehung von Mangelfolgeschäden neben den vertraglichen Schadensersatzansprüchen durchaus auch noch Ansprüche aus Delikt (§§ 823 ff. BGB) bestehen können. Im vorliegenden Fall müssen wir insoweit allerdings zunächst mal darauf achten, dass ein Anspruch der R gegen E aus § 823 Abs. 1 BGB selbst **nicht** in Betracht kommt, denn den Schaden hat nicht der E, sondern der M verursacht. Einen Anspruch der R gegen E gibt es daher – wenn überhaupt – nur über **§ 831 Abs. 1 Satz 1 BGB**, der Haftung für den Verrichtungsgehilfen. Dieser Anspruch scheitert aber daran, dass der M nach Auskunft des Sachverhaltes »über zehn Jahre fehlerlos für E tätig war«, was soviel bedeutet wie: E kann sich auf die Exkulpation nach § 831 Abs. 1 <u>Satz 2</u> BGB (lesen!) berufen.

**Ergebnis:** Eine Haftung des E gegenüber R für den von M verursachten Schaden bei der Montage der Spülmaschine ist auch nicht aus § 831 Abs. 1 Satz 1 BGB begründet. E kann sich gemäß § 831 Abs. 1 Satz 2 BGB exkulpieren. Und da andere Anspruchsgrundlagen vorliegend nicht ersichtlich sind, geht R insgesamt leer aus.

## Noch ein kurzer Nachschlag zum Fall

Wie wir gesehen haben, regelt § 438 Abs. 1 BGB die Sonderverjährung im Kaufrecht. Und dort steht drin, was mit den Ansprüchen aus § 437 Nr. 1 und 3 BGB passiert. Bei genauer Betrachtung bleibt allerdings jetzt noch eine Frage übrig, **nämlich:** Was geschieht eigentlich mit den Rechtsbehelfen aus § 437 <u>Nr. 2</u> BGB?

**Antwort:** Zunächst wollen wir uns bitte vergegenwärtigen, dass in § 437 Nr. 2 BGB überhaupt keine **Ansprüche** geregelt sind, sondern **Rechte**, und zwar das Rücktrittsrecht und das Minderungsrecht. Und deswegen ist § 438 Abs. 1 BGB vom Gesetzgeber auch so abgefasst, wie er da steht. Verjähren können – wie weiter oben schon mal erwähnt – nur **Ansprüche**; das steht in § 194 Abs. 1 BGB wörtlich so drin. (Gestaltungs-)Rechte wie die Minderung und der Rücktritt unterliegen deshalb grundsätzlich keiner Verjährung. Von diesem Grundsatz gibt es aber Ausnahmen, und dass das hier beim Rücktritt und der Minderung auch so sein muss, liegt auf der Hand: Anderenfalls könnte der Käufer theoretisch noch nach 132 Jahren vom Vertrag zurücktreten, wenn er eine mangelhafte Sache geliefert bekommen hat. Das kann selbstverständlich nicht sein. Und weil der Gesetzgeber das auch so sieht, existiert eine Norm, die das verjährungstechnische Schicksal von Gestaltungsrechten bestimmt.

Wir lesen bitte: § 218 BGB Abs. 1 Satz 1 BGB.

Der Rücktritt ist demnach **unwirksam**, wenn entweder der Anspruch auf die Leistung **oder** der Nacherfüllungsanspruch verjährt ist. Und weil man laut § 437 Nr. 2 BGB entweder Rücktritt **oder** Minderung – jeweils unter den gleichen Voraussetzungen – erklären kann, ist diese Regelung unstreitig auch für das Minderungsrecht verbindlich (*Palandt/Weidenkaff* § 438 BGB Rz. 17). Im Übrigen ergibt sich die Anwendbarkeit von § 218 BGB auch zwanglos aus dem Gesetz, genauer gesagt aus § 438 **Abs. 4 Satz 1** BGB (für den Rücktritt) und § 438 **Abs. 5** BGB (für die Minderung). Es besteht demnach eine Kopplung der Verjährung der **Rechte** an die Verjährung der **Ansprüche**. Im Zweifel kann also der Käufer nach Ablauf von zwei Jahren aus dem Kaufvertrag wegen eines Mangels weder Ansprüche geltend machen noch Rechte ausüben, also mindern oder zurücktreten (*Jauernig/Berger* § 438 BGB Rz. 9).

# Gutachten

**R kann gegen E einen Anspruch auf Zahlung von 1.500 Euro aus den §§ 280 Abs. 1, 437 Nr. 3 Fall 1 BGB haben.**

**1.)** Für das Begehren der R aus den §§ 280 Abs. 1, 437 Nr. 3 Fall 1 BGB muss ein Schuldverhältnis, namentlich ein Kaufvertrag vorliegen. R und E haben eine Vereinbarung darüber abgeschlossen, dass R die Spülmaschine erhält und diese von E oder seinen Mitarbeitern geliefert und angeschlossen wird. Diese Einigung kann auch einen Werkvertrag nach § 631 BGB zum Gegenstand gehabt haben, sofern die Montage den Schwerpunkt der Leistung des Unternehmers bildet. Hier hat E die Lieferung und Montage jedoch kostenfrei angeboten. Seine Hauptleistungspflicht sollte vielmehr in der Übereignung der Sache bestehen. Somit ist Kaufrecht anwendbar. R und E haben einen Kaufvertrag geschlossen. Das für § 280 Abs. 1 BGB erforderliche Schuldverhältnis liegt damit vor.

**2.)** Des Weiteren erforderlich ist gemäß § 437 BGB die Mangelhaftigkeit der Kaufsache. Liegt diese vor, so ist gleichzeitig auch das Merkmal der Pflichtverletzung aus § 280 Abs. 1 Satz 1 BGB erfüllt, denn bei der Lieferung einer mangelhaften Sache hat der Schuldner stets seine Pflicht aus dem Kaufvertrag verletzt. In Betracht kommt ein Sachmangel nach § 434 Abs. 2 Satz 1 BGB. Die Spülmaschine selbst war in Ordnung, M indessen bei der Montage unachtsam, wodurch dann später der Schimmelfleck entstand. Gemäß § 434 Abs. 2 Satz 1 BGB müsste die vereinbarte Montage durch den Verkäufer oder dessen Erfüllungsgehilfen unsachgemäß durchgeführt worden sein. Da E selbst nicht gehandelt hat, kommt es zunächst darauf an, ob der Monteur M der Erfüllungsgehilfe des E war. Erfüllungsgehilfen sind gemäß § 278 Satz 1 BGB die Personen, deren sich der Schuldner zur Erfüllung seiner Verbindlichkeit bedient. Diese Definition aus § 278 Satz 1 BGB gilt auch für § 434 Abs. 2 Satz 1 BGB. E hat sich zur Erfüllung der mit R vertraglich vereinbarten Montage des Monteurs M als Hilfsperson bedient. Deshalb ist M Erfüllungsgehilfe nach § 278 Satz 1 BGB bzw. § 434 Abs. 2 Satz 1 BGB. Die Montage durch M müsste nach § 434 Abs. 2 Satz 1 BGB dann zudem auch unsachgemäß gewesen sein. Die Montage ist unsachgemäß im Sinne des § 434 Abs. 2 Satz 1 BGB, wenn sie entweder nicht der Vereinbarung entspricht oder aber dazu führt, dass die Kaufsache sich nicht für die nach dem Vertrag vorausgesetzte oder aber für die gewöhnliche Verwendung eignet. M hat den Wasserzulauf nicht ordnungsgemäß angeschlossen. Dies hat zwar nicht die Maschine selbst beschädigt, indessen dazu geführt, dass ein ordnungsgemäßer Betrieb ohne Schädigung anderer Rechtsgüter nicht möglich gewesen ist. Die Montage war daher fehlerhaft und mithin unsachgemäß im Sinne des § 434 Abs. 2 Satz 1 BGB. Die Spülmaschine war also mangelhaft gemäß § 437 BGB. Aufgrund des festgestellten Sachmangels lag auch eine Pflichtverletzung im Sinne des § 280 Abs. 1 Satz 1 BGB vor.

**3.)** Nach § 280 Abs. 1 Satz 2 BGB muss der Schuldner die Pflichtverletzung auch zu vertreten haben. Das Vertretenmüssen richtet sich nach § 276 Abs. 1 BGB. Danach hat der Schuldner Vorsatz und Fahrlässigkeit vertreten. E als Schuldner aus dem Vertrag mit R müsste somit vorsätzlich oder fahrlässig gehandelt haben. E hat indes selbst gar nicht gehandelt. Den Einbau der Maschine, bei dem die Schädigung entstand, hat allein der M durchgeführt. Eine Haftung des Schuldners E über § 276 Abs. 1 BGB scheidet demnach aus. In Betracht kommt für den Schuldner E jedoch eine Zurechnung fremden Verschuldens des M über § 278 Satz 1 BGB. M war Erfüllungsgehilfe des E beim Einbau der Maschine mit der Folge, dass E sich das Verschulden des M wie eigenes zurechnen lassen muss. Und M selbst hat »unachtsam«, also fahrlässig im Sinne des § 276 Abs. 2 BGB, gehandelt. E muss sich das fahrlässige Verhalten des M somit gemäß § 278 Satz 1 BGB wie eigenes Verschulden zurechnen lassen. E hat die durch M begangene Pflichtverletzung gemäß den §§ 278 Satz 1, 276 Abs. 2, 280 Abs. 1 Satz 2 BGB zu vertreten. Damit liegen die Voraussetzungen der §§ 280 Abs. 1 Satz 1, 437 Nr. 3 Fall 1 BGB insgesamt vor.

**4.)** Fraglich ist, ob die Ersatzpflicht des E aus den §§ 280 Abs. 1, 437 Nr. 3 BGB entfällt, weil E möglicherweise seine Haftung wirksam vertraglich ausgeschlossen hat. In Betracht kommt hierfür die Klausel aus dem mit R geschlossenen Vertrag, wonach E für Schäden aus der Montage keinerlei Haftung übernimmt. Fraglich ist, ob diese Klausel wirksam ist.

**a)** In Betracht kommt insoweit zunächst § 476 Abs. 1 Satz 1 BGB. Zwar handelt es sich bei dem zwischen E und R geschlossenen Vertrag um einen Verbrauchsgüterkauf im Sinne des § 474 Abs. 1 BGB, allerdings greift vorliegend § 476 Abs. 3 BGB ein, wonach der Anspruch auf Schadensersatz ausgeschlossen oder beschränkt werden darf.

**b)** In Betracht kommt darüber hinaus ein Verstoß gegen die §§ 305 ff. BGB. Es handelt sich bei der Klausel um AGB im Sinne von § 305 Abs. 1 BGB, die auch nach § 305 Abs. 2 BGB Vertragsbestandteil geworden sind. Vorrangige individuelle Vertragsabreden gemäß § 305b BGB sind nicht ersichtlich. Die Klausel ist auch nicht überraschend (§ 305c Abs. 1 BGB). Fraglich ist jedoch, ob sie gegen ein Verbot aus § 309 BGB verstößt. Die Regelung, wonach E sämtliche Schadensersatzansprüche und auch die Gewährleistung ausschließt, verstößt sowohl gegen § 309 Nr. 7 a) BGB als auch gegen § 309 Nr. 8 a) und b) aa) BGB. Der vollständige Haftungsausschluss ist daher nach § 309 BGB unwirksam. Somit ist der Anspruch auf Schadensersatz aus den §§ 280 Abs. 1, 437 Nr. 3 Fall 1 BGB durch die Klausel im Vertrag nicht ausgeschlossen. Fraglich ist abschließend, ob der Anspruch des R gegen E auch durchsetzbar ist. Dies kann scheitern, wenn E wegen der von ihm geltend gemachten Verjährung ein Leistungsverweigerungsrecht aus § 214 Abs. 1 BGB zusteht. Ein solches Leistungsverweigerungsrecht aus § 214 Abs. 1 BGB setzt neben der Geltendmachung voraus, dass der in Frage stehende Anspruch verjährt ist. Grundsätzlich beurteilt sich die Verjährung nach den §§ 195, 199 BGB. Die in § 195 BGB genannte regelmäßige Verjährungsfrist beträgt drei Jahre. Im Kaufrecht gilt diesbezüglich als Sondervorschrift § 438 Abs. 1 Nr. 3 BGB. Danach verjähren die in § 437 Nr. 1 und 3 BGB bezeichneten Ansprüche bereits innerhalb von zwei Jahren. Diese Frist beginnt bei beweglichen Sachen mit der Ablieferung, § 438 Abs. 2 BGB. Als die R von E den Ersatz ihres Schadens fordert (März 2018), sind seit der Ablieferung der Spülmaschine (Januar 2016) schon mehr als zwei Jahre verstrichen. Unterläge die Schadensersatzforderung der R der kaufrechtlichen Sonderverjährung des § 438 Abs. 1 Nr. 3 BGB, wäre also bereits die Verjährung eingetreten und der Anspruch damit nicht mehr durchsetzbar. Ob auch der Anspruch auf Ersatz von dem hier in Frage stehenden Mangelfolgeschaden unter § 438 Abs. 1 Nr. 3 BGB subsumiert werden kann, ist umstritten. Teilweise wird vertreten, dass bei Mangelfolgeschäden die zweijährige Verjährungsfrist des § 438 Abs. 1 Nr. 3 BGB nicht gelte: Die haftungsbegründende Pflichtverletzung liege nämlich in der Verletzung quasi-deliktischer Schutzpflichten, die mit der Schlechterfüllung der vertraglichen Hauptleistungspflicht nur rein zufällig zusammenfalle. Die verjährungstechnische Behandlung der Mangelfolgeschäden, die über die §§ 280 Abs. 1, 437 Nr. 3 Fall 1 BGB zu ersetzen sind, bemesse sich daher nicht nach kaufrechtlichen Sonderregeln, sondern nach dem allgemeinen Verjährungsrecht, da es sich de facto um eine Verletzung des Integritätsinteresses handele, für die das Kaufrecht keine angemessene Verjährungsregelung darstelle. Eine andere Auffassung geht davon aus, dass auch vertragliche Schadensersatzansprüche, die auf den Ersatz von Mangelfolgeschäden gerichtet sind, in den Anwendungsbereich von § 438 BGB fallen. Hierfür spreche vor allem, dass der Gesetzgeber mit § 438 BGB eine Sondervorschrift habe schaffen wollen, um die vertragliche Haftung des Verkäufers einer mangelhaften Sache wegen aller Ansprüche berechenbar zu machen und zeitlich einzuschränken. Die Anwendung des allgemeinen Verjährungsrechts liefe dieser Intention des Gesetzgebers zuwider.

Die Meinungen führen zu unterschiedlichen Ergebnissen, weswegen der Meinungsstreit zu entscheiden ist. Nur die zweitgenannte Meinung berücksichtigt, dass der Gesetzgeber die Verjährung betreffend in § 438 BGB tatsächlich eine abschließende Regelung für vertragliche Ansprüche des Käufers schaffen wollte. Dem Gläubiger bleibt es weiterhin unbenommen, mögliche Ersatzansprüche aus den §§ 823 ff. BGB in der Frist des § 195 BGB geltend zu machen und damit sein Integritätsinteresse zu schützen. Kaufvertragliche Ansprüche auf Ersatz von Mangelfolgeschäden verjähren somit gemäß § 438 Abs. 1 Nr. 3 BGB in zwei Jahren. Dem Schadensersatzanspruch der R gegen E aus den §§ 280 Abs. 1, 437 Nr. 3 Fall 1 BGB steht das von E ausgeübte Leistungsverweigerungsrecht aus § 214 Abs. 1 BGB entgegen. Der Anspruch ist demnach nicht durchsetzbar.

**Ergebnis**: R hat gegen E keinen Anspruch auf Zahlung von Schadensersatz in Höhe von 1.500 Euro aus §§ 280 Abs. 1, 437 Nr. 3 Fall 1 BGB.

**R kann gegen E einen Anspruch auf Zahlung von 1.500 Euro aus § 831 Abs. 1 Satz 1 BGB haben.**

Zwar liegt eine kausale und rechtswidrige Rechtsgutsverletzung vor, jedoch war M nach Auskunft des Sachverhaltes »über zehn Jahre fehlerlos für E tätig«. E kann sich daher nach § 831 Abs. 1 Satz 2 BGB exkulpieren, sodass es am erforderlichen Verschulden fehlt.

**Ergebnis**: R hat gegen E keinen Anspruch auf Zahlung von Schadensersatz in Höhe von 1.500 Euro aus § 831 Abs. 1 Satz 1 BGB.

# Fall 22

# Wisch-Wasch

Rechtsstudent R hat keine Lust mehr auf Jura und betreibt jetzt in Köln gewerbsmä-ßig einen Waschsalon. Als Ende November eine seiner Maschinen den Geist aufgibt, kauft R beim Elektrogroßhändler V eine neue Waschmaschine zum Preis von 2.000 Euro. V liefert am 03.12. und R bezahlt den Kaufpreis bei der Übergabe. Bei der ersten Inbetriebnahme stellt R wenige Stunden später dann fest, dass die Schleuder-taste nicht funktionstauglich ist. R kann die Maschine deshalb nicht wie vorgesehen am nächsten Tag seinen Kunden zur Verfügung stellen. Er schickt V sofort eine E-Mail und fordert ihn auf, bis zum 15.12. ein Ersatzgerät zu liefern. Die E-Mail geht V allerdings wegen eines technischen Problems des Internetanbieters erst am 08.12. nachmittags zu. Da V am nächsten Tag in den Skiurlaub verreisen möchte und noch einige Besorgungen zu machen hat, unternimmt er nichts. R verlangt am 03.01. von V Erstattung des Kaufpreises und Ersatz der Betriebsausfallkosten in Höhe von 150 Euro pro Werktag vom 03.12. bis zum 03.01. Der V weigert sich und meint, er habe die Maschine in diesem Zustand vom Hersteller bezogen und nur an R weiter-geleitet. Er könne somit nichts dafür, dass die Maschine nicht schleudere.

Rechtslage?

---

**Schwerpunkte:** Der Rücktritt vom Vertrag wegen Mangelhaftigkeit der Kaufsache; Voraussetzungen eines Schadensersatzanspruchs neben der Leistung; die Regel des § 325 BGB; Bezugspunkt der Pflichtverletzung bei mangelhafter Leistung; Be-zugspunkt des Vertretenmüssens im Rahmen des § 280 Abs. 1 Satz 2 BGB; der Be-griff des Betriebsausfallschadens; Beweislastregel des § 280 Abs. 1 Satz 2 BGB.

---

## Lösungsweg

### Anspruch des R gegen V auf Rückzahlung des Kaufpreises

**Vorbemerkung:** Wird bei der Mangelhaftigkeit der Kaufsache vom Gläubiger neutral die Rückforderung des Kaufpreises verlangt, können theoretisch zwei Anspruchs-grundlagen in Betracht kommen: Und zwar einmal der Rücktritt nach den §§ 437 Nr. 2 Fall 1, 323 Abs. 1, 346 BGB und zum anderen der Schadensersatzanspruch statt der Leistung aus den §§ 437 Nr. 3, 280 Abs. 1 und 3, 281 Abs. 1 BGB. Der Kaufpreis ist nämlich stets zugleich auch der »Mindestschaden« im Rahmen des sogenannten

»großen Schadensersatzes« über § 281 BGB (*Staudinger*/Schwarze § 280 BGB Rz. E 117). Das mit dem großen Schadensersatzanspruch muss man jetzt nicht direkt verstehen, die Einzelheiten dazu schauen wir uns gleich in der Lösung an. Dass sich ein Anspruch auf Schadensersatz und der Rücktritt keinesfalls gegenseitig ausschließen, ergibt sich übrigens unmittelbar aus **§ 325 BGB** (BGH NJW **2010**, 2426; **2008**, 911). Und mit dem möglichen Rücktritt wollen wir jetzt auch beginnen:

<u>**AGL.:**</u> **§§ 346, 323 Abs. 1, 437 Nr. 2 Fall 1 BGB (Rücktritt vom Vertrag)**

**1.)** Damit R das für die Waschmaschine gezahlte Geld zurückerhalten kann, muss er wirksam vom mit V (unproblematisch) geschlossenen Kaufvertrag zurückgetreten sein. Dies setzt zunächst gemäß § 349 BGB eine **Rücktrittserklärung** voraus. R hat zwar nicht ausdrücklich erklärt, dass er zurücktreten wolle, eine entsprechende Erklärung ist aber auch konkludent durch Rückforderung des Kaufpreises möglich (BGH NJW **2010**, 2503; **1988**, 2877; *Jauernig/Stadler* § 349 BGB Rz. 1). So liegt der Fall hier, denn R hat unmissverständlich zum Ausdruck gebracht, dass er an dem Vertrag nicht weiter festhalten und sein Geld zurückhaben möchte. Darin kann mithin eine Rücktrittserklärung im Sinne des § 349 BGB gesehen werden.

**2.)** Mangels eines vertraglich vereinbarten kommt nur das gesetzliche Rücktrittsrecht nach den §§ 323 Abs. 1, 437 Nr. 2 Fall 1 BGB in Betracht. Damit aus den §§ 323 Abs. 1, 437 Nr. 2 Fall 1 BGB ein Rücktrittsrecht hergeleitet werden kann, müssen die Voraussetzungen dieser Vorschriften erfüllt sein. Hierbei beginnen wir – wie immer – zunächst mit den Voraussetzungen des § 437 BGB (der Einleitungssatz der Norm): Demnach muss der Verkäufer dem Käufer eine **mangelhafte** Sache geliefert haben. Die Mangelhaftigkeit der Kaufsache richtet sich nach § 434 BGB. Demnach ist eine Kaufsache grundsätzlich dann mangelhaft, wenn sie nicht die von den Parteien vertraglich vereinbarte Beschaffenheit aufweist (§ 434 Abs. 1 Satz 1 BGB), sich nicht für die nach dem Vertrag vorausgesetzte Verwendung (§ 434 Abs. 1 Satz 2 Nr. 1 BGB) oder für die gewöhnliche Verwendung eignet (§ 434 Abs. 1 Satz 2 Nr. 2 BGB). Die Waschmaschine konnte vorliegend nicht ordnungsgemäß benutzt werden, weil die Schleudertaste nicht funktionierte.

<u>**ZE.:**</u> Die Waschmaschine war also gemäß § 434 Abs. 1 Satz 2 Nr. 1 BGB **mangelhaft**.

**3.)** Dieser Sachmangel war bereits zum Zeitpunkt des Gefahrüberganges (§ 446 BGB) vorhanden mit der Folge, dass damit die allgemeinen Voraussetzungen des § 437 BGB (Einleitungssatz) vorliegen.

**4.)** Daneben müssen wie immer noch die weiteren Voraussetzungen der Vorschriften geprüft werden, die in § 437 Nr. 2 Fall 1 BGB erwähnt sind. Gemäß § 323 Abs. 1 BGB ist der Rücktritt insbesondere erst möglich, wenn zuvor eine **angemessene Frist** zur Nacherfüllung gesetzt worden ist. Dies hat R getan, und die Frist ist erfolglos verstrichen, V hat gar nicht reagiert.

<u>**ZE.:**</u> Somit liegen alle Voraussetzungen für den Rücktritt vor.

**5.)** Die Gewährleistungsrechte und -ansprüche sind in unserem Fall darüber hinaus auch weder gesetzlich noch vertraglich **ausgeschlossen**.

---

**Feinkostabteilung:** Der R als gewerbsmäßiger Inhaber eines Waschsalons und V als Großhändler sind **Kaufleute** gemäß § 1 HGB (= Handelsgesetzbuch). Deswegen ist der Kaufvertrag, den beide geschlossen haben, auch ein **Handelskauf** gemäß §§ 343, 373 ff. HGB. Und weil das so ist, greift vorliegend die Regelung von § 377 Abs. 2 HGB ein. Danach verliert bei einem Handelskauf der Käufer grundsätzlich (alle) seine Gewährleistungsrechte, wenn er die gekauften Sachen nicht kontrolliert und Mängel, die ihm dabei auffallen, nicht unverzüglich gegenüber dem Verkäufer anzeigt (= sogenannte »Mängelrüge«). Für unseren Fall ändert sich deswegen aber nichts, denn nach dem Sachverhalt hat der gute R ja sofort an V geschrieben und sich beschwert. Damit ist er seiner Rügeobliegenheit nachgekommen und darf gegen V über § 437 BGB vorgehen.

---

**Erg.:** R hat gegen V einen Anspruch auf Rückzahlung des Kaufpreises in Höhe von 2.000 Euro nach den §§ 346 Abs. 1, 323 Abs. 1, 437 Nr. 2 Fall 1 BGB.

<u>**AGL.:**</u> **§§ 280 Abs. 1, Abs. 3, 281 Abs. 1, 437 Nr. 3 Fall 1 BGB (Schadensersatz)**

**1.)** So, jetzt wollen wir uns – wie oben in der Einleitung angedeutet – mal ansehen, ob unser R dasselbe Anspruchsziel (Erstattung der gezahlten 2.000 Euro) auch unter dem Aspekt des Schadensersatzes begründet verlangen kann. Gemäß § 280 Abs. 1 BGB muss hierfür zwischen R und V zunächst einmal ein **Schuldverhältnis** bestehen, was hier in Form eines Kaufvertrages vorliegt.

**2.)** Der § 280 Abs. 1 BGB setzt weiterhin voraus, dass der Schuldner (hier: V) eine Pflicht aus diesem Schuldverhältnis verletzt hat. Aus dem Kaufvertrag resultierte für V die Pflicht zur Übergabe und Übereignung der Waschmaschine. Das ist aber noch nicht alles: Im Falle der Lieferung einer mangelhaften Sache schuldet der Verkäufer dem Käufer nämlich auch unmittelbar die **Nacherfüllung** gemäß den §§ 439, 437 Nr. 1 BGB (*Palandt/Weidenkaff* § 439 BGB Rz. 1; *Brox/Walker* BS § 4 Rz. 40; *Ackermann* in JZ 2002, 378). Ihn trifft also eine Nacherfüllung**pflicht**. Wir haben es demnach bei genauer Betrachtung mit **zwei** Pflichten zu tun, die für eine Verletzung im Sinne des § 280 Abs. 1 BGB in Betracht kommen (*Canaris* in JZ 2001, 512).

> **Achtung:** Die Frage, welche der beiden Pflichtverletzungen für die Rechtsbehelfe des § 437 BGB maßgeblich ist, ist umstritten: Nach einer Auffassung soll es allein darauf ankommen, dass der Verkäufer (irgendwann einmal) eine mangelhafte Sache geliefert hat. Dies soll als Anknüpfungspunkt für die Pflichtverletzung ausreichen (*Palandt/Grüneberg* § 281 BGB Rz. 8; *Jauernig/Stadler* § 281 BGB Rz. 5; *Hirsch* in Jura 2003, 289). Die Gegenmeinung vertritt den Standpunkt, dass die entscheidende Pflichtverletzung darin bestehe, dass der Verkäufer nicht nacherfüllt, obwohl er dies schulde (*MüKo/Ernst* § 281 BGB Rz. 47).

Unser V hat hier sowohl eine mangelhafte Sache geliefert als auch die Nacherfüllung nicht innerhalb der gesetzten Frist vorgenommen, also demnach **beide** Pflichten verletzt. Der gerade dargestellte Streit ist in unserem Fall daher nicht entscheidungserheblich. Nach beiden Auffassungen liegt eine Pflichtverletzung vor.

<u>ZE.:</u> V hat gemäß § 280 Abs. 1 Satz 1 BGB eine Pflicht aus dem Schuldverhältnis mit R verletzt.

**3.)** In § 280 Abs. 1 Satz 2 BGB heißt es weiter, dass der Schadensersatzanspruch nicht besteht, »wenn der Schuldner die Pflichtverletzung nicht zu vertreten hat«. Dementsprechend haben wir nun also das Vertretenmüssen des V zu prüfen.

> **Beachte:** Die Formulierungen »Dies gilt nicht, wenn …« und »… es sei denn, dass …« verwendet der Gesetzgeber immer dann, wenn er klarstellen will, dass es sich bei der folgenden Regelung um eine **Ausnahme** handelt. Und weil das Gesetz davon ausgeht, dass grundsätzlich der Normalfall vorliegt, spricht man dabei von einer gesetzlichen Vermutungsregel. Man darf also, wenn sich aus dem Sachverhalt nichts Gegenteiliges ergibt, von dem gesetzlich vermuteten Regelfall ausgehen. Beispiele: §§ 287 Satz 1, 828 Abs. 2 Satz 1, 932 Abs. 1 Satz 1 BGB. Merken.

Für § 280 Abs. 1 Satz 2 BGB bedeutet das Folgendes: Wenn eine Pflichtverletzung vorliegt, dann wird das Vertretenmüssen des Schuldners als gegeben vermutet (*Palandt/Grüneberg* § 280 BGB Rz. 40). Der Schuldner hat die nachgewiesene Pflichtverletzung also grundsätzlich zu vertreten.

Und das ist hier dann auch ein echter Vorteil für den R. Aus Vermutungsregeln folgt nämlich regelmäßig eine sogenannte **Beweislastumkehr**. Was das bedeutet, kann man sich folgendermaßen klarmachen: Die Umstände, die einen Anspruch begründen, muss vor Gericht grundsätzlich derjenige beweisen, der den Anspruch geltend macht. So muss in unserem Fall der R – als Anspruchsteller – beweisen, dass ein Schuldverhältnis mit V vorliegt, dass V eine hieraus resultierende Pflicht verletzt hat und schließlich, dass V das Ganze auch noch zu vertreten hat. Denn das sind die Voraussetzungen der Anspruchsgrundlage (§ 280 Abs. 1 BGB), auf die er sein Begehren stützt. Durch § 280 Abs. 1 Satz 2 BGB wird nun die Beweislast hinsichtlich des Vertretenmüssens **umgekehrt** und damit auf den Schuldner (V) verlagert. Dieser muss sich also, will er der Haftung entgehen, exkulpieren (lateinisch: ex = aus, culpa = Schuld), demnach darlegen und beweisen, dass er die Pflichtverletzung eben doch nicht zu vertreten hat. Eine Unaufklärbarkeit des Sachverhalts geht dabei zu seinen Lasten (BGHZ **116**, 337; BGH NJW-RR **1992**, 1338; BGH NJW **1953**, 59; RGZ **107**, 15, 18; *Jauernig/Stadler* § 280 BGB Rz. 25; *Palandt/Grüneberg* § 280 BGB Rz. 40).

Fraglich ist, ob sich V hier **exkulpiert** hat. Er hat gegenüber R nur eingewendet, er habe die Mangelhaftigkeit der Maschine nicht zu vertreten, da er die Waschmaschine vom Hersteller bezogen und lediglich weitergeleitet habe. Zu der nicht durchgeführten Neulieferung sagt V gar nichts. Den Verkäufer trifft grundsätzlich keine Untersuchungspflicht im Hinblick auf die von ihm verkauften Sachen (OLG Köln ZGS **2006**, 77). Dass V die Waschmaschine an R weitergeleitet hat ohne sie auszupacken, reicht demnach aus, um sich im Hinblick auf deren Mangelhaftigkeit zu exkulpieren. Angesichts dessen fragt sich, ob sich das Vertretenmüssen des Schuldners im Rahmen des § 280 Abs. 1 Satz 2 BGB auf den Mangel der gelieferten Sache – also auf die **erste** Pflichtverletzung – oder auf die Nichtvornahme der Nacherfüllung im Rahmen der Nacherfüllungsfrist – das ist die **zweite** Pflichtverletzung – oder sogar auf beides beziehen muss.

**Lösung:** Nach allgemeiner Ansicht ist bei der Frage, ob der Schuldner die Pflichtverletzung zu vertreten hat, auf die **Nichtleistung bei Fristablauf** abzustellen, sofern es wie hier um einen Schadensersatzanspruch **statt** der Leistung geht (*Palandt/Grüneberg* § 281 BGB Rz. 16; *Jauernig/Stadler* § 281 BGB Rz. 12; *Bamberger/Roth/Hau/Poseck/Lorenz* § 281 BGB Rz. 12; MüKo/*Ernst* § 281 BGB Rz. 47 f.; *Hirsch* in Jura 2003, 289). Denn mit der Nacherfüllung habe der Verkäufer das Recht zur zweiten Andienung, also die letzte Chance, seine vertragsgemäßen Pflichten zu erfüllen (BT-Drs. 14/6040 Seite 221). Und diese Argumentation leuchtet auch ein, denn nach der Systematik von § 437 BGB und § 281 BGB soll es Schadensersatz ja gerade erst dann geben, wenn der Verkäufer die Nacherfüllung nicht ordnungsgemäß bewirkt. Somit kann sich der Schuldner also nur wirksam exkulpieren, wenn er darlegt und beweist, dass er dem Nacherfüllungsverlangen schuldlos nicht nachkommen konnte. Dazu hat unser V nach dem Sachverhalt allerdings gar nichts vorgetragen und deswegen bleibt es diesbezüglich bei der Vermutungswirkung von § 280 Abs. 1 Satz 2 BGB.

<u>ZE.:</u> V kann sich nicht entlasten und hat damit die Nichtbehebung des Mangels auch zu vertreten.

<u>ZE.:</u> Damit liegen die Voraussetzungen von § 280 Abs. 1 BGB vor.

**4.)** R hat V auch eine (angemessene) Frist zur Nacherfüllung gesetzt. Diese ist verstrichen. Somit liegen alle Voraussetzungen für den Schadensersatzanspruch vor.

**5.)** Als Rechtsfolge hat R nun ein **Wahlrecht**. Er kann entweder die Waschmaschine behalten und verlangen, so gestellt zu werden, als ob mangelfrei erfüllt worden wäre. Der Anspruch richtet sich dann auf Ersatz der Wertdifferenz zwischen mangelfreier und mangelhafter Sache. Man nennt dies den »kleinen Schadensersatz« (BGHZ **108**, 156; *Palandt/Grüneberg* § 281 BGB Rz. 45; *Bamberger/Roth/Hau/Poseck/Lorenz* § 281 BGB Rz. 65). Er kann demgegenüber aber auch die Maschine zurückgeben und Schadensersatz statt der ganzen Leistung verlangen. Dann spricht man – wie oben in der Einleitung erwähnt – vom »großen Schadensersatz« (*Brox/Walker* AS § 22 Rz. 62). Im Rahmen des großen Schadensersatzes ist der gezahlte Kaufpreis dann der Mindestschaden. Der Anspruch auf den großen Schadensersatz ist gemäß § 281 Abs. 1 Satz 3 BGB übrigens dann ausgeschlossen, wenn die Pflichtverletzung **unerheblich** ist. Da dies hier allerdings nicht der Fall ist, darf unser R zwischen den beiden Arten der Schadensberechnung wählen.

**Erg.:** R hat gegen V in jedem Fall einen Anspruch auf Rückzahlung des Kaufpreises in Höhe von 2.000 Euro nach den §§ 280 Abs. 1, Abs. 3, 281 Abs. 1, 437 Nr. 3 Fall 1 BGB.

### Anspruch des R gegen V auf Ersatz der Betriebsausfallkosten

Weiteres Anspruchsziel des R ist nach der Schilderung des Sachverhalts der Ersatz des nicht erwirtschafteten Gewinns (→ § 252 Satz 1 BGB), also der Fehlbeträge in seiner Kasse, weil er seinen Kunden die Waschmaschine nicht zur Verfügung stellen konnte. Bei diesem von R begehrten Schaden handelt es sich um den sogenannten »Betriebsausfallschaden« bzw. »Nutzungsausfallschaden«. Dabei ist unproblematisch, dass der Käufer bei Lieferung einer mangelhaften Sache einen Anspruch auf Ersatz des erlittenen Nutzungsausfallschadens hat. Das Hauptproblem liegt vielmehr bei der Frage, aus welcher **Anspruchsgrundlage** man eigentlich den Nutzungsausfallschaden ersetzt verlangen kann. Zum besseren Verständnis des Problems und seiner Lösung müssen wir uns zunächst über die konkrete Art des Schadensersatzes klarwerden, die der R hier begehrt: Das Gesetz unterscheidet in den §§ 280 ff. BGB zwei verschiedene Varianten von entstandenen Schäden, und zwar so:

> **1.)** Schadensersatz **statt der Leistung** gemäß §§ 280 Abs. 1, Abs. 3 BGB betrifft den Schaden, der sich aus dem endgültigen Ausbleiben der Leistung ergibt. Er setzt aber voraus, dass der eingetretene Schaden durch eine (hinzugedachte) Nacherfüllung im letztmöglichen Zeitpunkt noch hätte ausgeglichen werden können und erfordert grundsätzlich eine Fristsetzung (*Bamberger/Roth/Hau/Poseck/Lorenz* § 280 BGB Rz. 34; *Palandt/Grüneberg* § 280 BGB Rz. 18). **Beispiel:** Der Anstreicher erscheint trotz Fristsetzung nicht beim Auftraggeber. Der lässt die Wohnung daher von einem anderen Handwerker streichen. Die Kosten für diesen Handwerker verlangt der Gläubiger nun ersetzt (→ §§ 280 Abs. 1 und Abs. 3, 281 Abs. 1 BGB).

> **2.)** Schadensersatz **neben der Leistung** betrifft demgegenüber den Schaden, der auch durch eine Nacherfüllung nicht mehr beseitigt werden kann; dieser Schaden ist daher grundsätzlich ohne Fristsetzung nach § 280 BGB ersatzfähig (BGH MDR **2019**, 406; NJW **2018**, 1463; NJW-RR **2012**, 268; *Erman/Westermann* § 280 BGB Rz. 11; MüKo/*Ernst* § 280 BGB Rz. 66; *Palandt/Grüneberg* § 280 BGB Rz. 18). **Beispiel:** Der Anstreicher streicht zwar ordnungsgemäß die Wände, beschädigt in der Wohnung des Auftraggebers aber aus Unachtsamkeit eine Vase (→ § 280 Abs. 1 BGB).

Für unseren R ist nun der Schaden bereits eingetreten, denn er konnte die Waschmaschine vom 03.12. bis zum 03.01. nicht einsetzen und deshalb in diesem Zeitraum auch keinen Gewinn damit erwirtschaften. Dieser Schaden kann auch nicht mehr durch eine spätere Nacherfüllung (= Reparatur oder Neulieferung) ausgeglichen werden (denn man kann die Zeit nicht zurückdrehen). Wenden wir jetzt die soeben gelernten Grundsätze an, scheidet Schadensersatz statt der Leistung danach einwandfrei aus, denn der kommt ja nur in Frage, wenn der Schadenseintritt durch eine Nacherfüllung noch behoben werden kann. Vielmehr könnte und müsste R von V demnach Schadensersatz **neben der Leistung** verlangen.

Aber – wir ahnen es bereits – die Sache hat an dieser Stelle selbstredend noch einen ganz entscheidenden **Haken**, den wir dem BGH (NJW **2010**, 2426) verdanken und der in Prüfungsarbeiten beherrscht werden muss. Und das geht so: Bei der Ermittlung der richtigen Anspruchsgrundlage muss nach Ansicht des BGH berücksichtigt werden, dass sich Schadensersatz **statt** der Leistung immer aus dem »endgültigen Ausbleiben der Leistung« ergibt (hatten wir gerade gesehen). Weil ein Verkäufer seiner Pflicht zur Erfüllung oder Nacherfüllung aber nur solange nachkommen kann, wie diese auch noch besteht, bleibt seine Leistung automatisch immer dann endgültig aus, wenn die entsprechende Leistungspflicht entfällt (wichtiger Satz, *bitte* mindestens noch einmal lesen!).

> Zu einem solchen Entfallen der Leistungspflicht kann es dabei auf ganz unterschiedliche Weise kommen, etwa wenn dem Verkäufer die Leistung unmöglich wird (§ 275 Abs. 1 BGB) oder der Käufer – wie hier in unserem Fall – vom Kaufvertrag **zurücktritt** (§ 346 BGB → führt zum Erlöschen der gegenseitigen Primärleistungspflichten und zur Rückabwicklung des Vertrags).

Deshalb kann (und muss nach Ansicht des BGH) der Käufer wenn er zurücktritt (= Entfall der Leistungspflicht des Verkäufers) den Nutzungsausfallschaden als Schadensersatz **statt** der Leistung geltend machen. Dies gilt aber aber nur – aufgepasst! – für den Nutzungsausfallschaden, der **nach** dem Entfallen der Leistungspflicht (= Wirksamwerden des Rücktritts) entsteht (BGH NJW **2010**, 2426; **2009**, 2674; OLG Celle NJW-RR **2008**, 1635; *Faust* in JZ 2008, 471, 472). Der **vor** dem Entfall der Leistungspflicht entstandene Nutzungsausfallschaden ist weiterhin als Schadensersatz neben der Leistung ersatzfähig ist, denn bis dahin ist der Schaden ja entstanden, weil der Käufer davon ausgegangen ist, dass er die geschuldete Leistung (= mangelfreie Kaufsache) noch bekommt.

> **Merke:** Der Käufer kann für den »Nutzungsausfallschaden« wegen einer mangelhaften Kaufsache, der **vor** dem Entfallen der ursprünglichen Leistungspflicht entsteht, nur Schadensersatz **neben** der Leistung (§ 280 Abs. 1 BGB) verlangen. Für einen »Nutzungsausfallschaden«, der **nach** dem Entfallen der ursprünglichen Leistungspflicht entsteht, kann der Käufer nur Schadensersatz **statt** der Leistung (§§ 280 Abs. 1 und Abs. 3, 281 Abs. 1 BGB) verlangen.

**Aus dem Feinkostregal:** Ein weiterer Fall, in dem die Leistungspflicht des Schuldners entfällt, steht ausdrücklich in § 281 Abs. 4 BGB (lesen!). Allerdings verträgt sich diese Vorschrift bei genauer Betrachtung nicht mit der gerade dargestellten Sichtweise des BGH, denn im Zeitpunkt, in dem der Gläubiger nach § 281 Abs. 4 BGB Schadensersatz statt der Leistung verlangt, kann der damit geltend gemachte Schaden noch gar nicht entstanden sein. Wir haben das ja gerade gelernt: Schadensersatz statt der Leistung gibt es nur für Vermögenseinbußen, die **nach** dem endgültigen Ausbleiben der Leistung wegen des Entfallens der Leistungspflicht entstehen. Warum und wie der Gläubiger diesen Schadensersatz dann verlangen kann, ist fraglich. Das Problem ist im Schrifttum aber bereits erkannt worden (*Ostendorf* in NJW 2010, 2833). Zur Beruhigung: in einer Prüfungsarbeit muss diese Feinheit weder erkannt noch diskutiert werden. Stattdessen darf man ohne Sorge feststellen, dass durch das Schadensersatzverlangen die Leistungspflicht entfallen ist und sich insoweit stillschweigend der Sichtweise des BGH anschließen.

**Zurück zum Fall:** R hat (nach erfolglosem Ablauf einer Frist zur Nacherfüllung) am 03.01. gegenüber dem V den Rücktritt vom Kaufvertrag erklärt. Er ist damit – wie wir oben bereits festgestellt hatten – berechtigterweise vom Kaufvertrag zurückgetreten. Mit dem Zugang der Rücktrittserklärung (§ 349 BGB) bei V sind die gegenseitigen Pflichten aus dem Kaufvertrag erloschen. Für den Nutzungsausfallschaden, der bis zum Zugang der Rücktrittserklärung entstanden ist (und nur diesen hat der R hier geltend gemacht), ist Schadensersatz **neben** der Leistung zu leisten. Richtige Anspruchsgrundlage in unserem Fall sind daher §§ 280 Abs. 1, 437 Nr. 3 BGB.

> **Achtung:** Im Gutachten wird die gerade gelernte Abgrenzung übrigens regelmäßig mit keiner Silbe erwähnt, sondern man wendet sie einfach direkt an. Ist im Sachverhalt von einem Rücktritt oder dem Eintritt von Umöglichkeit die Rede, dann muss vor der Niederschrift der Lösung festgestellt werden, auf welchen Zeitraum sich der geltend gemachte Anspruch bezieht. Die Anspruchsgrundlage muss dann entsprechend bestimmt werden. Verlangt der Käufer sowohl für den Zeitraum vor als auch für die Zeit nach dem Entfall der Leistungspflicht seinen Nutzungsausfall ersetzt, dann sind – kommentarlos – **zwei Obersätze** (einer für den Zeitraum bis und einer für den Zeitraum ab Entfall der Leistungspflicht) zu bilden und beide Ansprüche getrennt zu prüfen. Das kostet in einer Prüfungsarbeit auch nicht wesentlich mehr Zeit, weil bei der zweiten Prüfung weitgehend auf die Ausführungen zur ersten Prüfung verwiesen werden kann.

<u>ZE.:</u> R kann seine Betriebsausfallkosten als Schadensersatz neben der Leistung nach § 280 Abs. 1 BGB geltend machen.

**Aber:** Dummerweise gibt es an dieser Stelle noch einen kleinen Streit im Hinblick auf die Frage, nach welcher Variante von § 280 BGB der Nutzungsausfallschaden, der vor einem Entfall der Leistungspflicht entstanden ist, ersetzt werden soll. Konkret geht es dabei um die Frage, ob es sich bei dieser Art von Schaden um einen Verzögerungsschaden im Sinne der §§ 280 <u>Abs. 2</u>, 286, 437 Nr. 3 BGB handelt oder aber um einen Mangelfolgeschaden, der über die §§ 280 <u>Abs. 1</u>, 437 Nr. 3 BGB ersetzt werden soll:

- Nach einer Meinung handelt es sich bei dem Nutzungsausfallschaden um einen Verzögerungsschaden gemäß § 280 Abs. 2 BGB (bitte lesen!). In diesem Fall gäbe es Schadensersatz nur unter den zusätzlichen Voraussetzungen des § 286 BGB (Schuldnerverzug). Argumentiert wird damit, dass jede Schlechterfüllung zugleich eine zeitliche Verzögerung der mangelfreien, vertragsgemäßen Erfüllung darstelle. Außerdem würde anderenfalls der Verkäufer, der eine mangelhafte Sache liefert, gegenüber demjenigen, der gar nicht liefert, ungerechtfertigt benachteiligt. § 437 BGB verweise auf § 280 BGB, der seinerseits in Absatz 2 auf § 286 BGB Bezug nimmt (*Brox/Walker* BS § 4 Rz. 106; NK/*Dauner-Lieb* § 280 BGB Rz. 61; *Jauernig/Berger* § 437 BGB Rz. 14 ff.; *Dauner-Lieb/Dötsch* in DB 2001, 2535, 2537; *Oechsler* in NJW 2004, 1825, 1828; *Griegoleit/Riehm* in JuS 2004, 745, 749).

- Nach der Gegenmeinung soll der sich aus der Lieferung einer mangelhaften Sache ergebende Nutzungsausfallschaden unmittelbar über die §§ 280 Abs. 1, 437 Nr. 3 Fall 1 BGB zu ersetzen sein. Danach wären auch keine weiteren Voraussetzungen mehr zu prüfen. Zur Begründung greifen die Vertreter dieser Auffassung in erster Linie auf die Gesetzesbegründung zurück. Dort steht, dass im Hinblick auf den Nutzungsausfallschaden von dem Vorliegen eines Mangelfolgeschadens auszugehen ist (BT-Drs. 14/6040 Seite 225). Im Übrigen verweise § 437 BGB zwar auf die §§ 280, 281, 283 BGB, aber eindeutig nicht auf § 286 BGB (BGH NJW **2009**, 2674; *Grunewald* in EWiR 2009, 731; LG Krefeld DAR **2008**, 90; MüKo/*Ernst* vor § 275 BGB Rz. 13; *Palandt/Weidenkaff* § 437 BGB Rz. 36; *Palandt/Grüneberg* § 280 BGB Rz. 20; *Medicus/Petersen* BR Rz. 299; *Walz* in ZJS 2010, 482; *Canaris* in ZIP 2003, 321, 323; *Gruber* in ZGS 2003, 130 ff.; *Reischl* in JuS 2003, 250, 251; *Schulze/Ebers* in JuS 2004, 462, 466).

Die tatsächliche Bedeutung dieses Streites sieht man an unserem Fall: Wenn wir der zweiten Ansicht folgen, ist der Anspruch des R gegen V bereits ab der Lieferung, das war der **03.12.**, begründet. Insbesondere bedarf es keines weiteren Verzugs, der im Zweifel erst durch eine Mahnung erfolgt. Die Mahnung hat der R zwar am 03.12. abgeschickt, **zugegangen** ist sie dem V nach Auskunft des Sachverhaltes aber erst am 08.12. Dies wäre nach der zweiten Meinung allerdings vollkommen egal, da ja ein Verzug für den Anspruch aus den §§ 280 Abs. 1, 437 Nr. 3 Fall 1 BGB nicht erforderlich ist. **Anders** aber, wenn wir der ersten Auffassung folgen, denn dann beginnt die Ersatzpflicht erst mit dem Eintritt des Verzuges, und das war erst am 08.12. der Fall, da zu diesem Zeitpunkt die Mahnung zugegangen ist. Konkret gehen dem R nach der ersten Meinung also fünf Tage zu je 150 Euro (= 750 Euro) verloren. Da sich auch der BGH der zweiten Meinung angeschlossen hat, ist es in einer Klausur oder Hausarbeit gut vertretbar (wenn auch nicht zwingend), dieser Ansicht zu folgen. Die Streitdarstellung darf vor diesem Hintergrund auch eher knapp ausfallen. So machen wir das auch hier und können deshalb ohne weitere Prüfung der Verzugsvoraussetzungen der §§ 280 Abs. 2, 286 BGB das folgende Ergebnis festhalten:

**Erg.:** R hat einen Anspruch gegen V auf Ersatz seines Nutzungsausfallschadens vom 03.12. bis zum 03.01. aus den §§ 280 Abs. 1, 437 Nr. 3 Fall 1 BGB.

# Gutachten

**I.) R kann gegen V einen Anspruch auf Rückzahlung des Kaufpreises aus §§ 346 Abs. 1, 323 Abs. 1, 437 Nr. 2 Fall 1 BGB haben.**

**1.)** Damit R das für die Waschmaschine gezahlte Geld zurückerhalten kann, muss er wirksam von dem mit V geschlossenen Kaufvertrag zurückgetreten sein. Dies setzt zunächst gemäß § 349 BGB eine Rücktrittserklärung voraus. R hat zwar nicht ausdrücklich erklärt, dass er zurücktreten wolle, eine entsprechende Erklärung ist aber auch konkludent durch Rückforderung des Kaufpreises möglich. So liegt der Fall hier, denn R hat unmissverständlich zum Ausdruck gebracht, dass er an dem Vertrag nicht weiter festhalten und sein Geld zurückhaben möchte. Darin ist mithin eine Rücktrittserklärung im Sinne des § 349 BGB zu sehen.

**2.)** Mangels eines vertraglich vereinbarten kommt nur das gesetzliche Rücktrittsrecht nach den §§ 323 Abs. 1, 437 Nr. 2 Fall 1 BGB in Betracht. Damit aus den §§ 323 Abs. 1, 437 Nr. 2 Fall 1 BGB ein Rücktrittsrecht hergeleitet werden kann, müssen die Voraussetzungen dieser Vorschriften erfüllt sein. Der Verkäufer muss dem Käufer eine mangelhafte Sache geliefert haben. Die Mangelhaftigkeit der Kaufsache richtet sich nach § 434 BGB. Demnach ist eine Kaufsache grundsätzlich dann mangelhaft, wenn sie nicht die von den Parteien vertraglich vereinbarte Beschaffenheit aufweist, § 434 Abs. 1 Satz 1 BGB, sich nicht für die nach dem Vertrag vorausgesetzte Verwendung oder für die gewöhnliche Verwendung eignet, § 434 Abs. 1 S. 2 BGB. Die Waschmaschine konnte vorliegend nicht ordnungsgemäß benutzt werden, weil die Schleudertaste nicht funktionierte. Sie war also gemäß § 434 Abs. 1 Satz 2 Nr. 1 BGB mangelhaft.

**3.)** Der Sachmangel war bereits zum Zeitpunkt des Gefahrüberganges nach § 446 BGB vorhanden mit der Folge, dass damit die Voraussetzungen von § 437 BGB vorliegen.

**4.)** Gemäß § 323 Abs. 1 BGB ist der Rücktritt erst möglich, wenn zuvor eine angemessene Frist zur Nacherfüllung gesetzt worden ist. Dies hat R getan, und die Frist ist erfolglos verstrichen. Somit liegen alle Voraussetzungen für den Rücktritt vor.

**5.)** Die Gewährleistungsrechte und -ansprüche sind darüber hinaus auch weder gesetzlich noch vertraglich ausgeschlossen.

**Ergebnis:** R hat gegen V einen Anspruch auf Rückzahlung des Kaufpreises in Höhe von 2.000 Euro aus §§ 346 Abs. 1, 323 Abs. 1, 437 Nr. 2 Fall 1 BGB.

**II.) R kann gegen V einen Anspruch auf Schadensersatz aus §§ 280 Abs. 1, Abs. 3, 281 Abs. 1, 437 Nr. 3 Fall 1 BGB haben.**

**1.)** Zwischen R und V bestand ein Schuldverhältnis in Form des Kaufvertrages.

**2.)** § 280 Abs. 1 BGB setzt weiterhin voraus, dass der Schuldner eine Pflicht aus diesem Schuldverhältnis verletzt hat. Aus dem Kaufvertrag resultiert die Pflicht zur Übergabe und Übereignung der Waschmaschine. Im Falle der Lieferung einer mangelhaften Sache schuldet der Verkäufer dem Käufer zudem auch unmittelbar die Nacherfüllung gemäß den §§ 439, 437 BGB. Die Frage, welche der beiden Pflichtverletzungen für die Rechtsbehelfe des § 437 BGB maßgeblich ist, ist umstritten: Nach einer Auffassung soll es alleine darauf ankommen, dass der Verkäufer eine mangelhafte Sache geliefert hat. Dies soll als Anknüpfungspunkt für die Pflichtverletzung ausreichen. Die Gegenmeinung vertritt den Standpunkt, dass die entscheidende Pflichtverletzung darin bestehe, dass der Verkäufer nicht nacherfüllt, obwohl er dies schulde. V hat hier sowohl eine mangelhafte Sache geliefert als auch die Nacherfüllung nicht innerhalb der gesetzten Frist vorgenommen, also demnach beide Pflichten verletzt. Der dargestellte Streit ist daher nicht entscheidungserheblich. Nach beiden Auffassungen liegt eine Pflichtverletzung vor. V hat gemäß § 280 Abs. 1 Satz 1 BGB eine Pflicht aus dem Schuldverhältnis mit R verletzt.

**3.)** Nach § 280 Abs. 1 Satz 2 BGB muss der Schuldner die Pflichtverletzung weiterhin zu vertreten haben. Fraglich ist, ob sich V hier exkulpiert hat. Er hat gegenüber R eingewendet, er habe die Mangelhaftigkeit der Maschine nicht zu vertreten, da er die Waschmaschine vom Hersteller bezogen und lediglich weitergeleitet habe. Zu der nicht durchgeführten Neulieferung sagt V gar nichts. Angesichts dessen ist fraglich, ob sich das Vertretenmüssen des Schuldners im Rahmen des § 280 Abs. 1 Satz 2 BGB auf den Mangel der gelieferten Sache – also auf die erste Pflichtverletzung – oder auf die Nichtvornahme der Nacherfüllung im Rahmen der Nacherfüllungsfrist – das ist die zweite Pflichtverletzung – oder sogar auf beides beziehen muss. Nach allgemeiner Ansicht ist bei der Frage, ob der Schuldner die Pflichtverletzung zu vertreten hat, auf die Nichtleistung bei Fristablauf abzustellen, sofern es wie hier um einen Schadensersatzanspruch statt der Leistung geht. Mit der Nacherfüllung habe der Verkäufer das Recht zur zweiten Andienung, also die letzte Chance, seine vertragsgemäßen Pflichten zu erfüllen. Somit kann sich der Schuldner also nur wirksam exkulpieren, wenn er darlegt und beweist, dass er dem Nacherfüllungsverlangen schuldlos nicht nachkommen konnte. Dazu hat V nach dem Sachverhalt nichts vorgetragen. Er kann sich mithin nicht entlasten und hat damit die Nichtbehebung des Mangels auch zu vertreten.

**4.)** R hat dem V auch eine angemessene Frist zur Nacherfüllung gesetzt. Diese ist erfolglos verstrichen. Somit liegen alle Voraussetzungen für den Schadensersatzanspruch vor.

**5.)** Als Rechtsfolge kann R entweder die Waschmaschine behalten und verlangen, so gestellt zu werden, als ob mangelfrei erfüllt worden wäre. Der Anspruch richtet sich dann auf Ersatz der Wertdifferenz zwischen mangelfreier und mangelhafter Sache. Er kann demgegenüber aber auch die Maschine zurückgeben und Schadensersatz statt der ganzen Leistung verlangen. Im Rahmen des großen Schadensersatzanspruchs ist der gezahlte Kaufpreis dann der Mindestschaden. Da die vorliegende Pflichtverletzung auch erheblich war, ist der große Schadensersatzanspruch nicht gemäß § 281 Abs. 1 Satz 3 BGB ausgeschlossen.

**Ergebnis:** R hat gegen V in jedem Fall einen Anspruch auf Rückzahlung des Kaufpreises in Höhe von 2.000 Euro nach den §§ 280 Abs. 1, Abs. 3, 281 Abs. 1, 437 Nr. 3 Fall 1 BGB.

**III.) R kann gegen V einen Anspruch auf Ersatz der im Zeitraum vom 03.12. bis zum 03.01. entstandenen Betriebsausfallkosten aus §§ 280 Abs. 1, 437 Nr. 3 Fall 1 BGB haben.**

**1.)** Zwischen V und R bestand ein Schuldverhältnis im Sinne von § 280 Abs. 1 BGB in Form des Kaufvertrages gemäß § 433 BGB über die Waschmaschine zum Preis von 2.000 Euro.

**2.)** Wie gezeigt, hat V auch eine Pflicht aus diesem Schuldverhältnis verletzt. Es ist umstritten, ob in Fällen wie dem vorliegenden auch die weiteren Voraussetzungen von §§ 280 Abs. 2, 286 BGB zu prüfen sind.

**a)** Nach einer Ansicht soll jede Schlechterfüllung zugleich eine zeitliche Verzögerung der mangelfreien, vertragsgemäßen Erfüllung darstellen. Anderenfalls werde der Verkäufer, der eine mangelhafte Sache liefert, gegenüber demjenigen, der gar nicht liefert, ungerechtfertigt benachteiligt.

**b)** Vorzugswürdig erscheint jedoch die Ansicht der Rechtsprechung, nach der ein sich aus der Lieferung einer mangelhaften Sache ergebender Nutzungsausfallschaden unmittelbar über die §§ 280 Abs. 1, 437 Nr. 3 Fall 1 BGB zu ersetzen sein soll. Danach wären die weiteren Voraussetzungen von §§ 280 Abs. 2, 286 BGB nicht mehr zu prüfen. Für diese Sichtweise spricht insbesondere die Gesetzesbegründung. Danach ist im Hinblick auf den Betriebsausfallschaden vom Vorliegen eines Mangelfolgeschadens auszugehen. Im Übrigen ist auch der Wortlaut von § 437 BGB zu berücksichtigen, der zwar auf die §§ 280, 281, 283 BGB verweist, aber eindeutig nicht auf § 286 BGB.

Danach kommt es auf die weiteren Voraussetzungen der §§ 280 Abs. 2, 286 BGB nicht an.

V kann sich – wie gezeigt – nicht exkulpieren und hat die Pflichtverletzung damit auch zu vertreten.

**Ergebnis:** R hat einen Anspruch gegen V auf Ersatz der im Zeitraum vom 03.12. bis zum 03.01. entstandenen Betriebsausfallkosten aus §§ 280 Abs. 1, 437 Nr. 3 Fall 1 BGB.

# 2. Abschnitt

## Werk- und Dienstvertrag sowie angrenzende Vertragsarten

# Fall 23

## Wer zahlt was?

Eines Morgens bemerkt Rechtsstudent R, dass die Warmwassertherme in seinem Bad nicht mehr anspringt und daher nur noch kaltes Wasser aus den Hähnen läuft. R ruft umgehend den Installationsmeister I an, schildert den Defekt und bittet um Abhilfe. I meint, das sei kein Problem, er werde gleich einen Mitarbeiter schicken. Wenig später erscheint der bei I fest angestellte Monteur M bei R und macht sich an die Arbeit. Nach etwa einer Stunde meint M dann zu R, er könne den Fehler leider nicht finden, das Gerät sei auch schon sehr alt, R solle sich lieber gleich ein neues kaufen. Eine Woche später erhält R von I die Rechnung, in der I für An- und Abfahrt sowie die 60-minütige Arbeit des M den branchenüblichen Betrag von 150 Euro fordert.

**Frage(n):** Muss R zahlen? Und hat M gegen seinen Arbeitgeber I einen Anspruch auf Vergütung der einen Stunde Arbeit bei R?

---

**Schwerpunkte:** Der Werkvertrag nach § 631 BGB; Abgrenzung zum Dienstvertrag nach § 611 BGB; die Abgrenzungskriterien und Rechtsfolgen der Unterscheidung; Frage der Vergütung beim Werkvertrag nach § 632 BGB und beim Dienstvertrag nach § 612 BGB; Problem der geschuldeten Leistung.

---

## Lösungsweg

### I.) Anspruch des I gegen R auf Zahlung von 150 Euro

**AGL: § 631 Abs. 1 BGB (Vergütungsanspruch aus einem Werkvertrag)**

Der Zahlungsanspruch des I muss zunächst entstanden sein. Dies setzt voraus, dass I und R vorliegend einen **Werkvertrag** gemäß § 631 BGB geschlossen haben.

> **Beachte:** Insofern unbeachtlich ist natürlich, dass I nicht selbst bei R erschienen ist, um die Therme zu reparieren, sondern seinen Monteur M geschickt hat. In eine vertragliche Beziehung ist R vorliegend nur mit I getreten. M ist in diesem Zusammenhang lediglich **Erfüllungsgehilfe** des I nach § 278 Satz 1 BGB gewesen, weil er zur Erfüllung einer Verbindlichkeit des I tätig wurde. Der Erfüllungsgehilfe wird im Zweifel aber nicht Vertragspartner im Verhältnis zum Auftraggeber seines Arbeitgebers bzw. Beauftragenden. Er wird immer nur zur Erfüllung einer fremden Verbindlichkeit tätig, nicht aber zur Erfüllung einer eigenen Verpflichtung gegenüber dem Auftraggeber (*Brox/Walker* AS § 20 Rz. 23).

Ein Vertragsschluss zwischen I und R im Sinne des § 631 Abs. 1 BGB setzt nun zwei dementsprechende übereinstimmende Willenserklärungen, den Antrag und die Annahme nach §§ 145, 147 BGB, voraus: Unser R hat den I angerufen, den Defekt geschildert und dann um Abhilfe gebeten. Hiermit war I einverstanden und hat auch gleich einen Monteur zu R geschickt. Dies lässt sich auf den ersten Blick als vertragliche Einigung zwischen I und R auslegen.

**1. Problem**: R und I haben sich zwar grundsätzlich über das soeben Geschilderte geeinigt, aber nicht über die Vergütung gesprochen; weder darüber, ob überhaupt eine solche Vergütung verlangt werden kann noch darüber, wie hoch diese dann sein soll. Man könnte angesichts dessen nun annehmen, es fehle an einem wesentlichen Bestandteil des Vertrages mit der Folge, dass eine Einigung im Sinne des § 631 BGB nicht zustande gekommen ist. Wenn etwa bei einem Kaufvertrag die Vereinbarung über den Kaufpreis fehlt und sich der Preis auch nicht ausnahmsweise per Auslegung nach § 157 BGB ermitteln lässt, ist **keine** Einigung und damit auch kein Vertrag zustande gekommen (BGH NJW-RR **2006**, 1139; MüKo/*Westermann* § 433 BGB Rz. 17).

Anders aber beim Werkvertrag: In § 632 Abs. 1 BGB steht nämlich, dass eine Vergütung **stillschweigend** als vereinbart gilt, wenn die Parteien hierüber keine ausdrückliche Vereinbarung treffen und die Tätigkeit üblicherweise nur gegen Zahlung einer Vergütung zu erbringen ist. In **§ 632 Abs. 2 BGB** steht zudem, dass bei fehlender Vereinbarung im Zweifel die »übliche« Vergütung als vereinbart gilt.

> **Durchblick:** Diese Regelungen erklären sich wie folgt: Der Werkunternehmer schuldet nicht wie der Käufer eine wertmäßig konkret bestimmbare (Kauf-)Sache, sondern gemäß § 631 BGB die »Herstellung des versprochenen Werkes«, also regelmäßig eine **Handlung** bzw. **Arbeitsleistung**. Normalerweise kann ein Werkunternehmer die hierfür anfallenden Kosten aber – anders als etwa beim Verkauf einer Sache – nur schwerlich von vornherein genau beziffern. Es gibt zwar in jeder Branche Erfahrungssätze, gleichwohl stellt jede Reparatur (z.B. eines Autos, eines Hauses oder einer Warmwassertherme) sowohl inhaltlich als auch zeitlich eine Einzelarbeit dar und orientiert sich immer an den Umständen der konkreten Situation. Häufig zeigen sich bei der Ausführung der Arbeit dann weitere Schäden oder nötige Arbeiten, die gesonderte Kosten verursachen können. Möglich ist umgekehrt aber auch, dass z.B. der angebliche Motorschaden am Auto sich lediglich als defekte Zündkerze mit einem Arbeitsaufwand von drei Minuten und Kosten von 15 Euro entpuppt. Hätte man dann vorher 500 Euro Vergütung für die Reparatur des Motors vereinbart, ließe sich dies natürlich nicht rechtfertigen. Aus diesen Überlegungen unterbleibt in den meisten Fällen im Hinblick auf die geschuldete Werkleistung eine genau bezifferte vorherige Vergütungsabsprache. Die Höhe der Vergütung orientiert sich dann gemäß § 632 Abs. 2 BGB an der in der jeweiligen Branche für die ausgeführte Tätigkeit »**üblichen**« Vergütung. Wem das als Gläubiger dann dennoch zu vage ist, der kann sich einen **Kosten(vor)anschlag** geben lassen, der gemäß § 632 Abs. 3 BGB im Zweifel sogar umsonst ist, allerdings keine Preisbestimmung und auch keinen Bestandteil des später geschlossenen Vertrages darstellt, es sei denn, der Unternehmer übernimmt ausdrücklich die Garantie für die Richtigkeit (BGH NJW-RR **1987**, 337; OLG Frankfurt NJW-RR **1989**, 209). Bei einer wesentlichen Überschreitung der Kosten aus dem

unverbindlichen Kostenvoranschlag kann der Besteller dann aber nach § 649 BGB kündigen (MüKo/*Busche* § 649 BGB Rz. 11; *Brox/Walker* BS § 27 Rz. 3). Merken.

**Zum Fall:** Hier war nicht über Geld gesprochen worden, R hatte den I nur beauftragt, die Therme zu reparieren. Das ist demnach ein klassischer Fall, in dem – wie in § 632 Abs. 1 BGB vorgesehen – die Vergütung dann **stillschweigend** als vereinbart gilt, da Installationsfirmen wie andere Handwerker ihre Dienste üblicherweise nicht kostenlos am Markt zur Verfügung stellen. Es gilt also die Regel von § 632 Abs. 1 BGB, wonach eine stillschweigend vereinbarte Vergütungsabsprache anzunehmen ist (BGH NJW-RR **2005**, 19; NJW **1999**, 3554). Und da I im vorliegenden Fall zudem nach Auskunft des Sachverhaltes die **(branchen-)übliche** Vergütung von R verlangt, ist die Höhe seiner Forderung gemäß § 632 Abs. 2 BGB nicht zu beanstanden.

<u>ZE.:</u> Die vertragliche Einigung zwischen I und R scheitert jedenfalls nicht daran, dass eine konkrete Vergütung zwischen den Parteien zunächst nicht ausdrücklich abgesprochen gewesen ist.

**2. Problem:** Dass die Vergütung zwischen beiden Parteien nicht ausdrücklich vereinbart war, ist – wie gerade gesehen – für den Vertragsschluss unerheblich bzw. nicht schädlich. Gleichwohl müssen wir noch einen Augenblick auf die konkrete **Vertragsart** sehen, denn angesichts der Tatsache, dass I hier im weitesten Sinne eine Tätigkeit (Reparatur der Therme) schuldet und es an einer Vergütungsvereinbarung fehlt, könnte es sich vorliegend auch um einen Dienstvertrag gemäß § 611 BGB handeln.

**Beachte:** Dienst- und Werkvertrag sind sich – zumindest auf den ersten Blick – relativ ähnlich: Bei beiden Verträgen schuldet die eine Partei eine Handlung bzw. eine Arbeitsleistung, nämlich entweder die Herstellung des versprochenen Werkes (§ 631 BGB) oder aber die Leistung des versprochenen Dienstes (§ 611 BGB). Bei beiden Verträgen gelten zudem im Hinblick auf die Vergütungsvereinbarung die exakt gleichen Regeln: Der von uns oben behandelte § 632 Abs. 1 und 2 BGB hat nämlich seine wortgleiche Entsprechung in **§ 612 Abs. 1 und 2 BGB** (prüfen!). Dennoch behandeln Dienst- und Werkvertrag tatsächlich vollkommen unterschiedliche Schuldverhältnisse, insbesondere im Hinblick auf die geschuldete Leistung selbst und vor allem auch hinsichtlich der Rechtsfolgen bei Leistungsstörungen (*Palandt/Sprau* vor § 631 BGB Rz. 10). Wir werden uns diese Unterscheidung deshalb jetzt mal in Ruhe anschauen und beginnen mit dem allerwichtigsten Abgrenzungskriterium, und das geht so:

> **1. Merksatz:** Während beim Dienstvertrag die Arbeitsleistung als solche, also nur das **Tätigsein**, geschuldet wird, schuldet der Werkunternehmer immer das **Ergebnis** seiner Tätigkeit, nämlich den Erfolg (BGH NJW **2013**, 3022; BGHZ **151**, 330; BAG MDR **2014**, 166; *Brox/Walker* BS § 29 Rz. 9; *Medicus/Lorenz* SR II Rz. 687).

Der Dienstverpflichtete schuldet also nur die Arbeit an sich, das **Tätigsein**. Der Klassiker des Dienstvertrages ist – wie sich übrigens auch aus dem Einleitungssatz des

§ 621 BGB ergibt – der Arbeitsvertrag im Sinne des § 611a BGB (BAG MDR **2014**, 166; *Palandt/Weidenkaff* vor § 611 BGB Rz. 5). Der **Arbeitnehmer** schuldet nämlich im Zweifel immer nur die Arbeitsleistung an sich, nicht auch einen Erfolg, jedenfalls soll er nicht das unternehmerische Risiko bei Nichteintritt eines vom Unternehmen angestrebten Erfolges tragen (*Brox/Walker* BS § 19 Rz. 5; vgl. im Einzelnen auch BAG MDR **2014**, 166 sowie Schwabe/Grau, Arbeitsrecht, Seite 12 ff.). Der Werkunternehmer hingegen schuldet den Eintritt des **Erfolges**, nur damit tritt Erfüllung im Sinne des § 362 BGB ein und nur dafür erhält er – anders als der Arbeitnehmer – später sein Geld. Der Vergütungsanspruch wird beim Werkvertrag daher gemäß § 641 Abs. 1 BGB (lesen!) auch erst mit der **Abnahme** des Werkes fällig; vor Fertigstellung des Werkes kann der Werkunternehmer demnach seinen Zahlungsanspruch grundsätzlich nicht durchsetzen (*Brox/Walker* BS § 19 Rz. 9). Beim Dienstvertrag entsteht der Anspruch auf Zahlung gemäß § 614 BGB demgegenüber schon mit bzw. nach dem Ableisten der Arbeit, unabhängig von einem eingetretenen Erfolg oder der Qualität der Arbeitsleistung. Selbst eine »mangelhafte« Dienstleistung erfüllt den Vertrag im Sinne des § 362 BGB und muss demnach auch vergütet werden, jedenfalls soweit sie nicht vorsätzlich schlecht erbracht wurde (BGH NJW **1990**, 2549; ErfK-*Preis* § 611 BGB Rz. 845; *Jauernig/Mansel* § 611 BGB Rz. 16). Und beachte im Hinblick auf die zu erbringende Leistung abschließend auch noch, dass es beim Werkvertrag allein Sache des Unternehmers ist, **wie** er den Eintritt dieses Erfolges erreicht (*Bamberger/Roth/ Hau/Poseck/Voit* § 631 BGB Rz. 4). Er muss zwar die Vorgaben des Bestellers für das zu erstellende Werk berücksichtigen, ein Weisungsrecht hat der Besteller aber nicht. Hierin liegt ein weiterer bedeutender Unterschied zum Dienstvertrag, bei dem grundsätzlich der Dienstberechtigte (→ Arbeitgeber) darüber bestimmt, wie und was der Verpflichtete zu tun hat; man nennt das dann das »Direktionsrecht des Arbeitgebers«, und das steht sogar ausdrücklich im Gesetz, nämlich in § 106 GewO und § 611a Abs. 1 BGB (dazu BAG NZA **2017**, 1452; **2001**, 780; *Palandt/Weidenkaff* § 611 BGB Rz. 45; *Jauernig/Mansel* vor § 611 BGB Rz. 8).

Im Hinblick auf »schlecht« erbrachte Leistungen des Schuldners unterscheiden sich Dienst- und Werkvertrag logisch konsequent wie folgt: Den Werkunternehmer trifft bei **Mängeln** des Werkes die Gewährleistungshaftung gemäß den §§ 633 ff. BGB. Der Besteller kann dann – **nach** Abnahme (BGH NJW **2017**, 1604) – die Rechte aus § 634 BGB geltend machen, wenn das Werk mangelhaft ist, also z.B. Nacherfüllung verlangen, den Mangel auf Kosten des Unternehmers selbst beseitigen, den Werklohn mindern, vom Vertrag zurücktreten oder Schadens- bzw. Aufwendungsersatz verlangen (BGH MDR **2019**, 406). Beim Dienstvertrag nach § 611 BGB muss der zur Dienstleistung Verpflichtete dagegen nicht für einen »mangelfreien« Erfolg seiner Tätigkeit einstehen, er schuldet nämlich – wie gesehen – gar keinen Erfolg, sondern nur ein sorgfältiges Vorgehen bei der Ausführung der geschuldeten Tätigkeit (BAG NJW **2004**, 2545). Ein spezielles »Mängelgewährleistungsrecht« des Dienstvertrages existiert deshalb auch gar nicht. Es greifen nur die Regeln des Allgemeinen Schuldrechts (*Medicus/Lorenz* SR II Rz. 629; *Palandt/Weidenkaff* § 611 BGB Rz. 33), und die sehen die Gewährleistungsrechte der eben für den Werkvertrag beschriebenen Art nicht vor.

> **2. und 3. Merksatz:** Der Werkunternehmer im Sinne des § 631 BGB hat für eine mangelhafte (Werk-)Leistung nach den §§ 633 ff. BGB einzustehen und kann gemäß § 641 Abs. 1 BGB erst dann seine Vergütung fordern, wenn er das geschuldete Werk, also den Erfolg, ordnungsgemäß erbracht und der Gläubiger dies auch abgenommen hat. Demgegenüber ist der Dienstverpflichtete im Sinne der §§ 611, 611a BGB nur zur sorgfältigen Ausführung seiner Tätigkeit verpflichtet und erwirbt bereits damit, unabhängig vom Eintritt eines Erfolges, gemäß den §§ 611, 611a Abs. 2, 614 BGB seinen Vergütungsanspruch (BAG NJW **2004**, 2545; *Brox/ Walker* BS § 19 Rz. 9).

**Zum Fall**: Wer bis hierhin die Lösung sorgfältig gelesen und auch verstanden hat, wird erkannt haben, dass für den ersten Teil unserer Fallfrage (Muss R zahlen?) die Unterscheidung zwischen Werk- und Dienstvertrag von entscheidender Bedeutung ist, denn: Sollte I nur die reine Arbeitsleistung an der Therme geschuldet haben, wäre der Zahlungsanspruch begründet; der M als Erfüllungsgehilfe des I hat sich ja eine ganze Stunde an dem Gerät versucht und damit die nach § 611 Abs. 1 BGB geschuldete Arbeitsleistung fraglos erbracht. Dass er das Ding am Ende nicht repariert bekommen hat, wäre unerheblich, denn das schuldete I ja nicht, wenn es ein Dienstvertrag war. War es hingegen ein Werkvertrag, musste I, um die Fälligkeit der Vergütung nach § 641 Abs. 1 BGB herbeizuführen, den Erfolg (→ Therme wieder intakt) bewirken, also die »Herstellung des versprochenen Werkes« realisieren. Das aber hat er (bzw. M als Erfüllungsgehilfe des I) nicht getan mit der Folge, dass er keinen Anspruch auf eine Vergütung hätte.

Wir müssen demnach hier zwingend klären, um welche Art von Vertrag es sich vorliegend gehandelt hat: Die konkrete Rechtsnatur eines Vertrages bestimmt sich danach, was die Vertragsparteien als Gegenstand der Leistungsverpflichtung angesehen haben; hierbei ist nicht die Bezeichnung, sondern gemäß den §§ 133, 157 BGB immer der erkennbare Wille maßgeblich (BGH NJW **2010**, 150; **2002**, 3317; *Palandt/Sprau* vor § 631 BGB Rz. 7). Dieser muss im Zweifel durch **Auslegung** ermittelt werden, wobei insoweit die Erklärungen der Parteien beim Vertragsschluss als auch die sonstigen äußeren Umstände Anhaltspunkte sein können (BGH NJW **2017**, 1660; **1999**, 3118; *Brox/Walker* BS § 19 Rz. 9; *Palandt/Sprau* vor § 631 BGB Rz. 7; *Medicus/Lorenz* SR II Rz. 687). Ausgehend von unserem ersten Merksatz oben, wonach der Dienstverpflichtete nur seine reine **Tätigkeit**, der Werkunternehmer aber immer den **Erfolg** schuldet, ergibt sich angesichts des vorliegenden Sachverhaltes nunmehr Folgendes: Wer einen selbstständigen Handwerker bestellt, dem er erklärt hat, seine Warmwassertherme sei kaputt, darf damit rechnen, dass der Handwerker nur dann sein Geld bekommen soll, wenn er den Schaden auch tatsächlich behebt. Es ist dem Besteller hier insbesondere nicht zumutbar, das Risiko des Misslingens dieser Tätigkeit in Form der Vergütungspflicht, unabhängig vom Erfolg der Reparatur, zu tragen. Es kam dem R als Besteller augenscheinlich darauf an, dass I die Therme repariert. Der I übt im vorliegenden Fall seine Tätigkeit zudem in eigener Verantwortung unter Einsatz eigener

Arbeitsmittel und Mitarbeiter (M) aus, woraus gefolgert werden kann, dass er nach allgemeinem Verständnis auch das unternehmerische Risiko für das Gelingen des geschuldeten Arbeitsergebnisses trägt (*Palandt/Sprau* vor § 631 BGB Rz. 1). Das für das Dienstverhältnis charakteristische Direktions- bzw. Weisungsrecht des Bestellers ist im Übrigen hier nicht erkennbar. M als Erfüllungsgehilfe des I arbeitet in eigener Regie und ohne Weisung des Bestellers R. Wer selbstständig eine Maschine des Bestellers reparieren soll, schuldet daher stets ein »Werk« im Sinne des § 631 Abs. 2 BGB, und keine reine Dienstleistung (BGH NJW-RR **2009**, 1467; OLG Düsseldorf NJW-RR **1988**, 441; OLG Frankfurt DAR **1973**, 296; LG München I DAR **1999**, 127; *Palandt/Sprau* vor § 631 BGB Rz. 28; *Brox/Walker* BS § 19 Rz. 9).

<u>ZE.:</u> Damit haben I und R vorliegend einen Werkvertrag im Sinne von § 631 BGB geschlossen. Zahlung von Lohn aus dem Werkvertrag kann I folglich nur dann verlangen, wenn der versprochene Erfolg auch tatsächlich eintritt. Dies ergibt sich – wie oben schon mal erwähnt – aus **§ 641 Abs. 1 Satz 1 BGB**, der bestimmt, dass die Vergütung erst mit der Abnahme des Werks **fällig** ist. Vorliegend ist der vertraglich geschuldete Erfolg aber weder eingetreten noch hat R die Abnahme erklärt.

**Ergebnis:** I kann nicht die Zahlung von 150 Euro aus § 631 Abs. 1 BGB verlangen.

## II.) Anspruch des M gegen I auf Zahlung der Vergütung

<u>AGL</u>: § 611a Abs. 2 BGB (Arbeitsvertrag)

**1.)** Der Anspruch auf Zahlung von Lohn muss entstanden sein. Dies setzt zunächst voraus, dass zwischen M und I ein **Arbeitsvertrag** nach § 611a BGB vorgelegen hat. Da sich in der Sachverhaltsschilderung die Formulierung findet, dass M bei I »fest angestellt« ist, kann insoweit vom Bestehen eines Arbeitsvertrages im Sinne des § 611a BGB ausgegangen werden.

> **Aufgepasst:** Es schadet für diese Einordnung nicht, dass wir eben auch festgestellt haben, dass die Reparatur an der Therme im Verhältnis zwischen I und R den geschuldeten Erfolg im Rahmen eines **Werkvertrages** nach § 631 BGB darstellt. Denn ein und dieselbe Tätigkeit kann im Verhältnis des Ausführenden zu unterschiedlichen Personen ohne weiteres zugleich Gegenstand eines Dienst- und eines Werkvertrages sein (*Brox/Walker* AS § 19 Rz. 10). Deshalb spricht nichts dagegen, den Reparaturversuch im Verhältnis zwischen I und M als Leistung des M zur Erfüllung seiner Verpflichtung aus einem mit I bestehenden Arbeitsvertrag anzusehen.

<u>ZE.:</u> Zwischen M und I bestand ein Dienstvertrag in Form eines Arbeitsvertrages.

**2.)** M ist vereinbarungsgemäß bei R tätig geworden und hat über einen Zeitraum von einer Stunde seine Arbeitsleistung erbracht. Dass er den von I (!) gegenüber R geschuldeten Erfolg durch seine Bemühungen nicht herbeigeführt hat, ändert hieran natürlich nichts. Denn das haben wir weiter oben ja gelernt: Der Dienstverpflichtete im Sinne der §§ 611, 611a BGB schuldet nur seine Arbeitsleistung, nicht aber auch den eingetretenen Erfolg. Der Zahlungsanspruch entsteht unabhängig davon (BGH NJW **1990**, 2549; ErfK-*Preis* § 611 BGB Rz. 845; *Jauernig/Mansel* § 611 BGB Rz. 16).

**Ergebnis:** M kann von I aus § 611a Abs. 2 BGB Zahlung seines Lohns verlangen.

## Zur Abrundung:

Zum Schluss wollen wir uns gerade noch zwei weitere Vertragsarten, die in Abgrenzung zum Dienst- und Werkvertrag stehen, ein wenig näher anschauen. Es geht dabei zum einen um den **Auftrag** nach § 662 BGB und zum anderen um den **Geschäftsbesorgungsvertrag** im Sinne des § 675 BGB.

→ Der Auftrag gemäß § 662 BGB unterscheidet sich vom Dienst- und Werkvertrag vor allem durch seine **Unentgeltlichkeit**. Der Beauftragte verpflichtet sich beim Auftrag nämlich dazu, ein ihm vom Auftraggeber übertragenes Geschäft unentgeltlich zu besorgen (bitte lies § 662 BGB). Es handelt sich beim Auftrag – anders als beim Dienst- und Werkvertrag – daher nicht um einen gegenseitigen, sondern nur um einen sogenannten »unvollkommen zweiseitigen« Vertrag (*Brox/Walker* BS § 29 Rz. 3; *Palandt/Sprau* vor § 662 BGB Rz. 1). **Unvollkommen** zweiseitig übrigens deshalb, weil die Tätigkeit an sich zwar unentgeltlich ist, der Beauftragte aber die ihm bei der Ausführung des Auftrages entstandenen Aufwendungen gemäß § 670 BGB vom Auftraggeber ersetzt verlangen kann. **Beispiel**: A bittet den B, für ihn beim Gemüsehändler zwei Kilo Möhren zu kaufen. Kauft B die Möhren, hat er gegen A gemäß § 670 BGB den Anspruch auf Erstattung des gezahlten Kaufpreises, denn das waren die Aufwendungen, die B zur Ausführung des Auftrages tätigen musste. Für die Tätigkeit an sich aber, also den Weg zum Gemüsehändler, kann B demgegenüber nichts fordern, denn der Auftrag, also die reine Handlung, ist gemäß § 662 BGB ja unentgeltlich.

→ Ein Geschäftsbesorgungsvertrag im Sinne des § 675 BGB ist nun noch was anderes, nämlich entweder ein Dienst- oder ein Werkvertrag, allerdings mit der Besonderheit, dass eine »entgeltliche Geschäftsbesorgung« geschuldet wird. Mit dem Begriff der entgeltlichen Geschäftsbesorgung ist hauptsächlich die selbstständige Betreuung fremder **wirtschaftlicher Interessen** des Vertragspartners gemeint (BGH NJW-RR **2004**, 989; BGHZ **45**, 223; *Jauernig/Mansel* § 675 BGB Rz. 4). Darunter fallen z.B. die Beratung durch einen Anwalt (BGH NJW-RR **2000**, 791), die Tätigkeit eines Steuerberaters (BGHZ **54**, 106; BGH NJW-RR **2006**, 1490) oder auch die meisten Bankgeschäfte (BGH NJW **1985**, 2699). Wegen der Besonderheit dieser Geschäfte, namentlich der Tatsache, dass der eine Teil im **fremden** wirtschaftlichen Interessenbereich des anderen tätig wird, sollen dann neben den §§ 675 ff. BGB gemäß § 675 Abs. 1 BGB vor allem einige ausgewählte Vorschriften des Auftragsrechts anwendbar sein, da die Regeln über den Dienst- bzw. Werkvertrag hier keine interessengerechte und abschließende Lösung bieten (siehe hierzu MüKo/*Heermann* § 675 BGB Rz. 14ff.). Das Auftragsrecht aus den §§ 662 ff. BGB füllt diese Lücke, da es der Interessenlage der Vertragsparteien, also der ausschließlichen Behandlung **fremder** Interessen, eher gerecht wird, gleichwohl aber wegen der grundsätzlichen Unentgeltlichkeit des Auftrags nicht unmittelbar angewandt werden kann. Daher ordnet § 675 Abs. 1 BGB die **entsprechende** Anwendung der jeweiligen Normen des Auftragsrechts an. Insofern regelt § 675 BGB übrigens keinen eigenen Vertragstyp, sondern bestimmt vielmehr, dass es grundsätzlich beim jeweiligen Dienst- oder Werkvertragsrecht bleibt, gleichwohl aber ergänzend Normen aus dem Auftragsrecht Anwendung finden sollen. Merken.

In unserem kleinen Fall oben mit der Warmwassertherme kam weder der Auftrag nach § 662 BGB noch eine Geschäftsbesorgung gemäß § 675 BGB in Betracht: Der Auftrag scheitert bereits daran, dass Handwerker auf dieser Welt niemals unentgeltlich arbeiten. Und eine Geschäftsbesorgung im Sinne des § 675 BGB ist es auch nicht gewesen, denn wir haben es nicht mit der Betreuung fremder Vermögensinteressen im oben benannten Sinne einer wirtschaftlich beratenden Tätigkeit zu tun, sondern mit der Reparatur einer Warmwassertherme. Und das ist und bleibt ein reiner Werkvertrag, was das Verhältnis zwischen I und R angeht.

# Gutachten

**I kann gegen R einen Anspruch auf Zahlung von 150 Euro aus § 631 Abs. 1 BGB haben.**

**1.)** Der Zahlungsanspruch des I muss hierfür zunächst entstanden sein. Dies setzt voraus, dass I und R vorliegend einen Werkvertrag gemäß § 631 BGB geschlossen haben. Ein Vertragsschluss zwischen I und R im Sinne des § 631 Abs. 1 BGB setzt zwei übereinstimmende Willenserklärungen, den Antrag und die Annahme nach §§ 145, 147 BGB, voraus.

R hat I angerufen, den Defekt geschildert und dann um Abhilfe gebeten. Hiermit war I einverstanden und hat auch gleich einen Monteur zu R geschickt. Dies lässt sich als vertragliche Einigung zwischen I und R ansehen.

**2.)** Fraglich ist allerdings, ob sich an dieser Beurteilung etwas ändert, weil R und I nicht über die Vergütung gesprochen haben. Angesichts dessen könnte es an einem wesentlichen Bestandteil des Vertrages fehlen mit der Folge, dass eine Einigung im Sinne des § 631 BGB nicht zustande gekommen ist.

In § 632 Abs. 1 BGB steht indes, dass eine Vergütung stillschweigend als vereinbart gilt, wenn die Parteien hierüber keine ausdrückliche Vereinbarung treffen und die Tätigkeit üblicherweise nur gegen Zahlung einer Vergütung zu erbringen ist. In § 632 Abs. 2 BGB ist zudem geregelt, dass bei fehlender Vereinbarung im Zweifel die »übliche« Vergütung als vereinbart gilt. Die vertragliche Einigung zwischen I und R scheitert demnach jedenfalls nicht daran, dass eine konkrete Vergütung zwischen den Parteien zunächst nicht ausdrücklich abgesprochen gewesen ist.

Gleichwohl ist zu berücksichtigen, dass I hier im weitesten Sinne eine Tätigkeit schuldet und es sich daher vorliegend auch um einen Dienstvertrag gemäß § 611 BGB handeln könnte. Während beim Dienstvertrag die Arbeitsleistung als solche, also nur das Tätigsein, geschuldet wird, schuldet der Werkunternehmer immer das Ergebnis seiner Tätigkeit, nämlich den Erfolg. Der Dienstverpflichtete schuldet also nur die Arbeit an sich, das Tätigsein.

Es kam dem R als Besteller vorliegend darauf an, dass I die Therme repariert. I übte seine Tätigkeit zudem in eigener Verantwortung unter Einsatz eigener Arbeitsmittel und Mitarbeiter aus, woraus gefolgert werden kann, dass er nach allgemeinem Verständnis auch das unternehmerische Risiko für das Gelingen des geschuldeten Arbeitsergebnisses tragen sollte. Das für das Dienstverhältnis charakteristische Direktions- bzw. Weisungsrecht des Bestellers ist im Übrigen hier nicht erkennbar. M als Erfüllungsgehilfe des I arbeitet in eigener Regie und ohne Weisung des Bestellers R. Damit haben I und R vorliegend einen Werkvertrag im Sinne von § 631 BGB geschlossen.

Fraglich ist, ob der I die Zahlung des Werklohns von R verlangen kann. Dies setzt voraus, dass der Zahlungsanspruch des I fällig ist. Der Vergütungsanspruch aus einem Werkvertrag wird nach § 641 Abs. 1 Satz 1 BGB erst fällig, wenn der versprochene Erfolg auch tatsächlich eintritt und der Besteller das Werk abgenommen hat. Vorliegend ist der vertraglich geschuldete Erfolg aber weder eingetreten noch hat R die Abnahme erklärt.

**Ergebnis:** I kann von R nicht die Zahlung von 150 Euro aus § 631 Abs. 1 BGB verlangen.

**M kann gegen I einen Anspruch auf Zahlung der Vergütung aus § 611a Abs. 2 BGB haben.**

**1.)** Der Anspruch auf Zahlung von Lohn muss entstanden sein. Dies setzt zunächst voraus, dass zwischen M und I ein Arbeistvertrag nach § 611a BGB vorgelegen hat.

Da sich in der Sachverhaltsschilderung die Formulierung findet, dass M bei I fest angestellt ist, kann insoweit vom Bestehen eines Arbeitsvertrages ausgegangen werden.

**2.)** M ist vereinbarungsgemäß bei R tätig geworden und hat über einen Zeitraum von einer Stunde seine Arbeitsleistung erbracht. Dass er den von I gegenüber R geschuldeten Erfolg durch seine Bemühungen nicht herbeigeführt hat, ändert hieran nichts. Der Arbeitnehmer im Sinne des § 611a BGB schuldet nur seine Arbeitsleistung, nicht aber auch den eingetretenen Erfolg. Der Zahlungsanspruch entsteht unabhängig davon.

**Ergebnis:** M kann von I aus § 611a Abs. 2 BGB Zahlung seines Lohns verlangen.

# Fall 24

## Nicht ganz dicht!

Bauunternehmer U hat im Kölner Umland auf einem ihm gehörenden Grundstück eine Fertighaussiedlung errichtet. Eines seiner Musterhäuser, das er vor drei Monaten zu Werbezwecken dort gebaut hatte, bietet er nun Rechtsanwalt A zu einem günstigen Preis an. A ist sofort begeistert und eine Woche später schließen A und U einen notariell beurkundeten »Kaufvertrag« über das entsprechende Grundstück einschließlich des Hauses. Bei der Schlüsselübergabe am nächsten Tag stellt A fest, dass sich die Fenster im Erdgeschoss wegen eines Konstruktionsfehlers nicht winddicht schließen lassen. A verzichtet jedoch darauf, diesen Umstand anzusprechen und im Übergabeprotokoll festhalten zu lassen, da er die Undichtigkeit für unerheblich hält, zumal gerade August ist und hochsommerliche Temperaturen herrschen. Vier Monate später pfeift selbstverständlich eiskalter Wind durch die mittlerweile zentimeterbreiten Fensterritzen. A verlangt nunmehr von U die Instandsetzung der Fenster. U indessen weigert sich und meint, dazu sei er nicht mehr verpflichtet, da A die Undichtigkeit bei der Übergabe bewusst und ohne Beanstandung hingenommen habe. Deshalb lehne er grundsätzlich auch jede Nachbesserung ab. Der A beauftragt daraufhin den Handwerker H mit der Reparatur der Fenster und verlangt von U die an H dafür gezahlten 3.000 Euro.

**Zu Recht?**

---

**Schwerpunkte:** Abgrenzung von Kauf- und Werkvertrag; der Bauträgervertrag nach § 650u BGB; die Mängelhaftung beim Werkvertrag nach den §§ 633 ff. BGB; das Selbstvornahmerecht des Bestellers nach den §§ 637 Abs. 1, 634 Nr. 2 BGB; die Abnahmepflicht des Bestellers aus § 640 Abs. 1 BGB; der Ausschlustatbestand in § 640 Abs. 3 BGB; die Voraussetzungen des Schadensersatzes statt der Leistung nach § 634 Nr. 4 BGB.

---

## Lösungsweg

### Anspruch des A gegen U auf Zahlung von 3.000 Euro

<u>AGL.:</u> §§ 637 Abs. 1, 634 Nr. 2 BGB (Aufwendungsersatz für Selbstvornahme)

**Vorbemerkung:** Dieser Fall ist inhaltlich ziemlich anspruchsvoll und befasst sich dabei hauptsächlich mit zwei großen Schwerpunkten: Insoweit werden wir zunächst die wichtige Abgrenzung von Kauf- und Werkvertrag kennenlernen mit der Besonderheit des sogenannten »Bauträgervertrages«, der die Gerichte, die Wissenschaft und damit logischerweise auch die Studierenden seit Jahrzehnten beschäftigt. Das schauen wir uns gleich mal in Ruhe an und werden, wenn wir das erledigt haben, dann im zweiten Schritt die werkrechtliche Gewährleistung nach den **§§ 633 ff. BGB** behandeln. Auch das ist ein gewaltiger und kniffliger Brocken – und damit wir dabei von Anfang an den Überblick behalten und vor allen Dingen gleich den Prüfungseinstieg kapieren, werden wir uns vorab zunächst für einen Augenblick die Systematik der §§ 633 ff. BGB näher ansehen. Ist nicht wirklich schwer und uns – wegen einiger Parallelen zum Kaufrecht – sogar zum Teil schon bekannt, nämlich:

Die Ausgangsnorm einer jeden werkrechtlichen Gewährleistungsprüfung ist immer der **§ 634 BGB** (aufschlagen, bitte). Diese Norm erfüllt dieselbe Funktion wie der § 437 BGB im Kaufrecht, den wir weiter vorne im Buch (Fälle 16–22) schon kennengelernt haben. Der § 634 BGB regelt sämtliche rechtlichen Möglichkeiten, die dem Besteller zur Verfügung stehen, wenn das hergestellte Werk nicht frei von Rechts- oder Sachmängeln ist. Ausgehend vom jeweiligen Begehren des Bestellers bietet § 634 BGB die entsprechende Weichenstellung für die gesamte weitere Prüfung. Die Vorschrift nennt dabei insgesamt **sechs** Rechtsbehelfe, auf die der Besteller zurückgreifen kann:

> Nacherfüllung (Nr. 1), Aufwendungsersatz bei Selbstvornahme (Nr. 2), Rücktritt (Nr. 3, 1. Variante), Minderung (Nr. 3, 2. Variante), Schadensersatz (Nr. 4, 1. Variante) und Ersatz vergeblicher Aufwendungen (Nr. 4, 2. Variante).

Für den Prüfungsaufbau von Bedeutung ist nun zunächst einmal, dass der § 634 BGB – ebenso wie § 437 BGB im Kaufrecht – keine eigene selbstständige Anspruchsgrundlage darstellt, sondern lediglich als sogenannte »Rechtsgrundverweisung« zu verstehen ist (*Jauernig/Mansel* § 634 BGB Rz. 1). Rechtsgrundverweisung bedeutet in diesem Zusammenhang, dass die Norm nur unter Hinzuziehung anderer Vorschriften, die dann den eigentlichen »Rechtsgrund« des Anspruchs ausmachen, zur Anspruchsgrundlage wird (*Palandt/Sprau* § 634 BGB Rz. 1). Das braucht man übrigens noch nicht mal auswendig zu lernen, es steht nämlich im Gesetz: Im Einleitungssatz des § 634 BGB kann man nachlesen, dass das Werk zum einen **mangelhaft** sein muss und der Besteller die nachfolgenden Rechte aus den Nummern 1 bis 4 geltend machen kann, »wenn die Voraussetzungen der folgenden Vorschriften vorliegen«. Neben der Mangelhaftigkeit des Werkes (das gilt für **alle** Rechte aus § 634 BGB) müssen demnach zur Anspruchsbegründung immer auch zusätzlich die Voraussetzungen der jeweiligen Nummer des § 634 BGB geprüft werden. Dies zusammen erst ergibt dann die Anspruchsgrundlage. Merken.

**Zum Fall:** Hier bei uns möchte A von U die 3.000 Euro ersetzt haben, die er dem H wegen der Reparatur der Fenster gezahlt hat. Dieses Begehren des A weist auf **§ 634**

**Nr. 2 BGB** in Verbindung mit dem dort genannten **§ 637 Abs. 1 BGB** hin, weswegen diese beiden Normen dann konsequenterweise bei uns auch im Obersatz stehen (prüfen, bitte). A beansprucht damit Aufwendungsersatz für die Selbstvornahme im Hinblick auf eine Mangelbeseitigung. Ob der Anspruch begründet ist, klärt sich wie immer, wenn wir die Voraussetzungen prüfen:

**1.)** Der Anspruch des A aus den §§ 634 Nr. 2, 637 Abs. 1 BGB muss zunächst einmal **entstanden** sein. Und dazu ist als Erstes erforderlich, dass sich A und U rechtswirksam über den Abschluss eines **Werkvertrages** im Sinne des § 631 BGB geeinigt haben. Ohne einen wirksamen Werkvertrag entfällt logischerweise jede werkrechtliche Gewährleistung. Und da müssen wir hier gleich mal etwas genauer hinsehen, denn ausweislich der Schilderung im Sachverhalt haben A und U einen »Kaufvertrag« vor dem Notar geschlossen, was an sich zur Folge hätte, dass ein Anspruch aus den §§ 634 Nr. 2, 637 Abs. 1 BGB nicht in Betracht käme. Und mehr noch: Wenn es ein Kaufvertrag wäre, könnte A keinesfalls Ersatz für die Aufwendungen der Selbstvornahme verlangen, denn das Kaufrecht sieht einen solchen Anspruch in § 437 BGB **nicht** vor. Zudem lehnt die herrschende Meinung, das haben wir in Fall Nr. 19 weiter vorne schon gelernt, insoweit auch eine entsprechende Anwendung des § 326 Abs. 2 Satz 2 BGB ab, versagt also im Kaufrecht jeden Anspruch auf Kostenersatz für eine selbst veranlasste Reparatur (BGH NJW **2009**, 667; **2006**, 988; LG Gießen ZGS **2004**, 238; *Dötsch* in MDR 2004, 975; *Brox/Walker* BS § 4 Rz. 40a; *Dauner-Lieb/Dötsch* in ZGS 2003, 250, 251; *Ball* in NZV 2004, 217, 227; *Peters* in JZ 2004, 355). Wir müssen demzufolge im vorliegenden Fall zwingend klären, ob die Parteien tatsächlich, wie beim Notar beurkundet, einen Kaufvertrag abgeschlossen haben oder aber, ob es sich trotz dieser Bezeichnung nicht doch um einen Vertrag mit werkrechtlichem Bezug und vor allem Geltung der §§ 633 ff. BGB handelt. Dabei hilft uns folgende

**Regel:** Wenn nicht eindeutig erkennbar ist, welcher Vertragstyp im konkreten Fall vorliegt, wird die Vertragsart mithilfe der Auslegung nach §§ 133, 157, 242 BGB ermittelt. Dabei sind der **Inhalt**, der **Zweck**, die **wirtschaftliche Bedeutung** des Vertrages und die **Interessenlage** der Vertragsparteien zu berücksichtigen (BGH NJW **2016**, 1572; NJW **2006**, 904; NJW **2000**, 2099; *Palandt/Ellenberger* § 133 BGB Rz. 18). Sind sich die Vertragsparteien trotz anderslautender oder gar falscher Ausdrucksweise über den von ihnen gewollten Inhalt des Vertrags einig, geht dieses von ihnen übereinstimmend Gewollte jeder anderweitigen Interpretation und sogar einem völlig eindeutig anderen objektiven Sinn der von ihnen getroffenen Vereinbarung vor. Es gilt dann die Regel »falsa demonstratio non nocet«, die falsche Bezeichnung schadet nicht (BGH NJW **2002**, 1038; NJW-RR **1996**, 1458; *Staudinger/Roth* § 157 BGB Rz. 3; *Schwabe* BGB AT, Fall 11). Der von den Parteien beim Abschluss eines Vertrages gewählte Wortlaut ist deshalb regelmäßig nur ein Indiz für dessen Rechtsnatur (BGH NJW **2016**, 1572; **2007**, 3275; NJW-RR **2007**, 895; NJW **1985**, 1551; *Bamberger/Roth/Hau/Poseck/Wendtland* § 133 BGB Rz. 27).

Das wenden wir jetzt mal auf unseren Fall an: Und insoweit können und müssen wir zunächst feststellen, dass vor dem Notar fraglos ein als solcher bezeichneter »Kaufvertrag« geschlossen worden ist. Dies spricht trotz des soeben im grauen Kasten Erläuterten erst einmal für die Anwendung der §§ 433 ff. BGB. Dazu kommt, dass das von A erworbene Musterhaus zum Zeitpunkt des Vertragsschlusses bereits fertig gestellt war und nur noch übereignet werden musste, was ebenfalls für das Vorliegen eines Kaufvertrages spricht (*Brambring* in DNotZ 2001, 904). Denn nach § 631 BGB grenzt sich der Werkvertrag – wie wir im vorherigen Fall gelernt haben – von anderen Vertragstypen durch das Versprechen ab, einen bestimmten herbeigeführten **Erfolg** zu erreichen. Wird aber nur eine bereits fertig gestellte Sache übereignet, liegt hierin kein Erfolg im Sinne von § 631 Abs. 1 BGB (MüKo/*Busche* § 631 BGB Rz. 7). Der Kaufvertrag ist nämlich auf Übereignung des fertigen Gegenstands gerichtet. Im Gegensatz zum Werkvertrag ist dabei die Herstellung des Gegenstands im Zweifel nicht Vertragsinhalt (BGH NJW **2006**, 904; BGHZ **87**, 112). All dies spricht somit dafür, dass die Bezeichnung »Kaufvertrag« auch dem Willen und dem Zweck sowie der Interessenlage der Parteien gerecht wird, der Vertrag wäre dann tatsächlich nach den §§ 433 ff. BGB abzuwickeln. **Wirklich?**

Natürlich nicht. Der Lösung des Falls nähern wir uns jetzt wie (fast) immer durch einen Blick in das Gesetz, genauer in **§ 650u Abs. 1 <u>Satz 1</u> BGB**. Dort ist nämlich der so genannte »Bauträgervertrag« definiert, der oben bereits kurz erwähnt wurde. Der Bauträgervertrag ist ein **typengemischter Vertrag**, der sich (mindestens) aus einem kauf- und einem werkvertraglichen Element zusammensetzt. Vertragsgegenstand ist zum einen die Errichtung oder der Umbau eines Bauwerks (= werkvertragliches Element) und zum anderen die Übereignung des Grundstücks, auf dem das Bauwerk steht (= kaufvertragliches Element), vgl. BGH NJW **1973**, 1235; *Palandt/Sprau* § 650u BGB Rz. 2. Und wie wir feststellen dürfen, passt diese gesetzliche Definition schon recht gut auf die hier zu prüfende Fallkonstellation. Der eigentliche Clou des Bauträgervertrags ergibt sich aber nun aus § 650u Abs. 1 <u>Satz 2</u> BGB (aufschlagen!). Und danach ist nun im Hinblick auf die bei einem Bauträgervertrag anwendbaren Vorschriften wie folgt zu differenzieren:

> Bei einem Bauträgervertrag sind hinsichtlich der Errichtung oder des Umbaus grundsätzlich **Werkvertragsrecht** (§§ 631–650 BGB) und **Bauvertragsrecht** (§§ 650a–n BGB) anzuwenden. Der Anspruch auf die Eigentumsübertragung an dem Grundstück unterliegt dagegen grundsätzlich dem **Kaufrecht** (§§ 433 ff. BGB).

<u>ZE.:</u> Hätten A und U einen Bauträgervertrag geschlossen, würden danach im Hinblick auf den Kostenersatz für die Reparatur der Fenster die Gewährleistungsvorschriften des Werkvertragsrechts (§ 633 ff. BGB) Anwendung finden. Unsere im Obersatz zitierte Anspruchsgrundlage (§§ 637 Abs. 1, 634 Nr. 2 BGB) wäre dann folgerichtig gewählt und der Weg in die werkrechtliche Prüfung eröffnet. Danach müssen wir also jetzt noch eine »gutachtentaugliche« Begründung dafür finden, dass

unser bisheriges Auslegungsergebnis (Abschluss eines Kaufvertrags) so nicht stehen bleiben kann. Und bei dieser gedanklichen Kehrtwende hilft uns insbesondere die Kenntnis der einschlägigen (jahrzehntelangen) Rechtsprechung des BGH zum Bauträgervertrag, die wir uns gleich mal etwas genauer ansehen wollen/müssen. Aber eins nach dem anderen: Wie wir bereits festgestellt haben ist das von A erworbene Haus nach dem Sachverhalt zum Zeitpunkt des Vertragsschlusses **bereits errichtet**, so dass U unter dem mit A geschlossenen Vertrag logischerweise keine »Errichtung« im Sinne von § 650u Abs. 1 Satz 1 BGB mehr schuldet.

> Allerdings müssen wir hier auch den Umstand berücksichtigen, dass U das Musterhaus erst drei Monate vorher errichtet hatte. Aus der Sicht des A macht es insofern eigentlich keinen Unterschied, ob er das Haus erst bestellt und es dann von U gebaut wird oder ob das Musterhaus erst von U gebaut und dann an A verkauft wird. Hinzu kommt, dass eine echte Ingebrauchnahme als Wohnhaus noch gar nicht stattgefunden hat, denn U hat das Musterhaus nach Auskunft des Sachverhaltes vorher nur zu Verkaufs- und Werbezwecken genutzt.

Dies führt uns zu der Frage, ob es interessengerecht wäre, in Fällen der vorliegenden Art über den Gesetzeswortlaut hinaus auch vom Vorliegen eines Bauträgervertrags auszugehen, wenn das Bauwerk bei Vertragsschluss schon vollständig fertiggestellt ist oder nur noch Kleinigkeiten fehlen und sich die Verpflichtung des Veräußerers deshalb faktisch nur noch auf die Übereignung beschränkt. Diese (für unseren Fall sehr bedeutsame) Frage hat der **BGH** nun aber erfreulicherweise bereits mehrfach entschieden und dabei jeweils eindeutig **bejaht** (→ BGH NJW **2016**, 1572; NJW-RR **2003**, 519; NJW **1987**, 2373). Bezüglich der Ansprüche wegen Mängeln an einem Haus, das unmittelbar vom Bauträger erworben wird, sind daher auch dann Werk- und Bauvertragsrecht anzuwenden, wenn das Haus bei Vertragsschluss bereits errichtet ist. Dass die Vertragsparteien den entsprechenden Vertrag (irrtümlich oder bewusst) als »Kaufvertrag« und sich selbst darin als »Käufer« und »Verkäufer« bezeichnet haben, ist nach Ansicht des BGH in diesem Fall unschädlich (BGH NJW **2016**, 1572).

**Etwas Rechtsgeschichte:** Vor der Schuldrechtsmodernisierung im Jahr 2002 hat der BGH seine Entscheidungen zum Bauträgervertrag regelmäßig mit dem Umstand begründet, dass bis dahin nur das Werkvertragsrecht dem Besteller einen Anspruch auf **Nachbesserung** gewährte. Im Kaufrecht war ein solches Nachbesserungsrecht demgegenüber früher nicht vorgesehen. Bei Mängeln wäre der Erwerber nach dem früheren Kaufrecht nur berechtigt gewesen zurückzutreten, zu mindern oder Schadensersatz zu fordern. Im Übrigen verjährten Gewährleistungsansprüche im Werkrecht nach fünf Jahren, im Kaufrecht bei Grundstücken aber bereits nach einem Jahr. Aus diesen Gründen hat sich der BGH dafür entschieden, die Erwerber zu schützen und Verträge über den Kauf eines Grundstücks einschließlich fertig darauf gebauten Hauses im Hinblick auf das Haus dem Werkrecht zu unterstellen (BGHZ **65**, 359). Der Gesetzgeber hat dieses Konzept dann

> später übernommen und den Bauträgervertrag in eben dieser Weise ausdrücklich im BGB geregelt.

**Aber:** Durch die benannte Schuldrechtsmodernisierung hat sich die Rechtslage insoweit allerdings beachtlich geändert, und zwar dergestalt, dass auch das Kaufrecht in § 439 Abs. 1 BGB seitdem einen Anspruch auf Nachbesserung ausdrücklich vorsieht und zudem die Verjährungsvorschriften vereinheitlicht worden sind. Gemäß § 438 Abs. 1 Nr. 2a BGB verjähren die Mängelansprüche beim Kauf eines Gebäudes wie bei einem Werkvertrag (siehe § 634a Abs. 1 Nr. 2 BGB) in fünf Jahren. Damit entfallen die beiden Hauptargumente, die der BGH zur Begründung der Anwendung des Werkvertragsrechts angeführt hatte.

Zwar hält der BGH ungeachtet dessen an seiner Rechtsprechung weiterhin – im Wesentlichen unverändert – fest (BGH NJW **2016**, 2878; **2007**, 3275). Das Schrifttum ist in dieser Frage demgegenüber durchaus geteilter Meinung: Es werden dort – wenig überraschend – vor allem zwei Lösungsansätze diskutiert:

- Zum Teil wird vertreten, dass nach Fertigstellung des Gebäudes nunmehr ausschließlich Kaufrecht nach den §§ 433 ff. BGB Anwendung finden soll und insoweit die vom BGH aufgestellten Regeln nach der Schuldrechtsreform 2002 nicht mehr gelten sollen. Durch die Angleichung der Mängelrechte und der Verjährungsfristen hätten sich die zuvor bestehenden Wertungswidersprüche grundsätzlich entschärft (MüKo/*Busche* § 650u BGB Rz. 14; *Hildebrandt* in ZfIR 2003, 489; *Hofmann/Joneleit* in NZBau 2003, 41; *Ott* in NZBau 2003, 233; *Hertel* in DNotZ 2002, 6; *Teichmann* in ZfBR 2002, 13; *Brambring* in DNotZ 2001, 904). Wer ein Grundstück mit vom Veräußerer vorher fertig hergestelltem Haus erwerbe, unterliege insoweit allein dem Kaufrecht und seinen Gewährleistungsnormen.

- Nach anderer Auffassung sollen die vom BGH entwickelten Grundsätze zum Bauträgervertrag demgegenüber auch nach der Gesetzesänderung im Jahre 2002 weiterhin gelten. Trotz der Angleichung seien die Unterschiede zwischen Kauf- und Werkvertragsrecht immer noch beachtlich. Die gegenteilige Meinung übersehe, dass der Gesetzgeber keinerlei sprachliche oder inhaltliche Änderungen im Werkvertragsrecht vorgenommen hat, die eine Abweichung von der ständigen Rechtsprechung des BGH rechtfertigen würden (*Pauly* in MDR 2004, 16; *Dören* in ZfIR 2003, 489; *Bamberger/Roth/Hau/Poseck/Voit* § 631 BGB Rz. 17; *Derleder* in NZBau 2004, 237; *Pause* in NZBau 2002, 648; *Thode* in NZBau 2002, 297).

Dieser anhaltende und damit nach wie vor sehr prüfungsrelevante Streit hat für unseren Fall beachtliche Konsequenzen, denn schließt man sich der erstgenannten Meinung an und geht von der ausschließlichen Geltung der §§ 433 ff. BGB aus, bekommt unser A hier keine 3.000 Euro, weil der hier begehrte Anspruch auf Ersatz für die Selbstvornahme nur im Werkrecht (§ 637 BGB) existiert. Folgt man hingegen der zweiten Ansicht, käme § 637 BGB als Anspruchsgrundlage in Betracht, denn dann finden die werkrechtlichen Normen im Hinblick auf das Gebäude Anwendung. Wir wollen uns hier – ohne Wertung – der zweiten eben genannten Meinung anschließen und uns dabei darauf berufen, dass der Gesetzgeber im Jahre 2002 in Kenntnis der Problematik keinerlei gesetzliche Regelung diesbezüglich geschaffen bzw. geändert hat. Somit ist davon auszugehen, dass die Rechtsprechung des BGH weiterhin als verbindlich angesehen werden soll (die andere Ansicht ist natürlich ebenso gut vertretbar).

**ZE.:** Inhalt der Einigung zwischen A und U war demnach ein **Bauträgervertrag** im Sinne von § 650u BGB. Hinsichtlich etwaiger Mängel des Gebäudes ist damit Werkrecht anzuwenden, also die §§ 633 ff. BGB.

**2.)** So. Das haben wir erledigt und können jetzt endlich prüfen, ob die weiteren Voraussetzungen der im Obersatz genannten Normen vorliegen. Damit der Anspruch aus den §§ 637 Abs. 1, 634 Nr. 2 BGB begründet sein kann, müsste das Werk also in jedem Falle **mangelhaft** gewesen sein (bitte lies den Einleitungssatz von § 634 BGB). In Betracht kommt hier nur ein **Sachmangel** gemäß § 633 Abs. 2 BGB. Sachmangel im Sinne des § 633 Abs. 2 BGB ist jede negative Abweichung der Istbeschaffenheit von der Sollbeschaffenheit (BGH NJW **2014**, 3365; **2011**, 3780; *Palandt/Sprau* § 633 BGB Rz. 5). Nach § 633 Abs. 2 BGB ist insoweit in erster Linie maßgeblich, ob das Werk die vereinbarte Beschaffenheit hat, in zweiter Linie, ob es sich für die nach dem Vertrag vorausgesetzte oder für die gewöhnliche Verwendung eignet und eine Beschaffenheit mittlerer Art und Güte aufweist (BGH NJW **2014**, 3365). Vorliegend steht fest, dass sich die Fenster im Erdgeschoss des von U errichteten Hauses nicht winddicht schließen lassen. Ordnungsgemäß schließbare Fenster gehören indes fraglos zur Sollbeschaffenheit, da sie für die gewöhnliche Verwendung des Hauses (= drin wohnen) von entscheidender Bedeutung sind. Kann man sie nicht vernünftig schließen, haben die Fenster zudem nicht die Beschaffenheit, die bei Fenstern der gleichen Art üblich ist und stellen damit jedenfalls einen Sachmangel im Sinne des § 633 Abs. 2 Satz 2 Nr. 2 BGB dar.

**ZE.:** Ein Sachmangel im Sinne des § 633 Abs. 2 Satz 2 Nr. 2 BGB lag im Zeitpunkt des Gefahrübergangs vor.

**3.)** Weiterhin müsste A das Werk gemäß § 640 Abs. 1 BGB auch **abgenommen** haben, da die §§ 633 ff. BGB grundsätzlich erst nach dieser Abnahme Anwendung finden; bis dahin gelten die Regeln des Allgemeinen Schuldrechts über Leistungsstörungen (BGH NJW **2017**, 1604; **2016**, 2183).

**Definition:** Unter der **Abnahme** eines Werkes versteht man die körperliche Entgegennahme des vom Unternehmer hergestellten Werkes und die damit verbundene Erklärung des Bestellers, dass er das Werk als in der Hauptsache vertragsgerecht erbracht anerkenne (BGH NJW **2017**, 1604; BGH WM **2010**, 566; BGH NJW

**1993**, 1974; MüKo/*Busche* § 640 BGB Rz. 3; *Palandt/Sprau* § 640 BGB Rz. 3; *Brox/ Walker* BS § 26 Rz. 10). Dies kann auch durch schlüssiges Verhalten (= konkludent) geschehen (BGH WM **2010**, 566).

Und demnach hat die erforderliche Abnahme durch A hier im Rahmen der Schlüsselübergabe stattgefunden, denn zum einen hat A das Haus hierdurch körperlich »entgegengenommen«, zum anderen hat er damit zum Ausdruck gebracht, dass er im Wesentlichen mit der Werkleistung einverstanden war.

**ZE.:** Die Abnahme des Werks im Sinne des § 640 Abs. 1 BGB durch A ist erfolgt.

**4.)** A muss dem U zur Durchsetzung des Anspruchs aus den §§ 637 Abs. 1, 634 Nr. 2 BGB eine angemessene Frist zur Mangelbeseitigung gesetzt haben (lies: § 637 Abs. 1 BGB!). Hierfür ist zunächst ein eindeutiges und bestimmtes Verlangen der Nacherfüllung erforderlich, aus dem für den Werkunternehmer erkennbar wird, **welcher** Mangel beseitigt werden soll (*Bamberger/Roth/Hau/Poseck/Voit* § 637 BGB Rz. 2).

**Beachte:** Der Besteller muss den Mangel hierfür weder exakt bezeichnen, noch die Mangelursache zutreffend angeben. Vielmehr genügt nach der so genannten »Symptomrechtsprechung« des BGH die Angabe der **Mangelsymptome** (BGH NJW **2016**, 2183; NJW-RR **2001**, 380; **1992**, 913; OLG Hamm NJW-RR **2013**, 522; siehe auch *Bamberger/Roth/Hau/Poseck/Voit* § 635 BGB Rz. 18: *Palandt/Sprau* § 635 BGB Rz. 3; *Ehrich* in BauR 2010, 381). Dies gilt auch (und umso mehr) **vor** der Abnahme. Hätte A das Werk noch nicht abgenommen, hätte es daher genügt, dass A den U (dann nach § 281 Abs. 1 Satz 1 BGB) schlicht zur Leistung auffordert, **ohne** dabei überhaupt bestimmte Mängel zu spezifizieren oder detailliert darzustellen, welche Leistungen noch ausstehen und welche Bestandteile des Werks zu ändern sind (BGH NJW **2010**, 2200). Anders als bei Geltendmachung eines Nacherfüllungsanspruchs, hätte es dann ausgereicht, wenn er lediglich die mangelnde Funktionalität der Werkleistung (= es zieht!) dargelegt hätte.

In unserem Fall hat A den U zur Behebung des Mangels zwar aufgefordert, indessen fehlt eine konkrete Fristsetzung, aus der für U zumindest erkennbar ist, dass ihm für die Mangelbeseitigung nur eine begrenzte Zeit zur Verfügung steht, was eigentlich den Anspruch aus § 637 Abs. 1 BGB ausschließen würde.

**Aber:** Das wäre dann unbeachtlich, wenn die Fristsetzung ausnahmsweise **entbehrlich** gewesen ist. Dies kann sich aus § 637 Abs. 2 Satz 1 BGB (lesen!) in Verbindung mit § 323 Abs. 2 Nr. 1 BGB ergeben. Nach § 323 Abs. 2 Nr. 1 BGB ist die Fristsetzung entbehrlich, wenn der Unternehmer die Nacherfüllung ernsthaft und endgültig ablehnt (BGH NJW **2017**, 1666; **2015**, 3455). Dafür reicht es zwar nicht aus, wenn er lediglich bestreitet, dass ein Mangel vorliegt. Vielmehr muss er unmissverständlich und eindeutig zum Ausdruck bringen, dass er seinen Vertragspflichten **unter keinen Umständen** nachkommen wird. Es genügt aber, wenn er sich so verhält, dass es aus der Perspektive des Bestellers ausgeschlossen erscheint, dass der Unternehmer sich von einer Fristsetzung zur Nacherfüllung umstimmen lässt (BGH NJW **2017**, 1666;

NJW **2015**, 3455; NJW **2012**, 3714). Und das ist genau unser Fall, denn auf As Nachfrage hin hat U mitgeteilt, dass er jede Nachbesserung verweigere.

**Sonderpunkt:** Wenn man § 637 Abs. 1 BGB mal bis zum Ende liest, steht dort noch, dass es den Aufwendungsersatz für die Selbstvornahme nur dann gibt, »wenn nicht der Unternehmer die Nacherfüllung zu Recht verweigert«. Es ist in einer Klausur deshalb immer – wenigstens im Kopf – zu prüfen, ob die Leistungsverweigerung nicht berechtigterweise erfolgt ist (*Jauernig/Mansel* § 637 BGB Rz. 4). Diese Berechtigung kann sich entweder aus § 275 BGB oder aus § 635 Abs. 3 BGB ergeben, wenn also entweder die Nacherfüllung unmöglich (§ 275 BGB) oder aber wirtschaftlich unzumutbar ist (§ 635 Abs. 3 BGB).

> **Feinkostabteilung:** Nach der geltenden Rechtslage steht gemäß § 635 Abs. 1 BGB dem **Unternehmer** das Wahlrecht zu, ob er die Nacherfüllung durch Nachbesserung oder Neuherstellung des Werkes erbringt. Der Grund für diese Regelung ist, dass der Unternehmer in der Regel die nötige Fachkenntnis besitzt, um zu entscheiden, welche Art der Nacherfüllung wirtschaftlich sinnvoll ist (BT-Drs. 14/6040 Seite 264; BGH NJW **2017**, 1604; *Brox/Walker* BS § 25 Rz. 6 ff.). Das Werkrecht unterscheidet sich insofern vom Kaufrecht, wo nach § 439 Abs. 1 BGB das entsprechende Wahlrecht dem **Käufer** und damit demjenigen zusteht, für den aus dem Vertrag die Zahlungspflicht resultiert. Das wäre beim Werkvertrag der Besteller. Besteller und Käufer werden also im Hinblick auf das Wahlrecht bei der Nacherfüllung unterschiedlich behandelt (BGH NJW **2017**, 1604). Merken.

Wir gehen zurück zum Fall und stellen fest, dass U die Nacherfüllung nicht »zu Recht« verweigert hat, sie war nämlich weder unmöglich noch wirtschaftlich unzumutbar, jedenfalls steht davon nichts im Sachverhalt.

<u>ZE.:</u> Die Fristsetzung war somit gemäß § 323 Abs. 2 Nr. 1 BGB entbehrlich. Ihr Fehlen hindert das Entstehen des Anspruchs also nicht.

**5.)** Weiterhin müsste A die Mängel im Wege der **Selbstvornahme** beseitigt haben. Hierbei ist es nicht erforderlich, dass der A selbst an den Fenstern herumbasteln muss. »Selbstvornahme« ist also nicht wortwörtlich zu begreifen, sondern meint auch alle Fälle, in denen sich der Besteller fremder Hilfe bedient, um das Werk nachträglich in den vertragsgemäßen Zustand zu versetzen (*Palandt/Sprau* § 637 BGB Rz. 5).

<u>ZE.:</u> A hat demnach mit der Beauftragung des H den vorliegenden Mangel im Wege der Selbstvornahme beseitigt.

**6.)** Der Anspruch aus den §§ 637 Abs. 1, 634 Nr. 2 BGB darf schließlich nicht **ausgeschlossen** sein (BGH NJW **2014**, 3365). Als Ausschlussgrund kommt hier die werkrechtliche Spezialvorschrift des § 640 Abs. 3 BGB in Betracht (aufschlagen!). Demnach stehen dem Besteller die in § 634 Nr. 1 bis 3 BGB bezeichneten Rechte nur dann zu, wenn er sich bei der Abnahme seine Rechte wegen des Mangels vorbehält (BGH WM **2010**, 566). Prüfen wir mal:

**a)** Der in § 640 Abs. 3 BGB vorgesehene Rechtsverlust bezieht sich nur auf Mängel, von denen der Besteller im Zeitpunkt der Abnahme **positive Kenntnis** hat. Mängel, die er nicht kennt, die ihm aber bei entsprechender Prüfung des Werkes hätten auffallen können, sind demgegenüber nicht erfasst (MüKo/*Busche* § 640 BGB Rz. 18). Da A schon zum Zeitpunkt der Schlüsselübergabe wusste, dass mit den Fenstern etwas nicht stimmt, hatte er bei der Abnahme jedenfalls die erforderliche Kenntnis von der Mangelhaftigkeit des Werks.

**b)** Der Vorbehalt nach § 640 Abs. 3 BGB ist, um die dort am Ende benannte Wirkung des Anspruchserhalts zu erzielen, »bei der Abnahme« zu erklären, nicht vorher und nicht nachher (*Bamberger/Roth/Hau/Poseck/Voit* § 640 BGB Rz. 37; MüKo/*Busche* § 640 BGB Rz. 19). Erfolgt dies nicht, handelt es sich um eine sogenannte »vorbehaltlose Annahme« mit der Konsequenz, dass die Mängelansprüche aus § 634 Nr. 1 bis 3 BGB ausgeschlossen wären (*Medicus/Lorenz* SR II Rz. 728).

> **Aufgepasst!** Die Abnahme nach § 640 Abs. 1 BGB führt nur dazu, dass der Besteller das Werk als eine »in der Hauptsache« vertragsgemäße Erfüllung anerkennt (BGH WM **2010**, 566; BGH NJW-RR **1993**, 1462; *Jauernig/Mansel* § 640 BGB Rz. 2). Damit ist nicht gemeint, dass er gleichzeitig auch anerkennt, dass der Werkunternehmer den Werkvertrag vollständig mangelfrei erfüllt hat. Die Abnahme beinhaltet für sich genommen also **keinen** Verzicht auf sämtliche Mängelansprüche (MüKo/*Busche* § 640 BGB Rz. 4). Das Vorhandensein von Mängeln steht der Abnahme, wie sich aus der Regel des § 640 Abs. 3 BGB ergibt, demnach nicht entgegen (BGHZ **33**, 236). Die Abnahme bewirkt – auch bei Vorhandensein von Mängeln –, dass die Gefahrtragung gemäß § 644 BGB auf den Besteller übergeht, die Vergütung fällig und verzinslich wird (§ 641 BGB) und die Verjährungsfristen nach § 638 BGB anlaufen (*Jauernig/Mansel* § 640 BGB Rz. 1). Erkennt der Besteller bei der Abnahme Mängel, muss er sich die Rechte im Hinblick auf diese Mängel gemäß § 640 Abs. 3 BGB vorbehalten, ansonsten büßt er zumindest die ihm nach § 634 Nr. 1–3 BGB zustehenden Rechte ein. Das ist deshalb besonders wichtig, weil die Abnahme – wie oben festgestellt – nicht nur **ausdrücklich**, sondern auch **stillschweigend** (also durch schlüssiges Verhalten des Bestellers) erklärt werden kann (BGH NJW-RR **2010**, 748).

**Zum Fall:** Fraglich ist, ob in dem Verhalten des A bei der Schlüsselübergabe ein Vorbehalt der Annahme im Sinne des § 640 Abs. 3 BGB gesehen werden kann. A hat die Mängel damals bereits erkannt, sie aber weder angesprochen noch im Übergabeprotokoll festhalten lassen.

**Lösung:** Beachtlich ist insoweit zunächst, dass auch ein Vorbehalt im Sinne von § 640 Abs. 3 BGB nicht ausdrücklich erklärt werden muss, er ist grundsätzlich formlos oder sogar **stillschweigend** möglich (*Palandt/Sprau* § 640 BGB Rz. 13). Unser A hat die von ihm erkannten Mängel nicht gegenüber U angesprochen; ein ausdrücklicher, aber nur formloser Vorbehalt kommt somit von vornherein nicht in Betracht. Fraglich bleibt damit, ob A den Vorbehalt der Annahme dann wenigstens stillschweigend erklärt hat. Erforderlich dafür ist ein von dem Unternehmer erkanntes Verhalten des Bestellers, aus dem der Unternehmer nach Treu und Glauben mit Rücksicht auf die Verkehrssitte schließen darf, dass der Besteller die Leistung zwar als im Wesentlichen vertragsgemäß billige, gleichwohl seine Rechte bezüglich der erkannten Mängel vorbehalte (*Palandt/Sprau* § 640 BGB Rz. 6). Auch insoweit aber fehlt im Sachverhalt ein entsprechender Hinweis; A hat die Schlüssel trotz Kenntnis der Mängel ohne Rücksprache mit U im Hinblick auf die Fenster übernommen. Darin liegt aus der Sicht des Unternehmers im Zweifel die **vorbehaltlose** Annahme, nicht aber ein (konkludenter) Vorbehalt im Sinne des § 640 Abs. 3 BGB (BGH NJW **1974**, 95; OLG Koblenz NJW-RR **1997**, 782). A hat sich folglich die Rechte im Hinblick auf die erkannten Mängel **nicht** wirksam vorbehalten mit der Konsequenz, dass Ansprüche aus §§ 637 Abs. 1, 634 Nr. 2 BGB grundsätzlich ausgeschlossen sind. **Und:** Dies gilt erst recht, wenn – wie hier – sogar ein schriftliches Übergabeprotokoll angelegt wurde. Wird bei der Abnahme ein solches Protokoll angefertigt, dann muss der Vorbehalt nämlich sogar **schriftlich** festgehalten werden (BGH BauR **1973**, 192, 193; *Bamberger/Roth/Hau/Poseck/Voit* § 640 BGB Rz. 37). Auch das ist nicht geschehen, sodass A auch deshalb seine Rechte aus § 637 Abs. 1, 634 Nr. 2 BGB verloren hat.

**Ergebnis:** A hat gegen U keinen Anspruch auf Aufwendungsersatz aus §§ 637 Abs. 1, 634 Nr. 2 BGB, da A sich die Rechte bei der Abnahme trotz Kenntnis der Mängel nicht vorbehalten hat.

> **Achtung:** Das war aber noch nicht das Ende für unseren A. Einen Ersatzanspruch nach den §§ 637 Abs. 1, 634 Nr. 2 BGB bekommt er nun zwar nicht mehr zugesprochen, gleichwohl gibt es noch eine Rettungschance, die freilich sehr gut im Gesetz versteckt ist und daher auch von den Kandidaten gnadenlos häufig übersehen wird. Da gucken wir gleich mal hin, wollen uns aber vorab bitte zunächst noch klarmachen, dass die Regelung in § 637 Abs. 1 BGB über den Aufwendungsersatzanspruch bei einer Selbstvornahme **abschließend** ist, so dass nicht auf andere Ansprüche aus Geschäftsführung ohne Auftrag oder Bereicherungsrecht zurückgegriffen werden kann, wenn bei einer Selbstvornahme die Voraussetzungen von § 637 BGB nicht vorliegen (OLG Düsseldorf NJW-RR **2008**, 331; *Palandt/Sprau* § 637 BGB Rz. 1; *Bamberger/Roth/Hau/Poseck/Voit* § 637 BGB Rz. 17). Merken.

**So, und jetzt zur angekündigten Finte:** Wir lesen bitte als Erstes noch mal den § 640 Abs. 3 BGB vollständig durch. Wenn wir das aufmerksam gemacht haben, fällt uns auf, dass bei vorbehaltloser Abnahme nur die Rechte aus § 634 Nr. 1–3 BGB ausgeschlossen sind. Nicht erwähnt ist aber **§ 634 <u>Nr. 4</u> BGB**. Soll heißen, der Besteller kann trotz vorbehaltloser Annahme immer noch die Rechte auf Schadensersatz oder Ersatz vergeblicher Aufwendungen aus den in § 634 Nr. 4 BGB benannten Normen verlangen (BGH MDR **2019**, 406; BGHZ **127**, 378; *Staudinger/Peters/Jacoby* § 640 BGB Rz. 62). Das Besondere an diesen Ansprüchen ist, dass zur Begründung jetzt, im Unterschied zu den sonstigen in § 634 BGB genannten Rechtsbehelfe, ein **Verschulden** (Vertretenmüssen) des Unternehmers erforderlich ist. Die sonstigen Mängelansprüche aus § 634 Nr. 1–3 BGB sind verschuldensunabhängig. Der Gesetzgeber wollte durch die Ausnahme von § 634 Nr. 4 BGB in § 640 Abs. 3 BGB dem Unternehmer für **schuldhafte** Pflichtverletzungen weiterhin das Haftungsrisiko aufbürden, auch wenn der Besteller den Mangel bei der Übergabe erkannt und nicht gerügt oder einen Vorbehalt erklärt hat (BGHZ **127**, 378; BGHZ **77**, 134; *Jauernig/Mansel* § 640 BGB Rz. 7; *Palandt/Sprau* § 640 BGB Rz. 13; *Muffler* in BauR 2004, 1356). Deshalb:

**AGL.: §§ 280 Abs. 1, Abs. 3, 281 Abs. 1, 634 Nr. 4 BGB (Schadensersatz)**

**1.)** Indem U undichte Fenster in das Haus einbaute, hat er ein mangelhaftes Werk hergestellt und damit eine Pflicht aus dem Schuldverhältnis (Werkvertrag) im Sinne des § 280 Abs. 1 BGB verletzt. Wer ein mangelhaftes Werk herstellt, verletzt die in § 633 Abs. 1 BGB benannte Pflicht zur Herstellung eines **mangelfreien** Werkes (BGH MDR **2019**, 406; *Palandt/Grüneberg* § 280 BGB Rz. 17).

**2.)** Fraglich ist, ob U diese Pflichtverletzung in Form des Einbaus der undichten Fenster auch zu **vertreten** hat. Dieses Vertretenmüssen im Hinblick auf die Pflichtverletzung ist gemäß § 280 Abs. 1 Satz 2 BGB für jeden Schadensersatzanspruch erforderlich und wird zulasten des Schuldners grundsätzlich vermutet (BGH MDR **2019**, 406; BGHZ **116**, 337; *Jauernig/Stadler* § 280 BGB Rz. 25). Nach Schilderung des Sachverhaltes beruht der Mangel der Fenster auf einem **Konstruktionsfehler**. U hat die Fenster trotz dieses Fehlers in das Haus eingebaut und dabei im Hinblick auf die mangelhafte Abdichtung wenigstens fahrlässig im Sinne des § 276 Abs. 2 BGB gehandelt. Auf eine weitere detaillierte Auseinandersetzung kann insoweit verzichtet werden, da U zu seiner Entlastung hier nichts vorgetragen hat mit der Folge, dass sein Verschulden gemäß § 280 Abs. 1 Satz 2 BGB als gegeben vermutet werden kann.

**3.)** Schadensersatz statt der Leistung im Sinne der §§ 280 Abs. 1 und Abs. 3, 281 BGB kann nach der gesetzlichen Systematik nur verlangt werden, wenn dem Schuldner zuvor eine angemessene **Frist** zur Nacherfüllung gesetzt worden ist. Diese Fristsetzung war hier jedoch **entbehrlich**, da U die Nacherfüllung ausdrücklich verweigert hatte (vgl. weiter oben).

**4.)** Ein **Ausschlussgrund** besteht bei diesem Anspruch nicht, denn nach seinem Wortlaut erfasst der § 640 Abs. 3 BGB – wie wir mittlerweile wissen – ausdrücklich nur die in § 634 Nr. 1–3 BGB geregelten Rechtsbehelfe. Schadensersatzansprüche nach § 634 Nr. 4 BGB sind hiervon ausgenommen.

**5.)** In Betracht kommt schließlich noch die **Verwirkung** des Anspruchs auf Schadensersatz dadurch, dass A das Werk in Kenntnis des Mangels angenommen hat. Diese Verwirkung setzt allerdings mindestens voraus, dass der Werkunternehmer in besonderer Weise darauf vertrauen durfte, dass der Besteller auf die Ausübung der ihm zustehenden Ansprüche verzichtet, so dass die Geltendmachung des Schadensersatzanspruchs durch den Besteller gegen Treu und Glauben und mithin gegen § 242 BGB verstoßen würde. Für einen solchen Vertrauenstatbestand reicht es jedoch nicht aus, wenn der Besteller das Werk in Kenntnis des Mangels abnimmt (BGHZ **61**, 369; BGHZ **77**, 134; *Staudinger/Peters/Jacoby* § 640 BGB Rz. 64). Der Anspruch des A auf Ersatz der Mangelbeseitigungskosten ist daher auch nicht verwirkt.

> Soweit, so gut. Bis hierhin haben wir gesehen, wie der Fall zu lösen ist, wenn der Käufer die vorhandenen Mängel auf seine Kosten beheben und das Werk damit tatsächlich in den geschuldeten Zustand versetzen lässt. Der Vollständigkeit halber wollen wir uns an dieser Stelle aber noch kurz mit der Frage beschäftigen, wie es wäre, wenn A den H noch gar nicht beauftragt hat, etwa, weil A gerade knapp bei Kasse ist und die Reparatur aus eigenen Mitteln nicht bezahlen kann. Hätte A die Mängel nicht beseitigen lassen und dementsprechend die als Schadensersatz geltend gemachten 3.000 Euro auch noch nicht an H gezahlt, müssten wir an dieser Stelle der Fallprüfung (→ haftungsausfüllender Tatbestand) noch auf die kürzlich geänderte Rechtsprechung des BGH eingehen, wonach bei einem nach dem 1. Januar 2002 geschlossenen Werkvertrag die Schadensbemessung auf der Grundlage von fiktiven Mängelbeseitigungskosten (= nur geschätzte, tatsächlich aber nicht angefallene Kosten) nunmehr ausgeschlossen ist (BGH NJW **2018**, 1463; **2019**, 860; dazu *Spindler* in JuS 2018, 907). Behält der Besteller das mangelhafte Werk, kann er im Rahmen des Schadensersatzes statt der Leistung nach §§ 280 Abs. 1, Abs. 3, 281 Abs. 1, 634 Nr. 4 BGB (= **kleiner Schadensersatz**) nur Ersatz in Höhe des tatsächlichen Minderwerts verlangen, also die Differenz zwischen dem Wert, den das mangelfreie Werk gehabt hätte und dessen tatsächlichem Wert mit dem Mangel. Veräußert der Besteller das Werk, ohne den Mangel vorher beseitigen zu lassen, kann er den tatsächlichen Mindererlös als Schadensersatz verlangen, soweit er wegen des Mangels einen geringeren Erlös erzielt hat. Das Schadensersatzverlangen schließt im Übrigen zwar den Nacherfüllungsanspruch des Bestellers aus (das folgt aus § 281 Abs. 4 BGB), nicht aber sein Recht, vom Werkunternehmer einen Vorschuss auf die voraussichtlichen Mängelbeseitigungskosten nach § 637 Abs. 3 BGB (die dann Teil seines Schadens sind) zu verlangen. Dem Besteller sollen die Nachteile und Risiken einer Vorfinanzierung der Mängelbeseitigung nach der gesetzgeberischen Wertung nämlich in jedem Fall abgenommen werden (BGH NJW **2018**, 1463). Die genannte BGH-Entscheidung (Änderung einer langjährigen Rechtsprechung!) ist nicht nur für die Praxis von erheblicher Bedeutung, sondern auch maximal prüfungsrelevant. Gut vorbereitete Kandidaten sollten den Kniff mit den fiktiven Kosten daher kennen und in der Fallprüfung (Prüfungspunkt »**Ersatzfähiger Schaden**«) unterbringen.

Da hier in unserem Fall all das erfreulicherweise keine Rolle spielt, weil A ja die tatsächlich entstandenen (und nicht bloß fiktive) Mängelbeseitigungskosten geltend macht, dürfen wir das Thema komplett unerwähnt lassen und kommen damit also ohne weitere Umschweife zu folgendem

**Ergebnis:** A hat gegen U einen Anspruch auf Schadensersatz in Höhe von 3.000 Euro aus §§ 280 Abs. 1, Abs. 3, 281 Abs. 1, 634 Nr. 4 BGB.

# Gutachten

**A kann gegen U einen Anspruch auf Zahlung von Aufwendungsersatz in Höhe von 3.000 Euro aus §§ 637 Abs. 1, 634 Nr. 2 BGB haben.**

**1.)** Der Anspruch des A aus den §§ 637 Abs. 1, 634 Nr. 2 BGB muss zunächst entstanden sein. Dazu ist erforderlich, dass sich A und U rechtswirksam über den Abschluss eines Werkvertrages im Sinne des § 631 BGB geeinigt haben oder jedenfalls die werkrechtlichen Vorschriften Anwendung finden.

Ausweislich des Sachverhalts haben A und U einen »Kaufvertrag« vor dem Notar geschlossen. Fraglich ist, ob es sich trotz dieser Bezeichnung um einen Vertrag mit werkrechtlichem Bezug handelt, sodass die §§ 633 ff. BGB anwendbar sind. Der von den Parteien beim Abschluss eines Vertrages gewählte Wortlaut ist regelmäßig nur ein Indiz für dessen Rechtsnatur. Diese ist im Wege der Auslegung zu ermitteln. Dabei sind der Inhalt, der Zweck, die wirtschaftliche Bedeutung und die Interessenlage der Vertragsparteien zu berücksichtigen. Nach § 631 BGB grenzt sich der Werkvertrag von anderen Vertragstypen durch das Versprechen ab, einen bestimmten, durch eine Tätigkeit herbeigeführten Erfolg zu erreichen. Wird aber nur eine bereits fertig gestellte Sache übereignet, liegt hierin kein von § 631 Abs. 1 BGB gemeinter Erfolg. Insoweit ist festzustellen, dass das von A erworbene Musterhaus zum Zeitpunkt des Vertragsschlusses bereits fertiggestellt war und nur noch übereignet werden musste, was für das Vorliegen eines Kaufvertrages spricht.

Möglicherweise haben sich A und U jedoch auf einen Bauträgervertrag gemäß § 650u Abs. 1 BGB geeinigt, mit der Folge, dass für den Gewährleistungsanspruch des A bezüglich des Gebäudes Werkvertragsrecht anzuwenden ist. Nach der Rechtsprechung sind bezüglich der Ansprüche wegen Mängeln an einem Haus, das unmittelbar vom Bauträger erworben wird, auch dann Werk- und Bauvertragsrecht anzuwenden, wenn das Haus bei Vertragsschluss bereits errichtet ist. Dass die Vertragsparteien den entsprechenden Vertrag (irrtümlich oder bewusst) als »Kaufvertrag« und sich selbst darin als »Käufer« und »Verkäufer« bezeichnet haben, ist nach Ansicht des BGH in diesem Fall unschädlich. In der Literatur wird die Frage kontrovers diskutiert, ob diese Rechtsprechung nach wie vor anzuwenden ist, da ihre Hauptgründe mit Inkrafttreten des Schuldrechtsmodernisierungsgesetzes weggefallen sind: Auch das Kaufrecht sieht nunmehr einen Anspruch auf Nachbesserung in § 439 Abs. 1 BGB ausdrücklich vor und die Verjährungsvorschriften von Kauf- und Werkrecht sind vereinheitlicht worden. Im Schrifttum werden hierzu im wesentlichen zwei Lösungsansätze diskutiert:

Zum Teil wird vertreten, dass nach Fertigstellung des Gebäudes nunmehr ausschließlich Kaufrecht nach den §§ 433 ff. BGB Anwendung finden soll und insoweit die vom BGH aufgestellten Regeln nach der Schuldrechtsreform 2002 nicht mehr gelten sollen. Durch die Angleichung der Mängelrechte und der Verjährungsfristen hätten sich die zuvor bestehenden Wertungswidersprüche grundsätzlich entschärft Wer ein Grundstück mit vom Veräußerer vorher fertig hergestelltem Haus erwerbe, unterliege insoweit allein dem Kaufrecht und seinen Gewährleistungsnormen.

Nach anderer Auffassung sollen die vom BGH entwickelten Grundsätze zum Bauträgervertrag demgegenüber auch nach der Gesetzesänderung weiterhin gelten. Trotz der Angleichung seien die Unterschiede zwischen Kauf- und Werkvertragsrecht immer noch beachtlich. Die gegenteilige Meinung übersehe, dass der Gesetzgeber keinerlei sprachliche oder inhaltliche Änderungen im Werkvertragsrecht vorgenommen hat, die eine Abweichung von der ständigen Rechtsprechung des BGH rechtfertigen würden.

Der Streit hat für den vorliegenden Fall Konsequenzen. Mit der erstgenannten Meinung hat A keinen Anspruch auf 3.000 Euro, da der begehrte Anspruch auf Ersatz für die Selbstvornahme nur im Werkrecht (§ 637 BGB) existiert. Nach der zweitgenannten Ansicht käme § 637 BGB als Anspruchsgrundlage jedenfalls in Betracht, denn dann finden die werkrechtlichen Normen im Hinblick auf das Gebäude Anwendung. Damit ist eine Streitentscheidung erforderlich. Die besseren Argumente kann die zweitbenannte Meinung vorweisen. Insbesondere ist zu berücksichtigen, dass der Gesetzgeber im Jahre 2002 in Kenntnis der Problematik die gesetzliche Regelung nicht entsprechend geändert hat. Dies legt den Schluss nahe, dass die Rechtsprechung des BGH weiterhin als verbindlich angesehen werden soll. Inhalt der Einigung zwischen A und U war demnach ein Bauträgervertrag. Im Hinblick auf Mängel des Gebäudes ist damit Werkrecht, also die §§ 633 ff. BGB anzuwenden.

**2.)** Damit der Anspruch aus den §§ 637 Abs. 1, 634 Nr. 2 BGB begründet sein kann, müsste das Werk mangelhaft gewesen sein. In Betracht kommt hier nur ein Sachmangel gemäß § 633 Abs. 2 BGB. Sachmangel im Sinne des § 633 Abs. 2 BGB ist jede Abweichung der Istbeschaffenheit von der Sollbeschaffenheit. Nach § 633 Abs. 2 BGB ist insoweit in erster Linie maßgeblich, ob das Werk die vereinbarte Beschaffenheit hat, in zweiter Linie, ob es sich für die nach dem Vertrag vorausgesetzte oder für die gewöhnliche Verwendung eignet und eine Beschaffenheit mittlerer Art und Güte aufweist. Es steht fest, dass sich die Fenster im Erdgeschoss des von U errichteten Hauses nicht richtig winddicht schließen lassen. Ordnungsgemäß schließbare Fenster gehören zur Sollbeschaffenheit, da sie die gewöhnliche Verwendung sowohl des Hauses als auch der Fenster selbst als Bestandteil der gesamten Sache beeinträchtigen. Sie haben zudem nicht die Beschaffenheit, die bei Fenstern der gleichen Art üblich ist und stellen damit einen Sachmangel im Sinne des § 633 Abs. 2 Satz 2 Nr. 2 BGB dar. Dieser lag auch zum Zeitpunkt des Gefahrübergangs vor.

**3.)** Weiterhin müsste A das Werk gemäß § 640 Abs. 1 BGB auch abgenommen haben, da erst nach dieser Abnahme die §§ 633 ff. BGB Anwendung finden. Unter der Abnahme eines Werkes versteht man die körperliche Entgegennahme des vom Unternehmer hergestellten Werkes und die damit verbundene Erklärung des Bestellers, dass er das Werk als in der Hauptsache vertragsgerecht erbracht anerkenne. A hat das Haus bei der Schlüsselübergabe körperlich »entgegengenommen« und dokumentiert, dass er im Wesentlichen mit der Werkleistung einverstanden war. Die Abnahme des Werks im Sinne des § 640 Abs. 1 BGB durch A ist demnach erfolgt.

**4.)** A muss dem U zur Durchsetzung des Anspruchs aus den §§ 637 Abs. 1, 634 Nr. 2 BGB eine angemessene Frist zur Mangelbeseitigung gesetzt haben. Hierfür ist ein eindeutiges und bestimmtes Verlangen der Nacherfüllung erforderlich.

A hat den U zur Behebung des Mangels zwar aufgefordert, indessen ist eine konkrete Fristsetzung nicht erkennbar. Das Fehlen der Fristsetzung ist jedoch dann unbeachtlich, wenn die Fristsetzung ausnahmsweise entbehrlich gewesen ist. Dies kann sich aus § 637 Abs. 2 Satz 1 BGB in Verbindung mit § 323 Abs. 2 Nr. 1 BGB ergeben. Nach § 323 Abs. 2 Nr. 1 BGB ist die Fristsetzung entbehrlich, wenn der Unternehmer die Nacherfüllung ernsthaft und endgültig ablehnt. Auf Nachfrage des A hin hat U mitgeteilt, dass er jede

Nachbesserung verweigere. Demnach hat er die Nacherfüllung hier ernsthaft und endgültig verweigert. Fraglich ist jedoch, ob U nicht gemäß § 637 Abs. 1 BGB »die Nacherfüllung zu Recht verweigert« hat. Eine solche Berechtigung kann sich entweder aus § 275 BGB oder aus § 635 Abs. 3 BGB ergeben, wenn also entweder die Nacherfüllung unmöglich (§ 275 BGB) oder aber wirtschaftlich unzumutbar ist (§ 635 Abs. 3 BGB). Für beide Varianten finden sich im Sachverhalt keinerlei Anhaltspunkte, sodass U die Nacherfüllung nicht »zu Recht« verweigert hat. Die Fristsetzung war somit gemäß § 323 Abs. 2 Nr. 1 BGB entbehrlich. Ihr Fehlen hindert das Entstehen des Anspruchs also nicht.

**5.)** Weiterhin müsste A die Mängel im Wege der Selbstvornahme beseitigt haben. Hierbei ist es nicht erforderlich, dass der R selbst tätig werden muss. »Selbstvornahme« ist nicht wortwörtlich zu begreifen, sondern umfasst auch alle Fälle, in denen sich der Besteller fremder Hilfe bedient, um das Werk nachträglich in den vertragsgemäßen Zustand zu versetzen. A hat demnach mit der Beauftragung des H den vorliegenden Mangel im Wege der Selbstvornahme beseitigt.

**6.)** Der Anspruch aus den §§ 637 Abs. 1, 634 Nr. 2 BGB darf nicht ausgeschlossen sein. Als Ausschlussgrund kommt hier die werkrechtliche Spezialvorschrift des § 640 Abs. 3 BGB in Betracht. Demnach stehen dem Besteller die in § 634 Nr. 1 bis 3 BGB bezeichneten Rechte nur zu, wenn er sich bei der Abnahme seine Rechte wegen des Mangels vorbehält.

**a)** Der in § 640 Abs. 3 BGB vorgesehene Rechtsverlust bezieht sich nur auf Mängel, von denen der Besteller im Zeitpunkt der Abnahme positive Kenntnis hat. Mängel, die er nicht kennt, die ihm aber bei entsprechender Prüfung des Werkes hätten auffallen können, sind demgegenüber nicht erfasst. A wusste schon zum Zeitpunkt der Schlüsselübergabe, dass mit den Fenstern etwas nicht stimmt. Er hatte bei der Abnahme somit jedenfalls die erforderliche Kenntnis von der Mangelhaftigkeit des Werks.

**b)** Der Vorbehalt nach § 640 Abs. 3 BGB ist, um die dort benannte Wirkung des Anspruchserhalts zu erzielen, »bei der Abnahme« zu erklären, nicht vorher und nicht nachher. Erfolgt dies nicht, handelt es sich um eine sogenannte »vorbehaltlose Annahme«. Fraglich ist, ob in dem Verhalten des A bei der Schlüsselübergabe ein Vorbehalt der Annahme im Sinne des § 640 Abs. 3 BGB gesehen werden kann. A hat die Mängel damals bereits erkannt, sie aber weder angesprochen noch im Übergabeprotokoll festhalten lassen. Beachtlich ist insoweit zunächst, dass ein Vorbehalt im Sinne von § 640 Abs. 3 BGB nicht ausdrücklich erklärt werden muss, er ist grundsätzlich formlos oder sogar stillschweigend möglich. A hat die von ihm erkannten Mängel nicht gegenüber U angesprochen, ein ausdrücklicher, aber nur formloser Vorbehalt kommt somit von vorneherein nicht in Betracht. Fraglich bleibt damit, ob A den Vorbehalt der Annahme stillschweigend erklärt hat. Erforderlich dafür ist ein zur Kenntnis des Unternehmers gelangtes Verhalten, aus dem der Unternehmer nach Treu und Glauben mit Rücksicht auf die Verkehrssitte schließen darf, dass der Besteller die Leistung zwar als im Wesentlichen vertragsgemäß billige, gleichwohl seine Rechte bezüglich der erkannten Mängel vorbehalte. A hat das Haus trotz Kenntnis der Mängel ohne Rücksprache mit U im Hinblick auf die Fenster angenommen. Darin liegt aus der Sicht des Unternehmers im Zweifel die vorbehaltlose Annahme, nicht aber eine Erklärung im Sinne des § 640 Abs. 3 BGB. Dies gilt erst recht, wenn – wie hier – sogar ein schriftliches Übergabeprotokoll angelegt wurde. Wird bei der Abnahme ein solches Protokoll angefertigt, dann muss der Vorbehalt schriftlich festgehalten werden. Demnach hat sich A die Rechte im Hinblick auf die erkannten Mängel nicht im Sinne des § 640 Abs. 3 BGB vorbehalten mit der Konsequenz, dass Ansprüche aus §§ 637 Abs. 1, 634 Nr. 2 BGB ausgeschlossen sind.

**Ergebnis:** A hat gegen U keinen Anspruch auf Zahlung von Aufwendungsersatz in Höhe von 3.000 Euro aus 637 Abs. 1, 634 Nr. 2 BGB.

**A kann gegen U einen Anspruch auf Schadensersatz in Höhe von 3.000 Euro aus §§ 280 Abs. 1, Abs. 3, 281 Abs. 1, 634 Nr. 4 BGB haben.**

**1.)** Indem U undichte Fenster in das Haus einbaute, hat er ein mangelhaftes Werk herge-stellt und damit eine Pflicht aus dem Schuldverhältnis im Sinne des § 280 Abs. 1 BGB verletzt. Wer ein mangelhaftes Werk herstellt, verletzt die in § 633 Abs. 1 BGB benannte Pflicht zur Herstellung eines mangelfreien Werkes.

**2.)** Fraglich ist, ob U diese Pflichtverletzung in Form des Einbaus der undichten Fenster auch zu vertreten hat. Dieses Vertretenmüssen im Hinblick auf die Pflichtverletzung ist gemäß § 280 Abs. 1 Satz 2 BGB für jeden Schadensersatzanspruch erforderlich und wird zulasten des Schuldners grundsätzlich vermutet. Nach Schilderung des Sachverhaltes beruht der Mangel der Fenster auf einem Konstruktionsfehler. U hat zu seiner Entlastung hier nichts vorgetragen mit der Folge, dass sein Verschulden gemäß § 280 Abs. 1 Satz 2 BGB als gegeben vermutet werden kann.

**3.)** Schadensersatz statt der Leistung im Sinne des § 280 Abs. 1 und Abs. 3, 281 BGB kann nach der gesetzlichen Systematik nur verlangt werden, wenn dem Schuldner zuvor eine angemessene Frist zur Nacherfüllung gesetzt worden ist. Diese Fristsetzung war hier jedoch entbehrlich, U hatte die Nacherfüllung verweigert.

**4.)** Ein Ausschlussgrund besteht nicht, der § 640 Abs. 3 BGB umfasst ausdrücklich nur die in § 634 Nr.1 – Nr. 3 BGB geregelten Rechtsbehelfe. Schadensersatzansprüche nach § 634 Nr. 4 BGB sind hiervon ausgenommen. Eine Verwirkung des Anspruchs würde schließlich vo-raussetzen, dass ein besonderer Vertrauenstatbestand auf Seiten des Werkunternehmers besteht. Für den Vertrauenstatbestand reicht es jedoch nicht aus, wenn der Besteller das Werk in Kenntnis des Mangels abnimmt. A kann von U die Wertdifferenz zwischen dem mangelhaften und dem mangelfreien Werk, somit die Mangelbeseitigungskosten verlangen.

**Ergebnis:** A hat gegen U einen Anspruch auf Schadensersatz in Höhe von 3.000 Euro aus §§ 280 Abs. 1, Abs. 3, 281 Abs. 1, 634 Nr. 4 BGB.

# Fall 25

# Lust auf Abenteuer?

Rechtsanwalt A sehnt sich nach einem echten Abenteuer und plant deshalb, im Sommerurlaub mit seinem alten Wohnmobil durch Europa zu reisen. Ein wenig Luxus muss aber sein, daher beauftragt A die Firma F damit, aus seinem Wohnmobil die alte Küche aus- und eine neue einzubauen. F vereinbart mit A nach einer Besichtigung einen Festpreis von 2.500 Euro für die Lieferung und den Einbau der neuen Küchenteile. Zwei Wochen vor Reisebeginn soll die Abnahme stattfinden. Hierbei muss A allerdings feststellen, dass der von F eingebaute Kühlschrank nur auf maximal 12 Grad Celsius »abkühlt« und zudem wegen eines fehlerhaften Einbaus der Spüle das Wasser in den Wohnwagen läuft. A verweigert daraufhin entnervt die Abnahme der Arbeiten, F solle schleunigst die Küche wieder aus- und die alte wieder einbauen. Ein Nachbesserungsangebot von F lehnt A ab. F weigert sich und verlangt vielmehr von A die 2.500 Euro.

**Steht F dieser Zahlungsanspruch zu?**

---

**Schwerpunkte:** Die Abgrenzung von Werk- und Kaufvertrag gemäß § 650 BGB; der Rücktritt vom Werkvertrag nach den §§ 634 Nr. 3, 633 BGB; die Kündigung des Werkvertrages nach § 648 BGB; der Begriff der Abnahme; die Fälligkeit des Werklohns im Abrechnungsverhältnis; die Verweigerung der Nachbesserung durch den Besteller.

---

## Lösungsweg

### Anspruch der F gegen A auf Zahlung von 2.500 Euro

<u>AGL.:</u> **§ 631 Abs. 1 BGB (Vergütung aus einem Werkvertrag)**

**1.)** Damit der Zahlungsanspruch aus § 631 Abs. 1 BGB für F begründet sein kann, müssen A und F zunächst einmal einen wirksamen **Werkvertrag** geschlossen haben. Eine Einigung zwischen A und F, also Antrag und Annahme nach den §§ 145, 147 BGB, lag hier fraglos vor. Und Inhalt dieser Einigung war die Lieferung und der Einbau der Küchengeräte durch F zu einem Festpreis von 2.500 Euro.

Fraglich ist aber, ob die vertragliche Einigung mit diesem Inhalt nach den §§ 631 ff. BGB zu beurteilen ist, oder ob es sich gemäß **§ 650 Satz 1 BGB** um einen Vertrag handelt, der nach den Regeln des Kaufrechts behandelt wird (lies: § 650 Satz 1 BGB).

> **Durchblick:** Es gibt Verträge, bei denen ist nicht sofort erkennbar, nach welchen Regelungen – also Kauf- oder Werkrecht – sie abgewickelt werden müssen. Dieses Problem stellt sich zumeist, wenn die eine Partei eine Sache »bestellt« bzw. »kauft« und die andere Partei die bestellte oder gekaufte Sache erst selbst herstellen muss und dann dem anderen – quasi im zweiten Schritt – auch übereignet. **Beispiel**: Wer beim Schneider einen Maßanzug bestellt, dem schuldet der Schneider sowohl die Herstellung eines Werkes (= § 631 BGB), nämlich die Anfertigung des Anzugs, als auch die spätere Übereignung dieses Werkes (= § 433 BGB). Angesichts dieser beiden Schwerpunkte bei der Durchführung des Vertrages ist problematisch, nach welchen Regeln die jeweilige Vereinbarung denn jetzt abgewickelt wird. Das kann von Bedeutung sein für die Fragen der Gewährleistung, der Vergütungspflicht, der möglichen Kündigung oder des Rücktritts und auch etwa für Abschlagszahlungen, die nämlich gemäß § 632a BGB z.B. nur beim Werkvertrag möglich sind.

Diese Probleme löst § 650 BGB. Nach der Legaldefinition in § 650 Satz 1 BGB soll in solchen Fällen der Vermengung von kauf- und werkrechtlichen Elementen grundsätzlich **Kaufrecht** gelten, wenn »die Lieferung herzustellender oder zu erzeugender beweglicher Sachen« geschuldet ist. Der BGH spricht dann – obwohl das im Gesetz so gar nicht steht – von einem »Werklieferungsvertrag« (siehe etwa BGH NJW **2014**, 2183). Die Formulierung in § 650 BGB ist nun ziemlich unglücklich gewählt und deutlich schwieriger zu verstehen als der eigentliche Inhalt, der damit gemeint ist, und den wir uns jetzt mal in Ruhe anschauen wollen: Der Anwendungsbereich des § 650 BGB ist nach dem Wortlaut des Gesetzes zunächst auf bewegliche Sachen beschränkt; unbewegliche Sachen können somit von § 650 BGB grundsätzlich nicht erfasst sein (*Palandt/Sprau* § 650 BGB Rz. 2).

> **Beachte:** Für die Einordnung als **bewegliche** Sache im Sinne von § 650 BGB ist es dabei übrigens unschädlich, wenn die Sache später ihrem Zweck entsprechend auf einem Grundstück fest installiert wird. Maßgeblich ist nach herrschender Meinung nämlich allein, ob die Sache im Zeitpunkt der Lieferung beweglich ist (BGH NJW **2009**, 2877; *Palandt/Sprau* § 650 BGB Rz. 2; *Schumann* in ZGS 2005, 250, 251; siehe aber auch OLG Stuttgart, Urt. v. 19.09.**2017**, Az. 6 U 76/16, das auf einen Vertrag zur Herstellung und Lieferung einer an ein bestehendes Haus angepassten (ursprünglich beweglichen) Aufzugsanlage Werkvertragsrecht anwendet)

Gegenstand der Regelung des § 650 BGB sind nun zudem sowohl vertretbare als auch unvertretbare bewegliche Sachen (§ 91 BGB), wie sich im Umkehrschluss aus § 650 Satz 3 BGB ergibt (bitte prüfen). Fraglich bleibt somit schließlich, was die Begriffe »Herstellung«, »Erzeugung« und »Lieferung« bedeuten. Und dies ist ziemlich wichtig, denn hier findet sich der Schlüssel bei der Anwendung des § 650 BGB:

**Merke:** Der Begriff der »Herstellung« in § 650 BGB kennzeichnet das Schaffen von etwas Neuem im Unterschied zu Arbeiten an etwas, das schon vorhanden ist

(MüKo/*Busche* § 650 BGB Rz. 6). Von »Erzeugung« spricht man, wenn die Schaffung von etwas Neuem nicht aus eigener Kraft, sondern mittels der Natur, also durch tierische und pflanzliche Produktion erfolgt (*Palandt/Sprau* § 650 BGB Rz. 2). Unter einer »Lieferung« versteht man nach dem Sprachgebrauch des BGB schließlich die Verschaffung von Eigentum und Besitz zum Zwecke der Vertragserfüllung (*Palandt/Sprau* § 650 BGB Rz. 2; MüKo/*Busche* § 650 BGB Rz. 6).

**Konsequenzen:** Wenn wir das eben Erklärte zusammenfassen, ergibt sich aus § 650 BGB für die Anwendung von Kauf- oder Werkrecht bei Verträgen mit unterschiedlichen Elementen beider Vertragsarten Folgendes: Die bloße Veränderung einer bereits bestehenden Sache ist den Regeln des Werkvertragsrechts, die Herstellung einer **neuen** Sache hingegen den Regeln des Kaufrechts zuzuordnen (*Jauernig/Mansel* § 650 BGB Rz. 1). Denn »Herstellung« bedeutet – wie gesehen – die Schaffung von etwas Neuem, wo vorher noch nichts gewesen ist. **Beispiel:** Herstellung und Lieferung eines Maßanzuges (*Brox/Walker* BS § 23 Rz. 10/11). Demgegenüber fehlt es bei einem Vertrag über die Reparatur oder Bearbeitung einer bereits bestehenden Sache in aller Regel sowohl an dem Merkmal der **Herstellung** als auch an dem der **Lieferung** (*Bamberger/Roth/Hau/Poseck/Voit* § 650 BGB Rz. 9; *Jauernig/Mansel* § 650 BGB Rz. 1). Beispiel: Die Hosenbeine an einem vorher gekauften Anzug kürzen. Dann gelten die Regeln über den Werkvertrag gemäß den §§ 631 ff. BGB.

Hilfreich für die Abgrenzung zwischen der Herstellung einer neuen und der bloßen Bearbeitung einer bestehenden Sache sind im Übrigen die zu **§ 950 BGB** entwickelten Grundsätze. Demnach sind für die Entscheidung, ob durch die Bearbeitung tatsächlich eine **neue** Sache »hergestellt« worden ist, wirtschaftliche Gesichtspunkte und die Verkehrsauffassung entscheidend (OLG Köln NJW **1991**, 2570; OLG Stuttgart NJW **2001**, 2889, 2890; MüKo/*Füller* § 950 BGB Rz. 7). Wesentliches Indiz dafür, dass eine neue Sache entstanden ist, ist z.B. ein neuer Name oder eine neue Bezeichnung (OLG Köln NJW **1997**, 2187; *Baur/Stürner* § 53 Rz. 18). Ein weiterer Anhaltspunkt ist eine erweiterte Funktionalität oder ein anderer Verwendungszweck der Sache nach der Bearbeitung (BGH NJW **1995**, 2633; MüKo/*Füller* § 950 BGB Rz. 8). Eine bloße Wertsteigerung soll dagegen nach herrschender Meinung unbeachtlich sein (*Palandt/Herrler* § 950 BGB Rz. 3).

**Zu unserem Fall:** Bei der geschuldeten vertraglichen Leistung der F handelte es sich bei genauer Betrachtung um eine Umrüstung des Wohnwagens. F sollte dort die alte Küche aus- und an der gleichen Stelle eine neue mit neu zu beschaffenden Geräten einbauen. Ziel seiner Leistungsbemühungen war damit **nicht** die Lieferung einer herzustellenden oder zu erzeugenden Sache im Sinne des § 650 BGB, sondern (nur) die Verbesserung einer bereits bestehenden Sache, nämlich des Wohnwagens. F sollte nichts völlig Neues erschaffen, sondern an etwas Bestehendem (Wohnmobil) eine Wertsteigerung herbeiführen. Daher ist in unserem Fall der § 650 Satz 1 BGB nicht einschlägig und folglich Werkvertragsrecht (und nicht Kaufrecht) maßgeblich für die Abwicklung der vertraglichen Ansprüche zwischen F und A.

**Merke:** Werkvertragsrecht findet nach § 650 BGB nur Anwendung bei

**1.)** der Herstellung von Bauwerken    (→ keine *bewegliche* Sache)
**2.)** reinen Umgestaltungs- oder Reparaturarbeiten    (→ keine *Lieferung*)
**3.)** unkörperlichen Werken (z.B. Theateraufführung)    (→ keine *Sache*)

<u>ZE.:</u> A und F haben sich damit wirksam auf einen **Werkvertrag** gemäß § 631 BGB ge-einigt, es handelt sich um eine Form von Umgestaltungs- bzw. Reparaturarbeiten an dem Wohnmobil. Der Anspruch der F auf Zahlung des Werklohns gemäß § 631 Abs. 1 BGB ist mithin entstanden.

**2.)** Fragen müssen wir uns jetzt natürlich, welche Auswirkungen es auf den Zah-lungsanspruch der F gegen A hat, dass A die Zahlung und die Abnahme der Arbeiten wegen der Mängel ausdrücklich ablehnt und zudem erklärt, F solle die Küche wieder ausbauen. Es könnte sich insoweit sowohl um eine **Rücktritts**- als auch um eine **Kündigungserklärung** handeln mit der möglichen Folge des Erlöschens der beider-seitigen Erfüllungsansprüche. Des Weiteren kommt durch die verweigerte Abnahme eine Hemmung der Fälligkeit des Vergütungsanspruchs nach § 641 BGB in Betracht. Der Reihe nach:

**a)** Fraglich ist zunächst, ob A durch die Aufforderung an F, die Küche wieder auszu-bauen, wirksam den Rücktritt vom Vertrag erklärt.

**aa)** Dies richtet sich gemäß § 634 Nr. 3 Fall 1 BGB nach den §§ 323 Abs. 2, 346 ff. BGB und setzt – neben dem Vorliegen eines Rücktrittsgrundes – zunächst einmal eine Rücktrittserklärung im Sinne des § 349 BGB voraus. Hierbei muss man wissen, dass diese Erklärung weder ausdrücklich (»Ich trete zurück«) noch mit Nennung des Rücktrittsgrundes erfolgen muss, sondern auch konkludent (schlüssig) abgegeben werden kann. Es muss dabei nur erkennbar sein, dass der Erklärende an dem ge-schlossenen Vertrag nicht mehr festhalten will. Dies kann erfolgen z.B. durch die Rückgabe der gelieferten Sache (BGH NJW **1988**, 2877; **1987**, 831; OLG Düsseldorf BauR **2015**, 1856; OLG Brandenburg NJW-RR **2012**, 88) oder dem Hinweis, am Ver-trag nicht mehr festhalten und unter Zurückweisung der Leistung des anderen die eigenen Verpflichtungen auch nicht mehr erfüllen zu wollen (*Jauernig/Stadler* § 349 BGB Rz. 1).

**Hier:** A hat die Zahlung verweigert und erklärt, F solle die gelieferte Küche wieder aus- und die alte wieder einbauen. Darin kommt zum Ausdruck, dass A die Rück-gängigmachung der vollzogenen Leistungen wünscht und folglich am Vertrag und seinen Verpflichtungen kein Interesse mehr hat. Dies lässt sich als Rücktrittserklärung im Sinne des § 349 BGB auslegen.

**bb)** Fraglich ist jedoch, ob dem A auch ein **Rücktrittsgrund** zur Seite steht. Dieser kann sich nur aus den §§ 323, 634 Nr. 3 Fall 1 BGB ergeben.

**Aber:** Obwohl die Küche bzw. der Einbau fraglos »mangelhaft« im Sinne der §§ 634, 633 Abs. 2 BGB gewesen ist – der Kühlschrank kühlt nur auf 12 Grad und Wasser läuft von der Spüle ins Wohnmobil! –, scheitert der Rücktritt an der gemäß § 323 Abs. 1 BGB erforderlichen **Fristsetzung**. A kann nur dann vom Vertrag zurücktreten, wenn er der F zunächst eine angemessene Frist zur Nacherfüllung bestimmt hat und diese dann erfolglos verstrichen ist (lies: § 323 Abs. 1 BGB).

Davon aber kann hier keine Rede sein, A hat sogar jede Nachbesserung durch F ausdrücklich abgelehnt. Und da auch kein Sonderfall von § 323 Abs. 2 BGB oder der in § 634 Nr. 3 Fall 1 BGB genannten § 326 Abs. 5 BGB und § 636 BGB vorliegt, scheitert ein Rücktritt des A endgültig an der notwendigen Fristsetzung.

<u>ZE.:</u> Der A ist nicht wirksam vom Vertrag mit F zurückgetreten.

**b)** In Betracht kommt dann aber eine **Kündigung** des Werkvertrages durch A gemäß § 648 Satz 1 BGB (aufschlagen, bitte).

> **Durchblick:** Im Unterschied zum eben erläuterten Rücktritt benötigt der Besteller im Falle von § 648 BGB **keinen** Kündigungsgrund (BGH NJW **2011**, 915; RGZ **86**, 107, 110; *Staudinger/Peters/Jacoby* § 648 BGB Rz. 6; *Jauernig/Mansel* § 648 BGB Rz. 1). Auch eine Fristsetzung ist **nicht** erforderlich (BGH NJW **2011**, 915; *Palandt/Sprau* § 648 BGB Rz. 1; *Bamberger/Roth/Hau/Poseck/Voit* § 648 BGB Rz. 6). Das Kündigungsrecht ist also an keine weiteren Voraussetzungen als die Erklärung an sich geknüpft, weshalb man in der (Rechts-)Praxis auch von einer »freien Kündigung« spricht (MüKo/*Busche* § 648 BGB Rz. 8). Dieses freie Kündigungsrecht wird nicht dadurch ausgeschlossen, dass der Vertrag bei Vorliegen entsprechender Voraussetzung grundsätzlich auch außerordentlich gekündigt werden kann. Der Besteller kann sich also jederzeit (gegebenenfalls auch innerhalb einer vereinbarten Mindestlaufzeit) durch eine einfache Erklärung der Kündigung vom Werkvertrag lösen (BGH NJW **2011**, 915). Im Gegenzug muss er allerdings dann nach § 648 Satz 2 BGB (aufschlagen!) grundsätzlich die vereinbarte Vergütung an den Werkunternehmer zahlen, soweit der Werkunternehmer infolge der Kündigung keine Aufwendungen erspart (lies: § 648 Satz 2, 2. Halbsatz BGB). Hintergrund des freien Kündigungsrechts ist, dass im Normalfall nur der Besteller ein Interesse an dem vertraglich geschuldeten Erfolg – also der Herstellung des Werkes – hat (BGH NJW **2011**, 915). Der Werkunternehmer hat demgegenüber in aller Regel nur ein Interesse an seiner Vergütung. Die erhält er nach der Grundregel von § 648 Satz 2 BGB aber auch im Falle der Kündigung. Einen Anspruch auf Fertigstellung des in Auftrag gegebenen Werkes hat der Werkunternehmer dann logischerweise nicht (*Bamberger/Roth/Hau/Poseck/Voit* § 631 BGB Rz. 44; *Jauernig/Mansel* § 631 BGB Rz. 4).

Wir wollen hier nun zunächst klären, ob unser A wirksam den Werkvertrag gekündigt hat, um im zweiten Schritt zu prüfen, inwieweit dann tatsächlich der Vergütungsanspruch der F – wie in § 648 Satz 2 BGB vorgesehen – erhalten geblieben ist:

**aa)** Erforderlich für eine Kündigung ist – ebenso wie beim Rücktritt – zunächst eine **Kündigungserklärung**, die grundsätzlich keine besondere Form voraussetzt, also insbesondere nicht schriftlich erklärt werden muss (MüKo/*Busche* § 650 BGB Rz. 9).

> Die einzige Ausnahme von diesem Grundsatz hat der Gesetzgeber in § 650h BGB für den Bauvertrag geregelt, der in unserem Fall hier aber nicht einschlägig ist, weil das Wohnmobil des A eine (bestimmungsgemäß sehr) bewegliche Sache und damit jedenfalls kein Bauwerk im Sinne von § 650a Abs. 1 Satz 1 BGB ist.

Ausdrücklich hat A die Kündigung des Vertragsverhältnisses nicht erklärt. Er hat nur die Abnahme und die Zahlung verweigert sowie die F aufgefordert, die Küche wieder auszubauen. Die Kündigung kann aber natürlich auch **konkludent** (= durch schlüssiges Verhalten) erklärt werden, indem nämlich der Besteller durch sein Verhalten den Wunsch nach Vertragsbeendigung eindeutig zum Ausdruck bringt (BGH WM **1972**, 1025; OLG Düsseldorf BauR **2002**, 336; *Bamberger/Roth/Hau/Poseck/Voit* § 648 BGB Rz. 5; *Palandt/Sprau* § 648 BGB Rz. 3). Und davon wird man im vorliegenden Fall auch problemlos ausgehen können, A hat dem F hinreichend klar kommuniziert, dass er an der weiteren Erfüllung des Vertrages kein Interesse mehr hat.

---

**Feinkost:** Gegen diese Sichtweise könnte man nun noch einwenden, dass eine Kündigungserklärung hier wohl kaum dem tatsächlichen Willen des A entspricht: A würde in diesem Fall (wenn er kündigt) nämlich wie gesehen wegen § 648 Satz 2 BGB grundsätzlich die Vergütungspflicht gegenüber F treffen. A hat aber eindeutig erklärt, dass er den Werklohn **nicht** bezahlen wolle. Nach der Rechtsprechung indessen kann und muss eine konkludente Kündigung nach § 648 BGB im Zweifel bereits bejaht werden, wenn der Besteller das Angebot des Unternehmers, die Mängel zu beseitigen und das Werk fortzuführen, ablehnt (BGHZ **31**, 224; BGH WM **1972**, 1025; MüKo/*Busche* § 648 BGB Rz. 9). Und das leuchtet auch ein, denn die Kündigungserklärung kann nicht davon abhängig gemacht werden, ob der Besteller entgegen seinem Willen dann per Gesetz weiterhin (teilweise) zur Zahlung des Werklohnes verpflichtet bleibt. Diese Zahlungspflicht will der Besteller nämlich im Zweifel nie, sondern vielmehr stets eine für ihn möglichst kostenfreie Beendigung des Vertrags.

---

**ZE.:** A hat die Kündigung durch schlüssiges Verhalten gegenüber F erklärt.

**bb)** Fraglich bleibt nun allein noch, ob A hier auch **rechtzeitig** die Kündigung des Werkvertrages erklärt hat. Nach dem Wortlaut von § 648 Satz 1 BGB kann der Besteller (nicht aber der Unternehmer!) nämlich nur bis zur Vollendung des Werkes den Vertrag kündigen. Insoweit könnte man hier auf die Idee kommen anzunehmen, F habe das Werk bereits vollendet mit der Folge, dass die Kündigung nicht mehr im von § 648 Satz 1 BGB beschriebenen Zeitraum erfolgt ist. **Aber**: Die Vollendung tritt bei Vorliegen eines behebbaren Mangels frühestens mit der vollständigen Behebung dieses Mangels ein (OLG Dresden NJW-RR **1998**, 882). Das erklärt sich aus dem Umstand, dass der Werkunternehmer grundsätzlich die **mangelfreie** Herstellung des Werkes schuldet, lies insoweit bitte § 633 Abs. 1 BGB. Vollendet im Rechtssinne ist das Werk also erst dann, wenn der geschuldete Erfolg einwandfrei so eintritt, wie er vorab vertraglich vereinbart worden ist (*Palandt/Sprau* § 648 BGB Rz. 1). In unserem Fall lagen nach dem Sachverhalt erhebliche Mängel an der einzubauenden Küche vor und diese sind auch von F nicht behoben worden. Es ist also noch keine Vollendung des Werks eingetreten und die Kündigung des A wurde jedenfalls rechtzeitig erklärt.

**cc)** Die Rechtsfolge der Kündigung ist das Erlöschen des Werkvertrages **ex nunc** (= für die Zukunft). Der Werkunternehmer wird von seiner Verpflichtung zur Herstellung des Werkes und der Besteller von seinen etwaigen Mitwirkungspflichten befreit (MüKo/*Busche* § 648 BGB Rz. 14; Bitter/Rauhut in JZ 2007, 964). Der Gegenstand des Werkvertrages wird durch die Kündigung auf das bis dahin erbrachte Teilwerk beschränkt (BGH NJW **2003**, 1450). Der Vergütungsanspruch des Unternehmers (hier: F) für die von ihm bisher ordnungsgemäß erbrachten Leistungen bleibt dementsprechend nach § 648 Satz 2, 1. Halbsatz BGB grundsätzlich bestehen. Ist der bisher erbrachte Teil der Leistung mangelhaft, so ist das Werk – wie wir oben bereits festgestellt haben – insoweit noch nicht vollendet (OLG Dresden NJW-RR **1998**, 882). Je nach Mangel ist in Bezug auf den Vergütungsanspruch aus § 648 Satz 2 BGB nach der Interessenlage der Vertragsparteien nun folgendermaßen zu differenzieren:

→ Bei **behebbaren** Mängeln hat der Unternehmer trotz der Kündigung weiter ein Nachbesserungsrecht (BGH NJW **1988**, 140; OLG Düsseldorf NJW-RR **1996**, 1422), um dann (nach Beseitigung der Mängel) die volle Vergütung verlangen zu können. Dieses »Recht zur zweiten Andienung« entfällt jedoch, wenn eine Fristsetzung zur Nacherfüllung für den Besteller ausnahmsweise entbehrlich ist (§§ 281 Abs. 2, 323 Abs. 2 BGB) und er sofort den Rücktritt erklären oder Schadensersatz verlangen kann. Verweigert der Besteller mit seiner Kündigung die angebotene Nachbesserung durch den Unternehmer (unser Fall), dann entsteht der Vergütungsanspruch aus § 631 BGB in voller Höhe (OLG Düsseldorf NJW-RR **1995**, 155).

→ Bei **unbehebbaren** Mängeln entfällt der Vergütungsanspruch aus § 631 BGB (BGHZ **136**, 33; BGH NJW **1999**, 3554; OLG Dresden NJW-RR **1998**, 882), denn der Unternehmer hat in diesem Fall logischerweise sein »Recht auf Mängelbeseitigung« verloren.

Die Mängel an der Küche waren hier allerdings behebbar, jedenfalls steht nichts anderes im Sachverhalt. Und daraus folgt, dass der Zahlungsanspruch der F aus § 631 BGB wegen § 648 Satz 2 BGB trotz der Kündigung erhalten bleibt.

**ZE.:** Der Anspruch der F ist demnach durch die Kündigung des A nicht erloschen.

**3.)** Der Vergütungsanspruch muss schließlich auch **fällig** gewesen sein. Wann die Fälligkeit eintritt, richtet sich nach § 641 Abs. 1 BGB. Erforderlich ist danach – auch nachdem der Werkvertrag gekündigt wurde – grundsätzlich die Abnahme des Werks (lies bitte § 641 Abs. 1 Satz 1 BGB).

---

**Definition:** Unter der »Abnahme« eines Werkes versteht man die körperliche Entgegennahme des vom Unternehmer hergestellten Werkes und die damit verbundene Erklärung des Bestellers, dass er das Werk als in der Hauptsache vertragsgerecht erbracht anerkenne (BGH NJW **2017**, 1604; WM **2010**, 566; MüKo/*Busche* § 640 BGB Rz. 3; *Palandt/Sprau* § 640 BGB Rz. 3; *Brox/Walker* BS § 26 Rz. 10). Dies kann auch durch schlüssiges Verhalten (= konkludent) geschehen (BGH WM **2010**, 566).

---

Und insoweit können wir zunächst feststellen, dass eine ausdrückliche Abnahme des Werks durch A nicht erfolgt ist. In Betracht kommt also allenfalls eine konkludente Abnahme. Diese setzt voraus, dass der Besteller zu erkennen gibt, er wolle die Leistung als in der Hauptsache dem Vertrag entsprechend annehmen (BGH NJW **2016**, 2878; WM **1996**, 1151). Davon kann vorliegend aber nun gerade nicht die Rede sein, denn A hat nach Schilderung des Sachverhaltes die Abnahme sogar ausdrücklich verweigert.

Angesichts des eindeutigen Gesetzeswortlauts (bitte lies das **vierte** Wort in § 640 Abs. 1 Satz 1 BGB) ist nun aber sehr fraglich, ob der A die Abnahme auch **berechtigt** verweigert hat, denn die Abnahme ist – genauso wie die Pflicht zur Zahlung des Werklohns – eine Hauptpflicht des Bestellers (MüKo/*Busche* § 640 BGB Rz. 3). Allerdings verpflichtet § 640 Abs. 1 BGB den Besteller nur dazu, das »vertragsmäßig hergestellte« (= abnahmereife) Werk abzunehmen (*Palandt/Sprau* § 640 BGB Rz. 11). Ist das Werk mangelhaft und damit gerade nicht vertragsmäßig hergestellt, trifft den Besteller diese Abnahmepflicht natürlich nicht (*Bamberger/Roth/Hau/Poseck/Voit* § 633 BGB Rz. 1). Solange der Unternehmer das Werk nicht in abnahmereifen Zustand versetzt, ist der Besteller also nicht zur Abnahme und demzufolge auch nicht zur Zahlung des Werklohns verpflichtet (BGH NJW-RR **2004**, 591). Und dies gilt uneingeschränkt auch, wenn der Besteller den Werkvertrag bereits gekündigt hat (vgl. BGH NJW **2003**, 1450).

Soweit – so gut. Es wäre nun allerdings aus der Sicht des Werkunternehmers ziemlich misslich und würde im Übrigen auch dem Zweck der Abnahme zuwiderlaufen, wenn der Werklohn erst fällig werden könnte, nachdem das Werk absolut fehlerfrei hergestellt ist. Denn wenn das Werk komplett mangelfrei ist, braucht der Besteller logischerweise keine Mängelgewährleistungsrechte und -ansprüche mehr. Gerade diese stehen dem Besteller aber grundsätzlich erst **nach** Abnahme des Werks zu (BGH NJW **2017**, 1604) – woraus sich ersehen lässt, dass die Abnahme gerade **nicht** die vollständige Mangelfreiheit des Werks voraussetzt. Vielmehr genügt es für die Abnahmereife, dass das Werk »in der Hauptsache vertragsgerecht« erbracht wurde

(BGH MDR **2014**, 458; BGH BauR **2004**, 337; OLG München NZM **2016**, 177). Dies ergibt sich nicht zuletzt aus der (praxis- und damit klausurwichtigen) Regelung in § 640 Abs. 1 <u>Satz 2</u> BGB, wonach der Besteller die Abnahme allein wegen **unwesentlicher** Mängel nicht verweigern darf. Wann ein Mangel unwesentlich in diesem Sinne ist, muss in jedem Einzelfall durch eine **Abwägung der Interessen** der Vertragsparteien unter Berücksichtigung von Art und Umfang des konkreten Mangels ermittelt werden (BGH NJW **1992**, 2481; OLG Köln, Urt. v. 26.02.**2015**, Az. 24 U 111/14; MüKo/*Busche* § 640 BGB Rz. 13). Und dabei gilt, dass ein Mangel, der die Gebrauchstauglichkeit des Werks beeinträchtigt, in der Regel als erheblich anzusehen ist (OLG Köln, Urt. v. 26.02.**2015**, Az. 24 U 111/14; Basty in DNotZ 2000, 260).

**Zum Fall:** Vorliegend war die einzubauende Küche (glasklar) nicht mangelfrei. Der nicht vernünftig kühlende Kühlschrank und die undichte Spüle beeinträchtigen zudem deren Gebrauchstauglichkeit (erheblich) und sind daher eindeutig als wesentliche Mängel anzusehen mit der Folge, dass A die Abnahme berechtigterweise verweigert hat.

> **Feinkost:** Die vorherige **Kündigungserklärung** durch A stellt selbstverständlich ebenfalls keine konkludente Abnahme dar, denn die Kündigung beruhte ja gerade auf der Pflichtverletzung der F (mangelhafter Einbau, etc.). Der Kündigungserklärung des Bestellers kann in einem solchen Fall nicht entnommen werden, dass er das bis dahin erbrachte Werk als in der Hauptsache vertragsgerecht anerkennen wollte (BGH NJW **2003**, 1450).

<u>ZE.:</u> Mangels erfolgter Abnahme wäre der Werklohnanspruch der F damit **nicht** fällig. F könnte von A keine Zahlung verlangen.

Das kann natürlich noch nicht das letzte Wort sein. **Denn:** Eine berechtigte Verweigerung der Abnahme schließt die Fälligkeit des Werklohnanspruchs zwar im Grundsatz aus, der Vergütungsanspruch des Unternehmers für ein mangelhaftes Werk wird aber ausnahmsweise ohne Abnahme fällig, wenn der Besteller von ihm nicht mehr die (Nach-)Erfüllung des Vertrags verlangt oder verlangen kann. In diesem Fall entsteht nämlich ein so genanntes **Abrechnungsverhältnis** – eine von der Rechtsprechung entwickelte und inzwischen allgemein anerkannte Rechtsfigur, die dazu führt, dass der Vergütungsanspruch des Werkunternehmers unabhängig vom Vorliegen einer Abnahme sofort fällig wird (siehe dazu Schmid/Senders in NZBau 2016, 474).

---

**Merke:** Ein Abrechnungsverhältnis, das zur Fälligkeit des Werklohns ohne Abnahme führt, entsteht, wenn der Unternehmer Werklohn fordert, aber aus tatsächlichen oder rechtlichen Gründen, die sich aus der Sphäre des Bestellers ergeben, nicht mehr nacherfüllen kann (OLG Düsseldorf NJOZ **2015**, 481; OLG Bamberg NZBau **2015**, 364; Schmid/Senders in NZBau 2016, 474).

Ein solches Abrechnungsverhältnis kann danach insbesondere dadurch entstehen, dass der Besteller vom Unternehmer **Schadensersatz statt der Leistung** verlangt, denn in dem Moment, in dem der Besteller diesen Anspruch geltend macht, bewirkt § 281 Abs. 4 BGB (reinsehen!) das Erlöschen des ursprünglichen Erfüllungsanspruchs (BGH NJW **2003**, 288; OLG Hamm NJW-RR **2009**, 1531). Zum anderen wird ein Abrechnungsverhältnis aber in der Rechtsprechung auch dann angenommen, wenn der Besteller ausdrücklich oder konkludent zum Ausdruck bringt, unter keinen Umständen mehr mit dem Unternehmer, der ihm das Werk als fertiggestellt zur Abnahme angeboten hat, zusammenarbeiten zu wollen (BGH NJW **2017**, 1604). Die ernsthafte und endgültige Ablehnung des Bestellers hat in diesem Fall im Hinblick auf den Vergütungsanspruch die gleichen Rechtswirkungen wie die Abnahme nach § 640 Abs. 1 BGB.

**Zurück zum Fall:** A hat hier problemlos zum Ausdruck gebracht, dass er mit F nicht mehr weiter zusammenarbeiten wolle und an einer Nacherfüllung in keiner Weise interessiert ist. Mithin ist zwischen F und A ein Abrechnungsverhältnis entstanden.

**Folge:** Der Werklohnanspruch der F ist damit fällig, ohne dass es darauf ankommt, ob die Voraussetzungen des § 641 Abs. 1 BGB erfüllt sind.

<u>ZE.:</u> F hat gegen A damit einen fälligen Anspruch auf Werklohn in Höhe von 2.500 Euro aus § 631 i.V.m. 648 Satz 2 BGB.

**4.)** Nachdem F aus ihrer Sicht alles getan hatte, um den Werkerfolg herbeizuführen, bestehen nach dem Sachverhalt keine Anhaltspunkte dafür, dass ihr Vergütungsanspruch nach § 648 Satz 2, 2. Halbsatz BGB um Aufwendungen zu kürzen ist, die F infolge der Kündigung des A erspart hätte.

**Ergebnis:** F kann von A Zahlung von 2.500 Euro aus § 631 i.V.m. 648 Satz 2 BGB verlangen. Beachte noch: Die eingebaute Küche muss die F natürlich nicht wieder ausbauen, denn der Besteller muss bei einer Kündigung die bereits geleisteten (Teil-) Werke behalten, wenn der Unternehmer sie nicht zurücknehmen will (MüKo/*Busche* § 648 BGB Rz. 15).

### Wichtiger Nachschlag:

Nicht verwechselt werden darf die soeben erfolgreich durchgeprüfte Konstellation mit dem sehr ähnlichen Fall der **unberechtigten** Abnahmeverweigerung, in dem der Besteller die (Nach-)Erfüllung des Vertrages durch den Unternehmer ernsthaft und endgültig, aber **grundlos** (= trotz abnahmereifer Herstellung des Werks) ablehnt. Dem Unternehmer wird in diesem Fall selbstverständlich **nicht** zugemutet, dass sich sein Vertragspartner vom Vertrag lossagt, ohne dann (irgend-)eine Vergütung zahlen zu müssen. Ansonsten könnte der Besteller nämlich immer die Abnahme und die Nachbesserung verweigern und würde dann damit die Fälligkeit des Vergütungsanspruchs nach § 641 BGB dauerhaft ausschließen. Er bräuchte also nicht zu zahlen und der Unternehmer hätte keine Gelegenheit, die Mängel des Werks zu beheben und sich den Werklohn noch zu verdienen. Kann nicht sein.

Nach der früheren Rechtsprechung wurde die Abnahme in solchen Fällen daher **fingiert**, der Werkunternehmer also per Fiktion so gestellt, als ob der Besteller das Werk bereits abgenommen hätte (BGHZ **142**, 278; BGHZ **50**, 175, 177; BGH NJW **1990**, 3008; NJW-RR **1986**, 211). Dies führte dazu, dass der Unternehmer den (anteiligen) Werklohn schon vor Fertigstellung und ohne tatsächlich erfolgte Abnahme des Werkes verlangen kann. Die dogmatische Grundlage für diesen »Kunstgriff« bildet der Grundsatz von Treu und Glauben, konkret die Regelungen in **§ 242 BGB** und in **§ 162 Abs. 1 BGB** (MüKo/*Busche* § 640 BGB Rz. 47). Praktisch gelöst werden Fälle dieser Art seit dem **1. Januar 2018** allerdings durch die (deshalb klausurträchtige) Vorschrift des § 640 Abs. 2 Satz 1 BGB, die wir uns noch einmal etwas genauer anschauen wollen. Inhalt der Regelung ist eine gesetzliche **Abnahmefiktion**, was bedeutet, dass die Abnahme als durch den Besteller erklärt gilt, ohne dass sie tatsächlich – ausdrücklich oder konkludent – erklärt wurde. Voraussetzung hierfür ist, dass der Unternehmer dem Besteller nach der **Fertigstellung** des Werkes eine angemessene Frist zur Abnahme gesetzt und der Besteller die Abnahme nicht innerhalb der Frist unter Angabe mindestens eines Mangels verweigert hat.

> **Definition:** Eine »Fertigstellung« im Sinne von § 640 Abs. 2 Satz 1 BGB liegt vor, wenn das Werk nach der vertraglichen Vereinbarung der Parteien als »fertig« anzusehen ist. Dies ist der Fall, wenn die im Vertrag genannten Leistungen abgearbeitet beziehungsweise erbracht sind – unabhängig davon, ob Mängel vorliegen oder nicht (BT-Drs. 18/8486 Seite 49).

Nimmt der Besteller das fertiggestellte Werk endgültig und grundlos nicht ab, kann der Unternehmer nunmehr also gemäß § 640 Abs. 2 BGB vorgehen und schlicht eine Frist zur Abnahme setzen, mit deren fruchtlosem Verstreichen das Werk dann als abgenommen gilt (MüKo/*Busche* § 641 BGB Rz. 4). Damit entfällt aller Voraussicht nach die praktische Bedeutung für den oben beschriebenen, von der Rechtsprechung entwickelten »Kunstgriff«. Sehr beachtlich und im besten Sinne »merkwürdig« ist, dass es für die Abnahmefiktion nach § 640 Abs. 2 Satz 1 BGB nach dem Gesetzeswortlaut und der Gesetzesbegründung genügt, dass das Werk lediglich fertiggestellt (nicht: abnahmereif) ist, objektiv also noch – Achtung! – **wesentliche Mängel** aufweist (BT-Drs. 18/8486 Seite 48). Passt der Besteller nicht auf und versäumt es, fristgerecht die Abnahme zu verweigern, wird diese gesetzlich fingiert. Dies wäre theoretisch erstmal kein größeres Problem, denn mit der Abnahme stünden dem Besteller dann, wie wir oben gesehen haben, auch die in § 634 BGB geregelten Rechte und Ansprüche zu. Die Abnahme ist aber – neben dem Umstand, dass mit ihr der Werklohn fällig wird – vor allem wegen der damit einhergehenden **Beweislastumkehr** für den Besteller nachteilig, denn in einem Rechtsstreit muss nach erklärter oder fingier-

ter Abnahme nicht mehr der Werkunternehmer die Mangelfreiheit des Werks beweisen (Normalfall, siehe § 632a Abs. 1 Satz 3 BGB), sondern umgekehrt der Besteller den
Nachweis der Mangelhaftigkeit erbringen, was für diesen in aller Regel mit erheblichen Schwierigkeiten verbunden ist.

**Und ganz zum Schluss** merken wir uns bitte noch, dass Besteller, die Verbraucher im
Sinne von § 13 BGB sind, nach § 640 Abs. 2 **Satz 2** BGB vom Unternehmer zeitgleich
mit der Fristsetzung über die Möglichkeit der Abnahmefiktion **belehrt** werden sollen.
Diese Belehrung muss in Textform (→ § 126b BGB) erfolgen. Versäumt der Unternehmer die Belehrung kann die Abnahmefiktion nach Satz 1 nicht eintreten.

# Gutachten

**F kann gegen A einen Anspruch auf Zahlung von 2.500 Euro aus § 631 Abs. 1 BGB ha-
ben.**

**1.)** Hierfür müssen A und F zunächst einmal einen wirksamen Werkvertrag geschlossen
haben. Eine Einigung zwischen A und F, also Antrag und Annahme nach den §§ 145, 147
BGB, lag hier vor. Inhalt dieser Einigung war die Lieferung und der Einbau der Küchengeräte durch F zu einem Festpreis von 2.500 Euro.

Fraglich ist jedoch, ob die vertragliche Einigung mit diesem Inhalt tatsächlich nach den
§§ 631 ff. BGB zu beurteilen ist, oder ob es sich gemäß § 650 Satz 1 BGB um einen Vertrag
handelt, der nach dem Kaufrecht abgewickelt wird.

Nach der Legaldefinition in § 650 Satz 1 BGB soll grundsätzlich Kaufrecht gelten, wenn
»die Lieferung herzustellender oder zu erzeugender beweglicher Sachen« geschuldet ist.
Die bloße Veränderung einer bereits bestehenden Sache ist jedoch den Regeln des Werkvertragsrechts zuzuordnen. Bei einem Vertrag über die Reparatur oder Bearbeitung einer
bereits bestehenden Sache fehlt es sowohl an dem Merkmal der Herstellung als auch an
dem der Lieferung.

Bei der geschuldeten vertraglichen Leistung der F handelte es sich um eine Umrüstung
des Wohnwagens. F sollte dort die alte Küche aus- und an der gleichen Stelle eine neue
mit neu zu beschaffenden Geräten einbauen. Ziel seiner Leistungsbemühungen war damit
nicht die Lieferung einer herzustellenden oder zu erzeugenden Sache im Sinne des § 650
BGB, sondern nur die Verbesserung einer bereits bestehenden Sache, nämlich des Wohnwagens. F sollte nichts völlig Neues erschaffen, sondern an etwas Bestehendem (Wohnmobil) eine Wertsteigerung herbeiführen. Daher ist § 650 Satz 1 BGB nicht anwendbar und
folglich Werkvertragsrecht ausschlaggebend für die Abwicklung der vertraglichen Ansprüche zwischen F und A.

**2.)** Der Zahlungsanspruch von F gegen A kann erloschen sein, indem A die Zahlung und
die Abnahme der Arbeiten wegen der Mängel ausdrücklich abgelehnt und zudem erklärt
hat, F solle die Küche wieder ausbauen. Es könnte sich insoweit sowohl um eine Rück-
tritts- als auch um eine Kündigungserklärung handeln.

**a)** Fraglich ist zunächst, ob A durch die Aufforderung an F, die Küche wieder auszubauen, wirksam den Rücktritt vom Vertrag erklärt.

**aa)** Dies richtet sich gemäß § 634 Nr. 3 Fall 1 nach §§ 323 Abs. 2, 346 ff. BGB. Demnach muss A den Rücktritt im Sinne des § 349 BGB erklärt haben. Diese Erklärung kann sowohl ausdrücklich als auch konkludent abgegeben werden. Es muss dabei nur erkennbar sein, dass der Erklärende an dem geschlossenen Vertrag nicht mehr festhalten will. A hat die Zahlung verweigert und erklärt, F solle die gelieferte Küche wieder aus- und die alte wieder einbauen. Darin kommt zum Ausdruck, dass A die Rückgängigmachung der vollzogenen Leistungen wünscht und folglich am Vertrag und seinen Verpflichtungen kein Interesse mehr hat. Dies ist als Rücktrittserklärung im Sinne des § 349 BGB auslegen.

**bb)** Fraglich ist jedoch, ob dem A auch ein Rücktrittsgrund zur Seite steht. Dieser kann sich aus §§ 323, 634 Nr. 3 Fall 1 BGB ergeben. Der Einbau der Küche war »mangelhaft« im Sinne der §§ 634, 633 Abs. 2 BGB, da der Kühlschrank nur auf 12 Grad kühlt und von der Spüle Wasser ins Wohnmobil läuft. Jedoch ist gemäß § 323 Abs. 1 BGB auch eine Fristsetzung erforderlich. A kann nur zurücktreten, wenn er der F zunächst eine angemessene Frist zur Nacherfüllung bestimmt hat und diese dann erfolglos verstrichen ist. A hat jedoch vorliegend jede Nachbesserung durch F ausdrücklich abgelehnt. Ein Sonderfall von §§ 323 Abs. 2, 326 Abs. 5 BGB, 636 BGB liegt nicht vor. A ist mithin nicht wirksam vom Vertrag mit F zurückgetreten.

**b)** In Betracht kommt aber eine Kündigung des Werkvertrages durch A gemäß § 648 Satz 1 BGB.

**aa)** Dann muss A die Kündigung wirksam erklärt haben. Ausdrücklich hat A die Kündigung des Vertragsverhältnisses nicht erklärt. Die Kündigung kann aber auch durch schlüssiges Verhalten erklärt werden, indem nämlich der Besteller durch sein Verhalten den Wunsch nach Vertragsbeendigung eindeutig zum Ausdruck bringt. A hat die Abnahme und die Zahlung verweigert sowie die F aufgefordert, die Küche wieder auszubauen. Er hat somit dokumentiert, dass er an der weiteren Erfüllung des Vertrages kein Interesse mehr hat. A hat mithin wirksam die Kündigung gegenüber F erklärt.

**bb)** Nach dem Wortlaut von § 648 Satz 1 BGB kann der Besteller jedoch nur bis zur Vollendung des Werkes den Vertrag kündigen. Die Vollendung tritt bei Vorliegen eines behebbaren Mangels erst mit der vollständigen Behebung dieses Mangels ein. Vollendet ist das Werk also erst dann, wenn der geschuldete Erfolg einwandfrei so eintritt, wie er vorab vertraglich vereinbart worden ist. Vorliegend bestanden noch Mängel an der einzubauenden Küche. Diese sind auch nicht von F behoben worden. Damit ist keine Vollendung des Werks eingetreten. Die Kündigung des A war jedenfalls rechtzeitig.

**cc)** Rechtsfolge der Kündigung ist das Erlöschen des Werkvertrages für die Zukunft. Indes bleibt der Vergütungsanspruch des Unternehmers für die von ihm bisher ordnungsgemäß erbrachten Leistungen nach § 648 Satz 2, 1. Halbsatz BGB grundsätzlich bestehen. Ist der bisher erbrachte Teil der Leistung mangelhaft, so ist das Werk insoweit noch nicht vollendet. In Bezug auf den Mangel und die Frage des Erhaltes des Vergütungsanspruchs aus § 648 Satz 2 BGB ist nach der Interessenlage der Vertragsparteien zu differenzieren.

Bei unbehebbaren Mängeln entfällt der Vergütungsanspruch aus § 631 BGB. Bei behebbaren Mängeln hat der Unternehmer trotz der Kündigung weiter ein Nachbesserungsrecht, um nach Beseitigung der Mängel die volle Vergütung verlangen zu können. Dieses »Recht zur zweiten Andienung« entfällt jedoch, wenn eine Fristsetzung zur Nacherfüllung für den Besteller ausnahmsweise entbehrlich ist, §§ 281 Abs. 2, 323 Abs. 2 BGB, und er sofort den Rücktritt erklären oder Schadensersatz verlangen kann. Verweigert der Besteller mit seiner Kündigung die angebotene Nachbesserung durch den Unternehmer, dann entsteht der Vergütungsanspruch aus § 631 BGB in voller Höhe. Die Mängel an der Küche waren im vorliegenden Fall behebbar. Daraus folgt, dass der Zahlungsanspruch der F aus § 631 BGB wegen § 648 Satz 2 BGB trotz der Kündigung erhalten bleibt.

**3.)** Der Vergütungsanspruch muss schließlich auch fällig gewesen sein. Wann die Fälligkeit eintritt, richtet sich grundsätzlich nach § 641 Abs. 1 BGB. Erforderlich ist danach die Abnahme des Werks gemäß den §§ 631, 640 BGB.

Unter der Abnahme eines Werkes versteht man die körperliche Entgegennahme des vom Unternehmer hergestellten Werkes und die damit verbundene Erklärung des Bestellers, dass er das Werk als in der Hauptsache vertragsgerecht erbracht anerkenne. Eine ausdrückliche Abnahme des Werks durch A ist nicht erfolgt. Eine konkludente Abnahme setzt voraus, dass der Besteller zu erkennen gibt, er wolle die Leistung als in der Hauptsache dem Vertrag entsprechend annehmen. Davon kann ebenfalls nicht ausgegangen werden, denn A hat nach Schilderung des Sachverhaltes die Abnahme sogar ausdrücklich verweigert. Mangels erfolgter Abnahme wäre der Werklohnanspruch der F damit nicht fällig. F könnte von A keine Zahlung verlangen. Eine berechtigte Verweigerung der Abnahme schließt die Fälligkeit des Werklohnan-spruchs zwar im Grundsatz aus, der Vergütungsanspruch des Unternehmers für ein mangelhaftes Werk wird aber ausnahmsweise ohne Abnahme fällig, wenn der Besteller von ihm nicht mehr die (Nach-)Erfüllung des Vertrags verlangt oder verlangen kann. In diesem Fall entsteht nach der Rechtsprechung ein Abrechnungsverhältnis mit der Folge, dass der Vergütungsanspruch des Werkunternehmers unabhängig vom Vorliegen einer Abnahme sofort fällig wird. Ein solches Abrechnungsverhältnis entsteht auch dann, wenn der Besteller ausdrücklich oder konkludent zum Ausdruck bringt, unter keinen Umständen mehr mit dem Unternehmer, der ihm das Werk als fertiggestellt zur Abnahme angeboten hat, zusammenarbeiten zu wollen. Die ernsthafte und endgültige Ablehnung des Bestellers und seiner Leistungen wird in diesem Fall in ihren Wirkungen der Abnahme nach § 640 Abs. 1 BGB gleichgestellt.

A hat hier zum Ausdruck gebracht, dass er mit F nicht mehr weiter zusammenarbeiten wolle und an eine Nacherfüllung in keiner Weise interessiert ist. Mithin ist zwischen F und A ein Abrechnungsverhältnis entstanden. Der Werklohnanspruch des F ist mithin fällig, ohne dass es auf die Voraussetzungen von § 641 BGB ankäme.

**4.)** Nachdem F aus ihrer Sicht alles getan hatte, um den Werkerfolg herbeizuführen, bestehen nach dem Sachverhalt keine Anhaltspunkte dafür, dass ihr Vergütungsanspruch nach § 648 Satz 2, 2. Halbsatz BGB um Aufwendungen zu kürzen ist, die F infolge der Kündigung des A erspart hätte.

**Ergebnis:** F kann von A Zahlung in Höhe von 2.500 Euro aus § 631 i.V.m. 648 Satz 2 BGB verlangen.

# 3. Abschnitt

Der Mietvertrag gemäß

§§ 535 ff. BGB – und angrenzende

Vertragsarten

# Fall 26

## Weiterbildung mit Hindernissen

Rechtsanwalt A aus München möchte zum Fachanwaltslehrgang im Mietrecht nach Köln reisen. Da sein eigenes Fahrzeug am Tage der Abfahrt morgens nicht anspringt, wendet er sich umgehend an den Autoverleih des V und erhält dort einen 5er BMW für zwei Tage zu einem Tagespreis von 200 Euro. Der Gesamtbetrag in Höhe von 400 Euro soll bei Rückgabe des Autos bezahlt werden. Auf der Strecke nach Köln bleibt der Wagen einige Stunden später nach etwa 300 km wegen eines gerissenen Keilriemens liegen. Von der Schadhaftigkeit des Keilriemens wusste V nichts und konnte davon auch nichts wissen, da der Wagen wenige Tage vorher ordnungsgemäß gewartet wurde. Der Keilriemen war erst in der Nacht vor der Übergabe an A wegen eines Wintereinbruchs mit erheblichem Temperatursturz brüchig geworden und daher am nächsten Tag bei der Erwärmung während der Fahrt gerissen. Wegen des liegen gebliebenen Wagens verpasst A den Lehrgang in Köln, muss aufgrund verspäteter Stornierung allerdings den vollen Teilnahmebetrag in Höhe von 1.000 Euro zahlen. Diese 1.000 Euro verlangt A nunmehr von V und weigert sich zudem, die vereinbarten 400 Euro für den Wagen zu zahlen.

**Zu Recht?**

---

**Schwerpunkte:** Die Abgrenzung Mietvertrag/Leihe; die Minderung der Miete nach § 536 BGB; Mangel der Mietsache; Schadensersatzanspruch aus § 536a BGB; Garantiehaftung des Vermieters; Ersatzfähigkeit von Mangelfolgeschäden bei § 536a Abs. 1 BGB. Im Anhang: Der Rückforderungsanspruch für bereits gezahlte Miete bei Minderungsrecht nach § 812 BGB.

---

## Lösungsweg

**Vorbemerkung:** Wir starten jetzt mit dem Mietrecht und werden uns anhand des vorliegenden Falles einmal die Grundprinzipien, die man für die universitären Übungsarbeiten kennen sollte, anschauen. Und hierbei wundern wir uns zunächst mal darüber, dass trotz des jetzt zu thematisierenden »Mietrechts« im Sachverhalt kein einziges Wort von einer Wohnungs- bzw. Wohnraummiete steht, obwohl die im richtigen Leben bei 99 von 100 Fällen des Mietrechts die Hauptrolle spielt. Das ist in der Praxis tatsächlich so, allerdings eignet sich die wohnungsrechtliche Komponente des Mietrechts (lies: **§ 549 BGB**) für unsere Zwecke hier eher weniger, vor allem nicht als

Prüfungsaufgabe, denn: Das Mietrecht ist und wird durch unzählige kleinere und größere Reformen stetig fortentwickelt. Das erkennt man vor allem an den vielen nachträglich eingefügten Normen, die mit Kleinbuchstaben aufgelistet sind, vgl. etwa die Kündigungsvorschriften der §§ 573 ff. BGB. Die für die Falllösung relevanten Paragrafen sind aufgrund dieser ständig wachsenden Struktur nicht immer gleich auffindbar und erschließen sich auch den Praktikern häufig erst nach jahrelangem Gebrauch. Zudem verbergen sich hinter diesen Vorschriften zumeist gewaltige kasuistische Einzelprobleme, die zwar in der Praxis ganze Heere von Anwälten und Gerichten beschäftigen, sich allerdings für die Überprüfung juristischer Begabung bei Studierenden kaum bis gar nicht eignen, weil sie eben so speziell sind und weniger auf abstrakten Mustern beruhen. Daher kommen Prüfungsarbeiten, die sich ausschließlich etwa mit Kündigungsproblematiken beim Wohnraummietrecht befassen, sowohl an den Universitäten als auch in den Staatsprüfungen nur sehr selten vor.

Daneben gibt es allerdings sehr wohl Bereiche, die auch universitär- und examenstechnisch relevant sind und die wir uns hier dann natürlich auch anschauen wollen. Und hierbei müssen wir uns im Vergleich zum bisher erlernten Kauf- und Werkrecht ein bisschen umgewöhnen. Wir werden gleich insbesondere im Bereich der Gewährleistung beachtlich viel Neues und Unbekanntes lernen, denn das Mietrecht unterscheidet sich insoweit erheblich von den Regeln des Kauf- und Werkrechts. Trotzdem ist Mietrecht natürlich keine Geheimwissenschaft, im **Gegenteil**: Viele Regelungen sind explizit und erfreulich eindeutig im Gesetz getroffen worden, damit auch ein Durchschnitts(ver)mieter seine Rechte und Pflichten daraus erschließen kann. Es lohnt sich deshalb gerade im Mietrecht, statt vieler Lehrbücher zunächst einmal den **Gesetzestext** selbst zu lesen und sich mit der Systematik vertraut zu machen. Und damit das auch klappt, starten wir jetzt mal mit unserem Fall und fragen uns als Erstes, ob der A trotz gerissenen Keilriemens denn tatsächlich die 400 Euro für den Wagen an V zahlen muss.

## I.) Anspruch des V gegen A auf Zahlung von 400 Euro

<u>AGL</u>: § 535 Abs. 2 BGB (Zahlungspflicht aus dem Mietvertrag)

**1.)** Der Zahlungsanspruch des V muss zunächst entstanden sein. Dies setzt voraus, dass V und A einen Mietvertrag gemäß § 535 BGB geschlossen haben. Dann müssen sie sich über die Gebrauchsüberlassung einer Sache auf Zeit gegen Zahlung eines Entgelts geeinigt haben (lies: § 535 Abs. 1 und Abs. 2 BGB).

**Beachte:** Obwohl V laut Sachverhalt einen »Autoverleih« betreibt und damit auch im Rechtsverkehr in Erscheinung tritt, scheidet ein Leihvertrag nach § 598 BGB als vertragliche Beziehung zwischen A und V vorliegend aus, denn die Leihe erfolgt stets **unentgeltlich** (bitte prüfen in § 598 BGB). Hier war jedoch die Zahlung von 200 Euro pro Tag vereinbart worden, sodass es an der Unentgeltlichkeit fehlt. Tatsächlich wird im alltäglichen Sprachgebrauch oftmals nicht sauber zwischen dem

> Leih- und dem Mietvertrag unterschieden. Gleiches gilt übrigens für die Unterscheidung zwischen Leihe und Sachdarlehen. Beim Sachdarlehen (lies § 607 Abs. 1 BGB) geht es stets um vertretbare Sachen (z.B. 100 Gramm Zucker vom Nachbarn), während beim Leihvertrag genau der entliehene Gegenstand selbst später wieder zurückgegeben werden muss (Fahrrad vom Nachbarn). Und muss man dann für die Benutzung dieser Sache Geld bezahlen, handelt es sich nicht mehr um Leihe, sondern um einen Mietvertrag (BGH NJW-RR **2017**, 1479). Merken.

Hier in unserem Fall haben V und A vereinbart, dass A den BMW für zwei Tage nutzen sollte. Als Gegenleistung sollte V dann 400 Euro erhalten. Damit handelte es sich bei dieser Abrede um eine Gebrauchsüberlassung auf Zeit gegen Entgelt und mithin um einen Mietvertrag.

<u>ZE.:</u> Der Anspruch des V gegen A aus § 535 Abs. 2 BGB ist damit entstanden.

**2.)** Der Anspruch des V kann jedoch nachträglich wieder erloschen sein. Als Erlöschensgrund kommt vorliegend die **Minderung** gemäß § 536 Abs. 1 Satz 1, <u>Fall 1</u> BGB in Betracht. Demnach muss der Mieter die Miete nicht bezahlen, wenn die Gebrauchstauglichkeit der Sache aufgrund eines Mangels aufgehoben ist. Dieser Vorschrift liegt derselbe Rechtsgedanke wie dem § 535 Abs. 1 Satz 2 BGB zugrunde (bitte lesen), nämlich: Der Vermieter hat dem Mieter die Sache im **gebrauchstauglichen** Zustand zu überlassen und diesen Zustand während der Mietzeit aufrechtzuerhalten (OLG Düsseldorf ZMR **1997**, 230). Er trägt also das Risiko des Untergangs oder der Verschlechterung der Mietsache. Im Umkehrschluss soll der Mieter nur dann die Miete zahlen müssen, wenn er die Sache so vom Vermieter erhalten hat, dass er sie bestimmungsgemäß nach dem Vertragszweck einsetzen konnte. Ist mit der Sache etwas nicht in Ordnung, reduziert sich die zu zahlende Miete nach § 536 BGB (*Palandt/Weidenkaff* § 536 BGB Rz. 31ff.).

> **Und wichtig!** Diese Minderung nach § 536 BGB ist eine sogenannte »rechtsvernichtende Einwendung« und muss vom Mieter ausnahmsweise (insoweit anders das Kauf- und Werkrecht) nicht erklärt werden, um wirksam zu sein (*Palandt/Weidenkaff* § 536 BGB Rz. 1). Das Recht, die Miete zu mindern, entsteht vielmehr automatisch, also **kraft Gesetzes** (!), wenn ein Mangel vorliegt, der die Gebrauchstauglichkeit (erheblich) einschränkt oder aufhebt (BGH NJW-RR **2016**, 1032; **1991**, 779; NJW **1988**, 1201). Der Mieter ist also im Falle eines Mangels ohne weiteres in entsprechender Höhe von seiner Zahlungspflicht befreit, der Zahlungsanspruch des Vermieters demnach insoweit erloschen. Eine Minderungserklärung des Mieters ist dafür – wie gesagt – **nicht** erforderlich (BGH WuM **1991**, 544). Diese Besonderheit des Mietrechts wird in Klausuren und Hausarbeiten übrigens sehr gerne abgefragt und sollte deshalb beherrscht werden.

**a)** Erste Voraussetzung für die Minderung nach § 536 Abs. 1 Satz 1, Fall 1 BGB ist das Vorliegen eines **Mangels** zum Zeitpunkt der Überlassung der Sache an den Mieter (lies: § 536 Abs. 1 BGB).

> **Definition:** Ein Mangel im Sinne des § 536 Abs. 1 BGB ist die für den Mieter nachteilige Abweichung des tatsächlichen Zustandes der Mietsache von dem vertraglich vorausgesetzten Zustand. Ob dies der Fall ist, bestimmt sich in erster Linie nach den Vereinbarungen der Mietvertragsparteien (BGH NJW-RR **2016**, 1032; NJW **2015**, 2177; **2013**, 44; **2010**, 1133).

Das kann zum einen bedeuten, dass die Mietsache selbst nicht die nach dem Vertrag vorausgesetzten physischen Eigenschaften aufweist. **Beispiel:** Bei einem »Leihfahrrad« sind die Bremsen defekt, sodass es nicht verkehrssicher im Sinne der StVZO ist. Zum anderen ist es als Mangel auch anerkannt, wenn die Benutzung der Mietsache durch Störeinflüsse von außen in erheblicher Weise unmittelbar beeinträchtigt wird (BGH NJW **2013**, 44; OLG München NJW-RR **1994**, 654; BayObLG MDR **1999**, 1314; *Palandt/Weidenkaff* § 536 BGB Rz. 20). **Beispiel:** Neben der Mietwohnung des X wird die Disco »Randale 5« eröffnet und X fortan in seinem Schlaf gestört. Und schließlich liegt auch dann ein Mangel der Mietsache vor, wenn sie sich in einem Zustand befindet, in dem man davon ausgehen kann, dass in allernächster Zeit ein Schaden eintritt (BGH NJW **1972**, 944; OLG München NJW **2015**, 962). **Beispiel:** M wohnt in einer Erdgeschosswohnung in der Kölner Altstadt in unmittelbarer Nähe zum Rheinufer. Der Rhein hat im Herbst häufig Hochwasser, verwandelt die Altstadt in »Klein-Venedig« und überschwemmt die Wohnung des M.

> **Beachte:** Schäden an der Mietsache, die der Mieter selbst verursacht, sind (natürlich) keine Mängel im Sinne der vorstehenden Definition. Beschädigt der Mieter die Mietsache, etwa indem er ein von ihm gemietetes Haus so unzureichend beheizt und belüftet, dass deswegen Schimmelbefall auftritt, kann der Vermieter jederzeit aus §§ 280 Abs. 1, 241 Abs. 2 BGB nach seiner Wahl und ohne vorherige Fristsetzung Schadensersatz neben der Leistung durch Wiederherstellung (§ 249 Abs. 1 BGB) oder Geldzahlung (§ 249 Abs. 2 BGB) verlangen (BGH NJW **2018**, 1746).

Neben den genannten Sachmängeln sind nach § 536 Abs. 3 BGB auch Rechtsmängel erfasst, die hier in unserer Konstellation mit dem Auto keine Rolle spielen, die wir uns aber im nächsten Fall dann genauer ansehen wollen. Dem Vorliegen eines Mangels ist außerdem durch § 536 Abs. 2 BGB der Fall gleichgestellt, dass eine **zugesicherte Eigenschaft** der Mietsache fehlt.

> **Definition:** Eine **zugesicherte Eigenschaft** liegt vor, wenn sich aus der Erklärung des Vermieters ergibt, dass er für alle Folgen, die sich aus dem Nichtvorhandensein der Eigenschaft ergeben, einstehen will (BGH NJW **2000**, 1714; OLG Dresden OLGR **1998**, 309). Die Erklärung muss über die bloße Angabe des Verwendungszwecks hinausgehen (BGH NJW **1980**, 306; *Palandt/Weidenkaff* § 536 BGB Rz. 25).

**Zum Fall:** Von einer zugesicherten Eigenschaft kann bei uns keine Rede sein, denn A und V haben nach Schilderung des Sachverhaltes keinerlei Erklärungen über das Auto gewechselt. In Frage kommt daher nur ein Mangel im weiter oben beschriebenen Sinne. Und da müssen wir jetzt mal etwas genauer hinschauen, denn: Der von A gemietete BMW ist erst nach 300 km liegen geblieben. Eine Weiterbenutzung und damit der vertraglich geschuldete Gebrauch der Mietsache (= Autofahren) war ab diesem Zeitpunkt also nicht mehr möglich. Bis dahin aber konnte A – trotz des bereits brüchigen Keilriemens – augenscheinlich mit dem Auto noch fahren. Es fragt sich deshalb, ob wir es vorliegend mit einem Fall von **§ 536 Abs. 1 Satz 1, <u>Fall 2</u> BGB** zu tun haben und nicht mit einem Fall von anfänglicher Mangelhaftigkeit der Mietsache im Sinne des § 536 Abs. 1 Satz 1, Fall 1 BGB wie oben im Einleitungssatz angesprochen. Während beim ersten Fall von § 536 Abs. 1 Satz 1 BGB die Sache schon bei der Überlassung mangelhaft war, wird sie dies bei der 2. Variante des § 536 Abs. 1 Satz 1 BGB erst später (prüfen!). Und dies kann dann durchaus unterschiedliche Regeln im Hinblick auf die Höhe der Minderung zur Folge haben, denn im zweiten Fall darf die Miete nur gemindert werden für die Zeit ab Eintritt des Mangels (*Palandt/Weidenkaff* § 536 BGB Rz. 33; Franke in ZMR 1996, 297). In unserem Fall hätte A dann für die ersten 300 km bzw. den genutzten Zeitraum kein Recht auf Mietminderung.

> **Aber:** Insoweit muss gesehen werden, dass der Mangel an der Mietsache bei Überlassung lediglich tatsächlich vorhanden gewesen sein muss, demgegenüber aber nicht erforderlich ist, dass er zu diesem Zeitpunkt auch schon seine schädigende Wirkung zeigt oder zu Tage tritt (*Palandt/Weidenkaff* § 536 BGB Rz. 16). »Anfänglich« ist ein Mangel nämlich schon dann, wenn sich die Schadensursache in die Zeit vor Vertragsschluss zurückverfolgen lässt (BGH NJW **2010**, 3152). Es ist daher ausreichend für das Vorliegen eines Mangels zum Zeitpunkt der Überlassung der Mietsache im Sinne des § 536 Abs. 1 Satz 1, Fall 1 BGB, wenn bei Vertragsschluss nur die Gefahrenquelle vorhanden war oder die Schadensursache vorlag, obgleich die Parteien dies zu diesem Zeitpunkt nicht erkennen konnten (BGH NJW **1968**, 886; OLG München NJW-RR **1990**, 1099; und sogar schon das Reichsgericht in RGZ **81**, 200, 202). Der Vermieter hat somit auch das Risiko »versteckter« Mängel zu tragen (BGHZ **49**, 450; OLG Düsseldorf NJW-RR **1993**, 976).

**Also:** Der brüchige Keilriemen als Ursache des späteren Risses war bei der Überlassung des Wagens an A bereits vorhanden, denn das war ja in der Vornacht aufgrund des Wintereinbruchs passiert. Und nach dem soeben Gesagten spielt es daher keine Rolle, dass sich die tatsächliche Schädigung erst am nächsten Tag in der Form des kompletten Risses des Keilriemens zeigt. Denn die Ursache dafür war bereits bei der Übergabe des Wagens an A vorhanden. Und nur darauf kommt es an (BGHZ **49**, 450; OLG München ZMR **1996**, 322; OLG Düsseldorf NJW-RR **1993**, 976).

**ZE.:** Der Wagen war mangelhaft zum Zeitpunkt der Überlassung an den Mieter im Sinne des § 536 Abs. 1 Satz 1, Fall 1 BGB.

> **Beachte:** Der Umstand, dass A nicht am Fachanwaltslehrgang teilnehmen konnte und ihm daraus auch Kosten entstanden sind, ist insoweit übrigens **nicht** maßgeblich und darf in der Fallprüfung an dieser Stelle auch nicht auftauchen. Die Minderung soll nämlich – wie oben beschrieben – nur das Gleichgewicht der vertraglich geschuldeten Leistungen in der Balance halten (MüKo/*Häublein* § 536 BGB Rz. 1; Kraemer in WuM 2000, 515). Schäden, also unfreiwillige Vermögensopfer, fallen daher nicht in den Anwendungsbereich der Minderung (*Palandt/Weidenkaff* § 536 BGB Rz. 35). Die

vertraglich geschuldete Leistung des V war hier nur das Überlassen des funktions-
tüchtigen BMW. Welche Ziele A damit konkret verfolgt hat, war nicht Vertragsgegenstand und damit auch nicht Bestandteil der gegenseitigen Leistungsbeziehung.

**b)** Der Mangel darf im Übrigen auch nicht unerheblich gewesen sein, denn nach § 536
Abs. 1 Satz 3 BGB bleiben unwesentliche Einschränkungen für eine Mietminderung
außer Betracht.

---

**Definition:** Ein Mangel ist **unerheblich** im Sinne des § 536 Abs. 1 Satz 3 BGB,
wenn er leicht erkennbar ist und schnell sowie mit geringen Kosten beseitigt werden kann, sodass die Geltendmachung seitens des Mieters gegen § 242 BGB verstieße (BGH WuM **2004**, 531; LG Hamburg NJW **1991**, 1898; *Palandt/Weidenkaff*
§ 536 BGB Rz. 17; *Schmidt-Futterer/Eisenschmid* § 536 BGB Rz. 39).

---

Das wäre hier der Fall, wenn etwa die Seitenscheiben des Mietwagens so dreckig
sind, dass sie vor Fahrtantritt erst hätten saubergemacht werden müssen. Dann wäre
es lächerlich (= Verstoß gegen § 242 BGB), dem Mieter ein Recht zur Minderung zuzusprechen. Oder wenn z.B. in der Nachbarwohnung eines Mieters nachts (einmalig)
Lärm wegen eines Polterabends verursacht wird, kann der genervte Mieter dann
nicht seine Miete wegen dieses Vorfalls mindern. Auch das wäre eine Situation, in der
§ 536 Abs. 1 Satz 3 BGB eingreift. In unserem konkreten Fall nun ist die Gebrauchstauglichkeit des BMW aber nicht nur teilweise, sondern sogar vollständig aufgehoben, denn eine Weiterfahrt war für A mit gerissenem Keilriemen ausgeschlossen.
Eine schnelle Beseitigung, sodass A Köln noch rechtzeitig erreicht hätte, war nicht
möglich. Die Gebrauchsbeeinträchtigung war somit auch erheblich.

> **Feinkost:** Die Erheblichkeitsschwelle gilt übrigens **nicht** für die oben genannten »zu-
> gesicherten Eigenschaften« der Mietsache (*Jauernig/Teichmann* § 536 BGB Rz. 5;
> Schmidt-Futterer/Eisenschmid § 536 BGB Rz. 51). Sichert der Vermieter also eine Ei-
> genschaft der Mietsache zu, die wertungsmäßig nicht als erheblich anzusehen ist,
> dann mindert sich der Anspruch auf Mietzahlung beim Fehlen dieser Eigenschaft
> trotz der fehlenden Erheblichkeit (OLG Düsseldorf MDR **1990**, 342). Merken.

**ZE.:** Für die Zeit ab Übernahme des BMW bis zu dessen Reparatur ist der Anspruch
des V somit nach § 536 Abs. 1 Satz 1, Fall 1 BGB erloschen.

**Ergebnis:** V hat gegen A keinen Anspruch auf Zahlung der Miete aus § 535 Abs. 2
BGB.

## II.) Anspruch des A gegen V auf Zahlung von 1.000 Euro

<u>AGL</u>: § 536a Abs. 1 BGB (Schadensersatz)

**1.)** Der seinem Wortlaut nach (»unbeschadet«) neben § 536 BGB anwendbare Schadensersatzanspruch aus § 536a Abs. 1 BGB setzt das Vorliegen eines Mietvertrages

und einen Mangel der Mietsache voraus (Gesetz lesen). Beides liegt nach den soeben getroffenen Feststellungen in unserem Fall vor.

**2.)** Fraglich ist, ob noch eine weitere Voraussetzung, nämlich das **Vertretenmüssen** des V im Hinblick auf den Mangel, zu prüfen ist. Und an dieser Stelle des Falls bekommen wir es jetzt mit einer sehr wichtigen mietrechtlichen Besonderheit zu tun: Der § 536a Abs. 1 BGB unterscheidet nämlich im Hinblick auf mögliche Schadensersatzansprüche insgesamt **drei** mögliche Fallgestaltungen, die sich allerdings erfreulicherweise unmittelbar aus der Lektüre des Gesetztextes ergeben, und zwar:

> → **Fall 1:** Wenn der Mangel der Mietsache bereits zum Zeitpunkt des Vertragsschlusses vorhanden war, trifft den Vermieter eine sogenannte **Garantiehaftung** (BGH NJW **2010**, 3152; BGHZ **63**, 333; OLG München ZMR **1996**, 322; *Palandt/ Weidenkaff* § 536a BGB Rz. 9). Er muss also für alle Schäden, die auf dem Mangel der Mietsache beruhen, Schadensersatz leisten, unabhängig davon, ob er den Mangel im Sinne von § 276 BGB zu vertreten hat. Die Feinkostliebhaber wollen insoweit bitte schon mal beachten, dass einige Autoren im Schrifttum die Ansicht vertreten, dass die Garantiehaftung des § 536a Abs. 1, Fall 1 BGB nicht eingreifen solle, wenn der Vermieter den Mangel auch bei äußerster Sorgfalt nicht hätte erkennen können (Ahrens in ZMG 2003, 134; Diederichsen AcP 165, 150, 166; *Larenz* SR II/1 § 48 III b 3; zweifelnd auch *Medicus/Lorenz* SR II Rz. 454 ff.). Dazu gleich unten mehr.

> → **Fall 2:** Wenn der Mangel der Mietsache erst **nach** dem Vertragsschluss entstanden ist, hat der Vermieter gemäß § 536a Abs. 1 BGB nur dann Schadensersatz zu leisten, wenn er den Mangel im Sinne von § 276 BGB zu vertreten hat (BGH NJW **2000**, 2342).

> → **Fall 3:** Wenn der Mangel der Mietsache erst **nach** dem Vertragsschluss entstanden ist, hat der Vermieter nach § 536a Abs. 1 BGB zudem auch dann Schadensersatz zu leisten, wenn er den Eintritt des Mangels zwar nicht zu vertreten hat, aber mit der Beseitigung des Mangels in **Verzug** gerät (*Brox/Walker* BS § 11 Rz. 15).

**Zum Fall:** Wie oben gezeigt, bestand der Mangel vorliegend darin, dass der gemietete BMW schon aufgrund des brüchigen Keilriemens einen Hang zum Schaden hatte, ihm also die Gefahr eines Schadenseintritts unmittelbar anhaftete. Dieser physische Zustand bestand nach dem Sachverhalt auch schon zu dem Zeitpunkt, als V und A den Mietvertrag abgeschlossen hatten. V trifft daher die Garantiehaftung des § 536a Abs. 1, <u>Fall 1</u> BGB. Es ist demnach auch vollkommen unerheblich, dass V von dem Schaden nichts wusste und auch nichts wissen konnte. Wie gesagt, bei Mängeln, die schon bei Vertragsschluss vorlagen, übernimmt der Vermieter eine (verschuldensunabhängige) Garantiehaftung.

**Sonderpunkte:** Die kann man an dieser Stelle abkassieren, wenn man zwei oder drei Sätze zu der oben schon kurz erwähnten Meinung in der Literatur verliert, die die Garantiehaftung aus § 536a Abs. 1, Fall 1 BGB für zu streng hält und Einschränkungen fordert für die Fälle, in denen der Vermieter auch bei äußerster Sorgfalt die Mängel nicht hätte erkennen können (*Ahrens* in ZMR 2003, 134; *Diederichsen* in AcP 165, 150, 166; *Larenz* SR II/1 § 48 III b 3; jedenfalls für den Rechtsmangel auch: *Jauernig/Teichmann* § 536a BGB Rz. 4). Würde man sich dieser Auffassung anschließen, müsste V nämlich nicht haften, denn er konnte den Mangel am Keilriemen nach Auskunft des Sachverhaltes nicht erkennen. Dieser einschränkenden Ansicht in der Literatur indessen widerspricht zum einen der eindeutige **Wortlaut** des Gesetzes, der **kein** Verschulden für anfängliche Mängel fordert und dies in § 536a BGB ausdrücklich nur für später auftretende Mängel voraussetzt. Zudem sprechen auch wertungsmäßige Gesichtspunkte für eine verschuldensunabhängige Haftung, insbesondere unter Berücksichtigung der Tatsache, dass die Regel des § 536a BGB zwischen den Vertragsparteien abdingbar ist (BGHZ **29**, 295; BGH NJW-RR **1993**, 519). Es ist somit daran festzuhalten, dass der Vermieter für anfängliche Mängel der Mietsache verschuldensunabhängig einzustehen hat, wie es das Gesetz ausdrücklich bestimmt (vgl. BGHZ **49**, 350; *Palandt/Weidenkaff* § 536a BGB Rz. 9).

**3.)** Prüfen müssen wir jetzt, ob dieser Anspruch aus § 536a BGB nicht möglicherweise **ausgeschlossen** ist. Wenn ein gesetzlicher Ausschlusstatbestand vorliegend erfüllt ist, kann der Anspruch des A nicht entstanden sein.

**a)** Ein möglicher Ausschlussgrund kann sich zunächst daraus ergeben, dass der Mieter den Mangel der Mietsache bei Vertragsschluss kennt (lies § 536b BGB; vgl. auch BGH NJW **2009**, 3421). Allerdings wusste der A laut Sachverhalt nichts von dem kaputten Keilriemen, sodass der § 536b BGB vorliegend nicht erfüllt ist. Auch eine Vereinbarung, durch die Gewährleistungsrechte des Mieters grundsätzlich ausgeschlossen oder jedenfalls beschränkt werden können (vgl. bitte § 536d BGB!), haben V und A nach dem Sachverhalt nicht getroffen.

**b)** Denken kann man hier aber an **§ 536c Abs. 1 Satz 1 BGB.** Nach dieser Vorschrift muss der Mieter dem Vermieter einen Mangel der Mietsache, der sich im Laufe der Mietzeit zeigt (unser Fall), unverzüglich anzeigen. Welche Rechtsfolgen sich daran knüpfen, dass der Mieter diese Anzeige unterlässt, steht in **§ 536c Abs. 2 Satz 2 BGB** und nach dessen **Nr. 2** können auch etwaige Schadensersatzansprüche des Mieters ausgeschlossen sein, wenn er seiner Anzeigepflicht nicht nachkommt. In unserem Fall spielt das indessen keine Rolle, denn § 536c Abs. 2 Satz 2 Nr. 2 BGB setzt voraus, dass der Vermieter »infolge der Unterlassung der Anzeige nicht Abhilfe schaffen konnte«. V hätte hier beim besten Willen nicht so kurzfristig abhelfen können, dass der A noch pünktlich in Köln angekommen wäre. Die Abhilfe war also bereits deshalb ausgeschlossen, weil A sich schon 300 km von München entfernt hatte und der defekte

Keilriemen deshalb nicht mehr rechtzeitig repariert oder ausgetauscht werden konnte. Hier wäre auch bei einer frühzeitigen Anzeige des A nichts mehr zu ändern gewesen. Ob der A den Mangel tatsächlich bei M angezeigt hat, müssen wir deshalb nicht prüfen, sondern können insoweit entspannt feststellen, dass der Anspruch des A auch nicht nach § 536c BGB ausgeschlossen ist.

**ZE.:** Der A hat somit gegen V »dem Grunde nach« einen Schadensersatzanspruch aus § 536 a BGB erworben.

**4.)** Fraglich ist jedoch, ob der von A vergeblich gezahlte Teilnahmebeitrag für den Fachanwaltslehrgang als Schaden über § 536a Abs. 1 BGB überhaupt ersatzfähig ist. Wenn wir – wie eben geschehen – von einem Anspruch »dem Grunde nach« sprechen, dann ist damit gemeint, dass zwar die Tatbestandsvoraussetzungen erfüllt sind, sich aber möglicherweise in Bezug auf den **Inhalt** oder den **Umfang** des Ersatzanspruches noch Probleme verbergen (Frage des sogenannten »haftungsausfüllenden Tatbestandes«).

**Hier:** In unserem Fall ist das mit dem Schadensersatz insofern ein Problem, als dass der verpasste Anwaltslehrgang in Köln nicht unmittelbar mit dem Mietvertrag bzw. dem Auto selbst zusammenhängt. Es handelt sich daher auch nicht um einen klassischen »Mangelschaden« an der Mietsache selbst, sondern um einen sogenannten »Mangelfolgeschaden«, der an anderen Rechtsgütern oder Vermögenswerten des Mieters entstanden ist. Ob solche Mangelfolgeschäden auch über § 536a Abs. 1 BGB zu ersetzen sind, ist umstritten:

- Nach einer Ansicht sollen nur Mangelschäden erfasst sein, also solche Schäden, die dem Mieter unmittelbar aufgrund des Mangels im Rahmen der Vertragsdurchführung entstehen (OLG Koblenz NJW **1966**, 2017; *Hoffmann* in NJW 1967, 50; *Todt* in BB 1971, 680; *Weimar* in MDR 1960, 555; kritisch auch *Medicus/Lorenz* SR II Rz. 460/461 sowie *Jauernig/Teichmann* § 536a BGB Rz. 8). Die Vertreter dieser Ansicht befürworten eine Ersatzfähigkeit von Mangelfolgeschäden nur als vertragliche Nebenpflichtverletzung (§§ 280 Abs. 1, 241 Abs. 2 BGB). Dem Vermieter, der nach § 536a Abs. 1, Fall 1 BGB verschuldensunabhängig hafte, solle insoweit eine Haftungsbegrenzung zugutekommen. Geschützt sei danach durch § 536a Abs. 1 BGB allein das Erfüllungsinteresse des Mieters.

- Nach der (herrschenden) Gegenmeinung sind von § 536a Abs. 1 BGB sämtliche Mangel- und Mangelfolgeschäden erfasst, also auch Schäden, die außerhalb des Mietgegenstands entstehen (BGH NZM **1998**, 666; BGHZ **49**, 350; OLG München ZMR **1996**, 322; PWW/*Feldhahn* § 536a BGB Rz. 9; *Brox/Walker* BS § 11 Rz. 16; *Palandt/Weidenkaff* § 536a BGB Rz. 14). Die Unterscheidung zwischen Mangel- und Mangelfolgeschäden sei im Gegensatz zum Kauf- und Werkrecht im Mietrecht nicht angezeigt. Weil der Mieter im Gegensatz zu Käufer und Werkbesteller in aller Regel zwingend mit seinen Vermögensgegenständen in Kontakt zur Mietsache kommt, erscheint diese Haftungserleichterung sachgerecht. Geschützt sei demnach auch das Integritätsinteresse des Mieters.

Die beiden Ansichten führen in unserem Fall zu unterschiedlichen Ergebnissen, da sich die Ersatzpflicht des V im Hinblick auf die von A gezahlte Teilnahmegebühr nur mit der letztgenannten Auffassung herleiten lässt. Wir wollen uns hier – ohne Wertung – der herrschenden Meinung anschließen und dem A daher den vollen Ersatz zusprechen. Zur Begründung dienen uns dabei die praktischen Abgrenzungsschwierigkeiten, die von der erstgenannten Ansicht nicht überzeugend ausgeräumt werden.

**Ergebnis:** A hat gegen V demnach einen Anspruch auf Zahlung von 1.000 Euro aus § 536a Abs. 1, Fall 1 BGB.

### Noch was für die Oberschlauen:

Ganz zum Schluss gibt's dann noch ein echtes Zückerchen für die besonders Interessierten, es betrifft die durchaus interessante und zudem praktisch sehr bedeutsame Frage, wie ein Mieter, der zur Minderung nach § 536 BGB berechtigt gewesen wäre, in Unkenntnis dessen die Miete aber schon im Voraus bezahlt hat, seine Kohle zurückbekommt. Konkret wollen wir uns vorstellen, der A hätte in unserem Fall die 400 Euro für den Wagen direkt bezahlt. Kann er überhaupt, und wenn ja, aus welcher Anspruchsgrundlage, die 400 Euro von V zurückfordern?

**Lösung:** In Betracht kommt hierfür nach herrschender Meinung die bereicherungsrechtliche Vorschrift des **§ 812 BGB** (BGH NJW-RR **1993**, 519; *Palandt/Weidenkaff* § 536 BGB Rz. 36; anders aber *Jauernig/Teichmann* § 536 BGB Rz. 8). Mit dieser herrschenden Meinung soll die Rückzahlung dann ein Fall von § 812 Abs. 1 Satz 2, Fall 1 BGB sein (sogenannte condictio ob causam finitam) **Grund:** Der § 812 Abs. 1 Satz 2 Fall 1 BGB setzt voraus, dass der Rechtsgrund für die Leistung **nachträglich** weggefallen ist, und im Fall der Minderung kraft Gesetzes nach § 536 Abs. 1 BGB entfällt eben nachträglich der rechtliche Grund für die Mietzahlung. Allerdings greift die Vorschrift frühestens zu dem Zeitpunkt ein, in dem die Mietsache dem Mieter überlassen wird (vgl. noch einmal den Wortlaut in § 536 Abs. 1 BGB!). Zahlt der Mieter vor der Überlassung, erfolgt seine Leistung deswegen **mit** rechtlichem Grund, denn vor der Überlassung liegen die Voraussetzungen für die Minderung noch nicht vor. Es liegt deshalb kein Fall von § 812 Abs. 1 <u>Satz 1</u>, Fall 1 BGB vor (sogenannte conditio indebiti) vor, weil der Rechtsgrund für die Zahlung der (vollen) Miete nicht von Anfang an gefehlt hat, sondern erst mit der späteren Überlassung (= nachträglich) entfallen ist. Kapiert!?

Stellt der Vermieter schließlich innerhalb der Mietzeit den vertragsgemäßen Zustand der Mietsache (etwa durch Reparatur) wieder her, kann er natürlich ab diesem Zeitpunkt auch wieder die volle Miete beanspruchen. Wenn der Mieter in diesem Fall bereits vorab gezahlt hat, bekommt er nach § 812 Abs. 1 Satz 2 Fall 1 BGB nur einen Teilbetrag für den Zeitraum vom Auftreten bis zur Behebung des Mangels erstattet.

# Gutachten

**I.) V kann gegen A einen Anspruch auf Zahlung von 400 Euro aus § 535 Abs. 2 BGB haben.**

**1.)** Der Zahlungsanspruch des V muss zunächst entstanden sein. Dies setzt voraus, dass V und A einen Mietvertrag gemäß § 535 BGB geschlossen haben. Dann müssen sie sich über die Gebrauchsüberlassung einer Sache auf Zeit gegen Zahlung eines Entgelts geeinigt haben. V und A haben vereinbart, dass A den BMW für zwei Tage nutzen sollte. Als Gegenleistung sollte V dann 400 Euro erhalten. Damit handelte es sich bei dieser Abrede um eine Gebrauchsüberlassung auf Zeit gegen Entgelt und mithin um einen Mietvertrag. Der Anspruch des V gegen A aus § 535 Abs. 2 BGB ist damit entstanden.

**2.)** Der Anspruch des V kann jedoch wieder erloschen sein. Als Erlöschensgrund kommt vorliegend die Minderung gemäß § 536 Abs. 1 Satz 1, Fall 1 BGB in Betracht. Demnach muss der Mieter die Miete nicht bezahlen, wenn die Gebrauchstauglichkeit der Sache aufgrund eines Mangels aufgehoben ist.

**a)** Erste Voraussetzung für die Minderung nach § 536 Abs. 1 Satz 1, Fall 1 BGB ist das Vorliegen eines Mangels zum Zeitpunkt der Überlassung der Sache an den Mieter, § 536 Abs. 1 BGB. Ein Mangel im Sinne des § 536 BGB liegt vor, wenn die Istbeschaffenheit ungünstig von der Sollbeschaffenheit abweicht und dadurch der vertragsgemäße Gebrauch erheblich beeinträchtigt wird. Daneben sind nach § 536 Abs. 3 BGB auch Rechtsmängel erfasst. Dem Vorliegen eines Mangels ist außerdem durch § 536 Abs. 2 BGB der Fall gleichgestellt, dass eine zugesicherte Eigenschaft der Mietsache fehlt. Eine zugesicherte Eigenschaft liegt vor, wenn sich aus der Erklärung des Vermieters ergibt, dass er für alle Folgen, die sich aus dem Nichtvorhandensein der Eigenschaft ergeben, einstehen will. Die Erklärung muss über die bloße Angabe des Verwendungszwecks hinausgehen.

V hat nach Schilderung des Sachverhaltes keinerlei Erklärungen in Bezug auf das Auto abgegeben. In Frage kommt daher nur ein Mangel im oben beschriebenen Sinne. Der von A gemietete BMW ist erst nach 300 km liegen geblieben. Eine Weiterbenutzung und damit der vertraglich geschuldete Gebrauch der Mietsache war ab diesem Zeitpunkt also nicht mehr möglich. Bis dahin aber konnte A – trotz des bereits brüchigen Keilriemens – augenscheinlich mit dem Auto noch fahren. Es fragt sich deshalb, ob nicht ein Fall von § 536 Abs. 1 Satz 1, Fall 2 BGB vorliegt. Insoweit ist jedoch zu berücksichtigen, dass der Mangel an der Mietsache bei Überlassung lediglich tatsächlich vorhanden gewesen sein muss. Nicht erforderlich ist, dass er zu diesem Zeitpunkt auch schon seine schädigende Wirkung zeigt oder zu Tage tritt. Es ist daher ausreichend für das Vorliegen eines Mangels zum Zeitpunkt der Überlassung der Mietsache im Sinne des § 536 Abs. 1 Satz 1, Fall 1 BGB, wenn bei Vertragsschluss nur die Gefahrenquelle vorhanden war oder die Schadensursache vorlag, obgleich die Parteien dies zu diesem Zeitpunkt nicht erkennen konnten. Der brüchige Keilriemen als Ursache des späteren Risses war bei der Überlassung des Wagens an A bereits vorhanden, denn das war ja in der Vornacht aufgrund des Wintereinbruchs passiert. Und nach dem soeben Gesagten spielt es daher keine Rolle, dass sich die tatsächliche Schädigung erst am nächsten Tag in der Form des kompletten Risses des Keilriemens zeigt. Denn die Ursache dafür war bereits bei der Übergabe vorhanden. Der Wagen war mithin zum Zeitpunkt der Überlassung an den Mieter mangelhaft im Sinne des § 536 Abs. 1 Satz 1, Fall 1 BGB.

**b)** Der Mangel darf auch nicht unerheblich gewesen sein. Nach § 536 Abs. 1 Satz 3 BGB bleiben unwesentliche Einschränkungen für eine Mietminderung außer Betracht. Ein Mangel ist unerheblich im Sinne des § 536 Abs. 1 Satz 3 BGB, wenn er leicht erkennbar ist und schnell sowie mit geringen Kosten beseitigt werden kann, sodass die Geltendmachung seitens des Mieters gegen § 242 BGB verstieße. Hier ist die Gebrauchstauglichkeit des BMW nicht nur teilweise, sondern vollständig aufgehoben, denn eine Weiterfahrt war für A mit gerissenem Keilriemen ausgeschlossen. Eine schnelle Beseitigung, sodass A Köln noch rechtzeitig hätte erreichen können, war nicht möglich. Die Gebrauchsbeeinträchtigung war somit auch erheblich.

**Ergebnis:** Für die Zeit ab Übernahme des BMW bis zu dessen Reparatur ist der Anspruch des V somit nach § 536 Abs. 1 Satz 1, Fall 1 BGB erloschen. V hat gegen A keinen Anspruch auf Zahlung der Miete aus § 535 Abs. 2 BGB.

**II.) A kann gegen V einen Anspruch auf Zahlung von 1.000 Euro aus § 536a Abs. 1 BGB haben.**

**1.)** Der seinem Wortlaut nach neben § 536 BGB anwenbare § 536a Abs. 1 BGB setzt das Vorliegen eines Mietvertrages und einen Mangel der Mietsache voraus. Beides liegt nach den soeben getroffenen Feststellungen hier vor.

**2.)** Fraglich ist, ob ein Verschulden des V im Hinblick auf den Mangel erforderlich ist. Wie gezeigt, bestand der Mangel vorliegend schon darin, dass der gemietete BMW aufgrund des brüchigen Keilriemens einen Hang zum Schaden hatte, ihm also die Gefahr eines Schadenseintritts unmittelbar anhaftete. Dieser physische Zustand bestand nach dem Sachverhalt auch schon zu dem Zeitpunkt, als V und A den Mietvertrag abgeschlossen hatten. V trifft daher die Garantiehaftung des § 536a Abs. 1 Fall 1 BGB. Es ist also unerheblich, ob V von dem Schaden wusste oder wissen konnte. Bei Mängeln, die schon bei Vertragsschluss vorlagen, trifft den Vermieter eine verschuldensunabhängige Garantiehaftung. Anhaltspunkte für einen Ausschluss der Haftung des V sind nicht ersichtlich.

Teilweise wird im Schrifttum die Anwendung von § 536a Abs. 1, Fall 1 BGB in Fällen wie dem vorliegenden abgelehnt und eine Einschränkung gefordert, wenn der Vermieter auch bei äußerster Sorgfalt die Mängel nicht hätte erkennen können. Diese Ansicht widerspricht indes dem eindeutigen Wortlaut des Gesetzes, der kein Verschulden für anfängliche Mängel fordert und dies in § 536a BGB ausdrücklich nur für später auftretende Mängel voraussetzt. Zudem sprechen auch Wertungsgesichtspunkte für eine verschuldensunabhängige Haftung, insbesondere unter Berücksichtigung der Tatsache, dass die Regel des § 536a BGB zwischen den Vertragsparteien abdingbar ist. Es ist somit daran festzuhalten, dass der Vermieter für anfängliche Mängel der Mietsache verschuldensunabhängig einzustehen hat, wie es das Gesetz ausdrücklich bestimmt. A hat somit gegen V dem Grunde nach einen Schadensersatzanspruch aus § 536a BGB erworben.

**3.)** Fraglich ist jedoch, ob der von A vergeblich gezahlte Teilnahmebeitrag für den Fachanwaltslehrgang als Schaden über § 536a Abs. 1 BGB überhaupt ersatzfähig ist. Insoweit erscheint es bedenklich, dass der verpasste Anwaltslehrgang in Köln nicht unmittelbar mit dem Mietvertrag bzw. der mangelhaften Mietsache selbst zusammenhängt. Es handelt sich hierbei um einen »Mangelfolgeschaden«, der an Rechtsgütern oder Vermögenswerten des Mieters entstanden ist. Ob auch Mangelfolgeschäden über § 536a Abs. 1 BGB zu ersetzen sind, ist umstritten.

Nach einer Ansicht sollen nur Mangelschäden erfasst sein, also solche Schäden, die dem Mieter unmittelbar aufgrund des Mangels im Rahmen der Vertragsdurchführung entstehen. Die Vertreter dieser Ansicht befürworten eine Ersatzfähigkeit von Mangelfolgeschäden nur als vertragliche Nebenpflichtverletzung über §§ 280 Abs. 1, 241 Abs. 2 BGB. Dem Vermieter, der nach § 536a Abs. 1, Fall 1 BGB verschuldensunabhängig hafte, solle insoweit eine Schadensbegrenzung zugutekommen. Geschützt ist danach bei § 536a Abs. 1 BGB allein das Erfüllungsinteresse. Nach der Gegenmeinung sind von § 536a Abs. 1 BGB sämtliche Mangel- und Mangelfolgeschäden erfasst, also auch Schäden, die außerhalb des Mietgegenstands entstehen. Die Unterscheidung zwischen Mangel- und Mangelfolgeschäden sei im Gegensatz zum Kauf- und Werkrecht im Mietrecht nicht angezeigt. Weil der Mieter im Gegensatz zu Käufer und Werkbesteller in aller Regel zwingend mit seinen Vermögensgegenständen in Kontakt zur Mietsache kommt, erscheint diese Haftungserleichterung sachgerecht. Geschützt sei demnach auch das Integritätsinteresse.

Die beiden Ansichten führen zu unterschiedlichen Ergebnissen, da sich die Ersatzpflicht des V im Hinblick auf die von A gezahlte Teilnahmegebühr nur mit der letztgenannten Auffassung herleiten lässt. Für die letztgenannte Meinung sprechen entscheidend die praktischen Abgrenzungsschwierigkeiten, die von der erstgenannten Ansicht nicht überzeugend ausgeräumt werden. Es ist daher der letztgenannten Auffassung zu folgen, weswegen § 536a Abs. 1 BGB sämtliche Mangel- und Mangelfolgeschäden erfasst.

**Ergebnis:** A hat gegen V einen Anspruch auf Zahlung von 1.000 Euro aus § 536a Abs. 1, Fall 1 BGB.

# Fall 27

# Es kann nur einen geben!

Rechtsstudent R ist auf Wohnungssuche und hat in Erfahrung gebracht, dass Medizinstudent M seine 50 qm große Dachgeschosswohnung zum 31.03.2019 gekündigt hat. R setzt sich daraufhin Mitte Januar 2019 mit dem Vermieter V des M in Verbindung und bietet sich als Nachmieter an. V ist einverstanden und schließt mit R daraufhin einen Mietvertrag zu einer monatlichen Miete von 400 Euro. Als Einzugstermin für R wird der 01.04. vereinbart. M hatte den Mietvertrag mit V am 03.01. per E-Mail gekündigt, und V hatte diese E-Mail auch am gleichen Tag zur Kenntnis genommen. Als R dann am 01.04. einziehen möchte, muss er feststellen, dass M die Wohnung nicht räumen will. M erklärt dem R, er habe sich zwischenzeitlich doch anders entschlossen und die Kündigung am 20.03. per Einschreiben gegenüber V zurückgenommen. R hält das für einen Witz; da der M sich indessen beharrlich weigert, die Wohnung zu räumen und R seine alte Bleibe unglücklicherweise zum 31.03. gekündigt hatte, mietet er sich in seiner Not für zwei Monate in einer Pension ein. Dafür muss R insgesamt 1.200 Euro aufwenden. Nach den zwei Monaten findet R dann eine vergleichbare Wohnung zum Preis von 400 Euro.

**R will nun wissen, ob ihm gegen V ein Schadensersatzanspruch zusteht.**

---

**Schwerpunkte:** Das Problem der Doppelvermietung; der Rechtsmangel nach § 536 Abs. 3 BGB; Voraussetzungen des Schadensersatzanspruchs nach § 536a BGB; Kündigungsfrist nach § 573c BGB; Form der ordentlichen Kündigung nach § 568 BGB; Abgrenzung Textform § 126b BGB / Schriftform § 126 BGB; Ausschlusstatbestand des § 536b BGB; Umfang des Schadensersatzanspruchs bei Vorenthaltung der Mietsache.

---

## Lösungsweg

**Einstieg:** Dieser Fall ist ein echter Klassiker, und zwar sowohl in der Praxis als auch in der Rechtslehre. Es handelt sich um die sogenannte »Doppelvermietung«, also die Problematik, dass eine Wohnung an zwei Personen bzw. Parteien gleichzeitig vermietet wurde, es aber natürlich immer nur »einen« geben kann, der darin wohnt. Es fragt sich dann, wie und woraus derjenige, der letztlich außen vor bleibt, vom Vermieter Schadensersatz fordern kann. Der Fall wird sich angesichts dieser Fragestellung mit der Problematik um den sogenannten »Rechtsmangel« im Sinne des § 536 Abs. 3 BGB beschäftigen (BGH NJW **1996**, 714; OLG Düsseldorf ZMR **1998**, 696; *Brox/Walker* BS § 11 Rz. 12). Und hierbei gibt es nun mehrere Gesichtspunkte, die beachtet werden müssen, das Ergebnis freilich ist dann ziemlich unstreitig. Wollen wir aber selbstverständlich nicht vorwegnehmen, sonst liest ja keiner weiter und im Übrigen nähmen wir uns damit die Chance, auch hier in unserem allerletzten Fall des Buches noch einiges an Wissen, das später in Klausuren oder Hausarbeiten (oder sogar im »richtigen« juristischen Leben!) ziemlich hilfreich sein kann, zu erarbeiten. Also:

Denkbar für einen sinnvollen Einstieg in die gutachtliche Prüfung wäre nun zunächst einmal der Weg über die Vorschriften des Allgemeinen Schuldrechts. In Betracht käme insoweit dann ein Schadensersatzanspruch über § 280 Abs. 1, Abs. 3 BGB in Verbindung mit § 283 BGB wegen Unmöglichkeit bzw. Unvermögen des V, dem R die Wohnung zur Verfügung zu stellen. Man muss allerdings diesbezüglich sehen, dass die §§ 536 ff. BGB hier spezieller sind und deshalb die Vorschriften des allgemeinen Leistungsstörungsrechts in Fällen wie dem vorliegenden verdrängen, obwohl es noch nicht zur Überlassung der Mietsache gekommen ist (BGH NJW **2006**, 2323; **1996**, 714; MüKo/*Häublein* vor § 536 BGB Rz. 11; *Palandt/Weidenkaff* § 536 BGB Rz. 30; *Emmerich* in NJW 2002, 362). Dies ist die erste Besonderheit, die man sich merken sollte, denn in den sonstigen Fällen gelten bis zur Überlassung der Mietsache an den Mieter die Regeln des Allgemeinen Schuldrechts. Die §§ 536 ff. BGB greifen im Regelfall erst ein, wenn der Mieter in den Besitz der Mietsache gelangt ist (BGHZ **136**, 102; *Palandt/Weidenkaff* § 536 BGB Rz. 7). Anders aber beim hier in Frage stehenden **Rechtsmangel** nach § 536 Abs. 3 BGB. Merken. Und jetzt zur Lösung:

### Anspruch des R gegen V auf Zahlung von Schadensersatz

<u>AGL</u>: §§ 536a Abs. 1, 536 Abs. 3 BGB

**1.)** Erste Voraussetzung dafür, dass der Anspruch auf Schadensersatz hier entstehen kann, ist das Vorliegen eines **Mietvertrages** im Sinne von § 535 BGB zwischen R und V, wovon nach der Schilderung des Sachverhaltes ausgegangen werden kann.

> **Beachte:** Es ist dabei übrigens kein Problem, dass unser V hier die Wohnung gleich zweimal vermietet hat. Dass sich eine Person schuldrechtlich gegenüber mehreren Vertragspartnern zu ein- und derselben Leistung verpflichtet, ist ohne weiteres zulässig und berührt insbesondere nicht die Wirksamkeit der jeweiligen vertraglichen Einigungen (BGH MDR **1962**, 398; KG MDR **2009**, 320). Der Schuldner, der bei mehrfacher Verpflichtung zur identischen Leistung logischerweise nur einen Vertrag erfüllen kann, hat dann unter Umständen zwar Schadensersatz zu leisten; der Grundsatz der Vertragsfreiheit ermöglicht, dass sich jede Partei dennoch frei entscheiden kann, wem gegenüber sie die von ihr abgeschlossenen schuldrechtlichen Verträge erfüllen will (*Schmidt-Futterer/EisenSchmidt* § 536 BGB Rz. 286). Die zeitliche Abfolge der Vertragsschlüsse ist dabei unbeachtlich (OLG Köln ZMR **1998**, 696). **Noch ein Beispiel:** Wenn V dem K1 ein Auto verkauft und kurz darauf dasselbe Auto auch noch an K2 veräußert, dann sind beide Verträge problemlos wirksam, sie enthalten jeweils die schuldrechtliche Verpflichtung, das Auto nach § 433 Abs. 1 Satz 1 BGB dem jeweiligen Vertragspartner zu übergeben und zu übereignen. Logischerweise

kann zwar am Ende nur entweder K1 oder K2 das Auto bekommen und neuer Eigentümer werden; der V kann demzufolge auch nur einen der beiden Verträge erfüllen. Das berührt aber nicht deren Wirksamkeit. Derjenige, der das Auto nicht erhält, kann dann von V statt der Leistung Schadensersatz nach den §§ 280 Abs. 1, Abs. 3, 283 BGB verlangen. Verstanden!?

<u>ZE.:</u> Zwischen R und V bestand ein wirksamer Mietvertrag.

**2.)** Schadensersatz gibt es nach § 536a BGB allerdings nur, wenn zusätzlich ein »Mangel der Mietsache« vorliegt (bitte im Gesetz prüfen). Und an dieser Stelle kommt jetzt der weiter oben schon mal erwähnte § 536 Abs. 3 BGB ins Spiel: Demnach stellt es auch einen Mangel dar, wenn dem Mieter der vertragsgemäße Gebrauch der Sache »durch das Recht eines Dritten entzogen« wird. In einem solchen Fall spricht man dann von einem **Rechtsmangel** der Mietsache (BGH NJW-RR **1999**, 1239; NJW **1996**, 46; *Jauernig/Teichmann* § 536 BGB Rz. 7), der die Rechte aus § 536a BGB nach sich ziehen würde.

**Prüfen wir mal:**

**a)** Damit eine »Entziehung« im Sinne des § 536 Abs. 3 BGB stattfinden kann, ist rein von der Logik und dem Wortverständnis her erst einmal Voraussetzung, dass die Mietsache dem Mieter überhaupt **überlassen** worden ist. Ohne vorhergehende Überlassung ist grundsätzlich auch keine Entziehung denkbar. Da unser R aber noch keinen Fuß in die von ihm gemietete Wohnung gesetzt hat, müsste man hier nun zweifeln, ob tatsächlich von einer Entziehung in diesem Sinne die Rede sein kann. **Aber:** Der Begriff der »Entziehung« ist nach überwiegender Ansicht weit auszulegen: Der Entziehung des Gebrauchs im Sinne des § 536 Abs. 3 BGB ist es gleichzusetzen, wenn der Mieter die Sache überhaupt nicht erhalten hat (BGH NJW **2008**, 2771; NJW **1961**, 917; *Brox/Walker* BS § 11 Rz. 12; *Bamberger/Roth/Hau/Poseck/Ehlert* § 536 BGB Rz. 76a; *Palandt/Weidenkaff* § 536 BGB Rz. 29). Wir dürfen also »entzogen« mit »nicht gewährt« gleichsetzen (*Brox/Walker* BS § 11 Rz. 12). Und da M weiterhin die Wohnung bevölkerte, konnte V dem R diese nicht gewähren mit der Konsequenz, dass dem R jedenfalls schon mal der Gebrauch der Mietsache entzogen wurde im Sinne des § 536 Abs. 3 BGB.

**b)** Allerdings ist fraglich, ob in unserem Fall dieser Entzug der Mietsache auch »durch das Recht eines Dritten« erfolgte (bitte lies: § 536 Abs. 3 BGB). Solche Rechte Dritter sind regelmäßig dingliche Rechte, wie z.B. (Wohnungs-)Eigentum oder Nießbrauch (LG Berlin GE **2002**, 596; OLG Düsseldorf WuM **1999**, 37). Zudem kommen auch schuldrechtliche Ansprüche, die sich auf die Mietsache beziehen, in Betracht (BGH NJW **2017**, 1666; **1998**, 534; BGHZ **63**, 138; LG Hamm NJW-RR **1987**, 1304). Es spielt in diesem Zusammenhang übrigens keine Rolle, ob das Recht des Dritten schon bei Abschluss des Mietvertrags oder erst nach der Überlassung der Mietsache entsteht.

In unserem Fall kann als »Recht eines Dritten« im Sinne des § 536 Abs. 3 BGB selbstverständlich nur ein mögliches **Besitzrecht** des M aus dem mit V geschlossenen Mietvertrag in Frage kommen.

> **Durchblick:** Dem Mieter wird vom Vermieter, der in aller Regel auch der Eigentümer der Mietsache ist, zur Durchführung des Mietvertrages der Besitz an der vermieteten Sache auf Zeit überlassen (§ 535 Abs. 1 BGB). Und dazu gehört auf der rein rechtlich-dogmatischen Ebene natürlich auch, dass der Mieter für die Dauer der Mietzeit vom Vermieter zum **Besitz berechtigt** wird. Diese Besitzberechtigung hindert den Eigentümer daran, die Sache während der Mietzeit wieder herauszuverlangen, denn er kann seinen Anspruch aus § 985 BGB wegen § 986 Abs. 1 Satz 1 BGB (aufschlagen!) für die Dauer der Mietzeit nicht geltend machen (*Palandt/Herrler* § 986 BGB Rz. 1, 4). Merken.

Hat der Vermieter also eine Sache bereits an eine Person vermietet und auch übergeben, stellt genau dieses, aus der schuldrechtlichen Absprache und der tatsächlichen Übergabe erwachsene Recht zum Besitz aus dem Mietvertrag dann aus der Sicht jedes weiteren Mieters das »Recht eines Dritten« und mithin einen »Rechtsmangels« im Sinne des § 536 Abs. 3 BGB dar (OLG Köln ZMR **1998**, 696; *Palandt/Weidenkaff* § 536 BGB Rz. 30; *Brox/Walker* BS § 11 Rz. 12). Demnach liegen hier an sich die Voraussetzungen des § 536 Abs. 3 BGB vor, denn das ist ja eigentlich genau unser Fall.

> **Feinkost:** Besonders ambitionierte Kandidaten merken sich bitte in diesem Zusammenhang noch, dass das bloße **Bestehen** des Rechts eines Dritten nach herrschender Meinung noch nicht ausreicht, um eine Leistungsstörung im Verhältnis zwischen Vermieter und Mieter zu begründen (BGH NJW **2008**, 2771). Der Dritte muss sein Recht vielmehr darüber hinaus auch tatsächlich **geltend gemacht** haben, sodass der Vermieter seiner Pflicht zur Überlassung der Sache nicht mehr nachkommen kann. Nach der höchstrichterlichen Rechtsprechung, der sich auch die Literatur angeschlossen hat, reicht dafür bereits eine mündliche Androhung des Dritten aus, sein Recht geltend zu machen, sofern der Mieter daraufhin auf den Gebrauch der Mietsache verzichtet (BGH NJW-RR **1995**, 715; **1999**, 845; NJW **2000**, 291, 294; *Staudinger/ Emmerich* § 536 BGB Rz. 46). In unserem Fall spielt dieses Problem natürlich keine Rolle, denn der M dokumentiert seinen Willen, sein Besitzrecht weiterhin auszuüben, hinreichend dadurch, dass er die Wohnung nicht räumt.

**Aber:** Möglicherweise hat der M als »Dritter« den Mietvertrag mit V am 03.01. wirksam zum 31.03. gekündigt, was zum Erlöschen des Mietverhältnisses (**§ 542 Abs. 1 BGB**) und damit zum Untergang der Besitzberechtigung des M geführt hat. Wenn M den Mietvertrag mit V wirksam am 03.01. zum 31.03. gekündigt hätte, wäre logischerweise auch sein aus dem Mietvertrag erwachsendes Besitzrecht erloschen. Dies hätte zur Konsequenz, dass dann natürlich auch kein »Recht eines Dritten« an der Wohnung im Sinne des § 536 Abs. 3 BGB am 01.04. mehr bestehen würde und die Voraussetzungen eines Ersatzanspruchs mithin auch nicht mehr vorlägen.

Es stellt sich also die Frage, ob dadurch, dass M dem V am 3. Januar per E-Mail gekündigt hat, das Mietverhältnis tatsächlich beendet wurde. Ausreichend für eine Kündigung ist in aller Regel, wenn für den Empfänger aus der Erklärung der erkennbare Wille zur einseitigen Beendigung des Mietverhältnisses zu einem bestimmten Zeitpunkt zum Ausdruck kommt (OLG Rostock NZM **2001**, 46). Davon können wir hier zunächst einmal ausgehen, denn ausweislich der Schilderung im Sachverhalt hat M dem V am 03.01. gekündigt und der V hat davon auch Kenntnis genommen. Mit der **Erklärung** der Kündigung und deren **Zugang** im Sinne des § 130 Abs. 1 BGB haben wir vorliegend also keine Schwierigkeiten.

> **Achtung:** Diese von M am 03.01. abgegebene und dem V auch zugegangene Kündigungserklärung konnte von M am 20.03. nicht mehr einseitig aus der Welt geschafft werden. Ist die Kündigung eines Mietvertrages von einer Mietvertragspartei einmal ausgesprochen und der anderen Seite zugegangen, können die Rechtsfolgen der Kündigung vom kündigenden Vertragspartner weder einseitig widerrufen noch »zurückgenommen« werden (BGH NJW-RR **1998**, 2664; LG Düsseldorf DWW **1993**, 104). Der Kündigungsempfänger wird also in seinem Vertrauen auf die Rechtswirkungen der Kündigung geschützt. Es gelten für die Kündigung zwar auch die allgemeinen Regeln über Willenserklärungen, sodass grundsätzlich sowohl eine Anfechtung als auch ein Widerruf in Betracht kommen. Der Widerruf müsste aber **vorher** oder **gleichzeitig** mit der Kündigung zugehen (lies: § 130 Abs. 1 Satz 2 BGB), die Anfechtung müsste erklärt werden und es müsste ein entsprechender Anfechtungsgrund (Irrtum, Täuschung, Drohung, vgl. §§ 119, 123 BGB) vorliegen. Im Rahmen der Vertragsfreiheit könnten die Vertragsparteien schließlich die Rechtsfolgen einer wirksamen Kündigung durch eine **vertragliche Vereinbarung** einvernehmlich beseitigen. Für keine dieser Voraussetzungen bietet unser Sachverhalt allerdings einen Anhaltspunkt, sodass eine »Rücknahme« der Kündigung ausscheidet.

Nachdem die Kündigungserklärung also nicht nachträglich wieder beseitigt werden konnte, kommt es allein darauf an, ob sie ursprünglich vollständig wirksam gewesen ist. In diesem Fall wäre das Mietverhältnis zwischen M und V dann zum 31. März 2018 beendet worden und ein Recht zum Besitz des M bestünde nicht mehr. Im Hinblick auf die Wirksamkeit tauchen nun gleich in zweifacher Hinsicht prüfungsrelevante Probleme auf, nämlich zum einen die möglicherweise nicht eingehaltene **Frist** und zum anderen die **Form** der Kündigung. Der Reihe nach:

**aa)** Was die Einhaltung der **Frist** anbelangt, muss in einer Klausur oder Hausarbeit zunächst die maßgebliche Vorschrift im Hinblick auf die Kündigungsfrist gesucht und gefunden werden. Diese Suche wollen wir aus zeitökonomischen Gründen abkürzen und uns direkt den einschlägigen § 573c Abs. 1 Satz 1 BGB bitte mal ansehen. Diese Vorschrift regelt die sogenannte ordentliche Kündigung und legt fest, dass spätestens am dritten Werktag eines Kalendermonats zum Ablauf des übernächsten Monats zu kündigen ist.

> **Merke:** Der Samstag ist nach herrschender Meinung als Werktag im Sinne von § 573c Abs. 1 Satz 1 BGB anzusehen und daher grundsätzlich in die Berechnung der so genannten Karenzzeit (= die ersten drei Werktage zu Monatsbeginn) einzubeziehen (BGH NZM **2005**, 532; LG Aachen WM **2004**, 32; LG Wuppertal NJW-RR **1993**, 1232;

*Palandt/Weidenkaff* § 573c BGB Rz. 10). Allerdings darf nach dieser Meinung der Samstag **nicht** der dritte (und damit letzte) Werktag im Sinne der Vorschrift sein, sodass in einem solchen Fall auch noch am nächsten auf den Samstag folgenden Werktag fristwahrend gekündigt werden kann. Alles klar?!

Die Frist beträgt also ziemlich genau **drei Monate,** und zwar ganz unabhängig von der vereinbarten Vertragsdauer. Merken. Und, Achtung: Die Kündigungsfrist für den **Mieter** beträgt damit in Fällen wie dem vorliegenden (Wohnraummiete, unbefristet) stets drei Monate. Etwas anderes gilt aber für den **Vermieter**, der nach § 573c Abs. 1 Satz 2 BGB abhängig von der Dauer des Mietverhältnisses nach fünf und acht Jahren seit der Überlassung des Wohnraums nur mit einer Frist von sechs bzw. neun Monaten kündigen kann. Die **Kündigungsfrist** nach § 573c Abs. 1 Satz 1 BGB hat unser M eingehalten, denn er hat die Kündigung gegenüber V am 3. Januar 2018 erklärt, und da war ja erst der zweite Werktag des Monats (der 1. Januar war – wie in jedem anderen Jahr – ein Feiertag!).

<u>ZE.:</u> M hat die Kündigung fristgerecht erklärt.

**bb)** In § 568 Abs. 1 BGB ist festgeschrieben, dass die Kündigung eines Mietvertrages immer der **Schriftform** bedarf. Die Nichteinhaltung der gesetzlichen Form macht die Kündigung unheilbar **nichtig,** und das steht in § 125 Satz 1 BGB (bitte prüfen!). Eine mündlich erklärte Kündigung des Mietvertrags ist also stets und ohne Ausnahme unwirksam (Schmidt-Futterer/Blank § 568 BGB Rz. 17; *Palandt/Weidenkaff* § 568 BGB Rz. 4). Allerdings hat R vorliegend gar keine mündliche Erklärung gegenüber V abgegeben, sondern ihm vielmehr eine E-Mail geschrieben. Möglicherweise hat er damit dem Schriftformerfordernis in § 568 Abs. 1 BGB Genüge getan.

Was genau unter den Begriff »Schriftform« fällt, ergibt sich grundsätzlich aus § 126 Abs. 1 BGB. Die Kündigungserklärung muss danach als Urkunde von dem Kündigenden eigenhändig durch Namensunterschrift oder durch notariell beglaubigtes Handzeichen unterzeichnet sein. Unter einer E-Mail allerdings gibt es niemals eine eigenhändige Unterschrift und deshalb fällt sie auch nicht unter § 126 BGB, sondern vielmehr unter § 126b BGB, der die **Textform** regelt (LG Kleve NJW-RR **2003**, 196). E-Mails erfüllen mithin **nicht** das Schriftformerfordernis des § 568 BGB. Und das übrigens auch nicht unter Zuhilfenahme von § 126 Abs. 3 BGB in Verbindung mit § 126a Abs. 1 BGB: Denn für § 126a BGB ist eine besondere elektronische Signatur nach dem SigG erforderlich, die unter anderem eigene Hard- und Software sowie eine Chipkarte voraussetzt, wovon im Sachverhalt aber kein Wort steht. Es bleibt somit dabei: Einen Mietvertrag kann man nicht einfach so per E-Mail kündigen. Das gilt übrigens sowohl für den Mieter als auch für den Vermieter. Merken.

<u>ZE.:</u> Die von M erklärte Kündigung war demnach wegen **Formmangels** nach §§ 125 Satz 1, 568 Abs. 1 BGB nichtig.

<u>ZE.:</u> Damit bestand das Mietverhältnis zwischen M und V ununterbrochen fort, sodass dem M ein Recht zum Besitz aus dem Mietvertrag weiterhin zusteht.

**ZE.:** Dem R ist der Gebrauch der Mietsache demnach durch das Recht eines Dritte im Sinne des § 536 Abs. 3 BGB entzogen worden. Daraus folgt, dass ein **Rechtsmangel** im Sinne der §§ 536a, 536 Abs. 3 BGB vorliegt.

**3.)** Fraglich ist, ob wir für die Begründung des Schadensersatzes noch weitere Voraussetzungen zu prüfen haben. Wie wir bereits im letzten Fall gesehen haben, trifft den Vermieter gemäß § 536a Abs. 1, Fall 1 BGB eine sogenannte **Garantiehaftung,** wenn der Mangel der Mietsache bereits zum Zeitpunkt des Vertragsschlusses vorhanden war (BGH BB **1958**, 575; BGHZ **68**, 294; *Schmidt-Futterer/Eisenschmid* § 536a BGB Rz. 7). Er muss in diesem Fall also grundsätzlich für alle Schäden, die auf dem Mangel der Mietsache beruhen, Ersatz leisten unabhängig davon, ob er den Mangel im Sinne von § 276 BGB zu vertreten hat (BGHZ **63**, 333; BGHZ **68**, 294; OLG München ZMR **1996**, 322; *Palandt/Weidenkaff* § 536a BGB Rz. 9). Das Mietverhältnis zwischen V und M, das den Rechtsmangel hier in unserem Fall begründete, bestand schon und noch(!) in dem Moment, in dem R mit V den Mietvertrag Mitte Januar abgeschlossen hat. Damit muss V auch ohne Verschulden hierfür einstehen.

**ZE.:** Es liegen damit alle positiven Voraussetzungen für den Schadensersatzanspruch aus den §§ 536a, 536 Abs. 3 BGB vor.

**4.)** Abschließend ist noch zu klären, ob der Ausschlusstatbestand des **§ 536b BGB** (bitte aufschlagen) in unserem Fall eingreift mit der Folge, dass R doch keinen Anspruch begründet geltend machen könnte. Nach § 536b BGB verliert der Mieter seine Ansprüche aus den §§ 536, 536a BGB, wenn er beim Vertragsschluss positive Kenntnis vom Mangel hat. Bei einem Rechtsmangel muss der Mieter hierfür auch die rechtlichen Folgen der ihm bekannten Tatsachen kennen (BGH NJW **1996**, 46; BGH ZMR **1980**, 86; LG Mannheim WuM **1996**, 338). Grundsätzlich darf der Mieter aber davon ausgehen, dass der Vermieter vertragstreu ist und ein mangelfreies Objekt übergeben wird (*Schmidt-Futterer/Eisenschmid* § 536b BGB Rz. 10).

**Zum Fall:** Wir können hier feststellen, dass R im Hinblick auf das Fortbestehen des Mietverhältnisses zwischen M und V keine Ahnung hatte. Er konnte davon ausgehen, dass V mit ihm nur dann den Vertrag schließen würde, wenn das Objekt zum Zeitpunkt der Überlassung auch tatsächlich verfügbar war. Festzustellen, dass das tatsächlich nicht der Fall war, hätte im Übrigen – selbst, wenn R Kenntnis von den Umständen gehabt hätte – auch einer genauen rechtlichen Würdigung bedurft, wie wir soeben auf mehreren Seiten gesehen haben. Diese kann man von R nicht verlangen, selbst wenn man zugrunde legt, dass er Rechtsstudent ist, denn die tatsächlichen Umstände der »Kündigung« waren ihm eben nicht bekannt. Auch sind keine Anhaltspunkte dafür ersichtlich, dass der R grob fahrlässig verkannt hat, dass der Mietvertrag nicht durch Kündigung untergegangen ist.

**ZE.:** Der Anspruch des R ist nicht gemäß § 536b BGB ausgeschlossen.

**5.)** Und ganz zum Schluss müssen wir noch ein Wort über den Umfang des Ersatzanspruchs aus § 536a BGB verlieren: Der Anspruch aus § 536a BGB ist grundsätzlich auf das **positive Interesse** gerichtet, der Mieter muss demnach so gestellt werden, wie er bei ordnungsgemäßer Erfüllung gestanden hätte (BGH NZM **1998**, 666; OLG München ZMR **1996**, 322; *Palandt/Weidenkaff* § 536a BGB Rz. 14). Im Falle der Vorenthaltung einer angemieteten Wohnung gehören hierzu namentlich auch die Kosten der anderweitigen Unterkunft oder etwa des Unterstellens von Möbeln (*Jauernig/ Teichmann* § 536a BGB Rz. 8). Der Schaden, den V dem R ersetzen muss, besteht somit grundsätzlich in den von R für die »Ersatzwohnung« aufgewendeten 1.200 Euro, wobei aber natürlich noch berücksichtigt werden muss, dass der R für die hier in Frage stehende Wohnung bei tatsächlicher Übernahme 800 Euro Miete sowieso hätte zahlen müssen. Diese müssen demnach von den 1.200 Euro abgezogen werden. Es verbleibt mithin ein Betrag von 400 Euro Schadensersatz für R aus § 536a Abs. 1 BGB.

**Übrigens:** Für den Zeitraum, in dem R – trotz gültigen Mietvertrages! – nicht in die Wohnung kann bzw. darf, muss er dem V natürlich keine Miete zahlen. Das ergibt sich aus **§ 536 Abs. 1 BGB**, wonach die Miete automatisch kraft Gesetzes um den geminderten Gebrauchswert reduziert wird. Bei völliger Vorenthaltung der Mietsache (= 100 %), entfällt dementsprechend auch die Mietzahlungspflicht vollständig (= 100 %). Kapiert!?

**Ergebnis:** R kann von V nach §§ 536 Abs. 3, 536a BGB Schadensersatz in Höhe von 400 Euro verlangen.

# Gutachten

**R kann gegen V einen Anspruch auf Schadensersatz in Höhe von 400 Euro aus §§ 536a Abs. 1, 536 Abs. 3 BGB haben.**

**1.)** Zwischen R und V bestand nach dem Sachverhalt ein wirksamer Mietvertrag.

**2.)** Weiterhin muss ein Mangel der Mietsache vorliegen. Nach § 536 Abs. 3 BGB stellt es einen Mangel dar, wenn dem Mieter der vertragsgemäße Gebrauch der Sache »durch das Recht eines Dritten entzogen« wird.

**a)** Damit eine »Entziehung« im Sinne des § 536 Abs. 3 BGB stattfinden kann, muss die Mietsache dem Mieter zunächst überlassen worden sein. Ohne vorhergehende Überlassung ist begrifflich keine Entziehung denkbar.

R hat die von ihm gemietete Wohnung noch nicht in Besitz genommen. Insofern ist fraglich, ob das Merkmal der Überlassung hier erfüllt ist. Der Begriff der »Entziehung« ist nach allgemeiner Ansicht jedoch weit auszulegen: Der Entziehung des Gebrauchs im Sinne des § 536 Abs. 3 BGB ist es demnach gleichzusetzen, wenn der Mieter die Sache überhaupt noch nicht erhalten hat. V konnte R den Besitz an der Wohnung hier nicht einräumen mit der Konsequenz, dass R der Gebrauch der Mietsache im Sinne des § 536 Abs. 3 BGB entzogen wurde.

**b)** Es ist weiterhin fraglich, ob der Entzug der Mietsache auch »durch das Recht eines Dritten« erfolgte. Als Recht eines Dritten im Sinne des § 536 Abs. 3 BGB kommt hier allein ein mögliches Besitzrecht des M aus dem mit V geschlossenen Mietvertrag in Betracht. Hat der Vermieter eine Sache bereits an eine andere Person vermietet und auch übergeben, handelt es sich aus der Sicht jedes weiteren Mieters um ein »Recht eines Dritten« im Sinne des § 536 Abs. 3 BGB, das einen Rechtsmangel begründet. Demnach liegen hier die Voraussetzungen des § 536 Abs. 3 BGB vor.

Möglicherweise hat M den Mietvertrag mit V jedoch am 03.01. wirksam gekündigt, was nach § 542 Abs. 1 BGB zum Erlöschen des Mietverhältnisses und damit zum Untergang der Besitzberechtigung des M geführt haben kann. Ausreichend für eine Kündigung ist es regelmäßig, wenn für den Empfänger aus der Erklärung der erkennbare Wille zur einseitigen Beendigung des Mietverhältnisses zu einem bestimmten Zeitpunkt zum Ausdruck kommt. Ausweislich der Schilderung im Sachverhalt hat M dem V am 03.01. gekündigt und V ist diese Erklärung auch im Sinne des § 130 Abs. 1 BGB zugegangen.

Fraglich ist, ob M diese Erklärung wieder »zurücknehmen« konnte. Zwar gelten für die Kündigung auch die allgemeinen Regeln über Willenserklärungen, sodass grundsätzlich Anfechtung und Widerruf in Betracht kommen. Der Widerruf müsste aber gemäß § 130 Abs. 1 Satz 2 BGB vorher oder gleichzeitig mit der Kündigung zugehen, die Anfechtung müsste erklärt werden und es müsste ein entsprechender Anfechtungsgrund vorliegen, §§ 119, 123 BGB. Für keine dieser Voraussetzungen bietet der Sachverhalt einen Anhaltspunkt. Für einen im Rahmen der Vertragsfreiheit grundsätzlich zulässigen Aufhebungsvertrag im Hinblick auf die Kündigung zwischen M und V ist aus dem Sachverhalt ebenfalls nichts zu entnehmen, sodass eine »Rücknahme« der Kündigung auf diesem Wege ebenfalls ausscheidet. Nachdem die Kündigungserklärung also nicht nachträglich wieder beseitigt werden konnte, kommt es allein darauf an, ob sie vollständig wirksam gewesen ist. In diesem Fall wäre das Mietverhältnis zwischen M und V dann zum 31. März 2018 beendet worden und ein Recht zum Besitz des M bestünde nicht mehr.

**aa)** Fraglich ist, ob die Kündigungsfrist eingehalten wurde. In Betracht kommt hier die Frist für eine ordentliche Kündigung nach § 573c Abs. 1 Satz 1 BGB. Nach Artikel 229 § 3 Abs. 1 Nr. 1 EGBGB ist diese Vorschrift im vorliegenden Fall anwendbar, die Kündigung ist nach dem 1. September 2001 erfolgt. Der Art. 229 § 3 Abs. 10 EGBGB steht dem nicht entgegen, es besteht keine vertragliche Abrede über die Kündigungsfrist. Die Kündigung musste damit spätestens am dritten Werktag eines Kalendermonats zum Ablauf des übernächsten Monats erklärt werden. M hat die Kündigung gegenüber V am 3. Januar erklärt. Das war der erste Werktag des Monats. M hat die Kündigung somit fristgerecht erklärt.

**bb)** Fraglich ist weiterhin, ob M die erforderliche Form gewahrt hat. Nach § 568 Abs. 1 BGB bedarf die Kündigung eines Mietvertrages immer der Schriftform. Die Nichteinhaltung der gesetzlichen Form macht die Kündigung unheilbar nichtig, § 125 Satz 1 BGB. Eine mündlich erklärte Kündigung ist also stets und ohne Ausnahme unwirksam. Allerdings hat R vorliegend keine mündliche Erklärung gegenüber V abgegeben, sondern ihm vielmehr eine E-Mail geschrieben. Möglicherweise hat er damit dem Schriftformerfordernis in § 568 Abs. 1 BGB Genüge getan.

Was unter den Begriff »Schriftform« fällt, ergibt sich grundsätzlich aus § 126 Abs. 1 BGB. Die Kündigungserklärung muss danach als Urkunde von dem Kündigenden eigenhändig durch Namensunterschrift oder durch notariell beglaubigtes Handzeichen unterzeichnet sein. Unter einer E-Mail allerdings gibt es niemals eine eigenhändige Unterschrift. Deshalb fällt sie nicht unter § 126 BGB, sondern vielmehr unter § 126b BGB, der die Textform regelt. Die von M erklärte Kündigung war wegen Formmangels nach §§ 125 Satz 1, 568 Abs. 1 BGB nichtig. Damit bestand das Mietverhältnis zwischen M und V ununterbrochen fort, sodass M ein Recht zum Besitz aus dem Mietvertrag zusteht. R ist der Gebrauch der Mietsache demnach aufgrund eines Rechtsmangels im Sinne des § 536 Abs. 3 BGB entzogen worden. Daraus folgt, dass ein Mangel im Sinne der §§ 536a, 536 Abs. 3 BGB vorliegt.

**3.)** Den Vermieter trifft gemäß § 536a Abs. 1, Fall 1 BGB eine Garantiehaftung, wenn der Mangel der Mietsache bereits zum Zeitpunkt des Vertragsschlusses vorhanden war. Er muss in diesem Fall also grundsätzlich für alle Schäden, die auf dem Mangel der Mietsache beruhen, Ersatz leisten unabhängig davon, ob er den Mangel im Sinne von § 276 BGB zu vertreten hat. Das Mietverhältnis zwischen V und M, das den Rechtsmangel hier in unserem Fall begründete, bestand schon in dem Moment, in dem R mit V den Mietvertrag Mitte Januar abgeschlossen hat. Damit muss V auch ohne Verschulden hierfür einstehen. Es liegen damit alle positiven Voraussetzungen für den Schadensersatzanspruch aus den §§ 536a, 536 Abs. 3 BGB vor.

**4.)** Der Anspruch ist jedoch nach § 536b BGB ausgeschlossen, wenn der Mieter beim Vertragsschluss positive Kenntnis vom Mangel hat. Bei einem Rechtsmangel muss der Mieter auch die rechtlichen Folgen der ihm bekannten Tatsachen kennen. Grundsätzlich darf der Mieter aber davon ausgehen, dass der Vermieter vertragstreu ist und ein mangelfreies Objekt übergeben wird. R wusste nichts vom Fortbestehen des Mietverhältnisses zwischen M und V. Er konnte davon ausgehen, dass V mit ihm nur dann den Vertrag schließen würde, wenn das Objekt zum Zeitpunkt der Überlassung auch tatsächlich verfügbar war. Auch sind keine Anhaltspunkte dafür ersichtlich, dass der R grob fahrlässig verkannt hat, dass der Mietvertrag nicht durch Kündigung beseitigt worden ist. Der Anspruch des R ist nicht gemäß § 536b BGB ausgeschlossen.

**5.)** Der Anspruch aus § 536a BGB ist grundsätzlich auf das positive Interesse gerichtet; der Mieter muss demnach so gestellt werden, wie er bei ordnungsgemäßer Erfüllung gestanden hätte. Im Falle der Vorenthaltung einer angemieteten Wohnung gehören hierzu namentlich auch die Kosten der anderweitigen Unterkunft oder etwa des Unterstellens von Möbeln. Der Schaden, den V ersetzen muss, besteht somit in den von R für die »Ersatzwohnung« aufgewendeten 1.200 Euro, wobei berücksichtigt werden muss, dass R für die hier in Frage stehende Wohnung bei tatsächlicher Übernahme 800 Euro Miete sowieso hätte zahlen müssen. Diese müssen demnach von den 1.200 Euro abgezogen werden. Es verbleibt mithin ein Betrag von 400 Euro Schadensersatz für R aus § 536a Abs. 1 BGB.

**Ergebnis:** R hat daher gegen V einen Anspruch auf Schadensersatz in Höhe von 400 Euro aus §§ 536 Abs. 3, 536a BGB.

# Sachverzeichnis

# Das Original jetzt auch als App